ELOGIOS PARA *BONHOEFFER*
PASTOR, MÁRTIR, *PROFETA, ESPÍA*

«Es un libro importante y espero que mucha gente lo lea».

—Presidente George W. Bush

«Eric Metaxas ha creado una biografía de un poder poco común: inteligente, conmovedora, con una buena investigación de base, escrita de una forma gráfica y rica en implicaciones para nuestras propias vidas. Dicho de otro modo: Compre este libro. Léalo. Luego, adquiera otra copia y regálesela a alguien a quien ame. Es así de bueno... El libro de Eric Metaxas es extraordinario y no se limita a presentar a Dietrich Bonhoeffer, su época y su testimonio con suma viveza, sino que provoca el anhelo de hallar en nosotros ese mismo carácter moral. Ningún biógrafo podría superarlo».

—Arzobispo Charles Chaput, *First Things*

«Una biografía maravillosamente elaborada... A lo largo de su libro, pero sobre todo hacia el final, Metaxas convierte a este erudito y, a veces, abstruso teólogo en un ser humano vivo y trágico».

—Alan Wolfe, *The New Republic*

«Eric Metaxas despeja muchas ideas falsas dando prioridad a las propias palabras y los hechos de Bonhoeffer, en una nueva biografía sólida y magistral: *Bonhoeffer: Pastor, mártir, profeta, espía*. Durante un tiempo angustioso en el que numerosas iglesias adoptaron la ideología nazi y otras se doblaron bajo la presión del gobierno, Bonhoeffer permaneció fuerte, aunque algunas veces solo. Metaxas presenta a Bonhoeffer como un cristiano con las ideas claras, profundamente convencido, que no se sometía a nadie excepto a Dios y a su Palabra».

—*Christianity Today*

«En *Bonhoeffer: Pastor, mártir, profeta, espía*, Eric Metaxas narra la historia de Bonhoeffer con pasión y sofisticación teológica, desafiando con frecuencia los relatos revisionistas que lo hacen parecer un "humanista" o especialista en ética para quien la doctrina religiosa era algo fácilmente desechable... Su obediencia a Dios era radical, de un talante ampliamente considerado hoy con temor y aversión, aun entre los fieles. En *Bonhoeffer*, el señor Metaxas nos recuerda que existen formas de religión —respetables, domesticadas, tímidas— que pueden acabar haciéndole al diablo su labor».

—*Wall Street Journal*

«Metaxas presenta el mejor tratamiento del hombre desde que Eberhard Bethge escribiera su *Dietrich Bonhoeffer: Man of Vision, Man of Courage* (1970), un retrato completo y accesible de esta importante figura cuya historia es inspiradora, instructiva y de alcance internacional. Metaxas... revive a Bonhoeffer y otros personajes de una forma gráfica. Es la biografía definitiva de Bonhoeffer para el siglo XXI».

—*Kirkus Reviews*

«Hasta ahora, los lectores estadounidenses han carecido de un relato de la vida de Bonhoeffer que fuese meticuloso y, a la vez, de fascinante lectura; un libro que capta la panorámica completa de su extraordinaria historia y destaca su significado para nosotros en la actualidad. Este es el libro que Eric Metaxas ha creado para nosotros con *Bonhoeffer: Pastor, mártir, profeta, espía* ... Esta nueva biografía es una contribución valiosa y relevante. Metaxas mantiene un sólido conocimiento del consenso de los eruditos a la vez que consigue la atención del lector desde la primera hasta la última página, y su libro será una puerta para que muchos accedan a una comprensión más plena de Bonhoeffer».

—*BOOKS & CULTURE*

«En este importante y apasionante análisis de la vida de Dietrich Bonhoeffer, Metaxas... ofrece una revisión exhaustiva de una de las épocas más oscuras de la historia, junto con una exploración fascinante de las influencias familiares, culturales y religiosas que formaron a uno de los más extraordinarios teólogos contemporáneos a nivel mundial. Combina su encendida voz narrativa con una meticulosa investigación para desensamblar la confluencia de circunstancias y personalidades que condujeron a Alemania desde la derrota de la Primera Guerra Mundial hasta las atrocidades de la Segunda Guerra Mundial ... Intuitivo y esclarecedor, este tomo supone una importante contribución a la biografía, la historia y la teología».

—*PUBLISHER'S WEEKLY*

«Para todo aquel que haya visto su fe fortalecida por la vida y el testimonio de Dietrich Bonhoeffer, esta es la biografía que siempre había deseado. Eric Metaxas ha escrito un relato rico, detallado y hermoso sobre el gran pastor y teólogo que nos dio *El precio de la gracia: El seguimiento* y sacrificó su vida por oponerse a Hitler. El Bonhoeffer de Metaxas es un logro monumental y una obra de profunda importancia».

—GREG THORNBURY, DOCTOR Y DECANO DE LA ESCUELA DE ESTUDIOS CRISTIANOS
EN LA UNIVERSIDAD DE UNION

«El gran don de Dietrich Bonhoeffer es que su forma de entender la fe en tiempos de conflicto habla a una generación tras otra. El *Bonhoeffer* de Metaxas es la biografía para esta generación, una obra maestra que se lee como una gran novela y entrelaza, en un solo volumen, una comprensión de la teología de Bonhoeffer, la complicada y trágica historia de la Alemania del siglo XX, y la lucha humana de un verdadero héroe cristiano. Eric Metaxas reclama su lugar como biógrafo preeminente de los personajes más valientes del cristianismo».

—MARTIN DOBLMEIER, CINEASTA, *BONHOEFFER*

«Con gran habilidad, energía y calidez, Eric Metaxas nos recuerda por qué la vida de Dietrich Bonhoeffer constituye una represión tanto para los creyentes como para los escépticos. Rara vez se ha contado la historia de un mártir cristiano con tanto realismo y profundidad. Este libro es una joya».

—JOSEPH LOCONTE, CONFERENCIANTE POLÍTICO, THE KING'S COLLEGE, NUEVA YORK; EDITOR,
THE END OF ILLUSIONS: RELIGIOUS LEADERS CONFRONT HITLER'S GATHERING STORM

«Emotivo, exhaustivo y cautivador ... Metaxas narra una historia convincente ... Lo recomiendo».

«La primera biografía importante de Bonhoeffer en más de cuarenta años. Reúne documentos anteriormente no disponibles y una fresca perspectiva de las múltiples facetas de su vida. Teólogo y espía, su vida está documentada de un modo brillante y los aspectos de su fe se examinan a la luz de una gran lucha. Es un libro estimulante e informativo. Metaxas escribe la biografía de un personaje de influencia masiva que, con toda certeza, impresionará e iluminará a los lectores».

«Metaxas examina la vida de un hombre atrapado en un dilema desgarrador: oponerse a los nazis y a Hitler mismo, para lo cual necesita mentir y ser cómplice de un asesinato, o permanecer callado y permitir la exterminación de miles ... Los cristianos interesados en la teología de Bonhoeffer lo encontrarán esclarecedor en el más pleno contexto de su vida. Los creyentes que busquen inspiración para vivir una vida de fe valiente la recibirán en abundancia. Los lectores fascinados con esa época de la historia descubrirán vislumbres reveladores detrás de los escenarios del movimiento anti-Hitler ... Para los historiadores será una sólida obra académica».

«Un logro extraordinario que narra la vida de Bonhoeffer con lucidez, detalle histórico y un manejo concretamente contextualizado de su, con frecuencia, malinterpretado legado teológico ... Metaxas extrae con maestría la accidentada y compleja vida de Bonhoeffer en una verdadera narración biográfica exhaustiva y gráfica nada tediosa».

«Dietrich Bonhoeffer ha encontrado, por fin, el escritor que merecía. Eric Metaxas ha escrito un libro que añade una nueva dimensión a la Segunda Guerra Mundial, una nueva comprensión de cómo el mal puede atrapar el alma de una nación y un hombre de fe enfrentarse a él, y transformar la derrota en victoria, las mentiras en una verdad transcendente. Nadie que se interese por la historia del mundo moderno se puede permitir ignorar este libro».

«La hermosa narración de la poderosa historia de un hombre que no se limitó a escribir acerca del costo del discipulado, sino que lo vivió. Profundamente conmovedora».

«Con toda claridad, la obra definitiva [sobre Bonhoeffer] ... Uno de los biógrafos más extraordinarios que he leído jamás».

«Definitiva e increíblemente detallada ... un libro poderosísimo ... Altamente recomendado».

—Mike Huckabee, *The Huckabee Report*

«Una de las mejores y más conmovedoras biografías que jamás he leído. A una vida extraordinaria Eric Metaxas responde con un gran libro».

—Cal Thomas, columnista sindicado número uno en Estados Unidos

«Apasionante...».

—John Ortberg Jr., pastor principal, Iglesia Presbiteriana de Menlo Park

«Monumental, fidedigna, llena de humildad e inspiradora...».

—Katherine Jean Lopez, *National Review Online*

«Lleno de conocimiento profundo, de indignación y de perentoriedad, este libro otorga a Bonhoeffer la posición que le pertenece en las filas de los grandes humanistas cristianos que han luchado contra los vientos prevalecientes de la cultura para interpretar el cristianismo con fidelidad y bravura en su momento histórico.

»Asimismo, es un libro que humaniza profundamente, lleno de ilustraciones que revelan a Bonhoeffer como hijo, amante, pastor, amigo, todo ello en el contexto del trabajo mortal por el que más se le recuerda: la resistencia a la creciente amenaza del nazismo».

—Caleb J. D. Maskell, director asociado del Centro Jonathan Edwards
en la Universidad de Yale (2004-2007);
Departamento de Religión de la Universidad de Princeton

«Como en su anterior biografía, *Amazing Grace: William Wilberforce and Heroic Campaign to End Slavery*, en *Bonhoeffer*, Metaxas posee la inusitada habilidad de tomar los detalles mundanos, aunque cruciales, de la vida y entretejerlos en una historia que fluye como una novela. Para cualquiera que esté interesado en lo que la fuerza de creer y la convicción pueden lograr, *Bonhoeffer* es una lectura esencial».

—Gerald Schroeder, doctor en Física y maestro israelí
en el Colegio Aish Ha Torah de Estudios Judíos de Jerusalén;
autor de *El Génesis y el Big Bang*, así como de *The Science of God*

«Una lectura cautivadora e inspiradora de principio a fin. Deja las cosas claras en cuanto al compromiso de Bonhoeffer con las Escrituras y su pasión inflexible por la verdad que le condujo a dar su vida en la batalla por salvar a los judíos de Europa. Cómprelo. Este libro podría cambiar su vida».

—James N. Lane, fundador de la Sociedad New Canaan, exsocio comanditado de Goldman,
Sachs & Co.

«Eric Metaxas ha creado una obra maestra de fascinantes proporciones literarias e históricas. Esta extraordinaria biografía expone las improntas que dieron forma a la vida de Bonhoeffer, que le revelan como una figura del siglo XX dotada, compleja y humanamente sensible, que responde al llamado de Dios y a la cada vez más clara comprensión espiritual del tiempo que le tocó vivir. Este libro pide ser leído y ampliamente debatido en la actualidad».

—GORDON RIDDLE PENNINGTON, PRESIDENTE EJECUTIVO DE BURNING MEDIA GROUP

«El *Bonhoeffer* de Metaxas será considerado uno de los mejores libros del año. Son pocas las obras que, años después de haberlas leído, veo que han tenido una gran influencia sobre mí. Esta es, sin duda, una de ellas. Con este libro no te puedes equivocar; merece mi más alta recomendación».

—WHILEWESOJOURN.COM

«¡Si puedes, consigue este libro!».

—NEWSDISSECTOR.ORG

«Metaxas es un escritor elegante con un conocimiento seguro de su tema».

—THE INTERNET REVIEW OF BOOKS

«El *Bonhoeffer: Pastor, mártir, profeta, espía* de Metaxas es un clásico actual que debería figurar en las listas de los mejores de esta década...».

—RELEVANT

«Un relato electrizante de la postura de un hombre contra la tiranía».

—HUMAN EVENTS

«¿Quién es Dietrich Bonhoeffer? Es un personaje al que tienen que conocer. Este es un libro que usted debería leer».

—GLENN BECK

«Si alguna vez existió un "imperio del mal" fue, sin duda, la Alemania de Hitler. Si hubo algún héroe a su pesar, ese fue Dietrich Bonhoeffer. Eric Metaxas ha escrito una biografía espléndida bajo el aspecto de la apasionante historia de un hombre que se tomó a Dios en serio».

—HADDON ROBINSON, CATEDRÁTICO DE PREDICACIÓN «HAROLD JOHN OCKENGA», GORDON-CONWELL
THEOLOGICAL SEMINARY

«Como fiel musulmana reformista me siento, más que nunca, inspirada por Dietrich Bonhoeffer. Para las personas de conciencia, de todos los credos y de todos los tiempos, es la biografía de un héroe, una semblanza que humaniza de una forma gloriosa».

—CATEDRÁTICA IRSHAD MANJI, DIRECTORA DEL MORAL COURAGE PROJECT [PROYECTO DEL VALOR
MORAL] DE LA UNIVERSIDAD DE NUEVA YORK

BONHOEFFER

BONHOEFFER

PASTOR, MÁRTIR, PROFETA, ESPÍA

UN GENTIL JUSTO CONTRA EL TERCER REICH

ERIC METAXAS

GRUPO NELSON®

Una división de Thomas Nelson Publishers

Desde 1798

NASHVILLE   DALLAS   MÉXICO DF.   RÍO DE JANEIRO

Editora en Jefe: *Graciela Lelli*
Traducción: *Loida Viegas*
Adaptación del diseño al español: *Grupo Nivel Uno, Inc.*

ISBN: 978-1-60255-865-6

Impreso en Estados Unidos de América

12 13 14 15 16 QG 9 8 7 6 5 4 3 2 1

Zum Andenken an meinen Großvater
Erich Kraegen (1912–1944)
«Denn das ist der Wille des, der mich gesandt hat, daß,
wer den Sohn sieht und glaubt an ihn, habe das ewige Leben;
und ich werde ihn auferwecken am Jüngsten Tage».

CONTENIDO

PREFACIO

Me complace que mi amigo Eric Metaxas haya escrito este volumen sobre Dietrich Bonhoeffer. El público de habla inglesa necesita conocer muchísimo más de su pensamiento y también de su vida. Cuando me convertí, estando en la universidad, *El precio de la gracia: El seguimiento* de Bonhoeffer fue uno de los primeros libros que leí, seguido no mucho después por su *Vida en comunidad*. Aunque este segundo libro es, quizás, el mejor volumen que he leído jamás sobre el carácter de la comunidad cristiana, fue el primer libro el que me hizo iniciar un viaje de por vida para entender el significado de la gracia.

Resulta imposible comprender *El precio de la gracia* de Bonhoeffer sin llegar a familiarizarse con la desconcertante capitulación de la iglesia alemana ante Hitler en los años treinta. ¿Cómo pudo la «iglesia de Lutero», ese gran maestro del evangelio, llegar a ese punto? La respuesta es que el verdadero evangelio, que Bonhoeffer resumió como *gracia costosa*, se había perdido. Por otra parte, la iglesia había quedado marcada por el formalismo, es decir, ir a la iglesia y escuchar que Dios ama y perdona a todos, por lo que no importa demasiado cómo uno viva. Bonhoeffer calificó esta manera de pensar como gracia *barata*. Además, existía legalismo, o salvación por medio de la ley y las buenas obras. El legalismo significaba que Dios nos ama porque nos hemos rearmado y estamos intentando llevar una vida buena y disciplinada.

Estos dos impulsos hicieron posible que Hitler llegara al poder. Los formalistas de Alemania debieron de notar cosas que les molestaban, pero no vieron la necesidad de sacrificar su seguridad haciéndoles frente. Los legalistas respondieron con actitudes farisaicas hacia otras naciones y razas, que aprobaban la política de Hitler. Sin embargo, como un solo hombre, Alemania perdió el brillante equilibrio del evangelio que Lutero había expuesto con tanta persistencia: «Somos salvos solo por fe, aunque no por la fe sola». Es decir, que no podemos salvarnos por nada de lo que hagamos, sino por gracia. A pesar de ello, si hemos comprendido verdaderamente el evangelio, y lo hemos creído, *cambiará* lo que hacemos y nuestra forma de vivir.

Por el tiempo en el que Hitler subió al poder, la mayor parte de la iglesia alemana entendía la gracia tan solo como una aceptación abstracta: «Dios perdona; ese es su trabajo». Pero sabemos que la verdadera gracia llega hasta nosotros mediante un costoso sacrificio. Si Dios estuvo dispuesto a ir a la cruz y soportar tanto dolor y asumir un precio semejante para salvarnos, *nosotros* debemos vivir de un modo sacrificial en servicio a otros. Cualquiera que entienda verdaderamente cómo conseguimos la gracia de Dios tendrá una vida distinta. Esto es el evangelio, no la salvación por la ley ni por gracia barata, sino por la gracia cara que nos cambia de adentro hacia afuera. Ni la ley ni la gracia barata pueden hacer esto.

Sin duda, nosotros no cometeríamos hoy ese fallo; ¿o tal vez sí? Por supuesto que sí. Sigue habiendo demasiado legalismo y moralismo en nuestras iglesias. Muchos cristianos reaccionan con esto queriendo hablar solo del amor de Dios y de la aceptación. No les gusta referirse a la muerte de Jesús sobre la cruz para satisfacer la ira y la justicia divinas. Algunos llegan a definirlo como «abuso infantil divino». Sin embargo, si no tienen cuidado, corren el riesgo de caer en la creencia de la «gracia barata»: un amor no costoso de un Dios que no es santo y que se limita a amarnos y aceptarnos tal como somos. Eso nunca cambiará la vida de nadie.

Por tanto, parece que seguimos necesitando oír a Bonhoeffer y a otros que profundizan en el debate sobre la naturaleza del evangelio.

Timothy J. Keller

Escritor de *best sellers* en la lista del *New York Times*, autor de *La razón para Dios*

PRÓLOGO

LONDRES, 27 DE JULIO DE 1945

Estamos atribulados en todo, mas no angustiados; en apuros, mas no desesperados; perseguidos, mas no desamparados; derribados, pero no destruidos; llevando en el cuerpo siempre por todas partes la muerte de Jesús, para que también la vida de Jesús se manifieste en nuestros cuerpos. Porque nosotros que vivimos, siempre estamos entregados a muerte por causa de Jesús, para que también la vida de Jesús se manifieste en nuestra carne mortal. De manera que la muerte actúa en nosotros, y en vosotros la vida.

—2 CORINTIOS 4.8–12

Por fin la paz había regresado a Europa. Su rostro familiar —en otro tiempo distorsionado y aterrador— volvía a estar en paz, noble y fresco. Llevaría años poder entender todo por lo que había pasado. Era como si se hubiese sometido a un terrible y prolongado exorcismo, uno que la había exprimido hasta la última gota. Pero al final de todo, aunque protestando con alaridos mientras se marchaban, las legiones de demonios fueron expulsadas.

Hacía dos meses que la guerra había llegado a su fin. El tirano se había quitado la vida en un gris búnker subterráneo sobre el que yacía su destrozada capital, y los Aliados cantaron victoria.

Lenta, muy lentamente, la vida en Gran Bretaña se volcó en la tarea de restaurarse. Luego, como si de una señal se tratara, llegó el verano. Era el primer estío de paz en seis años. Pero, como si quisiera demostrar que todo aquello no había sido un sueño ni una pesadilla, no faltaban nuevos y constantes recordatorios de lo que había sucedido. Y eran todos terribles, tanto como todo lo que había ocurrido con anterioridad. A veces, hasta eran peores. Al principio de ese verano surgían las espantosas noticias de los campos de muerte junto con las incomprensibles atrocidades que los nazis habían causado a sus víctimas en las infernales avanzadas de su breve imperio.

Este tipo de rumores circularon durante la guerra, pero ahora la realidad quedaba contrastada por las fotografías, las secuencias de los documentales informativos y los relatos de testigos oculares de entre los soldados que liberaron los campos en abril, durante los últimos días de la guerra. La profundidad de estos horrores no se había conocido ni imaginado, y era casi demasiado para que el pueblo británico, cansado de la guerra, pudiera absorberlo. Su odio hacia los alemanes estaba confirmado y se reafirmaba con cada repugnante detalle. El público se tambaleaba ante la maldad misma del mal.

Al principio de la guerra se podía separar a los nazis de los alemanes y reconocer que no todos ellos pertenecían a dicha ideología. A medida que fue pasando el conflicto entre ambas naciones, y cuantos más padres, hijos y hermanos ingleses morían, resultó más difícil distinguir la diferencia. Finalmente, esta se desvaneció por completo. El primer ministro Winston Churchill, que se dio cuenta de la necesidad de alimentar el esfuerzo británico de la guerra, fusionó alemanes y nazis en un único enemigo odiado. Era lo mejor para derrotarlo con rapidez y acabar con la implacable pesadilla.

Cuando los alemanes que intentaban vencer a Hitler y los nazis se pusieron en contacto con Churchill y el gobierno británico esperando recibir ayuda para aniquilar desde el interior a su enemigo común —con la esperanza de transmitir al mundo que algunos alemanes atrapados dentro del Reich eran de su mismo sentir— fueron rechazados. A nadie le interesaban sus propuestas. Ya era demasiado tarde. No podían participar en tales maldades y, cuando les parecía conveniente, intentar conformarse con una paz separada. Por el bien del esfuerzo bélico, Churchill mantuvo la ficción de que no había alemanes buenos. Se llegó a decir que el único alemán bueno —si alguien necesitaba utilizar la frase— era uno muerto. Esta carencia de matiz también formó parte de aquella guerra infernal.

Pero ahora el conflicto había tocado a su fin y, a medida que la absoluta e indecible maldad del Tercer Reich salía a la luz, también se debía considerar el otro lado de las cosas. Parte de la restauración del pensamiento al periodo de paz consistía en volver a distinguir más allá de los extremos de la guerra, para discernir de nuevo los matices y las tonalidades, las sombras y los colores.

Por tanto, hoy, en la *Holy Trinity Church* —junto a la Calle Brompton de Londres—, se estaba celebrando un culto que resultaba incomprensible para muchos. Para otros muchos era desagradable y perturbador, sobre todo para quienes habían perdido a algún ser querido durante la guerra. El funeral que se celebraba aquel día en suelo británico y que la BBC retransmitía era en memoria de un alemán que había muerto tres meses antes. La noticia de su fallecimiento se había abierto paso tan lentamente entre la niebla de la guerra y los escombros que sus amigos y familiares no la habían conocido hasta hacía muy poco. La mayoría de ellos seguían sin saber nada sobre ella. Pero aquí, en Londres, se habían reunido quienes sí estaban al tanto.

En los bancos se encontraba la hermana melliza del difunto, que tenía treinta y nueve años, su marido medio judío y sus dos hijas. Habían escapado de Alemania antes de la guerra, cruzando la frontera con Suiza en automóvil, por la noche. El finado había tomado parte en los preparativos de su huida ilegal —aunque esta no había sido más que una de sus más insignificantes desviaciones de la ortodoxia nacional socialista—, ayudándoles a establecerse en Londres, donde se habían afincado.

Entre sus amigos, aquel hombre contaba con numerosas personas destacadas, incluido George Bell, el obispo de Chichester, que organizó el funeral porque había conocido y amado a aquel a quien se estaba honrando. Fue algunos años antes de la guerra, cuando ambos participaban en los esfuerzos ecuménicos intentando advertir a Europa contra los designios de los nazis, rescatar a los judíos y, finalmente, llevar noticias de la resistencia alemana a la consideración del gobierno británico. Unas horas antes de su ejecución en el campo de concentración de Flossenbürg, había dirigido sus últimas palabras a este obispo. Aquel domingo se las repitió a un oficial británico, que fue encarcelado con él, después de haber celebrado su último culto, donde predicó su sermón final. Tras su liberación, este oficial llevó consigo aquellas últimas palabras y la noticia de su muerte por toda Europa.

Atravesando el canal de la Mancha, cruzando Francia y Alemania, en la ciudad de Berlín, en el distrito de Charlottenburg, en una casa de tres plantas en el 43 de Marienburger Allee, una pareja de ancianos estaba sentada junto a su radio. En sus tiempos, la esposa había dado a luz a ocho hijos: cuatro niños y cuatro niñas. El segundo había caído en la Primera Guerra Mundial. Durante todo un año, su joven madre no había sido capaz de reaccionar. Veintisiete años después, una segunda guerra le arrebataría otros dos hijos. El marido era el psiquiatra más destacado de Alemania. Ambos se habían opuesto a Hitler desde el principio y se sentían orgullosos de sus hijos y yernos que habían estado involucrados en la conspiración contra él. Todos conocían los peligros. Pero cuando la guerra por fin acabó, las noticias sobre sus dos hijos tardaron en llegar a Berlín. Un mes después se enteraron de la muerte de Klaus, su tercer hijo. Sin embargo, del pequeño, Dietrich, no sabían nada. Alguien había afirmado haberle visto con vida. Luego, un vecino les comentó que al día siguiente la BBC retransmitiría un funeral en Londres. Era por Dietrich.

A la hora señalada, la anciana pareja encendió su radio. Muy pronto anunciaron la ceremonia en memoria de su hijo. Así fue como supieron que había muerto.

Mientras el matrimonio asimilaba la noticia de que el hombre bueno que era su hijo ahora estaba muerto, muchos ingleses encajaban las nuevas de que el fallecido, un alemán, era bueno. De este modo, el mundo comenzó de nuevo a reconciliarse consigo mismo.

El hombre que había muerto estaba comprometido en matrimonio. Era pastor y teólogo. Y fue ejecutado por el papel desempeñado en el complot para asesinar a Hitler.

Esta es su historia.

CAPÍTULO 1

FAMILIA E INFANCIA

*El rico mundo de sus antepasados estableció los principios de la propia vida
de Dietrich Bonhoeffer. Le aportó una certeza de juicio y una actitud que no
se puede adquirir en una única generación. Creció en una familia que creía
que la esencia del aprendizaje no radicaba en una educación formal, sino en
la obligación profundamente arraigada de ser los guardianes de una
herencia histórica extraordinaria y una tradición intelectual.*

—EBERHARD BETHGE

Durante el invierno de 1896,[1] antes de que el matrimonio anciano se conociese, fueron invitados a una «velada abierta» en casa del físico Oscar Meyer. «Allí —escribió más tarde Karl Bonhoeffer—, conocí a una joven, rubia, de ojos azules, de conducta tan libre y natural y con una expresión tan franca y segura que nada más entrar por la puerta me cautivó. El momento en que puse mis ojos sobre mi futura esposa permaneció en mi memoria con una fuerza casi mística».

Karl Bonhoeffer había venido a Breslau —en la actualidad Wroclaw, en Polonia— tres años antes para trabajar como asistente de Karl Wernicke, el internacionalmente renombrado profesor de psiquiatría. La vida consistía en trabajar en la clínica, socializar con unos cuantos amigos de Tubinga, la encantadora ciudad universitaria donde había crecido. Pero, tras aquella tarde de invierno memorable, su vida cambiaría de manera extraordinaria: en primer lugar, empezó de inmediato a patinar sobre hielo en los canales, por las mañanas, con la esperanza de encontrarse —y a ser posible con frecuencia— con aquella cautivadora chica de ojos azules que había visto por primera vez aquella tarde. Era maestra y se llamaba Paula von Hase. Se casaron el 5 de marzo de 1898, tres semanas antes de que el novio cumpliera los treinta años. La novia tenía veintidós años.

Ambos[2] —doctor y maestra— contaban con antecedentes fabulosamente ilustres. Los padres de Paula Bonhoeffer y su familia estaban estrechamente relacionados con la corte del emperador en Potsdam. Su tía Pauline había llegado a ser dama de honor de la princesa heredera Victoria, esposa de Federico III. Su padre, Karl Alfred von Hase había sido capellán militar y, en 1889, lo fue del Kaiser Guillermo II, aunque dimitió tras criticar la descripción que este hizo del proletariado, al que llamó «jauría».

El abuelo de Paula, Karl August von Hase, había ocupado un lugar preponderante en la familia y había sido un famoso teólogo en Jena, donde enseñó durante seis años y donde todavía hoy se erige su estatua. Había sido convocado para este puesto por Goethe mismo —por entonces ministro a las órdenes del duque de Weimar— y conoció en privado al tesoro nacional que ya contaba con ochenta y nueve años y estaba componiendo su *Fausto, Segunda Parte*. Los estudiantes de teología del siglo XX seguían utilizando el libro de texto de Karl August sobre la historia del dogma. Hacia el final de su vida, el gran duque de Weimar le concedió un título vitalicio y el rey de Württemberg le otorgó otro personal.

El lado materno de la familia de Paula incluía a artistas y músicos. Su madre, Clara von Hase, nacida condesa de Kakreuth (1851–1903) tomó clases de piano con Franz Listz y Clara Schumann, esposa del compositor. Legó su amor por la música y el canto a su hija y esto desempeñaría un papel vital en la vida de los Bonhoeffer. El padre de Clara, el conde Stanislaus Kalkreuth (1820–94) era un pintor famoso por sus grandes paisajes alpinos. Aunque de familia de aristócratas militares y nobles, este conde se casó con un miembro de la familia de escultores Cauer y se convirtió en director de la Escuela de Arte del Gran Duque, en Weimar. Su hijo, el conde Leopoldo Kalkreuth, superó el éxito de su padre como pintor; sus obras de realismo poético siguen figurando en la actualidad en los museos de toda Alemania. Los von Hase también estaban relacionados con Yorck von Wartenburg, que destacaba en lo social y lo intelectual, y pasaban mucho tiempo en su compañía. El conde Hans Ludwig Yorck von Wartenburg* era un filósofo cuya famosa correspondencia con Wilhelm Dilthey desarrolló una filosofía hermenéutica de la historia que influenció a Martin Heidegger.

---

* Su nieto Peter Yorck von Wartenburg (1904–44) era primo del coronel Claus von Staufferberg y jugó un papel clave en el complot del 20 de julio de 1944 para asesinar a Hitler.

El linaje de Karl Bonhoeffer no era menos impresionante. La familia se remontaba a 1403, en los anales de Nimega sobre el río Waal, en Holanda, cerca de la frontera alemana. En 1513, Caspar van den Boemhoff abandonó los Países Bajos para afincarse en la ciudad alemana de Schwäbisch Hall. Más tarde, el apellido familiar pasó a ser Bonhöffer, manteniendo la diéresis hasta el año 1800 aproximadamente. *Bonhöffer* significa «agricultor de frijoles» y su blasón, que sigue destacando en edificios de Schwäbish Hall,* representa a un león que sostiene un tallo de esa planta sobre fondo azul. Eberhard Bethge nos comenta que Dietrich Bonhoeffer solía llevar un anillo de sellar con este emblema familiar.

Los Bonhoeffer fueron una[3] de las principales familias de Schwäbisch Hall durante tres siglos. Las primeras generaciones fueron orfebres; las postreras estaban formadas por doctores, pastores, jueces, profesores y abogados. A lo largo de los siglos, setenta y ocho miembros del ayuntamiento y tres alcaldes de esta ciudad fueron Bonhöffer. Su importancia e influencia también es visible en la *Michaelskirche* (Iglesia de San Miguel), donde los Bonhöffer están representados en mármol y recordados de otras formas en esculturas barrocas y rococó, y en epitafios. En 1797, el abuelo de Karl, Sofonías Bonhoeffer, fue el último miembro de la familia que nació allí. La invasión de Napoleón en 1806 acabó con el estatus de ciudad libre de Schwäisch Hall y dispersó a la familia, aunque siguió siendo un santuario al que se retiraron posteriores generaciones, ya sin la diéresis en el apellido. El padre de Karl Bonhoeffer[4] llevó a su hijo muchas veces a la ciudad medieval y le instruyó en los detalles de su historia patricia mientras descendían por las «famosas escaleras de madera de roble negro de la casa Bonhoeffer en la *Herrengasse* (la calle de los Lores)» y el retrato de la «encantadora mujer Bonhoeffer» que colgaba en la iglesia, con una copia en la que había sido la casa de los Bonhoeffer durante la infancia de Dietrich. Karl Bonhoeffer hizo lo mismo con sus propios hijos.

El padre de Karl Bonhoeffer, Friedrich Ernst Philipp Tobias Bonhoffer (1828–1907) era un funcionario judicial de alto rango en toda Württemberg, y acabó su carrera como presidente de la Audiencia Provincial en Ulm. Cuando se retiró a Tubinga, el rey le recompensó con un título nobiliario personal. *Su* padre había sido «un párroco bueno y campechano que conducía su propio carruaje por todo el distrito». La madre de Karl Bonhoeffer, Julie Bonhoeffer, de soltera Tafel (1842–1936), procedía de una familia de Suabia, fervientemente liberal, que jugó un papel principal en el movimiento demócrata del siglo XIX. De su abuela paterna, Karl Bonhoeffer escribió más tarde: «Mi abuelo y sus tres hermanos

---

* Uno se puede ver en el 7 de Klosterstrasse de esa ciudad.

eran, claramente, hombres poco comunes. Cada uno tenía un rasgo especial, pero todos ellos compartían una veta idealista, junto con una disposición intrépida para actuar según sus convicciones».[5] Dos de ellos fueron expulsados temporalmente de Württemberg por sus inclinaciones democráticas, y en una elocuente casualidad, uno de ellos, el tío abuelo de Karl, Gottlob Tafel, fue encarcelado en la fortaleza Hohenasperg. Coincidió allí con el bisabuelo de Dietrich, Karl August von Hase quien, antes de embarcarse en su carrera teológica, pasó por un periodo de actividad política juvenil. Estos dos antepasados de Dietrich Bonhoeffer llegaron a conocerse durante su mutuo encarcelamiento. La madre de Karl Bonhoeffer vivió hasta los noventa y tres años, y mantenía una estrecha relación con su nieto Dietrich, que se encargó del panegírico en su funeral, en 1936, y la atesoró como el vínculo viviente con la grandeza de su generación.

Los árboles genealógicos de Karl y Paula Bonhoeffer están tan cargados por todas partes de cifras correspondientes a sus logros que cabe esperar que las generaciones futuras lo consideren una carga. Pero el magnífico maremágnum que constituía su herencia parece haber sido una gran bendición, que no solo les impulsó para que cada niño no pareciera haberse sostenido sobre los hombros de gigantes, sino que también hubiera bailado sobre ellos.

Y así, en 1898, estas dos líneas extraordinarias se entremezclaron en el casamiento de Karl y Paula Bonhoeffer, que trajo al mundo a ocho niños en el espacio de una década. Sus dos primeros hijos se llevaban un año entre sí: Karl-Friedrich nació el 13 de enero de 1899 y Walter dos meses antes, el 10 de diciembre. Su tercer hijo, Klaus, nació en 1901, seguido de dos hijas, Úrsula en 1902 y Christine en 1903. El 4 de febrero de 1906, su cuarto hijo y el más joven, Dietrich, nació diez minutos antes que su hermana gemela, Sabine, y bromeó con ella a cuenta de esta ventaja durante toda su vida. Los gemelos fueron bautizados por el excapellán del Kaiser, su abuelo Karl Alfred von Hase, que vivía a siete minutos de ellos. Susanne, la última hija, nació en 1909.

Todos los niños Bonhoeffer[6] nacieron en Breslau, donde Karl Bonhoeffer ocupaba la cátedra de psiquiatría y neurología en la universidad, y era director del hospital para las enfermedades nerviosas. La víspera de Año Nuevo del año en que nació Susanne escribió en su diario: «A pesar de tener ocho hijos —lo que parece un número enorme en los tiempos que estamos—, ¡nos da la impresión de

que no son demasiados! La casa es grande, los niños se desarrollan con normalidad, nosotros no somos unos padres demasiado mayores, por lo que intentamos
no mimarlos y hacer que tengan una infancia agradable».

Su casa —en el número 7 de Birkenwäldchen— se hallaba cerca de la clínica.
Era gigantesca y estaba llena de recovecos, constaba de tres pisos y tejados a dos
aguas, numerosas chimeneas, un porche cerrado y un gran balcón con vistas al
espacioso jardín donde los niños jugaban. Cavaban cuevas, trepaban a los árboles
y levantaban tiendas de campaña. Los niños Bonhoeffer y el abuelo Hase, que
vivía al otro lado del río, un brazo del Oder, solían visitarse con frecuencia. Su
esposa murió en 1903, y su otra hija, Elisabeth, cuidó de él. Ella también se convirtió en una parte importante de la vida de los niños.

A pesar de su apretada agenda,[7] Karl Bonhoeffer disfrutaba mucho de sus
hijos. «En invierno —escribió— echamos agua en una antigua pista de tenis
con superficie de asfalto, para que los dos mayores pudieran patinar por primera
vez. Teníamos una gran edificación anexa pensada para alojar un carruaje.
Como no contábamos con ninguno ni tampoco caballos, la utilizábamos para
guardar todo tipo de animales». También había animales en la casa propiamente
dicha. Una de las habitaciones de la casa se convirtió en un zoológico para las
mascotas de los niños, e incluía conejos, cobayas, ardillas, palomas, lagartijas,
serpientes y un museo de historia natural para sus colecciones de huevos de
aves, así como escarabajos y mariposas enmarcados. Las dos niñas mayores
tenían otra habitación, montada como si fuera una casa de muñecas y, en el
primer piso, los tres hijos mayores contaban con un taller completo con banco
de carpintero.

Su madre presidía aquella casa tan bien equipada; el personal estaba formado
por una institutriz, una niñera, una criada, una doncella, y un cocinero. Arriba se
encontraba el aula de estudio, con escritorios donde Paula daba clase a los niños.
Era un poco chocante cuando Paula Bonhoeffer escogía afrontar el examen de
maestra como si estuviera soltera,* pero, como mujer casada, utilizaba lo que
aprendía con muy buenos resultados. Desconfiaba abiertamente de las escuelas
públicas alemanas y sus métodos educativos prusianos. Suscribió la máxima de
que a los alemanes les partían las espaldas dos veces, una en la escuela y otra en el
ejército; ella no estaba dispuesta a confiar sus hijos al cuidado de otros menos
sensibles que ella durante sus primeros años. Cuando fueron un poco mayores,
los envió a las escuelas públicas locales, donde siempre sobresalieron. Pero hasta
la edad de siete u ocho años, ella fue la única educadora.

---

* En abril de 1896 recibió su diploma del Royal Provincial School College de Breslau.

Paula Bonhoeffer había memorizado un impresionante repertorio de poemas, himnos y canciones populares que enseñó a sus hijos y que estos recordaron hasta su vejez. Los niños disfrutaban disfrazándose y representando obras de teatro para ellos mismos y para los adultos. Había también un teatro de marionetas familiar; cada año, el 30 de diciembre —día de su cumpleaños—, Paula Bonhoeffer ofrecía una representación de *Caperucita Roja*. Esto continuó hasta su vejez, cuando lo hacía para sus nietos. Uno de ellos, Renate Bethge, comentaba: «Ella era el alma y el espíritu de la casa».

En 1910, los Bonhoeffer[8] decidieron buscar un lugar para pasar sus vacaciones y escogieron un enclave idílico, en los bosques de los montes de Glatz, cerca de la frontera bohemia. Fue un viaje de dos horas en tren hacia el sur de Breslau. Karl Bonhoeffer lo describió como «un pequeño valle a los pies del monte Urnitz, al borde del bosque, con una pradera, un pequeño arroyo, un antiguo granero y un árbol frutal que tenía un asiento elevado con un pequeño banco para los niños, integrado en sus anchas ramas». El nombre de este paraíso rústico era Wolfesgründ. Estaba tan alejado de los caminos trillados que la familia no vio nunca a nadie, salvo a un solo personaje extraño: un «intolerante agente forestal» que vagaba constantemente por allí. Más tarde, Bonhoeffer lo inmortalizaría como *Gelbstiefel* (botas amarillas), el personaje de un relato de ficción.

Durante este tiempo es cuando conseguimos nuestros primeros atisbos de Dietrich, a la edad de cuatro o cinco años. Nos llegan de su hermana gemela, Sabine:

Mis primeros recuerdos se remontan a 1910. Veo a Dietrich con su traje de fiesta, acariciando con su pequeña mano la enagua de seda azul; después lo veo al lado de nuestro abuelo, que está sentado junto a la ventana con nuestra hermana Susana, entonces un bebé, sobre sus rodillas, mientras el sol de la tarde derrama su luz dorada. Aquí se desdibujan las imágenes y solo se forma una escena más en mi mente: los primeros juegos en el jardín en 1911; Dietrich con una masa de cabello rubio ceniza que rodeaba su rostro quemado por el sol, acalorado de tanto retozar, ahuyentando a los mosquitos y buscando un rincón a la sombra, y obedeciendo muy a regañadientes a la niñera que le llama para que entre. Su juego de enorme actividad no ha acabado aún, y su intensidad le hace olvidar el calor y la sed.[9]

Dietrich fue el único de los hijos[10] que heredó la blanca tez de su madre y su cabello rubio. Los tres hermanos mayores eran morenos como su padre. Klaus, el más joven de los hermanos de Dietrich, era cinco años mayor que él. Sus tres hermanos y las dos hermanas mayores formaban un quinteto natural, mientras que Dietrich se vio arrinconado con Sabina y Susi, su hermana pequeña, en el grupo de los «tres pequeños». En este trío, Dietrich disfrutó de su papel como protector fuerte y caballeroso. «Jamás olvidaré el carácter tan dulce —escribiría más tarde Sabine— que mostraba cuando recogíamos bayas en las laderas durante aquel caluroso verano. Llenaba mi pequeña jarra con las frambuesas que tanto trabajo le había costado conseguir para que yo no tuviera menos que él, o compartía su bebida conmigo». Cuando leían juntos, «empujaba el libro para que quedara delante de mí... aunque esto dificultara su propia lectura, y siempre era amable y servicial si se le pedía alguna cosa».

Su inclinación caballerosa[11] iba más allá de sus hermanas. Adoraba a Fräulein Käthe van Horn, su institutriz desde la infancia, y «de propia voluntad asumía el papel de ángel guardián que la ayudaba y la servía. Cuando se servía el plato favorito de ella, exclamaba: "No quiero más", y la obligaba a comerse su parte también. Solía decirle: "Cuando sea mayor me casaré con usted, y así siempre estará con nosotros"».

Sabine también recordaba[12] cuando, a la edad de seis años, su hermano se maravilló al ver a una libélula que revoloteaba sobre un arroyo. Con los ojos abiertos como platos, le susurró a su madre: «¡Mira! ¡Hay una criatura sobre el agua, pero no te asustes que yo te protegeré!».

Cuando Dietrich y Sabine[13] tuvieron edad suficiente para ser escolarizados, su madre le entregó la tarea a Fräulein Käthe, aunque ella seguía presidiendo la instrucción religiosa de sus hijos. Las primeras preguntas que se recogen de Dietrich son de cuando tenía cuatro años. Inquirió a su madre: «¿El buen Dios ama también al deshollinador?» y «¿Dios también se sienta a comer?».

Las hermanas Käthe y Maria van Horn llegaron a casa de los Bonhoeffer seis meses después del nacimiento de los gemelos y, durante dos décadas, se convirtieron en una parte vital de la vida familiar. Fräulein Käthe solía ocuparse de los tres pequeños. Las dos hermanas van Horn eran devotas cristianas instruidas en la comunidad de Heenhut, que significa «la atalaya del Señor», y tuvieron una decidida influencia espiritual sobre los niños Bonhoeffer. Fundada por el conde

Zinzendorf en el siglo XVIII, Herrnhut siguió la tradición pietista de los hermanos moravos. De niña, Paula Bonhoeffer asistió allí durante un tiempo.

El conde Zinzendorf abogaba por la idea de una relación personal con Dios, en lugar de la asistencia formal a la iglesia del luteranismo de aquel tiempo. Utilizaba el término *fe viva*, que comparaba desfavorablemente con el nominalismo predominante de la aburrida ortodoxia protestante. Para él, la fe no consistía en la conformidad intelectual a las doctrinas, sino que era un encuentro personal y transformador con Dios; por tanto, enfatizaba la lectura de la Biblia y los devocionales en casa. Sus ideas influyeron en John Wesley, que visitó aquella ciudad en 1738, año de su famosa conversión.

El lugar que la religión ocupaba en el hogar de los Bonhoeffer se hallaba lejos del pietismo, aunque seguía algunas tradiciones de Herrnhut. En primer lugar, rara vez asistían a la iglesia; para los bautismos y funerales acudían al padre o al hermano de Paula. La familia no era anticlerical —de hecho, a los niños les encantaba «jugar» a bautizarse unos a otros—, pero su cristianismo era principalmente de cosecha propia. En su vida cotidiana leían mucho la Biblia y cantaban himnos, todos ellos dirigidos por Frau Bonhoeffer. Su reverencia por las Escrituras era tal que leía las historias bíblicas a sus hijos con el texto verdadero de la Biblia en lugar de hacerlo en forma de historia para niños. Sin embargo, algunas veces utilizaba una Biblia ilustrada y explicaba las imágenes a medida que iba leyendo.*

La fe de Paula Bonhoeffer[14] era más evidente en los valores que ella y su esposo enseñaban a sus hijos. Hacer gala de altruismo, expresar generosidad y ayudar a otros era algo fundamental en la cultura de la familia. Fräulein Käthe recordaba que a los tres hijos les gustaba sorprenderla haciendo cosas buenas para ella: «Por ejemplo, ponían la mesa para la cena antes de que yo pudiera hacerlo. No sé si era Dietrich quien animaba a sus hermanas a hacerlo, pero debería sospecharlo». Las hermanas van Horn describían a todos los niños como «alegres», aunque jamás «groseros o maleducados». Con todo, su buena conducta no siempre era algo natural. Recordaba Fräulein Käthe:

---

* Bonhoeffer conocía muy bien los peligros del pietismo, pero hizo uso de la tradición teológica conservadora del Herrnhuter a lo largo de toda su vida, usando siempre los textos diarios de la Biblia morava para sus devocionales privados. Cada día había un versículo del Antiguo Testamento y otro del Nuevo. Se publicaba anualmente desde la época de Zinzendorf, y Bonhoeffer los conocía como *Losungen* (soluciones), aunque a veces solo se refería a ellos como «los textos». Estos *Losungen* destacaron enormemente en su decisión de regresar a Alemania en 1939. Siguió sus devocionales hasta el final de su vida, e inició en esta práctica a su prometida y a otros muchos.

Dietrich era travieso a veces, y dado a bromas variadas no siempre en el momento adecuado. Recuerdo que le gustaba hacerlo sobre todo cuando los niños debían lavarse y vestirse rápidamente porque estaban invitados a salir. Uno de esos días, pues, estaba bailando alrededor de la habitación y suponiendo una gran molestia. De repente, la puerta se abrió y su madre se precipitó hacia él y le dio un par de bofetadas a diestra y siniestra. Y se acabaron las tonterías. Sin derramar ni una sola lágrima, en ese momento hacía lo que debía.[15]

El traslado a Berlín, 1912

En 1912,[16] el padre de Dietrich aceptó el nombramiento a la cátedra de psiquiatría y neurología en Berlín. Esto le situaba a la cabeza de su especialidad en Alemania, posición que mantuvo hasta su muerte en 1948. Resulta difícil exagerar la influencia de Karl Bonhoeffer. Bethge dijo que su mera presencia en Berlín «convirtió la ciudad en un bastión contra la invasión del psicoanálisis de Freud y Jung. No era que tuviera una mente cerrada a las teorías no ortodoxas ni que rechazara por principio la validez de los esfuerzos por investigar las áreas inexploradas de la mente». Karl Bonhoeffer jamás desestimó a Freud, Jung o Adler en público ni sus teorías, sino que mantuvo las distancias con ellos mediante un escepticismo medido nacido de su devoción por la ciencia empírica. Como doctor en medicina y científico, tenía una opinión poco halagüeña de la especulación excesiva en la esfera desconocida de la llamada *psique*. Bethge citó a Robert Gaupp, amigo de Karl Bonhoeffer y psiquiatra de Heidelberg:

En la psicología intuitiva y la observación escrupulosa no había nadie por encima de él. Pero venía de la escuela de Wernicke, a la que solo le preocupaba el cerebro y no permitía nada que se apartara del pensamiento en términos de la patología cerebral ... No tenía ninguna prisa por avanzar en el campo de la interpretación oscura, indemostrable, atrevida e imaginativa, donde se tiene que suponer mucho y se puede demostrar muy poco ... Permaneció dentro de los límites del mundo empírico al que tenía acceso.[17]

Karl Bonhoeffer era sumamente cauteloso con todo lo que sobrepasaba aquello que uno pudiera comprobar con sus sentidos o deducir de dichas observaciones. Tanto en el psicoanálisis como en la religión se le podría definir como agnóstico.

En su casa reinaba una firme atmósfera[18] contra el pensamiento confuso, que incluía un prejuicio contra ciertos tipos de expresiones religiosas. Sin embargo, no había conflicto alguno entre la esfera del padre y la de la madre. A decir de todos, se complementaban de una manera hermosa. Que aquellas dos personas se amaban y se respetaban era más que evidente. Eberhart Bethge describe la suya como «una relación feliz en la que cada una de las partes suplementaba la fuerza de la otra con gran habilidad. Con ocasión de sus bodas de oro, se dijo que los días que habían estado separados el uno del otro durante los cincuenta años de matrimonio no llegaban a un mes, ni siquiera contando días sueltos».

Karl Bonhoeffer no[19] se habría definido como cristiano, pero respetaba la tutela de su esposa sobre los niños al respecto y prestaba su tácita aprobación, aunque solo fuera participando como observador. No era el tipo de científico que descartara la existencia de una esfera por encima de la física y parecía sentir un respeto genuino por los límites de la razón. Estaba completamente de acuerdo con los valores que su mujer enseñaba a los niños, entre los cuales se hallaba una seria consideración por los sentimientos y las opiniones de los demás, incluidos los de ella. Era nieta, hija y hermana de hombres que habían entregado su vida a la teología y sabía que se tomaba su fe muy en serio, por lo que había empleado a institutrices que tuvieran ese mismo sentir. Él solía estar presente en las actividades religiosas de la familia y en la celebración de las fiestas era su esposa quien las orquestaba; y siempre incluía himnos, lecturas de la Biblia y oraciones. «En todo lo relacionado con nuestra educación —recordaba Sabine— nuestros padres se mantuvieron unidos como un muro. Era imposible que uno dijera una cosa y el otro sugiriera otra distinta». Era un entorno excelente para el teólogo en ciernes que había en medio de ellos.

La fe que Paula Bonhoeffer[20] manifestaba hablaba por sí sola; vivía en los actos y era evidente en la forma en que ponía a los demás por delante de sí misma y enseñaba a sus hijos a hacer lo mismo. «En nuestra casa no había cabida para la falsa piedad ni ningún tipo de falsa religiosidad —comentaba Sabine—. Mamá esperaba que mostrásemos gran resolución». La mera asistencia a la iglesia tenía poco encanto para ella. El concepto de la gracia barata que Dietrich haría tan famoso con posterioridad debió de tener sus orígenes en su madre; tal vez no el término en sí, sino la idea subyacente: la fe sin obras no es fe en absoluto, sino una sencilla falta de obediencia a Dios. Durante el surgimiento de los nazis ella empujó a su hijo, con todo respeto, aunque firmemente, a conseguir que la iglesia viviera lo que afirmaba creer pronunciándose abiertamente en contra de Hitler y de los nazis y emprendiendo acciones contra ellos.

La familia parecía[21] tener lo mejor de lo que hoy podríamos considerar valores conservadores y liberales, de los tradicionales y los progresistas. Emmi Bonhoeffer, que conocía a la familia desde mucho antes de casarse con Klaus, el hermano de Dietrich, recordaba: «Sin lugar a duda, era la madre quien gobernaba la casa, su espíritu y sus asuntos, pero jamás concertaba u organizaba nada que al padre no le hubiera gustado que hiciera y que no le hubiera agradado. Según Kierkegaard, el hombre pertenece al tipo moral o al artístico. No conocía este hogar, que formaba una armonía de ambas cosas».

Sabine observó que su padre poseía:

una gran tolerancia que no dejaba lugar a una estrechez de mente y ampliaba los horizontes de nuestro hogar. Daba por sentado que intentaríamos hacer lo correcto y esperaba mucho de nosotros, pero siempre podíamos contar con su bondad y la equidad de sus juicios. Tenía un gran sentido del humor y nos ayudaba con frecuencia a vencer las inhibiciones con una broma a tiempo. Controlaba sus propias emociones con demasiada firmeza como para decirnos una sola palabra que no fuera totalmente adecuada. Su aversión por los estereotipos causó algunas veces que nos expresáramos con dificultad y que no estuviésemos seguros de nosotros mismos. Sin embargo, el efecto de esto fue que, como adultos, no nos gustaran los lemas, los cotilleos, lo banal o la locuacidad. Él no habría utilizado jamás un eslogan ni una frase «de moda».[22]

Karl Bonhoeffer enseñó a sus hijos a que hablaran solo cuando tenían algo que decir. No toleraba las expresiones sensibleras, como tampoco soportaba la autocompasión, el egoísmo o la vanagloria. Sus hijos le amaban y le respetaban de un modo que les hacía ansiar su aprobación; apenas tenía que recurrir a las palabras para comunicar sus sentimientos sobre cualquier tema. A veces bastaba con una ceja arqueada.

El profesor Scheller,[23] colega suyo, afirmó una vez: «Así como le desagradaba por completo todo lo inmoderado, exagerado o indisciplinado, en su propia persona todo estaba perfectamente controlado». A los niños Bonhoeffer se les había enseñado a dominar firmemente sus sentimientos. La emotividad, como la comunicación sensiblera, se consideraba una falta de moderación. Cuando su padre murió, Karl Bonhoeffer escribió: «De entre todas sus cualidades, desearía que nuestros hijos heredaran su sencillez y su veracidad. Jamás oí de él un estereotipo; hablaba poco y era un firme enemigo de todo lo caprichoso y lo antinatural».[24]

El traslado de Breslau a Berlín debió de parecer un salto a la familia. Para muchos, aquella ciudad era el centro del universo. Su universidad era una de las mejores del mundo, la ciudad era un centro intelectual y cultural, y constituía la sede de un imperio.

Su nueva casa —en la Bruckenallee, cerca de la parte noroccidental del Tiergarten— era menos espaciosa que la de Breslau y disponía de menos terreno alrededor. Pero tenía la distinción especial de compartir uno de sus muros con el Parque de Bellevue, donde jugaban los niños reales. Una de las institutrices de los Bonhoeffer —probablemente Fräulein Lenchen— era una especie de monárquica que corría entusiasmada con los niños que tenía a su cargo para echar un vistazo al káiser o al príncipe heredero cuando pasaban en su auto. Los Bonhoeffer valoraban la humildad y la sencillez, y no soportaban que nadie se quedara embobado contemplando a los miembros de la familia real. Cuando Sabine se jactó de que una de las princesitas se había acercado a ella y había intentado pincharle con un palo, la respuesta fue un silencio de reproche.

En Berlín, los niños mayores ya no estudiaban en casa, sino que asistían a la escuela cercana. Desayunaban en el porche: pan de centeno, mantequilla y mermelada, con leche caliente y, a veces, cacao. Las clases comenzaban a las ocho. El almuerzo consistía en pequeños sándwiches —mantequilla y queso o salchicha— envuelto en papel vegetal, que llevaban a la escuela en sus mochilas. En Alemania no existía nada parecido a un almuerzo a media mañana en aquellos días, de modo que se consideraba un segundo desayuno.

En 1913, Dietrich, que tenía siete años, comenzó la escuela fuera de casa. Durante los siguientes seis años asistió al Friedrich-Werder Gymnasium. Sabine dijo que se esperaba que fuese hasta la escuela solo:

> Le asustaba caminar hasta allí solo, porque tenía que cruzar un largo puente. De modo que, al principio, le acompañaron y sus compañeros caminaban por el otro lado de la calle para que no se sintiese avergonzado delante de los demás niños. Finalmente venció su temor. También se asustaba de Santa Claus y mostraba cierto recelo al agua cuando nosotros, los gemelos, aprendimos a nadar. Las primeras veces lanzaba un alarido ... Más tarde se convirtió en un excelente nadador.[25]

A Dietrich le fue bien en la escuela,[26] aunque no se puede decir que no necesitara disciplina, y sus padres no vacilaban a la hora de proporcionársela. A la edad de ocho años, su padre escribió: «Dietrich hace su trabajo con espontaneidad y pulcramente. Le gusta luchar y lo hace con frecuencia». En una ocasión atacó a un compañero cuya madre sospechó que en casa se respiraba una atmósfera antisemítica. Paula Bonhoeffer se sintió horrorizada solo de pensarlo y se aseguró de que la mujer supiera que en su hogar no se toleraba nada por el estilo.

Friedrichsbrunn

Con el traslado a Berlín, su casa de Wölfesgrund quedaba demasiado lejos, de modo que la vendieron y encontraron una casa de campo en Friedrichsbrunn en los montes del Harz. Había sido un albergue forestal y ellos conservaron su sensación de sencillez. No instalaron la electricidad durante treinta años. Sabine describe cómo fue viajar hasta allí:

> El viaje, en dos compartimentos especialmente reservados bajo la supervisión de Fräulein Horn, fue un gozo en sí mismo. En Thale, nos esperaban dos carruajes y dos parejas, una para los miembros más pequeños del grupo y los adultos y el otro para el equipaje. La mayor parte del equipaje pesado se había enviado ya con antelación y dos doncellas habrían viajado de antemano, unos días antes, para limpiar y calentar la casa.[27]

Algunas veces, los chicos hacían que el carruaje fuera por delante hasta Thale y ellos caminaban los restantes seis kilómetros y medio atravesando el bosque. Los cuidadores, Herr y Frau Sanderhoff, vivían en una casita dentro de la propiedad. El marido mantenía la pradera bien segada y la mujer se aseguraba que hubiera verduras del huerto y leña.

Las hermanas van Horn[28] solían regresar a Friedrichsbrunn antes que los padres, y se llevaban a los niños. Siempre se esperaba la llegada de los progenitores con gran entusiasmo. Sabine y Dietrich solían bajar en el carruaje hasta la estación de ferrocarril de Thale para recibirlos. «Mientras tanto... habíamos alumbrado la casa con pequeñas velas en tazas que utilizábamos para colocar en todas las ventanas —recuerda Sabine—. De este modo, incluso desde lejos, la casa se veía radiante para recibir a los recién llegados».

En los treinta y tantos años que visitaron Friedrichsbrunn, Dietrich solo tuvo un recuerdo de pesadilla. Ocurrió en 1913, durante su primer verano allí. Un sofocante día de julio, Fräulein Maria decidió llevar a los tres pequeños y a Úrsula a un lago de montaña cercano. Fräulein Lenchen también los acompañó. Fräulein María les advirtió que se refrescasen un poco antes de meterse en el agua, pero Fräulein Lenchen ignoró el aviso y nadó rápidamente hasta la mitad del lago, donde se hundió instantáneamente. Sabine recuerda:

Dietrich fue el primero en darse cuenta y lanzó un grito desgarrador. De un solo vistazo, Fräulein Horn entendió lo que había ocurrido. Todavía puedo verla echando a un lado su reloj de cadena, con su larga falda de lana, nadando con firmes movimientos rápidos, gritando por encima de su hombro: «¡Que todo el mundo se quede en la orilla!».

Teníamos siete años y aún no sabíamos nadar. Lloramos, temblamos y sostuvimos con firmeza a la pequeña Susie. Podíamos oír cómo nuestra querida Fräulein Horn gritaba a la mujer que se ahogaba: «¡No dejes de nadar! ¡No dejes de nadar!». Vimos cuánto le costó salvar a Lenchen y traerla de vuelta. Al principio, esta se enganchó a su cuello, pero pronto perdió el conocimiento y pudimos oír cómo Fräulein Horn exclamaba: «¡Ayúdame, Dios mío, ayúdame!», mientras nadaba de regreso con Fräulein Lenchen sobre su espalda, quien, todavía inconsciente, fue colocada de lado. Fräulein Horn le metió un dedo en la garganta para que saliera el agua. Dietrich le daba suaves palmadas en la espalda y todos estábamos agachados alrededor de Fräulein Lenchen. Pronto recuperó la consciencia y Fräulein Horn elevó una larga oración de agradecimiento.[29]

Los niños Bonhoeffer llevaron amigos a Friedrichsbrunn, aunque, a lo largo de toda su infancia, el círculo de amigos de Dietrich se limitó a la familia. Su primo Hans-Christoph von Hase los visitaba durante largos periodos y, juntos, cavaban zanjas y hacían excursiones en los inmensos pinares para buscar fresas salvajes, cebollas y champiñones.

Dietrich también pasaba mucho tiempo leyendo.

A Dietrich le encantaba sentarse bajo los serbales de nuestra pradera y leer sus libros favoritos, como *Rulamann*,* la historia de un hombre de la Edad de Piedra, y *Pinocho*, que le hacía estallar de risa y cuyos pasajes más divertidos nos leía una y otra vez. Tenía unos diez años por aquel entonces, pero conservaba su sentido de la comedia alegre. El libro *Héroes de todos los*

---

* Un libro popular para niños que pretendía narrar las aventuras prehistóricas de un cavernícola en los Alpes Suabos.

días* le conmovió mucho. Contenía historias de jóvenes que, por su valor, su presencia de ánimo y su altruismo, habían salvado la vida de otros, y esas narraciones solían acabar de un modo triste. *La cabaña del tío Tom* le mantuvo ocupado durante largo tiempo. Allí, en Friedrichsbrunn, fue también donde leyó por primera vez a los poetas clásicos y, por la noche, leíamos mientras representábamos distintas partes.[30]

Algunas veces, por las noches,[31] jugaban a la pelota en la pradera con los niños del pueblo. En el interior, se divertían con adivinanzas y cantando canciones populares. «Observaban cómo la neblina de los prados flotaba y subía por los abetos», comentó Sabin, y veían como anochecía. Cuando aparecía la luna, cantaban «Der Mond ist Aufgegangen» [La luna ha salido]:

> Der Mond ist aufgegangen
> die goldnen Sternlein prangen
> am Himmel hell und klar!
> Der Wald steht Schwarz und schweiget
> Und aus den Wiesen steiget
> Der weisse Nebel wunderbar.**

Las palabras de folclore y religión se mezclaban tanto a principios del siglo XIX en la cultura alemana que incluso las familias que no asistían a la iglesia solían ser profundamente cristianas. Esta canción popular es típica; comienza como un himno a la belleza del mundo natural, pero pronto se convierte en una meditación sobre la necesidad que la humanidad tiene de Dios y, finalmente, en una oración que le pide que nos ayude a nosotros, «pobres y orgullosos pecadores», para que veamos su salvación cuando muramos y, mientras tanto, aquí en la tierra, que seamos «como niños pequeños, alegres y fieles».

La cultura alemana era ineludiblemente cristiana. Era el resultado del legado de Martín Lutero, el monje católico que creó el protestantismo. Gravitando sobre la cultura y la nación alemana, como padre y madre, Lutero fue para Alemania lo que Moisés para Israel; en su briosa e irritable persona se combinaban de una forma maravillosa y terrible la nación alemana y la fe luterana.

---

* Uno de los últimos libros que leyó fue *Las vidas paralelas* de Plutarco. Se separó de él unas horas antes de su ejecución (véase pág. 526).

** La luna ha escalado hasta el cielo, donde las estrellas doradas brillan luminosas y claras. Los bosques están oscuros y silenciosos; y, desde las praderas, como un sueño, la blanca niebla se eleva en el aire.

No podemos sobrestimar su influencia. Su traducción de la Biblia al alemán fue un cataclismo. Como el medieval John Bunyan, de un solo golpe, Lutero hizo añicos el catolicismo europeo y, por añadidura, creó la lengua alemana moderna que, a su vez, fue el artífice del pueblo alemán. La cristiandad se partió en dos, y de la tierra que había junto a ella surgió el *Deutsche Volk* [el pueblo alemán].

La Biblia de Lutero fue a la lengua alemana lo que las obras de Shakespeare y la Biblia King James a la lengua inglesa moderna. Solo existía en una mezcolanza de dialectos y Alemania como nación era una idea lejana en el futuro, un reflejo en la mirada de Lutero. Pero, cuando tradujo la Biblia al alemán, creó una única lengua, un solo libro que todos podían leer y leyeron. En realidad, no había nada más *para* leer. Enseguida todos empezaron a hablar el alemán a la manera de la traducción de Lutero. Como el efecto homogeneizador que la televisión ha tenido sobre los acentos y dialectos de las estadounidenses, así la Biblia de Lutero suavizó los acentos y lijó las tonalidades consiguiendo una única lengua alemana. De repente, los molineros de Munich podían comunicarse con los panaderos de Bremen. De esto surgió el sentido de una herencia y una cultura comunes.

Pero Lutero llevó a los alemanes a un compromiso más pleno con su fe también a través de las canciones. Escribió muchos himnos —el más conocido de todos, *Castillo fuerte es nuestro Dios*— e introdujo la idea de un canto congregacional. Antes de él, nadie cantaba en la iglesia a excepción del coro.

¡Hurra, hay una guerra!

Los Bonhoeffer pasaron el verano de 1914 en Friedrichsbrunn. Pero, el primer día de agosto, cuando sus tres hijos más pequeños y su institutriz se hallaban en el pueblo divirtiéndose, el mundo cambió. Revoloteando por aquí y por allá, a través de la multitud y hasta llegar donde ellos se encontraban, saltó la impactante noticia de que Alemania había declarado la guerra a Rusia. Dietrich y Sabine tenían ocho años y medio, y así es como ella recuerda la escena:

> El pueblo celebraba su festival de tiro. Nuestra institutriz nos arrastró de repente apartándonos de aquellos hermosos e incitantes puestos y del tiovivo tirado por un pobre caballo blanco. Quería llevarnos de vuelta a Berlín, junto a nuestros padres, tan rápidamente como le fuera posible.

Con tristeza, contemplé el escenario de las festividades que ahora se quedaba vacío, donde los feriantes recogían sus tiendas a toda prisa. Aquella noche, ya tarde, pudimos oír a través de la ventana las canciones y los gritos de los soldados en sus celebraciones de despedida. Al día siguiente, una vez que los adultos hicieron apresuradamente el equipaje, nos encontramos sentados en el tren que iba a Berlín.[32]

Cuando llegaron a casa, una de las niñas entró corriendo y exclamó: «¡Hurra! ¡Hay una guerra!». Enseguida recibió una bofetada. Los Bonhoeffer no se oponían al conflicto, pero tampoco lo celebrarían.

Sin embargo, en esto formaban parte de la minoría, y en aquellos días prevalecía un tono general de vértigo. Pero el 4 de agosto sonó la primera nota discordante: Gran Bretaña había declarado la guerra a Alemania. De repente, todo lo que quedaba por delante podría no ser tan maravilloso como todos pensaban. Aquel día, Karl Bonhoeffer caminaba a lo largo de Unter den Linden (el famoso bulevar «Bajo los tilos») con los tres muchachos mayores:

La euforia de las multitudes fuera del palacio y de los edificios del gobierno, que había ido en aumento durante los últimos días, había dado paso ahora a un silencio sombrío, que tenía un efecto extraordinariamente opresor. La severidad del conflicto que les esperaba era ya evidentemente manifiesto para las masas y la esperanza de un final rápido de la guerra se extinguía para quienes tenían conocimiento, porque los británicos habían entrado en las filas de los enemigos.[33]

En su mayor parte, sin embargo, los chicos estaban emocionados y así permanecieron durante algún tiempo, aunque pusieron especial cuidado en no expresarlo. Como concepto, la guerra no había caído aún en desgracia por toda Europa; eso no llegaría hasta cuatro años después. En esa fase temprana del conflicto, el lema de los colegiales, «Dulce Et Decorum Est Pro Patria Mori»* todavía no se había pronunciado con amargura o ironía. Vivir en un mundo propio llevaba a los soldados a vestir un uniforme y marchar a la guerra como lo habían hecho los héroes del pasado. Era una romántica emoción.

Los hermanos de Dietrich no podían ser llamados hasta 1917, y nadie soñaba con que la guerra durara tanto. Pero podían verse atrapados en todo aquello y hablar sobre ello con conocimiento, como lo hacían los mayores.

---

* Dulce y honorable es morir por la patria.

Dietrich solía jugar a los soldados con su primo Hans-Christoph y, el siguiente verano en Friedrichsbrunn, escribió a sus padres pidiéndoles que le enviaran artículos de los periódicos sobre los acontecimientos en el frente. Como muchos niños, hizo un mapa en el que clavó alfileres de colores que marcaban el avance alemán.

Los Bonhoeffer eran sinceros patriotas,[34] pero jamás hicieron gala de la pasión nacionalista de la mayoría de sus paisanos. Mantenían un sentido de la perspectiva y una frialdad que enseñaron a sus hijos a cultivar. En una ocasión, Fräulein Lenchen compró un pequeño broche a Sabine con una inscripción que decía: «¡Ahora los vamos a apalear!». «Me sentía muy orgullosa de verlo brillar sobre mi blanco cuello —recuerda Sabine—; pero, a mediodía, cuando fui a ver a mis padres llevándolo puesto, mi padre me dijo: "Vaya, ¿qué tienes ahí? Dámelo". Y el broche desapareció dentro de su bolsillo». Su madre le preguntó de dónde lo había sacado y prometió encontrar uno más bonito para remplazarlo.

Con el tiempo, las realidades de la guerra llegaron a casa. Un primo murió. Luego otro. Un tercero perdió la pierna. Su primo Lothar recibió un disparo en un ojo y su pierna quedó gravemente aplastada. Luego cayó otro primo. Hasta la edad de diez años, los gemelos dormían en la misma habitación. Tras decir sus oraciones e himnos, se acostaban en la oscuridad y hablaban de la muerte y de la eternidad. Se preguntaban cómo sería estar muerto y vivir en la eternidad; de alguna manera, tenían la idea de que podrían tocarla con solo centrarse exclusivamente en la palabra misma, *Ewigkeit*. La clave era evitar cualquier otro pensamiento. «Después de concentrarnos intensamente durante largo tiempo —contaba Sabine— la cabeza empezaba a darnos vueltas. Manteníamos estoicamente este ejercicio autoimpuesto por mucho rato».

La comida empezó a escasear también. Aun para los relativamente acomodados Bonhoeffer, el hambre empezó a ser un problema. Dietrich se distinguió por los recursos que tenía para conseguir alimentos. Se involucró en detectar los suministros de alimentos de tal manera que su padre alabó su habilidad como «mensajero y *boy scout* de la comida». Incluso ahorró su propio dinero para comprar una gallina. Estaba ansioso por hacer su parte. Algo tenía que ver con su sentido de la competición con sus hermanos mayores. Tenían cinco, seis y siete años más que él y eran brillantes, igual que sus hermanas. Pero en lo que sí los superaba a todos era en la aptitud para la música.

A la edad de ocho años, Dietrich comenzó a tomar clases de piano. Todos los niños recibieron lecciones de música, pero ninguno prometía tanto como él. Su memoria fotográfica era extraordinaria. A los diez años empezó a tocar las sonatas de Mozart. Las oportunidades de exposición a la buena música eran infinitas en Berlín. Con once años escuchó la Novena Sinfonía de Beethoven interpretada por la Filarmónica de Berlín bajo la dirección de Arthur Nikish y le escribió a su abuela sobre ello. Finalmente, llegó a hacer arreglos y componer. Le gustaba la canción de Schubert «Gute Ruh»* y, cuando tenía aproximadamente catorce años, le hizo los arreglos necesarios para trío. Aquel mismo año compuso una cantata sobre el versículo seis del Salmo 42: «Dios mío, mi alma está abatida en mí». Aunque al final se decantó por la teología en lugar de la música, esta siguió siendo una profunda pasión a lo largo de su vida. Se convirtió en una parte vital de su expresión de la fe y enseñó a sus estudiantes a apreciarla y hacer de ella un aspecto central de sus expresiones de fe.

Los Bonhoeffer eran una familia sumamente musical, de manera que las primeras experiencias de Dietrich en este campo procedieron del contexto de las veladas musicales familiares de todos los sábados por la noche. Su hermana Susanne lo recuerda así:

> Cenábamos a las siete y media y, a continuación, pasábamos a la sala de dibujo. Por lo general, los chicos comenzaban con un trío: Karl-Friedrich tocaba el piano, Walter el violín y Klaus el chelo. Luego, «Hörchen»** acompañaba a mi madre mientras cantaba. Cada uno que hubiera recibido lecciones aquella semana debía presentar algo aquella noche. Sabine aprendía a tocar el violín y las dos hermanas mayores cantaban duetos, así como *Lieder* de Schubert, Brahms y Beethoven. Dietrich era infinitamente mejor que Karl-Friedrich al piano.[35]

En opinión de Sabine, Dietrich era especialmente sensible y generoso como acompañante, «siempre ansioso por tapar los errores de los demás intérpretes y evitarles cualquier apuro». Emmi Delbrück, su futura cuñada, también solía estar presente:

> Mientras tocábamos, Dietrich se ponía al piano y mantenía el orden. No recuerdo un momento en el que no supiera dónde nos encontrábamos cada uno de nosotros. Jamás se limitaba a tocar su parte: desde el principio oía la totalidad. Si el chelo se adelantaba durante demasiado tiempo, o entre movimientos, agachaba la cabeza y no dejaba ver la más ligera impaciencia. Era cortés por naturaleza.[36]

---

* «Nana del arroyo» de *Die Schöne Müllerin* [La bella molinera].
** Era el término que solían utilizar para su institutriz, María van Horn.

Dietrich disfrutaba particularmente acompañando a su madre cuando cantaba los salmos de Gellert-Beethoven y, cada Nochebuena, lo hacía mientras ella cantaba *Lieder* de Cornelius. Las veladas musicales familiares de los sábados se celebraron durante muchos años y siguieron incluyendo a nuevos amigos. Su círculo parecía expandirse constantemente. También daban recitales especiales y conciertos de cumpleaños y otras ocasiones especiales, que culminaron con su última representación, a finales de marzo de 1943, cuando Karl Bonhoeffer cumplió los setenta y cinco años. La familia, ya muy aumentada, interpretó la cantata de Walcha, *Lobe den Herrn* («Alaba al Señor») que Dietrich dirigió y en la que tocó el piano.

Grunewald

En marzo de 1916, mientras la guerra rugía, la familia se mudó de la Bruckenallee a una casa que se hallaba en el distrito berlinés de Grunewald. Era otro barrio de prestigio, donde vivían muchos de los profesores distinguidos de Berlín. Los Bonhoeffer entablaron una estrecha amistad con muchos de ellos, y sus hijos pasaron tanto tiempo juntos que empezaron a casarse entre sí.

Como la mayoría de las casas de Grunewald, la de los Bonhoeffer era inmensa y estaba situada en la Wangenheimstrasse. Constaba de un acre completo de jardines y terrenos. Es muy probable que su elección se debiera a su gran parcela; en tiempos de guerra, con una prole de ocho hijos, que incluía a tres adolescentes, nunca tenían suficiente comida. Por tanto, plantaron considerables huertos e incluso criaron pollos y cabras.

Su vivienda estaba llena de tesoros artísticos y reliquias familiares. En el salón había retratos de los antepasados Bonhoeffer, junto a unos grabados del artista italiano del siglo XVIII Piranesi. También se podían ver extensos paisajes pintados por su bisabuelo, el conde Stanislaus von Kakreuth. Él había diseñado el imponente aparador que dominaba el comedor. Tenía dos metros cuarenta de alto y recordaba a un templo griego, con cenefas y otros tallados, y dos columnas que soportaban un frontón almenado. Dietrich escalaba como podía esta reliquia y, desde sus solitarios muros, espiaba las idas y venidas en el comedor, muy por debajo de él, cuya mesa para veinte comensales y cuyos suelos de parquet se abrillantaban a diario. En una esquina —apoyado en un pedestal intrincadamente tallado que se abría para descubrir una alcuza— se hallaba un busto de su ilustre antepasado, el teólogo Karl August von Hase. Como era el abuelo paterno, ese gabinete se llamaba *Grossvater*.

La infancia de Bonhoeffer parece algo sacado de una ilustración de cambio de siglo del artista sueco Carl Larsson o de *Fanny y Alexander* de Ingmar Bergman, pero sin las connotaciones de angustia y aprensión. Los Bonhoeffer eran ese «bicho raro»: una familia realmente feliz, y su ordenada vida siguió a lo largo de las semanas, meses y años como lo había hecho siempre, con sus veladas musicales de los sábados y con muchas celebraciones de cumpleaños y fiestas. En 1917, Dietrich sufrió una crisis de apendicitis, con la consiguiente apendicectomía, pero la interrupción fue ligera y no vino del todo mal. Como siempre, las orquestaciones de Paula Bonhoeffer para las celebraciones de la Navidad fueron especialmente hermosas, con lecturas de la Biblia e himnos, de tal manera que aun quienes no eran demasiado religiosos se sintieron incluidos. Así lo recuerda Sabine:

> En los domingos de adviento nos reuníamos con ella alrededor de la larga mesa y cantábamos villancicos; papá también se unía a nosotros y leía de los cuentos de Andersen ... La noche de Navidad empezaba con la historia del Nacimiento. Toda la familia se sentaba en círculo, las doncellas también, con sus delantales blancos, con solemnidad y expectantes, hasta que nuestra madre comenzaba a leer ... Leía la historia de la Navidad con una voz firme y alta y, a continuación, siempre entonaba el himno «Este es el día que el Señor ha hecho» ... Cuando las luces ya se extinguían, cantábamos villancicos en la oscuridad hasta que nuestro padre, que había salido sin que nos diésemos cuenta, encendía las pequeñas velas del pesebre y el árbol. En ese momento sonaban las campanas y a nosotros, los tres pequeños, se nos permitía acercarnos los primeros a la habitación de Navidad, a las velas del árbol, y nos quedábamos allí, de pie, cantando con alegría: *El árbol de Navidad es el más hermoso*». Solo entonces podíamos ver nuestros regalos.[37]

La guerra llega a casa

Conforme la guerra continuaba,[38] los Bonhoeffer oían más noticias de muertes y heridos de su amplio círculo. En 1917, sus dos hijos mayores, Karl-Friedrich y Walter, recibirían la convocatoria para incorporarse a filas. Ambos habían nacido en 1899 y ahora les tocaría ir a la guerra. Aunque podían haberlo hecho, los padres no buscaron recomendaciones para evitar que sirvieran en primera línea. La mayor necesidad alemana era en infantería y allí se alistaron ambos. En cierto modo, su valentía presagiaba lo que llegaría veintidós años después, en la siguiente guerra. Los Bonhoeffer habían educado a sus hijos para que hicieran lo correcto, de modo que cuando actuaban sin egoísmo y con valor, era muy difícil discutir. Las palabras extraordinarias que Karl Bonhoeffer escribiría a un colega en 1945, tras enterarse de la muerte de sus hijos Dietrich y Klaus —así como de sus dos yernos— capta perfectamente la actitud de esta familia durante ambas guerras: «Nos sentimos tristes, pero también orgullosos».

Tras el periodo de instrucción básica, ambos hermanos fueron enviados al frente. Karl-Friedrich se llevó consigo sus libros de texto de Física. Walter se había estado preparando para este momento desde que estalló la guerra, fortaleciéndose mediante largas excursiones con peso adicional en su mochila. Aquel año, las cosas seguían pintando muy bien para Alemania. De hecho, los alemanes confiaban plenamente en que el káiser declarara el 24 de marzo de 1918 como fiesta nacional.

En Abril de 1918 le tocó el turno a Walter. Como lo habían hecho siempre y como lo seguirían llevando a cabo para la generación de sus nietos veinticinco años después, hicieron una cena especial de despedida. La gran familia se reunió en torno a la gran mesa, le entregó regalos hechos a mano, recitaron poemas y cantaron canciones compuestas para la ocasión. Dietrich, que contaba entonces con doce años, hizo los arreglos para *Ahora, por fin, te deseamos suerte en tu viaje* y, acompañándose él mismo al piano, se la cantó a su hermano. Llevaron a Walter a la estación a la mañana siguiente y, al empezar el tren a alejarse, Paula Bonhoeffer corrió junto a él, diciendo a su muchacho de rostro lozano: «Lo que nos separa no es más que espacio». Dos semanas más tarde, murió en Francia por una herida de metralla. El fallecimiento de Walter lo cambió todo.

Sabine escribió:

Todavía recuerdo aquella radiante mañana de mayo y la terrible sombra que la ocultó de repente de nosotros. Mi padre se preparaba para marcharse en el auto a su clínica y yo estaba a punto de salir para la escuela. Entonces llegó un mensajero con dos telegramas y yo permanecí en el pasillo. Vi cómo mi padre abría los sobres a toda prisa; se quedó lívido, entró a su estudio y se dejó caer en la silla detrás del escritorio. Se inclinó sobre él con la cabeza apoyada en ambos brazos, ocultando su rostro con las manos ... Momentos después, por la puerta medio abierta, vi cómo mi padre subía las amplias escaleras agarrado al pasamano, cuando por lo general solía ascender por ellas con rapidez y ligereza para ir al dormitorio donde se encontraba mi madre. Se quedó allí durante horas.[39]

Walter había resultado herido por la explosión de una bomba el 23 de abril. A los doctores no les había parecido que las heridas eran tan graves y escribieron a la familia para aliviar su preocupación. Sin embargo, se había inflamado y su estado había empeorado. Tres horas antes de su muerte, Walter dictó una carta para sus padres:

> Queridos míos:
> Hoy me han operado por segunda vez y debo admitir que fue más desagradable que la primera vez, porque las astillas que me sacaron estaban más hondas. Después tuvieron que ponerme dos inyecciones de alcanfor con un intervalo entre ambas; espero que esto resuelva el asunto. Estoy utilizando mi técnica de pensar en otras cosas para no recrearme en el dolor. Existen cosas más interesantes en el mundo ahora mismo que mis heridas. Monte Kemmel y sus posibles consecuencias y las noticias de hoy sobre la toma de Ypres, son grandes razones de esperanza. No me atrevo a pensar en mi pobre regimiento que tanto ha sufrido estos últimos días. ¿Cómo va todo con los demás oficiales cadetes? Pienso en ustedes con nostalgia, queridos míos, a cada minuto de los largos días y en las noches.
> Desde tan lejos,
> Su Walter[40]

Más tarde, la familia recibió otras cartas[41] que Walter había escrito en los pocos días anteriores a su muerte, en las que indicaba cuánto había esperado poder venir de visita. «Aún hoy —escribió su padre muchos años después— no puedo pensar en esto sin reprocharme el no haber ido directamente, a pesar de los telegramas tranquilizadores recibidos que afirmaban explícitamente que era innecesario». Más tarde supieron que el oficial de mando al frente del regimiento de Walter era muy inexperto y había cometido la necedad de llevar a todos sus soldados a primera línea.

A principios de mayo, un primo que formaba parte del Estado Mayor escoltó el cuerpo de Walter de vuelta a casa. Sabine recuerda el funeral celebrado en primavera: «...el coche fúnebre con los caballos cubiertos de tela negra y todas las coronas, mi madre pálida como una muerta y cubierta con un gran velo negro de luto..., mi padre, mis parientes y la numerosa gente silenciosa, vestida de negro, de camino a la capilla». El primo de Dietrich, Hans-Christoph von Hase, recordaba: «...los niños y las niñas pequeñas lloraban y lloraban. Y su madre... nunca la había visto sollozar así».

La muerte de Walter fue un punto decisivo para Dietrich. El primer himno del culto fue «Jerusalén, ciudad edificada en lo alto».[*] Él cantaba con voz alta y clara, como a su madre le gustaba siempre que lo hiciera su familia. Ella también cantó, sacando fuerza de las propias palabras que hablaban del anhelo del corazón por la ciudad celestial donde Dios nos espera, nos consolará y «enjugará toda lágrima». Dietrich opinaba que debía parecer heroico y lleno de sentido:

> El noble tren de los patriarcas y los profetas,
> con todos los verdaderos seguidores de Cristo,
> que llevaron la cruz y pudieron desdeñar lo peor
> que los tiranos osaron hacer.
> Los veo resplandecer para siempre,
> tan gloriosos como el son,
> en medio de la luz que nunca se desvanecerá.
> Han ganado ya su perfecta libertad.

El tío de Dietrich, Hans von Hase, predicó el sermón. Recordando un himno de Paul Erhardt, habló de cómo el dolor y la tristeza de este mundo solo duraba un momento en comparación con la gozosa eternidad junto a Dios. Al final del culto, los camaradas de Walter portaron el féretro por el pasillo mientras los trompetas interpretaban el himno que Paula Bonhoeffer había escogido: *Was Gott tut, das ist Wholgetan* [Lo que Dios ha hecho, bien hecho está]. Sabine recordaba cómo los trompetistas tocaron la familiar cantata y, más tarde, se maravillaron de los himnos que su madre había elegido.

> Lo que Dios ha hecho, bien hecho está.
> Su voluntad siempre es justa.
> Me haga lo que me haga,
> En él siempre pondré mi confianza.

Paula Bonhoeffer se tomaba muy en serio aquellos sentimientos, aunque la muerte de su querido Walter era devastadora. Durante aquella amarga temporada, Karl-Friedrich permaneció en la infantería, y la indecible aunque cierta posibilidad

---

[*] «Jerusalén, ciudad justa y alta».

de poder perderlo a él también aumentaba su agonía. El joven Klaus, de diecisiete años, fue llamado a filas. Era demasiado. Ella se derrumbó. Durante varias semanas, incapaz de salir de la cama, se quedó en casa de los Schönes, sus vecinos cercanos. Incluso cuando regresó a casa, esta fuerte mujer extremadamente capaz, no pudo retomar sus obligaciones habituales hasta un año después. Transcurrieron varios años antes de que volviera a parecer ella misma. A lo largo de ese tiempo, Karl Bonhoeffer fue la fuerza de la familia, pero hasta pasados diez años no pudo volver a escribir su diario anual de año nuevo.

Las primeras palabras que tenemos de Dietrich Bonhoeffer aparecieron en una carta que escribió unos meses antes de la muerte de Walter. Fue días antes de su —y de Sabine— doce cumpleaños. Walter todavía no se había ido al frente, pero se encontraba haciendo la instrucción militar.

> Querida abuela:
> Por favor, ven el 1 de febrero, y así estarás aquí para nuestro cumpleaños. Sería mucho mejor si tú estuvieras. Por favor, decídete de una vez y ven el día 1 ... Karl-Friedrich nos escribe con mayor frecuencia. Recientemente nos ha comentado que ganó el primer premio en una carrera en la que compitieron todos los oficiales subalternos. Consistía en cinco marcos. Walter volverá el domingo. Hoy nos han dado diecisiete platijas de Boltenhagen, del mar Báltico, que nos comeremos esta noche.[42]

Boltenhagen es un balneario costero. Dietrich, Sabine y Susanne solían ir a veces con las hermanas van Horn. Sus vecinos, los Schönes, poseían una residencia de vacaciones allí.

Dietrich fue enviado allí con las hermanas van Horn en julio de 1918, unas cuantas semanas después de la muerte de Walter. Allí pudo escapar de la pesadumbre de Wangenheimstrasse por un poco de tiempo; podía jugar y ser un niño. La segunda carta suya que tenemos fue una que le escribió a su hermana mayor Úrsula, durante aquel tiempo:

> El domingo nos levantamos a las 7:30 de la mañana. Primero tomamos el desayuno ... Después corrimos a la playa y construimos nuestro propio castillo de arena. A continuación, hicimos una muralla alrededor de la silla de playa de mimbre. Luego trabajamos en la fortaleza. Durante las cuatro o

cinco horas que la dejamos mientras comíamos y tomábamos el té, el mar se la llevó enterita. Pero nos habíamos llevado nuestra bandera. Después del té volvimos y cavamos canales ... Entonces empezó a llover, y vimos cómo ordeñaban las vacas del señor Qualmann.[43]

En otra carta a su abuela (con el matasello del 3 de julio) parloteaba entusiasmado en una línea similar, pero el mundo exterior de muerte se inmiscuía incluso en ese ambiente infantil de castillos de arena y batallas imaginarias. De esta forma describió dos hidroaviones que hacían maniobras hasta que uno de ellos, de repente, cayó en picado:

Pronto vimos una espesa columna de humo negro que subía desde el suelo y ¡supimos que esto significaba que el avión se había estrellado! ... Alguien dijo que el piloto se había carbonizado, pero que el otro había saltado y solo se había lastimado una mano. Después, llegó donde nos encontrábamos y vimos que tenía todas las cejas chamuscadas ... Hace unos días (domingo), por la tarde, dormimos en nuestro castillo de arena y nos quemamos mucho con el sol ... Nos obligan a dormir una siesta todas las tardes. Hay dos niños más aquí, uno tiene diez años y el otro catorce, y también un niñito judío ... Ayer todo estaba iluminado de nuevo con puntos de luz, sin duda a causa de los pilotos ... Mañana, que es nuestro último día, planeamos hacer una guirnalda de hojas de encima para la tumba de Walter.[44]

En septiembre, Dietrich se reunió con sus primos von Hase en Waldau, a unos sesenta y cuatro kilómetros al este de Breslau. Allí, el tío Hans, hermano de Paula Bonhoeffer, era el superintendente del distrito eclesial de Liegnitz y vivía en la casa parroquial. Las visitas de Dietrich formaban parte de su conexión con el lado materno de la familia, en la que ser pastor o teólogo era algo tan normal como ser científico en la de los Bonhoeffer. Dietrich pasó muchas vacaciones con su primo Hans-Christoph, al que llamaban Hänschen, que era un año menor que él. Ya de adultos, permanecieron muy cercanos y Hans-Christoph seguiría los pasos de su primo en el programa Sloan Fellows del Union Theological Seminary en 1933, tres años después de él. Aquel mes de septiembre en Walday, los niños tomaron clases de latín juntos, pero en una carta que Dietrich escribió a sus hermanos se veía que otras cosas le entusiasmaban más:

No sé si ya les he escrito que encontramos huevos de perdiz y que cuatro ya se han roto. Tuvimos que ayudar a dos polluelos porque no podían salir. La gallina bajo la cual los colocamos no les está enseñando a comer, y nosotros no sabemos cómo hacerlo. Ahora ayudo más a menudo a Hänschen a hacer entrar a los animales. Siempre voy delante. Esto significa que los dirijo hacia las pacas de heno que han de ser cargadas y, hace poco, hasta conduje la carreta durante un buen trozo y con bastantes giros. Ayer, Klärchen y yo montamos a caballo. Fue hermoso. Aquí cosechamos con frecuencia y éxito, de modo que reunimos gran cantidad de grano. Hoy quiero volver a trillar y dejar que caiga por el separador ... Lamentablemente, la recolecta de fruta no es demasiado buena ... Esta tarde queremos ir a navegar al lago.[45]

Su celo infantil por divertirse nunca estaba demasiado lejos —ni siquiera de adulto, cuando la amenaza del peligro era grande—, pero siempre se pudo ver en él un lado serio e intenso. La muerte de Walter y la creciente posibilidad de que Alemania perdiera la guerra lo hizo aflorar. Fue por este tiempo cuando comenzó a pensar en estudiar teología y, al final de la guerra, cuando Alemania se tambaleaba bajo el peso de una economía devastada, siguió tomando la iniciativa de procurar comida. Al final del mes escribió a sus padres:

Ayer llevamos mi cosecha al molino. Superará lo que yo pensaba en un margen de entre cuatro kilos y medio a siete, dependiendo de lo fino que lo muelan ... Aquí el tiempo es magnífico prácticamente siempre. En los próximos días recogeremos las patatas ... Trabajo todos los días aquí con Hänschen y el tío Hans traduciendo del latín. ¿Vendrás a Breslau esta vez, querida mamá, ahora que Karl-Friedrich no está en el servicio activo?[46]

Alemania pierde la guerra

Si 1918 se puede considerar como el año en que Dietrich Bonhoeffer abandonó la infancia, se podría decir que Alemania también lo hizo. Sabine definió la época anterior a la guerra como un tiempo «en el que prevaleció un orden distinto, que nos parecía establecido con la suficiente firmeza para que durara siempre. Estaba imbuido de significado cristiano en el que se podía pasar una infancia protegida

y segura». En 1918, todo eso cambió. El káiser, que representaba la autoridad de
la Iglesia y del Estado, y quien, como testaferro, representaba a Alemania y el
estilo de vida alemán, quería abdicar. Era desolador.

Las cosas empezaron a verse claro en agosto, cuando la ofensiva final alemana fracasó. Después de esto, todo empezó a venirse abajo de una forma que nadie
podría haber imaginado. Muchos soldados alemanes se sintieron descontentos y
se volvieron en contra de sus líderes. Agotados, hambrientos y cada vez más enojados con los poderes que los habían llevado a aquel estado miserable, empezaron
a interesarse por ideas que se habían susurrado entre ellos. El comunismo seguía
siendo claro y recién estrenado —los horrores de Stalin y del archipiélago Gulag
ocurrirían varias décadas después— y les proporcionaba esperanzas y alguien a
quien culpar. Se pusieron en circulación copias de las *Cartas Espartaquistas** de Rosa
Luxemburgo, removiendo más el descontento entre los soldados que pensaban
que, de poderse salvar algo del caos, quizás debían ser ellos quienes tomaran la
iniciativa. ¿Acaso no se habían sublevado las tropas rusas contra sus comandantes? No tardaron mucho en elegir sus propios consejos y expresaron abiertamente
que habían dejado de confiar en al antiguo régimen y en el káiser.

Por fin, en diciembre, la pesadilla se hizo realidad: Alemania perdió la guerra.
La agitación que siguió no tenía precedentes. Solo unos meses antes habían estado a punto de conseguir la victoria. ¿Qué había sucedido? Muchos culpaban a los
comunistas por sembrar el desconcierto entre las tropas en un momento tan crucial. De ahí fue de donde salió la famosa leyenda *Dolchstoss* (puñalada-en-la-espal-
da). Mantenía que el verdadero enemigo en esta guerra no eran los poderes
aliados, sino aquellos alemanes procomunistas, probolcheviques, que habían destruido desde el interior toda probabilidad de victoria para Alemania, la habían
«apuñalado por la espalda». Su traición era mucho peor que cualquier enemigo al
que el país se hubiera enfrentado en los campos de batalla y eran ellos quienes
debían ser castigados. Esta idea de *Dolchstoss* creció después de la guerra, y fue del
agrado del partido Nacional Socialista y su líder, Hitler, que vivía para arremeter
contra los traidores comunistas que habían provocado todo aquello. Con gran
éxito, avivó las llamas de esta idea e insistió una y otra vez en la idea de que el
bolchevismo era realmente judaísmo internacional y de que los judíos y los comunistas habían destruido Alemania.

A finales de 1918 se palpaba la amenaza de un golpe comunista. Lo acontecido
en Rusia el año anterior estaba fresco en la memoria de cada alemán. Los líderes del
Gobierno debían impedir a toda costa que el mismo horror alcanzara a Alemania, y

---

* Un periódico procomunista ilegal.

creían firmemente que si echaban al viejo káiser a los lobos, la nación podría sobrevivir, si bien de otra forma: como un gobierno democrático. Era un alto precio, pero no había alternativa: el káiser debía abdicar. El pueblo lo pidió a gritos y los poderes aliados lo exigieron.

De modo que, en noviembre, recayó en el amado mariscal de campo von Hindenburg el hacer el trabajo más sucio de todos. Debía ir al Cuartel Supremo y convencer al Káiser Guillermo de que la monarquía había llegado a su fin en Alemania.

Era una tarea grotesca[47] y dolorosa, ya que Hindenburg era monárquico. Pero, por el bien de la nación, se desplazó a la ciudad belga de Spa y entregó a su káiser el ultimátum que marcó época. Cuando Hindenburg abandonó la sala de conferencias tras aquella reunión, un ordenanza de diecisiete años, originario de Grunewald, se encontraba de pie en el vestíbulo. Klaus Bonhoeffer nunca olvidó el momento en que el corpulento Hindenburg pasó rozándole. Tras la muerte de Walter, con Karl-Friedrich todavía en infantería, no es de sorprender que los Bonhoeffer quisieran que su soldado más joven sirviera donde el peligro estuviera alejado de su camino. Por consiguiente, fue destinado a Spa, y aquel día fue testigo de la historia. Más tarde describió el aspecto que Hindenburg tenía cuando salió: «Rígido como una estatua, tanto de rostro como de porte».

El 9 de noviembre, el káiser no vio más alternativa y abdicó. En un momento, la Alemania de los últimos cincuenta años se desvaneció. Pero las multitudes que pululaban por los alrededores de Berlín no estaban satisfechas. La revolución impregnaba el ambiente. La ultraizquierda espartaquista, liderada por Rosa Luxemburgo y Karl Liebknecht, había tomado el palacio del káiser y estaban a punto de declarar una republica soviética. Los socialdemócratas tenían mayoría en el Reichstab, pero esto podía desaparecer en cualquier momento. Del otro lado de la ventana, en la Koenigsplatz, las airadas multitudes clamaban pidiendo el cambio, exigiendo algo, *cualquier cosa*, y eso fue exactamente lo que obtuvieron. Tirando toda precaución por la borda y una concesión barata a la multitud que estaba allí abajo, Philipp Scheidemann* abrió la enorme ventana y, sin ninguna autoridad particular para hacerlo, ¡declaró la república alemana! Y eso fue todo.

Pero no era así de sencillo. Esta impetuosa declaración de la república de Weimar era el comienzo más imperfecto de un régimen democrático que uno pudiera imaginar. Era un arreglo que nadie había aprobado. En lugar de restaurar las profundas fisuras del cuerpo político alemán, las empapelaron, invitando así a futuros problemas. El ala derecha de los monárquicos y los militares prometieron

---

* Philipp Scheidemann (1865–1939) era un político alemán.

apoyar al nuevo gobierno, pero no lo hicieron jamás, sino que se distanciaron de él y lo culparon de haber perdido la guerra junto a todos los demás elementos izquierdistas, sobre todo los comunistas y los judíos.

Mientras tanto, a menos de un kilómetro y medio de distancia calle abajo, los comunistas que habían tomado el *Stadtschloss* (palacio) del káiser no estaban dispuestos a rendirse. Seguían queriendo una república soviética con todas las letras. Dos horas después de que Scheidemann declarara «la república alemana» desde la ventana del Reichstag, Liebknecht lo imitó, abriendo de par en par una ventana del *Stadtschloss* ¡y proclamando una «república socialista libre»! De esta forma tan infantil, con dos ventanas abiertas de un golpe en dos edificios históricos, empezaron los grandes problemas. La guerra civil de cuatro meses que llamaron la Revolución Alemana había comenzado.

El ejército restableció finalmente el orden derrotando a los comunistas y asesinando a Luxemburgo y a Liebknecht. En enero de 1919 se realizaron unas elecciones, pero nadie obtuvo mayoría y no hubo consenso. Estas fuerzas seguirían luchando durante años, y Alemania permanecería dividida y confusa hasta 1933, cuando un vagabundo de ojos desorbitados llegado de Austria acabaría con la confusión mediante la prohibición de toda disensión. Entonces empezarían los verdaderos problemas.

Sin embargo, cuando la primavera de 1919 fue pasando, justo cuando todos pensaban que las cosas se estaban restaurando para convertirse en algo con lo que pudieran vivir, llegó el golpe más humillante y aplastante de todos. Aquel mes de mayo, los aliados publicaron todas las condiciones para la paz que exigían y que habían firmado en el legendario Salón de los Espejos de Versalles. Los alemanes estaban atónitos. Pensaban que lo peor había quedado atrás. ¿Acaso no habían hecho todo lo que los aliados les habían pedido? ¿No habían echado al káiser de su trono? Y, más tarde, ¿no habían aplastado a los comunistas? Después de haber tratado con la derecha y con la izquierda, ¿no habían erigido un gobierno democrático decentemente centrista que poseía elementos de los gobiernos estadounidense, inglés, francés y suizo? ¿Qué más se podía esperar de ellos? Como se vería más adelante, mucho más.

El tratado requería que Alemania cediera territorio en Francia, Bélgica y Dinamarca, así como en sus colonias de Asia y África. También le exigía que pagara exorbitantes indemnizaciones en oro, barcos, madera, carbón y ganado. Pero había tres exigencias particularmente insostenibles: en primer lugar, Alemania debía ceder la mayor parte de Polonia, separando así el este de Prusia del resto de la nación; en segundo lugar, debía aceptar oficialmente que era la única responsable de la guerra; y, tercero, debía deshacer su ejército. Por separado, estas exigencias eran abyectas, pero tomadas en conjunto superaban toda comprensión.

Por todas partes, la protesta era intensa. Aquello era intolerable. Equivalía a una sentencia de muerte para la nación, y demostró serlo. Pero en aquel momento, no había más recurso que aceptar y, con ello, la profunda humillación que lo acompañaba. Scheidemann, el hombre que había abierto de golpe la ventana del Reichstag y proclamado fatuamente la república alemana, pronunciaba ahora una maldición: «¡Que la mano que firme este tratado se seque!». Se firmó de todos modos.

Un año antes, cuando los alemanes todavía esperaban la victoria en la guerra y acababan de derrotar a Rusia, ¿no habían obligado a los rusos a firmar un tratado que, ciertamente, era peor que el que ellos se veían forzados a rubricar ahora? ¿Acaso no habían mostrado menos misericordia entonces que la que ahora recibían? La paciencia se había agotado y estos problemas de ojo por ojo se sembraban ahora como el viento y crecerían y crecerían.

Como las demás familias alemanas, los Bonhoeffer siguieron la acción de cerca. Viviendo a unos pocos kilómetros del centro de Berlín, no podían evitarlo. Un día, estalló una batalla entre los comunistas y las tropas del gobierno a ochocientos metros de su casa, en la estación ferroviaria de Halensee. Dietrich, en el tono típico de un niño de trece años que se sentía emocionado por estar cerca de «la acción», escribió a su abuela:

> No era demasiado peligroso, pero lo pudimos oír con bastante claridad porque ocurrió de noche. Duró como una hora, Luego, esos sujetos fueron repelidos. Cuando lo volvieron a intentar alrededor de las 6:00 de la mañana, solo consiguieron tener la cabeza llena de sangre. Esta mañana oímos el fuego de artillería. No sabemos todavía de dónde procedía. En estos momentos se vuelve a escuchar, pero parece que es solo en la distancia.[48]

Pero Dietrich tenía preocupaciones[49] incluso más cerca de casa. Su madre todavía se estaba recuperando de la muerte de Walter. En diciembre de 1918, escribió a su abuela: «Mamá está mucho mejor ahora. Por las mañanas todavía se siente muy débil, pero por la tarde vuelve a mejorar. Lamentablemente, sigue sin comer apenas». Un mes después: «Hasta ahora, mamá se siente muy bien de nuevo ...

Durante un tiempo ha vivido con los Schönes, al otro lado de la calle. Desde entonces su mejoría ha sido importante».[50]

Aquel año, Dietrich acabó en la escuela Friedrich-Werder y se matriculó en la exclusiva Grunewald Gymnasium. Ya había decidido que sería teólogo, pero no estaba preparado para anunciarlo. Cumplir trece años era una transición importante de la niñez a la adultez, y sus padres lo reconocieron inscribiéndole a él y a Sabine para que tomaran clases de baile. También permitieron que se quedaran levantados, con los adultos, aquella víspera de Año Nuevo:

Sobre las once, se apagaron las luces, bebimos ponche caliente y las velas del árbol de Navidad se volvieron a encender. Todo esto era una tradición en nuestra familia. Ahora que estábamos sentados, todos juntos, nuestra madre leyó una porción del Salmo 19: «Señor, tú nos has sido refugio de generación en generación». Las velas se iban haciendo más pequeñas y la sombra del árbol cada vez más larga; mientras el año iba desvaneciéndose, cantamos el himno de Año Nuevo de Paul Gerhardt: «Ahora cantemos y oremos, y comparezcamos ante nuestro Señor, que nos ha dado la fuerza para vivir hasta ahora». Cuando había acabado la última estrofa, las campanas de la iglesia ya tañían anunciando el nuevo año.[51]

El mundo social de Grunewald era especialmente rico para los niños, ahora en edades comprendidas entre los once años de Susanne y los veintiuno de Karl-Friedrich. Ninguno se había casado aún, pero tenían un círculo de amigos y lo hacían todo juntos. Emmi Delbrück, que más tarde contraería matrimonio con Klaus, recordaba:

Teníamos nuestras fiestas y bailes en los que triunfaban el ingenio y la imaginación, también patinábamos sobre los lagos hasta que oscurecía; ambos hermanos ejecutaban valses y hacían números sobre el hielo, con una elegancia sencilla y fascinante. Luego, las tardes de verano, paseábamos por el Grunewald, cuatro o cinco parejas de los Dohnany, los Delbrück y los Bonhoeffer. Por supuesto que había cotilleos ocasionales e irritación, pero estas cosas se pasaban rápidamente: había tanto estilo, un nivel tan claro de gusto, un interés tan intenso en los distintos campos del conocimiento que ese periodo de nuestra juventud se me antoja ahora como un regalo que, al mismo tiempo, conllevaba una inmensa obligación y, probablemente, todos nos sentimos así de un modo más o menos consciente.[52]

Bonhoeffer elige teología

Hasta 1920, cuando cumplió los catorce, Dietrich no estuvo preparado para contarle a nadie que había decidido convertirse en teólogo. Había que ser valiente y atrevido para anunciar algo así en la familia Bonhoeffer. Su padre podría tratarlo con respeto y cordialidad, aunque no estuviera de acuerdo con ello, pero sus hermanos, hermanas y amigos no lo harían. Formaban un grupo formidable, todos sumamente inteligentes y, la mayoría de ellos, se oponían abiertamente y con burlas de las ideas de su engreído hermano pequeño. Siempre le tomaban el pelo y se lo hacían pasar mal por cosas mucho menos importantes que la elección de su profesión. Cuando tenía casi once años, pronunció mal el nombre de una obra de Friedrich Schiller, y abundaron las risas. Que leyera a Schiller a esa edad era algo que se daba por sentado.

Emmi Bonhoeffer recordaba el ambiente de entonces:

> La línea de Dietrich era mantener una distancia en las maneras y el espíritu, sin ser frío, mostrar interés sin curiosidad ... No podía soportar las conversaciones vacías. Sentía indefectiblemente si la otra persona realmente quería decir lo que afirmaba. Todos los Bonhoeffer reaccionaban con una sensibilidad extrema frente a todo amaneramiento y afectación de pensamiento; creo que formaba parte de su naturaleza y se agudizaba por su educación. Eran alérgicos al más ligero toque de esto, los hacía intolerantes, casi injustos. Mientras que nosotros, los Delbrück rehuíamos decir cualquier cosa banal, los Bonhoeffer se retraían de decir algo interesante por miedo a que, después de todo, no tuviera tanto interés y alguien pudiera sonreír irónicamente ante aquella afirmación inherente. La sonrisa de ironía de su padre pudo haber herido con frecuencia a las naturalezas delicadas, pero agudizaban las más fuertes ... En la familia Bonhoeffer uno aprendía a pensar antes de formular una pregunta o hacer una observación. Era un alivio cuando esto iba acompañado por una sonrisa amable, pero absolutamente devastador cuando su expresión permanecía seria. Sin embargo, él nunca quería desolar, y todo el mundo lo sabía.[53]

Emmi también recordaba que una vez Dietrich hubo anunciado su elección de estudiar teología, lo acribillaron a preguntas:

Nos gustaba hacerle preguntas que nos obsesionaban, por ejemplo, si el bien vencía realmente al mal o si Jesús quería que ofreciéramos la otra mejilla también a una persona insolente; y cientos de otros problemas que conducen a los jóvenes a un punto muerto cuando afrontan la vida real. A menudo él contrarrestaba con otra pregunta que nos aportaba mucho más que una respuesta concisa, por ejemplo: «¿Creéis que Jesús quería la anarquía? ¿No entró al templo con un látigo para echar fuera a los cambistas?». Él mismo era el que hacía las preguntas.[54]

Klaus, el hermano de Dietrich, había escogido la carrera de Derecho y se convertiría en el abogado principal de la Lufthansa, la aerolínea alemana. En una discusión sobre su elección de teología, Klaus se centró en el problema de la iglesia misma, la llamó «pobre, débil, aburrida e insignificante institución burguesa». «En ese caso —replicó Dietrich—, ¡tendré que reformarla!». La declaración pretendía ser un desafiante rechazo al ataque de su hermano y, quizás, hasta una broma, ya que no era una familia en la que se hicieran afirmaciones jactanciosas. Por otra parte, su trabajo futuro se inclinaría más en esta dirección de lo que nadie podría haber imaginado.

A su hermano Karl-Friedrich fue a quien menos agradó su decisión. Ya se había distinguido como brillante científico. Sentía que Dietrich estaba dando la espalda a la realidad científicamente verificable y escapaba para entrar en la niebla de la metafísica. En una de sus discusiones sobre el tema, Dietrich dijo: «Dass es einen Gott gibt, dafür lass ich mir den Kopf abschlagen», lo que significa algo así como: «Aunque me arrancaras la cabeza de un golpe, Dios seguiría existiendo».

Gerhard von Rad,[55] un amigo que conoció a Bonhoeffer en sus visitas a la casa de su abuela en Tubinga, recordaba que «era muy raro que un joven de esa élite académica se decantara a favor del estudio de la teología. En aquellos círculos no se confería un alto respeto ni a dicha carrera ni a la profesión de teólogo. En una sociedad cuyos rangos eran claramente discernibles, los teólogos universitarios quedaban bastante al margen, tanto académica como socialmente».

Aunque los Bonhoeffer no era gente de ir a la iglesia, todos sus hijos habían recibido la confirmación. A la edad de catorce años, Dietrich y Sabine fueron inscritos en la clase de confirmación del pastor Hermann Priebe en la iglesia de Grunewald. Cuando, en marzo de 1921, fue confirmado, Paula Bonhoeffer le entregó la Biblia de su hermano Walter. Durante el resto de su vida la utilizó para sus devocionales diarios.

Su decisión de convertirse en teólogo era firme, pero sus padres no estaban del todo convencidos de que fuera el mejor camino para él. Tenía tanto talento como músico que pensaron que todavía podría querer volverse en aquella dirección. El afamado pianista Leonid Kreutzer estaba dando clases en la Berliner Hochschule fur Musik, y los Bonhoeffer lo organizaron todo para que Dietrich tocara para él y escuchara su opinión.* El veredicto del músico no fue concluyente. En cualquier caso, más tarde, aquel mismo año, escogió la asignatura de hebreo como materia optativa en la escuela. Quizás fue entonces cuando su elección de teología se tornó irrevocable.

En noviembre de 1921, a la edad de quince años, Bonhoeffer asistió a la primera reunión evangelística de su vida. El general Bramwell Booth del Ejército de Salvación había dirigido el ministerio en Alemania antes de la guerra y, en 1919, grandemente conmovido por los informes del sufrimiento que allí había, sobre todo el hambre entre los niños, encontró un camino por canales oficiales y pudo conseguir que se distribuyera leche. También entregó cinco mil libras para aliviar los esfuerzos.

Dos años después,[56] Booth vino a Berlín para dirigir una serie de reuniones evangelísticas. Miles de personas acudieron, incluidos muchos soldados, quebrantados por la guerra. Sabine recuerda que «Dietrich estaba ansioso por participar en ellas. Era la persona más joven de todas las que allí había, pero estaba muy interesado. Se sintió impresionado por el gozo que había visto en el rostro de Booth, y nos habló de la gente que Booth arrastraba y de las conversiones». Una parte de él se sintió poderosamente atraído por este tipo de cosas, pero no volvería a ver nada parecido hasta pasados diez años, cuando asistiera a la Iglesia Bautista Abisinia de Nueva York.

La confusión de la Primera República de Weimar[57] nunca se alejó demasiado, sobre todo en Berlín. Cuando Bonhoeffer tenía dieciséis años, estuvo bastante cerca. El 25 de junio de 1922, escribió a Sabine: «Fui a la escuela y llegué después del tercer periodo. Llegué en el momento exacto en que oí un crujido peculiar en el patio. Rathenau había sido asesinado, ¡a unos escasos trescientos metros de nosotros! Vaya panda de bolcheviques miserables y derechistas! ... Aquí, en Berlín, la gente está respondiendo con enloquecido entusiasmo y rabia. En el Reichstag se pelean a puñetazos».

_____
* Kreutzer era un judío alemán posteriormente acosado por los nazis (en particular, Alfred Rosenberg) como «enemigo cultural», obligándole a emigrar a Estados Unidos en 1933.

Walther Rathenau, un judío políticamente moderado, había sido ministro alemán de Asuntos Exteriores y sentía que Alemania debía pagar sus deudas tal como estipulaba el Tratado de Versalles, a la vez que se intentara simultáneamente renegociarlas. Por estas opiniones y por ser judío, el ala de la derecha lo menospreció. Ese mismo día, enviaron un coche lleno de matones con ametralladoras para que le asesinaran cuando iba hacia sus oficinas en la Wilhemstrasse, cerca de la escuela de Bonhoeffer. Once años más tarde, cuando Hitler subió al poder, esos asesinos fueron declarados héroes nacionales alemanes. El 24 de junio se convirtió en fiesta nacional para conmemorar lo que hicieron.

Peter Olden, compañero de clase de Bonhoeffer, recordaba que oyeron los disparos estando en clase: «Todavía recuerdo la apasionada indignación de mi amigo Bonhoeffer, su enfado profundo y espontáneo ... Recuerdo que preguntó qué sería de Alemania si asesinaban a sus mejores líderes. No me olvido porque en aquel momento me sorprendió que alguien pudiera saber con tanta exactitud cuál era la situación».[58]

Bonhoeffer había sido educado en una comunidad de élite donde muchos de los amigos de su familia eran judíos. Aquella mañana, en su clase había varios chicos de destacadas familias judías. La sobrina de Rathenau era una de ellos.

Unas cuantas semanas más tarde, escribió a sus padres sobre un viaje en tren a Tubinga: «En realidad, un hombre empezó a hablar sobre política tan pronto como entró en el compartimento del tren. Era de mente muy estrecha, del ala derecha ... Lo único de lo que se había olvidado era de su esvástica».[59]

CAPÍTULO 2

TUBINGA

1923

Desde el tiempo en que tenía trece años ya tenía claro que quería estudiar teología.

—DIETRICH BONHOEFFER

En 1923 llegaron cambios significativos para los Bonhoeffer, incluida la primera boda de entre todos sus hijos. Úrsula, la hija mayor, se casó con Rüdiger Schleicher, un brillante abogado. Su padre había sido amigo y compañero de clase de Karl Bonhoeffer en Tubinga. Rüdiger estudió allí también, y se unió a la fraternidad de Igel, de la que Karl Bonhoeffer había sido un miembro distinguido en el pasado. Fue al visitar a este famoso exalumno en Berlín cuando conoció a su futura esposa.

En 1923, Maria van Horn también contrajo matrimonio: Richard Czeppan era un apreciado profesor de clásicas en el Grunewald Gymnasium, y había formado parte de la vida del 14 de Wangenheimstrasse durante años. Había sido tutor de Klaus, solía tocar el piano en las veladas musicales familiares y, en 1922, hizo una excursión de senderismo en Pomerania con Dietrich.

Aquel mismo año, Karl-Friedrich consiguió un prestigioso puesto como investigador en el Kaiser Wilhelm Institute, donde pronto dividiría el átomo, alzando de forma absurda el ya alto listón de los logros para sus inteligentes y ambiciosos hermanos. Su éxito como físico hizo que le llovieran invitaciones de las universidades más importantes de todo el mundo, incluido Estados Unidos, que visitaría, preparando así el camino para Dietrich unos cuantos años después.

Y, en 1923, Dietrich se marchó de casa, aunque, en realidad, en esta familia tan unida, nadie se iba en realidad. En pocos años, Christel y su esposo se mudaron al otro lado de la calle y, en los años treinta, Úrsula y Rüdiger también vinieron a vivir en la casa junto a la de sus padres en Charlottenburg, con lo que la residencia de los primeros era una extensión de la de los segundos. Los miembros de la familia hacían y recibían visitas con tanta frecuencia y se llamaban tanto por teléfono que los amigos de Dietrich solían gastarle bromas por ello. El siguiente año, Dietrich regresaría de Tubinga para estudiar en la Universidad de Berlín y viviría de nuevo en casa. Pasaría gran parte de los veinte años posteriores bajo el techo de sus padres, hasta el día en que fue arrestado, en 1943. Aun así, su partida para Tubinga supuso un momento importante para la familia.

Se marchó a finales de abril,[1] para el trimestre de verano, y viajó con Christel, que también estudiaba allí. Su abuela, Julie Bonhoeffer, vivía en aquella ciudad, en el 38 de Neckarhalde, sobre el río Neckar, y se quedaron con ella durante la mayor parte del tiempo que pasaron allí. Sus padres solían visitarlos a menudo. Bethge escribió que Bonhoeffer «permaneció mucho más arraigado a su casa de lo normal entre sus compañeros estudiantes» y «apenas hacía nada sin consultarlo con sus padres». En realidad, era tradición familiar que todos los Bonhoeffer empezaran sus estudios universitarios con un año en Tubinga. Karl-Friedrich lo había hecho así, en 1919; Klaus y Sabine habían sido los siguientes. Christel ya estaba allí y, por supuesto, fue su padre quien inició la tradición.

Dietrich también siguió los pasos de su padre, uniéndose a la fraternidad de Igel que había visto la luz en 1871, el mismo año del Reich alemán. Fue entonces cuando, tras la derrota de Francia en la guerra francoprusiana, Prusia tomó la iniciativa de unir los veinticinco estados de Alemania. Se convirtieron en una federación llamada el Imperio Alemán. Durante los casi cincuenta años de su existencia, ese Reich fue gobernado por Prusia y la dinastía de los Hohenzollern. El primer emperador alemán fue Guillermo I, rey de Prusia. Sirvió como *primus inter pares* (el primero entre iguales), con los dirigentes de los otros veinticuatro estados. El káiser Guillermo nombró primer ministro al príncipe prusiano Otto von Bismarck. Este adoptó el título de canciller y llegó a ser conocido como el Canciller de Hierro. Aunque los de Igel eran patriotas comprometidos con el Reich y el káiser, no eran tan nacionalistas ni tan militaristas como otras fraternidades de su época. Sus valores concordaban más con los de la familia Bonhoeffer, políticamente moderada, por lo que no le resultó difícil a Dietrich encontrarse cómodo con ellos. Además, era el único de sus hermanos que lo hizo.

El término alemán *Igel* —que se pronuncia «íguel»— significa «erizo». Los miembros llevaban un gorro hecho con la piel de este animal. Los colores oficiales que habían elegido con todo descaro eran gris claro, medio y oscuro, en un claro gesto de menosprecio monocromático a las demás fraternidades, que mostraban un afecto exagerado por los gorros de colores llamativos y espantosas cicatrices de duelos. En la sociedad alemana del siglo XIX y principios del XX suponía una gran distinción llevar la cara valientemente desfigurada por un duelo entre fraternidades.*

Los Bonhoeffer eran demasiado seguros para dejarse engatusar con una bufonería tan pomposa; no eran ultranacionalistas ni monárquicos. Por lo general, eran patriotas, de modo que el orgullo nacional que caracterizaba a los Igels resultaba un tanto atractivo. Karl Bonhoeffer siempre recuerda favorablemente el tiempo que pasó allí, aunque desaprobaba la presión de sus compañeros para que bebiera. La mayoría de los miembros Igel de su época tenían unas convicciones políticas moderadas, y eran los abanderados del káiser y de las políticas de Bismarck. Su cuartel general, que parecía un castillo, se ubicaba en la cresta de la colina desde la que se veía la ciudad.

Años más tarde, un compañero de fraternidad[2] de Dietrich le recordaba como seguro en extremo y con mucha confianza en sí mismo, no envanecido, sino «capaz de tolerar la crítica». También era «un joven sociable, físicamente ágil y fuerte» que tenía «un fino olfato para lo esencial y la determinación de llegar al fondo de las cosas. Asimismo, era «capaz de tomar el pelo a la gente con sutileza y con gran sentido del humor».

Para Alemania, 1923 fue un año desastroso. El marco alemán, que había empezado a bajar dos años antes, se encontraba ahora en caída libre. En 1921 descendió hasta setenta y cinco marcos por un dólar; al año siguiente, a cuatrocientos; y, a principios de 1923, se hundió hasta los siete mil. Pero esto no era más que un principio de dolores. Alemania estaba empezando a darse por vencida bajo la presión de hacer frente a los pagos estipulados por el Tratado de Versalles. En

---

* Una cicatriz conseguida de este modo se llamaba *Schmiss*, o *Renommierschmiss* (literalmente, una cicatriz de alarde). Estos duelos eran duelos menores de toque, competiciones a espada barrocamente orquestados. Los participantes se situaban al alcance de la espada del otro en todo momento. El cuerpo y los brazos estaban bien protegidos, y la gracia de esta historia consistía en conseguir una cicatriz y demostrar la valentía, ya que la cara no se tapaba. Un agujero en la mejilla o una nariz bisectada gritaría la valentía de su valiente portador durante toda la vida y proclamaría que era apto para pertenecer al noble círculo de las élites alemanas. Tan codiciadas eran estas espantosas insignias, cicatrices hipertróficas o queloides, que los estudiantes universitarios incapaces de conseguirlas en duelos recurrían a veces a otros métodos menos acreditados.

1922, incapaz de soportarlo por más tiempo, el gobierno alemán solicitó una moratoria. Los espabilados franceses no se iban a dejar engañar por este ardid y se negaron en redondo. Pero no se trataba de ninguna estratagema y Alemania pronto dejó de pagar. Con toda rapidez, los franceses enviaron tropas para que ocuparan la región del Ruhr, el centro industrial alemán. La confusión económica que se desencadenó haría que las sombrías condiciones de unos meses antes parecieran buenos tiempos: hacia el mes de agosto, un dólar valía un millón de marcos y, alrededor de septiembre, agosto parecía haber sido una buena época. En el mes de noviembre de 1923, un dólar equivalía a cuatro mil millones de marcos alemanes.

El 8 de noviembre, Hitler sintió que había llegado su momento y dirigió su famoso *Bierhall Putsch* de Munich. Sin embargo, su sensación fue prematura y fue encarcelado por alta traición. Allí, en la paz y el silencio de Lansberg am Lech, como si fuera un emperador exiliado, se reunió con sus compinches, dictó su descabellado manifiesto *Mein Kampf* [Mi lucha], y planeó el siguiente movimiento.

Hacia finales de 1923, a Karl Bonhoeffer le venció la póliza de un seguro de vida y le pagaron cien mil marcos. Había estado pagando durante décadas y, ahora, a causa de la inflación, este dinero solo le llegaba para comprar una botella de vino y un puñado de fresas. Cuando llegó el dinero, todavía valía menos y solo cubría el precio de las bayas. Fue una bendición que Karl Bonhoeffer tratara a muchos pacientes de toda Europa, porque le pagaban en su propia moneda. No obstante, hacia finales de 1923 las cosas estaban imposibles. En octubre, Dietrich escribió que cada comida le costaba mil millones de marcos. Quería pagar dos o tres semanas de comida por adelantado, pero necesitaba que la familia le enviara los fondos. «No tengo tanto dinero a mano —explicaba—. Tuve que gastar seis mil millones en pan».

Un nuevo miembro[3] de los Igels era un *Fuchs* (zorro), en alusión al antiguo poeta griego Arquíloco, que pronunció la famosa frase: «El zorro sabe muchas pequeñas cosas, pero el erizo solo sabe una grande». Cada *Fuchs* debía escribir un corto currículo sobre sí mismo en el *Fuchsbuch* de la fraternidad, como hizo Bonhoeffer:

En Breslau, el 4 de febrero de 1906, yo, con mi hermana gemela, vimos la luz del día como hijos del catedrático *der alter Herr* Karl Bonhoeffer y mi madre, de soltera von Hase. Dejé Silesia a la edad de seis años y nos mudamos a Berlín, donde ingresé en el Friedrich-Werder Gymnasium. Debido a nuestro traslado a Grunewald, me matriculé en la escuela de esa ciudad, donde pasé mi *Abitur* en la Pascua de 1923. Desde la edad de trece años tuve muy claro que estudiaría teología. Solo la música hizo que dudara durante los dos años pasados. Ahora estoy estudiando aquí, en Tubinga, y es mi primer semestre. He dado el primer paso acostumbrado para todo hijo obediente y me he convertido en un Erizo. He escogido a Fritz Schmidt para que sea mi guardaespaldas personal. No tengo nada más que compartir sobre mí mismo.

Dietrich Bonhoeffer[4]

«Hoy soy un soldado»

Entre las más duras condiciones impuestas por Versalles se hallaba la prohibición contra el reclutamiento militar: a Alemania solo se le permitía tener un ejército de cien mil hombres. Esto significaba flirtear con el suicidio nacional, ya que los rusos, que se hallaban en la frontera con Polonia, podían marchar sobre ellos en cualquier momento y avasallarlos. O cualquier grupo internacional —había varios candidatos— podría haber tomado militarmente el país sin grandes dificultades. Esto casi ocurrió el 8 de noviembre con el intento de golpe de estado de Hitler. Semejante confusión política requería un nivel de preparación militar que los aliados no estaban dispuestos a conceder. Los alemanes inventaron, pues, formas de evitar la interferencia de la Comisión de Control de los Aliados. Una de ellas fue que los estudiantes universitarios recibieran un entrenamiento encubierto durante los semestres. A estas tropas se las denominaba el Reichswehr [ejército del Reich] Negro. En noviembre de 1923, le tocó a Dietrich.

Su entrenamiento duraría dos semanas y sería supervisado por el Escuadrón de los fusiles de Ulm, en Ulm, no lejos de Tubinga. Muchos de sus hermanos Igel se unirían a él y todas las demás fraternidades participaron. Bonhoeffer no sintió gran indecisión ya que lo consideraba parte de su deber patriótico más básico. Pero sabía que debía conseguir la aprobación de sus padres y les escribió la noche de su partida:

El único propósito es el de entrenar a tanta gente como sea posible antes de que se establezca la Comisión de Control ... Han dado un día de aviso y todos los miembros de la fraternidad [Igel] que haya estudiado en la universidad durante siete semestres o menos van a ir ... Yo dije que iría hasta el martes aproximadamente, cuando espero tener noticias de ustedes y lo que opinan sobre esta situación. Si tuvieran alguna objeción específica, volvería a Tubinga. En un principio pensé que podría hacer esto en otro momento y que sería mejor no interrumpir el semestre. Sin embargo, ahora pienso que cuanto antes lo haga, mejor; así uno puede tener el sentimiento seguro de poder ayudar en crisis. La abuela está triste porque va a estar sola durante catorce días, pero dice que debería seguir adelante e ir.[5]

Dos días después, escribió: «Desde hoy, soy un soldado. Ayer, tan pronto como llegamos, nos entregaron un uniforme y el equipamiento. Hoy nos han dado granadas y armas. Hasta ahora, por descontado, no hemos hecho nada más que hacer y deshacer nuestras camas».[6]

Unos días más tarde, volvió a escribir:

Los ejercicios no han sido nada agotadores. Consisten en unas cinco horas de marcha, disparar y gimnasia diaria, más tres periodos de instrucción y otras cosas. Tenemos el resto del tiempo libre. Somos catorce en una habitación ... En la exploración solo me han encontrado un fallo: los ojos. Probablemente tendré que llevar lentes cuando dispare un arma. El cabo segundo que nos entrena es amable y buena persona.[7]

Hasta le parecía que la comida era decente. La segunda semana le escribió a Sabine:

Practicamos maniobras de tierra con asaltos y cosas por el estilo. Es especialmente horrible tirarse al suelo sobre el campo helado, con un rifle y una mochila. Mañana tendremos un gran ejercicio de marcha con todo el equipo, y el miércoles haremos maniobras de batallón. Después de eso, las dos semanas habrán llegado a su fin. Las manchas de aceite del papel no son de las tortitas que nos comimos a medio día, sino de limpiar el fusil.[8]

Hacia el mes de diciembre, todo había acabado. Informó a sus padres en otra carta: «Queridos padres, hoy soy un civil».

Tal vez a Roma

Aquel invierno, mientras Dietrich[9] vivía con su abuela, conversaron sobre su idea de visitar a Gandhi en la India. Ella le animó a hacerlo. No sabemos a ciencia cierta cuál era el interés de la señora en Gandhi. Durante el siglo anterior, ella había sido muy activa en el campo en ciernes de los derechos de la mujer: construyó una casa para mujeres mayores y fundó una escuela doméstica para chicas en Stuttgart. Fue premiada por sus esfuerzos con la medalla de la Orden de Olga, que le entregó la reina de Württenberg. Quizás fuese el firme apoyo del líder indio a los derechos de la mujer lo que atrajo su atención. En cualquier caso, ella pensó que sería una experiencia aconsejable para Dietrich y le ofreció pagarle el viaje. Pero algo le llevó al extranjero, en una dirección completamente distinta.

El joven Dietrich, de diecisiete años de edad, solía patinar sobre el río Neckar aquel invierno, pero, a finales de enero de 1924, resbaló y cayó sobre el hielo, golpeándose tan fuerte la cabeza que quedó inconsciente durante algún tiempo. Cuando su padre, experto en cerebro, conoció los detalles del accidente y el rato que había estado inconsciente, él y su esposa viajaron de inmediato a Tubinga. Dietrich solo había sufrido una conmoción y lo que empezó siendo un viaje desagradable se convirtió en una grata visita. Para Dietrich fue extremadamente agradable, porque fue durante su periodo de convalecencia, en el que celebró su decimoctavo cumpleaños, cuando surgió la excelente idea de pasar un semestre en Roma. Parecía que Dietrich casi había perdido la razón, de lo contento que se sentía con el proyecto.

El día después de su cumpleaños, escribió a Sabine. Sus tontas tomaduras de pelo competitivas no conocían límites:

Recibí todo tipo de cosas fabulosas y magníficas para mi cumpleaños. Seguramente sabrás lo de los libros. También me regalaron algo que nunca podrías adivinar: una espléndida guitarra. Estoy seguro de que te sentirás celosa, porque suena maravillosamente. Papa me había dado cincuenta marcos para cualquier cosa que yo quisiera, de modo que compré una guitarra y estoy muy contento por ello. Y, para que no salgas de tu asombro, te contaré la siguiente ocurrencia, que es completamente increíble. Solo piensa, si puedes, que el próximo semestre... ¡¡estaré estudiando en Roma!! Por supuesto, no hay nada seguro todavía, pero sería la cosa más maravillosa que me podría ocurrir. ¡Ni siquiera puedo imaginarme lo extraordinario que sería! ... Estoy seguro de que podrás inundarme de consejos; pero no sientas demasiada envidia mientras lo hagas. Ya estoy haciendo averiguaciones por todas partes. Todo el mundo me dice que no sale caro. Papá sigue pensando que debería posponerlo. Sin embargo, después de pensar en ello, tengo tantas ganas de hacerlo que no puedo imaginar desearlo más que en este momento ... Habla mucho de ello en casa; con ello no harás más que ayudarme. Mantén los oídos abiertos también ... Mis mejores deseos y no te pongas demasiado celosa.

Tuyo, Dietrich[10]

En una serie de cartas que siguieron de inmediato, Dietrich intentaba conseguir la aprobación de sus padres para el viaje, alegando razones para demostrar lo sensato que era e intentar ocultar su vertiginoso entusiasmo. Para su tremenda satisfacción, y probablemente porque su hermano Klaus lo iba a acompañar, dieron su consentimiento. Se fijó la fecha de su partida. La noche del 3 de abril, expectante y casi fuera de sí, él y Klaus subieron al tren en dirección a Roma. Lo que experimentaría en la gloriosa y legendaria ciudad sería más importante para su futuro de lo que habría esperado jamás.

Las semanas anteriores a la partida serían el último tiempo que pasara en Tubinga. Tras su verano en Roma ya no volvería allí, sino que completaría sus estudios en Berlín. En unos cuantos años, el *zeitgeist* llevaría a la fraternidad de los Igel a la derecha y cuando, en 1935, adoptaron oficialmente el párrafo ario, Bonhoeffer y su cuñado, Walter Dress, dieron de baja públicamente su membresía profundamente asqueados.

CAPÍTULO 3

VACACIONES EN ROMA

1924

La universalidad de la iglesia se ilustró de un modo maravillosamente
eficaz. Blancos, negros, amarillos, miembros todos de órdenes religiosas,
unidos bajo la iglesia y vistiendo sus túnicas clericales. Verdaderamente
parece ideal.

—DIETRICH BONHOEFFER

A causa de la aversión hacia Francia e Inglaterra engendrada por la guerra y Versalles, viajar a Italia se convirtió en algo especialmente popular entre los alemanes. Pero, para Klaus y Dietrich Bonhoeffer,
constituyó el peregrinaje cultural y ancestral de toda una vida.

Como otros muchos de su generación,[1] ambos habían recibido una educación que cantaba las alabanzas de Roma, y conocían bien su lengua, su arte, su
literatura y su historia. A los dieciséis años, Dietrich escogió escribir su larga tesis
de graduación sobre la poesía lírica de Horacio y Catulo. En el Grunewald
Gymnasium, las paredes de las clases estaban decoradas con fotografías del foro
romano. Richard Czeppan era un verdadero «léxico andante de la antigua Roma»;
los había visitado en incontables ocasiones y los había entusiasmado con sus
recuerdos. También existía un lazo familiar. Su bisabuelo, Karl August von Hase,
el famoso teólogo, había visitado Roma veinte veces y tenía firmes vínculos allí. A
lo largo de los años, la influencia de este antepasado creció a medida que Dietrich
se interesó por seguir sus pasos teológicos.

El peregrino de dieciocho años[2] mantuvo un detallado diario. En el tren, acabando de atravesar el Brenner Pass, escribió: «Uno se siente extraño cuando cruza por primera vez la frontera italiana. La fantasía empieza a transformarse en realidad. ¿Será verdaderamente hermoso que se cumplan todos nuestros sueños? ¿O, después de todo, quizás regresaré a casa totalmente desilusionado?».

La respuesta no se hizo esperar:[3] en Bolonia alucinó. La describió como «extremada y sorprendentemente hermosa». ¡Y, al fin, Roma! «Aunque —escribió introduciendo una nota discordante— la bellaquería comenzó en la estación del tren». Un muchacho italiano que compartió un taxi con ellos y los condujo a su destino, exigió que pagaran su trayecto y, por si fuera poco, que le dieran una propina. (Ellos pagaron su parte de la carrera de taxi, pero no le dieron propina.) Al llegar a su alojamiento, se enteraron de que sus habitaciones llevaban dos días preparadas ¡y que también debían pagar ese tiempo!

Bonhoeffer daba vueltas por Roma como si fuese un ciclón, absorbiendo cuanto podía de su cultura. Como era de esperar, reveló ser un profundo conocedor impresionante de la Historia del Arte. Sobre el Coliseo: «Este edificio posee tanto poder y belleza que, desde el momento que uno lo contempla, se sabe que no se ha visto ni se ha imaginado nada igual. La antigüedad no está completamente muerta ... En tan solo unos momentos se evidencia la falsedad de la declaración *Pan o megas tethniken.** El Coliseo está recubierto y entrelazado con la vegetación más exuberante: palmeras, cipreses, pinos, hierba y todo tipo de plantas. Me quedé allí sentado durante casi una hora».[4] Acerca del *Laocoonte*: «Cuando lo vi por primera vez, en verdad me estremecí; es increíble».[5] En referencia a la Capilla Sixtina: «Terriblemente llena. Solo extranjeros. No obstante, la impresión es indescriptible». Con respecto al Foro de Trajano: «La columna es magnífica, pero el resto parece un huerto después de la cosecha».[6] En cuanto al coro de la basílica de San Pedro: «El *Christus Factus*, el *Benedictus* (Lc 1–2) y el *"Miserere"* (Sal 50) interpretados por el coro fueron sencillamente indescriptibles». Aludiendo al eunuco que cantó los solos de contralto aquel día: «En su forma de cantar hay algo rigurosamente inhumano, inglés, desapasionado, que va unido con un peculiar éxtasis clamoroso».[7] Sobre Reni y Miguel Ángel: «El *Concierto de los Ángeles* de Reni es algo encantador y hermoso. No se debería permitir a nadie marcharse de Roma sin haber visto esta obra. Es absolutamente perfecta en su diseño y, sin duda, se halla entre las primeras obras de arte de Roma. Sin embargo, los bustos comenzados por Miguel Ángel

---

* ¡El gran dios Pan está muerto!

le dejan a uno frío, sobre todo el del Papa, que está, en mi opinión, desprovisto de cualquier complejidad en cuanto al estilo artístico o a su expresión».[8]

En el Vaticano quedó embelesado por la Capilla Sixtina.

Apenas pude pasar más allá de Adán. Existe una inagotable abundancia de ideas en el cuadro. La figura de Dios reverbera de poder colosal y tierno amor, o más bien con los divinos atributos que desbancan a esas dos particularidades humanas que suelen estar tan apartadas la una de la otra. El hombre está a punto de despertar a la vida por primera vez. De la pradera surgen brotes frente a una infinita cadena de montañas, que presagian el destino posterior del hombre. La pintura es muy mundana y, al mismo tiempo, pura. En resumen: no se puede expresar.[9]

Su personaje favorito de la obra maestra de Miguel Ángel era Jonás. Como si quisiera pulir sus credenciales estéticas, desvarió en su diario sobre el «acortamiento de su perspectiva».

La precocidad de sus dieciocho años en estas observaciones solo se vio superada por sus pensamientos absolutamente seguros con respecto a la interpretación y la observación mismas:

Por el momento me proporciona gran placer intentar adivinar las escuelas y los artistas individuales. Creo que poco a poco soy más capaz que antes de entender algo del tema. Sin embargo, sería mejor que un laico permaneciera en completo silencio y se lo dejara todo a los artistas, porque los historiadores del arte actuales son, en verdad, los peores guías. Incluso los mejores son terribles. Esto incluye a Scheffler y Worringer, que interpretan, interpretan y vuelven a interpretar, de manera arbitraria, las obras de arte. No existe criterio para su interpretación y su corrección. Por lo general, interpretar es uno de los problemas más difíciles. A pesar de ello, regula todo el proceso de nuestro pensamiento. Tenemos que interpretar y dar sentido a las cosas para poder vivir y pensar. Todo esto es muy complicado. Cuando uno no tiene que interpretar, debería dejarlo estar. Creo que la interpretación no es necesaria en el arte. Uno no necesita saber si es «gótica» o «primitiva», etc., la forma en que las personas se expresan en su arte. Una obra de arte que se contempla con un intelecto claro y comprensión tiene su propio efecto en el inconsciente. Más interpretación no conducirá a una mejor comprensión del arte: el significado correcto se capta por intuición o no se percibe. Esto es lo que yo defino como «entender el arte». Uno debería trabajar con diligencia para intentar comprender la obra mientras se está contemplando. Después, uno consigue el sentimiento absolutamente cierto: «He captado la esencia de esta obra». La certeza intuitiva surge basándose en un procedimiento desconocido. Intentar poner esta conclusión en palabras y, mediante estas, interpretar la obra es algo que carece de sentido para cualquier otra persona. No ayuda a nadie, otros no lo necesitan y el tema en sí no sale ganando por ello.[10]

Las cartas que Bonhoeffer enviaba a casa apenas tocaban temas menos nobles. En una que escribió el 21 de abril a sus padres, describía su llegada a Nápoles: «Tras mucho tiempo buscando una *trattoria* [restaurante], me dirigieron a una *"buona trattoria"* que era, sin lugar a dudas, tan increíblemente sucia como la granja más repugnante de Alemania. Gallinas, gatos, niños sucios y aromas desagradables nos rodeaban. Había ropa tendida ondeando a nuestro alrededor. Sin embargo, el hambre, el cansancio y el desconocimiento del lugar nos indujeron a sentarnos».[11]

No mucho después[12] de su infecta comida, los dos hermanos embarcaron hacia Sicilia. El estómago de Klaus y el viaje por mar eran irreconciliables aun en las mejores circunstancias; en aquellos momentos, se convirtieron en amargos enemigos. «El mar le impuso grandes exigencias —escribió Bonhoeffer—, y solo pudo resistir por un breve lapso de tiempo. Me invitó a hacer lo que debía nada más ver por primera vez los magníficos y soleados arrecifes montañosos». Aun expresando un plural emético, Dietrich mantuvo el decoro. Como siempre, sus viajes engendraban otros adicionales. Los hermanos decidieron visitar el norte de África y embarcaron hacia Trípoli: «El viaje fue tranquilo. Klaus, como siempre, atendió sus necesidades». Visitaron Pompeya: «El Vesubio seguía activo y, de vez en cuando, escupía un poco de lava. Allí, en la cumbre, uno creería haber sido transportado a un tiempo anterior a la creación del mundo». Comentando una visita a St. Stefano Rotondo y Sta. Maria Navicella, observó: «Un desacuerdo con la mujer del sacristán, que era una ladrona, no pudo eliminar la idílica atmósfera de todo aquello».

Y así pasaron los meses. Aunque, para Dietrich, la verdadera relevancia de este viaje no estribaba en ampliar su cultura a modo de mini-gran viaje ni en su aspecto académico por pasar un semestre en el extranjero, sino en los pensamientos que le provocaba con respecto a la pregunta que formularía y respondería durante el resto de su vida: *¿Qué es la iglesia?*

¿Qué es la iglesia?

En su diario, Bonhoeffer recogió que el Domingo de Ramos era «el primer día en que amaneció sobre mí algo de la realidad del catolicismo. No me refiero a algo romántico ni nada por el estilo, sino a que estoy empezando, creo yo, a entender el concepto "iglesia"».[13] Esta nueva idea que empezó a formarse en su mente de dieciocho años, aquel día en Roma, acabaría teniendo ramificaciones profundamente relevantes.

Su epifanía[14] sucedió un día en que un cardenal oficiaba una misa en la basílica de San Pedro, con un coro de niños que quitaban el aliento por su forma de cantar. Una hueste de otros clérigos, incluidos seminaristas y monjes, se hallaban en el altar: «La universalidad de la iglesia quedó ilustrada de una manera maravillosa y efectiva. Blancos, negros, amarillos, todos miembros de órdenes religiosas y con sus túnicas clericales, unidos bajo la iglesia. En verdad parecía real». Con toda probabilidad habría asistido a un culto católico en Alemania, pero ahora, en Roma, la Ciudad Eterna, la ciudad de Pedro y Pablo, vio una ilustración gráfica de la trascendencia de raza y de identidad nacional de la iglesia. Es evidente que esto le afectó. Durante la misma estuvo junto a una mujer que llevaba un misal y pudo seguir el culto y disfrutarlo al máximo. Se deleitó con la forma en que el coro cantó el *Credo*.

Pensar en la iglesia como algo universal lo cambiaría todo y pondría en marcha el curso entero del resto de la vida de Bonhoeffer, porque si la iglesia era algo que existía en verdad, no solo sería en Alemania o Roma, sino mucho más allá de ambas. El vislumbre de la iglesia como algo que superaba la Iglesia Protestante Luterana de Alemania para ser una comunidad universal cristiana fue una revelación, una invitación a seguir pensando: *¿Qué es la iglesia?* Esta fue la cuestión que atacaría en su disertación doctoral, *Sanctorum Communio*, y en su trabajo postdoctoral, *Act and Being* [Actuar y ser].

Pero Bonhoeffer no era meramente académico. Para él, las ideas y las creencias no eran nada si no se relacionaban con el mundo de la realidad, fuera de la mente. De hecho, sus pensamientos sobre la naturaleza de la iglesia le llevarían al movimiento ecuménico de Europa, haciendo que se vinculara a cristianos fuera de Alemania y, por tanto, detectar al instante la mentira existente en el corazón de las llamadas órdenes de la teología de la creación, que unía la idea de la iglesia con la del *Volk* [pueblo] alemán. Esta idea de una iglesia que se definía por la identidad racial y la sangre —que los nazis impondrían con violencia y tantos alemanes abrazarían trágicamente— era anatema a la idea de la iglesia universal. Fue en este Domingo de Ramos, pues, en Roma, cuando se puso en marcha el curso de la vida de Bonhoeffer. Las ideas tenían sus consecuencias, y esta, ahora incipiente, florecería en su oposición a los nacionalsocialistas y llevarían el fruto de su implicación en la conspiración para matar a un ser humano.

La franqueza que Bonhoeffer aportó a esta idea de la iglesia —y a la Iglesia Católica Romana— era insólita en alemanes luteranos. Varias cosas la justifican, y la primera es su educación. Le habían criado para cuidarse del parroquialismo y para estar acostumbrado a evitar la confianza en sentimientos o en cualquier cosa que no se apoyara en un razonamiento sólido. Para la mente científica de su padre, cualquier acción o actitud, basadas en cosas como las afiliaciones tribales, eran incorrectas y había entrenado a sus hijos para que pensaran del mismo modo. Para Dietrich, el teólogo, albergar un prejuicio a favor del luteranismo, el protestantismo o incluso el cristianismo era algo que no estaba bien. Uno debía considerar todas las posibilidades y evitar predisponerse a aquello a lo que todo ello conduciría. Durante su vida, aplicó su actitud crítica y «científica» a todas las cuestiones de fe y de teología.

Sin embargo, otra de las razones[15] por las que ahora estaba tan abierto a la Iglesia Católica tenía que ver con Roma misma, donde lo mejor del mundo pagano clásico se encontraba y coexistía en armonía con el de la cristiandad. Allí, en Roma, todo formaba parte de un mismo continuo. Le resultaba difícil sentirse cercano a una iglesia que, de alguna manera, participaba del esplendor de la antigüedad clásica, que parecía ver lo mejor de ello e incluso redimir alguna parte. Las tradiciones luterana y protestante guardaban menos relación con el gran pasado clásico y podía, por tanto, virar hacia las herejías del dualismo gnóstico, de la negación del cuerpo y de la bondad de este mundo. Pero aquí, en Roma, la mezcolanza de estos dos mundos estaba por todas partes. Fue en el Vaticano, por ejemplo, donde contempló el *Laocoonte*, probablemente su escultura favorita y, en una carta que escribió a Eberhard Bethge años más tarde, comentó que el rostro de este sacerdote pagano en una escultura helenista, con un tema clásico griego, debía haber sido un modelo para posteriores representaciones artísticas de Cristo. De algún modo, Roma lo había juntado todo de una forma plausible. En su diario escribió: «Es evidente que, en realidad, la basílica de San Pedro es la que ha llegado a representar a Roma, en su conjunto. Es la Roma de la antigüedad, de la Edad Media y, en la misma medida, la del presente. Expresado de un modo simple, es el fulcro de la cultura y de la vida Europea. Pude sentir cómo latía mi corazón cuando vi los viejos conductos de agua que nos acompañaban hasta los muros de la ciudad por segunda vez».

Una tercera razón para su apertura al catolicismo se vio alentada por el tiempo que pasó bajo la enseñanza de Adolfo Schlatter, el maestro de Tubinga que tuvo mayor influencia sobre él. Schlatter solía utilizar textos teológicos que, por lo general, solo usaban los teólogos católicos. Bonhoeffer había sentido un deseo innato de sacar esos textos «católicos» para introducirlos en la más amplia conversación teológica cristiana.

Aquel Domingo de Ramos[16] Bonhoeffer también asistió a las Vísperas. A las seis de la tarde ya estaba en Trinitá dei Monti y le pareció «casi indescriptible». Escribió: «Cuarenta jóvenes que querían ser monjas entraron en solemne procesión vistiendo el hábito, con fajín azul o verde ... Con increíble sencillez, gracia y gran seriedad cantaron las Vísperas mientras un sacerdote oficiaba en el altar ... En realidad, el ritual dejó de ser un mero rito. Se convirtió en verdadera adoración. Todo aquello daba una impresión sin igual de profunda y cándida piedad».

Durante la Semana Santa estuvo dándole vueltas a la Reforma y si se había equivocado cuando se convirtió oficialmente en una iglesia en lugar de permanecer como una «secta». En pocos años esto se convertiría en algo de crucial importancia para él. Cuando los nazis se apoderaron de la Iglesia Luterana Alemana, él encabezó la lucha por separarse y empezar la Iglesia Confesante, también considerado un movimiento —el Movimiento Confesante— en un principio, que llegó a ser una iglesia oficial. Él tendría mucho que ver con que tomara esa dirección. Bonhoeffer ya se estaba encargando del trabajo intelectual preliminar para aquello a lo que se enfrentaría diez años más tarde, en la Alemania del Tercer Reich.

A estas alturas, sin embargo, parecía estar a favor de la idea de un movimiento que no se convirtiera en una iglesia organizada. Escribió lo siguiente en su diario:

Si el protestantismo no se hubiera convertido jamás en una iglesia establecida, la situación sería completamente distinta... y representaría un fenómeno inusual de vida religiosa y de piedad seria y meditada. Sería, por tanto, la forma ideal de religión ... [La iglesia] debe separarse por completo del estado ... La gente no tardará en volver, porque han de tener algo y habrán descubierto de nuevo su necesidad de piedad. ¿Podría esto ser una solución, o no?[17]

Sacar ventaja de hallarse en un lugar nuevo era algo típico en Bonhoeffer[18] y, estando en Roma durante aquella Semana Santa, asistió a misa, por la mañana y por la tarde, desde el miércoles hasta el sábado en la basílica de San Pedro o en la de San Juan de Letrán. En cada ocasión hacía uso del misal, estudiándolo con sumo esmero. Escribió a sus padres: «El recitado de estos textos por parte del sacerdote y el coro de nuestra ciudad, por lo general terrible, hace que uno piense que la calidad de los textos mismos es igual de pobre. Eso es erróneo por completo, ya que la mayor parte de los mismos son maravillosamente poéticos y lúcidos».

Asistió a un culto católico armenio que parecía «rígido y desprovisto de nueva vida».[19] Sentía que el catolicismo romano se iba moviendo en aquella dirección, pero observó que había «muchos establecimientos religiosos en los que la vida religiosa fundamental todavía jugaba un papel. El confesionario es un ejemplo de esto». Se regocijaba con mucho de lo que veía, pero no se sentía guiado a abrazar el catolicismo como converso. Un conocido que se encontró en Roma intentó convencerle, pero él se quedó impasible: «En verdad le habría gustado convertirme y está sinceramente convencido de su método ... Tras estos debates, siento que vuelvo a simpatizar menos con el catolicismo. Sin saberlo, su dogma cubre con un velo todo lo ideal que posee. Existe una inmensa diferencia entre la confesión y las enseñanzas dogmáticas sobre la confesión; lamentablemente también la hay entre "iglesia" y "la Iglesia" para los dogmáticos».[20] Consideró la unión de ambas iglesias: «La unificación del catolicismo y el protestantismo es probablemente imposible, aunque haría mucho bien a ambas partes». En pocos años incorporaría lo mejor de ambos en sus comunidades cristianas de Zingst y Finkenwalde, y sería rotundamente criticado por ello por muchos alemanes luteranos.

Por alguna razón, antes de que acabara el semestre, Bonhoeffer consiguió una audiencia con el Papa: «*Sábado*, audiencia con el Papa. Defraudó mis grandes expectativas. Era bastante impersonal y frío [en cuanto a celebración]. El Papa me causó una impresión realmente indiferente. Carecía de todas las características de su cargo. Toda la grandeza y cuanto hay de extraordinario brillaban por su ausencia. ¡Es triste que me produjera ese efecto!».[21]

Su glorioso tiempo en Roma acabó en un santiamén: «Cuando contemplé la basílica de San Pedro por última vez, sentí dolor en mi corazón. Me subí rápidamente al tranvía y me marché».[22]

Tres años después, Bonhoeffer lideró un grupo de debate llamado el Círculo del Jueves. Estaba formado por jóvenes inteligentes de entre dieciséis y diecisiete años. Trataban muchos temas y, una semana, debatieron sobre la Iglesia Católica, dando lugar a que Bonhoeffer resumiera sus pensamientos en la breve nota siguiente:

Resulta difícil sobrestimar la importancia del valor de la Iglesia Católica para la cultura europea y la del mundo entero. Cristianizó y civilizó a pueblos bárbaros y, durante largo tiempo, fue la única guardiana de la ciencia y del arte. Aquí predominaban los claustros eclesiales. La Iglesia Católica desarrolló por todas partes un poder espiritual sin igual y, en la actualidad, seguimos admirando la forma en que combinó el principio del catolicismo con el de una iglesia santificadora, y la tolerancia con la intolerancia. Es un mundo en sí misma. Una diversidad infinita fluye al unísono y este cuadro lleno de color le confiere su encanto irresistible (*Complexio oppositorum*). Rara vez ha producido un país gente de tantas clases distintas como la Iglesia Católica. Con admirable poder, ha entendido cómo se debe mantener la unidad en la diversidad, ganar el amor y el respeto de las masas y fomentar un fuerte sentido de la comunidad ... Sin embargo, es justamente esta grandeza la que me hace tener serias reservas. ¿Sigue siendo este mundo [la Iglesia Católica] en verdad la iglesia de Cristo? ¿Acaso no se ha convertido, quizás, en una obstrucción que bloquea el camino a Dios en lugar de ser un indicador que señale el sendero que lleva a Dios? ¿No ha obstruido la única senda a la salvación? Pero nadie puede taponar jamás el acceso a Dios. La iglesia sigue teniendo la Biblia, y, mientras sea así, podemos seguir creyendo en la santa iglesia cristiana. La palabra de Dios jamás será desmentida (cp. Is 55.11), ya sea que la prediquemos nosotros o nuestra iglesia hermana. Nos adherimos a la misma confesión de fe, oramos el mismo Padrenuestro, y compartimos algunos de los ritos antiguos. Esto nos vincula y, en lo que nos concierne, nos gustaría vivir en paz con nuestra hermana distinta. Sin embargo, no queremos negar nada de lo que hemos reconocido como la palabra de Dios. La designación de católico o protestante carece de importancia. Lo verdaderamente relevante es la palabra de Dios. A la inversa, jamás violaremos la fe de nadie. Dios no desea un servicio renuente, y les ha dado a todos una conciencia. Podemos y deberíamos desear que nuestra iglesia hermana escudriñe su alma y no se concentre en nada que no sea la palabra [1 Co 2.12–13]. Hasta ese momento, debemos tener paciencia. Tendremos que soportar cuando, en falsa oscuridad, la «única Santa Iglesia» pronuncie el «anatema» (condenación) sobre la nuestra. No conoce nada mejor y no odia al hereje, sino a la herejía. Mientras, dejemos que la palabra sea nuestra única armadura, podremos mirar con confianza al futuro.[23]

CAPÍTULO 4

ESTUDIANTE EN BERLÍN

1924–27

A cualquier grupo de persona le resultaba difícil vivir según los principios que se esperaban y mantenían en la Wangenheimstrasse. Bonhoeffer mismo admitió que los recién llegados a su casa eran examinados con microscopio. Con estos antecedentes, para él fue fácil crear la impresión de ser superior y distante.

—Eberhard Bethge

Bonhoeffer regresó de Roma a mediados de junio y se matriculó en la Universidad de Berlín para el segundo semestre. Esos cambios de universidad tras un año o dos eran algo común en Alemania. Nunca había planeado quedarse más de un año en Tubinga. Estudiaría en Berlín siete semestres y consiguió su doctorado en 1927, a la edad de veintiún años.

Volvió a vivir en casa, pero, desde que se marchó, algo importante había cambiado: Sabine estudiaba ahora en Breslau y estaba comprometida con un joven abogado llamado Gerhard Leibholz, que era judío. A través de ella y de su futura familia, los Bonhoeffer experimentarían las dificultades de los años que tenían por delante de una forma especialmente personal.

La decisión de Dietrich de estudiar[1] en la Universidad de Berlín no fue difícil. Eligió la ciudad porque, para alguien adicto a la estimulación cultural, era un sitio ideal. Apenas transcurría una semana sin que hubiese ido a un museo, a la ópera o a un concierto. Y Berlín era su hogar, con todo lo que aquello suponía. No podría haber imaginado un entorno más estimulante. Karl-Friedrich estaba trabajando con Albert Einstein y Max Planck. Según Bethge: «A cualquier grupo de personas le resultaba difícil vivir según los principios que se esperaban y mantenían en la Wangenheimstrasse. Bonhoeffer mismo admitió que los recién llegados a su casa eran examinados con microscopio. Con estos antecedentes, para él fue fácil crear la impresión de ser superior y distante». Sin embargo, la principal razón por la que se decantó por la Universidad de Berlín fue su Facultad de Teología, de renombre mundial, y que había incluido al famoso Friedrich Schleiermacher, cuya presencia seguía revoloteando de manera palpable.

En 1924, Adolfo von Harnack era el director de la facultad teológica que por entonces tenía setenta y tres años, y era una leyenda viviente. Fue discípulo de Schleiermacher, que es como decir teólogo incondicionalmente liberal y uno de los líderes del método histórico-crítico del siglo XIX y principios del XX. Su manera de enfocar la Biblia se limitaba al análisis textual e histórico-crítico, lo que le condujo a concluir que los milagros que en ella se describían no habían ocurrido jamás, y que el Evangelio de Juan no era canónico. Harnack vivía en el vecindario de Grunewald, como la mayoría de los académicos distinguidos por entonces, y el joven Bonhoeffer solía caminar con él hasta la estación de trenes de Halensee y viajar con él hasta Berlín. Asistió a su prestigioso seminario durante tres semestres y tenía en gran estima al venerable erudito, aunque rara vez coincidía con sus conclusiones teológicas. Un compañero estudiante de ese mismo seminario, Helmuth Goes, recuerda haber sentido un «secreto entusiasmo» por el pensamiento teológico «libre, crítico e independiente» de Bonhoeffer.

> Lo que de verdad me impresionaba no era tan solo el hecho de que nos superara a casi todos en conocimiento teológico y capacidad, lo que me atraía hacia él era la percepción de que era un hombre que no solo aprendía y recogía el *verba* y el *scripta* de algún maestro, sino que pensaba de manera independiente y ya sabía lo que quería y deseaba lo que sabía. Tuve la experiencia (¡para mí fue algo alarmante y magníficamente nuevo!) de escuchar a un joven estudiante de pelo rubio contradecir al reverenciado historiador, Su Excelencia von Harnack, y lo hacía con educación, pero basándose claramente en razones teológicas positivas. Harnack respondió, pero él volvió a rebatirle una y otra vez.[2]

Bonhoeffer fue un pensador extraordinariamente independiente, sobre todo siendo tan joven. Algunos profesores le consideraban arrogante, sobre todo porque se negaba a situarse de un modo demasiado directo bajo la influencia de ninguno de ellos, prefiriendo siempre mantener cierta distancia. Pero, con toda probabilidad, alguien que había crecido cenando con Karl Bonhoeffer y al que solo se le permitía hablar cuando podía justificar cada sílaba, habría desarrollado una cierta confianza intelectual y se le podía excusar en cierto modo que no se dejara intimidar por otras mentes espectaculares.

A parte de Harnack, otros tres profesores de Berlín tuvieron una clara influencia sobre él. Eran Karl Holl, quizás el mayor erudito luterólogo de aquella generación; Reinhold Seeberg, especialista en teología sistemática y bajo cuya supervisión escribió su tesis doctoral; y Adolfo Deissman, que fue quien introdujo a Bonhoeffer en el movimiento ecuménico que tan importante papel jugaría en su vida y proporcionaría los medios por los cuales se implicó en la conspiración contra Hitler. Pero hubo otro teólogo con mayor influencia sobre él que todos estos y a quien reverenciaría y respetaría como a nadie en toda su vida, y que se convertiría en su mentor y amigo. Era Karl Barth de Gotinga.

Barth era suizo de nacimiento y, casi con toda seguridad, el teólogo más importante del siglo; muchos dirían que de los cinco últimos siglos. Hans-Christoph, primo de Bonhoeffer, estudiaba Física en Gotinga en 1924, pero, tras oír a Barth, enseguida cambió a teología y allí permaneció. Como la mayoría de los estudiantes de teología de finales del siglo XIX, Barth absorbió la teología liberal que reinaba en su época, pero llegó a rechazarla, convirtiéndose rápidamente en su más temible oponente. Su rompedor comentario de 1922, *La Epístola a los Romanos*, cayó como una bomba inteligente en la torre de marfil de eruditos como Adolfo von Harnack. Casi no podían creer que su fortaleza histórico-crítica fuera conquistable. Se escandalizaron del enfoque que Barth hacía de la Biblia, que llegó a denominarse neo-ortodoxia, y que afirmaba la idea, particularmente controvertida en los círculos teológicos alemanes, de que Dios existía realmente y que toda la teología y los eruditos bíblicos debían apoyarse en esta suposición básica, y nada más. Barth fue el principal personaje que desafió y derribó la influencia del planteamiento histórico-crítico alemán promovido en la Universidad de Berlín por Schleiermacher y fomentado allí, en aquellos momentos, por la eminencia gris, Harnack. Barth recalcó la trascendencia de Dios describiéndole como «totalmente otro» y afirmando, por tanto, que es imposible que el hombre le conozca, a no ser mediante revelación. Afortunadamente, creía en la revelación, y esto fue aún más escandaloso para los teólogos liberales como Harnack. Barth fue expulsado de Alemania en 1934 por negarse a jurar lealtad a Hitler, y se convirtió en el principal autor de la Declaración de Barmen, en la que la Iglesia Confesante anunció a bombo y platillo su rechazo a los intentos nazis de introducir su filosofía en la iglesia alemana.

La teología de Harnack era algo como el zorro proverbial de Arquíloco, que sabía muchas pequeñas cosas, mientras que la de Barth era como el erizo, que sabía una sola cosa grande. Bonhoeffer quería posicionarse del lado del erizo, pero estaba en el seminario del zorro y, a través de su familia y de la comunidad de Grunewald, tenía muchos lazos con el zorro. Como resultado de su franqueza intelectual, aprendió a pensar como un zorro y a respetar su forma de hacerlo, aunque estuviera en el campamento de los erizos. Tenía la capacidad de apreciar el valor de algo, aunque acabara por rechazarlo, y podía ver los errores y los defectos de las cosas, aun cuando al final las aceptara. Esta actitud estuvo relacionada con su creación de los seminarios ilegales de Zingst y Finkenwalde, que incorporaron lo mejor de las tradiciones protestantes y católicas. Esta integridad intelectual autocrítica hizo que algunas veces tuviera tal confianza en sus conclusiones que podía parecer arrogante.

El debate que se desarrolló en su época entre los barthianos neo-ortodoxos y los liberales histórico-críticos era similar a la que hoy existe entre los evolucionistas darwinianos y los que abogan por el llamado «diseño inteligente». Este último permite la posible implicación de algo «fuera del sistema» —algún creador inteligente, sea divino o de otro tipo—, mientras que el primero lo rechaza por definición. Los liberales teológicos como Harnack sentían que no era «científico» especular sobre quién era Dios; un teólogo debía limitarse sencillamente a estudiar lo que hay aquí, es decir, los textos y su historia. Sin embargo, los barthianos decían que no: el Dios que está al otro lado de la valla se había revelado a sí mismo *a través* de esos textos y la única razón para que estos existieran era conocerle.

Bonhoeffer estaba de acuerdo con Barth, y consideraba que los textos «no solo eran fuentes históricas, sino [como] agentes de revelación»;[3] no unos meros «especímenes de escritura, sino el canon sagrado». No estaba en contra de realizar un trabajo histórico y crítico sobre los textos bíblicos, en realidad había aprendido de Harnack cómo hacerlo y lo efectuaba de forma brillante. Harnack halagó con fuerza al muchacho de dieciocho años, tras leer el ensayo de cincuenta y siete páginas que escribió para su seminario. Sugirió que, algún día, Bonhoeffer podría hacer su disertación en ese campo. Evidentemente, Harnack esperaba convencerle para que siguiera sus pasos, escogiendo el campo de la historia de la iglesia.

Como siempre, Bonhoeffer mantuvo cautelosamente cierta distancia. Deseaba aprender de los viejos maestros, pero quería preservar su independencia intelectual. Al final no escogió Historia de la Iglesia. Respetó dicho campo, como demostró llegando a dominarlo, para deleite de Harnack, pero discrepó con este en cuanto a que uno debía detenerse allí. Creía que seleccionar entre los textos como hacían, sin ir más allá, dejaba atrás «escombros y fragmentos». El Dios que estaba más allá de los textos, su autor y quien hablaba a la humanidad a través de ellos, era quien encendía su interés.

Para su disertación doctoral, Bonhoeffer se sintió atraído por la Dogmática, el estudio de las creencias de la iglesia. Era más próxima a la filosofía y él era más filósofo de corazón que crítico textual. No quería decepcionar a su agradable y viejo vecino, Harnack, que seguía cortejándolo, pero ahora tenía a otro eminente profesor con quien tratar. El campo de Reinhold Seeberg era la Dogmática, de modo que parecía que Bonhoeffer escribiría su disertación bajo la supervisión de este. Esto no presentaba una dificultad, sino dos. En primer lugar, Seeberg era un implacable rival de Harnack y ambos competían por el afecto teológico del mismo joven genio teológico. En segundo lugar, Seeber se oponía profundamente a la teología barthiana.

En su ensayo para el seminario de Seeberg, Bonhoeffer expresó la idea barthiana de que, para conocer cualquier cosa sobre Dios, uno debía depender de la revelación que procedía *de* él. En otras palabras, Dios podía hablar a este mundo, pero el hombre no podía estirarse fuera de este mundo para examinarle a él. Era una calle de un solo sentido y, por supuesto, esto guardaba una relación directa con la doctrina de la gracia, especialmente luterana. El hombre no podía ganarse subir al cielo, pero Dios podía extender su mano y, por su gracia, levantar al hombre y acercarlo hasta sí.

Seeberg discrepaba y, tras leer el ensayo de Bonhoeffer, se inquietó: era como si un engreído gallo barthiano se hubiese colado a escondidas en su gallinero. Pensó que tal vez pudiera hacer que el descarado y joven genio recuperara la sensatez apelando a una autoridad más alta. Aquel verano, en una reunión de distinguidos académicos berlineses, mantuvo una conversación con Karl Bonhoeffer. Quizás este eminente científico podría hacer que su hijo comprendiera. Estaba más próximo a las opiniones de Seeberg que a las de su hijo, pero su respeto por la mente y la integridad intelectual de Dietrich era tal que ni siquiera intentó influenciarle.

Aquel mes de agosto, Dietrich se hallaba de excursión por la costa báltica. Desde la casa de un hermano Igel, cerca de Bremen, escribió a su padre y le preguntó qué había dicho Seeberg y cómo debía proceder. La respuesta no fue concluyente. Entonces intervino su madre, y sugirió que tal vez debería estudiar bajo la supervisión de Holl, el experto luterólogo, y escribir su disertación sobre Dogmática después de que Seeberg estuviera fuera del panorama. Como hija de un respetado teólogo y nieta de otro, famoso a nivel mundial, probablemente tenía más que decir sobre este tema que cualquier otra madre de Alemania. El intelecto del matrimonio Bonhoeffer y su interés en el progreso académico de su hijo era notorio y la proximidad de él con sus progenitores era casi incuestionable. Fueron una fuente inquebrantable e inagotable de sabiduría y amor por su hijo hasta el final.

Alrededor de septiembre, tomó su decisión: escribiría su disertación doctoral bajo la supervisión de Seeberg, pero lo haría sobre un tema dogmático e histórico. El tema sería el que había empezado a desconcertarle en Roma, es decir, *¿Qué es la iglesia?* Al final lo tituló *Sanctorum Communio: Un estudio dogmático para la sociología de la iglesia.* Bonhoeffer no quería identificar a la iglesia como una entidad histórica ni tampoco como institución, sino como «la existencia de Cristo como una comunidad de iglesia». Fue un comienzo sensacional.

Durante aquellos tres años en Berlín, tuvo un volumen de trabajo asombroso, aunque acabó su disertación doctoral en dieciocho meses. Sin embargo, de alguna manera, también tuvo una vida muy plena más allá del mundo académico. Asistía constantemente a óperas, conciertos, exposiciones de arte y al teatro; mantuvo una abundante correspondencia con amigos, colegas y familia, y viajó permanentemente, aunque eran viajes cortos a Friedrichsbrunn o algo más largos a la costa báltica. En agosto de 1925 hizo una excursión a la península Schleswig-Holstein y navegó por el mar del Norte. En agosto de 1926, él y Karl-Friedrich visitaron las Dolomitas y Venecia. En abril de 1927, Dietrich y su hermana Susi viajaron por la campiña alemana con otra pareja de hermanos, Walter e Ilse Dress. Como muchos de los niños que crecieron juntos en el barrio de Grunewald, Susi y Walter se emparejaron enseguida y se casaron.

Bonhoeffer pasó también mucho tiempo en casa: el 14 de Wangenheimstrasse era un hervidero de actividad proverbial, con amigos, parientes y colegas eternos que iban y venían. Los hijos de Karl y Paula Bonhoeffer se habían ido casando y teniendo hijos, y estas familias también los visitaban. Todos se las arreglaban para seguir en contacto con todos los demás, aun cuando iban aumentando en número. Cuando la abuela Bonhoeffer abandonó Tubinga y se fue a vivir con ellos, había veces que se juntaban cuatro generaciones en la casa. La tradición de las

veladas musicales de los sábados por la noche también continuó y casi cada semana había algún cumpleaños.

Como candidato a teólogo, Bonhoeffer estaba obligado al trabajo parroquial. Podría haber conseguido un permiso para realizar una cantidad mínima,
ya que sus superiores sabían cuánto trabajo académico adicional estaba llevando a cabo, pero, como era habitual en él, hizo lo contrario e intentó encargarse
de una clase de escuela dominical en la iglesia parroquial de Grunewald con
energía y visión. Trabajó bajo la supervisión de un joven pastor, el reverendo
Karl Meumann y, cada viernes, él y otros maestros preparaban la lección del
sábado en casa de Meumann. Se implicó profundamente en esta clase y esto le
llevaba muchas horas cada semana. Además de las lecciones, a menudo predicaba sermones en los que utilizaba historias dramáticas para comunicar el evangelio, inventando algunas veces cuentos o parábolas. Una vez Sabine se hubo
marchado, Bonhoeffer se acercó más a su hermana pequeña, Susanne. La convenció de que le ayudara a llevar la clase y, pronto, invitaron a aquellos niños a
que vinieran a su casa a jugar o los llevaban a hacer una excursión por los alrededores de Berlín.

Bonhoeffer tenía un don evidente para comunicarse con los niños. Le caían
muy bien y trabajaría con ellos en tres momentos relevantes del año siguiente:
durante su año en Barcelona; durante el que pasó en Nueva York y a su regreso a
Berlín, cuando impartió una memorable clase de confirmación en un difícil vecindario de clase obrera. Lo que había ocurrido en cada ocasión, sucedía ahora en
Grunewald. Se implicó con los niños más allá de la clase, dedicándoles un tiempo
y una energía importantes. Era tan popular que los niños de otras clases se marchaban para unirse a la suya y esto produjo cierta incomodidad. Bonhoeffer
empezó a preguntarse si debería buscar la vida de pastor en lugar de ser un académico. Su padre y sus hermanos pensaban que sería desperdiciar su extraordinario intelecto, pero él solía decir con frecuencia que si uno no podía comunicar las
ideas más profundas sobre Dios y la Biblia a los niños, algo fallaba. La vida consistía en mucho más que el ámbito académico.

De esta clase de escuela dominical salió algo más: el Círculo del Jueves, un
grupo de lectura y debate semanal formado por hombres jóvenes que escogió
personalmente y que se reunían en su casa y a los que él enseñaba. Emitió invitaciones para asistir a este grupo que comenzó en abril de 1927. En ellas indicaba
que el grupo se reuniría «cada jueves de 5:25 a 7:00 de la tarde». Lo hizo por su
cuenta; no estaba relacionado en modo alguno con sus obligaciones eclesiales,
pero él sentía que era de vital importancia entrenar a la siguiente generación de

hombres jóvenes. Los participantes tendían a ser inteligentes y maduros para su edad, y algunos procedían de destacadas familias judías de Grunewald.

El Círculo del Jueves trataba multitud de temas, incluida la religión, la ética, la política y la cultura. Parte de los requisitos para el grupo implicaba asistir a los acontecimientos culturales. Una semana, Bonhoeffer dio una charla sobre *Parsifal* de Wagner y luego llevó al grupo a ver la ópera misma. Había preguntas de apologética cristiana: «¿Creó Dios el mundo? ... ¿Cuál es el propósito de la oración? ... ¿Quién es Jesucristo?». Asimismo, se formulaban preguntas de ética: «¿Existen las mentiras necesarias?». Debatían la perspectiva cristiana sobre los judíos, sobre ricos y pobres y sobre los partidos políticos. Una semana, el tema fue «los dioses de los alemanes antiguos», y otra, «los dioses de las tribus negras». Una semana hablaban de «poetas famosos y su Dios (Goethe, Schiller)» y otra de «pintores famosos y su Dios (Grünewald, Durero, Rembrandt)». Debatían sobre los cultos mistéricos, la fe musulmana, la música, Lutero y la Iglesia Católica.*

Tras abandonar Barcelona, siguió en contacto con muchos de aquellos jóvenes, Uno de ellos, Goetz Grosch, tomó el relevo cuando Bonhoeffer se marchó y, siete años después, se convirtió en un candidato al seminario de Finkenwalde. Lamentablemente, Grosch y la mayoría de los jóvenes del Círculo del Jueves murieron durante la guerra, en el campo de batalla o en campos de concentración.

El primer amor

Muchos de los que le conocían[4] han descrito a Bonhoeffer como alguien que ponía cierta distancia entre él y los demás, como si tuviera la guardia en alto, o como si por puro retraimiento no deseara entrometerse en la dignidad de otras personas. Algunos le describían sencillamente como esquivo. Era, sin lugar a dudas, intenso y siempre comedido en su trato con los demás. Jamás se tomaba a nadie a la ligera, aunque ellos actuaran a la inversa con él. Aparte de su familia —que proporcionaron tanto estímulo intelectual y social como nadie podía haber requerido— no pareció tener amigos cercanos hasta una parte más tardía de su vida. Durante aquellos tres años en Berlín estaba algo solitario. Sin embargo, al final de este periodo y en gran parte de sus veintitantos, hubo una mujer en la vida de Dietrich Bonhoeffer.

---

* Véanse páginas 56–57.

Rara vez se la ha mencionado en las biografías y, en los casos en que sí se ha hecho, nunca se ha dado su nombre. Pasaron mucho tiempo juntos y, por lo que dicen, estuvieron enamorados y, quizás, incluso comprometidos. La relación comenzó en 1927, cuando él tenía veintiún años y ella veinte. Como Dietrich, era estudiante de teología en la Universidad de Berlín. La llevó a conciertos, museos y óperas, y desde luego mantuvieron muchas conversaciones teológicas. Durante casi ocho años permanecieron muy cercanos. En realidad ella era una prima retirada y se dice que guardaba parecido con su hermana Sabine. Se llamaba Elizabeth Zinn.

Ella escribió su tesis doctoral sobre el teósofo Friedrich Christoph Oetinger, y una de las citas favoritas de Bonhoeffer era de él y le llegó a través de ella: «La encarnación es el final del camino de Dios». Cuando, en 1930, se publicó la tesis postdoctoral de Bonhoeffer, le dedicó una copia a ella y, cuando le tocó el turno a la disertación de ella, en 1932, ella hizo lo mismo. Durante su pastorado en Londres desde finales de 1933 hasta principios de 1935, él le envió todos sus sermones y por ello se han podido conservar.

En 1944, cuando fue encarcelado en Tegel, estaba comprometido con Maria von Wedemeyer. El libro *Cartas de amor desde la celda 92* contiene la conmovedora correspondencia entre ellos. Estaban seguros de que pronto sería liberado de la cárcel y estaban haciendo planes para su próxima boda. En una carta, Bonhoeffer le contaba a Maria su primera relación de amor con Elizabeth Zinn:

Una vez estuve enamorado de una chica; ella se convirtió en teóloga, y nuestros caminos transcurrieron por caminos paralelos durante muchos años; era casi de mi edad. Yo tenía veintiún años cuando todo comenzó. No nos dimos cuenta de que nos queríamos. Transcurrieron más de ocho años. Entonces descubrimos la verdad por una tercera persona que pensó que nos estaba ayudando. Entonces hablamos sobre el tema con toda franqueza, pero ya era demasiado tarde. Nos habíamos evitado y malentendido durante demasiado tiempo. Ya nunca podríamos volver a tener total afinidad de sentimientos y así se lo dije. Dos años más tarde se casó y el peso de mi mente fue aminorando poco a poco. Nunca volvimos a vernos ni a escribirnos. En aquel tiempo sentí que, si alguna vez me casaba, solo podría ser con una chica mucho más joven, pero pensé que sería imposible, tanto entonces como después. Estando totalmente comprometido con mi trabajo para la iglesia en los años sucesivos, me pareció que no solo era inevitable, sino correcto que renunciara por completo al matrimonio.[5]

De esta carta[6] y de otras pistas podemos asegurar que la relación de Bonhoeffer con Elizabeth Zinn fue una parte importante de su vida desde 1927 hasta 1936, aunque pasara un año en Barcelona, nueve meses en Nueva York y dieciocho meses en Londres. Incluso cuando vivía en Berlín, solía viajar con frecuencia en nombre del movimiento ecuménico. Tras su año en Barcelona, las cosas parecieron enfriarse en cierta medida, pero la relación sobrevivió a la separación. Fue después de volver de Londres, a finales de 1935, cuando una tercera persona bien intencionada les habló de los sentimientos que tenían el uno por el otro. Pero, tal como él explica en su carta, ya era demasiado tarde. Bonhoeffer había cambiado mucho a lo largo de los años y, por aquel entonces, había dedicado su corazón y su alma a la lucha por salvar a la iglesia de los nazis. Dirigía el seminario de la Iglesia Confesante en Finkenwalde. No fue hasta principios de 1936 cuando le dejó las cosas claras a Elizabeth y se cerró el capítulo entre ellos. Le escribió una carta en la que le comentaba los cambios que habían ocurrido en él y explicaba dramáticamente que Dios lo había llamado para entregarse por completo a la obra de la iglesia: «Ahora tengo bastante claro mi llamado. Desconozco lo que Dios sacará de ello ... Debo seguir el camino. Quizás no sea tan largo ... Algunas veces desearíamos que fuera así (cp. Fil 1.23). Pero es bueno que haya tomado conciencia de mi llamado ... Creo que la nobleza de este llamamiento se tornará claro para nosotros tan solo en los tiempos y los acontecimientos por venir. Solo si podemos resistir.

Resulta extraordinario que, en 1936, citara el versículo de Filipenses donde Pablo expresaba su deseo de «partir y estar con Cristo». Si Elizabeth Zinn dudó alguna vez de su sinceridad, con toda seguridad esto zanjó la cuestión. Pero ella le conoció mejor que nadie, de modo que es poco probable que tuviera duda alguna de su franqueza. En 1938 ella se casó con el teólogo neotestamentario Günther Bornkamm.

A finales de 1927, Bonhoeffer pasó su examen para el doctorado y defendió en público su tesis frente a tres de sus compañeros estudiantes. Uno de ellos era su futuro cuñado, Walter Dress; otro era su amigo Helmut Rössler. Todo fue muy bien y, de los doce graduados del doctorado en teología de la Universidad de Berlín de aquel año, él recibió la distinción de *summa cum laude*. Con su doctorado, ya reunía todos los requisitos para recibir formación ministerial por parte de su iglesia regional, pero seguía decidiendo si entraba al ministerio o permanecía en el ámbito académico. Su familia esperaba que se decantara por esto último, pero él se inclinaba hacia lo primero. Aquel mes de noviembre, le ofrecieron el cargo de vicario de una congregación alemana en Barcelona, España. Era para un año y decidió aceptarlo.

«Esta oferta —escribió— pareció materializar lo que había ido creciendo con mayor firmeza a lo largo de los pasados años, y meses, es decir, mantenerme sobre mis propios pies durante un periodo más largo, completamente fuera de mi anterior círculo de conocidos».[7]

CAPÍTULO 5

BARCELONA

1928

Donde un pueblo ora, allí está la iglesia; y donde está la iglesia, nunca hay soledad.

❧

Me resulta más fácil imaginar a un asesino o una prostituta que oran que a una persona engreída que lo haga. No hay nada tan discordante en la oración como la vanidad.

❧

La religión de Cristo no es un bocadito dulce después de la comida; por el contrario, o es la comida en sí o no es nada. La gente debería al menos entenderlo y reconocerlo si es que se autodefine como cristiana.

❧

El cristianismo esconde dentro de sí un germen hostil hacia la iglesia.

—DEITRICH BONHOEFFER

A principios de 1928, Bonhoeffer escribió en su diario qué fue lo que le llevó a irse a Barcelona. Constituye una primera etapa en su proceso de toma de decisiones y en la inseguridad con que lo afrontó.

Yo mismo encontré la manera en que tal decisión puede llegar a ser problemática. Sin embargo, una cosa tengo clara: que uno, de forma personal —es decir, consciente— tiene muy poco control sobre el sí o el no definitivo, y que es el tiempo el que todo lo decide. Quizás no sea así para todo el mundo, pero, en todo caso, para mí sí lo ha sido. Recientemente he notado, una y otra vez, que todas las decisiones que tuve que tomar no me pertenecieron en realidad. Cuando me hallaba en un dilema, me limitaba a dejarlo en suspenso —sin pensar en ello con intensidad de manera consciente— y que fuera adquiriendo la claridad de una decisión, aunque esta no sea tanto de tipo intelectual, sino más bien por instinto. He tomado la decisión; que uno pueda justificarla adecuadamente de forma retrospectiva es otra cuestión. «Así» fue como ocurrió, y me marché.[1]

Bonhoeffer pensaba constantemente en pensar. Quería ver las cosas hasta el fondo, aportar toda la claridad posible. La influencia de su padre, el científico, es inequívoca. Pero la diferencia entre su forma de pensar de entonces y cómo pensaba más adelante consistía en que, en aquellos momentos, a pesar de ser teólogo y pastor, no mencionó el papel o la voluntad de Dios en todo el proceso. Aun así, lo que dijo en su diario presagiaba de un modo curioso y claro la determinación notoriamente difícil que tomaría en 1939, cuando tuvo que escoger entre permanecer a salvo en Estados Unidos o viajar de regreso a la terrible *Terra Incognita* que era su hogar. En ambos casos, sintió que había una decisión correcta, pero que en última instancia no sería él quien la tomara. Más tarde afirmaría explícitamente que había sido «atrapado» por Dios; que era él quien le guiaba y que algunas veces le llevaba adonde él prefería no ir.

Hubo muchas despedidas antes de abandonar Berlín. El 18 de enero se reunió por última vez con su Círculo del Jueves. Debatieron un tema al que Bonhoeffer solía recurrir con frecuencia: la diferencia entre una «religión» creada por el hombre y lo que él definía como «la verdadera esencia del cristianismo». El 22 de enero presidió su último culto de niños en la iglesia de Grunewald:

Hablé sobre el paralítico y, en especial, sobre la afirmación de que sus pecados habían sido perdonados; intenté una vez más revelar a los niños el corazón de nuestro evangelio. Estaban atentos y, quizás, un tanto conmovidos porque yo hablaba, según creo, con bastante emoción. Luego llegó la despedida ... La oración congregacional me ha producido largos escalofríos y más aún cuando el grupo de niños, con quienes he pasado dos años, oró por mí. Donde un pueblo ora, allí está la iglesia; y donde está la iglesia, jamás hay soledad.[2]

Hubo otras ceremonias de despedida y, el 4 de febrero, todos celebraron su veintidós cumpleaños. Su partida se fijó para el ocho de febrero. Reservó un billete para el tren nocturno a París donde planeaba citarse con Peter Olden, su compañero de clase en Grunewald. Pasarían una semana juntos antes de que él prosiguiera hacia Barcelona.

La noche de su partida hubo una gran cena de despedida con toda la familia. Todos estaban allí para la ocasión: sus padres, su abuela, todos sus hermanos y, por casualidad, el tío Otto. Cuando las celebraciones familiares tocaron a su fin, llamaron a dos taxis. Le costó bastante decirle adiós a su abuela y, a las 10:00 de la noche, el resto de familiares se apilaron en los taxis y se dirigieron a la estación de ferrocarril. A las once, sonó el silbido y el tren empezó a alejarse. Estaba solo. Durante todo el año siguiente estaría lejos de su familia y, hasta donde su memoria le permitía llegar, era la primera vez que viajaba sin ser estudiante. Había enfilado el camino al ancho mundo.

Como ocurre con tantos jóvenes, ese mundo comenzó con París. Y, en cierto modo, con prostitutas, aunque difícilmente en un sentido convencional. El tren tenía una parada de una hora en Lieja, Bélgica. No siendo persona de desaprovechar la oportunidad de ver algo nuevo, Bonhoeffer tomó un taxi y circuló bajo la lluvia. Peter Olden ya le había reservado una habitación en el Hotel Beausejour, cerca de los Jardines de Ranelagh. Cuando llegó a París, se dirigió allí de inmediato. Ambos amigos pasarían la semana siguiente visitando la ciudad, la mayor parte en medio del mal tiempo. Visitaron el Louvre varias veces y asistieron a la ópera en dos ocasiones, donde presenciaron la representación de *Rigoletto y Carmen*. Fue en la iglesia donde vio a las prostitutas, y Dios se sirvió de ellas para mostrarle lo que era la gracia:

El domingo por la tarde asistí a una misa mayor extremadamente solemne en el *Sacré Coeur.* La gente que había en la iglesia procedía, casi de forma exclusiva, de Montmartre; las prostitutas y sus hombres iban a misa y participaban de todas las ceremonias. Fue una imagen que me impresionó mucho y, una vez más, se podía ver con bastante claridad, precisamente a través de su destino y su culpa, que aquella gente tan cargada estaba muy cerca del corazón del evangelio. He reflexionado durante mucho tiempo en que la Tauentzienstrasse [la zona roja de Berlín] sería un campo muy fructífero para la obra de la iglesia. Me resulta más fácil imaginar a un asesino o una prostituta que oran que a una persona engreída que lo haga. No hay nada tan discordante en la oración como la vanidad.[3]

El martes[4] dijo adiós a París y tomó un tren al final de la tarde en el Quai D'Orsay. La siguiente mañana, al amanecer, abrió los ojos en algún lugar de la costa. Se encontraba en las afueras de Narbonne, a una hora de la frontera española. «El sol —escribió— que no había visto en los últimos catorce días, iniciaba su ascenso e iluminaba un paisaje preprimaveral que parecía sacado de un cuento de hadas». Durante la noche, mientras dormía, había sido transportado a otra esfera: el frío gris y la lluvia de París habían cedido paso a un mundo de colores luminosos: «Los prados estaban verdes; los almendros y las mimosas estaban floreciendo ... Pronto vi los picos nevados de los Pirineos que brillaban bajo el sol y, a la izquierda, el mar azul».[5] Cuando llegaron a la frontera, en Portbou, le metieron en un vagón de lujo en el que haría el resto de su viaje en dirección sur y a las 12:55 de la mañana llegó a Barcelona.

En la estación le esperaba[6] el pastor Friedrich Olbricht. Era un «hombre fornido, de pelo oscuro y en apariencia muy cordial, que habla a toda prisa y de manera poco inteligible. No tiene aspecto de pastor, aunque tampoco es elegante». Olbricht acompañó a su nuevo ayudante a una pensión que crujía por todas partes y que sería su hogar. Se encontraba cerca de la parroquia y, según los exactos niveles de Bonhoeffer, era bastante primitiva. El único lugar para lavarse[7] era el aseo. Su hermano Karl-Friedrich, que fue a visitarle posteriormente, lo describió como «muy parecido al baño de tercera de un tren, solo que sin sacudidas». Las tres mujeres que llevaban la pensión no hablaban más que español, y aquel día hicieron un esfuerzo impresionante para pronunciar «Dietrich». No lo consiguieron. Había otros dos residentes que eran alemanes: Herr Haack, un hombre de negocios, y Herr Thumm, un maestro de enseñanza primaria. Ambos llevaban allí algún tiempo y Bonhoeffer les cayó bien al instante. Inmediatamente le invitaron a que se uniera a ellos para almorzar.

Tras la comida, volvió a reunirse con el pastor Olbricht. Debatieron sobre cuáles serían sus responsabilidades, que incluían la dirección de un culto de niños y compartir los deberes pastorales con Olbricht. Asimismo, predicaría siempre que este viajara, que era con bastante frecuencia. Olbricht estaba deseando dejar su congregación en unas manos competentes mientras se tomaba unas vacaciones que necesitaba desde hacía mucho tiempo. Visitaría a sus padres en Alemania ese verano y se quedaría allí durante tres meses.

En Barcelona,[8] Bonhoeffer descubrió un mundo notablemente diferente a Berlín. La comunidad de expatriados alemanes era sobria y conservadora. Al parecer, los dramáticos acontecimientos de la última década en Alemania no les habían afectado y nada tenían que ver con el mundo intelectual sofisticado y de mente liberal berlinés. Debió parecerle que había cambiado la ebullición intelectual y social de Greenwich Village por una comunidad aburguesada de Connecticut, próspera, satisfecha de sí misma y sin la más mínima curiosidad intelectual. La transición no fue fácil. A finales de mes escribió: «No he mantenido ni una sola conversación al estilo de Berlín-Grunewald». Unas cuantas semanas más tarde, escribió a Sabine: «Cada vez noto más y más que los emigrados, aventureros y emprendedores que abandonan Alemania son unos condenados materialistas y no han recibido ningún tipo de impulso intelectual durante su estancia en el extranjero; esto mismo se aplica a los maestros».

El materialismo también era evidente entre la generación más joven que no había vivido la guerra y sus privaciones. En Barcelona, nadie conocía el influyente Movimiento Juvenil Alemán de las décadas anteriores; sus nociones románticas no habían fluido jamás para llegar tan lejos y alcanzar el sur. La mayoría de los jóvenes apenas reflexionaban sobre las posibilidades que se abrían delante de ellos; sencillamente esperaban suceder a sus padres en el negocio familiar.

La opacidad intelectual y la abrumadora atmósfera lánguida de Barcelona fue una presión para la mente y la personalidad hiperactivas de Bonhoeffer. Le asombraba ver cómo gente de todas las edades parecían pasarse las horas en los cafés a mitad del día, conversando sobre pocas cosas que tuvieran verdadera sustancia. Observó que, aparte del café, el vermú con soda era muy popular y se solía servir con media docena de ostras. Aunque se sintió desconcertado por lo que experimentaba en aquellos momentos, merece que reconozcamos que no se limitó a dar coces contra los aguijones: se adaptó al estilo de vida local. Tal vez se quejó en privado ante sus más allegados y queridos, pero no se permitió sentirse pesimista o frustrado por nada de ello. Quería ser efectivo en su papel de pastor y sabía que debía entrar en las vidas y, hasta cierto punto, en la forma de vivir de aquellas personas a las que tenía el encargo de servir.

Igual que en Roma, le interesaban las expresiones de fe católica de aquel lugar. En una carta a su abuela describió una escena sorprendente:

Recientemente he visto algo espléndido. Un gran grupo de coches alineados uno detrás del otro, en la calle principal, y todos empujando para entrar por dos puertas estrechas, especialmente erigidas, bajo las cuales se encontraban unos sacerdotes que los rociaban con agua bendita cuando las atravesaban. También había una banda que tocaba marchas y bailes, gente haciendo el payaso y gritando —¿qué estaba ocurriendo?—, ¡era el día del santo patrón de los coches y las ruedas![9]

Bonhoeffer tenía el celo de experimentar y comprender tanto como le fuera posible de sus nuevas circunstancias. Con resolución, se unió al Club Alemán de Barcelona, que organizaba bailes y otros acontecimientos de gala —pronto habría un baile de disfraces— y donde todos jugaban al *Skat*.* También se hizo miembro de Club Alemán de Tenis y de la Sociedad Coral Alemana, donde se convirtió al instante en el pianista acompañante. En todos estos lugares desarrolló relaciones sociales que abrían puertas pastorales y no perdió un segundo en atravesarlas cada vez que podía.

Lo más difícil para él, quizás, aun siendo una parte fundamental de su nueva comunidad, era relajarse. Pero en esto también hizo todo lo posible. Doce días después de su llegada pasó todo un martes por la tarde en el cine. El 28 de febrero, él y su nuevo amigo maestro, Hermann Thumm, vieron la versión en cine mudo de *Don Quijote*, protagonizada por la entonces famosa pareja cómica danesa Pat y Patachon. Fue la pareja cómica gordo-flaco más famosa *antes* de Laurel y Hardy. Duró tres horas y diecinueve minutos y no tuvo efecto alguno en la imaginación de Bonhoeffer, aunque aceptó que tal vez sería por su desconocimiento de la historia. Decidió, pues, leer la novela de Cervantes en la lengua original. Fue una oportunidad para mejorar su español, que ya era bueno.

En general, Barcelona le gustaba.[10] En una carta a su superintendente, Max Diestel, la describió como «una metrópolis inusualmente viva atrapada en un incremento económico suntuoso, en el que cada uno vive de forma bastante placentera a todos los efectos». El paisaje de aquella zona y la ciudad le parecían «excepcionalmente encantadores». El puerto —llamado Moll— era hermoso, se ofrecían «buenos conciertos» y «un hermoso —aunque muy antiguo— teatro». Aun así, faltaba algo, «a saber, el debate intelectual que uno no encuentra, a pesar de buscarlo, ni en los círculos académicos españoles». Cuando por fin halló a un profesor español con quien podía tener un nivel más elevado de

---

* Era un juego de cartas alemán muy popular, desarrollado a principios del siglo XIX en la ciudad de Altenbourg.

conversación, el hombre resultó ser tremendamente «anticlerical». Bonhoeffer leyó a los escritores españoles contemporáneos y descubrió que todos tenían una disposición similar.

En Barcelona había una actividad de la que disfrutaría, algo que nunca conoció en Berlín. Era el *arte taurino* (las corridas de toros). Aunque esteta e intelectual, no era afectado ni remilgado. Su hermano Klaus vino a visitarle un Domingo de Pascua. Por la tarde —Bonhoeffer predicó aquella mañana—, un maestro alemán, probablemente Thumm, los «arrastró» a la «gran corrida de Pascua». Escribió a sus padres sobre ella:

> Ya había presenciado una y no puedo decir, en realidad, que me impresionara tanto. Me refiero a la forma en que muchos piensan que, por su civilización europea fundamental, deben sentirse conmocionados. Después de todo, es un gran espectáculo ver a un poder salvaje, desenfrenado y ciego luchar contra el valor disciplinado, la presencia de ánimo y la destreza, para acabar sucumbiendo. El elemento horripilante solo representa un pequeño papel, sobre todo porque, desde esta última corrida, los caballos llevan el vientre protegido por primera vez, y no se dieron las horribles imágenes de la primera vez. Lo curioso es que una lucha tan larga fuera necesaria antes de que permitieran utilizar dichos protectores para los equinos. Es probable que la mayoría de los espectadores quieran en verdad ver sangre y crueldad. En general, la gente desahoga todas estas poderosas emociones y uno mismo se ve arrastrado con ella.[11]

En una carta a Sabina, que palidecía solo con pensar en un espectáculo semejante, dijo que reconocía haberse sentido atónito al ver «que he contemplado todo aquello con mucha más sangre fría la segunda vez que la primera. Y debo afirmar que realmente noto, desde una cierta distancia, el encanto que existe y que, en algunos, llega a convertirse en pasión».

Siempre teólogo, le expresó otra cosa que le había dado vueltas en la cabeza:

> Jamás había contemplado el giro del «¡Hosana!» al «¡Crucifícale!» recordado de una forma más gráfica que en la forma en que, casi rayando con la demencia, la multitud enloquece cuando el torero hace un pase con garbo y, de inmediato, a esto le sigue un aullido enajenado cuando ocurre algún percance. El carácter momentáneo del ánimo de esa masa varía con tanta rapidez que

aplauden al toro y silban al torero si, por ejemplo, este último demuestra ser cobarde y —algo bastante comprensible— le falta valor por un instante.[12]

Sin embargo, no siempre era profundo.[13] En octubre, Bonhoeffer envió una novedosa postal a Rudiger Schleicher. Representaba la figura de un matador y un toro a tamaño real y de cartón a la que él prestaba su rostro, de tal forma que el cuerpo era del torero pero con su cara: «Las tranquilas horas en las que he cultivado el *arte taurino* me han llevado, como puede ver, a un éxito tremendo en la plaza ... Saludos del matador. Dietrich».

Le gustaba[14] deambular por las tiendas de antigüedades y de artículos de segunda mano, y un día compró un enorme brasero de madera de castaño tallada, con una copa de latón tremendamente grande. Más tarde se convertiría en parte del mobiliario de Finkenwalde. Cuando Klaus le visitó, viajaron a Madrid, donde Klaus compró una pintura al óleo que parecía ser un Picasso. En una carta a sus progenitores, este describió el tema del cuadro como «una mujer degenerada que bebía un aperitivo. Cuando lo llevó a Berlín, un tratante estadounidense le ofreció veinte mil marcos por él y varias personas le expresaron su interés. Más tarde, uno de ellos se puso en contacto con Herr Picasso directamente. El pintor comentó que un amigo suyo de Madrid había falsificado con frecuencia su obra. Como nadie se decidía en firme en un sentido u otro, Klaus se quedó el cuadro, que fue destruido junto al brasero por las bombas aliadas en 1945.

En Madrid, Bonhoeffer desarrolló cierto aprecio por la obra de El Greco. Él y Darl fueron a Toledo, Córdoba y Granada juntos y, después, llegaron al extremo sur hasta Algeciras, cerca de Gibraltar. Cada lugar que visitaba parecía ser la plataforma de lanzamiento de excursiones adicionales. Su abuela le envió dinero para que viajara a las Islas Canarias, pero tuvo que regresar a Berlín antes de poder hacerlo. Le dijo que utilizaría el dinero para su viaje a la India, con el fin de visitar a Gandhi, algo que seguía planeando hacer.

Ayudante de pastor

Bonhoeffer había ido a Barcelona principalmente para servir a la iglesia. Mientras estuvo allí predicó diecinueve sermones y dirigió un culto de niños, aunque no empezó con el éxito que esperaba.

Antes de su llegada,[15] Olbricht había emitido invitaciones para el culto de los niños del que se encargaría el nuevo y joven pastor de Berlín. Sin embargo, en su primer domingo, la congregación infantil estaba compuesta por una niña. En su diario, Bonhoeffer escribió: «Esto tendrá que mejorar». Así fue. Su personalidad encantadora causó buena impresión y, a la semana siguiente, quince estudiantes se presentaron. Visitó el hogar de cada uno de ellos aquella semana y, al siguiente domingo, eran treinta. Desde entonces, siempre había treinta o más en cada culto. Amaba su trabajo con los niños. Le asombraba la ignorancia teológica de ellos, pero también le pareció maravillosa: «No han sido contaminados aún, en ningún aspecto, por la iglesia».

La cantidad de alemanes que vivían entonces en Barcelona era de unos seis mil, pero solo una pequeña porción de ellos formaba parte de la iglesia y, de estos, solo asistían alrededor de cuarenta cada domingo. En verano, este número descendía aún más. Bonhoeffer estaría solo ese verano, ya que Olbricht viajaría a Alemania.

Sus sermones desafiaban a las congregaciones espiritual e intelectualmente. En su primera predicación, se lanzó a su tema favorito, la diferencia entre una fe basada en nuestros propios esfuerzos morales y la que se fundamentaba en la gracia de Dios. En esa línea mencionó a Platón, Hegel y Kant y citó a San Agustín. Nos podemos imaginar a algunos de los hombres de negocio de Barcelona desconcertados por este ferviente joven de veintidós años, que acababa de descender de la torre de marfil. Sin embargo, lo que decía tenía una innegable vitalidad, por lo que era raro que le retiraran su atención.

En Semana Santa, Olbricht estaba de viaje, por lo que él volvió a predicar y también lo hizo las dos semanas siguientes. En cada ocasión desafiaba a sus oyentes y, de alguna manera, se los ganaba. Pronto sucedió que, cuando estaba programado que fuese él quien predicara, la congregación crecía de forma visible. Olbricht se dio cuenta y enseguida dejó de anunciar la agenda de los sermones.

Aunque, por lo general,[16] estaba contento con Bonhoeffer, sin duda habría algún problema entre ellos. En cartas que escribió a casa, Dietrich mencionaba que Olbricht no era «lo que se dice una presencia dinámica en el púlpito», y tampoco le pasaron inadvertidos otros fallos. En otra misiva comentaba que el pastor «hasta el momento no parece haber hecho nada en cuanto a la forma de dirigirse a la generación más joven de su parroquia».[17] Por ejemplo, Bonhoeffer vio que la instrucción religiosa en la escuela alemana donde enseñaba Thum solo llegaba hasta el cuarto año. Tuvo la brillante idea de proponer que se empezaran clases para los niños más mayores. Cada vez que Olbrich se daba la vuelta,

Bonhoeffer iniciaba algo que supondría más trabajo para él cuando Dietrich se marchara. Por tanto, echó por tierra aquella idea.

Bonhoeffer fue sensible a la situación y adecuadamente deferente; no hizo nada que exacerbara tensiones. De modo que, en general, Olbricht lo apreciaba y también valoraba los esfuerzos que hacía. La habilidad que Dietrich tenía para mantener sus ojos sobre su propia tentación al orgullo es un testimonio de su crianza, en la que no se toleraba el egoísmo ni la vanidad. Pero también era consciente de este tipo de tentación desde la perspectiva cristiana. En una carta que escribió a su amigo Helmut Tössler, también pastor, le habló de su satisfacción con respecto a la obra que estaba haciendo y de la doble naturaleza de este contentamiento.

Este verano estaré tres meses solo y tengo que predicar cada quince días ... me siento agradecido por tener éxito en esta tarea. Es una mezcla de placer subjetivo, llamémosle autocomplacencia, y una gratitud objetiva. Pero esto es el juicio sobre toda religión, la mezcla de lo subjetivo y lo que es objetivo, que uno puede quizás ennoblecer aunque no desarraigar básicamente, y los teólogos sufren el doble por ello. Sin embargo, ¿acaso no debería regocijarme por ver la iglesia llena, o porque gente que no asistía desde hace años, ahora sí viene? Por otra parte, ¿quién se atreve a analizar este placer y asegurar que esté libre de toda semilla de oscuridad?[18]

La desviación más extraordinaria de cualquier cosa que hubiera hecho con anterioridad fue su obra en la Deutsche Hilfsverein, una organización benéfica alemana con oficina en la casa parroquial. Bonhoeffer dirigía ese organismo por las mañanas y fue mucho más allá del mundo privilegiado de su juventud en Grunewald. Quiso ver cómo vivía esa llamada «otra mitad», se reunía y pasaba tiempo con gente cuyo negocio había fracasado, con las víctimas de la pobreza y del crimen, y con individuos verdaderamente desesperados, así como con los delincuentes de buena fe. Le escribió a Karl-Friedrich y pintó esta imagen gráfica:

Uno tiene que tratar a las personas más extrañas con las que, de otro modo, rara vez habría intercambiado una palabra: vagos, vagabundos, criminales en fuga, muchos legionarios extranjeros, domadores de leones y otros animales, que han escapado del Circo Krone durante su gira española, bailarines alemanes de los teatros de variedades de aquí, asesinos alemanes prófugos, todos y cada uno de los cuales te cuentan la historia de su vida con todo detalle ... Ayer, por primera vez, vino a verme un hombre que se comportó de una forma tan impúdica —afirmaba que el ministro había falsificado su firma— que prácticamente le grité y le eché fuera ... Mientras se marchaba a toda prisa maldijo y soltó palabrotas, y me dirigió unas palabras que ya he oído con frecuencia: «¡Nos veremos las caras de nuevo, baja al puerto que te vas a enterar!» ... Más tarde descubrí en el consulado que es un conocido estafador que lleva mucho tiempo pululando por aquí.[19]

A través de experiencias como estas, el corazón de Bonhoeffer despertó, por primera vez, a la súplica de los pobres y los marginados, que pronto se convertirían en un tema importante en su vida y su teología. En la carta que escribió a Rössler, también trató este asunto:

Estoy consiguiendo conocer gente cada día, cualesquiera que sean sus circunstancias y, a veces, uno puede leer su interior a través de sus historias. Al mismo tiempo, hay una cosa que me sigue impresionando: aquí conozco a la gente tal como es, lejos de la farsa «del mundo cristiano»; gente con pasiones, criminales, gente pequeña con metas, sueldos y pecados insignificantes. En términos generales, son gente que se siente sin hogar en ambos sentidos y que empiezan a derretirse cuando alguien les habla con amabilidad. Es gente real. Solo puedo decir que tengo la impresión de que son exactamente estas personas quienes están más bajo la gracia que bajo la ira, y que al mundo cristiano le ocurre justo lo contrario.[20]

A finales de junio,[21] la población alemana de Barcelona cayó en picado. Muchos se marcharon por tres meses, para volver en octubre. El pastor Olbricht fue uno de ellos. La mayoría de los maestros que Bonhoeffer conocía también se fueron. Pero él parecía disfrutar y ser típicamente productivo. Cada mañana, hasta las diez de la mañana, dirigía la oficina de Hilfsverein y luego trabajaba en sus sermones o en su disertación, *Sanctorum Communio*, que preparaba para su publicación. Asimismo, leía y pensaba sobre temas para su tesis postdoctoral, *Actuar y ser*. A la una volvía a pie a la pensión para almorzar, y a continuación escribía cartas, practicaba el piano, visitaba a los parroquianos en el hospital o en casa, trabajaba en sus distintos escritos, o se escapaba a la ciudad a tomar café y encontrarse con conocidos. Algunas veces, con más frecuencia de la que habría deseado, sucumbía al calor abrasador y pasaba la tarde como lo hacían muchos barceloneses: durmiendo. Aquel verano se encargó de sus cultos de niños cada domingo, pero solo predicó en domingos alternos. «Con esto me basta —escribió a Karl-Friedrich—, ya que predicar con este calor no es necesariamente muy agradable, sobre todo porque el sol brilla sobre el púlpito en esta época del año».

Bonhoeffer poseía una innegable y rara habilidad para comunicar las ideas teológicas difíciles a la gente corriente que asistía a la iglesia, pero algunos pasajes de sus sermones en Barcelona debieron de haber sido difíciles de aguantar bajo el sofocante calor. Algunas veces se elevaba sobre las cabezas de sus oyentes hasta tales alturas teológicas que sentían ganas de protegerse los ojos y medio cerrarlos de frustración, al intentar seguirle cuando se convertía en un punto que se desvanecía en el azul del cielo mismo. *¿Dónde está el viejo cuervo amaestrado que predicaba aquí, a quien nosotros y nuestros hijos podíamos acariciar y alimentar con trocitos de manzana y galletitas saladas? ¿Acaso no volverá a nosotros el viejo Olbricht?*

Aun así, el vuelo en solitario[22] de Bonhoeffer como pastor fue un éxito innegable: cada verano, la asistencia a la iglesia solía bajar de un modo significativo, pero aquel estío, en realidad hubo más gente. En agosto, Dietrich le dijo a un amigo: «Ver cómo el trabajo y la vida se unen de una manera real es una experiencia bastante extraordinaria. Es la síntesis que todos buscábamos en nuestros días de estudiantes, pero que apenas conseguimos encontrar... Da valor al trabajo y objetividad al obrero, el reconocimiento de sus propias limitaciones, en proporciones que solo se pueden lograr en la vida real».

Los padres de Bonhoeffer lo visitaron[23] en septiembre. Los tres aprovecharon la ocasión para viajar un poco más, hacia el norte, a lo largo de la costa francesa, visitando Arles, Avignon y Nîmes; y hacia el sur, siguiendo el litoral hasta Montserrat. El 23 de septiembre, los progenitores oyeron predicar a su hijo sobre un tema que fue fundamental para él a lo largo de su vida, y que apoyaba el aspecto esmeradamente terrenal y encarnacional de la fe cristiana frente a la idea gnóstica o dualista de que el cuerpo es inferior al alma o al espíritu. «Dios quiere ver a seres humanos —dijo— y no a fantasmas que rehúyen el mundo». Continuó afirmando que «en toda la historia del mundo siempre hay una hora realmente importante: la presente ... Si quieres encontrar la eternidad, tienes que cumplir la condena». Sus palabras presagiaban que escribiría a su prometida desde su celda en prisión, años más tarde: «Nuestro matrimonio tiene que ser un "sí" a la tierra de Dios. Debe fortalecer nuestra decisión de hacer y realizar algo sobre la tierra. Temo que los cristianos que se aventuran a estar en pie sobre la tierra, apoyados sobre una sola pierna, también estarán en el cielo del mismo modo». En otra carta le decía: «Los seres humanos fueron tomados de la tierra y no solo consisten de aire y pensamientos».

Otra cuestión que se abrió paso en muchos sermones, en aquella época y también después, fue la idea barthiana de Dios como iniciador, como el único que debe revelarse a nosotros, ya que no podemos hacer nada para alcanzarle. Bonhoeffer utilizó varias veces la imagen que Barth daba de la Torre de Babel como imagen de «religión», del hombre que intenta llegar al cielo por sus propios esfuerzos, y siempre fracasa. Sin embargo, en una carta a Rössler, Bonhoeffer lleva la idea más allá:

> Durante largo tiempo pensé que los sermones tenían un centro que, cuando le acertabas, conmovía a todos o los confrontaba con una decisión. Ya no lo creo. En primer lugar, una predicación jamás puede captar el centro, sino que ella misma es la que puede *ser captada* por él, por Cristo. Entonces él se hace carne, tanto en el punto de los pietistas como en el de los clérigos, o en el de los socialistas religiosos, y estas conexiones empíricas en realidad presentan unas dificultades absolutas, y no meramente relativas, para la predicación.[24]

Esto fue algo muy radical y dramático, pero es la conclusión perfectamente lógica de la idea de que, separado de la gracia de Dios, uno no puede hacer nada que merezca la pena. Todo lo bueno debe venir de Dios, incluso en un sermón escrito y predicado de manera pobre. Por el contrario, en una predicación preparada e impartida de un modo maravilloso, Dios puede no manifestarse. El «éxito» depende en su totalidad del Dios que irrumpe y nos «capta». De otro modo es imposible que seamos «captados».

Era un presagio del famoso sermón de Bonhoeffer sobre Jeremías unos años después y de su actitud hacia su destino a manos de los nazis. ¿Qué significaba ser «captado» por Dios? ¿Y por qué empezó Bonhoeffer a tener ya una profunda sensación de que Dios le había «captado», escogido para algo?

Las tres primeras conferencias

En el otoño de 1928, Bonhoeffer decidió que, además de sus otros deberes, impartiría tres conferencias, a lo largo de tres martes por la tarde: una en noviembre, una en diciembre y una en febrero, justo antes de marcharse. Nadie esperaba que lo hiciera, y uno se pregunta qué pensaría Olbricht de la nueva iniciativa. Las conferencias eran de un alcance extraordinariamente ambicioso. Era evidente que a Bonhoeffer le motivaba su preocupación por los jóvenes del sexto año de la escuela alemana, que eran casi de la edad de los que formaron parte de su Círculo del Jueves. La iglesia no los estaba alcanzando y él quería hacer todo lo que pudiera.

Las tres conferencias son impresionantes, sobre todo para alguien que llevaba pocos años fuera de la escuela secundaria, y tocaban los temas que le harían famoso en los años futuros. La primera se titulaba: «La tragedia de lo profético y su significado perdurable»; la segunda: «Jesucristo y la esencia del cristianismo»; y la tercera: «Preguntas básicas de la ética cristiana».

La segunda conferencia,[25] impartida el 11 de diciembre, es sin duda la mejor. Como en la mayoría de sus sermones, empezó de una forma provocativa, exponiendo la noción de que Cristo había sido exiliado de la vida de la mayoría de los cristianos. «Por supuesto —dijo—, le edificamos un templo, pero nosotros vivimos en nuestras propias casas». La religión había sido desterrada al domingo por la mañana, a un lugar «al que uno se puede retirar de buen grado durante un par de horas, pero solo para regresar al lugar de trabajo nada más acabar». Decía que uno no puede darle tan solo un «pequeño compartimento de nuestra vida espiritual», sino que debía ser todo o nada. «La religión de Cristo —afirmaba— no es un bocadito dulce después de la comida; por el contrario, o es la comida en sí o no es nada. La gente debería al menos entenderlo y reconocerlo si es que se autodefine como cristiana.

En un pasaje muy bien escrito, una reminiscencia del *Mero cristianismo* de C. S. Lewis, Bonhoeffer hablaba de la exclusividad de Cristo:

De acuerdo con las categorías estéticas, uno admira a Cristo como genio estético, le definimos como el gran ético; nos maravillamos de cómo fue a la muerte como sacrificio heroico por sus ideas. Solo hay una cosa que no hacemos: no lo tomamos en serio. No ponemos nuestra propia vida en contacto con la afirmación de Cristo de transmitir la revelación de Dios y de ser, él mismo, dicha manifestación. Mantenemos cierta distancia entre nosotros y la palabra de Cristo, sin permitir que se produzca un encuentro serio. Indudablemente, puedo vivir con o sin Jesús y ser un genio religioso, un ético, un caballero, así como, después de todo, también puedo vivir sin Platón y Kant ... No obstante, si hay algo en Cristo que reclama toda mi vida con la plena seriedad de que es Dios mismo quien habla, y si la palabra de Dios se hizo presente una vez y solo en Cristo, entonces él no tiene una importancia relativa para mí, sino que esa relevancia es absoluta y urgente ... Entender a Cristo significa tomarle en serio. Comprender su afirmación es aceptar con total seriedad su absoluta reclamación de nuestro compromiso. Y ahora es importante que aclaremos la seriedad de este asunto y liberemos a Cristo del proceso de secularización al que ha sido incorporado desde la Ilustración.

Podemos suponer[26] que Olbricht no habría mencionado recientemente la Ilustración a su congregación. En esta conferencia, Bonhoeffer fue tirando abajo una vaca sagrada detrás de otra. Ya tratada la idea de que Cristo no es un simple gran ético, procedió a explicar la similitud entre la religión cristiana y otras. Luego llegó a su punto principal: la esencia del cristianismo no tiene nada que ver con la religión, sino con la persona de Cristo. Se extendió sobre el tema que aprendió de Karl Barth y que ocuparía tanto de su pensamiento y de lo que escribiría en los años sucesivos: la religión era algo muerto y hecho por el hombre, y en el centro del cristianismo había algo completamente distinto: Dios mismo, y vivo. «Hablando de forma objetiva —dijo—, Cristo ha dado escasas prescripciones éticas que no se encontraran ya en los rabinos judíos contemporáneos o en la literatura pagana». El cristianismo no consistía en un nuevo y mejor conjunto de normas de conducta, sino en el cumplimiento moral. Debió desconcertar a algunos de sus oyentes, pero su lógica era indiscutiblemente irresistible. A continuación, atacó con agresividad la idea de la «religión» y la representación moral como enemigas mismas del cristianismo y de Cristo porque presentan la idea falsa de que, de alguna manera, podernos alcanzar a Dios a través de nuestros esfuerzos morales. Esto llevaba a la arrogancia y al orgullo espiritual, enemigos jurados del cristianismo. «Por tanto —afirmó— el mensaje cristiano es básicamente amoral e irreligioso, por paradójico que pueda sonar».

Es sorprendente que Bonhoeffer lo expresara de ese modo en 1928, dieciséis años antes de que escribiera brillantemente a Eberhard Bethge sobre «un cristianismo sin religión» en aquellas cartas que este enterró en el patio trasero de los Schleicher, dentro de la lata de una mascarilla antigás. Pero es aún más curioso que esas cavilaciones exhumadas se hayan descrito algunas veces como algo que marcó un nuevo y profundo giro en su teología. Casi todo lo que Bonhoeffer diría o escribiría posteriormente en su vida marcó una profundización y una expansión de lo que ya había afirmado y creído con anterioridad, pero no fue nunca un cambio teológico relevante. Estaba edificando sobre lo que ya estaba establecido, como un científico o un matemático. Sin embargo, por alto y lejos que uno llegue a partir del fundamento, jamás se puede renegar o quedar flotando despegado del cimiento. De hecho, cuanto más alto se subiera, más se confirmaría la solidez y la integridad del fundamento y de las plantas anteriores. Bonhoeffer subió muy alto y llegó sumamente lejos, y quienes se centran en demasía en estas últimas alturas pueden ser excusados, en cierto modo, por no saber que en algún lugar bajo las nubes había un fundamento teológico ortodoxo al que estaban conectados con total solidez.

En esa misma conferencia, Bonhoeffer expuso otro punto valiente y provocador:

> Con esto hemos articulado una crítica básica del más grandioso de todos los intentos humanos para avanzar hacia lo divino, por medio de la iglesia. El cristianismo oculta dentro de sí mismo un germen hostil hacia la iglesia. Nos resulta demasiado fácil basar nuestras reivindicaciones de Dios en nuestra propia religiosidad cristiana o en nuestro compromiso con la iglesia y, al hacerlo, malentender por completo y distorsionar la idea cristiana.[27]

Aquí, en la conferencia impartida por un joven de veintidós años a un puñado de estudiantes de la escuela secundaria, uno ve algo que se acerca al pensamiento más maduro que tendría en el futuro. Estableció una diferencia entre cristianismo como religión igual a las demás —que intenta y no consigue abrir un camino ético para que el hombre pueda escalar hasta el cielo por propia decisión— y seguir a Cristo, que lo exige todo, incluida nuestra propia vida.

En las conferencias[28] solía escoger un lenguaje que debió de ser difícil para aquellos que estaban presentes, como cuando dijo que la esencia del cristianismo «es el mensaje del "eternamente otro", el que está muy por encima del mundo y, a pesar de ello, desde la profundidad de su ser tiene misericordia de la persona que le da la gloria solo a él». Es muy poco probable que muchos de los que le escuchaban tuvieran conocimiento de Karl Barth o hubieran oído acerca de la palabra «otro» utilizada como concepto filosófico abstracto.

Las frases de Bonhoeffer[29] podían ser impresionantes. «El mensaje de la gracia —dijo— ...que se pronuncia sobre la muerte de las personas y las naciones es eterno: Te he amado desde la eternidad; quédate conmigo y vivirás». Asimismo, existen aforismos chestertonianos: «El cristianismo predica el valor infinito de aquello que en apariencia no vale nada y la infinita falta de valor de aquello que parece tener todo el valor».

Antes de acabar,[30] expuso un tercer punto provocativo. Identificó «el espíritu griego» o «humanismo» como «el más grave enemigo» que el Cristianismo tuvo jamás. A continuación, vinculó magistralmente la idea de la «religión» y el logro moral como camino falso hacia Dios al dualismo, la idea de que el cuerpo está en guerra con el alma. Esta era una noción griega, no hebrea ni bíblica. La afirmación de las Escrituras sobre el cuerpo y el mundo material era otro tema al que regresaría una y otra vez en su vida:

> El humanismo y el misticismo, en apariencia el florecimiento más hermoso que expone la religión cristiana, se ensalzan hoy como los más altos ideales del espíritu humano y, en realidad, se consideran con frecuencia la corona misma de la idea cristiana. Sin embargo es precisamente ella la que debe rechazarlos por ser la apoteosis de la criatura y, como tal, un desafío al honor que solo le pertenece a Dios. La deidad del humanismo, de la idea de Dios presentada por el cristianismo, orienta esos deseos humanos a sí mismos en lugar de ser a la inversa.[31]

«¡Herr Wolf ist tot!»

Una de las razones por las que Bonhoeffer deseaba pasar un año en Barcelona como pastor era su convicción de que comunicar sus conocimientos teológicos —ya fuera a hombres de negocio indiferentes, adolescentes o niños pequeños— era tan importante como la teología misma. Su éxito en el ministerio infantil lo muestra, y esta carta que escribió a su futuro cuñado, Walter Dress, nos permiten echar una mirada a este aspecto del año que pasó en Barcelona:

> Hoy me he topado con un caso completamente único en mi consejería pastoral que me gustaría contarte brevemente y que, a pesar de su sencillez, me ha hecho pensar en realidad. A las 11:00 de la mañana tocaron a mi puerta y un niño de diez años entró en mi habitación trayendo algo que yo

había pedido a sus padres. Observé que algo le ocurría al muchacho, que suele tener una personalidad muy alegre. Pronto todo salió a la luz: rompió a llorar, completamente fuera de sí, y yo solo podía oír las palabras: «*Herr Wolf ist tot*» [el señor Lobo está muerto], y lloraba sin cesar. «¿Pero quién es Herr Wolf?». Resultó ser un cachorro de pastor alemán que había estado enfermo durante ocho días y acababa de morir media hora antes. El niño, inconsolable, se sentó sobre mis rodillas y casi no podía recobrar la compostura. Me contó cómo había muerto el perro y que ahora todo estaba perdido. Él solo jugaba con el can, que venía todas las mañanas a su cama y le despertaba... y ahora estaba muerto. ¿Qué podía decirle? Me estuvo hablando de él durante un buen rato. Luego, de repente, su llanto desgarrador se hizo silencioso y dijo: «Pero sé que no está muerto». «¿Qué quieres decir?». «Su espíritu está ahora en el cielo, donde es feliz. Una vez, en clase, un niño preguntó a la maestra de religión cómo era el cielo y ella dijo que todavía no había estado allí; pero, dígame, ¿volveré a ver a Herr Wolf de nuevo? Estoy seguro de que está en el cielo». De modo que allí estaba yo y se suponía que debía contestar sí o no. Si le decía: «No, no lo sabemos», eso habría querido decir que «no» ... Rápidamente, pues, me decidí y le respondí: «Mira, Dios creó a los seres humanos y también a los animales; estoy seguro de que también los ama a ellos. Y yo creo que, en lo que respecta a Dios, todos los que se han amado en la tierra —que se han amado de verdad— permanecerán juntos en Dios, porque amar es parte de él. Ahora, debemos reconocer que no sabemos cómo ocurre». Tendrías que haber visto la felicidad en el rostro de aquel niño; había dejado de llorar por completo: «Entonces volveré a ver a Herr Wolf de nuevo, cuando me muera; entonces podremos volver a jugar juntos». En una palabra, estaba extasiado. Le repetí un par de veces que no sabemos en realidad cómo ocurre esto. Sin embargo, él lo *sabía* y en su pensamiento era algo firme. Tras unos pocos minutos, me dijo: «Hoy le he regañado de verdad a Adán y Eva; si no se hubieran comido la manzana, Herr Wolf no habría muerto». Todo este asunto era tan importante para aquel pequeño como suele ocurrir con nosotros cuando sucede algo realmente malo. Pero yo me siento casi sorprendido, más bien conmovido, por la ingenuidad de la piedad que se despierta, en un momento, en un muchacho que, de otro modo, sería completamente salvaje y no pensaría en nada. Allí me quedé, en pie —se suponía que yo debía «conocer la respuesta»— sintiéndome bastante pequeño a su lado; no puedo olvidar la expresión confiada que había en su cara cuando se marchó.[32]

En noviembre, se le pidió a Bonhoeffer que se quedara en Barcelona, pero él quería acabar su grado postdoctoral, o *Habilitación*. El 15 de febrero, un año después de haberse marchado, regresó a Berlín.

 CAPÍTULO 6

BERLÍN

1929

Es una cuestión de la libertad de Dios, que halla su más firme evidencia precisamente en que él escoge libremente estar vinculado a los seres humanos históricos y estar a su disposición. Dios no es libre de los seres humanos, sino para ellos. Cristo es la palabra de la libertad de Dios.

—DIETRICH BONHOEFFER

Si hubiera sido judío y hubiera visto semejante gobierno de imbéciles y botarates, y enseñara la fe cristiana, me habría convertido antes en un cerdo que en un cristiano.

—MARTÍN LUTERO

uando Bonhoeffer regresó de Barcelona se encontró con una Alemania cada vez más impaciente con la República de Weimar. Muchos sentían que era una chapuza impuesta por sus enemigos, que no sabían nada de la historia y la cultura alemanas y deseaban que, de una manera u otra, fuese una nación débil. El gobierno parlamentario —donde ningún partido tenía poder para dirigir— era un cambio drástico desde los días del káiser, cuyo liderazgo había sido incuestionable y respetado. Para muchos, la contienda sin timón del sistema del momento era sencillamente antialemana. Un gran número de alemanes anhelaban volver a algún tipo de liderazgo y empezaban a ser cada vez menos exigentes con el tipo de gobierno que pudiera ser. ¡Querían el liderazgo en sí y a un líder que gobernara! Ese tipo de gobernante existía, pero los resultados de su partido en las elecciones de 1928 habían sido desalentadores. Empezó a trabajar con vistas a los próximos comicios, y a centrarse principalmente en los votos ganadores de las zonas rurales. Regresaría en un momento más oportuno.

Bonhoeffer no estaba del todo seguro de lo que quería hacer consigo mismo. Había disfrutado el año pasado en Barcelona y consideraba dejar lo académico a favor del ministerio. Sin embargo, con veintidós años era demasiado joven para ser ordenado. Como no quería cerrarse a la posibilidad de un futuro académico, decidió acabar su segunda tesis postdoctoral —lo que se llamaba *Habilitación*— para poder cualificarse como conferenciante en la Universidad de Berlín.

En su lucha por contestar la pregunta, «¿Qué es la iglesia?», su tesis titulada *Actuar y ser (Akt und Sein)* era, en gran medida, una continuación de *Sanctorum Communio*. En *Actuar y ser* utilizó un lenguaje filosófico para mostrar que la teología no es sencillamente otra rama de la filosofía, sino algo distinto por completo. Para él, la filosofía era la búsqueda de la verdad por parte del hombre y al margen de Dios. Era un tipo de «religión» de Barth en la que el hombre mismo intentaba alcanzar el cielo, la verdad, o a Dios. Pero la teología comienza y acaba con la fe en Cristo, que se revela a sí mismo al hombre; aparte de una revelación como esta, no podría haber nada parecido a la verdad. De este modo, el filósofo —y el teólogo que opera basándose en suposiciones filosóficas— da vueltas persiguiendo su propia cola y se embelesa mirándose el ombligo. No puede salir de ese ciclo; pero Dios, a través de la revelación, puede irrumpir *en* él.

Bonhoeffer acabó *Actuar y ser* aquel año, y lo presentó en febrero de 1930. Eberhard Bethge consideró lo siguiente como su «pasaje clásico»:

En la revelación no se trata tanto de una cuestión de la libertad de Dios —que permanece eternamente con la misma identidad, aseidad— al otro lado de la revelación, como ocurre en el hecho de que Dios sale de la propia identidad de Dios en la revelación. Se trata de la Palabra *dada* por Dios, el pacto en el que él queda ligado por su propia acción. Es una cuestión de la libertad de Dios, que halla su más firme evidencia precisamente en que Dios escogió libremente vincularse a los seres humanos históricos y a estar a su disposición. Dios no es libre de los seres humanos, sino para ellos. Cristo es la palabra de la libertad de Dios. Él *está* presente, es decir, no en una no objetividad eterna, sino —por decirlo de una forma bastante provisional por el momento— «tenible», captable en la Palabra dentro de la iglesia. Aquí, la compresión formal de la libertad de Dios se contrarresta con otra substancial.[1]

Al año siguiente de Barcelona, Bonhoeffer volvió a la amplia espiral social e intelectual de amigos y miembros de la familia en el círculo más grande de Grunewald. Mucho era lo que estaba ocurriendo en medio de ellos. Aquel año, su hermana Susanne se casó con su amigo Walter Dress. Su hermano mayor, Karl-Friedrich contrajo matrimonio con Grete von Dohnanyi. Y dos días antes de que Bonhoeffer embarcara para Estados Unidos, su hermano Klaus se unió a Emmi Delbrück que, junto con sus hermanos Max y Justus, había sido parte de su familia desde la niñez. Bonhoeffer no andaba cerca del matrimonio, pero seguía pasando tiempo con Elizabeth Zinn, que estudiaba para su doctorado en la Universidad de Berlín.

Hans Dohnanyi había conseguido un empleo como asistente personal del ministro de Justicia del Reich en Berlín, de modo que él y Christel regresaron de Hamburgo y se mudaron al otro lado de la calle, frente al 14 de Wangenheimstrasse. Vivían con los Schönes, quienes, de algún modo, estaban relacionados con los Bonhoeffer.[*]

Cuando *Actuar y ser*[2] estuviera acabado, presentado y oficialmente aceptado, Bonhoeffer ya reuniría los requisitos necesarios para convertirse en conferenciante universitario. Pero, hasta entonces, tenía que contentarse con algo mucho menos prestigioso. En abril de 1929, al principio del trimestre de verano, asumió el puesto de «ayudante voluntario de conferenciante universitario», en el seminario de teología sistemática de la universidad. Suponía llevar a cabo todos los deberes bajo la categoría de un catedrático. Para Bonhoeffer, esto incluía «entregar las llaves y asegurarse de que las devolvieran, supervisar la biblioteca del seminario y recomendar la compra de nuevos libros».

En el verano de 1929,[3] Bonhoeffer fue invitado a asistir al seminario final impartido por Adolfo von Harnack, que entonces contaba con ochenta y siete años. Evidentemente, Dietrich había tomado una dirección teológica distinta a la de Harnack, pero sabía que le debía mucho de lo que había aprendido. Cuando le pidieron que pronunciara unas palabras en la ceremonia de despedida de Harnack, dijo con elegancia: «Que usted fuera nuestro maestro durante muchas sesiones es

---

[*] Era la familia con la que Paula Bonhoeffer se quedó durante su peor tiempo después de la muerte de Walter en 1918, y que tenía una casa vacacional en Boltenhagen.

algo que pertenece al pasado; sin embargo, que podamos autodenominarnos alumnos suyos, sigue siendo una realidad».

Una cosa relevante de este año posterior a Barcelona fue su amistad con un ocurrente estudiante de teología llamado Franz Hildebrandt. Se habían conocido el 16 de diciembre de 1927, fuera del seminario de Reinhold Seeberg, la víspera del día en que Bonhoeffer defendió en público su tesis. Según Hildebrandt, «cinco minutos después estábamos enzarzados en una discusión, y nunca dejamos de hacerlo desde aquel día hasta que quedamos separados por el exilio y la guerra». Hildebrandt dijo que discutían cada día que estaban juntos: «... si no discutías con Dietrich no podías ser su amigo».

Ahora, con Bonhoeffer de nuevo en Berlín, retomaron su discusión. Hildebrandt se convirtió en su mejor amigo, su primer amigo cercano fuera de la familia. En pocos años, también se convertiría en su más estrecho aliado en la lucha eclesial. Tenía tres años menos que él y, como Bonhoeffer, había crecido en el distrito Grunewald de Berlín. Su padre era un renombrado historiador y su madre, judía. Según los parámetros de aquella época, Franz Hildebrandt era considerado judío, lo que nos lleva a la espinosa cuestión de ser judío en Alemania.

Lutero y los judíos

Muchos judíos de Alemania, como Gerhard, el esposo de Sabine y Franz Hildebrandt, no eran meramente alemanes culturalmente asimilados, sino que también eran cristianos bautizados. Un gran número de ellos, como Franz Hildebrandt, eran devotos cristianos que habían escogido dedicar su vida al ministerio. Sin embargo, en pocos años y como parte de su esfuerzo por sacar a los judíos de la vida pública alemana, los nazis intentarían echarlos también de la iglesia alemana. Que esos «no arios» se hubiesen convertido públicamente a la fe cristiana no significaba nada, ya que el cristal a través del cual los nazis veían al mundo era puramente racial. Una composición genética y un linaje ancestral eran lo único que importaba; las creencias más profundas que uno pudiera tener no contaban para nada.

Para poder entender la relación entre alemanes, judíos y cristianos, debemos remontarnos de nuevo hasta Martín Lutero, el hombre en quien se unieron de forma efectiva la germanidad y el cristianismo. Su autoridad como hombre que definió lo que debía ser un cristiano alemán era incuestionable y los nazis lo utilizaron para engañar a muchos. Sin embargo, en lo referente a los judíos, el legado de Lutero es confuso, por no decir que es profundamente alarmante.

Al final de su vida, tras convertirse en una parodia de su anterior personalidad maniática, Lutero dijo y escribió algunas cosas sobre los judíos que, tomadas por sí solas, le pintaron como un cruel antisemita. Los nazis explotaron estos últimos escritos hasta lo sumo, como si representaran su intervención definitiva en el asunto, algo impensable si se tenían en cuenta sus otras opiniones expresadas en vida.

Al principio de su carrera, la actitud de Lutero hacia los judíos era ejemplar, sobre todo para su tiempo. Le enfermaba ver cómo habían tratado los cristianos a los judíos. En 1519, se preguntaba por qué iban a querer convertirse al cristianismo, en vista de la «crueldad y la enemistad que desahogamos sobre ellos, hasta el punto de que nuestro comportamiento para con ellos es menos propio de cristianos que de bestias». Cuatro años más tarde, en el ensayo *De cómo Jesús nació judío*, escribió: «Si hubiera sido judío y hubiera visto semejante gobierno de imbéciles y botarates, y enseñara la fe cristiana, me habría convertido antes en un cerdo que en un cristiano. Han tratado a los judíos como si fueran perros y no como a seres humanos; poco más han hecho que ridiculizarlos y quitarles sus propiedades». No cabe duda de que Lutero creía que los judíos podían convertirse a la fe cristiana y que deseaba que lo hicieran; por tanto, nunca pensó que ser judío y ser cristiano fuera mutuamente excluyente, como afirmaban los nazis. Por el contrario, como el apóstol Pablo, Lutero esperaba darles la herencia que, según creía, era para ellos en primer lugar, antes que para los gentiles. Pablo declaró que Jesús había venido «primero para los judíos».

Sin embargo, su jovialidad y su optimismo no durarían mucho tiempo. Durante gran parte de su vida como adulto Lutero sufría de estreñimiento, hemorroides, una catarata en un ojo y un trastorno del oído interno llamado síndrome de Ménière, que provoca mareos, desvanecimientos y tinnitus. También tenía cambios de humor y depresión. A medida que su salud iba declinando, todo parecía sacarle de quicio. Si una congregación cantaba de forma anémica, los llamaba «haraganes sin oído musical» y salía hecho una furia. Atacó al rey Enrique VIII tildándolo de «afeminado» y arremetía contra sus oponentes teológicos y los calificaba de «agentes del diablo» y «proxenetas». Su lenguaje se fue volviendo más sucio. Afirmó que el Papa era el «anticristo» y «un gerente de burdel por encima de todos los gerentes de burdeles y de todas las lascivias, incluidas aquellas que no se deben nombrar». Criticó las normas de la Iglesia Católica con respecto al matrimonio y acusó a la Iglesia de ser «un mercader que vendía vulvas, genitales y pudendas». Al expresar su desprecio por el diablo, dijo que le daría «un pedo por bastón». Se mofó cruelmente de los escritos del Papa Clemente III: «... de tan horrible pedo que soltó aquí el culo del papa. Seguramente apretaría con gran poder para soltar un pedo como un trueno. ¡Me sorprende que no le arrancara el agujero separándolo del vientre!». Lutero parecía tener una aventura absolutamente tórrida con todo lo escatológico. No solo fueron sus florituras lingüísticas según el estilo de estas líneas, sino que los doctores parecen haber ido detrás: a causa de una de sus dolencias, le convencieron para que tomara un trago de «ajo y estiércol de caballo» e infamemente le pusieron un enema —en vano—, momentos después había partido de este mundo. De este contexto más amplio es de donde se saca su actitud hacia los judíos, que, como todo lo demás en su vida, tiene su explicación en su salud.

Los problemas empezaron en 1528, tras un gran banquete de comida *kosher*. Sufrió un terrible ataque de diarrea. Sacó la conclusión de que los judíos habían intentado envenenarlo. Por aquel entonces se estaba haciendo enemigos por todas partes. En su última década, su lista de enfermedades fue creciendo hasta incluir cálculos biliares, piedras en el riñón, artritis, abscesos en las piernas e intoxicación urémica. En esos momentos, su grosería alcanzó el punto máximo. Escribió el cruel tratado *Von den Jüden und ihren Lügen* (De los judíos y sus mentiras), y el hombre que una vez describió a los judíos como «el pueblo escogido por Dios» ahora los llamaba «abyectos y promiscuos». Lo que escribió durante ese tiempo atormentaría su legado durante centurias y, cuatro siglos después, se convertiría en la justificación para males que Lutero no habría podido soñar ni en sus momentos de ánimo más estreñido. En aras de la justicia, insultaba a cualquiera en igualdad de oportunidades, el Don Rickles de Wittenberg, que atacaba a todos con igual furia, incluidos judíos, musulmanes, católicos y otros protestantes. Cuando las luces empezaron a debilitarse, se convenció de que el apocalipsis era inminente y sus pensamientos hacia todos fueron adquiriendo un tono cada vez más oscuro. El pensamiento de razonada persuasión se marchó por la ventana y, en un momento dado, llamó a la razón «la puta del diablo».

Pero la tragicomedia se convirtió en la más pura tragedia cuando, tres años antes de su muerte, Lutero abogó por que se tomaran acciones contra los judíos que, entre otras, incluía prender fuego a sus sinagogas y escuelas, destruir sus casas, confiscarles sus libros de oraciones, quitarles su dinero y condenarlos a trabajos forzados. Uno solo puede imaginar lo que habría pensado el Lutero de su juventud al leer tales declaraciones. Pero Goebbels y los demás nazis se regocijaron de que los peores desvaríos de Lutero existieran por escrito. Los publicaron e hicieron uso de ellos con alegría y gran éxito, poniendo el sello de este gran cristiano alemán a los desvaríos nada cristianos y —según se puede suponer— más dementes disparates. Las cientos de miles de palabras sensatas que había escrito carecían de interés para esos hombres de uniforme marrón.

Es significativo que las más sucias condenas que Lutero hizo de los judíos nunca fueron raciales, sino promovidas por la indiferencia de estos a sus anteriores ofrecimientos de convertirlos. Por otra parte, los nazis deseaban impedir categóricamente lo contrario. Pero cuando uno considera lo amenazante que fue la figura de Lutero sobre Alemania, resulta fácil imaginar lo confuso que debió de ser todo aquello. La constante repetición de las declaraciones más feas de Lutero sirvió para los propósitos nazis y convenció a los alemanes de que ser alemán y cristiano era una herencia racial, y que ninguna de estas cosas era compatible con ser judío. Los nazis eran anticristianos, pero fingieron ser cristianos mientras les viniera bien para su maquinación de poner de su parte a unos alemanes teológicamente ignorantes y en contra de los judíos.

Años más tarde, Eberhard Bethge dijo que la mayoría de la gente, incluido él y Bonhoeffer, desconocían los desvaríos antisemitas de Lutero. No fue hasta que el propagandista archiantisemita Julius Streicher comenzó a publicarlos y publicitarlos cuando todo el mundo los conoció. Enterarse de la existencia de estos escritos debió de resultar muy desconcertante y confuso para luteranos devotos como Bonhoeffer. Sin embargo, como estaba tan íntimamente familiarizado con todo lo demás que Lutero había escrito, probablemente desechó los escritos antisemitas por considerarlos meros desvaríos de un hombre demente, que había soltado las amarras de sus creencias pasadas.

En vista de todo lo que estaba a punto de suceder en Alemania,[4] la amistad entre Bonhoeffer y Franz Hildebrandt comenzó en un momento oportuno. Bethge nos dijo que Hildebrandt y Bonhoeffer «estaban de acuerdo» en todos los asuntos prácticos y que Hildebrandt «influenció la inminente conversión de Bonhoeffer a un biblicismo más fuerte». Fue también un excelente pianista y se convirtió en el acompañante oficial de los conciertos de la familia Bonhoeffer a los que Dietrich no pudo asistir.

En abril de 1930, Bonhoeffer volvió a Barcelona para la boda de su amigo maestro, Hermann Thumm. Poco después, empezó a pensar en ir a Estados Unidos para un año de estudio. Max Diestel, su superintendente, lo recomendó, ya que era imposible que fuese ordenado hasta no cumplir los veinticinco años, para lo cual faltaba uno. Karl-Friedrich, hermano de Bonhoeffer, había sido invitado a dar una conferencia en Estados Unidos en 1929 y pudo adelantarle la orografía del terreno. No tenía mucho interés en hacer el viaje estadounidense hasta que surgió la posibilidad de entrar en el programa Sloan Fellows del Union Theological Seminary de Nueva York.

En junio murió Adolfo von Harnack. La Sociedad Káiser Guillermo celebraría un funeral en su memoria el 15 de junio y la lista de oradores era impresionante, como correspondía a tan legendaria figura. Uno de ellos era Dietrich Bonhoeffer, de veinticuatro años, y que hablaba en nombre de los antiguos estudiantes de Harnack. Bethge declaró que lo que dijo «ganaba en la comparación con los oradores más mayores y eminentes que le precedieron». Esto incluía a los ministros nacionales de Cultura, de Estado, del Interior y otras lumbreras por el estilo. «Muchos se asombraron —escribió Bethge— ante la amplitud de visión y de sentimientos que mostró por su antiguo maestro, aunque era manifiesto que su propio camino había tomado una dirección diferente». Bonhoeffer declaró:

A través de él nos quedó claro que la verdad solo nace de la libertad. En él vimos al defensor de la libre expresión una vez reconocida, que formó su libre juicio una y otra vez y siguió expresándolo con claridad a pesar de la moderación de la mayoría que se dejó llevar por el temor. Esto le convirtió... en el amigo de todos los jóvenes que expresaron libremente sus opiniones, tal como él les pedía. Y si algunas veces expresaba inquietud o advertía sobre recientes desarrollos de nuestra erudición, estaba motivado exclusivamente por su miedo de que la opinión de los demás pudiera correr el peligro de confundir cuestiones irrelevantes con la pura búsqueda de la verdad. Porque él sabía que con él estábamos en buenas y solícitas manos, le consideramos el baluarte contra toda trivialización y estancamiento, contra toda la fosilización de la vida intelectual.[5]

Las palabras de Bonhoeffer revelan que nunca fue lo que uno definiría hoy en día como un *guerrero de la cultura*, como tampoco se le podría etiquetar fácilmente de *conservador* o *liberal*. Discrepaba con las conclusiones teológicas liberales de Harnack, pero coincidía profundamente con las suposiciones subyacentes que le guiaron. Supo ver correctamente que estas eran más importantes que las conclusiones a las que condujeron. Cualquiera que estuviera del lado de la verdad, llevara donde llevara, era un compatriota que debía ser alabado. Esta virtud le venía a Bonhoeffer, en parte, de Harnack y de la tradición liberal de Grunewald en la que había florecido, y él era lo suficientemente generoso para verlo y declararlo en público. Su padre fue su principal mentor en esta forma de pensar. Es posible que las conclusiones de Karl Bonhoeffer fuesen diferentes de las de su hijo, pero su respeto por la verdad y por los demás seres humanos de distintas opiniones formó el fundamento de una sociedad civil en la que uno podía disentir de manera elegante y las personas podían razonar juntas de manera civilizada y productiva. En los años que le quedaban por delante esto se vería seriamente atacado y los nazis avivarían los fuegos de las luchas de la cultura (*Kulturkampf*) para enfrentar a sus enemigos entre sí. Convencerían de forma brillante a los conservadores y a las iglesias cristianas y, cuando obtuvieran el poder para hacerlo, también se volverían en contra de ellos.

Bonhoeffer pasó su segundo examen teológico el 8 de julio. *Actuar y ser* fue aceptado el 18 de julio, y le cualificó como conferenciante universitario; dio su conferencia inaugural el 31 de julio. La decisión de ir a Estados Unidos aquel otoño no fue fácil de tomar. No tenía gran concepto de lo que ese país tenía que ofrecer en cuanto a teología. Los seminarios estadounidenses le parecían más bien escuelas vocacionales. No obstante, al final le pareció lo bastante sensato como para ir. Esa decisión cambiaría su vida.

Para estar preparado, se organizó un cuaderno de expresiones estadounidenses. Asimismo, escribió un argumento contra la idea de que Alemania era la única culpable de la guerra. Después de todo, iba a un país donde la mayoría de las personas no compartiría sus opiniones y no quería estar desprevenido. Él sentía que los aliados habían tratado a Alemania de una manera injusta y desafortunada después de la guerra, de modo que empezó su viaje un poco a la defensiva sobre el asunto. Durante el tiempo que pasó allí impartió valientes charlas públicas sobre el tema, explicando el punto de vista alemán. Pero los estadounidenses resultarían más solidarios con su postura de lo que él había imaginado.

Planeó embarcar para Estados Unidos el 6 de septiembre. El 4, su hermano Klaus se casó con Emmi Delbrück. El día después de la boda, viajó con sus padres a Bremerhaven y, a las ocho y media de la mañana del día 6, le acompañaron hasta el barco *Columbus*. Durante dos horas exploraron juntos la inmensa nave y luego se dijeron adiós. Tomaron una fotografía final de la cubierta mientras él se despedía con la mano desde la barandilla. A las once y media, el barco levó ancla.

El *Columbus* era un barco espléndido de treinta y tres toneladas, el más rápido y grande de Alemania, y la viva imagen de su brillante futuro imaginado. Su folleto se jactaba de que no había otro barco «en el que los logros científicos y artísticos se hubieran echado una mano tan fastuosa a la hora de embellecer los interiores y desarrollar el lujo marino». Nueve años después, el 19 de diciembre de 1939, el *Columbus* fue hundido frente a la costa de Delaware para evitar ser capturado por un buque de guerra británico. Sus impresionantes interiores se llenarían de agua de mar y se hundiría a tres millas de profundidad en la oscuridad. Pero todo esto quedaba en un futuro lejano. Hoy echaba vapor confiadamente hacia el oeste a la asombrosa velocidad de veintidós nudos.

Bonhoeffer pasó aquella tarde en el «salón de escritura» y escribió a su abuela:

> Mi camarote no parece estar mal situado. Se halla en la profundidad del vientre de la nave. En realidad no he visto aún a mi compañero de alojamiento. He intentado hacerme una idea de él por las cosas que ha dejado por ahí. El sombrero, el bastón y una novela... me sugieren que se trata de un joven estadounidense educado. Espero que no resulte ser un viejo proletario alemán. He hecho dos comidas muy copiosas con sano apetito; en una palabra, estoy disfrutando del barco mientras se pueda. También he conocido a varias personas agradables, de modo que el tiempo está pasando rápidamente. Pronto me iré a la cama, ya que me gustaría ver todo lo que pueda de Inglaterra temprano por la mañana. En estos momentos estamos navegando a lo largo de la costa belga. Se pueden ver las luces en la distancia.[6]

El compañero de camarote de Bonhoeffer resultó ser el doctor Edmund De Long Lucas, un próspero estadounidense de cuarenta y ocho años que era el director del Forman Christian College de Lahore, India. Lucas había conseguido su doctorado en Columbia, justo enfrente de Union, adonde se dirigía Bonhoeffer. Dietrich estaba ansioso por compartir sus planes de viajar a la India y el doctor Lucas le invitó a que le visitara en Lahore. Incluso planearon que viera Lahore en un viaje hacia el este cruzando el norte de la India hasta Benarés.

Otras dos personas con las que Bonhoeffer trabó amistad eran una mujer germanoestadounidense llamada Mrs. Ern y su hijo de once años, Richard. Habían estado en Suiza visitando a la hermana pequeña del chico, a la que estaban tratando de meningitis en un balneario homeopático. Bonhoeffer intimó con ellos y, durante aquel año, tomó el tren en varias ocasiones para bajar al suburbio de Scarsdale y visitarles durante el fin de semana.

En su primera mañana a bordo, Bonhoeffer se despertó temprano. Alrededor de las 7:00 de la mañana, por primera vez en su vida, vio Inglaterra. Los arrecifes calcáreos de Dover eran visibles desde el lado de estribor del *Columbus*. Bonhoeffer no tenía mucha idea del tiempo que acabaría pasando en Inglaterra ni de la particular importancia que ese país llegaría a tener para él, así como los amigos que allí haría.

Mientras navegaban[7] hacia el oeste, cruzando el mar, las primeras copias de *Sanctorum Communio* llegaron a casa de sus padres, justo después de que se hubiese marchado él. Había acabado el libro tres años antes y su publicación fue tan decepcionante que no estaba al corriente. Los libros llegaron con una factura por gastos adicionales de imprenta. Evidentemente, no se encontraba en una posición para ayudar a publicitarlo o dar copias a sus amigos. Según cuenta Bethge, «el libro pasó inadvertido en el debate general de aquel tiempo. Los dialecticos no lo debatieron, tal como Bonhoeffer había esperado, y los profesores no lo utilizaron como libro de texto».

CAPÍTULO 7

BONHOEFFER EN ESTADOS UNIDOS

1930–31

[Los estudiantes de Union] hablan sin cesar sin el más mínimo fundamento sustancial y sin evidencia de criterio alguno ... No están familiarizados ni con las cuestiones más básicas. Se intoxican de frases liberales y humanísticas, se ríen de los fundamentalistas y, sin embargo, ni siquiera están a su nivel.

∾

En Nueva York predican prácticamente sobre todo; tan solo hay un tema que no tratan o que, de hacerlo, es tan rara vez que hasta el momento no he podido escucharlo, y es el evangelio de Jesucristo, la cruz, el pecado y el perdón, la muerte y la vida.

—DIETRICH BONHOEFFER

Cuando el barco de Bonhoeffer pasó por delante de la Estatua de la Libertad en dirección de la legendaria isla de Manhattan, la ciudad le abrumó. A finales de la era del jazz, este era un lugar de euforia para cualquier visitante, aun alguien tan cosmopolita como Dietrich

Bonhoeffer. Si Berlín era ejemplo de la aburrida sofisticación clásica de la actriz que ha dejado de estar de moda, Nueva York parecía hacer gala de la loca e inagotable energía de un adolescente dispuesto y ávido, en pleno estirón: toda la isla parecía abarrotada de gente en cualquier dirección, y sonreía por ello. El edificio más alto del planeta, el del Bank of Manhattan Trust, acababa de verse superado, hacía tres meses, por la aguja de plata del líder más reciente: el Edificio Chrysler. Pero el Empire State Building, que en unos pocos meses los dejaría a todos atrás —y mantendría su liderazgo durante cuarenta años— crecía en aquellos momentos a la velocidad sin precedentes de cuatro plantas y media por semana. La obra maestra de Art Deco formada por diecinueve edificios que se convertiría en el Centro Rockefeller estaba en construcción también y, en la lejanía, en la parte alta de la ciudad, se estaba construyendo el Puente George Washington, que pronto sería el más largo del mundo, casi duplicando el récord anterior.

A pesar de toda esta actividad,[1] el colapso del mercado de valores ocurrido el año anterior había pasado factura, y Bonhoeffer pronto vería sus efectos. Pero antes de que pudiera contemplar algo del paisaje urbano de Manhattan, visitaría los suburbios de Filadelfia. En el muelle, fue recibido por sus parientes Tafel, Harold e Irma Boericke, que le llevaron a toda prisa a Pensilvania, donde pasó toda la semana con ellos y sus muy estadounidenses hijos Ray, Betty y Binkie. Karl-Friedrich los había visitado el año anterior y, ahora, Bonhoeffer le escribía: «Viajamos mucho en automóvil. Se supone que hoy voy a aprender a jugar al golf; por las tardes nos invitan a menudo o nos quedamos en casa y nos entretenemos con juegos. Apenas se diría que uno está tan lejos de Europa, por la cantidad de cosas similares que hay».

La ironía de sus palabras solo se detecta cuando nos percatamos de algo que él no podía notar en aquel tiempo: mientras él perfeccionaba su *swing* de golf en la Ciudad del Amor Fraternal, un rayo había caído sobre su tierra natal. El 14 de septiembre, dos días después de su llegada a Estados Unidos, se habían celebrado elecciones al Reichstag y los resultados eran desconcertantes: los nazis habían entrado en las listas como el noveno y más pequeño de los partidos políticos de Alemania, con un penoso número de doce miembros en el Parlamento —Hitler esperaba cuadriplicarlo—, pero al final del día habían superado incluso sus más febriles expectativas. Ciento siete escaños y, en el impulso de un único *alley oop* se había convertido en el segundo partido político de la nación. La historia se balanceaba torpe, pero decididamente, hacia adelante. Mientras tanto, Bonhoeffer hacía payasadas con Ray, Betty y Binkie en Filadelfia; no tenía ni idea de todo aquello.

«Aquí no hay teología alguna»[2]

Bonhoeffer fue a Union con cierto resentimiento, y no sin razón. Los teólogos alemanes no tenían parangón en el mundo; él había estudiado con los mejores y estaba a su altura. Ninguno de los numerosos estudiantes de Union podía atribuirse el haber viajado todos los días con Adolfo von Harnack. Tenía un doctorado por la Universidad de Berlín y, casi con la misma facilidad con que estudiaba allí, podía haber estado impartiendo conferencias. De modo que, mientras todos los demás estudiantes de intercambio trabajaban por sacarse un máster, a él le parecía innecesario o, quizás, sencillamente por debajo de su dignidad. Al no entrar en un programa de licenciatura, disponía de mucha más libertad para estudiar lo que le gustaba y hacer lo que quisiera. Serían estas actividades extraescolares en Nueva York las que más influirían en su futuro.

Cuando Bonhoeffer experimentó las cosas de primera mano en Union, descubrió que la situación teológica era peor que lo que se había temido. Escribió lo siguiente a Max Diestel, su superintendente:

Aquí no hay teología alguna ... Hablan sin cesar sin el más mínimo fundamento sustancial y sin evidencia de criterio alguno ... Los alumnos —con una media de edad entre los veinticinco y los treinta años— no tienen ni la menor idea de lo que se trata en Dogmática. No están familiarizados ni con las cuestiones más básicas. Se intoxican de frases liberales y humanistas, se ríen de los fundamentalistas y, sin embargo, ni siquiera están a su nivel.

No tenía ni idea de dónde se estaba metiendo en Union, pero la sangrienta batalla real entre liberales y fundamentalistas se hallaba en todo su apogeo en 1930. Los estudiantes de Union tenían asientos de primera fila. En un rincón, interviniendo del lado del liberalismo teológico y ocupando el púlpito de la Iglesia de Riverside —a un tiro de piedra de Union y edificada solo para él por John D. Rockefeller— se encontraba el predicador liberal más famoso de Estados Unidos, Harry Emerson Fosdick. En el otro rincón, representando a la fe histórica, se hallaba el doctor Walter Duncan Buchanan, al que se consideraba fundamentalista, y que ocupaba el púlpito de la Iglesia Presbiteriana de Broadway, a unos seis bloques al sur de Union y construida sin ayuda alguna del señor Rockefeller, afortunadamente.

Fosdick había sido pastor de la Primera Iglesia Presbiteriana de Nueva York y, en 1922, predicó un infame sermón titulado: «¿Ganarán los fundamentalistas?». En él exponía una especie de credo apóstata en el que expresaba sus serias dudas acerca de la mayoría de las afirmaciones históricas sobre la fe cristiana, incluido el nacimiento virginal, la resurrección, la divinidad de Cristo, la expiación, los milagros y la Biblia como la Palabra de Dios. Este sermón fue la salva inicial de una batalla que rugiría con especial furia durante las décadas de 1920 y 1930. El presbítero local dirigió inmediatamente una investigación, pero como hijo del adinerado grupo de los WASP de la Costa Este, Fordisck tenía poco que temer. Se ocupó de su defensa otro vástago de dicho círculo, John Foster Dulles, que se convertiría en Secretario de Estado de Eisenhower y cuyo padre era un célebre ministro presbiteriano liberal. Fosdick dimitió antes de que pudieran censurarle y se le asignó el pastorado de la Iglesia Bautista de Park Avenue, progresista como era la moda, de la que John D. Rockefeller era un miembro destacado. El propio hermano de Fosdick dirigía el brazo filantrópico de su fundación.

Viendo la oportunidad de destruir el fundamentalismo en Nueva York, la Fundación Rockefeller financió rápidamente la construcción de una iglesia para Fosdick, una que serviría como plataforma adecuada para sus progresistas «ideas modernistas». Bonhoeffer acababa de iniciar sus estudios en Union cuando esta abrió, y lo hizo con tanta pompa y solemnidad que no había nadie que no hubiera oído hablar de ello. Fue un acontecimiento cultural de gran relieve.

Pero esta iglesia no era una simple iglesia. Era la catedral —en la que no se había reparado en gastos— del modernismo y el progreso, que había seguido el modelo de la Catedral de Chartres casi de forma literal. Tenía una torre de ciento diecisiete metros de alto y el carillón más grande del mundo, con setenta y dos campanas, entre las cuales se encontraba la mayor a nivel mundial. Tenía una vista imponente al poderoso Hudson y una situación estratégica adyacente al Seminario Teológico de Union, en el que Fosdick se había graduado, donde impartía cursos de homilética y su teología era generalmente bien acogida y difundida. Su intención era la de influenciar a los impresionables estudiantes de Union, Columbia y Barnad, en sus líneas teológicas. Ocho décadas después sigue haciéndolo.

La revista *Time*, dirigida por otro hijo del grupo de la Costa Este, Henry Luce, lideraría la ovación cuando Riverside abrió aquel mes de octubre. El rostro de Fosdick apareció en portada y se escribió una noticia de primera plana en la que se cantaban alabanzas sobre él y la iglesia, en un tono que se suele reservar para secciones de revistas del tipo *Town and Country*, con títulos como «Myrna Loy en casa»:

El doctor Fosdick se propone dar a esta educada comunidad un lugar de sublime hermosura para adorar. Asimismo, tiene la intención de servir a las necesidades del metropolitano un tanto solitario. De ahí que haya construido, a gran escala, todos los accesorios para una iglesia de comunidad: gimnasio, sala de reuniones para funciones de teatro, comedores, etc. Contará con dos pastores adjuntos, así como una numerosa plantilla. En diez de las veintidós plantas de las que dispone el campanario se encuentran las clases para la formación religiosa y social de los jóvenes, desde los lactantes hasta los universitarios. Una planta estará dedicada al cuarto de costura de la Asociación de Señoras y otra para sus clases de Biblia. El estudio del doctor Fosdick y las salas de conferencia están situados en el piso dieciocho, ricamente decorados. Sencilla, aunque con mayor cantidad de muebles, se sitúa la planta superior donde se reúne la junta directiva ... No todos son ricos ni poderosos, pero todos tienen una mentalidad sociológica.[3]

El adulador retrato que se pintó de Fosdick hacía pensar que era hijo de Galileo y de Juana de Arco, y el artículo se las arregló para lanzar unas cuantas puyas a las sucias hordas de fundamentalistas contra las que el rubicundo pastorcillo Fosdick estaba luchando valientemente, con su tirachinas y los millones de Rockefeller.

Bonhoeffer observó que Union estaba de parte de Fosdick, Rockefeller y Luce. En su intento de ser más sofisticados que los fundamentalistas a los que odiaban, habían tirado por la borda toda la erudición. Parecían conocer cuál debía ser la respuesta y no les importaba cómo llegar hasta ella. Solo sabían que cualquier respuesta que aportaran los fundamentalistas debía estar equivocada. Esto le pareció escandaloso a Bonhoeffer. No había compartido las conclusiones liberales de Harnack, pero lo apreciaba y lo respetaba por su búsqueda de la verdad y de lo académico. En Union encontró a personas que habrían coincidido con el criterio de este, pero que no eran dignos de atar las correas de sus sandalias. No tenían ni idea de cómo había llegado él a sus conclusiones ni tampoco parecía preocuparles.

El siguiente verano, Bonhoeffer informó de sus experiencias en Union a las autoridades de la iglesia alemana: «Para comprender al estudiante estadounidense —escribió— es importante haber experimentado la vida en un albergue». Estaba genuinamente encantado con la importancia y la apertura de comunidad que veía en Union y en la vida estadounidense en general. En muchos sentidos proporcionaba la clave de todo lo demás que observó:

Vivir juntos, día a día, produce un fuerte espíritu de camaradería, y una disposición mutua de ayuda. La cantidad de veces que suena la palabra «hola» por los corredores del albergue en el transcurso del día, y que no se omite aunque alguien te adelante a toda prisa, no está tan falto de sentido como uno podría suponer ... Nadie se queda solo en el dormitorio. La falta de reserva de la vida juntos hace que las personas sean abiertas unas con otras; en el conflicto entre la determinación por la verdad con todas sus consecuencias y la voluntad de comunidad prevalece esto último. Esto es característico del pensamiento estadounidense, sobre todo, según he observado, en la teología y en la iglesia; para ellos, la afirmación radical de la fe no es algo que conforme su vida. Por tanto, la comunidad está menos fundada en la verdad que en el espíritu de la «lealtad». Nadie dice nada en contra de otro miembro del dormitorio, siempre que sea un «buen tipo».[4]

El famoso experimento de Bonhoeffer en la convivencia cristiana en Zingst y Finkenwalde, cinco años después, se inspiró en ese año de semiconvivencia en el dormitorio de Union. Sin embargo, también vio la desventaja:

No solo falta tranquilidad, sino también el impulso característico hacia el desarrollo del pensamiento individual de los que se disfruta en las universidades alemanas, por la vida más solitaria del individuo. Por consiguiente, hay menos competencia y ambición intelectual. Esto proporciona un carácter muy inocuo al trabajo en la conferencia de seminario o en el debate. Paraliza cualquier crítica radical pertinente. Es más un intercambio amistoso de opinión que un estudio de comprensión.[5]

Reconocía que los estudiantes[6] teológicos estadounidenses sabían más de los «asuntos cotidianos» que sus homólogos alemanes y se preocupaban más por las consecuencias prácticas de su teología, aunque «un grupo predominante [en Union] solo lo considera en cuanto a las necesidades sociales». Comentó que «la preparación intelectual para el ministerio es extraordinariamente escasa».

Creía que los estudiantes se dividían en varios grupos básicos, pero:

Sin duda, los más enérgicos... le han dado la espalda a toda teología genuina y estudian muchos problemas económicos y políticos. Según sienten, esta es la renovación del evangelio para nuestro tiempo ... Bajo la instigación de este grupo, el cuerpo estudiantil del Seminario Teológico de Union ha proporcionado, de forma continua y durante todo el invierno, comida y alojamiento para treinta desempleados —entre ellos tres alemanes— y los ha asesorado lo mejor posible. Esto ha implicado un sacrificio personal considerable en cuanto a tiempo y dinero. Sin embargo, no podemos dejar de mencionar que la educación teológica de este grupo es casi nula, y la desenvoltura que se burla ligeramente de cualquier cuestión de carácter teológico específico está injustificada y es simplista.

Otro grupo se interesaba más[7] por la filosofía de la religión y se reunía en torno a un tal Dr. Lyman, a quien Bonhoeffer admiraba, aunque en «sus cursos, los estudiantes hallaban la oportunidad de expresar la más crasa herejía». Dietrich decía:

La falta de seriedad con la que los estudiantes hablan aquí de Dios y del mundo es, como poco, extremadamente sorprendente ... Cuesta imaginar la inocencia con la que esta gente, a punto de emprender su ministerio, y algunos que ya están en ello, formulan preguntas en el seminario de teología práctica —por ejemplo, si uno debería en verdad predicar de Cristo. Al final, con algo de idealismo y un poco de ingenio acabaremos incluso con esto—; este es el tipo de ánimo que tienen.

El ambiente teológico del Seminario Teológico de Union está acelerando el proceso de secularización del cristianismo en Estados Unidos. Su crítica va dirigida, sobre todo, contra los fundamentalistas y, hasta cierto punto, también contra los humanistas radicales de Chicago; es saludable y necesario. Sin embargo, no existe ninguna base sólida sobre la que uno pueda reconstruir tras la demolición. La arrastra el colapso general. Un seminario en el que puede ocurrir que un gran número de estudiantes se ría en alto, en una conferencia pública, cuando se cita un pasaje del *De servo arbitrio* de Lutero sobre el pecado y el perdón, porque les parece cómico, evidencia que se ha olvidado por completo de lo que representa la teología cristiana en su propia naturaleza.

Su conclusión fue fulminante: «En realidad soy de la opinión que uno puede aprender muy poco aquí..., pero me parece que también se pueden ganar silenciosos conocimientos profundos... en los que uno ve, sobre todo, la amenaza que Estados Unidos supone para nosotros».

John Baillie, profesor de Bonhoeffer, le consideraba «el discípulo más convencido del doctor Barth que había aparecido entre nosotros hasta aquel momento y, además, el más tenaz oponente del liberalismo con el que me había encontrado jamás».

Las observaciones de Bonhoeffer sobre las iglesias estadounidenses, sobre todo en Nueva York, guardaban estrecha relación con lo que opinaba sobre Union:

Las cosas no son muy diferentes en la iglesia. El sermón se ha reducido a comentarios eclesiales parentéticos sobre los sucesos publicados en los periódicos. Durante el tiempo que llevo aquí, solo he oído *un* sermón en el que se podía escuchar algo parecido a una proclamación genuina y el predicador era un negro (de hecho, por lo general, cada vez descubro mayor poder religioso y originalidad en los negros). Una gran pregunta atrae constantemente mi atención a la vista de estos hechos y es si, en realidad, uno puede hablar aquí sobre el cristianismo ... Es absurdo esperar frutos donde la Palabra ya no se predica de verdad. Pero, entonces, ¿qué ocurre con el cristianismo *per se*?[8]

En vez de contemplar todo esto con escepticismo, el estadounidense culto lo acoge como ejemplo de progreso. El sermón fundamentalista que tan destacado lugar ocupa en los estados sureños solo tiene un prominente representante bautista en Nueva York, uno que predica la resurrección de la carne y el nacimiento virginal delante de creyentes y curiosos por igual.

En Nueva York hablan sobre casi todo; tan solo hay un tema que no tratan o que, de hacerlo, es tan rara vez que hasta el momento no he podido escucharlo, y es el evangelio de Jesucristo, la cruz, el pecado y el perdón, la muerte y la vida.[9]

Fosdick distribuyó temas de sermones en un seminario homilético en Union que él mismo impartía. Unos cuantos eran sobre lo que él, en su condescendencia, denominaba «temas tradicionales». Bonhoeffer se quedó asombrado cuando vio que en esta categoría se incluía un sermón ¡sobre el perdón de pecados y la cruz!. El corazón del evangelio se había marginado y, de un modo extraño, se había etiquetado de «tradicional». Dijo:

Esto es bastante característico en la mayoría de las iglesias que he visto. ¿Qué toma, pues, el lugar del mensaje cristiano? Un idealismo ético y social nacido de una fe en progreso que —quién sabe cómo— reivindica el derecho a llamarse «cristiano». Y, en el sitio de la iglesia como congregación de los creyentes en Cristo, se halla la iglesia como corporación social. Cualquiera que haya visto el programa semanal de una de las mayores iglesias de Nueva York, con sus acontecimientos diarios —casi uno cada hora: tés, conferencias, conciertos, actos benéficos, oportunidades para el deporte, juegos, bolos, baile para grupos de todas las edades—; quien haya oído cómo intentan persuadir a un nuevo residente para que se una a la iglesia, insistiendo en que se integrarán en la sociedad de un modo bastante diferente al hacerlo; cualquiera que se haya familiarizado con el incómodo nerviosismo con el que el pastor ejerce presión para conseguir membresía podrá valorar con exactitud el carácter de una iglesia así. Todas las cosas, por supuesto, ocurren con grados variables de tacto, gusto y seriedad; algunas iglesias son básicamente «caritativas»; otras tienen, ante todo, una identidad social. Uno no puede evitar, sin embargo, la impresión de que en ambos casos han olvidado cuál es el verdadero sentido.[10]

La única y notable excepción, observó de nuevo Bonhoeffer, se hallaba en «la iglesia de los negros». El valor del año que pasó en Nueva York se debió, principalmente, a sus experiencias en estas «iglesias de negros».

Como siempre, Bonhoeffer hizo mucho más que centrarse en sus búsquedas académicas. No perdió tiempo explorando la ciudad y todo lo que ofrecía, sino que gran parte del mismo lo pasó con cuatro compañeros de estudios en Union: Jean Lasserre era francés; Erwin Sutz, suizo; Paul Lehmann, estadounidense; y Albert Franklin «Frank» Fisher era afroamericano. Sus experiencias con cada uno de ellos formaron una parte importante de su año en Union. No obstante, fue probablemente su amistad con Fisher, que creció en Alabama, la que tendría mayor influencia sobre él.

Cuando Fisher llegó a Union en 1930, su asignación de trabajo social fue la Iglesia Bautista Abisinia de Harlem. Bonhoeffer no tardó en cansarse de los sermones en lugares como Riverside; cuando Fisher le invitó a un culto en la abisinia, se sintió entusiasmado de ir con él. Allí, en la comunidad afroamericana marginada por la sociedad, sería donde por fin oyó predicar el evangelio y vio cómo se manifestaba su poder. El predicador de aquella iglesia era un personaje poderoso llamado Dr. Adam Clayton Powell Sr.

Era hijo de esclavos;[11] su madre era cherokee de pura sangre y su padre, un afroamericano. Nació tres semanas después de la rendición de Lee en Appomattox. Powell pasó sus primeros años atrapado en las cosas de las que se componen las historias de la conversión: borracheras, violencia, juego y cosas por el estilo. Pero durante una serie de reuniones de avivamiento en Rendvill, Ohio, que duraron toda una semana, vino a la fe en Cristo y jamás volvió a mirar atrás. En 1908 se convirtió en el pastor principal de la ya histórica Iglesia Bautista Abisinia, que había empezado exactamente cien años antes, durante la presidencia de Thomas Jefferson, cuando un grupo de afroamericanos abandonaron la Primera Iglesia Bautista de Nueva York por su política de asientos separados. Powell llevó una visión y una fe enormes al púlpito. En 1920, luchó y venció una polémica batalla para trasladar la iglesia a Harlem, donde edificó un inmenso edificio nuevo en la calle 138, así como uno de los primeros centros recreativos de la comunidad en aquel barrio. «No se vendió ni una entrada ni un plato de helado para pagar la edificación de la Iglesia Bautista Abisinia y la Casa Comunitaria», comentó. «Cada dólar llegó a través de los diezmos y ofrendas, y Dios cumplió su promesa de derramar tanta bendición sobre nosotros que nuestras almas no pudieron contener». Hacia mediados de la década de 1930, esta iglesia disponía de catorce mil miembros y podría decirse que era la mayor iglesia protestante de cualquier tipo en todo Estados Unidos. Cuando Bonhoeffer vio todo aquello, quedó estupefacto.

Privado hasta de leche desnatada en Union, Bonhoeffer encontró un banquete teológico que no escatimaba en nada. Powell combinaba el fuego de un predicador revivalista con un gran intelecto y visión social. Combatió de forma activa el racismo y no se andaba con rodeos para hablar del poder salvífico de Jesucristo. No se dejó engatusar por el «lo tomas o lo dejas»; él creía que sin ambas alternativas uno no tenía ninguna en realidad y que, con ambas, uno lo tenía todo o más. Cuando se combinaban las dos, y solo entonces, Dios estaba presente en la ecuación y la vida fluía hacia el exterior. Por primera vez, Bonhoeffer vio el evangelio predicado y vivido en obediencia a los mandamientos de Dios. Quedó cautivado por completo y, durante el resto del tiempo que pasó en Nueva York, asistió todos los domingos para adorar y enseñar en una clase dominical para niños; participó activamente en varios grupos de la iglesia y se ganó la confianza de muchos miembros, que le invitaron a sus casas. Se dio cuenta de que la gente de más edad de la congregación había nacido cuando la esclavitud era legal en Estados Unidos. Con toda seguridad, algunos de ellos vinieron al mundo en esa horrenda institución.

La música de aquella iglesia tuvo una parte muy importante en su experiencia. Bonhoeffer buscó tiendas de discos en Nueva York para encontrar grabaciones de los «espirituales negros» que habían llegado a paralizarle cada domingo en Harlem. El poder gozoso y transformador de aquella música solidificaba su pensamiento acerca de la importancia de la música en la adoración. Se llevaría aquellas grabaciones a Alemania y se las haría oír a sus estudiantes de Berlín y, más tarde, en los arenosos puestos de avanzada bálticos de Zingst y Finkewalde. Fueron una de sus posesiones más queridas y, para muchos de sus alumnos, parecían como exóticas rocas lunares.

Bonhoeffer también leyó[12] gran cantidad de «literatura negra» y, durante las vacaciones de Acción de Gracias, acompañó a Fisher a Washington D.C. Escribió a sus padres contándoles que había «viajado a Washington en coche con un blanco y dos estudiantes negros». Expresó su asombro ante el diseño del Mall [la explanada] y la forma en que se alineaban el edificio del Capitolio, el monumento a Washington y el Lincoln Memorial «únicamente separados por amplias expansiones de hierba». El monumento a Lincoln era «enorme e imponente, y retrataba al propio Lincoln en un tamaño diez o veinte veces mayor que el real. Estaba iluminado con intensidad por la noche, en un vestíbulo inmenso..., cuanto más oigo sobre él, más me interesa».

El viaje a Washington con Fisher le proporcionó una visión íntima de la situación racial de Estados Unidos, una que pocos blancos habían percibido:

En Washington viví completamente entre los negros y, a través de los estudiantes, pude familiarizarme con todos los personajes que lideraron el movimiento negro, estuve en sus casas, y tuve conversaciones de extraordinario interés con ellos ... Las condiciones son en verdad increíbles. No solo existen vagones de tren separados, tranvías y autobuses al sur de Washington, sino que cuando yo, por ejemplo, quería comer en un restaurante con un negro, se negaban a servirme.[13]

Visitaron el *alma mater* de Fisher, la Universidad de Howard, solo para negros, donde un joven llamado Thurgood Marshall era, en aquel entonces, estudiante de leyes. Bonhoeffer se interesó profundamente por la cuestión racial en Estados Unidos y, en el mes de marzo, cuando las noticias del caso Scottsboro paralizaron la nación, las siguió con suma atención. Le escribió a Karl-Friedrich:

Quiero echar un vistazo a las condiciones de la iglesia en el sur, ya que según se cuenta puede ser bastante peculiar, y llegar a conocer la situación de los negros en mayor detalle. No sé si no habré pasado demasiado tiempo, quizás, con esta cuestión, sobre todo porque en realidad no tenemos una situación análoga en Alemania. Sin embargo, me ha parecido de enorme interés y en ningún momento me ha resultado aburrido. Estoy casi seguro de que se está formando un verdadero movimiento y tengo el convencimiento de que los negros todavía han de darle a los blancos de aquí infinitamente más que sus canciones tradicionales.[14]

Su creencia de que no había[15] «una situación análoga en Alemania» no tardaría en cambiar. Karl-Friedrich le contestó: «Cuando estuve por allá tuve la impresión de que ese es en realidad *el* problema». Le reveló que el racismo que había palpado en Estados Unidos había sido lo que le llevó a declinar el nombramiento en Harvard: temía vivir de forma permanente en aquel país y que alguien pudiera tacharle, a él y a sus futuros hijos, de formar parte de «ese legado». Como su hermano más joven, tampoco veía una situación análoga en Alemania en ese momento, e incluso se permitió observar que «nuestra cuestión judía es una broma en comparación; aquí no hay mucha gente que afirme sentirse oprimida».

Resulta fácil reírse con disimulo de la falta de previsión, pero los Bonhoeffer habían crecido en Grunewald, un barrio de élite académica y cultural, del que una tercera parte era judío. Jamás habían visto u oído nada comparable a lo que descubrieron en Estados Unidos, donde los negros eran tratados como ciudadanos de segunda clase y llevaban una existencia totalmente separada de sus blancos contemporáneos. Lo que Bonhoeffer vio en el sur era aún más penoso. La comparación era más difícil, porque, en Alemania, los judíos poseían una paridad económica, mientras que en Estados Unidos los negros no la tenían ni por asomo. En términos de influencia, los judíos alemanes ostentaban las posiciones más altas en todas las esferas de la sociedad, algo muy lejos de la situación entre los negros estadounidenses. Además, en 1931, nadie podía imaginar cuánto se deterioraría la situación alemana en unos cuantos años.

Las experiencias de Bonhoeffer con la comunidad afroamericana recalcaron una idea que se estaba desarrollando en su mente: la única piedad y poder reales que había visto en la iglesia estadounidense parecía encontrarse en aquellas congregaciones en las que había una realidad presente y una historia pasada de sufrimiento. De alguna manera había visto algo más en ellas y en aquellos cristianos, algo que el mundo de la teología académica —aún en el mejor de los casos, como en Berlín— no tocaba demasiado. Su amistad con el francés Jean Lasserre le produjo el mismo efecto.

Bonhoeffer respetaba a Lasserre[16] como teólogo, pero no estaba de acuerdo con sus opiniones firmemente pacifistas. Como respetaba su teología, y quizás porque ambos eran europeos, estuvo dispuesto a explorar lo que Lasserre tenía que decir. Este le hizo pensar siguiendo unas líneas que le conducirían a implicarse en el movimiento ecuménico: «¿Creemos en la Santa Iglesia Católica, en la Comunión de los Santos, o en la eterna misión de Francia? Uno no puede ser cristiano y nacionalista al mismo tiempo».

A pesar de ello, no fue la conversación, sino una película lo que le hizo ver a Bonhoeffer cuál era el punto de vista de Lasserre.

El poder de una película

La ahora clásica novela antibélica *Sin novedad en el frente* causó furor en Alemania y Europa en 1929. Su publicación fue un fenómeno de inmenso y relevante efecto sobre la visión de Dietrich Bonhoeffer con respecto a la guerra que, a su vez, determinó el curso mismo de su vida y acabó por conducirle a su muerte. Su autor, Erich Maria Remarque, había servido como soldado alemán durante el conflicto. Se vendió casi un millón de copias de forma instantánea y, en dieciocho meses, se había traducido a veinticinco idiomas, convirtiéndose en novela superventas del joven siglo. Lo más probable es que Bonhoeffer leyera el libro para la clase de Reinhold Niebuhr en Union, en 1930, si no antes, pero fue la película la que cambiaría su vida más que el libro en sí.

Con una crudeza y un poder inusitado en esa época, la película no se cortó un ápice a la hora de retratar los horrores gráficos de la guerra. Ganó el Óscar a la mejor película y mejor director, pero, por su postura tan agresivamente antibélica, provocó un infierno de ultraje por toda Europa. En la primera escena se ve a un viejo profesor de ojos desorbitados que exhorta a los jóvenes que tiene a su cargo para que defiendan la patria. A sus espaldas, en la pizarra, se pueden leer las palabras griegas de la *Odisea* que invocan a la Musa para que cante las alabanzas de los grandes héroes, los soldados que saquearon Troya. De la boca del viejo maestro sale la famosa frase de Horacio: «*Dulce et decorum est pro patria mori*» (Dulce y honorable es morir por la patria). Las glorias de la guerra eran, para esos jóvenes, una parte de la gran tradición occidental en la que habían sido enseñados y, en masa, se fueron al barro y a la muerte de las trincheras. La mayoría de ellos murieron y, casi todos, se encogieron de miedo o se volvieron locos antes de morir.

La película es antiheroica y perturbadora, y cualquiera que albergara simpatías nacionalistas, debió haberse sentido abochornado y enfurecido. No es de sorprender que los incipientes nacionalsocialistas consideraran la película como una vil propaganda internacionalista que procedía de los mismos lugares —principalmente judíos— que habían conducido a la derrota de Alemania en la misma guerra que se representaba. En 1922, cuando llegaron al poder, los nazis quemaron copias del libro de Remarque y expandieron el bulo de que era judío y que su verdadero apellido era Kramer: Remark deletreado al revés. Pero ahora, en 1930, atacaban la película.

Su recién nombrado ministro de la propaganda, Joseph Goebbels, entró en acción. Organizó al ejército juvenil del partido, la *Hitlerjugend* (las juventudes de Hitler), para arrojar polvos para estornudar, bombas fétidas y soltar ratones dentro de los cines durante la proyección de la película. Fuera de ellos, la *Schutzstaffel*, de negro uniforme y más tarde conocida como las SS, instigaban los disturbios. La tremenda confusión resultante fue un primer ejemplo de las tácticas intimidatorias de los nazis. A consecuencia de todo esto, la película se prohibió por toda Alemania hasta 1945.

En Estados Unidos, sin embargo, estaba en todos los cines de todas partes y, un sábado por la tarde, Bonhoeffer la vio en NuevaYork con Jean Lasserre. Eran acusaciones lacerantes sobre la guerra en la que sus países habían sido enemigos acérrimos. Y allí estaban ellos, sentados el uno junto al otro, viendo como muchachos y hombres alemanes y franceses se masacraban entre sí. En la que, quizás, era la escena más conmovedora de la película, el héroe, un joven soldado alemán, apuñala a un francés que finalmente muere. Pero, antes de fallecer, allí tumbado en la trinchera, a solas con su asesino, se retuerce de dolor y gime durante horas. El soldado alemán se ve obligado a afrontar el horror de lo que ha hecho. Acaba acariciando el rostro del moribundo, en un intento por consolarlo y le ofrece agua para sus labios agrietados. Cuando muere el francés, el alemán se echa a los pies del cadáver y suplica su perdón. Promete escribir a la familia de aquel hombre y encuentra su cartera abierta. Ve su nombre y la fotografía de su esposa y su hija.

La tristeza de la violencia y el sufrimiento en la pantalla provocaron las lágrimas de Bonhoeffer y Lasserre, pero lo peor de todo para ellos fue contemplar la reacción de los que estaban en el cine. Lasserre recordaba cómo un niño estadounidense de la audiencia se reía y aclamaba cuando los alemanes, desde cuyo punto de vista se narra la historia, mataban a los franceses. Para

Los ocho hijos de los Bonhoeffer (en 1910 aprox.) y su institutriz en la casa vacacional de Wölfelsgrund, en los Montes de Glatz. En segundo plano, Karl y Paula Bonhoeffer. Dietrich se encuentra a la derecha de la institutriz, que tiene en sus brazos a Susanne, la más pequeña. Karl Bonhoeffer describió Wölfelsgrund como un lugar situado «en un pequeño valle al pie del Monte Urnitz, justo al borde del bosque, con una pradera, un pequeño arroyo, un viejo establo y un árbol frutal en cuyas anchas ramas se había construido un asiento en alto con un banco para los niños».

Karl Bonhoeffer con sus cuatro hijos varones, alrededor de 1911. En orden ascendente: Karl-Friedrich (1899–1957), Walter (1899–1918), Klaus (1901–1945) y Dietrich (1906–1945).
(Getty Images)

(foto interior) Dietrich Bonhoeffer en 1915
(Art Resource, NY)

Fotografía tomada en 2008 del 14 de Wangenheimstrasse, en el distrito berlinés de Grunewald. La familia Bonhoeffer se mudó a vivir allí en 1916. En la actualidad, la inmensa casa está dividida en ocho apartamentos.
(Foto de Eric Metaxas)

Bonhoeffer en 1928.
(Art Resource, NY)

Bonhoeffer en su clase de la Escuela Secundaria de Grunewald, en Berlín, 1920–21. De izquierda a derecha: Elizabeth Caspari, Felix Prentzel, Ursula Andeae (sobrina de Walter Rathenau), Ellen-Marion Winter (que más tarde se convertiría en Condesa Peter Yorck), Maria Weigert, el profesor Willibald Heininger, Hans-Robert Pfeil, Georg Seligsohn, Dietrich Bonhoeffer, Erdmann Niekisch von Rosenegk, Kurt Mähne, Herbert Mankiewitz. Fue mientras estaba en clase, al año siguiente, cuando Bonhoeffer oyó el disparo que acabó con la vida de Rathenau.

Durante la Pascua de 1932, Bonhoeffer tomó a algunos de sus pendencieros confirmantes de la Zionskirche y los llevó a la casa vacacional familiar en Friedrichsbrunn. «Aparte del cristal de una ventana —escribió—, todo está tal como lo encontramos ... Solo Frau S. [el ama de llaves] está un tanto indignada por la invasión proletaria».

[Art Resource, NY]

Los seminaristas de Sigurdshof en 1938 se encuentran en el extremo izquierdo, en la tercera fila. Eberhard Bethge se halla en el extremo derecho, en la cuarta hilera.
(Art Resource, NY)

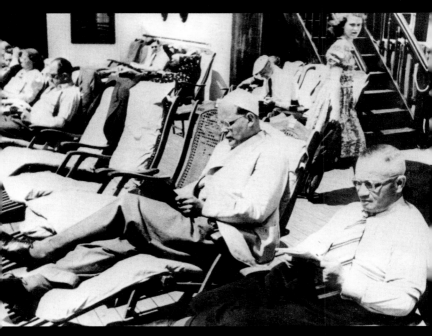

Bonhoeffer rumbo a Nueva York a bordo del *Bremen* durante la segunda semana

Monasterio de Ettal en los Alpes Bávaros, donde Bonhoeffer trabajó en su *Ética* durante el invierno de 1940–41. Le escribió a Bethge: «Como en el refectorio, duermo en el hotel, puedo usar la biblioteca, tengo mi propia llave del claustro y, ayer, mantuve una larga y buena conversación con el abad».
(Fotos de Eric Metaxas)

Um CHRISTI willen
im Widerstand gegen das Naziregime verfolgt
weilten in Ettal

P. Rupert MAYER SJ +1876 +1945
Aug. 1940 – Mai 1945

Pastor Dietrich BONHOEFFER +1906 +1945
Nov. 1940 – Febr. 1941

Herr, wann Du willst, dann ist es Zeit,
und wann Du willst, bin ich bereit,
genug, daß ich Dein Eigen bin.

Von guten Mächten wunderbar geborgen,
erwarten wir getrost, was kommen mag.
Gott ist mit uns am Abend und am Morgen
und ganz gewiß an jedem neuen Tag.

Placa conmemorativa en el monasterio de Ettal.
(Foto de Eric Metaxas)

Julio de 1939. Dietrich con Sabine, su hermana gemela, en Londres, justo después de regresar de Estados Unidos y antes de su regreso definitivo a Alemania.
(Art Resource, NY)

Fotografía tomada en el 2008 de la casa de Bonhoeffer situada en el 23 de Marienburgerallee. En la actualidad es un museo. La habitación de Dietrich se encontraba en la planta superior. Fue arrestado allí el 5 de abril de 1923.
(Foto de Eric Metaxas)

Karl y Paula Bonhoeffer, padres de Bonhoeffer. Eberhard Bethge describió
el matrimonio como «una relación feliz en la que cada una de las partes
suplementaba la fuerza de la otra con gran habilidad. Con ocasión de sus bodas
de oro, se dijo que los días que habían estado separados el uno del otro no
llegaban a un mes durante los cincuenta años de matrimonio ni siquiera contando
días sueltos».

(Art Resource, NY)

Bonhoeffer era insoportable. Más tarde, Lasserre dijo que apenas pudo consolarlo después. Creyó que, aquella tarde, su colega se había convertido en un
pacifista.

Lasserre solía hablar con frecuencia del Sermón del Monte, y de cómo inspi-
raba su teología. Desde ese momento en adelante, se convirtió también en una
parte fundamental de la vida y la teología de Bonhoeffer que, finalmente, le llevó
a escribir su libro más famoso, *El precio de la gracia: El seguimiento.*[*] De igual importancia fue, sin embargo, el resultado de su amistad con Lasserre: se implicó en el
movimiento ecuménico y acabaría involucrándose en la resistencia contra Hitler
y los nazis.

El voraz apetito de Bonhoeffer[17] por la cultura casi encuentra la horma de su
zapato en Nueva York. A Max Diestel, le escribió: «Si intentas experimentar
Nueva York de verdad y por completo, casi puede acabar contigo». Para alguien
que amaba las nuevas experiencias, Estados Unidos le proporcionó un buen
puñado de ellas. Cuando no estaba estrujando otra gota de cultura de Manhattan,
estaba en un tren o en un coche en dirección a otro lugar. Visitó a sus parientes,
los Tafel, varias veces en Filadelfia, y en numerosas ocasiones tomó el tren a
Scarsdale para visitar a la familia Ern. En diciembre, él y Erwin Sutz viajaron
hacia el sur en tren, tan lejos como pudieron, y cuando ya no quedaba tierra, en
Florida, tomaron un barco hacia Cuba.

Allí, Bonhoeffer se encontró con su institutriz de la niñez, Käther van Horn,
que en esa época era maestra en una escuela alemana de La Habana. Celebró allí
la Navidad y predicó ante la congregación alemana basándose en el texto que
narra la muerte de Moisés en el monte Nebo. Esta historia le obsesionó durante
gran parte de su vida. Trece años más tarde, escribiría a su prometida sobre su
experiencia en Cuba:

> El sol siempre me ha atraído, y a menudo me ha recordado que los seres
> humanos fueron tomados de la tierra y no solo consisten de aire y pensa-
> mientos. Tanto es así que, en una ocasión que fui a Cuba para predicar allí en
> Navidad y cambié el hielo de Norteamérica por su exuberante vegetación

---

[*] El título en alemán de este libro es *Nachfolge*, de modo que su traducción debería ser sencillamente
Seguimiento, que será el nombre que se utilizará en posteriores referencias en este libro.

tropical, casi sucumbo a la adoración al sol y apenas pude recordar que, en realidad, estaba allí para predicar. Fue una crisis genuina y, cada verano, cuando llego a sentir el sol, me asalta esa insinuación.[18]

Antes y después de Cuba, Bonhoeffer pasó tiempo en el sur de Estados Unidos, donde siguió extrañándose de las relaciones raciales:

La separación de blancos y negros en los estados sureños causa, en verdad, una impresión vergonzosa. En los trenes, se lleva hasta los detalles más insignificantes. Descubrí que los compartimentos de negros suelen verse, por lo general, más limpios que los demás. También me agradó ver que los blancos tenían que aglomerarse en sus vagones cuando a veces en todo un vagón de negros solo había una persona sentada. La forma en la que los sureños hablan de los negros es sencillamente repugnante y, a este respecto, los pastores no son mejores que los demás. Sigo pensando que las canciones espirituales de los negros del sur representan algunos de los mayores logros artísticos de Estados Unidos. Es un poco desconcertante que, en un país con tanto exceso de eslóganes sobre la fraternidad, la paz, etc. sigan sucediendo estas cosas y que nadie las corrija.[19]

Aquel mes de enero —dos semanas antes de su veinticinco cumpleaños— Bonhoeffer escribió a Sabine. Para él esa edad era un hito en el camino. Habiendo conseguido su doctorado a los veintidós, esperaba grandes cosas de sí mismo. De alguna manera, las cosas parecían un tanto atascadas:

Me pone tan nervioso que vayamos a cumplir veinticinco años ahora ... Si tuviera que imaginarlo, llevaría más de cinco años de casado, tendría dos hijos, mi propia casa, y sentiría que se justificaba plenamente el cumplir esa edad ... Desconozco aún cómo pasaré ese día. Varias personas se han enterado de la fecha y exigen que celebremos una fiesta de cumpleaños y, en ese caso, lo haría en casa de uno de los estudiantes casados. Pero quizás encuentre algo interesante en el teatro. Lamentablemente, no podré ni brindar por ti con un vaso de vino en esta ocasión, ya que está prohibido por las leyes federales; qué terrible y tediosa es esta prohibición en la que nadie cree.[20]

Bonhoeffer acabó celebrándolo con Paul y Marion Lehmann en su apartamento de Greenwich Village. Le había escrito a Sabine que esperaba viajar a la
India en mayo, para volver a conectarse con el doctor Lucas y ver a Mahatma
Gandhi. Esperaba circunnavegar el globo en dirección oeste hasta Alemania.
Pero el gasto de ir a la India desde Nueva York era prohibitivo. Él y Lehmann
rondaron por los muelles de Nueva York buscando al capitán de algún carguero
que le llevara por poco dinero, pero fue en vano. Decidió posponer su viaje para
otra ocasión.

Los Lehmann eran lo más parecido a una familia que Bonhoeffer tenía en
Nueva York. Se sentía cómodo en su compañía y ellos en la suya. Muchos años
después, en un discurso en la BBC, Paul Lehmann dijo:

[Bonhoeffer] era alemán en su pasión por la perfección, ya fuera de maneras
o de ejecución, o de todo lo que conlleva la palabra *Kultur*. En resumen, era
la aristocracia del espíritu en su máxima expresión. Pero, al mismo tiempo,
Bonhoeffer era el menos alemán de todos los alemanes. Su aristocracia era
inequívoca aunque no entrometida, sobre todo, creo, debido a su curiosidad
sin límites sobre cualquier nuevo entorno en el que se encontrara, y su irresistible e inagotable sentido del humor.[21]

Cuando los Lehmann visitaron a Bonhoeffer en Alemania dos años después,
él y Paul escribieron al rabino estadounidense Stephen Wise contándole cómo se
iba deteriorando la situación entre los judíos de Alemania. Wise le fue presentado
por primera vez en la Pascua de 1931. Bonhoeffer esperaba asistir a los cultos de
una iglesia estadounidense, pero en una carta que escribió a su abuela explicó que
no había podido ser, porque

para las iglesias más grandes había que conseguir entradas con bastante
antelación. Como yo no lo sabía, la única opción era ir a escuchar a un famoso rabino que predica cada domingo por la mañana en el mayor auditorio,
ante una audiencia completa; dio un sermón de enorme efectividad sobre la
corrupción en Nueva York y desafió a los judíos, que suman un tercio de la
ciudad, a edificar desde aquí la Ciudad de Dios a la que el Mesías vendría
con seguridad.[22]

Resulta extraordinario que, en la única Pascua que pasó en Nueva York, asistiera a los cultos de una sinagoga.

Viaje por carretera

El viaje de Bonhoeffer no acababa de configurarse, pero cuando su año académico en Union se acercaba a su fin, planeó otro nuevo. Conduciría hasta México vía Chicago.

Bonhoeffer y Lasserre tenían la idea de explorar la cultura católica de México y decidieron hacer el viaje juntos. Serían unos seis mil cuatrocientos kilómetros a velocidades inferiores a los ochenta kilómetros por hora. La familia Ern ofreció con generosidad prestarle su Oldsmobile de 1928. Los visitó en dos ocasiones durante aquel mes de marzo y ellos le dieron lecciones de conducir. Pero falló el examen varias veces. Los Lehmann estaban convencidos de que debía relajar su orgullo alemán y deslizar un billete de cinco dólares en la mano del instructor. Bonhoeffer se negó.

Finalmente, se decidió que Paul Lehmann podría acompañarles y conducir para ellos hasta Chicago. Bonhoeffer pensó que, para entonces, ya se sentiría más cómodo conduciendo. Entonces Erwin Sutz decidió unirse a ellos, pero como formaba parte de un coro que debía cantar en el Carnegie Hall, el viaje se retrasó hasta el 5 de mayo. Sutz, al igual que Bonhoeffer, era pianista, y su amor por la música los llevó a muchos conciertos juntos aquel año, incluido el de Toscanini.

El 5 de mayo, los cuatro teólogos abandonaron la isla de Manhattan en el Olds prestado. El plan era conducir alrededor de mil seiscientos kilómetros hacia el oeste, hasta San Luis. Cuando llegaron allí, Sutz decidió que ya había sido suficiente y saltó en un tren que le llevara de nuevo al este. Lehmann y Lasserre seguirían adelante con Bonhoeffer. La mayor parte del tiempo acamparon al aire libre como vagabundos.

Lasserre recordaba:

Ya de noche, montábamos la tienda en una tranquila arboleda sin sospechar que nos estábamos apoderando del dormitorio de una manada de cerdos. Lo pasamos mal intentando sacarlos de allí y disuadiendo a aquellos airados y ruidosos animales de que reclamaran sus dormitorios. Tras zanjar el asunto, estábamos agotados y Dietrich se durmió enseguida. Yo no me sentía tan seguro y apenas pegué ojo. Al alba, me desperté sobresaltado por un ronquido regular, aunque feroz, muy cerca de mí. Pensando que Dietrich estaba muy enfermo, me lancé hacia él para descubrir que dormía apacible como un niño. El ronquido que me había aterrorizado era de un inmenso cerdo que se había estirado contra todo el lateral de la tienda ... Dietrich siguió durmiendo, sin que al parecer le perturbara nada de lo que ocurriera. Tenía un temperamento extraordinariamente equilibrado, capaz de ignorar la ira, la ansiedad y el desaliento. Parecía incapaz de menospreciar a nadie.[23]

Por fin, Lasserre y Bonhoeffer[24] llegaron a la frontera mexicana en Laredo, Texas. Pero descubrieron que si deseaban volver a entrar en Estados Unidos, debían obtener una autorización para ello, antes de entrar en México. Por consiguiente, se vieron atascados en Laredo, en el Hotel St. Paul, intentando conseguir la pertinente autorización. Enviaron un telegrama a Paul Lehmann, ya de regreso en Nueva York, pidiéndole que intentara resolverlo. Asimismo, hicieron llegar un telegrama al embajador alemán en México. Necesitaban demostrar que, cuando volvieran de México, tendrían billetes en Nueva York para regresar a Bremen. Estados Unidos no estaban en condiciones económicas de ayudar a que los europeos intentaran introducirse en el país a través de México. Finalmente, Lehmann contestó dándoles instrucciones: «Sigan hasta México capital – stop – Al volver soliciten visado de tránsito al cónsul estadounidense – stop – El comisario general asegura no hay problema – stop».

Dejaron el Oldsmobile en Laredo y entraron a México. Ambos hicieron mil novecientos kilómetros en los trenes mexicanos. En Victoria City había un colegio para la formación de maestros donde Lasserre, a través de un amigo cuáquero, había organizado una conferencia conjunta con Bonhoeffer. La novedad de estos eternos enemigos —un francés y un alemán— que aparecían juntos era algo que difícilmente se podía exagerar. Que hablaran sobre el tema de la paz era inconcebible. Al sur de México capital, al norte de Cuernavaca, Bonhoeffer visitó las ruinas aztecas. En una postal de la pirámide de Teopanzolco, escribió a su joven amigo Richard Ern:

Acabo de pasar un largo tiempo sentado sobre esta pirámide y conversando con un pastorcillo indio que no sabía leer ni escribir, pero tenía mucho que contar. Esto es hermoso y no hace demasiado calor, ya que la elevación es de dos mil metros. Todo es completamente distinto de Estados Unidos. Parece haber mucha gente pobre. Suelen vivir en diminutas chozas y, con frecuencia, los niños solo llevan una camisa o nada. La gente se ve amable y muy cordial. Espero volver a tu auto y a encontrarme de nuevo con ustedes. Cuídate, querido muchacho. Saludos cordiales para ti y para tus padres.[25]

Para el 17 de junio, Bonhoeffer y Lasserre estaban de regreso en Nueva York, que se estaba abrasando. Tres días más tarde, Dietrich embarcó en dirección a su casa.

CAPÍTULO 8
BERLÍN

1931–32

Nos habló de su amigo de color con el que había viajado por Estados Unidos..., de la piedad de los negros ... Y, al final de la tarde, comentó: «Cuando me separé de mi amigo negro, me pidió: "Da a conocer nuestros sufrimientos en Alemania. Cuéntales lo que nos está pasando, y muéstrales que estamos vivos"».

—Wolf Dieter Zimmermann

Entre el público se extendió la expectación de que la salvación del pueblo alemán llegaría ahora de la mano de Hitler. Pero en las conferencias nos dijeron que la salvación solo viene de Jesucristo.

—Inge Karding

Bonhoeffer regresó a Berlín, desde Estados Unidos, a finales de junio. Sin embargo, solo estuvo unos cuantos días en casa antes de volver a salir del país. Sus padres habían esperado atraerle hasta Friedrichsbrunn, pero ni siquiera eso podía competir con lo que le aguardaba en Suiza. Erwin Sutz lo había organizado todo para presentarle a Karl Barth.

Bonhoeffer partió hacia Bonn[1] el 10 de julio. No es de sorprender que sus primeras impresiones sobre el gran teólogo fueran favorables. Escribió a sus padres: «Ya me han presentado a Barth y llegué a conocerle mejor en una velada de debate en su casa. Me gusta mucho, y también me impresionan mucho sus conferencias ... Creo que sacaré mucho provecho del tiempo que pase aquí».

En uno de los seminarios de Barth —quizás en aquella primera velada de debate—, un estudiante había citado la famosa máxima de Lutero: «A veces las maldiciones de los impíos suenan mejor que los aleluyas de los piadosos». Complacido con lo que estaba oyendo, Barth preguntó quién había dicho aquello. Había sido Bonhoeffer. Fue probablemente la primera vez que se vieron. Pronto se hicieron amigos.

El 23 de julio,[2] Barth, de cuarenta y cinco años, invitó a cenar al joven Bonhoeffer, de veinticinco. Estaba a solas con el doctor Barth y podía hacerle las preguntas que llevaba años queriéndole hacer. «Me han impresionado más las charlas que he tenido con él que sus escritos y sus conferencias —comentó Dietrich—, porque está ahí de verdad. Jamás había visto nada igual». Y añadió: «Posee una franqueza, una disposición para cualquier objeción que deba dar en el blanco y, además, una tremenda concentración e impetuosa insistencia sobre el punto, ya sea que se haga con arrogancia o modestia, de forma dogmática o completamente incierta, y no solo cuando guarda fidelidad a su propia teología».

En los dos años siguientes,[3] Bonhoeffer visitó a Barth con frecuencia, En septiembre de 1932, cuando Barth había acabado el primer volumen de su famoso *Dogmática eclesial*, fue a verle al Bergli, en Suiza. También vio a Sutz, que le presentó al teólogo suizo Emil Brunner. En 1933, cuando quedó libre una cátedra de teología en la Universidad de Berlín, Bonhoeffer intentó aprovechar las relaciones de su familia en el ministerio prusiano de Cultura a favor de Barth. Pero Hitler acababa de asumir el poder como *Reichkanzler*. Se nombró a Georg Woggermin, que estaba cortado por el mismo patrón que el nuevo dirigente. Barth le escribió más tarde a Bonhoeffer: «Con toda seguridad, en la era del Reichkanzler Hitler, Wobbermin ocupará la silla de Schleiermacher de un modo más genuino que yo. He oído que has dado la cara firmemente por mí ... Habría aceptado sin la menor duda ... El mundo anda mal, pero no queremos que se apague nuestra pipa bajo ninguna circunstancia, ¿no es así?».

En aquel momento, el ascenso de Hitler a la cancillería se hallaba aún dos años por delante en el inimaginable futuro. Bonhoeffer tan solo había pasado nueve meses en Nueva York, pero en cierto modo parecía toda una vida. Cuando se marchó, los nazis no eran más que una diminuta nube gris en el horizonte de un cielo que, por lo demás, estaba despejado. Ahora, negra y chispeante de electricidad, amenazaba casi sobre las cabezas.

Bonhoeffer escribió a Sutz: «La perspectiva es real y excepcionalmente sombría».[4] Sentía que se «encontraban en un tremendo momento decisivo de la historia del mundo», que algo estaba a punto de ocurrir. ¿Pero qué? En su instinto clarividente, Bonhoeffer sintió que, fuese lo que fuese, la iglesia se vería amenazada por ello. Se preguntó si conseguiría sobrevivir. «Entonces ¿de qué vale la teología de cada uno?», preguntó. De repente Bonhoeffer percibía una urgencia y una seriedad que no había estado ahí antes. De alguna manera sintió que debía advertir a la gente de lo que les esperaba. Era como si pudiera ver que un poderoso roble, bajo cuya sombra las familias estuvieran haciendo un picnic, y en cuyas ramas los niños se estuvieran columpiando, estaba podrido por dentro y a punto de caer y matarlos a todos. Los demás notaron un cambio en él. En primer lugar, sus sermones se volvieron más severos.

El gran cambio

Lo que queda de la Iglesia Memorial Kaiser Wilhelm se encuentra, como Ozumandias, en medio del inhóspito desierto de plástico y cemento del distrito comercial de Berlín. La mayor parte de la zona fue convertida en escombros durante un ataque aéreo de la RAF en 1943, y lo que queda de lo que un día fue una catedral impresionante —la torre del campanario, un derruido armatoste lleno de boquetes— ahora sirve de recordatorio modernista despótico de la destructividad de la guerra. Pero antes del conflicto, según dicen, era una de las glorias de Berlín.

Le pidieron a Bonhoeffer que predicara allí el domingo de la Reforma de 1932.[*] Era el día que Alemania homenajeaba a Lutero y la gran herencia cultural de la Reforma. La gente, en los bancos, esperaba ese día lo que un estadounidense esperaría de un culto, en una de las principales iglesias protestantes: un sermón edificante y patriótico. Los alemanes esperaban sentirse henchidos de orgullo de una forma conmovedora, ante el milagro de su herencia luterana alemana y ver sus egos acariciados por el papel que jugaron al mantener esta gran tradición viva, sentándose en los duros bancos cuando podían haber estado haciendo otras muchas cosas. Hindenburg, ese corpulento y fornido icono nacional, podría haber estado en la congregación aquel día, ya que era la iglesia a la que el gran hombre asistía. ¡Qué maravilloso culto habría sido! De modo que, con la congregación acomodada en esa cálida y agradable expectativa, el sermón que

---

* Predicó allí varias veces durante aquellos años, llenando el lugar para su amigo, el pastor Gerhard Jacobi, que se convirtió en un estrecho aliado en las luchas de la iglesia de la década de 1930.

compartió Bonhoeffer debió de haberles parecido como un desagradable golpe inesperado seguido por una patada circular en las costillas.

Los textos de la Biblia proporcionaban una pista de lo que estaba por venir. El primero era de Apocalipsis 2.4–5: «Pero tengo contra ti, que has dejado tu primer amor. Recuerda, por tanto, de dónde has caído, y arrepiéntete, y haz las primeras obras; pues si no, vendré pronto a ti, y quitaré tu candelero de su lugar, si no te hubieres arrepentido». Al oír estos versículos bien pudiera ser que la gente familiarizada con la predicación de Bonhoeffer se deslizara por la salida lateral. Por otra parte, si se hubieran sentido de humor para que arremetieran contra ellos con una filípica vigorizante que los echara hacia atrás y hubieran escogido quedarse, no se habrían sentido decepcionados.

Bonhoeffer empezó con las malas noticias: la iglesia protestante se encontraba en sus últimos momentos, y «es más que hora de que nos demos cuenta de ello», dijo.[5] La iglesia alemana, prosiguió, está muriendo o está ya muerta. Luego dirigió su trueno hacia la gente que estaba en los bancos. Condenó lo grotesco e inadecuado de hacer una celebración cuando, en realidad, estaban asistiendo a un funeral: «Una fanfarria de trompetas no es consuelo para un moribundo». Entonces se refirió al héroe del día, Martín Lutero, como «un hombre muerto» al que estaban levantando y apuntalando para sus propósitos egoístas. Fue como si hubiera lanzado un cubo de agua sobre la congregación y, a continuación, les hubiera tirado sus zapatos. «No vemos que esta iglesia ya no es la Iglesia de Lutero», afirmó. Catalogó de «imperdonable frivolidad y arrogancia» que se apropiaran alegremente de las famosas palabras de Lutero «aquí estoy, no puedo hacer otra cosa» para sus propios fines, como si se aplicaran a ellos y a la Iglesia Luterana de su tiempo. Y así fue.

Tampoco sería el único sermón de esa índole que predicara aquel año. ¿Pero qué fue exactamente lo que vio Bonhoeffer y por qué tanta urgencia en comunicarlo? Parecía querer avisar a todo el mundo para que despertaran y dejaran de jugar a la iglesia. ¡Todos ellos eran sonámbulos que caminaban hacia un terrible precipicio! Pero pocos lo tomaron en serio. Para muchos, no era más que uno de esos académicos con lentes y exageradamente serios, con una buena dosis de fanatismo religioso por añadidura. ¡Y predicaba unos sermones tan deprimentes!

Uno debería preguntarse qué pretendía conseguir Bonhoeffer con aquellos sermones. ¿De verdad esperaba que la gente en los bancos se tomara a pecho lo que estaba anunciando? Sin embargo, lo que afirmaba era realmente verdad, y él sentía que Dios le había escogido para que transmitiera lo que estaba diciendo. Él se tomaba sumamente en serio la idea de predicar la Palabra de Dios y no se habría atrevido a comunicar sus propias opiniones desde el púlpito. También sabía que se podía proclamar una palabra que viniera directa del cielo y ser rechazado, como ocurrió con los mensajes de los profetas del Antiguo Testamento y como sucedió con Jesús. El papel de los profetas consistía en hablar, sencilla y obedientemente, lo que Dios deseaba decir. Que el mensaje se recibiera o no, era algo entre Dios y su pueblo. A pesar de todo, predicar un mensaje candente como aquel y saber que era la palabra de Dios para los fieles, que lo rechazaban, era algo doloroso. Pero este era también el dolor del oficio profético y ser escogido por Dios como profeta suyo siempre significaba, en parte, que compartiría sus sufrimientos.

Era evidente que algo le había sucedido a Bonhoeffer durante el año anterior y le seguía ocurriendo. Algunos han llegado tan lejos como para llamarlo conversión, cosa que difícilmente podía ser. Para él, y para todos los que estaban cerca de él, era obvio que su fe se había vuelto más profunda en ese año anterior. Y también era manifiesto que su sentido de sí mismo como llamado por Dios era cada vez más claro.

Unos cuantos años después, en enero de 1936, en la carta que escribió a Elizabeth Zinn, describió el cambio que se había realizado en él durante ese tiempo:

Me sumergí en el trabajo de una forma muy poco cristiana. La... ambición que muchos notaron en mí me hizo la vida muy difícil ... Entonces, algo sucedió, algo que ha cambiado y transformado mi vida hasta el día de hoy. Por primera vez descubrí la Biblia ... Yo había predicado a menudo. Había visto una gran parte de la iglesia, había hablado y predicado sobre ello, pero todavía no me había convertido en un cristiano ... Sé que en ese momento convertí la doctrina de Jesucristo en algo de provecho para mí ... Rogué a Dios que no volviera a ocurrir jamás. Tampoco había orado antes, o lo hacía muy poco. A pesar de mi soledad, estaba bastante contento conmigo mismo. Entonces, la Biblia, y en particular el Sermón del Monte, me liberaron de aquello. Desde ese momento, todo ha cambiado. Lo he sentido con toda claridad y también la gente que está a mi alrededor. Fue una gran liberación. Vi con claridad que la vida de un siervo de Jesucristo debe pertenecer a la iglesia y, paso a paso, quedó de manifiesto para mí hasta dónde debo llegar. Y llegó la crisis de 1933. Esto me fortaleció en medio de ella. También he encontrado a otros que compartieron este objetivo conmigo. El avivamiento de la iglesia y del ministerio se convirtió en mi suprema preocupación ... Tengo muy claro mi llamado. Desconozco lo que Dios hará con ello ... Debo seguir el camino. Quizás no será demasiado largo (cp. Fil 1.23). Sin embargo, es bueno que haya tomado conciencia de mi llamamiento ... Creo que su nobleza solo nos quedará clara en los tiempos y los acontecimientos por venir, si es que podemos resistir.[6]

De alguna manera, el tiempo en Nueva York, sobre todo su adoración en las «iglesias negras», jugaron su papel en todo esto. Había oído predicar el evangelio allí y había visto la verdadera piedad entre una gente que sufría. Los ardientes mensajes, la gozosa adoración y los cánticos le habían abierto los ojos a algo y le habían cambiado. ¿Habría «nacido de nuevo»?

Lo que ocurrió no está claro, pero los resultados fueron evidentes. En primer lugar, ahora asistía con regularidad a la iglesia por primera vez en su vida y tomaba la comunión con tanta frecuencia como le era posible. Cuando Pablo y Marion Lehmann visitaron Berlín en 1933, notaron una diferencia en su amigo. Dos años antes, en Nueva York, no había mostrado interés por ir a la iglesia. Le encantaba trabajar con los niños en Harlem, le gustaba ir a conciertos, al cine, a los museos, amaba viajar, lo filosófico y el toma y daca académico de las *ideas* teológicas... pero esto era algo nuevo. ¿Qué había sucedido para que, de repente, Bonhoeffer se tomara tan en serio la asistencia a la iglesia?

Bonhoeffer el maestro

Justo antes de partir para Union, Bonhoeffer había recibido su capacitación como conferenciante universitario en teología por la Universidad de Berlín, de modo que a su regreso retomó su puesto allí, impartiendo seminarios y conferencias. No obstante, su forma de enseñar teología no sería lo que la mayoría esperaba. El cambio que se había obrado en él se manifestaría detrás del atril y también en los seminarios.

Wolf-Dieter Zimmermann era uno de sus estudiantes de aquel tiempo que se encontró con él en el otoño de 1932. Solo había un puñado de estudiantes en la sala de conferencias ese primer día, y Zimmermann sintió la tentación de marcharse. Sin embargo, por alguna razón, tuvo curiosidad y se quedó. Recordaba así el momento:

Un joven conferenciante subió al estrado con paso ligero y rápido. Era un hombre de pelo muy claro, más bien fino, cara ancha, anteojos sin montura de puente dorado. Tras unas pocas palabras de bienvenida, explicó el significado y la estructura de la conferencia, con una forma de hablar firme y ligeramente ronca. Luego abrió su manuscrito e inició la disertación. Señaló que, en el tiempo actual, nos preguntamos con frecuencia si seguimos necesitando a la iglesia y a Dios. Pero esta pregunta, afirmó, es incorrecta. Los cuestionados somos nosotros. La iglesia y Dios existen, y nosotros somos quienes debemos responder si estamos dispuestos a ser de ayuda, porque Dios nos necesita.[7]

Esta forma de hablar era rara[8] en la mayoría de los púlpitos alemanes. Desde un atril universitario, sencillamente no se había oído jamás. Pero Bonhoeffer no se había vuelto más emocional o menos racional de repente. Su estilo como conferenciante era «de gran concentración, poco sentimentalismo, casi desapasionado, claro como el cristal y con cierta frialdad racional, como si fuera un reportero». Fue esta combinación de fe inquebrantable con el chispeante intelecto de un especialista en lógica la que resultaba tan irresistible. Feren Lehel, otro estudiante, comentó que «siguieron su palabras con una atención tan especial que se podía oír el zumbido de una mosca. Algunas veces, cuando soltábamos la pluma después de una conferencia, estábamos literalmente sudando». Pero Bonhoeffer no siempre estaba serio y era vehemente. También había en él un espíritu travieso intermitente sobre el que muchos amigos comentaron a lo largo de los años. Cuando Lehel le visitó en su casa y le invitaron a quedarse a cenar, declinó cortésmente el ofrecimiento, pero él le insistió para que se quedara: «No solo se trata de mi pan, sino del nuestro, y si lo comemos juntos, quedarán doce cestas de mendrugos».

Con frecuencia invitaba a los estudiantes a su casa. Se implicaba en sus vidas del mismo modo en que se había involucrado en la de los niños pequeños de su clase de escuela dominical en Grunewald y con los jóvenes de su Círculo del Jueves. Lehel recordaba cuánto le había alentado en su fe.

En mis dificultades intelectuales estaba junto a mí, como pastor, hermano y amigo. Cuando me recomendó *Glauben und Denken* [Creer y pensar] de Karl Heim, me señaló cómo Heim era capaz de sentirse en armonía con el que dudaba, cómo no se regodeaba en apologéticas baratas que, desde su noble base, abre fuego sobre las almenas de la ciencia natural. Debemos pensar con el que duda, decía, y hasta dudar con él.[9]

Otro estudiante, Otto Dudzus, recordaba que Bonhoeffer invitaba a los estudiantes a las veladas musicales en casa de sus padres:

Todo lo que tenía y todo lo que era, lo hacía accesible a los demás. El gran tesoro que poseía era el hogar cultivado, elegante, educado, de formación superior y mente abierta de sus padres, a los que nos presentó. Las veladas abiertas que tenían lugar cada semana o, posteriormente, cada dos semanas, tenían un ambiente tan especial que se convirtieron en un trozo de hogar para nosotros también. Hay que reconocer que la madre de Bonhoeffer nos atendía de la mejor manera posible.[10]

Incluso cuando él se fue a Londres, en 1934, sus padres siguieron tratando a aquellos estudiantes como familia, introduciéndolos en el círculo más amplio de su sociedad y hogar. Bonhoeffer no separaba su vida cristiana de la familiar. Sus padres se beneficiaban de otros estudiantes inteligentes de teología y estos se beneficiaban de la extraordinaria familia Bonhoeffer.

Inge Karding, una de las pocas mujeres estudiantes en el círculo de Bonhoeffer, recordaba su primera conferencia con él:

Mi primera impresión de él fue que ¡era tan joven! ... Tenía una buena cara y una buena postura ... Era muy natural con nosotros, los estudiantes..., pero, para ser tan joven, había en él una seguridad y una dignidad ... Siempre mantenía una cierta distancia ... Uno no se hubiera atrevido a bromear con él.[11]

Albrecht Schönherr era otro de sus estudiantes:

No era como se le ve en muchas fotografías. Algunas veces le hacen parecer regordete y rollizo, pero tenía una complexión atlética, más bien grande, con una frente despejada, parecida a la de Kant. Su voz no hacía juego con su cuerpo. Era un poco aguda, de modo que uno no se podía dejar seducir por ella. Jamás sonaría demagógica. En realidad se sentía muy contento por ello, porque no quería ser demagogo bajo ningún concepto; transmitir algo a la gente a través de su voz, su apariencia o su aptitud, en lugar de hablarles a través de la sustancia.[12]

Bonhoeffer siempre había luchado con el «problema» de ser encantador. Desconfiaba de ello y quería que las palabras y la lógica de lo que decía fueran las únicas cosas a las que los demás respondieran.

Sin embargo, a su alrededor se formó un grupo de estudiantes durante su época. Sus conversaciones desbordaban los límites de las salas de conferencias y las aulas de los seminarios. Querían continuar sus charlas lejos de las críticas de la universidad. Algunos se reunían una vez por semana en el desván de Wolf-Dieter Zimmerman, cerca de la Alexanderplatz. Estaba muy concurrido, pero allí se quedaban durante horas, fumando y hablando. Bonhoeffer imponía una cierta disciplina aun en estas reuniones, como lo había hecho en su Círculo del Jueves. No se trataba de un hablar por hablar sin propósito, sino una seria exploración controlada de distintas cuestiones. Consistía en «pura teorización abstracta en un intento por captar un problema en toda su plenitud».

Bonhoeffer consideraba las cosas abiertamente y enseñaba a sus estudiantes a que hicieran lo mismo. Seguían líneas de razonamiento hasta sus conclusiones lógicas y consideraban que todo punto de vista tenía un sentido de absoluta rigurosidad, de manera que nada dependía de la mera emoción. Concedía a las ideas teológicas el mismo respeto que su padre o Karl-Friedrich otorgaban a las ideas científicas, o su hermano Klaus a las de jurisprudencia. Los asuntos de la Biblia, la ética y la teología deben tratarse con el mismo rigor y toda hipocresía y «fraseología» debe identificarse, exponerse como tal, cortarse y descartarse. Uno deseaba llegar a respuestas que pudieran aguantar cualquier escrutinio porque tendría que pasar el resto de su vida con aquellas conclusiones. Tendrían que convertirse en acciones y en la sustancia de la propia vida. Una vez se veía con claridad lo que la Palabra de Dios decía, había que actuar sobre ella y sus implicaciones, tal como eran. Y los hechos en Alemania, en aquellos momentos, tenían graves consecuencias.

Los estudiantes opinaban que Bonhoeffer tenía una mente extremadamente abierta y era muy paciente. Helmut Traub observó que era «sumamente reservado, dispuesto a considerar cualquier problema nuevo que le presentaran, y teniendo en cuenta hasta la más remota idea». Los alumnos aprendían a tomarse el tiempo de meditar las cosas hasta el final. «Su naturaleza conservadora, su educación erudita y su meticulosidad impedían cualquier resultado rápido».

Alrededor de las diez y media se retiraban a un *Bierkeller* [cervecería] cercana para mantener una conversación más informal. Bonhoeffer siempre se quedaba con la cuenta.

Una noche, Zimmermann dijo que Bonhoeffer llevó los discos de «los espirituales negros» que había comprado en Nueva York:

Nos habló de su amigo de color con el que había viajado por Estados Unidos..., de la piedad de los negros ... Y, al final de la tarde, comentó: «Cuando me separé de mi amigo negro, me pidió: "Da a conocer nuestros sufrimientos en Alemania. Cuéntales lo que nos está pasando, y muéstrales que estamos vivos"».[13]

Probablemente había empezado a pensar que la iglesia había sido llamada a «estar con los que sufren».

Muchos de sus estudiantes de ese tiempo se convirtieron en parte de su vida durante años. Algunos acabarían involucrándose en el mundo ecuménico con él y un gran número de ellos tomarían parte más tarde en los seminarios clandestinos de Zingst y Finkenwalde. Otto Dudzus, Albrecht Schönhell, Winfried Maechler, Joachim Kanitz, Jürgen Winterhager, Wolf-Dieter Zimmermann, Herbert Jehle e Inge Karding se encontraban entre ellos.

El interés de Bonhoeffer no solo se centraba en enseñarles como conferenciante universitario. Deseaba «discipularlos» en la verdadera vida del cristiano. Esto abarcaba desde entender los acontecimientos del momento bajo una lente bíblica hasta leer la Biblia no solo como estudiante de teología, sino como discípulo de Jesucristo. Este planteamiento era único entre los teólogos universitarios alemanes de la época.

Era capaz de llevarlo a cabo[14] dados sus antecedentes de cultura patricia y su brillantez intelectual. Se expresaba de un modo altamente académico, pero también de una manera que explicaba al detalle las implicaciones de sus afirmaciones en los acontecimientos del día a día. En 1933, un estudiante comentó: «Entre el público se extendió la expectación de que la salvación del pueblo alemán llegaría ahora de la mano de Hitler. Pero en las conferencias nos dijeron que la salvación solo viene de Jesucristo».

Inge Karding compartió que Bonhoeffer le habló una vez de lo grave que era pronunciar la palabra «*Heil!*» (¡aclamado seas!) a cualquiera que no fuera Dios. No rehuía el comentario político y, desde el principio, jamás sintió lo que otros: que, en cierto sentido, la política no estaba relacionada con la fe cristiana. Asimismo, recordaba que miraba la Biblia como la palabra de Dios, sin excusarse por ello. En un lugar como la Universidad de Berlín, donde el fantasma de Schleirmacher seguía rondando por las noches, y donde la silla de Harnack seguía caliente, esto era verdaderamente escandaloso.

Decía que, cuando uno lee la Biblia, debe pensar que Dios está hablando con él aquí y ahora ... No era tan abstracto como los maestros griegos y todos los demás, sino que desde el primer momento, nos enseñó que debíamos leer la Biblia como la palabra de Dios directamente para nosotros. No como algo general ni aplicable de una forma somera, sino más bien como teniendo una relación personal con nosotros. Nos repitió esto desde etapas muy tempranas, y nos explicó que todo procede de esto.[15]

No le interesaba la abstracción intelectual. La teología debe conducir a los aspectos prácticos de cómo vivir a la manera de un cristiano. Karding se sorprendió cuando Bonhoeffer preguntó a sus estudiantes si cantaban villancicos navideños. Ante la evasiva de ellos, afirmó: «Si quieren ser pastores, ¡tienen que cantar villancicos de Navidad!». Para él, la música no era una parte opcional del ministerio cristiano, era parte con todo rigor. Decidió resolver esta deficiencia y hacerlo de frente. «El primer día de Adviento —anunció— nos reuniremos a mediodía... y cantaremos villancicos navideños». Recordaba que él «tocaba la flauta de un modo maravilloso» y que cantaba de una forma «espléndida».

Joachim Kanitz rememoraba que, una vez, les advirtió que no debían olvidar que «cada palabra de las Santas Escrituras eran un mensaje sumamente personal del amor de Dios por nosotros». A continuación, «nos preguntó si amábamos a Jesús».

Llevarse a los estudiantes al campo en viajes de retiro durante el fin de semana constituía otro elemento de su método de instrucción práctica. Algunas veces iban a Prebelow, y se quedaban en el albergue juvenil, y otras visitaban la cabaña que había comprado en la cercana Biesenthal. En un viaje de senderismo, después del desayuno, los hizo meditar sobre un versículo de la Biblia. Debían hallar un lugar sobre la hierba, y sentarse en silencio durante una hora y meditar sobre el verso. A muchos de ellos les resultó difícil, como también lo sería para los ordenados por Bonhoeffer en Finkenwalde. Entre ellos se encontraba Inge Karding: «Nos enseñó que la Biblia va directamente a nuestra vida, allí donde están nuestros problemas».

Estaba elaborando las ideas que llegarían a los seminarios clandestinos de la Iglesia Confesante, en unos cuantos años. Para él, meditar en los versículos de la Biblia y cantar formaban parte integral de la educación teológica. Su tema recurrente de la encarnación —que Dios no nos creó para ser espíritus incorpóreos, sino seres humanos de carne y hueso— le condujo a la idea de que la vida cristiana debía inspirarse en un modelo. Jesús no solo comunicó ideas y conceptos, normas y principios, de vida, sino que vivió; y a través de su vida con sus discípulos, les mostró que la vida debía ser aquello que Dios había pretendido que fuera, no algo meramente intelectual o espiritual. Era un compendio de todas aquellas cosas... era algo más. Su objetivo era ser el modelo de vida cristiana para sus estudiantes. Esto le condujo a la idea de que, para ser cristiano, uno debe vivir con cristianos.

Una estudiante comentó que aprendió los conceptos de culpa y gracia por la forma en que él los trataba. En 1933, durante un retiro, Bonhoeffer y un grupo de estudiantes hacían una excursión por unos bosques cuando se encontraron con una familia hambrienta que, obviamente, buscaba comida. Se acercó a ellos con afecto y preguntó si los niños comían caliente. Cuando el hombre respondió: «No tanto», él preguntó si podía llevarse a dos de ellos. «Ahora nos dirigimos a casa, a comer —explicó—. Ellos pueden compartir nuestros alimentos, y luego los traeremos de vuelta».

Una clase de confirmación en Wedding

La capacidad que Bonhoeffer tenía de conectar con la gente en circunstancias difíciles era extraordinaria, pero quizás nunca fue tan extraordinaria como cuando impartió una clase de confirmación en la Zionskirche de Wedding, un barrio especialmente complicado del distrito de Prenzlauer Berg, en la parte norte de Berlín. Se le asignó la tarea poco después de su ordenación, en noviembre de 1931.[*] Coincidiendo más o menos en ese tiempo, Otto Dibelius, su superintendente, también le adscribió una capellanía en la Universidad Técnica de Charlottenburg. No le resultó demasiado satisfactorio, pero sus pintorescas experiencias con la ruidosa clase de confirmación fueron más bien lo contrario.

El antiguo ministro[16] de la Zionskirche, el superintendente Miller, necesitaba ayuda con urgencia para una clase de cincuenta niños. Su comportamiento sobrepasaba toda descripción. Bonhoeffer describió esta zona como «salvaje» y «en difíciles circunstancias sociales y políticas». Él se había encargado de la escuela dominical para niños en Harlem, pero la diferencia era profunda. La separación estadounidense de iglesia y estado convertía la asistencia a la iglesia en un asunto privado y voluntario, de modo que si los niños se hallaban en clases eclesiales era porque sus padres así lo querían. Si se comportaban mal, tendrían que responder ante sus progenitores. Sin embargo, en Alemania, la mayoría de los pequeños iban a las clases de confirmación como a la escuela. Era algo ordenado por el estado, y

---

[*] Bonhoeffer fue ordenado el 15 de noviembre de 1931, en la Iglesia de St. Matthew, cerca de Potsdam Palace.

los niños que dieran la bienvenida al joven pastor estarían reflejando, probablemente, lo que sus padres pensaban del asunto. En cualquier caso, ese par de horas de clase quitarían a sus vástagos de la calle. Pero si sus hijos se portaban mal, era problema del maestro. En lo que a mucho de ellos concernía, la iglesia era una institución corrupta y, si sus hijos podían prodigar un poco de sufrimiento a aquel clérigo blando y de pelo dorado, él se lo habría buscado.

Existía bastante diferencia con los querubines a los que había enseñado en Harlem, porque ahora se enfrentaba a una verdadera pandilla de pequeños matones. Se le había avisado debidamente, pero nada podría haberle preparado para lo que le esperaba. Aquellos granujas de catorce y quince años eran tan famosos por su mal comportamiento —y habían acosado tanto al ministro que Bonhoeffer iba a sustituir— que tan pronto Dietrich se hizo cargo de la clase, su exasperado y anciano colega murió: dio un salto a la extraordinaria clase de confirmación en el cielo. Bonhoeffer estaba convencido de que la salud de aquel frágil hombre se había malogrado principalmente como resultado de aquella clase ingobernable. Bethge describe la primera reunión:

El anciano ministro y Bonhoeffer subieron lentamente las escaleras del edificio escolar, que constaba de varias plantas. Desde las barandillas superiores, los niños observaron a los dos hombres que ascendían hacia ellos, organizando un indescriptible alboroto y convirtiéndoles en el blanco de su rechazo. Cuando llegaron arriba, el ministro intentó obligar a la multitud a replegarse y entrar en clase, gritando y haciendo uso de la fuerza física. Intentó anunciar que les había traído un nuevo profesor que les enseñaría en el futuro y que su nombre era Bonhoeffer. Al oír el apellido, empezaron a gritar: «¡Bon! ¡Bon! ¡Bon!», cada vez más alto. El anciano abandonó la escena desesperado, dejando a Dietrich allí, de pie, en silencio, contra la pared y con las manos en los bolsillos. Pasaron los minutos. Su falta de reacción hizo que el ruido les resultara cada vez menos divertido. Él comenzó a hablar en tono muy bajo, de manera que solo los chicos de la primera fila pudieron captar algunas palabras de lo que decía. De repente, todos se callaron. Él se limitó a comentar que habían ofrecido una extraordinaria representación inicial, y empezó a contarles una historia sobre Harlem. Les anunció que, si le escuchaban, les relataría más la próxima vez. Luego, les dio permiso para que se marcharan. Después de aquello, jamás volvió a tener un motivo para quejarse de su falta de atención.[17]

Le describió la situación a Erwin Sutz de este modo: «Al principio, los chicos se comportaron como si estuvieran locos, de manera que por primera vez tuve

serias dificultades con la disciplina ... Pero lo que más ayudó fue que, sencillamente, les conté historias de la Biblia con gran énfasis, sobre todo en los pasajes
escatológicos».[18]

Su complexión joven y atlética, y su porte aristocrático le sirvieron para ganarse su
respeto. Y es que, con frecuencia, tenía un efecto así de extraordinario sobre personas
a quienes, de lo contrario, había que dejar por imposibles. Cuando el final de su vida
estaba próximo, también causó este efecto en algunos de los guardas de la prisión.

Años más tarde,[19] uno de aquellos chicos recordaba que, durante la clase, un
estudiante sacó un sándwich y empezó a comérselo. «Esto no era nada inusitado
en el norte de Berlín. Al principio, el pastor Bonhoeffer no dijo nada. Luego, le
miró, con calma y con amabilidad... pero fue una mirada larga e intensa, sin pronunciar palabra. Avergonzado, el niño guardó su sándwich. El intento de molestar
a nuestro pastor se quedó en nada por su compostura y su bondad, y quizás también por su comprensión hacia las payasadas juveniles».

También recayó en el joven pastor patricio la labor de visitar los hogares y a
los padres de cada uno de los cincuenta estudiantes. Wedding era un distrito
sórdido y azotado por la pobreza, y muchos de los progenitores solo le permitieron entrar en sus casas porque sintieron que era su deber. Los silencios de las
conversaciones eran desesperantes. Para Bonhoeffer supusieron el peor aspecto
de sus obligaciones. En una carta a Sutz, escribió:

> Algunas veces, en realidad bastante a menudo, me quedaba allí, en pie, y
> pensaba que habría estado muy preparado para tales visitas si hubiera estu-
> diado Química ... Pensar en aquellas horas o minutos espantosos cuando yo,
> o la otra persona, intentábamos comenzar una conversación pastoral ¡y en la
> forma tan entrecortada y sin convicción en que se desarrollaba! Como tras-
> fondo, siempre estaban las horribles condiciones de la casa, sobre las que uno
> no puede decir nada en realidad. Mucha gente te habla de sus más turbias
> formas de vida sin el más mínimo recelo y de una manera libre y fácil, y uno
> siente que, si tuviera que decir algo, sencillamente ellos no lo entenderían.[20]

A pesar de todo, él no se amilanó ante la tarea. En realidad, para estar más cerca
de aquellas familias y pasar más tiempo con los chicos, se trasladó a una habitación
amueblada en aquel vecindario, en el 61 de Oderbergstrasse. Luego tomo una página de sus experiencias en el dormitorio de Union y adoptó una política de puertas
abiertas, de manera que los nuevos alumnos que tenía a su cargo pudieran visitarle
sin anunciarse, en cualquier momento. Esto suponía un atrevido y decisivo giro de
ciento ochenta grados para quien una vez había sido un solipsista. Su casero era el

panadero, cuya tienda ocupaba el bajo del edificio. Bonhoeffer indicó a la esposa de este hombre que los muchachos tenían permiso para entrar en su habitación en su ausencia. Aquella Navidad dio un regalo a cada niño.

Esto es lo que le contó a Sutz: «Estoy esperando ese tiempo con inmenso anhelo. Es trabajo de verdad. Las condiciones de sus hogares son, por lo general, indescriptibles: pobreza, desorden, inmoralidad. Y, a pesar de todo, los niños siguen siendo abiertos; con frecuencia me sorprende que una persona joven no se venga abajo en condiciones semejantes. Por supuesto que uno no deja de preguntarse cómo reaccionaría en entornos como este».

Dos meses más tarde le volvió a escribir a Sutz:

La segunda mitad del trimestre se ha dedicado a los candidatos. Desde Año Nuevo he estado viviendo en el norte, para poder tener a los muchachos cada tarde, por turnos, claro está. Cenamos juntos y luego echamos una partida de algo: les he dado clases de ajedrez, y ahora juegan con el mayor de los entusiasmos ... Al final de cada tarde, leo algo de la Biblia y, a continuación, un poco de catequesis, que suele tornarse muy seria. La experiencia de enseñarles ha sido tal que me resulta difícil arrancarme de ella.[21]

Fue durante ese tiempo cuando Bonhoeffer decidió alquilar una parcela de nueve acres de terreno, justo al norte de Berlín, y construir una pequeña cabaña. La parcela se hallaba en Biesenthal, y la edificación era primitiva, hecha de tela asfáltica y madera. Dentro había tres bases de cama, unos cuantos taburetes, una mesa y una estufa de parafina. En una fotografía frente a esta casucha al estilo de Thoreau, se le ve posando como un héroe, con polainas y fumando una pipa. Solía retirarse con frecuencia a este lugar, algunas veces con estudiantes de la universidad, y otras con los chicos de Wedding. Así como lo había hecho en su apartamento de Berlín, les dijo que serían bienvenidos en cualquier momento. A medida que se acercaba su confirmación, se dio cuenta de que muchos de ellos no tenían un traje adecuado para la ocasión ni dinero para comprar tela y que le hicieran uno. Por consiguiente, compró un inmenso rollo de tela de lana y cortó un trozo suficiente para cada muchacho.

Cuando uno de los niños enfermó, él lo visitó en el hospital dos o tres veces a la semana y, antes de la operación, oraba con él. Los doctores estaban convencidos de tener que apuntarle la pierna, pero la salvó de una manera bastante milagrosa. El chico se recuperó por completo y recibió la confirmación con los demás.

El domingo de la confirmación era 13 de marzo de 1932. Aquel mismo día se estaban celebrando unas elecciones nacionales para determinar quién sería presidente. Camiones con la parte trasera llena de escandalosos nazis circularon por los alrededores con megáfonos, agitando el ambiente. Un mes antes, Hitler había sido declarado no apto para gobernar por haber nacido y haberse educado en Austria. Pero este problema se subsanó de forma rotunda mediante una trampa, y finalmente dirigiría la nación. De modo que aquel domingo no fue demasiado tranquilo en Wedding. Pero incluso con aquella algarabía, el culto acabó sin ningún impedimento. El sermón que Bonhoeffer dio a los niños fue más suave que los que solía predicar en aquel tiempo:

> Queridos candidatos a la confirmación:
> Cuando en los últimos días anteriores a la confirmación de ustedes, les pregunté tantas veces qué esperaban oír en este discurso, con frecuencia recibía la respuesta siguiente: «Queremos una seria advertencia que recordemos durante toda nuestra vida». Puedo asegurarles que, quien preste oído hoy, recibirá con toda certeza una o dos exhortaciones. No quiero, pues, hacer que su perspectiva de futuro parezca más dura y más oscura de lo que ya es, y sé bien que muchos de ustedes saben muchísimo de las duras circunstancias de la vida. Hoy no es un día para atemorizarles, sino para alentarles; por tanto, más que nunca, en la iglesia hablaremos de esperanza, de esa que poseemos y que nadie podrá arrebatarles.[22]

Dos días después los invitó a un culto para que pudieran celebrar la Comunión juntos. El fin de semana siguiente era la Pascua, y se llevó a un gran grupo de ellos a Friedrichsbrunn. Su primo Hans-Christoph lo acompañó para ayudarle a controlarlos. Esto es lo que Bonhoeffer escribió a sus padres:

> Estoy encantado de poder estar aquí arriba con los niños de la confirmación. Aunque no muestren un aprecio especial por los bosques y la naturaleza, están entusiasmados por escalar el valle del Bode y jugar al *Fussball* en el campo. Con frecuencia no resulta nada fácil mantener controlados a estos chicos predominantemente antisociales ... Creo que después no notarán ningún efecto adverso en la casa a causa de estos ocupantes. Aparte del cristal

de una ventana, todo está tal como lo encontramos ... Solo Frau S. [el ama de llaves] está un tanto indignada por la invasión proletaria ... El jueves todo habrá acabado.[23]

Cinco meses más tarde, Bonhoeffer se encontraba de nuevo en Friedrichsbrunn, en distintas circunstancias. Cuatro generaciones de Bonhoeffer se reunieron para celebrar el diecinueve cumpleaños de Julie Tafel Bonhoeffer. Aún no se había hecho una fiesta de aniversario para Christof, hijo de Christel y Hans von Dohnanyi, que había cumplido dos. No obstante, siguiendo la desgastada tradición familiar, memorizó y recitó un versículo para su abuela.

> Cuando una vez eras tan pequeña como yo
> Montabas sobre un corcel;
> Cuando un día yo sea mayor como tú,
> Viajaremos a la luna.

Aunque muchos de ellos no eran cristianos, encarnaban los valores que habían posibilitado que Bonhoeffer llegara a serlo, en un mundo que giraba rápidamente en una de estas direcciones: o el desenfrenado materialismo o el sentimentalismo nacionalista. Mantenían el decoro y el civismo en medio de la locura y la barbarie. Por tanto, él era escéptico de las ramas pietistas de la fe cristiana que le habrían empujado lejos de su familia y «del mundo».

Por permanecer en medio de ellos como lo hizo, la plenitud de su vida como pastor y teólogo cristiano no era algo que se les escondiera. No era poca cosa convertirse en teólogo, en una familia en la que el padre era uno de los doctores más destacados del mundo y cuyo hijo mayor dividía átomos con Planck y Einstein. Sin embargo, era otra muy distinta apartarse de la teología de su distinguido y respetado bisabuelo, Karl August Hase, o de su estimado vecino de Grunewald, Adolfo von Harnack, para llegar hasta aquella que le llevaba a hablarles a los estudiantes de amar a Jesús, o acerca de Dios a las clases más bajas en sus casas de vecindad, en Wedding.

La familia Bonhoeffer no habría podido obviar el cambio que se había obrado en él en el espacio de tiempo transcurrido entre su partida de Manhattan y aquel momento. Pero esa transformación no era un salto torpe o vergonzoso de la que tuviera que retirarse ligeramente cuando alcanzara mayor madurez y perspectiva. A decir de todos, era una coherencia cada vez más profunda con aquello que había sido con anterioridad. Jamás hizo giros bruscos que preocuparan a los miembros de su familia y tampoco intentó «evangelizarlos» con torpeza y desesperación. En vez de ello, siguió honrando a su madre y a su padre, siempre era respetuoso con todos los miembros de su familia y siguió defendiendo los valores con los que había crecido. Su oposición a permitirse un sentimentalismo excesivo y a la «fraseología» fue siempre la misma, como también su rechazo a los nacionalsocialistas y todo lo que ellos representaban. A la luz de todo esto, su fe, como la de su madre, Paula Bonhoeffer, era bastante difícil de discutir, por mucho que uno hubiera deseado hacerlo.

Unos cuantos años más tarde, en 1936, Bonhoeffer escribió a su cuñado, Rüdiger Schleicher, un teólogo liberal en la misma medida que Bonhoeffer era conservador. Dice mucho a favor de su relación que pudiera escribir cosas como estas:

En primer lugar confesaré con la suficiente sencillez que creo que solo la Biblia es la respuesta a todas nuestras preguntas y que basta con pedir repetidamente y con humildad para recibir esta respuesta. Uno no puede limitarse a *leer* la Biblia, como cualquier otro libro. Debemos estar verdaderamente preparados para indagar sobre ella. Solo así se revelará a sí misma. Solo con esperar de ella la respuesta final, la recibiremos. Esto es así porque, en ella, Dios nos habla. Y uno no puede conformarse con pensar sobre Dios con sus propias fuerzas, sino que hay que preguntarle a él. Él nos contestará solo si le buscamos. Por supuesto que también es posible leer la Biblia como si fuera cualquier otro libro, es decir, desde el punto de vista de la crítica textual, etc. Contra esto, nada se puede decir, solo una cosa: no es el método que nos revela su corazón, sino que se limita a la superficie, así como no captamos las palabras de alguien a quien amamos si las tomamos a trozos. Debemos recibirlas para que, durante días, persistan en nuestra mente, y esto porque pertenecen a alguien a quien amamos. Así como esos vocablos revelan, con el tiempo, más y más de la persona que las profirió, si como María «las guardamos en nuestro corazón», con las palabras de la Biblia sucederá lo mismo. Solo aventurándonos a entrar en ellas, tomándolas como si nos hablara el Dios que nos ama y que no quiere dejarnos con nuestras preguntas, aprenderemos a regocijarnos en la Biblia...

Soy yo quien determino dónde encontrar a Dios, y hallar a un Dios que siempre me corresponderá de alguna manera, que es atento, que está conectado con mi propia naturaleza. Pero si él determina dónde se le ha de buscar, entonces será en un lugar que no agradará de inmediato a mi naturaleza y que no congeniará conmigo en absoluto. Ese sitio es la cruz de Cristo. Cualquiera que quiera encontrarle, tendrá que ir al pie de ella, como ordena el Sermón del Monte. Esto no concuerda para nada con nuestra naturaleza, sino que es enteramente contraria a la misma. Pero este es el mensaje de la Biblia, y no solo del Nuevo Testamento, sino también del Antiguo...

Me gustaría decirte ahora, de una manera bastante personal: desde que aprendí a leer la Biblia de esta manera —y de esto no hace mucho tiempo— cada día me parece más maravillosa. La leo por la mañana y por la noche, a veces también durante el día, y cada día considero un texto que he escogido para toda la semana. Intento pensar profundamente en él, para poder oír de verdad lo que está expresando. Sé que sin esto yo no podría vivir ya de una manera adecuada.[24]

CAPÍTULO 9

EL PRINCIPIO DEL FÜHRER

1933

El aterrador peligro del tiempo presente es el que está por encima del grito que pide autoridad..., olvidamos que el hombre está solo ante la máxima autoridad y que cualquiera que ponga manos violentas sobre el hombre aquí está infringiendo las leyes eternas y tomando sobre sí mismo la autoridad sobrehumana que acabará por aplastarle.

La iglesia solo tiene un altar, el del Todopoderoso... ante el cual todas las criaturas han de arrodillarse. Quien busque otra cosa que no sea esto, deberá mantenerse a distancia; no podrá unirse a nosotros en la casa de Dios ... La iglesia solo tiene un púlpito y, desde él, se predicará la fe en Dios y ninguna otra, y única y exclusivamente su voluntad y no otra, por bien intencionada que sea.

—Dietrich Bonhoeffer

El 30 de enero de 1933, al mediodía, Adolfo Hitler se convirtió en el canciller democráticamente elegido de Alemania. La tierra de Goethe, Schiller y Bach sería ahora dirigida por alguien que confraternizaba con locos y criminales, y que solía llevar una fusta de perro en público. El Tercer Reich había comenzado.

Dos días después, el miércoles 1 de febrero, un teólogo de veintiséis años daba un discurso por radio en la emisora de Posdamerstrasse, titulado «La nueva opinión que tienen las nuevas generaciones del concepto de liderazgo». Trataba los problemas fundamentales de ser gobernados por un *Führer*, y explicaba cómo ese tipo de líder se convertiría inevitablemente en un ídolo y un «engañador». Antes de que pudiera acabar, el discurso se dio por finalizado.

Esta historia se suele contar como si Bonhoeffer se hubiera adelantado con valentía para denunciar a Hitler, cuyos secuaces habrían ordenado que se apagaran los micrófonos y se cortara la emisión. Pero aquella disertación llevaba algún tiempo programada y no era una respuesta a la elección de Hitler. La forma en que llegó a dar el discurso no está muy clara. Wolf-Dieter Zimmermann podría haberle recomendado, ya que trabajaba en la división de radio de la Evangelical Press Union, y Karl Bonhoeffer también había dado dos charlas recientemente en la emisora. Además, su disertación no era sobre Hitler de forma específica, sino acerca del concepto popular del llamado Principio del Führer que había estado rondando durante décadas. (*Der Führer* significa «el Líder».) Surgió del Movimiento Juvenil Alemán a principios del siglo XX. El Führer y Adolfo Hitler no eran aún una misma cosa. Por supuesto que fue él quien introdujo el concepto del Principio del Führer en la cancillería y, finalmente, acabó por encarnarlo. Insistía en que se le llamara *der Führer* (el Führer), porque deseaba explotar al máximo este principio para su provecho político. Pero, en febrero de 1933, la idea no se asociaba únicamente a él. A pesar de ello, la fecha escogida para el discurso de Bonhoeffer, dos días después de la elección de Hitler, fue sumamente extraño.

Los nazis podían haber censurado la emisión, pero también es posible que Bonhoeffer y el director de la emisora se malentendieran y, sencillamente, se quedara sin tiempo. Tampoco queda claro si los nazis podían controlar entonces las ondas como sí lo hicieron pocos años después. Con todo, la idea de que un discurso semejante fuera cortado por los nazis recién elegidos resulta tentadora de creer y podría haber sido lo que ocurrió en realidad.

En cualquier caso, a Bonhoeffer le disgustó el final prematuro, sobre todo porque no quería que sus oyentes tuvieran la impresión de que aprobaba a Hitler. Cualquiera que hubiese oído el final comprendería que el Principio del Führer era desastrosamente equivocado, pero al no escuchar la última parte, muchos de los oyentes, o que solo hubiesen oído la mitad, darían por sentado que sus cavilaciones sobre este concepto del Líder formaban parte de la aclamación general. Para enmendar la situación, hizo que se copiara el discurso y lo envió a muchos de sus amigos influyentes y parientes, junto con una nota que explicaba que se había cortado la conclusión del mismo. También fue publicado en el *Kreuzzeitung*, un periódico político conservador, y le invitaron a hacer una versión más extensa a principios de marzo en la Universidad de Ciencias Políticas de Berlín. Estas cosas seguían siendo posibles en los comienzos de 1933.

Pero las circunstancias de la emisión no deben oscurecer lo extraño del discurso en sí. Dos días después de la elección de Hitler, un joven profesor de teología perfiló con mordacidad los errores filosóficos fundamentales de un régimen que no existía cuando escribió el discurso, pero que, desde aquella misma semana y durante los doce años siguientes, conduciría a una nación y a la mitad del mundo a una pesadilla de violencia y miseria que, en sus últimos días, incluiría el asesinato del hombre que pronunció aquel discurso. Había un aspecto extrañamente profético en todo aquel suceso. Sin embargo, la disertación no mencionaba la política ni los acontecimientos de aquel momento. De hecho, se trataba de una conferencia filosófica, pero hablaba con más claridad de la situación política que un millar de discursos de esa índole.

Incluso al margen de su contenido, la disertación en sí, en su construcción y en la forma de pronunciarla, era todo lo que el despotrique de Hitler no era: sobremanera moderada, tranquila, lógica y precisa. Asimismo, era intelectualmente compleja. No era entretenida ni demasiado parecida a un discurso, sino más bien una conferencia académica. Algunos habrían tenido dificultad para seguirla. Aunque se hubiese emitido la conclusión, muchos oyentes podrían haberla encontrado apagada, y habrían desconectado la radio antes de llegar a la conclusión. Pero la intención de Bonhoeffer no era ganarse a la audiencia. En realidad, lo que le interesaba era que la atención no se fijara en sí mismo, sino en las ideas que estaba presentando. Este era el núcleo central de la diferencia entre su idea de liderazgo y la de Hitler. Estaba viviendo los principios del discurso en su propia manera de pronunciarlo. Odiaba atraer la atención sobre su persona o servirse de su personalidad para influenciar o ganar conversos para su forma de pensar. Percibía este proceder como un engaño, y sentía que oscurecía la sustancia de las propias ideas. Quería prestar su servicio a las ideas. De hecho, una de las más importantes era que *las ideas se podían sostener por sí solas.*

Para entender lo que fue tan mal en Alemania y la genialidad del discurso de Bonhoeffer, uno debe comprender la historia del Principio del Führer. Su concepto profundamente equivocado del liderazgo difiere de forma dramática de los conceptos más modernos del mismo. Posibilitó el ascenso de Hitler al poder y llevó a los horrores de los campos de exterminio. Este principio se hallaba en el centro de la objeción de Bonhoeffer contra Hitler. Aquel día, en su discurso, expuso sus pensamientos sobre el asunto.

Comenzó explicando por qué buscaba Alemania un Führer. La Primera Guerra Mundial y la posterior depresión y agitación habían provocado una crisis en la que la generación más joven, en especial, había perdido toda su confianza en la autoridad tradicional del káiser y de la iglesia. La noción alemana del Führer surgió de esta generación, de su búsqueda de significado y de orientación para salir de sus problemas. La diferencia entre el verdadero y el falso liderazgo del Líder era esta: el primero derivaba su autoridad de Dios, la fuente de toda bondad. De este modo, los padres tienen una autoridad legítima, porque a su vez están sometidos a la de un buen Dios. Pero la del Führer no se circunscribía a nada. Era autoderivada, autocrática y, por tanto, tenía un aspecto mesiánico.

Bonhoeffer declaró: «Mientras el primer liderazgo se expresó bajo la forma del maestro, del hombre de estado, del padre..., ahora se ha convertido en una figura independiente. El Líder está completamente divorciado de cualquier oficio; es esencial y únicamente "el Líder"».[1] El verdadero líder debe conocer las limitaciones de su autoridad.

Si entiende su función de un modo distinto a como está realmente arraigada, si no habla con claridad a sus seguidores de la naturaleza limitada de su tarea y de su propia responsabilidad, si se permite rendirse a los deseos de sus prosélitos de siempre convertirle en su ídolo, la imagen del Líder pasará a ser la de un engañador y estará actuando de una forma criminal no solo hacia quienes lidera, sino también hacia sí mismo. El verdadero líder debe ser siempre capaz de desilusionar. Esta es exactamente su responsabilidad y su verdadero objetivo. Debe guiar a sus seguidores apartándolos de la autoridad de su persona para llevarlos al reconocimiento de la verdadera autoridad de las órdenes y de los oficios ... Debe negarse de un modo radical a convertirse en la atracción, el ídolo, es decir, en la máxima autoridad de aquellos a quienes lidera ... Él sirve al orden del estado, de la comunidad y su servicio puede ser de un valor incomparable, pero solo mientras se mantenga estrictamente en su lugar ... Debe liderar al individuo hasta su propia madurez ... Y esto se manifestará en un rasgo: la responsabilidad hacia los demás y ante los órdenes existentes. Debe dejarse controlar, ordenar y restringir.[2]

El buen líder sirve a los demás y los conduce a la madurez. Los sitúa por encima de sí mismo, como un buen padre lo hace con su hijo, y desea dirigirlo para que, algún día, él también llegue a ser un buen padre. Otro término para esto es *discipulado*. Y prosiguió:

> Solo cuando un hombre ve que ese cargo es una penúltima autoridad frente a otra máxima e indescriptible, frente a la de Dios, solo entonces habrá alcanzado la verdadera posición. Ante esta autoridad, el individuo sabe que está completamente solo, y es responsable ante Dios. Y esta soledad de la posición del hombre delante de Dios, este sometimiento a una autoridad máxima se destruye cuando la del líder o la del cargo se consideran supremas ... A solas delante de Dios, el hombre se convierte en lo que es, libre y, a la vez, comprometido en la responsabilidad.
>
> El aterrador peligro del tiempo presente es el que está por encima del grito que pide autoridad..., olvidamos que el hombre está solo ante la máxima autoridad y que cualquiera que ponga manos violentas sobre el hombre aquí está infringiendo las leyes eternas y tomando sobre sí mismo la autoridad sobrehumana que acabará por aplastarle. La ley eterna de que el individuo está solo delante de Dios busca su temible venganza cuando se la ataca y se la distorsiona. De este modo, el líder apunta al cargo, pero ambos, en conjunto, señalan la autoridad final misma ante la cual Reich o estado no son sino penúltimas autoridades. Los líderes o cargos que se alzan como dioses se burlan de Dios y de la persona que está ante Dios, y deben perecer.[3]

Habían transcurrido cuarenta y ocho horas desde la elección de Hitler, pero con el discurso de Bonhoeffer se habían dibujado las líneas de la batalla. Según él, el Dios de la Biblia estaba detrás de la verdadera autoridad y el liderazgo benevolente, pero se oponía al Principio del Führer y a su abogado, Adolfo Hitler. Por supuesto, este último no había denunciado jamás a Dios en público. Sabía muy bien que era mucha la gente que asistía a la iglesia en Alemania, que tendría una vaga idea de que la autoridad real debía proceder de su Dios, pero, a diferencia de Bonhoeffer, no sabían lo que esto significaba en verdad. Para encarnar el tipo de liderazgo que rechazaba esta idea de sumisión a la autoridad de Dios, uno debía al menos rendir culto de labios a ese Dios o no duraría demasiado. En última instancia, Hitler era un hombre práctico y, como todos los que los son, también era un cínico.

De manera que Hitler también pronunció un discurso aquel día.[4] Tenía cuarenta y tres años y ya había trabajado duro en el desierto político durante la mitad de su vida. Habían transcurrido diez años desde el *Bierhall Putsch* que le había enviado a prisión. Ahora era el canciller de Alemania. Su original reaparición había triunfado sobre sus enemigos. Pero, para convencer a sus seguidores de que su autoridad era legítima, debía decir las cosas necesarias. Por tanto, las palabras con las que inició su discurso aquel día fueron: «Estamos decididos, como líderes de la nación, a cumplir como gobierno nacional la tarea que nos ha sido encomendada, jurando fidelidad solo a Dios, a nuestra conciencia y a nuestro *Volk* [pueblo]». Si su conciencia no era un cadáver a esas alturas, debió haber sentido una punzada mientras él hablaba. A continuación, declaró que su gobierno convertiría el cristianismo en «la base de nuestra moralidad colectiva». Esta declaración, que era mentira, se anuló ella sola de forma instantánea. Acabó apelando de nuevo al Dios en el que no creía, pero cuyos seguidores judíos y cristianos perseguiría y mataría desde ese momento en adelante: «¡Ojalá que Dios Todopoderoso tome nuestro trabajo en su gracia, convierta en realidad nuestra voluntad, bendiga nuestro conocimiento interno y nos dote con la confianza de nuestro *Volk*!».[5]

Años después, el padre de Bonhoeffer recopiló sus pensamientos sobre la victoria de Hitler:

Desde el principio consideramos que la victoria del nacionalsocialismo, en 1933, y el nombramiento de Hitler como Reichkanzler eran una desgracia; toda la familia estaba de acuerdo con respecto a esto. En mi propio caso, Hitler no me gustaba y no confiaba en él por sus discursos propagandísticos y demagógicos... su costumbre de conducir por todo el país con una fusta en la mano, la elección de sus colegas —casualmente, en Berlín, estábamos más familiarizados con esas cualidades que la gente de otros lugares— y, finalmente, por lo que oí de colegas profesionales sobre sus síntomas psicopáticos.[6]

Los Bonhoeffer calaron a Hitler desde el principio, pero ninguno de ellos creyó que su reinado duraría tanto. Sin duda, los nazis tendrían su momento, quizás hasta un momento largo, pero después todo acabaría. Era una terrible pesadilla que, al llegar la mañana, desaparecería. Pero el nuevo día nunca parecía llegar.

Lo que llevó a Alemania a ese extraño desfiladero era, a su vez, insólito. Tras la guerra, muchos se alegraron de barrer el viejo orden y de deshacerse del káiser. Pero, cuando el anciano monarca abandonó por fin el palacio, la gente que había exigido su salida, se vio perdida de repente. Se hallaron en la absurda posición del perro que, habiendo atrapado al gato que con tanto frenesí cazaba, no tenía ni idea de qué hacer con él... mira a su alrededor con sentimiento de culpa y se escapa a hurtadillas. Alemania no poseía historia democrática y no sabía cómo funcionaba; por tanto, el país se dividió en facciones y causaron disturbios. Cada grupo les echaba la culpa a los demás por todo lo que había salido mal. Una cosa sabían: con el káiser habían tenido ley, orden y estructura; ahora era el caos. Él había sido el símbolo de la nación, y ahora no había más que politicuchos.

De modo que el pueblo alemán clamó pidiendo orden y liderazgo, pero fue como si, por medio de su parloteo, hubiesen invocado al diablo mismo, porque de la profunda herida de la psique nacional surgió algo extraño, terrible e irresistible. El Führer no era un simple hombre o un mero político. Era algo terrorífico y autoritario, independiente, que se justificaba a sí mismo, su propio padre y su propio dios. Era un símbolo que se representaba a sí mismo, que había vendido su alma por el espíritu de la época.

Alemania quería restaurar su primera gloria, pero el único medio disponible era el degradado legado de la democracia. El 30 de enero de 1933, pues, el pueblo eligió democráticamente al hombre que había prometido destruir el gobierno democrático que ellos odiaban. Escoger a Hitler para ese oficio destruyó el oficio en sí.

Cuatro semanas más tarde, Bonhoeffer predicó en la Iglesia de la Trinidad de Berlín. Era la primera vez que lo hacía desde que Hitler había asumido el poder. Vio la nueva situación tal como era y no le asustó predicar lo que veía:

> La iglesia tiene *un* altar, el del Todopoderoso... ante el cual todas las criaturas han de arrodillarse. Quien busque otra cosa que no sea esto, deberá mantenerse a distancia; no podrá unirse a nosotros en la casa de Dios ... La iglesia solo tiene un púlpito y, desde él, se predicará la fe en Dios y ninguna otra, y única y exclusivamente su voluntad y no otra, por bien intencionada que sea.[7]

Era el mismo tema de su discurso por la radio, pero, ahora, el altar ante el cual adorarían los veneradores de ídolos no diría: «A un dios falso desconocido». Todo el mundo sabía ya quién era ese falso dios que sería reverenciado. Ahora, el Führer al que se refería el Principio del Führer, tenía un nombre. Hitler había pisado el altar. Solo quedaba tratar con esos agitadores de mente cerrada que seguían postrándose ante otros dioses.

Cuando Hitler y los nazis conquistaron el poder el 31 de enero, se hicieron con una fracción de los escaños del Reichstag. Sus oponentes políticos pensaron que Hitler los necesitaría y, con toda ingenuidad, creyeron que así podrían controlarlo. Pero esto era como pensar que se podía abrir la caja de Pandora y dejar que salieran dos o tres furias. Hitler sabía que sus adversarios estaban divididos y que era imposible que se unieran en su contra. Haría que se enfrentaran intensamente entre sí, consolidaría su poder con una velocidad impresionante y con una calculada falta de piedad para la que nadie estaba preparado. El 3 de febrero, Goebbels anotó en su diario: «Ahora será fácil seguir con la lucha, porque podemos apelar a todos los recursos del estado. La radio y la prensa están a nuestra disposición. Montaremos una obra maestra de propaganda. Y esta vez, claro está, no hay falta de dinero».

La quema del Reichstag

¿Pero cómo «seguirían con la lucha» los nazis? En primer lugar, quemarían un edificio. Los incendios provocados constituirían la primera parte de su plan para consolidar sus logros y, en última instancia, eliminar la Constitución alemana otorgando así a Hitler los derechos de un dictador. Era una conspiración infalible e insensata a la vez: iniciarían un fuego en el Reichstag, la sede de la democracia alemana. A continuación, ¡les echarían la culpa de ello a los comunistas! Si el pueblo alemán creía que estos habían intentado incendiar el edificio del parlamento comprobarían la necesidad de medidas extraordinarias por parte del gobierno. Acogerían de buen grado ceder unas cuantas libertades para preservar a la nación contra los demonios comunistas. Por tanto, se encendió el fuego y se culpó a estos, y los nazis triunfaron. Sin embargo, lo que ocurrió aquella noche, sigue siendo un misterio.

En su crónica monumental de aquel periodo, *Auge y caída del Tercer Reich*, el historiador y periodista William Shirer manifestó que los líderes nazis fueron tomados por sorpresa: «En casa de Goebbels, el canciller Hitler acaba de llegar para cenar *en familia*. Según Goebbels, se estaban relajando, poniendo música en el gramófono y contando historias. "De repente —contó más tarde en su diario—, una llamada del doctor Hanfstaengl: '¡El Reichstag está ardiendo!'"».

Pero Goebbels tuvo que considerar la fuente de la información.[8] Ernst «Putzi» Hanfstaengl* era un «extraño aunque genial hombre de Harvard» cuyo dinero y conexiones habían ayudado enormemente, durante la última década, para que Hitler ascendiera al poder. En sus buenos tiempos de estudiante universitario había compuesto numerosos cánticos para los partidos de fútbol de Harvard. Uno de ellos se había tocado hacía un mes, cuando las tropas de asalto o «Camisas Marrones»** habían desfilado por el bulevar Unter den Linden en el desfile victorioso de Hitler. Shirer describía a Hanfstaengl como un hombre «excéntrico y desgarbado cuya inteligencia sardónica compensaba en cierta medida su mente superficial» y cuya forma estridente de tocar el piano y «sus payasadas apaciguaban a Hitler y hasta le alegraban después de un fatigoso día».[9] De manera que, cuando Goebbels respondió la llamada aquella noche, estaba convencido de que no era más que una broma de Hanfstaengl.

Sin embargo, el desgarbado memo hablaba terriblemente en serio. El primero en llegar a la escena del incendio fue el corpulento Hermann Göring, sudando y resoplando, mientras exclamaba: «¡Esto es el principio de la revolución de los comunistas! No debemos esperar ni un minuto. No mostraremos misericordia alguna. Todos los oficiales comunistas deben ser fusilados allí donde se encuentren. Todos los diputados comunistas deben ser ahorcados esta misma noche». Aquel hombre fofo estaba implicado en el plan de quemar el edificio, pero ahora no era momento para la sinceridad. Un holandés sin camisa, con alguna deficiencia mental, fue arrestado en el acto y acusado del crimen, pero es probable que su relación con el suceso jamás se aclare. Marinus van der Lubbe era un joven pirómano de veinticuatro años, con una orientación comunista, pero es sumamente dudoso que fuera parte de un mayor complot de ese partido como los nazis afirmaban. Que actuara llevado por su propio desequilibrio, o que se viera sencillamente embaucado por los nazis, es difícil de precisar. Una cosa estaba clara: había utilizado su camisa como yesca.

De repente, la familia Bonhoeffer se encontró en el centro de la polémica nacional. Se llamó a Karl Bonhoeffer, el psiquiatra más destacado de Berlín, para que examinara a Van der Lubbe. Y el cuñado de Dietrich, Hans von Dohnanyi fue nombrado observador oficial del juicio. Mucha gente pensaba que los secuaces de Göring estaban detrás del fuego y esperaban que el incorruptible Karl Bonhoeffer aportaría las pruebas que apoyara esta creencia y, quizás, utilizar su posición y su

---

* *Putzi*, un término alemán que significa «gracioso» o «pequeño», medía 1'80 m.
** SA se refiere a la *Sturm Abteilung* (Sección Tormenta), el grupo que se dio a conocer como las tropas de asalto o Camisas Marrones, por el color de su uniforme.

credibilidad para denunciar a los nazis, a los que se resistía. El juicio principal y de vital importancia se trasladó a Leipzig y, más tarde, de vuelta a Berlín.

El asunto supuso una pesada carga para la familia, aquel año. Karl Bonhoeffer visitó a Van der Lubbe en dos ocasiones en marzo y seis veces aquel otoño. Su informe oficial, publicado en el *Monatsschrift für Psychiatrie und Neurologie*, declaraba:

> [Van der Lubbe] era violentamente ambicioso y, al mismo tiempo, modesto y simpático; un atolondrado sin ninguna exigencia de claridad intelectual, pero, a pesar de ello, capaz de una determinación férrea, cerrado a los argumentos contradictorios sin posibilidad de corrección. Era afable y sin resentimiento, pero se resistía a cualquier autoridad. Esta tendencia fundamentalmente rebelde era, con toda probabilidad, su característica más cuestionable y la que, sin duda, le puso en el camino desastroso que tomó. La temprana conversión a las ideas comunistas contribuyeron, con toda seguridad, a este mismo efecto; sin embargo, los elementos indisciplinados de su temperamento hacen que sea del todo imposible, en cualquier caso, que siga un patrón ordenado en la vida. Cabía esperar de él algo insólito en un sentido u otro. Pero no se le podía considerar un enfermo mental por esta razón.[10]

Este clínico y lúcido informe no contenía mención alguna de culpabilidad o inocencia y, por ello, el doctor Bonhoeffer recibió cartas airadas, probablemente de ambas partes. Años más tarde recordaba su papel:

> Tuve la oportunidad de conocer a algunos miembros del partido gobernante. Un gran número de ellos se había reunido para asistir a los procesos en la Corte Suprema de Leipzig. Los rostros que vi allí eran desagradables. Durante las vistas, la impasividad y la meticulosa objetividad del presidente del tribunal fueron un agradable contraste con las formas indisciplinadas de los miembros del partido en el banquillo de los testigos. El otro acusado [el líder del partido comunista], Dimitroff, daba la impresión de superioridad intelectual, algo que enfureció de manera incomprensible al Ministro Presidente Göring, al que se había invitado a que asistiera. En cuanto a Lubbe, en términos humanos, era un joven agradable, un psicópata y un aventurero atolondrado que, durante el proceso, reaccionó con una especie de rebeldía estupefacta que solo perdió antes de su ejecución.[11]

En 1933, Alemania perdió el estado de derecho cuando Hindenburg firmó el decreto de excepción, el día después del incendio del Reichstag, pero en muchos sentidos siguió siendo una nación en la que, al menos en la sala del tribunal, el presidente del Reichstad, Hermann Göring, y el pirómano de clase obrera estaban, esencialmente, en igualdad de condiciones. En el papel de abogado de sí mismo, el brillante Dimitroff, que posteriormente llegaría a ser primer ministro de Bulgaria, podía provocar y ridiculizar a las claras al vanidoso Göring, con la cara enrojecida, e irse de rositas. Todo el mundo estaba observando, por lo que los nazis no podían actuar como quisieran. Aún no. Durante un tiempo, todavía tendrían que sufrir graves indignidades como esa. La prensa internacional informó sobre el juicio y saboreó la humillación de Göring. Los relatos de la revista *Time* eran exagerados en su burla, afirmando que la voz del primer ministro, como «salida de la garganta de un toro» se había elevado hasta convertirse en un «chillido nervioso», cuando Dimitroff consiguió lo mejor de él. Su relato de las declaraciones de Göring habla por sí solo:

> Cruzando sus grandes brazos y rumiando por un momento, como un Júpiter marrón, el general Göring exclamó: «Lamento sobremanera que ciertos líderes comunistas se hayan salvado de la horca ... Me sentí tan sorprendido cuan oí que el Reichstag estaba ardiendo que pensé que el cableado defectuoso del cuadro eléctrico podría haber iniciado un pequeño fuego ... Cuando fui allí a toda prisa en mi auto, alguien gritó: "¡Incendiarios!"». Como hipnotizado por la palabra, el testigo Göring hizo una larga pausa, y siguió contando: «¡Incendiarios!». Cuando oí esta palabra, las escamas cayeron de mis ojos. Todo estaba perfectamente claro. ¡Nadie sino los comunistas podían haberlo hecho!».[12]

Van der Lubbe fue hallado culpable y decapitado en la prisión de Leipzig, pero no hubo suficientes pruebas para condenar a los líderes comunistas, que fueron exiliados a la Unión Soviética, donde se les acogió como héroes. El juicio vertió bastante luz sobre lo ocurrido para poner de manifiesto la idea de que los nazis estaban implicados en el fuego sin el menor escrúpulo. Sin embargo, cuando acabó el juicio, ya era demasiado tarde. El incendio del Reichstag había servido a los cínicos propósitos de Hitler y había proporcionado la tapadera para asegurar que el apretón de su garra sobre el país era irreversible y total.

De hecho, fue el mismo día después del incendio, cuando el Reichstag seguía echando humo, cuando presionó a Hindenburg, de ochenta y cinco años, para que firmara el Decreto del Incendio del Reichstag, un decreto que suspendía oficialmente aquellas secciones de la Constitución alemana que garantizaban las libertades individuales y los derechos civiles. La senescente firma de Hinderburg convirtió de golpe a Alemania, hasta entonces una república democrática con un dictador en potencia, en una dictadura con la cáscara hueca de un gobierno democrático. La democracia misma se había ido con el humo, y el simbolismo del parlamento arrasado —ahora una cascarilla carbonizada y vacía— era amargamente adecuado.

Las palabras del decreto, elaborado y firmado para su entrada en vigor antes de que nadie tuviera tiempo de pensar cuidadosamente sobre él, hicieron posibles la mayoría de los horrores que estaban por llegar, incluidos los campos de concentración:

> Las restricciones sobre la libertad personal en base al derecho de la libertad de expresión de opiniones, incluida la libertad de prensa; sobre los derechos de reunión y asociación; y las violaciones de la privacidad de las comunicaciones postales, telegráficas y telefónicas; órdenes judiciales para el registro de las casas, órdenes de confiscación así como restricciones sobre la propiedad también se permiten más allá de los límites legales prescritos en otra forma.[13]

En cuestión de días, las tropas de asalto nazis estaban en las calles, arrestando y golpeando a sus oponentes políticos, muchos de los cuales fueron encarcelados, torturados y asesinados. Amordazaron la capacidad de hablar contra ellos en la prensa; la capacidad de reunirse públicamente contra ellos era ilegal. Pero Hitler no había acabado. Para controlar formal y legalmente todo el poder del gobierno, era necesario que el Reischstag emitiera la llamada Ley Habilitante. El Reichstag estaba funcionando, aunque de una forma sumamente restringida. Pero esa Ley Habilitante le arrebataría todos sus poderes —por el bien de la nación, por supuesto— y, durante cuatro años, los colocaría en las ávidas manos del canciller y de su gabinete. Así que, el 23 de marzo, como una serpiente que se traga su propia cola, el Reichstag aprobó la ley que abolía su existencia.

Con las herramientas de la democracia, ella misma se mató y la maldad se «legalizó». Gobernaba el poder en bruto y su único objetivo real era destruir todos los poderes excepto el suyo.

CAPÍTULO 10

LA IGLESIA Y LA CUESTIÓN JUDÍA

Lo que está en juego no es, en modo alguno, si los miembros alemanes de nuestras congregaciones pueden seguir tolerando la comunión con los judíos, sino la tarea de la predicación cristiana que dice: he aquí la iglesia donde judíos y alemanes se unen bajo la palabra de Dios; esta es la prueba que determina si una iglesia sigue siendo la iglesia o no.

—Dietrich Bonhoeffer

Donde se queman libros, acabarán por quemar también a la gente.

—Heinrich Heine

En los primeros meses de gobierno nazi, la velocidad y el alcance de lo que pretendían y habían comenzado a ejecutar en toda la sociedad alemana era asombroso. Bajo lo que llamaban *Gleichshaltung* (sincronización), el país se reorganizaría de forma concienzuda siguiendo las líneas nacionalsocialistas. Nadie imaginaba la rapidez y el dramatismo con que las cosas cambiarían.

Los Bonhoeffer siempre habían tenido acceso a una información privilegiada, pero al caer la sombra del Tercer Reich sobre toda Alemania, gran parte de las noticias llegaban a través del marido de Christel, el abogado Hans von Dohnanyi, que estaba en la Corte Suprema alemana. Los Bonhoeffer se enteraron de que algo especialmente perturbador, llamado El Párrafo Ario, entraría en vigor el 7 de

150

Check Out Receipt

Brighton Park

Thursday, December 9, 2021 5:19:58
PM

Item: R0427389908
Title: 11/22/63 : una novela
Due: 12/30/2021

Item: R0456398138
Title: Las mujeres en el castillo
Due: 12/30/2021

Item: R0444544820
Title: Desde la oscuridad
Due: 12/30/2021

Item: R0458697928
Title: El enigma de la habitación 622
Due: 12/30/2021

Item: R0454680903
Title: La frontera
Due: 12/30/2021

Item: R0427485518
Title: Bonhoeffer : pastor, mártir,
profeta, espía : un Gentil Justo contra
el Tercer Reich
Due: 12/30/2021

Total items: 6

Thank You!

892

abril. Sus resultados serían unas leyes de largo alcance que se anunciaban, con gran cinismo, como la «Restauración del Servicio Civil». Los empleados del gobierno debían ser de linaje «ario»; cualquiera que fuese descendiente de judíos perdería su trabajo. Si la iglesia alemana, que era sobre todo la iglesia del estado, accedía, todos los pastores de sangre judía quedarían excluidos del ministerio. Esto se aplicaría al amigo de Bonhoeffer, Franz Hildebrandt. Muchos se sentían confusos y no sabían cómo responder. La presión por alinearse con la onda nacionalsocialista que barría el país era intensa. Dietrich sabía que alguien debía pensar en todo aquello con sumo cuidado y, en marzo de 1933, lo hizo. El resultado fue su ensayo: *La iglesia y la cuestión judía*.

La iglesia y la cuestión judía

Un grupo de pastores se había estado reuniendo en la casa de Gerhard Jacobi, pastor de la Iglesia Memorial Kaiser Wilhelm para discutir los acontecimientos del país. Bonhoeffer planeó entregarles su ensayo a principios de abril

La iglesia alemana estaba agitada. Algunos líderes sentían que la iglesia debería hacer las paces con los nazis, que se oponían con tanta firmeza al comunismo y a la «impiedad». Creían que la iglesia debía conformarse a las leyes raciales nazis y al Principio del Führer. Pensaban que casándola con el estado la restaurarían, junto con Alemania, a su gloria anterior, la que tenía antes del Tratado de Versalles, del caos y la humillación de los últimos veinte años. La degeneración moral de la Alemania de Weimar era obvia. ¿Acaso no había hablado Hitler de restaurar el orden moral a la nación? No estaban de acuerdo con él en todo, pero creían que si el prestigio de la iglesia se restauraba, podrían influenciarle en la dirección correcta.

En ese tiempo había un grupo que se hallaba sólidamente detrás del ascenso de Hitler al poder y alegremente tiraron por la borda dos milenios de ortodoxia cristiana. Querían una *Reichskirche* fuerte y unificada, así como un «cristianismo» que fuera firme y viril, que se levantara y derrotara a las fuerzas impías y degeneradas del bolchevismo. Con gran valor se autodenominaron los *Deutsche Christen* [los cristianos alemanes] y se refirieron a su marca de cristianismo como el «cristianismo positivo». Los Cristianos Alemanes se volvieron muy agresivos a la hora de atacar a quienes no estaban de acuerdo con ellos y, por lo general, causaron mucha confusión y división en la iglesia.[*]

---

[*] En las páginas 171–75 se trata el tema de los Cristianos Alemanes de una forma más completa.

Pero, quizás, el aspecto más perjudicial de la agitación de la iglesia fue la disposición de los líderes de la corriente más importante del cristianismo protestante a considerar la adopción del Párrafo Ario. Razonaron que los judíos que se habían bautizado como cristianos podían formar su propia iglesia y que no eran quiénes para esperar formar parte de una iglesia claramente «alemana». En la década de 1930, semejantes conceptos racialmente ideológicos no son tan ajenos como hoy, ni tampoco podemos desechar a quienes estaban abiertos a ellas tachándolos de antisemitas.

La idea de que las razas debían estar «separadas, pero ser iguales» era popular y muy extendida en Estados Unidos sureños de Jim Crow, y Bonhoeffer lo había visto de primera mano. Sabía que esas ideas estaban poderosamente arraigadas en nociones sobre la identidad humana y la comunidad. Por toda Europa y el mundo, con frecuencia se habían dado fuertes tabús en contra de la mezcla de razas y etnias. Por tanto, aunque él sabía que aquello a lo que se estaba enfrentando era hostil a la fe cristiana, sabía que dicho pensamiento también estaba muy extendido. De hecho, hasta era posible que un teólogo o un pastor alemán, sin ninguna mala voluntad contra los judíos, pudiera estar persuadido de que el Párrafo Ario era aceptable. Algunos creían que una persona de etnia judía, que se hubiera convertido sinceramente a la fe cristiana, debería formar parte de una iglesia compuesta por otros judíos conversos. Muchos cristianos estadounidenses blancos sinceros habían tenido este mismo sentir con respecto a los cristianos de todas las razas, hasta hace unas pocas décadas. Bonhoeffer sabía que no podía atacar a esa gente y tildarlas de racistas. Tendría que argumentar con la lógica contra tales ideas.

A diferencia de la mayoría de los alemanes, él había experimentado la iglesia más allá de las iglesias luteranas de Alemania. En Roma había visto cristianos de muchas razas y nacionalidades que adoraban juntos; en Estados Unidos había adorado con cristianos afroamericanos en Harlem y, a través del movimiento ecuménico, con otros cristianos europeos. La pregunta inmediata que surgía ante él era: ¿Cuál es la respuesta de la iglesia a la cuestión judía? Pero la pregunta subyacente seguía siendo: *¿Qué es la iglesia?*

«El hecho, único en la historia —comenzó afirmando— de que el judío haya sido sometido a leyes especiales por el estado, con el único motivo de la raza a la que pertenece y bastante al margen de sus creencias religiosas, suscita dos nuevos problemas para el teólogo, que se deben examinar por separado».[1]

Trató la cuestión de la actitud de la iglesia con respecto al estado y creó un terreno común con sus lectores escépticos, mediante la paráfrasis de Romanos 13:

«No hay poder, sino el de Dios; los poderes que hay han sido ordenados por él». En otras palabras, los gobiernos son establecidos por él, para que se preserve el orden. La iglesia no tuvo un desacuerdo fundamental con el estado por el mero hecho de serlo, con su forma de restringir el mal, aunque sea utilizando la fuerza. Su dramática frase de inicio parecía exagerar el tema: «Sin lugar a duda, la Iglesia de la Reforma no tiene derecho a dirigir el estado de un modo directo en sus acciones específicamente políticas». Pero era consciente de su audiencia y deseaba establecer que en esto compartía su actitud. También sabía que estaba hablando en el seno de una tradición que se remontaba a Lutero, cuya actitud en cuanto al papel del estado fue la de escoger ponerse de parte de este, a quien aplaudió por aplastar la sublevación de los campesinos, por ejemplo. Dietrich debía andarse con cuidado.

A continuación siguió aclarando que la iglesia juega, no obstante, un papel vital para el estado. ¿Cuál es ese papel? La iglesia debe «preguntar de continuo al estado si su acción se puede justificar como un acto legítimo del estado, es decir, que conduce a la ley y el orden, y no a la maldad y al desorden». En otras palabras, le corresponde a la iglesia *ayudar al estado a ser el estado*. Si este no está creando una atmósfera de ley y orden, como las Escrituras establecen que debe ser, entonces la tarea de la iglesia consiste en llamarle la atención por ese fallo. Si, por otra parte, el estado está fomentando un ambiente de «excesiva ley y orden», es labor de la iglesia llamarle la atención también en ese sentido.

Si el estado está creando «una ley y un orden excesivos», entonces «el estado desarrolla su poder hasta tal punto que priva a la predicación y a la fe cristianas... de sus derechos». Bonhoeffer lo definía como una «situación grotesca». «La iglesia —decía— debe rechazar esta usurpación del orden del estado precisamente por su mejor conocimiento de este y de las limitaciones de su actuación. El estado que pone en peligro la proclamación cristiana se niega a sí mismo».

A continuación, enumeró con gran acierto «tres posibles formas en las que la iglesia puede actuar de cara al estado». La primera, ya mencionada, era la de cuestionar al estado con respecto a sus actos y la legitimidad de los mismos —ayudar a que el estado sea tal como Dios ha ordenado—. La segunda —y aquí dio un salto atrevido— era «ayudar a las víctimas de la acción del estado». Afirmó que la iglesia «tiene una obligación incondicional para con las víctimas de cualquier orden de la sociedad». Y antes de acabar esta frase, dio otro salto, aun más osado que el primero —de hecho, algunos ministros se marcharon— mediante la declaración de que la iglesia «tiene una obligación para con las víctimas de cualquier orden de la sociedad, *aunque no pertenezcan a la comunidad cristiana*». Todos sabían que se estaba refiriendo a los judíos, incluso a aquellos que no eran cristianos bautizados. A continuación citó Gálatas: «Hagamos bien a todos». Decir que, sin lugar a dudas, la responsabilidad de la iglesia cristiana es ayudar a todos los judíos era algo histriónico, incluso revolucionario. Pero aún no había acabado.

La tercera manera en que la iglesia puede comportarse con respecto al estado, aseveró, «no es limitándose a vender a las víctimas cuando el daño ya está hecho, sino poniéndole trabas». La traducción es torpe, pero él quería decir que había que meter un palo en los radios de la rueda para detener el vehículo.

A veces no basta con ayudar a quienes han sido aplastados por las malas acciones de un estado; en algún momento, la iglesia debe tomar una acción directa contra el estado para impedirle que perpetre lo malo. Esto, afirmó, solo se permite cuando la iglesia ve su propia existencia amenazada por el estado y cuando este deja de ser tal como lo define Dios. Bonhoeffer añadió que esta condición existe si el estado fuerza la «exclusión de los judíos bautizados de nuestras congregaciones cristianas o si prohíbe nuestra misión a los judíos».

La idea se vería «*in statu confessionis* y, aquí, el estado estaría negándose a sí mismo». La frase en latín que significa «en un estado de confesión» se usó en origen como locución específicamente luterana en el siglo XVI. Por el tiempo de Bonhoeffer había llegado a significar un estado de crisis en la que la «confesión» del evangelio estaba en peligro. «Confesar el evangelio» significa sencillamente proclamar las buenas nuevas de Jesucristo.* Y prosiguió: «Un estado que incluye dentro de sí mismo una iglesia aterrorizada ha perdido a su más fiel servidor».

Siguió expresando que «confesar a Cristo» implicaba hacerlo a los judíos así como a los gentiles. Declaró que era vital para la iglesia que intentara llevar el Mesías de los judíos al pueblo judío que aún no le conocía. Si las leyes de Hitler se adoptaban, esto resultaría imposible.

Su conclusión dramática y un tanto desconcertante fue que la iglesia no solo debía permitir que los judíos fueran parte de la iglesia, sino que la iglesia es

---

* El término *Iglesia Confesante* se acuñó, en gran parte, en referencia a la frase «*in statu confessionis*». Quienes creían que la iglesia alemana había dejado de ser la iglesia de Jesucristo por la adopción del Párrafo Ario decidieron que debían separarse y formar la iglesia de nuevo. Esta nueva iglesia se llamó la Iglesia Confesante porque proclamaba el evangelio de Jesucristo.

precisamente eso: el lugar donde judíos y alemanes están juntos. «Lo que está en juego —anunció— no es, en modo alguno, si los miembros alemanes de nuestras congregaciones pueden seguir tolerando la comunión con los judíos, sino la tarea de la predicación cristiana que dice: he aquí la iglesia donde judíos y alemanes se unen bajo la palabra de Dios; esta es la prueba que determina si una iglesia sigue siendo la iglesia o no».

Muchos recordarían Gálatas 3.28, que declara que «no hay judío ni griego; no hay esclavo ni libre; no hay varón ni mujer; porque todos vosotros sois uno en Cristo Jesús». Para recalcar este punto, concluyó con las palabras del comentario de Lutero sobre el Salmo 110.3: «No hay otra regla o prueba para quien es miembro del pueblo de Dios o de la iglesia de Cristo que esta: donde haya un pequeño grupo de los que aceptan esta palabra del Señor, enséñala con pureza y confiesa en contra de quienes la persigan, y por esa razón sufren lo que les corresponde».

En la primavera de 1933, Bonhoeffer declaraba que era el deber de la iglesia alzarse en defensa de los judíos. Esto habría parecido radical incluso a los acérrimos aliados, sobre todo porque los judíos aún no habían empezado a sufrir los horrores que padecerían en unos pocos años. Las tres conclusiones de Bonhoeffer —que la iglesia debe cuestionar al estado, ayudar a sus víctimas, y trabajar en contra del estado, si fuera necesario— fueron demasiado para casi todo el mundo. Sin embargo, para él eran ineludibles. Llegado el momento, él haría las tres cosas.

La llegada de la victoria de los nazis y su intento por apropiarse de la iglesia resultó en un caos dentro de la iglesia misma, y en peleas y politiqueos entre sus muchas facciones. Bonhoeffer quería ahogar la algarabía de voces y consideraba todas estas cosas con calma y lógica. Sabía que, de no tratar estas cuestiones de manera adecuada, uno podía reducirse a meras «respuestas políticas» o «pragmáticas». Se podía empezar a virar y alejarse del verdadero evangelio, hacia la adoración de un dios hecho a su propia imagen, en lugar de Dios mismo, el «eternamente otro» de quien Barth había hablado y escrito. Y así como muchos cristianos bien intencionados de Union habían abandonado a ese Dios, sin darse cuenta, por muchas buenas razones, muchos de los cristianos de Alemania, con sus buenas intenciones, lo estaban haciendo ahora. Estaban convencidos de que si inclinaban un poco su teología, no importaría; al final, los resultados serían buenos. Un gran número de ellos creía sinceramente que, bajo Hitler, aumentarían las oportunidades para evangelizar. Pero Bonhoeffer sabía que una iglesia que no apoyara a los judíos no era la iglesia de Jesucristo, y evangelizar a la gente para traerla a una iglesia que no era la de Jesucristo era una insensatez y una herejía. Desde el tiempo en que acabó de escribir *La iglesia y la cuestión judía* lo vio con total claridad y lo arriesgaría todo por ello. Pero sería un largo y solitario camino.

El boicot del 1 de abril

Una semana después de la aprobación de la Ley de Habilitación, Hitler declaró un boicot a los comercios judíos de toda Alemania. La finalidad era impedir que la prensa internacional, que según afirmaban los nazis era controlada por los judíos, publicara mentiras sobre el régimen nazi. Siempre lanzaban sus agresiones como respuesta defensiva a las acciones emprendidas contra ellos y contra el pueblo alemán.

Aquel día, Goebbels habló en un mitin en Berlín y despotricó contra las «atrocidades de la propaganda judía» y, en todas partes de Alemania, los hombres de las SA, las tropas de asalto, intimidaron a los compradores para que no entraran en las tiendas judías, cuyos escaparates habían sido embadurnados de pintura negra y amarilla, con estrellas de David y la palabra *Jude* (judío). Las SA también entregaron panfletos y sacaron pancartas: «Deutsche wehrt euch! Kauft nicht bei Juden!» (¡Alemanes, protegeos! ¡No les compréis a los judíos!) Algunos carteles estaban en inglés: «Germans, defend yourselves from Jewish Atrocity Propaganda—buy only at German shops!». Hasta las consultas de los doctores judíos y los bufetes de abogados se convirtieron en su blanco.

El cuñado judío de Bonhoeffer,[2] Gerhard Leibholz, era abogado y, como muchos judíos alemanes, era un cristiano bautizado. Karl y Paula Bonhoeffer, temiendo por la situación, fueron a Gotinga para pasar el fin de semana con Sabine y Gerhard, mientras otros miembros de la familia controlaban por medio del teléfono. Ese mes de abril «la esperanza, alimentada con tanta avidez, de que Hitler mismo se arruinaría por su mala gestión se agotó —recordaba Sabine—. El nacionalsocialismo se estableció con la rapidez del rayo».

El día del boicot en Berlín, la abuela de Dietrich estaba de compras. La patricia de noventa años no estaba por la labor de que nadie le dijera dónde comprar. Cuando los hombres de las SA intentaron impedirle que entrara en una tienda les informó que compraría donde ella quisiera, y así lo hizo. Más tarde, aquel mismo día, hizo lo mismo en el famoso Kaufhaus des Westens, los grandes almacenes de mayor superficie del mundo, haciendo caso omiso de la ridícula hilera de hombres de las SA que estaban parados en frente. La historia de Julie Bonhoeffer marchando delante de los gorilas nazis era una de las favoritas en la familia Bonhoeffer, que la consideraban la encarnación de los valores en los que procuraban vivir.

La visita de los Lehmann

En esos primeros días tumultuosos de abril, otros dos acontecimientos tocaron la vida de los Bonhoeffer: los «cristianos alemanes» celebraron una conferencia en Berlín, y los Lehmann vinieron a visitarlos.

La conferencia de los Cristianos Alemanes fue un espectáculo perturbador para cualquiera que tuviera dudas con respecto al celo de Hitler por reordenar la sociedad alemana. Las líneas entre la iglesia y el estado se iban volviendo borrosas de forma agresiva. Una cosa era cuando el estado estaba liderado por el káiser cristiano, y otra muy distinta estando el Führer anticristiano en el poder. La mayoría de los alemanes creían, sin embargo, que Hitler era básicamente «uno de ellos» y acogían de buen grado los planes nazis para el nuevo orden de la sociedad, incluida la iglesia.

Hermann Göring pronunció un discurso muy aclamado, proyectando la reordenación de la sociedad como un cambio principalmente «administrativo». Refrescó la memoria de la multitud en cuanto a las bases del Principio del Führer y los exhortó a esperar que su Führer *führer* (liderara) en todos los aspectos de la vida alemana, incluida la iglesia. Como parte de la puesta a punto administrativa, Göring explicó que Hitler proponía la oficina de un Reichsbischof, un hombre que podría reunir todos los elementos dispares de la iglesia alemana. Hitler había escogido para este puesto a un tal Ludwig Müller, un burdo excapellán naval. Los cristianos alemanes querían una iglesia alemana unificada, según los principios nazis, y lucharon para conseguirlo. Si Inglaterra podía tener la Iglesia de Inglaterra, ¿por qué no iba a tener Alemania su propia Iglesia también, y sobre un fundamento «alemán»?

Paul y Marion Lehmann llegaron en los últimos días de marzo. Habían venido a Bonn para oír a Barth y pasarían unos cuantos días en Berlín para ver a su viejo amigo. Bonhoeffer, anfitrión siempre elegante, llevó a sus amigos de Union por todas partes, enseñándoles la iglesia de Wedding donde había enseñado la clase de confirmación, paseando con ellos a lo largo de Unter den Linden, e invitándoles a la ópera para ver *Electra** de Richard Strauss.

---

* Strauss se vio atrapado en el fuego cruzado cultural: los nazis intentaron que se uniera a ellos dándole un puesto oficial relacionado con el arte. Aceptó, según afirmó más tarde, para proteger a su nuera judía. Pero Strauss era amigo del escritor judío alemán Stefan Zweig y se vio forzado a dimitir por negarse a quitar el nombre de este en un libreto de ópera que había escrito.

Durante el tiempo que pasaron en Berlín, los Lehmann fueron testigos del boicot del 1 de abril, así como del perturbador espectáculo de la conferencia de los Cristianos Alemanes. Otra persona que también estaba en Berlín aquella semana llegaría a tener una destacada relevancia en la vida de Bonhoeffer, aunque no se conocerían hasta seis meses después. Era George Bell, el obispo de Chichester, que estaba de visita para una reunión ecuménica programada al mismo tiempo de la mencionada conferencia. Aunque no lo había planeado, obtuvo una visión extremadamente valiosa y de primera mano de la fea realidad del movimiento cristiano alemán. Esto le sería de gran ayuda en el papel que desempeñaría como uno de sus principales adversarios en los años que estaban por venir.

Los Lehmann pasaron tiempo con la familia Bonhoeffer en la Wangenheimstrasse y se maravillaron de la vida que llevaban allí. Para ellos, era un mundo fuera del tiempo, un baluarte cultural contra la creciente locura. Los Lehmann observaron que, de vez en cuando, Klaus Bonhoeffer se ponía en pie y, de puntillas, se acercaba a la puerta de la habitación donde estaban hablando para cerciorarse de que ninguno de los sirvientes estuviera escuchando.

Incluso a principios de 1933, uno no podía saber de quién se podía fiar y algunas de sus conversaciones eran enérgicamente antinazis. Klaus y Dietrich coincidían en que Hitler y los nazis no podían durar demasiado, pero el daño que estaban haciendo a la nación en aquellos momentos era grave. Los Bonhoeffer debían hacer todo lo que pudieran en contra de ellos, sobre todo en cuanto al trato a los judíos. Se puede considerar que estas tertulias fueron los primeros albores de la resistencia contra Hitler que ya empezaba a formarse.

Aun en esta temprana etapa, no se trataba tan solo de palabras. Aquel mes de abril, Paul y Dietrich elaboraron una carta para rabbi Stephen Wise, en Nueva York. Era el rabino a quien Bonhoeffer había oído predicar en su sinagoga aquel domingo de Pascua, dos años antes. Wise era presidente honorario del Comité Judío Estadounidense y, desde un principio, una voz franca contra los nazis. Estaba relacionado con el presidente Franklin Roosevelt, por lo que Bonhoeffer y Lehmann pensaron que, por medio de él, podían alertar a Roosevelt de la amenazante situación. A través del Decreto del Incendio del Reichstag, Hitler había convertido esa carta en un delito de traición. Dietrich sabía que podía acabar en un campo de concentración por sus alborotos, pero la escribió de todos modos y la envió.

Paul y Marion notaron que su amigo había cambiado en los dos años en que no se habían vuelto a ver. En Nueva York hacía gala de una actitud más traviesa y despreocupada que la que ahora veían. Bajo aquellas circunstancias era comprensible. Pero percibían algo más: su talante hacia Dios era distinto. Parecía tomarse todo el asunto con mayor seriedad.

Sabine y Gerhard

Diez días después del boicot de los comercios judíos, se le pidió a Bonhoeffer que predicara otro sermón, para un funeral. El 11 de abril falleció el padre de Gerhard Leibholz. Para Dietrich, era una situación bastante difícil, y más tarde admitiría que no la había gestionado bien. Leibholz era judío de etnia, pero, a diferencia de su hijo, no había sido bautizado en la iglesia. Bonhoeffer valoraba constantemente todos los lados de una cuestión, quizás en exceso. Ahora se preguntaba cómo se vería que, siendo alguien que hablaba con tanta osadía en contra de los nazis en cuanto a la cuestión judía, ahora predicara en el funeral de un judío que no era miembro de la iglesia. ¿Se consideraría meramente incendiario? ¿Destruiría sus oportunidades para futuras acciones en la iglesia? ¿Arruinaría su credibilidad ante quienes estaban dentro de la iglesia y ya consideraban que sus ideas al respeto eran exageradamente radicales?

No estaba demasiado seguro de lo que debía hacer, pero se le instó a que consultara con el superintendente de su distrito. Conocedor del tumulto que podría provocar, se opuso con rotundidad a que Bonhoeffer predicara, y este declinó la invitación. Pero pronto lo lamentaría profundamente.

Sabine permanecía en estrecho contacto con su familia. Gerhard era un popular profesor de leyes en Gotinga, de modo que no tardaron mucho en sentirse directamente afectados por el creciente antisemitismo. En un momento dado, los líderes nacionalsocialistas estudiantiles de Gotinga exigieron que se boicotearan sus clases. Sabine lo recuerda así:

> Con frecuencia oía las conferencias de mi esposo y fui a la universidad el mismo día del boicot para estar allí y escuchar lo que los estudiantes tuvieran que decir. Unos cuantos alumnos que vestían el uniforme de las SA estaban de pie, delante de la puerta, con sus botas militares, como solo ellos podían hacer, y no permitían que nadie entrara: «Leibholz no debe impartir conferencias; es un judío. Las conferencias no se van a celebrar». Obedientemente, los estudiantes se marcharon a casa. En la pizarra se había colocado la correspondiente nota.[3]

Un momento más tarde, Sabine y Gerhard no necesitaron más que caminar calle abajo en Gotinga para respirar la venenosa atmósfera. La gente que les reconocía cruzaba al otro lado de la calle para evitarlos. «En Gotinga —comentó Sabine—, muchos intentaron colaborar. Los conferenciantes que no habían conseguido una mayor promoción, vieron su oportunidad». Pero a unos cuantos les asqueaba lo que estaba sucediendo y no temieron expresar su horror. El teólogo Walter Bauer se encontró con ellos en la calle y se lanzó a una diatriba en contra de Hitler. Cuando Gerhard perdió su puesto, otro profesor se le acercó y, con los ojos llenos de lágrimas, le expresó: «Señor, usted es mi colega y me siento avergonzado de ser alemán». Un grupo de estudiantes del seminario de Gerhard fue al ministerio a pedir que se le permitiera enseñar.

Muchos de los parientes de Gert también perdieron su trabajo. Un amigo que Gerhard tenía de la escuela cometió suicidio. Este tipo de noticias era constante. En el Día de la Reforma, meses después de su decisión de no predicar en el funeral del padre de Gert, Bonhoeffer escribió a Gert y a Sabine, en Gotinga:

> Aun ahora me siento atormentado por el pensamiento de no haber hecho lo que me pidieron, como algo normal. Para ser sincero, no sé qué me llevó a comportarme como lo hice. ¿Cómo pude sentir un miedo tan horrible en aquel momento? Debo de haberles parecido igual de incomprensible a ambos, y a pesar de todo ustedes no comentaron nada. Pero me carcome la mente, porque es el tipo de cosas que uno no puede compensar jamás. Lo único que puedo hacer, pues, es pedirles que perdonen mi debilidad de entonces. Ahora estoy convencido de que debí haber actuado de otra manera.[4]

Durante todo el año de 1922 los nazis continuaron con su campaña de excluir a los judíos de forma legal de las instituciones afiliadas al estado. Cada vez se promulgaron más leyes en la línea de la Reforma del Servicio Civil del 7 de abril. El 22 de abril se prohibió a los judíos que sirvieran de abogados en asuntos de patentes, y a los doctores judíos que trabajaran en instituciones que tuvieran un seguro administrado por el estado. Los niños judíos también se vieron afectados. El 25 de abril se establecieron límites estrictos sobre cómo podían asistir muchos de ellos a las escuelas públicas. El 6 de mayo, las leyes se ampliaron para incluir a todos los profesores honorarios de la universidad, conferenciantes y notarios. En el mes de junio, se prohibió a todos los dentistas y técnicos dentales judíos que trabajaran con instituciones que tuvieran un seguro gestionado por el estado. Hacia el otoño, las leyes incluían a los cónyuges no arios. El 29 de septiembre se les prohibió a los judíos todo tipo de actividades culturales y de entretenimiento, incluidos el mundo del cine, del teatro, de la literatura y de las artes. En octubre, todos los periódicos pasaron a estar bajo el control nazi y los judíos fueron expulsados del mundo del periodismo.

Los agresivos ataques de los Cristianos Alemanes durante el mes de abril indignaron a un número de pastores y teólogos, y los empujó a actuar. Sus respuestas fueron diversas. George Schulz de la Hermandad de Sydow publicó un manifiesto. Heinrich Vogel editó sus *Ocho artículos de la doctrina evangélica*. Algunos pastores westfalianos hicieron pública una declaración en la que, al igual que el ensayo de Bonhoeffer, rechazaban rotundamente la exclusión de los judíos bautizados de las iglesias alemanas y la consideraron una herejía. Se creó el movimiento de los Jóvenes Reformadores, que representaba varios puntos de vistas teológicos que se oponían, todos ellos, a los Cristianos Alemanes, pero que no coincidían en mucho más. Y Gerhard Jacobi, que trabajaría hombro con hombro con Bonhoeffer en la lucha de la iglesia, comenzó a reunirse con otros pastores en el Café am Knie de Charlottenburg. Existían tantos criterios teológicos y políticos en la oposición que no lograron elaborar jamás un plan de resistencia único y concentrado. Pero lo intentarían.

«Donde se queman libros...»

En mayo de 1933, la locura continuó a toda velocidad. La *Gleichschaltung* se debatió mucho. Esta idea, a la que Göring aludió en la conferencia de los Cristianos Alemanes de Berlín el mes anterior, significaba que todo lo que pertenecía a la sociedad alemana debía seguir la línea de la cosmovisión nazi. Esto incluía al mundo de los libros y las ideas.

Karl Bonhoeffer tenía un asiento de primera fila para contemplar cómo los nazis ejercían presión en las universidades. Cuando el ministro nazi de asuntos culturales habló en la Universidad de Berlín, Bonhoeffer recordó avergonzado que, aun habiéndole parecido insultante la actitud de aquel hombre, ni él ni sus colegas sintieron el valor suficiente de salir de allí en señal de protesta:

Jóvenes y hasta entonces desconocidos aprendices médicos vinieron en representación del partido, para sugerir a los directores de los hospitales que expulsaran de inmediato a los doctores judíos. Algunos se dejaron persuadir. Cualquier insinuación de que tales asuntos pasaran a la jurisdicción del ministerio y no del partido se recibió con amenazas. El decano intentó convencer a los miembros de la facultad para que se unieran colectivamente al partido. Su intento se vio frustrado por los rechazos individuales. En un principio, el ministro tampoco hizo nada por satisfacer la exigencia del despido de los ayudantes judíos. Sin embargo, espiaron constantemente a los doctores de los hospitales para descubrir cuál era su actitud hacia el partido.[5]

Estuvo otros cinco años en la Universidad de Berlín y solo con esfuerzo consiguió evitar que se expusiera un retrato de Hitler.

El antisemitismo había existido durante décadas entre los estudiantes de las universidades alemanas, pero ahora lo expresaban de un modo formal. Aquella primavera, la Asociación de Estudiantes Alemanes planeó celebrar un «acto contra el espíritu no alemán» el 10 de mayo.* A las 11:00 de la noche, miles de estudiantes se reunieron en todas las ciudades universitarias de Alemania. Desde Heidelberg hasta Tubinga, Freiburg y Gotinga, donde vivían los Leibhoze, se manifestaron con antorchas y se dejaron llevar por un entusiasmo salvaje mientras los oficiales nazis deliraban por las glorias de lo que esos valientes jóvenes, hombres y mujeres, de Alemania estaban a punto de hacer. A medianoche, todo aquello rugió con gran efecto y se convirtió en una tremenda *Sauberung* (limpieza); se encendieron enormes hogueras en las que los estudiantes arrojaron miles de libros.

De esta forma, Alemania sería «purgada» de los pensamientos «no alemanes» de autores como Helen Keller, Jack London y H. G. Wells. Los libros de Erich Maria Remarque también se incluyeron, por supuesto, como también lo fueron los de otros muchos: Albert Einstein y Thomas Mann entre otros. En 1821, en su obra *Almansor*, el poeta alemán Heinrich Heine escribió las escalofriantes palabras: «Dort, wo man Bucher verbrennt, verbrennt man am Ende auch Menschen». Heine era un judío alemán que se convirtió al cristianismo y sus palabras fueron una sombría profecía que significaba: «Donde se queman libros, acabarán por quemar también a la gente». Aquella noche, por toda Alemania, sus libros también se hallaban entre los que se lanzaron a las crepitantes llamas. Sigmund Freud, cuyas obras también ardieron aquella noche, hizo una observación similar: «¿Solo nuestros libros? En tiempos anteriores nos habrían quemado con ellos».

En Berlín,[6] la procesión de las antorchas comenzó en la Hegelplatz, detrás de la Universidad de Berlín, continuó por la universidad y, a continuación, a lo largo del Unter den Linden. Los libros «antialemanes» los siguieron en un camión y en la Opernplatz se hallaba una gran pila de madera que se convertiría en una hoguera. Entonces, dirigiéndose a los treinta mil, el vampírico homúnculo Joseph Goebbels despotricó en la oscuridad: «¡Alemanes, hombres y mujeres! La era del arrogante intelectualismo judío ha acabado! ... Están haciendo lo correcto en esta hora de la medianoche: relegar a las llamas el

---

* No queda claro si esta fecha se eligió para señalar el final de la guerra francoprusiana de 1871, pero como es el día en que Alemania derrotó a Francia y marcó el principio de su emergencia como la Alemania unida, es verosímil.

sucio espíritu del pasado. Este es un acto grandioso, poderoso y simbólico ... De estas cenizas resurgirá el fénix de una nueva era ... ¡Oh siglo! ¡Oh ciencia! ¡Es un gozo estar vivo!».

Como con otras muchas cosas durante el Tercer Reich, la escena tenía un innegable aspecto macabro: cual súcubo, la hoguera de media noche se alimentaba de los nobles pensamientos y palabras de grandes hombres y mujeres. Goebbels, el propagandista, sabía muy bien hasta qué punto un desfile de antorchas, seguido de una hoguera al filo de la medianoche, recordaba algo antiguo, tribal, pagano, e invocaba a los dioses del *Volk* alemán que representaban la fuerza, la falta de piedad, la sangre y la tierra. El ritual no pretendía ser cristiano en modo alguno; en realidad era todo lo contrario, aunque no habría estado bien reconocerlo, ya que la mayoría de los presentes habrían dado un respingo al oír algo semejante, por mucho que fuera exactamente lo que sentían. La intención de las antorchas, los tambores y la procesión era crear un ambiente ominoso, apocalíptico y terrorífico, y convocar a unas fuerzas que no sabían nada de las débiles virtudes de la fe cristiana, sino que presentaban una oposición fundamental a ellas y a la religión monoteísta de los despreciados judíos. No nos equivocamos al decir que en aquellas ciudades en que el acontecimiento se canceló a causa de la lluvia, se volvió a programar para el 21 de junio, día del solsticio de verano.

Las famosas palabras de Heinrich Heine sobre la quema de libros se suelen citar con frecuencia y en la actualidad figuran en una inscripción en la Opernplatz como recordatorio del espantoso ritual. Pero hay otro pasaje de las obras de Heine tal vez más misteriosamente profético de lo que ocurriría en Alemania un siglo después. Son las palabras concluyentes de su libro de 1834, *Sobre la historia de la religión y la filosofía en Alemania*:

El cristianismo —y este es su mayor mérito— ha mitigado en cierta medida el brutal amor alemán por la guerra, aunque no ha podido destruirlo. Si ese talismán dominante, la cruz, se hace añicos, la frenética locura de los antiguos guerreros, esa descabellada rabia de Berserk de la que hablaron y cantaron los bardos nórdicos, volverá a estallar en llamas una vez más. Este talismán es frágil, y el día llegará en el que se desplomará de manera lamentable. Entonces, los antiguos dioses de piedra se levantarán de los escombros olvidados y limpiarán el polvo de miles de años de sus ojos. Finalmente, Thor, con su gigante martillo, saltará y destrozará las catedrales góticas ... El pensamiento precede a la acción como el relámpago al trueno ... Cuando oigas un estrépito cual no se haya escuchado jamás en la historia del mundo, entonces sabrás que el rayo alemán por fin ha caído. Ante ese alboroto, las águilas del aire se desplomarán muertas, y los leones de los desiertos más remotos de África se esconderán en sus reales guaridas. Se representará una obra en Alemania que hará que la Revolución Francesa parezca un idilio inocente.[7]

CAPÍTULO 11

LA TEOLOGÍA NAZI

Nuestra desgracia ha sido tener la religión equivocada. ¿Por qué no tuvimos la religión de los japoneses, que consideran el sacrificio por la patria como el mayor de los bienes? La religión mahometana también habría sido más compatible para nosotros que el cristianismo. ¿Por qué tuvo que ser el cristianismo, con su mansedumbre y su debilidad?

—ADOLFO HITLER

Veréis el día en que, pasados diez años, Adolfo Hitler ocupará en Alemania exactamente la misma posición que Jesucristo tiene ahora.

—REINARD HEYDRICH[1]

Algunas veces se oye decir que Hitler era cristiano. Desde luego que no lo era, pero tampoco era abiertamente anticristiano, como sí lo eran la mayoría de sus altos lugartenientes. Aprobaba todo lo que le ayudara a agrandar su poder y desaprobaba todo lo que fuera un impedimento para él. Era totalmente pragmático. En público solía hacer comentarios que pudieran parecer proiglesia o procristiano, pero no cabe la menor duda de que decía estas cosas con cinismo y para su beneficio político. En privado, poseía un intachable registro de declaraciones en contra del cristianismo y de los cristianos.

Al principio de su carrera, sobre todo, deseaba parecer un alemán típico y alababa a las iglesias como bastiones de moralidad y valores tradicionales. Pero también sentía que, en algún momento, estas se adaptarían al pensamiento nacionalsocialista. Llegarían a convertirse en vehículos de la ideología

165

nazi, de modo que destruirlas iba en contra de sus propósitos. Sería mejor cambiar lo que ya existía y beneficiarse de cualquier prestigio cultural que tuviesen.

Joseph Goebbles, quizás más cercano a Hitler que nadie, recogió en su diario algunos de los pensamientos privados del Führer sobre el clero:

El Führer habló de una forma muy despectiva sobre la arrogancia del alto y del bajo clero. Realmente, la insensatez de la doctrina de la redención no encaja en absoluto en nuestro tiempo. Sin embargo, son hombres instruidos y educados, que ocupan altos puestos en la vida pública y que se aferran a ella con la fe de un niño. Resulta del todo incomprensible que alguien pueda considerar la doctrina cristiana de la redención como una guía para la vida difícil de hoy. El Führer citó algunos ejemplos excepcionalmente drásticos y, en parte, incluso grotescos ... Mientras los más cultos y sabios científicos luchan toda su vida por estudiar una sola de las misteriosas leyes de la naturaleza, un pequeño cura de campo de Bavaria se encuentra en la posición de decidir sobre ese asunto basándose en su conocimiento religioso. Uno solo puede contemplar con desdén semejante comportamiento repugnante. Una iglesia que no se mantiene a la altura del conocimiento científico moderno está condenada. Podrá llevar un poco de tiempo, pero al final ocurrirá. Cualquiera que se halle firmemente arraigado a la vida diaria, y apenas pueda imaginar los místicos secretos de la naturaleza, será demasiado modesto con respecto al universo. Los clérigos, sin embargo, que no han captado ni un hálito de dicha modestia, ponen de manifiesto una actitud soberbia, aferrada a sus opiniones, con respecto a las cuestiones del universo.[2]

La actitud de Hitler hacia el cristianismo era compararlo con un gran montón de sinsentido místico y caduco. Sin embargo, lo que le molestaba no era su falta de sentido, sino que no le ayudaba a avanzar. Según Hitler, el cristianismo predicaba «mansedumbre y debilidad» y esto no era útil para la ideología nacionalsocialista, que predicaba «la falta de piedad y la fuerza». Sentía que, con el tiempo, las iglesias cambiarían su ideología. Él se encargaría de ello.

Martin Bormann y Heinrich Himmler eran los miembros más apasionadamente anticristianos del círculo interno de Hitler, y no creían que las iglesias quisieran o pudieran adaptarse. Querían ver al clero aplastado y las iglesias abolidas, y alentaban a Hitler en este sentido cada vez que podían. Esperaban acelerar el calendario para la guerra abierta con la iglesia, pero Hitler no tenía prisa alguna. Cuando atacaba a las iglesias, su popularidad disminuía. A diferencia de sus cabecillas, Hitler tenía un sentido político instintivo, y ahora no era el momento de enfrentarse directamente a las iglesias, sino de fingir ser procristiano.

El arquitecto de Hitler, Albert Speer, fue testigo de primera mano de la sangre fría con la que este preparó el planteamiento: «Alrededor de 1937, cuando Hitler oyó que, a instigación del partido y de las SS, un amplio número de sus seguidores habían abandonado la iglesia, porque se oponían con obstinación a sus planes, ordenó a sus socios más cercanos, sobre todo a Göring y Goebbels, que siguieran siendo miembros de ella. Él también continuaría siendo miembro de la Iglesia Católica, afirmó, aunque no tenía ninguna relación verdadera con ella».[3]

Bormann menospreciaba a los cristianos y al cristianismo, pero no podía expresarlo en público. En 1941, cuando la guerra hacía furor, dio a conocer sus pensamientos con estas palabras: «El nacionalsocialismo y el cristianismo son irreconciliables». Speer comentó:

En la mente de Bormann, la *Kirchenkampf*, la campaña contra las iglesias, era útil para reactivar la ideología del partido que había estado hibernando. Él era la fuerza conductora que estaba detrás de esta campaña ... Hitler estaba indeciso, pero solo porque prefería posponer su problema hasta un momento más favorable ... «Cuando haya solucionado mis demás problemas —llegó a declarar en una ocasión— ajustaré mis cuentas con la iglesia. La tendré en la cuerda floja». Pero Bormann no quería que esa hora de la verdad se retrasara. Siendo como era brutalmente directo, toleraba mal el prudente pragmatismo de Hitler ... De modo que haría que uno de los miembros del entorno le hablara de los sediciosos discursos que algún pastor u obispo hubiera pronunciado, hasta que Hitler acabara por prestar atención y exigiera detalles ... En algún momento [Bormann] sacaría un documento de su bolsillo y empezaría a leer pasajes de un sermón desafiante o de una carta pastoral. Con frecuencia, Hitler se alteraba tanto que empezaba a chasquear los dedos —una señal inequívoca de su enfado— apartaba su comida y finalmente juraba castigar al clérigo culpable.[4]

Pero todo esto estaba aún lejos en el futuro. Hitler jamás insinuó que fuera capaz de pronunciarse en contra de las iglesias. La mayoría de los pastores estaban bastante convencidos de que Hitler estaba de su lado, en parte porque contaba con un registro de declaraciones procristianas que se remontaba hasta los primeros días de su vida política. En un discurso de 1922, llamó a Jesús «nuestro mayor héroe ario». Armonizar la idea del Jesús judío como héroe ario no es menos absurdo que intentar reconciliar el ideal del *Übermensch* [superhombre] inmoral e implacable nietzscheano de Hitler con el Cristo humilde y abnegado.

Se debe definir a Hitler como nietzscheano, aunque lo más probable es que se habría encrespado ante el término, ya que implicaba que creía en algo más allá de sí mismo. Esto desentonaba con la idea de la figura de un Führer invencible, por encima del cual nadie podía estar. Además, Hitler visitó el museo de Nietzsche, en Weimar, en numerosas ocasiones, y existen fotografías suyas posando, contemplando arrobado un inmenso busto del filósofo. Creía con devoción en lo que Nietzsche dijo sobre la «voluntad de poder». Hitler adoraba el poder, mientras que la verdad era un fantasma que se debía ignorar; su enemigo jurado no era la falsedad, sino la debilidad. Para Hitler, la falta de piedad era una gran virtud, y la misericordia, un gran pecado. Esta era la principal dificultad del cristianismo, que abocaba a la mansedumbre.

Nietzsche definió el cristianismo como «la mayor maldición, la perversión más enorme y más recóndita... la mancha inmortal de la humanidad».[5] Menospreciaba la idea cristiana de la virtud por considerarla despreciable y débil: «La sociedad nunca ha considerado la vida como algo más que un medio de fuerza, de poder y de orden». Y, por supuesto, Nietzsche exaltaba la idea de fuerza personificada en el superhombre, o *Übermensch*, un cruel e implacable defensor del poder desenfrenado: «la magnífica bestia rubia, ávidamente rampante en busca de botín y victoria».

Hitler parece haber creído que Nietzsche había profetizado su venida y su ascensión al poder. En *La voluntad de poder*, profetizaba la venida de una raza de gobernantes, «una clase de hombre particularmente fuerte, más altamente dotado en intelecto y voluntad». Hitler creía que la raza aria era esta «raza de gobernantes». Nietzsche se refirió a estos hombres como «señores de la tierra». William Shirer afirmó que sus desvaríos, desde esta perspectiva, contaban con la aprobación de Hitler: «Debieron de tocar una fibra sensible en la mente desordenada de Hitler. En todo caso, se adueñó de ellos, no solo de los pensamientos, sino... con frecuencia, también de sus palabras. «Señores de la tierra» es una expresión familiar en *Mein Kampf* [Mi lucha]. Sin lugar a dudas, Hitler acabó considerándose el superhombre de la profecía de Nietzsche.

Podía aclamar a Nietzsche como alguien extraordinario, siempre y cuando la gente entendiera que había existido principalmente para prepararle el camino, para ser su Juan el Bautista, por así decirlo.

Entre los primeros que retrataron a Hitler bajo una luz mesiánica se encontraba Houston Stewart Chamberlain, a quien Shirer definió como «uno de los ingleses más extraños que han vivido jamás» y a quien muchos consideran uno de los padres espirituales del Tercer Reich. Chamberlain creía que Alemania estaba predestinada a gobernar el mundo como raza maestra, y profetizó que Hitler era el hombre que los lideraría:

> Al final de una vida fantástica pudo aclamar al cabo austríaco —y esto mucho tiempo antes de que Hitler llegara al poder o tuviera planes de hacerlo— como un enviado de Dios para sacar al pueblo alemán del desierto. Como es natural, Hitler consideraba a Chamberlain un profeta, como en realidad resultó ser ... Fue a su tumba... el 11 de enero de 1927 con la gran esperanza de que todo lo que había predicado y profetizado se hiciera realidad bajo la dirección divina de este nuevo mesías alemán.[6]

Antes de morir, Chamberlain conoció a Hitler. Es otro personaje desconcertante en una historia insólita, una especie de Simeón satánico cantando un *Nunc Dimittis* invertido.

Una nueva religión nazi

Como Hitler no tenía más religión que sí mismo, su oposición al cristianismo y a la iglesia era menos ideológica que práctica. No era el caso de muchos de los líderes del Tercer Reich. Alfred Rosenberg, Martin Bormann, Heinrich Himmler, Reinhard Heydrich,[7] y otros, eran acérrimos anticristianos y de una ideología opuesta al cristianismo que pretendían sustituir por una religión de su propia elaboración. «Bajo su liderazgo —decía Shirer— el régimen nazi tenía la intención de destruir por completo el cristianismo en Alemania y, si le era posible, remplazarlo con el antiguo paganismo de los primeros dioses germánicos tribales y el nuevo paganismo de los extremistas nazis».

Hitler no les dejó que lo hicieran en un principio, de ahí su constante batalla para frenarlos. Sin embargo, no se oponía a que lo hicieran en el momento oportuno. No podía tomárselo muy en serio, pero pensaba que el guiso neopagano que Himmler estaba tramando sería probablemente mucho más útil que el cristianismo, porque abogaría por las «virtudes» que mejor convinieran al Tercer Reich.

Himmler era la cabeza de las SS[8] y agresivamente anticristiano. Desde muy pronto, prohibió que el clero sirviera en las SS. En 1935 ordenó a todos los miembros de las SS que renunciaran a cualquier liderazgo en organizaciones religiosas. Al año siguiente, prohibió que los músicos de las SS participaran en servicios religiosos, aun cuando no fueran de uniforme. Poco después, les impidió asistir a cultos en las iglesias. Para él, las SS eran en sí mismas una religión, y sus miembros, postulantes de su sacerdocio. Muchos de sus rituales eran de naturaleza ocultista. Himmler estaba profundamente involucrado en el ocultismo y en la astrología, y gran parte de lo que las SS perpetraron en los campos de exterminio llevaba el sello saurio de Himmler.

Hans Gisevius, miembro del ejército alemán, se convertiría en uno de los líderes de la conspiración contra Hitler. Como muchos de los implicados en ella, Gisevius era un cristiano serio. Era amigo de Niemöller y asistía a su iglesia. Un día, alrededor de 1935, se encontraba en una reunión con Himmler y Heydrich, que estaban al tanto de su fe y discutían mucho con él a causa de ello. Gisevius escribió:

Heydrich, que tomó parte activa en la discusión, paseaba con ímpetu de un lado a otro de la habitación. No llegó a acabar de presentar su opinión y, cuando nos marchábamos, corrió detrás de mí para decir una última palabra. Dándome unos toquecitos en el hombro, me dijo con una sonrisa de oreja a oreja: «Te vas a enterar. Ya lo verás dentro de diez años, cuando Adolfo Hitler ocupe precisamente la misma posición en Alemania que Jesucristo tiene ahora».

Las SS estaban ferozmente decididas en este asunto. Albert Speer recordaba haber oído cómo Hitler se burlaba en privado de los esfuerzos de Himmler: «¡Qué disparate! [dijo Hitler]. Aquí hemos alcanzado al fin una era que ha dejado atrás todo misticismo y ahora él quiere empezar todo eso de nuevo. También habríamos podido quedarnos con la iglesia, al menos tenía tradición. ¡Pensar que algún día me puedo convertir en un santo de las SS! ¿Se lo imaginan? Me revolvería en mi tumba».

Rosenberg fue uno[9] de los líderes nazis más activos en la creación de esta «nueva religión». Cómo llegar hasta allí fue motivo de algún que otro desacuerdo. Algunos, como Himmler, querían empezar de cero, mientras que otros pensaban que sería mejor, con el tiempo, convertir las iglesias cristianas existentes en iglesias nazis. Rosenberg era un «pagano confeso» que, durante la guerra, desarrolló un programa de treinta puntos para la «Nationale Reichskirche». Que se le confiara a alguien que se declaraba pagano muestra el gran respeto que Hitler tenía por la iglesia cristiana y sus doctrinas. El plan de Rosenberg es una de las pruebas más claras que existen de los propósitos máximos que los nazis tenían para las iglesias. Unos cuantos puntos de su programa ilustran lo que Hitler estaba dispuesto a aprobar y hasta dónde, bajo la tapadera de la guerra, estaba dispuesto a llegar:

13. La Iglesia Nacional exige el cese inmediato de la publicación y diseminación de la Biblia en Alemania.

14. La Iglesia Nacional declara que, para ello, y por tanto, para la nación alemana, se ha decidido que el *Mein Kampf* del Führer es el mejor de todos los documentos ... No solo contiene lo mejor, sino que encarna la más pura y verdadera ética para la vida presente y futura de nuestra nación.

18. La Iglesia Nacional eliminará de sus altares todos los crucifijos, Biblias, y los cuadros de santos.

19. Sobre los altares no deberá haber nada, sino el *Mein Kampf* (para la nación alemana y, por consiguiente, para Dios, el más sagrado de los libros) y a la izquierda del altar, una espada.

30. En el día de su fundación, la cruz cristiana deberá eliminarse de todas las iglesias, catedrales y capillas... y debe ser sustituida por el único símbolo inconquistable: la esvástica.[10]

Los cristianos alemanes

Los cristianos más serios de Alemania reconocieron la incompatibilidad del cristianismo y la filosofía nazi. Karl Barth dijo que el cristianismo estaba separado «como por un abismo de la inherente impiedad del nacionalsocialismo».[11]

Pero, en algún lugar, en lo profundo y ancho del abismo, entre estos dos, existía un extraño grupo que no pensaba que hubiese tal sima, y que quería crear una conexión sin costuras entre el nacionalsocialismo y el cristianismo. No vieron ningún problema teológico en este proyecto y, durante gran parte de la década de 1930, constituyeron una fuerza poderosa en Alemania. Formaron el núcleo central de la oposición contra Bonhoeffer, Niemöller y otros líderes que estaban de parte de la Iglesia Confesante en la lucha de la iglesia (*Kirchenkampf*) que empezaba. Para conquistar a todos los que presumían de sí mismos, alemanes y cristianos, se autodenominaron *Deutsche Christens*, los «Cristianos Alemanes». Las contorsiones que tuvieron que hacer para unir su idea de germanismo con la del cristianismo pueden resultar dolorosas de contemplar.

En su libro *Twisted Cross: The German Christian Movement in the Third Reich* [La cruz tergiversada: el movimiento cristiano alemán en el Tercer Reich], Doris Bergen escribió que «los "Cristianos Alemanes" predicaban el cristianismo como el polo opuesto del judaísmo, Jesús como el arca antisemita, y la cruz como símbolo de guerra contra los judíos». Fusionar al *Volk* [pueblo] alemán con la *Kirche* (iglesia) alemana significaba estirar y retorcer las definiciones de ambos. El primer paso consistía en definir la *alemanidad* como algo inherente en oposición al *judaísmo*. Unificar el cristianismo con la alemanidad significaba purgarlo de todo lo judío. Era un proyecto absurdo.

Para comenzar,[12] decidieron que había que eliminar el Antiguo Testamento. Evidentemente, era demasiado judío. En una reunión de Cristianos Alemanes, en Bavaria, el orador ridiculizó el Antiguo Testamento como una saga de deshonra racial. Su observación de que «Moisés, a su edad avanzada, se casara con una mujer negra» arrancó risas bulliciosas y aplausos entusiasmados. Todavía en 1939, fundaron «el Instituto para la investigación y la eliminación de la influencia judía en la vida de la Iglesia Alemana». Como la famosa Biblia Jefferson que omitió todo lo que a Jefferson no le gustaba, este instituto adoptó una actitud de «cortar y pegar» con respecto a la Biblia, extirpando todo lo que parecía judío o no alemán. Uno de los líderes, Georg Schneider, definió todo el Antiguo Testamento como «una astuta conspiración judía». Siguió afirmando: «Al horno con la parte de la Biblia que glorifica a los judíos, para que las llamas eternas consuman aquello que amenaza a nuestro pueblo».

En cuanto al Nuevo Testamento, los Cristianos Alemanes citaron versículos fuera de contexto y distorsionaron el significado para que se adaptara a su programa antisemita. Utilizaron Juan 8.44 con gran efecto: «Vosotros sois de vuestro padre el diablo, y los deseos de vuestro padre queréis hacer. Él ha sido homicida desde el principio, y no ha permanecido en la verdad, porque no hay verdad en él. Cuando habla mentira, de suyo habla; porque es mentiroso, y padre de mentira». Por supuesto, Jesús y todos sus discípulos eran judíos, y aquellos a quienes se dirige Jesús aquí son judíos y líderes religiosos. Solo con ellos adoptó un tono tan duro. El pasaje en el que Jesús expulsa a los cambistas del templo también era muy popular entre los Cristianos Alemanes. Pero, para afilar el punto mordaz, sustituyeron la frase «cueva de ladrones» por la palabra alemana Kaufhaus (grandes almacenes), la mayoría de los cuales era de propiedad judía. Los Cristianos Alemanes siempre pintaban a Jesús como no judío y, con frecuencia, como un cruel antisemita. Como Hitler lo había llamado «nuestro mayor héroe ario», esto no constituía un gran salto. Antes de que los Cristianos Alemanes terminaran con él, el rabino nazareno sería un hijo del Reich que marchaba a paso de ganso y al que le gustaba el *strudel*.

Los Cristianos Alemanes adoptaron la misma línea con la música eclesial. En su famosa reunión en el *Sportpalast* [Palacio de los Deportes] de Berlín, uno de sus líderes declaró: «¡Queremos cantar canciones libres de todo elemento israelita!». Esto sería difícil. Hasta el más alemán de todos los himnos, el «Castillo fuerte es nuestro Dios» de Lutero, contenía una referencia a Jesús como «el Señor Sabaot». Pero hablaban terriblemente en serio en cuanto a purgar sus himnarios de tales palabras «judías» como «Jehová», «Aleluya» y «Hosana». Un autor propuso cambiar «Jerusalén» por «morada celestial», y «cedros del Líbano» por «abetos del bosque alemán».

Al retorcerse[13] como *pretzels* [bollos retorcidos], algunos Cristianos Alemanes se dieron cuenta de que era una batalla perdida. De modo que, en 1937, un grupo de ellos declaró que el problema era la palabra de la Escritura. «Así como los judíos fueron los primeros en expresar su fe por escrito —alegaron—, Jesús nunca lo hizo». El verdadero cristianismo alemán debe, por tanto, ir más allá de las palabras escritas. «En la palabra escrita siempre reside un demonio», añadieron.

Sus esfuerzos fueron cada vez más ridículos. Los Cristianos Alemanes hablaron algunas veces del bautismo, pero no como algo que se realizaba para ingresar en el cuerpo de Cristo, sino en «la comunidad del *Volk*» y en el *Weltanschauung* [cosmovisión] del Führer. La Santa Cena presentaba otras dificultades. Un pastor afirmó que el pan simbolizaba «el cuerpo de la tierra que, firme y fuerte, permanece fiel al suelo alemán», y el vino era «la sangre de la tierra». Ni se daban cuenta del paganismo de todo eso.

Pero los temas a debatir no eran meramente[14] las jotas y las tildes de su teología. Todo el concepto del cristianismo era herético. Ludwig Müller, el hombre a quien Hitler presentaría como su elegido para liderar a la «iglesia alemana unida» —en su nuevo puesto de Reichsbischof— declaró que el «amor» de los Cristianos Alemanes había tenido un «rostro duro, como el de un guerrero. Odia todo lo blando y débil, porque sabe que toda vida solo puede permanecer saludable y a punto cuando todo lo que es antagónico a ella, lo podrido y lo indecente, se quita del camino y se destruye». Esto no era cristianismo, sino el darwinismo social nietzscheano. Müller también declaró en público que la idea de la gracia era «no alemana». Excapellán naval cortado a la medida de una tripulación, un «tipo saludable» sedicente, y un «hombre estimado por los hombres», que se burlaba de los teólogos —Karl Barth era uno de sus cabezas de turco favorito—, Müller era uno de los acérrimos abogados de la nazificación de la iglesia en Alemania. Él llegaría a ser el enemigo número uno de la Iglesia Confesante en la lucha que la iglesia tenía ante sí.

Sin embargo, Múller no fue el único en pensar que el amor y la gracia del cristianismo tradicional no tenía cabida en el cristianismo positivo de los Cristianos Alemanes. Otro cristiano alemán declaró que la enseñanza del «pecado y la gracia... era una actitud judía insertada en el Nuevo Testamento» y que era sencillamente demasiado negativa para los alemanes en aquellos momentos:

> Un pueblo que, como el nuestro, lleva a sus espaldas una guerra que no quiso, que perdió, y por la que ha sido declarado culpable, no puede soportar que su pecaminosidad se le señale constantemente de una forma exagerada ... Nuestro pueblo ha sufrido tanto bajo la mentira de la culpabilidad por la guerra que la tarea y el deber de la iglesia y de la teología es utilizar el cristianismo para alentarlo, y no abatirlo en la humillación política.[15]

La forma en la que los cristianos alemanes[16] justificaron la distorsión y la desviación del significado tradicionalmente aceptado de las Escrituras y de las doctrinas de la iglesia es complicada. Un líder cristiano alemán, Reinhold Krause, afirmó que Martín Lutero había dejado a los alemanes «un legado inestimable: ¡la terminación de la Reforma alemana en el Tercer Reich!». Si Lutero pudo separarse de la Iglesia Católica, resulta que nada estaba escrito en piedra. Era la cizaña en el jardín del protestantismo. Hasta Lutero había cuestionado[17] la canonicidad de algunos libros de la Biblia, sobre todo el de Santiago, por lo que él tomó como su predicación de la «salvación por obras». El profesor de Bonhoeffer, el teólogo liberal Adolfo von Harnack, también había cuestionado la canonicidad de una gran parte del Antiguo Testamento. Resulta evidente que la escuela teológica liberal de Schleiermacher y Harnack ayudó a forzar las cosas en esa dirección. Pero la otra pieza de este puzle tiene que ver con la confusión que surge inevitablemente cuando la fe cristiana se relaciona de una forma demasiado estrecha con la identidad cultural o nacional. Para muchos alemanes, su identidad nacional se había fundido hasta tal punto con todo lo que tenían de fe cristiana luterana que ya era imposible de distinguir ambas con claridad. Tras cuatrocientos años dando por sentado que todos los alemanes eran cristianos luteranos, ya nadie sabía en verdad lo que era el cristianismo.

Al final, los cristianos alemanes se darían cuenta de que, después de todo, estaban viviendo en el abismo de Barth. Los verdaderos cristianos los vieron como confusos herejes nacionalistas, y nunca pudieron satisfacer a los acérrimos antisemitas del lado nazi del abismo. Un líder nazi envió una carta a la Gestapo quejándose de que la *melodía* del himno *Jerusalén, ciudad alta y justa* se tocaba en los funerales de los muertos alemanes de la guerra. No había palabras ofensivas, ya que solo se tocaba la melodía, pero hasta evocar el recuerdo de las palabras era inaceptable. Ese famoso himno, que se ha tocado en los funerales alemanes durante muchos años, fue el escogido por Paula Bonhoeffer para el funeral de Walter en 1918.

CAPÍTULO 12

COMIENZA LA LUCHA DE LA IGLESIA

Si embarcas en el tren equivocado, de nada sirve correr por el corredor en la dirección opuesta.

—DIETRICH BONHOEFFER

En un principio, los cristianos alemanes pusieron especial cuidado en ocultarle sus creencias más radicales al pueblo alemán. Para el observador casual, su conferencia de abril de 1933 fue un modelo de sobriedad teológica. Pero los Cristianos Alemanes hicieron oír su voz en cuanto a que la iglesia alemana debía unirse y formar la Reichskirche. Cualquier otra cosa traería recuerdos del Reichstag fracturado y de la República de Weimar. Ahora, todo debía estar sincronizado bajo el liderazgo del Führer y la idea de la *Gleischschaltung* [sincronización], y la iglesia debía ir delante.

Como resultado de la conferencia de abril, muchos alemanes estaban abiertos a una sola Iglesia del Reich (*Reichskirche*). Pocos sabían cómo debía ocurrir o bajo qué forma, aunque Hitler tenía ideas muy definidas. Cuando los líderes de la iglesia designaron una comisión de tres obispos, para que se reunieran en Loccum aquel mes de mayo y debatieran sobre el futuro de la iglesia, vio su oportunidad. En un esfuerzo por meter en vereda a las caprichosas iglesias, introdujo a un cuarto clérigo como una cuña en el trío. El cuarto en discordia no era otro que Ludwig Müller, el anteriormente mencionado excapellán naval a quien Hitler había estado proponiendo como obispo de su Reich (*Reichsbischof*), y que lideraría la iglesia unificada que se estaba sugiriendo.

Pero aquel mes de mayo, la táctica de Hitler para crear una iglesia a su propia imagen no tuvo éxito. Los obispos acordaron poner a alguien al frente como obispo del Reich, pero no fue Müller, sino Friedrich von Bodelschwingh, una figura amable, eminente y profundamente respetada, que dirigía una gran comunidad para gente con epilepsia y otras discapacidades en Biesenthal, Westfalia.

Fue elegido *Reichsbischof* el 27 de mayo, pero tan pronto como esa alma bondadosa estuvo lista para recibir su mitra, los cristianos alemanes comenzaron a atacarle, esperando voltear la elección por cualquier medio necesario. Müller lideraba el envite, e insistía en que había que hacer caso a la «voz del pueblo». Sin embargo, muchos alemanes opinaron que sus ataques eran desconcertantes y de mal gusto. Saltaba a la vista que Bodelschwingh era una persona decente y un hombre apolítico, que había ganado la elección de forma justa.

A pesar de los clamores en contra suya, Bodelschwingh fue a Berlín y se puso manos a la obra. Al llegar, pidió ayuda al pastor Martin Niemöller, que había sido capitán de un submarino durante la Primera Guerra Mundial, y había recibido la Cruz de Hierro por su valentía. Inicialmente había acogido bien a los nazis, aclamándolos como los héroes que restaurarían la dignidad a Alemania, expulsarían a los comunistas del país e instaurarían el orden moral. Niemöller se reunió con Hitler, en privado, en 1932 y este le aseguró que mantendría sus manos alejadas de las iglesias y que jamás instituiría pogromos contra los judíos. Esto fue suficiente para Niemöller, quien estaba seguro de que la victoria de los nazis produciría el avivamiento religioso nacional por el que llevaba orando tanto tiempo. Pronto vio que le habían engañado. Cuando por fin se volvió contra Hitler, lo hizo sin temor alguno, y los sermones que dio en su abarrotada iglesia en Dahlem, una sección de Berlín de clase obrera, fueron escuchados con el mayor interés, en particular por miembros de la Gestapo. Él lo sabía y se burlaba de ellos abiertamente desde el púlpito. Se pensaba que, si había alguien fuera del ejército que pudiera dirigir un movimiento en contra de Hitler, ese era él. Fue alrededor del momento en que Bodelschwingh fue elegido cuando Niemöller conoció a Bonhoeffer y empezó a desempeñar un papel fundamental en la lucha de la iglesia.

Las ruidosas protestas de los cristianos alemanes le hicieron la vida cada vez más imposible a Bodelschwingh durante su breve estancia en el cargo de Reichsbischof. Sorprendentemente, el 18 de junio, en medio del alboroto, Franz

Hildebrandt fue ordenado. Como era judío, la cuestión de su futuro en la iglesia no podía haber sido más apremiante. ¿Qué parecería la iglesia si los matones teológicos se salían con la suya? Bonhoeffer estaba presente en la ceremonia que tuvo lugar en la histórica *Nikolaikirche* de Berlín. Allí fue donde el héroe espiritual de Hildebrandt, el famoso escritor de himnos del siglo XVII, Paul Gerhardt, había sido ordenado y, posteriormente, sirvió como ministro. Bonhoeffer conocía muchos de sus himnos de memoria y le sostendrían durante su encarcelamiento.*

Los ataques públicos de los cristianos alemanes continuaron y, el 19 de junio, celebraron una reunión en la Universidad de Berlín. Habían conseguido introducirse en las universidades, y los estudiantes comenzaron a hacer campaña en contra de Bodelschwingh. Bonhoeffer, y muchos de sus estudiantes, asistieron a la reunión, pero no hizo ninguna declaración. Dejó que fueran sus estudiantes quienes argumentaran con los Cristianos Alemanes. Él había planeado con sus alumnos salir en masa si estos volvían a proponer la elección de Ludwig Müller como Reichsbischof, cosa que debían hacer y, finalmente, así fue. En ese momento, Bonhoeffer y el contingente pro-Bodelschwingh se pusieron en pie y se dirigieron hacia la salida. Para su sorpresa, el noventa por ciento de los asistentes también salieron. Fue una audaz bofetada en la cara para los Cristianos Alemanes, y demostraba cuán desagradable había sido su conducta en las últimas semanas.

Los que abandonaron la sala[1] se reunieron junto a una estatua de Hegel y mantuvieron un improvisado mitin. Sin embargo, aun entre estos jóvenes había una distancia entre oponerse a los Cristianos Alemanes y enfrentarse a Hitler. Pensaban que los primeros eran demasiado radicales por querer llevar las doctrinas nazis a la iglesia, pero la mayoría de ellos seguían creyéndose alemanes patriotas leales a su país... y a su Führer. Por ello, en la concentración formada después de su salida, declararon su sumisión al liderazgo de Hitler. Bonhoeffer dijo que «un estudiante aclamó con un *Heil* al Reichskanzler y todos los demás le siguieron».

Tres días después, hubo otra reunión. Esta vez, Bonhoeffer habló. Lo que dijo es difícil de comprender, pero él seguía esperanzado, todavía pensaba que debía de ser posible que la iglesia resolviera esta cuestión de una manera amistosa. En primer lugar, afirmó que Dios estaba utilizando esta lucha en la iglesia alemana para humillarla, y que nadie tenía derecho a ser orgulloso ni a

---

* Irónicamente, el ministro de la Nikolaikirche, antes de 1923, era el doctor Wilhelm Wessel, padre de Horst Wessel, cuya composición «Die Fahne hoch» [Enarbola la bandera en alto] se convirtió en el tristemente famoso y epónimo «Himno de Horst Wessel», himno oficial nazi.

autojustificarse. Quizás saliera algo bueno de la lucha, pero la humildad y el arrepentimiento eran el único camino hacia adelante. Se estaba dirigiendo sobre todo a su propia gente, que entendía que expulsar a los judíos de la iglesia no era correcto. Entonces apeló a Romanos 14 y a la idea del «hermano más débil» en la iglesia, que requería gracia adicional y mejor lugar. Parecía preguntarse si aquellos que estaban en contra del Párrafo Ario deberían soportarlo por el bien de toda la iglesia y de los «hermanos más débiles». Sus comentarios fueron bastante radicales y, considerándolos en retrospectiva, demasiado generosos.

Hasta llegó a sugerir convocar un concilio de la iglesia, como se había hecho en la historia de la iglesia primitiva en Nicea y Calcedonia. Creía que el Espíritu Santo podía hablar y resolver el problema si se comportaban como la iglesia. Pero sobre todo hablaba a los teólogos liberales para quienes las nociones de concilio, herejía o cisma parecían arcaicas. Estaba llamando a la iglesia a que se comportara como tal, pero sus declaraciones cayeron en saco roto.

Dos días más tarde todo era discutible, porque el estado había intervenido y el infierno se había desencadenado. En protesta, Bodelschwingh dimitió. Ahora empezaba la verdadera lucha de la iglesia. El 28 de junio, Müller ordenó a las tropas de las SA que ocuparan las oficinas de la iglesia en Berlín. El 2 de julio, un comando de las SA arrestó a un pastor. Los que se hallaban en la oposición elevaban oraciones de expiación y llamaban a hacer plegarias de intercesión. En el caos resultante, Bodelschwingh se reunió con Hindenburg para explicarle su lado de la situación, y este dijo que transmitiría sus preocupaciones a Hitler.

Bonhoeffer empezó a ver que la oposición a Hitler y a los Cristianos Alemanes era débil y dividida, y poco a poco iba perdiendo la esperanza de que se pudiera hacer algo positivo. Todo era muy deprimente. Müller y los Cristianos Alemanes no temían utilizar el poder del estado para forzar las cosas en beneficio suyo y lo habían estado haciendo con bastante eficacia. Pero Bonhoeffer y Hildebrandt vieron una posibilidad. Sugirieron que las iglesias hicieran una huelga de verdad contra el estado para afirmar su independencia. Si el estado no se replegaba y dejaba que la iglesia fuera la iglesia, esta dejaría de comportarse como la iglesia del estado y, entre otras cosas, dejaría de celebrar funerales. Era una solución brillante.

Como siempre sería el caso, su sugerencia fue demasiado fuerte y dramática por la mayoría de los conciliadores líderes protestantes. La determinación de Bonhoeffer les resultaba inquietante, ya que les obligaba a ver sus propios pecados en todo lo que estaba sucediendo. Así como los líderes militares políticamente comprometidos se mostrarían reacios cuando deberían haber actuado para asesinar a Hitler, los líderes protestantes teológicamente comprometidos eludieron aceptar la sugerencia. No podían reunir la voluntad de hacer nada tan duro y escandaloso como orquestar una huelga, y se perdió la oportunidad.

Las elecciones de la iglesia

Mientras tanto, Hitler[2] seguía adelante con sus propios planes para la iglesia. Sabía muy bien cómo tratar con aquellos pastores protestantes. «Se puede hacer lo que uno quiera con ellos —comentó una vez—. Se someterán..., son una insignificante minoría, tan sumisos como perros, y sudan de incomodidad cuando se habla con ellos». Con el cinismo que aplicaba a toda llamada para una «elección», Hitler anunció de repente nuevas elecciones de la iglesia que se celebrarían el 23 de julio. Esto creó una ilusión de poder escoger, pero con los poderes a la disposición de los nazis, era más que evidente quién sería el ganador. Se echó mano a todo tipo de intimidación que influyera en la situación, con la grave amenaza de que cualquiera que se opusiera a los Cristianos Alemanes sería acusado de traición. Como solo había una semana entre el anuncio y las elecciones, era prácticamente imposible organizar una oposición viable.

A pesar de tener todas las probabilidades en contra, Bonhoeffer se lanzó a la tarea. El movimiento de los Jóvenes Reformadores escogió candidatos, y él, junto con sus estudiantes, escribieron octavillas de campaña y las duplicaron. Pero, en la noche del 17 de julio, antes de que se pudieran repartir, la Gestapo irrumpió en las oficinas de los Jóvenes Reformadores y las confiscó. Los Cristianos Alemanes habían encontrado una objeción legal a la forma en la que estos habían hecho las listas de sus candidatos, y se envió a la Gestapo para que pusiera fin a aquello —«legalmente»— confiscando las octavillas.

Pero Bonhoeffer no se sintió intimidado y, tomando prestado el Mercedes de su padre, él y Gerhard Jacobi se desplazaron hasta el cuartel general de la Gestapo en PrinzAlbrecht-Strasse para enmendar la situación. Jacobi había sido condecorado con dos Cruces de Hierro en la Primera Guerra Mundial y, para reforzar sus credenciales como alemanes patriotas, las llevó puestas a la guarida de los leones, el cuartel general de la Gestapo.

Sería en el sótano sin luz de ese conocido edificio donde encarcelaran a Bonhoeffer, tras el fracaso del intento de asesinato de Stauffenberg, en 1944. Pero ahora, en 1933, todavía vivía en una Alemania que podía verse obligada a comportarse con respeto por el estado de derecho. Por consiguiente, con la confianza de quien conoce sus derechos y tiene la suficiente osadía como para reclamarlos, Bonhoeffer entró como un vendaval en el edificio y exigió ver al jefe de la Gestapo. Le convenció de que era un caso de interferencia electoral —algo que estaba prohibido, por cínico que fuera— y le devolvieron las octavillas. Tuvo que acceder a cambiar el título de la lista de candidatos y, en lugar de poner «Lista de la Iglesia Evangélica» —al que los cristianos alemanes objetaron que deseaban que se pensara en ellos como la «Iglesia Evangélica» oficial— modificarlo por el más neutral «Evangelio e Iglesia». La Gestapo amenazó a Bonhoeffer y Jacobi, haciéndoles personalmente responsables de que se realizaran las alteraciones. Los enviarían a un campo de concentración si se distribuía en alguna parte alguna octavilla sin haber hecho el cambio.

Mientras tanto, a medida que los cristianos alemanes y el movimiento de los Jóvenes Reformadores hacían campaña para la elección, Hitler mostró que también sabía cómo tratar con los católicos. De hecho, había estado negociando con ellos en privado y, el 20 de julio, anunció victorioso que se había forjado un concordato entre el Reich alemán y el Vaticano. Fue un golpe maestro de relaciones públicas, ya que daba la impresión de ser responsable en estas cuestiones y que no suponía amenaza alguna para las iglesias. El texto del concordato comenzaba así:

> Su Santidad el Papa Pío XI y el presidente del Reich alemán, movidos por el deseo común de consolidar y promover las amistosas relaciones existentes entre la Santa Sede y el Reich alemán, desean regular de forma permanente las relaciones entre la Iglesia Católica y el estado, para todo el territorio del Reich alemán de un modo aceptable para ambas partes. Han decidido llevar a cabo un acuerdo solemne.[3]

El primer artículo estipulaba:

> El Reich alemán garantiza libertad de profesión y práctica pública de la religión católica. Reconoce el derecho de la Iglesia Católica, dentro del marco de las leyes válidas para todos, a gestionar y regular sus propios asuntos de forma independiente y, dentro del marco de su propia competencia, a emitir leyes vinculantes y ordenanzas para sus miembros.[4]

Pasados unos cuantos años, se descubriría que solo eran palabras engañosas, pero, por el momento, cumplieron su cometido: mantener las críticas a distancia y presentar un rostro pacífico al escéptico mundo.

Tres días más tarde se celebraron las elecciones de la iglesia. Fue una predecible victoria aplastante de los Cristianos Alemanes, que recibieron alrededor del setenta por ciento de los votos. La noticia estelar fue que Ludwig Müller había sido elegido Reichsbischof. A Müller, el cabeza de toro, todos le consideraban un zafio pueblerino; para muchos alemanes era como si Gomer Pyle se hubiese convertido en el arzobispo de Canterbury. Müller era alguien para quien «las señoras» y el lenguaje vulgar no estaban prohibidos, sobre todo mientras se aumentará su *bona fides* de miembro regular del Reich en lugar de la de algún teólogo quisquilloso. A sus espaldas se burlaban de él llamándole *Reibi*, un escorzo de *Reichsbischof* que también significaba: «Rabbí». Para Bonhoeffer y los que más tarde se convertirían en la Iglesia Confesante, eran malas noticias. A principios de semana le había escrito al obispo Bell, diciéndole que una «descalificación definitiva de Müller por parte del movimiento ecuménico podría ser, quizás, la última esperanza —humanamente hablando— para la recuperación de la iglesia alemana».

Müller y sus cristianos alemanes habían ganado la batalla política, pero Bonhoeffer y los demás del movimiento de los Jóvenes Reformadores no estaban dispuestos a darse por vencidos en la batalla teológica. En algunos sentidos, la derrota política los liberó para pelear en otro plano. Ahora propusieron crear una clara declaración de fe —una «Confesión de fe»— para utilizarla en contra de los Cristianos Alemanes. Forzarían una crisis y los obligarían a definirse. El pastor Niemöller sintió que esa era la respuesta a la situación de aquel momento, y jugó un papel muy importante al persuadirles de adoptar esta táctica:

> ¿Existe teológicamente alguna diferencia fundamental entre las enseñanzas de la Reforma y las que proclaman los Cristianos Alemanes? Nos tememos que sí. Ellos dicen: ¡No! Esta falta de claridad debe aclararse mediante una confesión para nuestro tiempo. Si no viene de la otra parte —y no hay señal de que vaya a llegar pronto— entonces tendrá que venir de nosotros; y lo ha hecho de tal forma que los demás tendrán que decir Sí o No a ella.[5]

En septiembre se celebró un sínodo nacional; lo ideal era que esta confesión estuviera acabada para entonces. Bonhoeffer y Hermann Sasse irían a la comunidad de Bodelschwingh en Bethel, donde había regresado tras su dimisión como Reichsbischoff, y en agosto de 1933 escribirían lo que se llegó a conocer como la Confesión de Bethel.

CAPÍTULO 13

LA CONFESIÓN DE BETHEL

En realidad, la cuestión es: ¿cristianismo o germanismo? Cuanto antes se
revele el conflicto a la clara luz del día, mejor será.

—DIETRICH BONHOEFFER[1]

A principios de aquel verano de 1933, Bonhoeffer recibió una invitación de Theodor Heckel para que se convirtiera en el pastor de una congregación germanoparlante en Londres. Heckel, que conoció a Bonhoeffer a través de contactos ecuménicos, era el jefe del Ministerio de Exteriores de la Iglesia, que supervisaba todas las parroquias de habla alemana en el extranjero, lo que ellos llamaban «la diáspora». La idea de abandonar Alemania y dejar atrás los problemas políticos resultaba atractiva para Bonhoeffer, sobre todo desde que Franz Hilderbrandt también pensaba irse a Londres. De modo que, antes de ir a Bethel, Dietrich viajó a Londres.

Partió después de la elección del 23 de julio[2] y el 30 de ese mismo mes predicó a las dos congregaciones para las que le estaban considerando. Una de ellas, la iglesia de St. Paul, estaba en East End. La otra se encontraba en un suburbio al sur de Londres, llamado Sydenham, donde estaba situada la casa parroquial. Ambas quedaron impresionadas. Heckel le recomendó con grandes elogios al pastor saliente como «alguien muy destacado, según mi opinión personal». Asimismo, mencionó que Bonhoeffer hablaba «varias lenguas» y que «además, cuenta con una ventaja paulina, al no estar casado». Pero los cálidos sentimientos de Heckel hacia Bonhoeffer no tardarían en cambiar.

Tras su estancia en Londres, se dirigió a Bethel, la comunidad de Bodelschwingh, en Biesenthal. A pesar de lo mucho que había oído sobre ese legendario lugar, no estaba preparado para lo que vio. Bethel (en hebreo «casa de

Dios»), era el cumplimiento de una visión que el padre de Bodelschwingh había tenido en la década de 1860. Comenzó en 1867 en forma de comunidad cristiana para personas con epilepsia, pero alrededor de 1900 contaba con varias instalaciones que se ocupaban de unas mil seiscientas personas discapacitadas. El joven Bodelschwingh tomó el relevo cuando su padre falleció en 1910 y, en la época de la visita de Dietrich, era toda una ciudad con escuelas, iglesias, granjas, fábricas, tiendas y alojamiento para las enfermeras. En el centro se encontraban numerosos hospitales e instalaciones de atención sanitaria, incluidos orfelinatos. Bonhoeffer no había visto jamás algo como aquello. Era la antítesis de la cosmovisión nietzscheana que exaltaba el poder y la fuerza. Era el evangelio manifestado, el paisaje de gracia de un cuento de hadas, donde el débil y el desvalido eran cuidados en un ambiente palpablemente cristiano.

Bonhoeffer asistió a los cultos[3] y escribió a su abuela sobre la gente con epilepsia: su «condición de verdadera indefensión puede revelar, quizás, a esas personas ciertas realidades de nuestra existencia humana en las que somos básicamente indefensos, de un modo tal vez más claro de lo que nosotros podríamos tener al estar sanos». Pero incluso en 1933, el antievangelio de Hitler se estaba moviendo hacia el asesinato legal de esas personas que, como los judíos, estaban catalogados como incapacitados, una sangría para Alemania. Los términos que se utilizaban cada vez más para describir a esas personas con discapacidades eran *comedores inútiles* y *vida que no merece la vida*. Cuando llegó la guerra[4] en 1939, su exterminio comenzaría en serio. Desde Bethel, Bonhoeffer escribió a su abuela: «Es una pura locura, como muchos creen hoy, que el enfermo pueda o deba ser legalmente eliminado. Es prácticamente lo mismo que edificar una Torre de Babel y lo más seguro es que se cobre su propia venganza».

Solía mencionar con frecuencia la Torre de Babel en sus sermones para ilustrar el intento «religioso» del hombre de alcanzar el cielo por su propia fuerza, y era algo que probablemente había tomado de Barth. Pero aquí lo vinculaba a la cosmovisión nietzscheana de los nazis, en la que se exaltaba la fuerza, y se aplastaba y eliminaba la debilidad. Lo uno tenía que ver con las obras, lo otro con la gracia.

Hacia el final de la década, los nazis aumentaron la presión sobre lugares como Bethel y, cuando comenzó la guerra, exigieron que esos sitios abandonaran a sus pacientes para ser «asesinados por misericordia». Bodelschwingh se hallaba a la vanguardia de esta batalla, luchando con valentía contra los nazis sobre la cuestión, pero alrededor de 1940 había perdido. Karl Bonhoeffer y Dietrich también se involucraron en esta batalla, aconsejando a las iglesias que presionaran a los hospitales gestionados por ellas y a las instalaciones de atención médica que se negaran a entregar sus pacientes a los nazis. Sin embargo, no había sitio para los débiles y los enfermizos en el estado nacionalsocialista. En agosto de 1933, estos horrores se encontraban todos en el futuro, y Bethel aun era un oasis de paz y un testamento viviente a lo mejor de la verdadera cultura del cristianismo alemán.

La Confesión

Desde Bethel, Bonhoeffer escribió a su abuela, contándole sus progresos con la confesión:

> Nuestro trabajo aquí nos proporciona problemas y placer. Queremos intentar extraer de los Cristianos Alemanes alguna respuesta acerca de sus intenciones. Que lo logremos o no es ciertamente muy dudoso. Porque aunque de forma nominal aporten alguna razón a sus formulaciones, se hallan bajo una presión tan poderosa que, tarde o temprano, todas las promesas serán dominadas. Para mí ha llegado a ser aún más evidente que se nos va a dar una gran iglesia nacional popular, cuya naturaleza no puede ser reconciliada con el cristianismo, y que debemos preparar nuestras mentes para los caminos completamente nuevos que tendremos que seguir. La pregunta es, en realidad: ¿cristianismo o germanismo? Y cuanto antes se revele el conflicto a la clara luz del día, mejor será.[5]

Su objetivo principal al escribir la Confesión de Bethel era detallar lo básico de la fe cristiana verdadera e histórica, que contrastaba con la «teología» fácil e incipiente de Ludwig Müller. Bonhoeffer y Sasse tenían la tarea de establecer las distinciones entre ambos lados de un modo escueto y claro.

Después de tres semanas de trabajo, Bonhoeffer estaba satisfecho, pero entonces se envió el documento a veinte teólogos eminentes para que hicieran sus comentarios. Para cuando hubieron acabado, cada línea era borrosa; todos los afilados bordes de la diferencia se redujeron, y cada punto quedó embotado. Bonhoeffer se sintió tan horrorizado que se negó a trabajar en el borrador final. Cuando se terminó, rehusó firmarlo. Como ocurriría con tanta frecuencia en el futuro, se sintió profundamente decepcionado por la incapacidad de sus colegas cristianos de tomar una postura definida. Siempre pecaban de conceder demasiado, de esforzarse demasiado para congraciarse con sus oponentes. La Confesión de Bethel se había convertido en un magnífico desperdicio de palabras. El borrador final incluso contenía una línea aduladora sobre la «gozosa colaboración» entre la iglesia y el estado.

Bonhoeffer decidió aceptar la oferta de pastorear las congregaciones germanoparlantes de Londres. Sin embargo, primero, lamiéndose las heridas, se retiró a Friedrichsbrunn y reflexionó sobre lo que tenía por delante. El fracaso de la Confesión de Bethel fue un poderoso empujón hacia Londres, ya que no estaba seguro de qué otra cosa podía hacer en la lucha de la iglesia. Decidió que no comenzaría oficialmente hasta mediados de octubre. El sínodo nacional de la iglesia se celebraría en septiembre y él quería estar presente. Asimismo, quería asistir a dos conferencias ecuménicas en Bulgaria, en Novi Sad y Sofía.

Su principal interés por acudir al sínodo era ver si se podía luchar contra la parte del Párrafo Ario, o Cláusula Aria, que impediría a los pastores de origen judío, *que ya hubieran sido ordenados,* servir como ministros. Si esta prohibición había de tener un efecto retroactivo, la carrera de Franz Hildebrant como ministro acabaría antes de empezar.

En las semanas cercanas al sínodo, Bonhoeffer hizo circular un panfleto que había escrito él mismo, *La Cláusula Aria dentro de la iglesia,* que exponía su postura, sobre todo a la luz de los sucesos acontecidos desde el mes de abril, fecha en que editó *La iglesia y la cuestión judía.* En este folleto refutaba la idea subyacente en la teología de los «ordenes de la creación» de los Cristianos Alemanes, en la que la «identidad étnica» era sagrada e inviolable, y rebatió la idea de que la «oportunidad para evangelizar» que procedía de excluir a los judíos sirviera para algo. Asimismo sugirió que el clero alemán no podía ya servir de una manera razonable a una iglesia a la que se le atribuyeran privilegios especiales sobre el clero de ascendencia judía. En este panfleto señalaba el cisma. Cuando el folleto captó la atención de Theodor Hecken en el Ministerio de Exteriores de la Iglesia se decidió que, a menos que se retractase de su postura, no le enviarían a Londres en representación de la iglesia alemana.

Hasta muchos de sus aliados en la batalla teológica pensaron que algunas de las declaraciones recogidas en su panfleto iban demasiado lejos. Martin Niemöller seguía abierto a la posibilidad de permitir que el Párrafo Ario se aplicara a las iglesias. Sentía que estaba mal, pero no deseaba dividir la iglesia por este motivo, al menos todavía no. Pero Bonhoeffer había dejado atrás este tipo de pensamiento pragmático. El argumento de los «hermanos más débiles» que parecía dispuesto a aceptar en el mes de junio ya no le parecía relevante. Se había convencido de que una iglesia que no quisiera alzarse en defensa de los judíos que había en su seno no era la verdadera iglesia de Jesucristo. Y, en esto estaba más que decidido.

Como de costumbre, él iba por delante.[6] Algunos se preguntaban si no estaría dando coces al aguijón, pero cuando se le preguntó si quería unirse a los cristianos alemanes para trabajar contra ellos desde dentro, contestó que no podía hacerlo. «Cuando te embarcas en el tren equivocado —explicó— de nada sirve que corras por el pasillo en la dirección opuesta».

El Sínodo Marrón

El sínodo nacional se celebró en Berlín el 5 de septiembre. Los Cristianos Alemanes dominaron de una forma aplastante, y el ochenta por ciento de los delegados vestían las camisas marrones del uniforme nazi, de modo que se le llegó a conocer como el Sínodo Marrón. Parecía más bien un mitin nazi, no un sínodo. El pastor Jacobi intentó presentar una moción, pero se le ignoró deliberadamente. Las voces de la oposición fueron abucheadas. Sin embargo, no se aprobó la decisión de quitar a los no arios *«ya ordenados»* ni la de destituir de sus puestos a los cónyuges que no fueran de raza aria. Fue algo positivo, aunque, en aquellas circunstancias, no era demasiado.

Al día siguiente, un grupo de la oposición se reunió en casa de Jacobi. El 7 de septiembre se congregó en la de Niemöller. Para Bonhoeffer y Hildebrandt, había llegado la hora del cisma. Se había votado oficialmente un sínodo de la iglesia para excluir a un grupo de personas del ministerio cristiano, solo por su origen étnico. Los Cristianos Alemanes ya se habían descolgado de la fe verdadera e histórica. Bonhoeffer y Hildebrandt pidieron que los pastores que estuvieran dispuestos a dimitir del cargo se pusieran en pie. Pero fueron dos voces que clamaban en un desierto. Nadie quería llegar tan lejos por ahora.

Ni siquiera Karl Barth.[7] El 9 de septiembre, Bonhoeffer escribió a los grandes teólogos preguntándoles si había llegado la hora de un *status confessionis*: «Varios de nosotros nos sentimos ahora atraídos por la idea de la Iglesia Libre». Con esto pretendía decir que deseaban separarse de la iglesia alemana. Pero Barth estaba convencido de que no debían ser ellos quienes se marcharan; contestó que debían aguardar hasta que los echaran. Debían seguir protestando desde dentro. «Si se ocasiona un cisma —argumentó— debe venir de la otra parte». Hasta llegó a afirmar que debían esperar hasta que hubiera un «conflicto por una cuestión aún más importante».

Bonhoeffer y Hildebrandt se preguntaban: «¿Qué podía tener mayor relevancia que el Párrafo Ario?». A Dietrich le molestó tanto la respuesta de Barth que ni siquiera le escribió para comentarle su decisión de ir a Londres hasta mucho después de haber partido. Además, sabía que le habría aconsejado que no lo hiciera.

La que pronto se conocería como la *Pfarrernotbund* (Liga de Emergencia de los Pastores) vio la luz como reacción al Sínodo Marrón. Surgió de la declaración que Niemöller y Bonhoeffer redactaron el 7 de septiembre. No consiguieron persuadir a los demás de que había llegado la hora de las renuncias y el cisma, pero quizás pudieran elaborar un manifiesto que resumiera sus posturas. La protesta oficial al Sínodo Marrón se tituló: «Al Sínodo Nacional», ya que estaba previsto celebrar un sínodo nacional en Wittenberg, más tarde durante ese mismo mes.

Antes de enviarlo al gobierno de la iglesia, se lo hicieron llegar a Bodelschwingh, quien devolvió una versión modificada del mismo al Reichsbischof Müller. Niemöller se encargó de remitírselo a los pastores de toda Alemania. Su declaración contenía cuatro puntos principales. El primero declaraba que sus firmantes se volvían a dedicar a las Escrituras y a las anteriores confesiones doctrinales de la iglesia. En el segundo se afirmaba que trabajarían para proteger la fidelidad de la iglesia a las Escrituras y a las confesiones. El tercero recogía que prestarían ayuda económica a los que se vieran perseguidos por las nuevas leyes o por cualquier otro tipo de violencia. Y el cuarto estipulaba que rechazarían firmemente el Párrafo Ario. Para gran sorpresa de Niemöller, Bonhoeffer y todos los implicados, la respuesta al documento fue sumamente positiva. El 20 de octubre, los pastores de toda Alemania que habían firmado el manifiesto se convirtieron en una organización oficial, la Liga de Emergencia de los Pastores y, a finales de año, seis mil pastores se habían registrado como miembros. Esto constituía un primer paso importante hacia lo que pronto se conocería como la Iglesia Confesante.

Durante la otra mitad de septiembre, Bonhoeffer estuvo en Sofía, Bulgaria, para una conferencia ecuménica de la Alianza Mundial. La otra organización ecuménica con la que había estado afiliado, bajo el liderazgo de George Bell, obispo de Chichester, se llamaba Vida y Trabajo y celebró también una conferencia en Novi Sad durante ese tiempo. Fue entonces cuando Theodor Heckel, que había recomendado a Bonhoeffer para su pastorado en Londres, se descubriría como alguien demasiado dispuesto a colaborar con los Cristianos Alemanes. Como representante oficial de la iglesia alemana en un entorno ecuménico, presentó una versión extremadamente optimista de los grotescos acontecimientos que acababan de surgir del sínodo y en los que se había prohibido a los judíos tener vida en la iglesia. En opinión de Bonhoeffer, Heckel se estaba comportando de una forma despreciable.

La única buena noticia[8] era que los demás que asistieron a la conferencia no aceptaron su versión de los sucesos. Bajo el liderazgo del obispo Bell se aprobó una resolución que declaraba las «serias inquietudes» de los «representantes de diferentes iglesias de Europa y Estados Unidos en particular con respecto a la severa acción emprendida contra personas de origen judío». Bell no tardaría en convertirse en un estrecho aliado de Bonhoeffer en esta lucha y este, a su vez, se convertiría en una molestia para Heckel, una piedrecita en su zapato, durante los años siguientes. Sería la voz intrépida y persistente que transmitiera a Bell —y, a través de él, al mundo— la verdad de lo que había ocurrido en realidad en la iglesia de Alemania, a pesar de los informes de sus «representantes oficiales», como Heckel.

El movimiento ecuménico fue un aliado de Bonhoeffer en los años sucesivos, pero, como ocurrió con sus compañeros de la iglesia alemana, por lo general se resistía a seguir su línea radical. Mientras tanto, se hizo con algunos aliados acérrimos. El obispo sueco Valdemar Ammundsen fue uno de ellos. Él y un grupo de líderes ecuménicos se reunieron con Bonhoeffer en privado, en Sofía, y este les contó toda la historia de lo sucedido. Tras oírle con gran comprensión, oraron por él. Dietrich se sintió profundamente conmovido.

Sugirió que los líderes ecuménicos retrasaran el reconocimiento oficial de la «nueva» iglesia alemana dirigida por el Reichsbischof Müller. Aconsejó enviar una delegación que investigara por sí misma la situación, Bonhoeffer sabía que los nazis estaban muy preocupados por cómo se les percibía en la comunidad mundial, de modo que el movimiento ecuménico contaba con una gran influencia que debía utilizar.

En la conferencia[9] de Novi Sad se aprobó una resolución sobre la cuestión judía aún más dramática que la de Sofía: «Deploramos de manera especial que las medidas del estado en contra de los judíos en Alemania tengan un efecto tal sobre la opinión pública que, en algunos círculos, la raza judía se considere de estatus inferior».

Asimismo, protestaron[10] por la acción de la iglesia alemana contra los «ministros y los oficiales de la iglesia que por circunstancia de su nacimiento no son arios». Declararon que esto era una «negación de la enseñanza y del espíritu explícitos del evangelio de Jesucristo». Eran palabras sobremanera fuertes y, como resultado de las mismas, la posición de Heckel en la iglesia peligraba.

Bonhoeffer volvió entonces a Alemania para el sínodo nacional de Wittenberg, célebre por ser el lugar donde Lutero inauguró la Reforma. Para aquel entonces, dos mil personas habían firmado el manifestó de la Liga de Emergencia de los Pastores. El día del sínodo, Bonhoeffer hacía uso del Mercedes de su padre y del chófer. Salió muy temprano del 14 de Wangenheimstrasse, con Franz Hildebrandt y su amigo Gertrud Staewen. Era una espléndida mañana de otoño. La parte trasera del auto estaba llena de cajas del manifiesto. Aquella tarde, los repartió con algunos amigos y los clavó en los árboles por todo Wittenberg.

Se formó una guardia de honor bajo la ventana de Ludwig Müller. Al verlo, los tres hicieron una mueca y sintieron vergüenza ajena. Estando allí, Bonhoeffer y Hildebrandt[11] enviaron un telegrama a Müller en el que le exigían una respuesta a la cuestión del Párrafo Ario, ya que no lo había mencionado en su discurso de la mañana. Como cabía esperar, lo ignoró. Aquel día, Müller fue elegido Reichsbischof por unanimidad y, para mayor dolor, la elección se celebró en la iglesia de Wittenberg Castle, sobre la tumba de Lutero. El siempre ocurrente Hildebrandt dijo que Lutero debía de estar retorciéndose en su tumba.

Entonces decidieron que Müller debía ser consagrado de forma oficial como obispo del Reich el 3 de diciembre en la catedral de Magdeburg. Los Cristianos Alemanes habían vencido con rotundidad. Una vez más, Bonhoeffer y Hildebrandt decidieron que la única solución era el cisma.

En octubre, Bonhoeffer volvió su atención a Londres. Su pastorado debía empezar en dos semanas, pero Heckel dejó claro que dadas sus actividades recientes quizás no le permitieran ir. Esperaba utilizar esta amenaza para hacerle cambiar de postura, pero Bonhoeffer no se arrepintió, haciendo gala de toda su audacia. Le comentó a Heckel que no se retractaría de nada de lo que hubiera dicho o escrito. Tampoco le prometería abstenerse de actividades «ecuménicas» mientras estuviera en Londres, como Heckel intentó conseguir. En aquella reunión, llegó incluso a exigirle que le organizara una entrevista con el Reichsbischof Müller.

Se encontró con él el 4 de octubre. Le explicó que no representaría a la Reichskirche Cristiana Alemana en Inglaterra y reiteró lo que le había afirmado a Heckel en cuanto a que seguiría hablando con el movimiento ecuménico. Cuando el semieducado Müller le pidió que retractara su firma de la declaración de la Liga de Emergencia de los Pastores, respondió que no lo haría y citó extensamente la Confesión de Augsburgo en latín. Müller se sintió cada vez más incómodo y le interrumpió. Al final, temiendo que Bonhoeffer le causara más problemas si se lo impedía, le dejó ir a Londres.

Bonhoeffer había declarado su lealtad a Alemania, pero no lo haría con el «estado nacionalsocialista». Esto resumía su actitud de seguir adelante: sería ferozmente leal a la iglesia y a Alemania, pero no comprometería ni un átomo de sí mismo a la seudoiglesia de Müller ni a la dictadura que reivindicaba representar a la gran nación y cultura que él tanto amaba.

La Liga de las Naciones

Aquel mes de octubre, para deleite de la mayoría de los alemanes, Hitler declaró que Alemania abandonaba la Liga de las Naciones. El anuncio llegó dos días antes de que Bonhoeffer saliera para desempeñar su pastorado en Londres. Como con los otros muchos movimientos sumamente audaces de Hitler, lo presentó como algo que se había visto obligado a hacer a causa de las acciones de otros. Recientemente había solicitado la «igualdad de situación social» a la Liga de las Naciones, dando a entender que quería conceder a Alemania el derecho de reforzar su ejército hasta equipararlo al de las demás potencias principales. Cuando se negaron, como era de esperar, hizo el mencionado anuncio. Entendió que la Liga de las Naciones no le haría frente, y estaba en lo cierto. Además, estaba seguro de que el pueblo alemán se alegraría de su acto, porque parecería que se seguía sacudiendo las cadenas de la humillación que habían llegado con Versalles. En esto tampoco se equivocaba.

Como de costumbre, Hitler tenía una increíble sintonía con la percepción del pueblo que se encargaría de moldear. Tenía mucho que decir todavía. Era un hecho que, en esa época, la mayoría de los alemanes estaban totalmente a favor de lo que estaba realizando. A decir verdad, no podían ni imaginar lo que les esperaba. A pesar de todo, algunos sí lo presintieron, principalmente Bonhoeffer y Hildebrandt, entre ellos.

Martin Niemöller no lo hizo. Como muchos de los que se hallaban en el lado derecho de la lucha de la iglesia en esa época, separaban por completo las cuestiones de la iglesia y del estado. Para ellos, la intromisión de los Cristianos Alemanes en los asuntos de la iglesia era una cosa, pero no tenía nada que ver con lo que Hitler estaba realizando por otro lado. De modo que, —en nombre de la Liga de Emergencia de los Pastores, aunque parezca increíble— Niemöller llegó a enviar un telegrama de felicitación al Führer en el que le juraba lealtad en nombre de todos y le aseguraba su gratitud.

Bonhoeffer y Hildebrandt se horrorizaron. Como judío, Hildebrant estaba tan molesto por la ceguera de Niemöller con respecto a este asunto que, cuando este le pidió que asumiera un puesto en la Liga de Emergencia de los Pastores, declinó el ofrecimiento. Le escribió expresándole lo que opinaba al respecto. Él y Bonhoeffer solían verse como las voces solitarias, aun entre sus aliados de la Liga de Emergencia de los Pastores. «Me resulta imposible entender —escribió Hildebrandt— cómo pueden ustedes acoger con tanto gozo la maniobra política de Ginebra, cuando ustedes mismos se niegan a adoptar una actitud inequívoca con respecto a la iglesia que con insistencia nos niega una igualdad de estatus social».

Muchos años después, tras el encarcelamiento de Niemöller durante ocho años en campos de concentración como prisionero personal de Adolfo Hitler, escribió estas palabras tristemente célebres:

> Primero vinieron por los socialistas, y yo no dije nada,
> porque no era socialista.
> Luego vinieron por los sindicalistas, y yo no dije nada,
> porque no era sindicalista.
> Luego vinieron por los judíos, y yo no dije nada,
> porque no era judío.
> Luego vinieron por mí
> y, en ese momento, no quedaba nadie que dijera nada.

Cuando Hitler anunció que Alemania abandonaba la Liga de las Naciones, con gran astucia anunció que dejaría que «el pueblo alemán» decidiera el asunto en un plebiscito, el 12 de noviembre. Sabía muy bien cuál sería el resultado, sobre todo porque los nazis controlaban todos los medios de comunicación y el dinero en Alemania.

Incluso la fecha del plebiscito[12] se escogió con sumo cuidado y cinismo. El 12 de noviembre era un día después del decimoquinto aniversario de la humillación de Alemania a manos de los Aliados. Por si alguien no se hubiera dado cuenta de este detalle, Hitler lo dejó muy claro en un discurso que pronunció. «¡Asegúrense de que este día se recuerde en la historia de nuestro pueblo como un día de salvación!», dijo. «Que los informes expresen: un 11 de noviembre el pueblo alemán perdió formalmente su honor; ¡quince años después, llegó un 12 de noviembre y el pueblo alemán lo recuperó!». De modo que, aquel 12 de noviembre, Alemania volvió a ratificar el liderazgo de Hitler y, de una manera «democrática», le concedió un abrumador permiso para que se burlara de sus enemigos y de todos los que un día les humillaron. ¡Ahora, Francia, Inglaterra y Estados Unidos verían con quién habían estado jugando!

La extralimitación de los Cristianos Alemanes

Fue una época embriagadora para los nazis. El día después del plebiscito, los Cristianos Alemanes decidieron celebrarlo poniendo en escena un mitin masivo en su ruedo favorito, el *Sportpalast* de Berlín. El gran pasillo estaba engalanado con banderas y pancartas en las que se leían: «Un Reich. Un pueblo. Una iglesia». Veinte mil personas se congregaron para escuchar al líder de los Cristianos Alemanes de Berlín, un alterado profesor de escuela secundaria llamado Reinhold Krause. Este fue su momento de gloria, y lo aprovechó. Pero, al parecer, había saltado a la escena nacional con tanto entusiasmo que se hizo daño —y a los Cristianos Alemanes también—; un gran daño.

Ignorando que su discurso se escucharía más allá de la ferviente audiencia del *Sportpalast* de aquel día, Krause dio rienda suelta a todo lo que él, y las figuras más apasionadas del movimiento Cristiano Alemán, habían estado hablando entre ellos durante todo el tiempo, y que no se había comentado en público. La máscara moderada que habían presentado ante la mayoría de los alemanes había caído ahora.

En un lenguaje grosero[13] y ordinario, Krause exigió que la iglesia alemana se deshiciera de una vez por todas de cualquier indicio de judaísmo. El Antiguo Testamento sería lo primero, «¡con su moralidad económica judía y sus cuentos de mercaderes de ganado y proxenetas!». Las notas taquigráficas recogen que a estas palabras les siguió «un largo aplauso». El Nuevo Testamento también había de ser revisado para que presentara a un Jesús «que se correspondiera por entero con las demandas del nacionalsocialismo». Ya no debería presentar un «énfasis *exagerado* en el Cristo crucificado». Este era un principio derrotista y deprimente, es decir, judío. ¡Alemania necesitaba esperanza y victoria! Asimismo, se burló de «la teología del rabino Pablo con sus chivos expiatorios y su complejo de inferioridad». Luego, le tocó el turno al símbolo de la cruz, «¡un remanente ridículo y debilitador del judaísmo, inaceptable para los nacionalsocialistas!». Además, exigió ¡que todo pastor alemán hiciera un juramento de lealtad personal a Hitler! Y el Párrafo Ario que ordenaba la expulsión de todos los miembros de las iglesias que fuesen de origen judío ¡debía ser aceptado de todo corazón por todas las iglesias alemanas!

Krause hizo la interpretación de su vida, pero fue un error de cálculo fatal para los Cristianos Alemanes. A la mañana siguiente, la prensa informó sobre este acontecimiento y la mayoría de los alemanes más allá del abarrotado *Sportpalast* se sintieron desconcertados y ultrajados. Una cosa era desear una iglesia que fuera relevante para el pueblo alemán y que inspirara a los alemanes a surgir de su derrota a manos de la comunidad internacional y los impíos comunistas. Pero ir tan lejos como Krause había llegado, burlándose de la Biblia, de San Pablo, y de tantas otras cosas, era demasiado. Desde ese momento, el movimiento Cristiano Alemán se vio condenado a la sima de Barth. La principal corriente protestante los consideraba gente inaceptable, unos herejes descarados y unos nazis fanáticos. Para la mayoría de los nazis que no eran cristianos eran sencillamente ridículos.

Los nazis los utilizaron mientras les convino, y les dieron una oportunidad para hacer algo probablemente imposible. No funcionó. Müller se quedó un poco más de tiempo, pero su estrella con Hitler ya se había apagado. Cuando el proyecto nacionalsocialista llegó a su fin, Müller se quitó la vida.

CAPÍTULO 14

BONHOEFFER EN LONDRES

1934–35

Y creo que toda la cristiandad debería orar con nosotros para que haya una «resistencia hasta la muerte», y que se encuentre a la gente que la quiera padecer.

—Dietrich Bonhoeffer

D urante el final del verano y el otoño de 1933, después de que Heckel le invitara a pastorear las dos congregaciones alemanas de Londres, Bonhoeffer pensó qué hacer. Había dos razones principales para ir. En primer lugar estaba la experiencia básica de una «obra parroquial» o «trabajo eclesial», como lo definía algunas veces. Había comenzado a ver que el énfasis excesivo sobre el lado cerebral e intelectual de la formación teológica había producido pastores que no sabían cómo vivir la vida de un cristiano y que solo sabían pensar como teólogos. Para él, cada vez era más importante integrar ambas cosas. En segundo lugar, deseaba apartarse de la lucha de la iglesia en Alemania para tener una perspectiva de la imagen panorámica que, en su opinión, iba mucho más allá de la mera política de la iglesia. En una carta a Erwin Sutz escribió:

Aunque estoy trabajando con todas mis fuerzas para la oposición de la iglesia, tengo sumamente claro que esta no es más que una transición muy temporal a otra de distinto tipo, y que pocos de los que están comprometidos en esta primera escaramuza participarán en la próxima lucha. Y creo que toda la cristiandad debería orar con nosotros para que haya una «resistencia hasta la muerte», y que se encuentre a la gente que la quiera padecer.[1]

Hasta sus más cercanos aliados, como Franz Hildebrandt, no pudieron ver lo que él percibía. Parecía operar en un plano teológico imposiblemente alto, distinguiendo cosas en la distancia que eran invisibles para quienes lo rodeaban. Debió de haber sido extremadamente frustrante para él, y también para ellos. La influencia de Jean Lasserre le había proporcionado un amor más profundo por el Sermón del Monte que le abrió la puerta a la perspectiva que ahora tenía sobre lo que estaba sucediendo y lo que estaba por llegar.

Había otros niveles de significado y profundidad en lo que estaba afrontando. Mientras que Hildebrandt, Niemöller y Jacobi pensaban en cómo derrotar a Müller, él reflexionaba en el llamado supremo de Dios, en el llamamiento al discipulado y el coste que entrañaba. Meditaba en Jeremías y en la invitación de Dios a participar en el sufrimiento, e incluso en la muerte. Bonhoeffer le daba vueltas a todo esto en su cabeza, a la vez que cavilaba sobre cuál debería ser el siguiente movimiento con Heckel y en la lucha de la iglesia. Pensaba en el profundo llamado de Cristo, que no tenía nada que ver con ganar, sino con someterse a Dios, dondequiera que esto llevara. En su carta a Sutz, afirmaba:

Sencillamente sufrir —esto es lo que habrá que hacer después—; nada de defensa, de golpes o de ofensiva como los que aún serían posibles o admisibles en la lucha preliminar; la verdadera pelea que tal vez nos aguarda debe ser simplemente sufrida con fidelidad ... Durante algún tiempo, la lucha de la iglesia ni siquiera ha consistido en lo que ha parecido; las líneas se han trazado en un lugar distinto por completo.[2]

Resulta difícil escapar a la conclusión de que, en cierto modo, el pensamiento de Bonhoeffer era profético, que podía ver lo que aguardaba en el futuro, que en algún momento solo podría «sufrir con fidelidad» en su celda, alabando a Dios mientras lo hacía, dándole gracias por el alto privilegio de ser hallado digno de hacerlo.

Por otra parte, en un nivel mucho más mundano de la política de la iglesia —a nivel de esa «pelea preliminar»— parecía bastante claro que podría ser más eficaz desde el otro lado del canal. En Londres no estaría bajo la autoridad directa de la

Reichskirche ni ante el ojo observador de las autoridades políticas de la iglesia en Berlín. Tendría libertad para trabajar con sus contactos ecuménicos para contarles la verdad de todo lo que estaba ocurriendo en lo profundo de Alemania. Esto era importante y no le habría sido posible estando aún allí.

Fue durante el periodo que pasó en Londres cuando intimó con el hombre que se convertiría en un querido amigo a la vez que su contacto ecuménico más importante, George Bell, el obispo de Chichester.

Había otro hombre en el mundo cuya influencia y amistad significó tanto para él como su relación con el obispo Bell. Ese hombre era Karl Barth. Sin embargo, el aparente rechazo de Barth —con respecto a si la aprobación del Párrafo Ario en el Sínodo Marrón constituía un *status confessiones*— había sido difícil de digerir. Bonhoeffer no se había sentido, pues, demasiado inclinado a comunicarle a Barth que iría a Londres. El 24 de octubre, una semana después de su llegada, por fin le escribió:

Si uno tuviera que descubrir razones bastante definidas para semejantes decisiones tras el acontecimiento, una de las más fuertes, según creo, fue que sencillamente no me sentía con ánimo para atender las preguntas y las demandas que llegaban hasta mí. Siento que, en cierto modo, no entiendo; me hallo en una oposición radical a todos mis amigos. Cada vez me sentía más aislado con mis propios criterios de las cosas, aun cuando permanecí personalmente cercano a esas personas, y sigo estándolo. Todo esto me ha asustado y ha sacudido mi confianza hasta el punto de empezar a temer que el dogmatismo me esté llevando por mal camino. No parecía existir una razón en particular que justificara que mi propia opinión fuera mejor, más correcta, que la de muchos pastores verdaderamente capaces a quienes respeto con toda sinceridad.[3]

El 20 de noviembre llegó la respuesta de Barth:

¡Querido colega!
Podrás deducir, por la forma misma en que me dirijo a ti, que no considero tu partida hacia Inglaterra sino como un interludio personal necesario. Una vez lo maduraste en tu mente, no tenías por qué pedir primero mi sabio

consejo. Con toda seguridad te habría aconsejado que no lo hicieras y lo más probable es que hubiera utilizado toda mi artillería pesada para convencerte. Ahora que me mencionas el asunto a hecho pasado, lo único que te puedo decir con sinceridad es: «¡Date prisa y retoma tu puesto en Berlín! ... Con tu espléndida armadura teológica y tu erguida figura alemana ¿no te sentirías, quizás, hasta un poco avergonzado ante un hombre como Heinrich Vogel que, arrugado y alterado como está, sigue siempre ahí, moviendo sus brazos como un molino de viento y gritando: «¡Confesión! ¡Confesión!» a su manera —en poder o en debilidad, eso no importa tanto— dando en realidad su testimonio? ... Alégrate de que no te tenga aquí en persona, porque arremetería contra ti con urgencia de un modo bastante diferente, con la exigencia de que no te dejes llevar por todas esas florituras intelectuales y consideraciones especiales, por muy interesantes que puedan ser, y que solo pienses en una cosa: que eres alemán, que la casa de tu iglesia está ardiendo, que sabes lo suficiente y puedes decir lo que sabes muy bien que será de ayuda, y que debes regresar a tu puesto en el siguiente barco. Dada la situación, ¿podríamos decir el barco que salga después del siguiente? ... Te ruego que la tomes [esta carta] con el espíritu de amistad con que la escribo. Si no me sintiera tan apegado a ti, no despotricaría de este modo contra ti.

Con sinceros saludos,
Karl Barth[4]

El obispo George Bell

Aquel otoño en Londres, Bonhoeffer conoció al obispo George Bell, que ocuparía un lugar destacado en su vida desde ese momento en adelante. Bell fue también el hombre a quien Bonhoeffer dirigiría sus últimas palabras, unas horas antes de ser ejecutado. Bell y Bonhoeffer compartían cumpleaños el 4 de febrero, aunque el primero había nacido en 1883. Bell y Karl Barth eran dos décadas mayores que él y fueron los únicos hombres que fueron para él lo más parecido a mentores. Entre sus amigos, como Franz Hildebrandt, cuando se refería a Bell lo haría de un modo afectuoso llamándole «tío George», aunque nunca lo hizo delante de este.

Bell era un personaje impresionante. Siendo estudiante en la Iglesia de Cristo, de Oxford, había ganado un importante premio en poesía, y tras su nombramiento como capellán del famoso Arzobispo Randall Davidson, siguió escribiendo la biografía de este, una obra monumental y definitiva de mil cuatrocientas páginas. Bell se involucró en el movimiento ecuménico después de la Primera Guerra Mundial y se convirtió en una de sus principales figuras. Fue este movimiento el que le llevó hasta Bonhoeffer, que fue su principal conexión con los horrores acontecidos en Alemania. Cuando era deán de Canterbury, llevó a Dorothy Sayers y Chistopher Fry como artistas invitados, pero su invitación más importante sería en 1935, cuando encargó a T. S. Eliot que escribiera la obra *Asesinato en la catedral*, que escenificaba el asesinato de Thomas à Becket que había ocurrido allí en 1170. La obra era una crítica evidente al régimen nazi y se estrenó en la epónima catedral el 15 de junio de 1935. Bell había invitado también a Gandhi a Canterbury y, más tarde, propició la principal conexión entre él y Bonhoeffer.

Las relaciones de Alemania con Inglaterra eran muy complicadas en aquel momento. Hitler quería, a toda costa, presentar una imagen de sí mismo como de alguien en quien la comunidad internacional podía confiar y, a lo largo de la década de los treinta, tenía muchos amigos y aliados en los círculos aristocráticos ingleses. El obispo Bell no se hallaba entre ellos. Al final de 1933, los nazis deseaban desesperadamente congraciarse con los anglicanos para la inminente consagración de Ludwig Müller como Reichsbischof. Se encomendó a dos Cristianos Alemanes destacados, Joachim Hossenfelder y el profesor Karl Fezer, que viajaran a Inglaterra para que difundieran allí el estiércol de la propaganda de Hitler. Aun no siendo uno de sus consumidores deliberados, Franch Buchman, del Movimiento de Oxford, fue quien extendió la invitación.

Buchman era un importante cristiano evangélico de principios del siglo XX. Tipificaba a muchas de las personas de buenas intenciones que habían estado lo suficientemente ciegas a la verdadera naturaleza de Hitler, tendiéndole una mano cuando deberían haberle denostado. Pero le había resultado difícil rechazarlo cuando Alemania se tambaleaba a consecuencia de los años de Weimar, y ese hombre se había presentado como enemigo indefectible de los impíos bolcheviques y amigo de las iglesias. En esto, y en su afán por convertir a los líderes a la fe cristiana, Buchman parecía haber pasado por alto la orden de poseer la astucia de las serpientes. Con toda ingenuidad esperaba convertir a Hitler y le tendió una mano a él y a los Cristianos Alemanes.

Sin embargo, la campaña de fertilización de Hossenfelder y Fezer no produjo el crecimiento que habían esperado. Los periódicos británicos sospechaban, y con razón, de los envíos clericales de Hitler. Al margen de un éxito modesto con el obispo de Gloucester, Arthur Cayley Headlam, que era pro-Hitler, todos los demás los rechazaron.

No fue el caso de Bonhoeffer, que tuvo un gran éxito. Su primera reunión con George Bell tuvo lugar el 21 de noviembre en Chichester, en la residencia del obispo, y se hicieron rápidamente amigos. Como Bell había estado en Berlín en el mes de abril, cuando los cristianos alemanes celebraron su conferencia, sabía más de la situación en Alemania de lo que Bonhoeffer esperaba. En realidad, al regresar de su viaje aquel mes de abril, Bell alertó públicamente a la comunidad internacional del antisemitismo del que había sido testigo. Asimismo, en septiembre, había presentado una moción de protesta contra el Párrafo Ario y la aceptación de este por parte de la iglesia alemana. En los años posteriores, Bonhoeffer sería la fuente informativa principal de lo que estaba ocurriendo en Alemania y Bell —entonces miembro de la Cámara de los Lores— comunicaría dicha información al público británico, con frecuencia mediante cartas en el *Times* de Londres. No hay lugar a duda de que, durante la década siguiente, Bell y Bonhoeffer fueron fundamentales para impulsar a la opinión británica en contra de Hitler y del Tercer Reich.

El pastorado en Londres

La iglesia londinense donde Bonhoeffer vivía se encontraba en el suburbio sureño de Forest Hill. Su apartamento consistía en dos grandes habitaciones en el segundo piso de la casa parroquial, una laberíntica casa victoriana sobre una colina rodeada de árboles y jardines. La mayor parte de las habitaciones restantes eran utilizadas por una escuela alemana privada. El apartamento estaba lleno de corrientes y siempre estaba frío. Bonhoeffer se pasó el tiempo agarrando la gripe, sufriendo y recuperándose de ella, o de cualquier otra enfermedad. En las chimeneas habían hecho una chapuza con pequeños calentadores de gas que funcionaban con monedas y que eran de poca ayuda. También había problema de ratones. Finalmente, Bonhoeffer y Hildebrandt se aburrieron de intentar mantener a los ratones alejados y se limitaron a guardar los alimentos en latas.

Desde la distancia, Paula Bonhoeffer intentó ayudar a que su hijo soltero de veintisiete años se hiciera con las tareas domésticas. Le envió por barco varios muebles, incluido su piano Bechstein, que solía tocar con mucha frecuencia. Asimismo, contrató a un ama de llaves para él.

Aunque físicamente ausente de Berlín, Bonhoeffer se las arregló para seguir estrechamente implicado en la *Sturm und Drang* [tempestad e ímpetu] de la lucha de la iglesia. Primero viajaba a Berlín con cierta frecuencia, cada tres o cuatro semanas. Cuando no estaba allí, estaba al teléfono con alguien de allí, ya fuera Gerhard Jacobi, Martin Niemöller o su madre, que estaba tan inmersa en la lucha de la iglesia como todos los demás. Proporcionaba a su hijo todos los retazos de información que iba reuniendo. Bonhoeffer telefoneaba con tanta frecuencia a Alemania que la oficina de telégrafos local llegó a rebajarle su monumental factura mensual en una ocasión, por la duda de que fuera exacta o por compasión.

Hildebrandt llegó a Londres[5] el 10 de noviembre. Bonhoeffer había quedado en encontrarse con él en la estación Victoria, pero no se le veía por ninguna parte. Hildebrant pensó que sería mejor llamar a la casa parroquial, pero no tenía el número y apenas hablaba inglés. Mientras luchaba por comunicar su problema al operador telefónico, Bonhoeffer dio unos golpecitos en el cristal de la cabina. Acababa de llegar. A continuación, se encargó de enseñarle inglés y le mandaba siempre a comprar, creyendo que «las compras siempre enseñan lo fundamental».

Aquella Navidad, Dietrich le regaló una Biblia en inglés; era otra manera de acelerar el aprendizaje del idioma. Pero también le envió a comprar el abeto, porque jamás cambió de parecer en cuanto a que ir de compras era el mejor método. Wolf-Dieter Zimmermann les dio una sorpresa cuando llegó el día de Navidad, con un paté de hígado de Estrasburgo. Permaneció con ellos dos semanas y jamás olvidaría cómo Bonhoeffer y Hildebrandt no cesaban de discutir, aunque sabía que nunca era algo personal.

Por lo general tomábamos un suntuoso desayuno alrededor de las 11:00 de la mañana. Cada uno de nosotros tenía que ir a buscar *The Times* para informarnos, mientras desayunábamos, de los últimos acontecimientos en la lucha de la iglesia alemana. Luego, cada uno se iba a su tarea. A las 2:00 de la tarde, nos volvíamos a encontrar para tomar un tentempié. A continuación había conversaciones intercaladas con música, porque ambos tocaban el piano a la perfección, por separado o juntos ... Pasábamos muchas noches en casa, y solo salíamos en ocasiones para ver una película, una obra de teatro o atender a cualquier compromiso. Las veladas en casa eran típicas de nuestra vida en Londres: discusiones teológicas, música, debates, historias, una cosa detrás de otra y pasando de lo uno a lo otro... hasta las 2:00 o las 3:00 de la madrugada. Todo se abría paso con enorme vitalidad.[6]

Un amigo de la iglesia comentó que «siempre abundaba el humor cuando Bonhoeffer estaba cerca». Constantemente gastaba bromas, de forma verbal o de cualquier otra manera. A veces comenzaba un dueto de piano en la clave equivocada hasta que su acompañante se daba cuenta de que lo había hecho a propósito.

Hildebrandt vivió tres meses con Bonhoeffer[7] en la casa parroquial. La gente los visitaba constantemente. Mientras Zimmermann estuvo allí se presentó otro estudiante de Berlín. Todos se maravillaban de ver cómo Bonhoeffer y Hildebrandt vivían «en un estado permanente de discusión», aunque nunca era con acritud. Era evidente que disfrutaban de las constantes riñas teológicas. Para ellos era un entretenimiento que les permitía ejercitar su increíble inteligencia, y muchas veces se olvidaban de quienes estuvieran escuchando. Los biógrafos de Hildebrandt escriben que, algunas veces, «cuando ambos estaban metidos en una discusión, Franz sacaba su carta de triunfo, su punto remachado. En ese momento, Dietrich miraba hacia arriba y decía: «¿Qué decías? Lo siento, no he oído una sola palabra». Por supuesto que lo había oído todo. Luego, ambos «se morían de risa».

Hubo otras muchas visitas. Christel, la hermana de Bonhoeffer vino a visitarlos con su marido, Hans von Dohnanyi; y su hermana Susane vino con su esposo Walter Dress, que había sido amigo de Bonhoeffer durante años y llegaría a ser miembro de la Iglesia Confesante. Según Sabine, en algún momento de su estancia en Londres, Bonhoeffer acogió a un San Bernardo. Cuando un coche lo atropelló y lo mató, se sintió muy afectado.

Bonhoeffer estaba a cargo de dos congregaciones, y ninguna de ellas era lo suficientemente grande para sostener a su propio pastor. La congregación de Sydenham estaba formada por unas treinta o cuarenta personas, muchas de las cuales trabajaban en la embajada alemana; y la de St. Paul contaba con unas cincuenta, en su mayoría comerciantes. A pesar del pequeño número, él preparaba sus sermones como si predicara ante miles de personas. Cada sermón estaba escrito a mano y se los enviaba a sus amigos en Alemania, incluida Elizabeth Zinn.

Estas congregaciones de expatriados en Londres eran similares a aquella en la que había servido en Barcelona. Como en la mayoría de las iglesias étnicas del extranjero, eran la conexión cultural más importante con su tierra natal. Por consiguiente, el lado teológico de las cosas era menos relevante. Como en Barcelona, Bonhoeffer fue ambicioso e introdujo nuevas actividades en la congregación, incluida la escuela dominical y el grupo juvenil. También supervisó una representación de la natividad en Navidad y una obra de la pasión en Pascua.

También como en Barcelona,[8] sus sermones fueron carne sólida para los parroquianos tan acostumbrados a una comida más ligera. De hecho, ahora eran más exigentes y severos que aquellos a quienes había predicado cinco años antes. Bonhoeffer había cambiado mucho desde que tenía veinte años y estaba en Barcelona. Las circunstancias de vida habían sido más oscuras. En algunos aspectos era como si hubieran pasado décadas. Una señal de su seriedad más profunda era su inclinación por los temas escatológicos y un palpable anhelo por el «reino de los cielos» que comunicaba en sus sermones. En una carta a Gerhard Leibholz, escribió que «uno siente un tremendo anhelo por la verdadera paz, en la que toda miseria e injusticia, la mentira y la cobardía llegarán a su fin». Había creído en esas cosas cinco años antes, pero ahora también podía sentirlas.

CAPÍTULO 15

SE CALDEA LA BATALLA
DE LA IGLESIA

*Es un prisionero y tiene que ir donde le lleven. Se ha dictado su camino.
Es la senda del hombre a quien Dios no soltará y que nunca se deshará
de él.*

❧

*Lo que está en juego dentro de la iglesia alemana no es ya una cuestión
interna sobre la existencia del cristianismo en Europa.*

—DIETRICH BONHOEFFER

Si Heckel y Müller pensaban que, dejándole ir a Londres, Bonhoeffer se
aplacaría en cierto modo, o que podrían mantenerlo alejado de Berlín, se
equivocaban. En Londres, hizo que el problema fuera cinco veces mayor
para ellos de lo que habría sido estando en casa. Esta ciudad le dio una
libertad de la que no disponía en Berlín y supo sacarle provecho. Profundizó sus
relaciones en el mundo ecuménico y se aseguró de que cualquier imagen positiva
que la prensa inglesa pudiera tener de la Alemania de Hitler quedara rápidamente
corregida con hechos.

Dados sus extraordinarios dones como líder, no tardó en influenciar las opiniones de otros pastores compatriotas en Londres. En ese momento crucial, guia-
ría sus respuestas individuales y colectivas a la *Reichskirche*. Gracias a él, las iglesias
alemanas en Inglaterra llegaron a unirse a la Liga de Emergencia de los Pastores y,

posteriormente, a la Iglesia Confesante. De todos los países donde había congregaciones alemanas, solo uno —Inglaterra— tomaría esa postura, y todo a causa de Bonhoeffer.

Intimó de una manera especial con Julius Rieger, un pastor alemán de Inglaterra de unos treinta años recién cumplidos. Trabajaría con él y con el obispo Bell en los años sucesivos y, más tarde, tras la partida de Bonhoeffer, se convertiría en el principal contacto alemán junto con Bell. Rieger pastoreaba la Iglesia de St. George en el East End de Londres, que pronto se convertiría en un centro para los refugiados de Alemania. El obispo Bell se involucró tanto en el trabajo con estos asilados alemanes que se le llegó a considerar «el obispo de los refugiados». Cuando Sabine y Gerhard Leibholz se vieron obligados a abandonar Alemania, Bell, Rieger y la Iglesia de St. George fueron importantes conexiones para ellos. Asimismo, Rieger llegaría a tener una estrecha relación con Franz Hildebrandt, que llegaría a ser pastor en la Iglesia de St. George, cuando tuvo que salir de Alemania en 1937.

A mediados de noviembre de 1933, tras el fiasco de los Cristianos Alemanes en el *Sportpalast* de Berlín, las fuerzas que se les habían opuesto pidieron a gritos la dimisión de Müller. Aun así, su consagración se programó para el 3 de diciembre; y, lo que es más, la *Reichskirche* invitó a los pastores alemanes de Inglaterra para que vinieran a su país y asistieran a la ceremonia. El gobierno de la iglesia sabía que un viaje gratis a su patria sería una tentación difícil de resistir para los pastores, que recibían un sueldo miserable, y su asistencia reforzaría sus lazos con Müller y la *Reichskirche*, por no mencionar que legitimaría aún más todo el asunto tachonado de esvásticas.

Bonhoeffer tenía otras ideas. Primero, intentó convencer a todos los pastores alemanes de Inglaterra para que se quedaran al margen de la farsa que la ceremonia suponía, y lo consiguió con muchos de ellos. A aquellos que estaban decididos a acudir, los persuadió para que aprovecharan la ocasión y entregaran a Ludwig Müller un documento que detallara sus objeciones. Bajo el título «Al *Reichskirchanleitung*» [Al guía de la Iglesia del Reich], catalogaba las absurdas declaraciones y los actos de Müller a lo largo de los últimos meses. Conseguirían un viaje gratis a casa, y registrarían una protesta oficial y detallada. Finalmente, la ceremonia de consagración se pospuso y el documento no se entregó personalmente, aunque sí se envió a los líderes de la *Reichskirche*.

Como resultado de la protesta sobre el suceso del *Sportpalast*, los Cristianos Alemanes se vieron en una pésima postura que les hacía perder terreno a cada hora. La mayor prueba de su rápido repliegue fue que Müller dio un giro de ciento ochenta grados y rescindió el Párrafo Ario. A continuación, el hipócrita de Heckel envió una rama de olivo epistolar a las congregaciones alemanas de Inglaterra, en la que afirmaba que ya no había nada por lo que discutir; ¿y por qué no llevarse todos bien?

A Bonhoeffer no le tentó esta oferta. No creyó ni por asomo que los logros recientes fueran permanentes; y no lo fueron. En realidad, demostraron ser más temporales de lo que pensaba. A principios de enero, Müller retrocedió el paso que había dado y volvió a enseñar los dientes anulando la rescisión anterior: el Párrafo Ario volvió de repente. No obstante, antes de actuar de este modo, se cubrió un poco las espaldas. El 4 de enero del nuevo año, promulgó lo que se llegó a conocer como el «decreto mordaza» al que, en un principio, había dado un título más alentador y «goebbelsesco»: «Decreto para la restauración de las condiciones ordenadas en la Iglesia Evangélica Alemana». Este edicto declaraba que no se discutiría sobre la lucha de la iglesia en los edificios ni en los periódicos eclesiales. Cualquiera que lo hiciera sería destituido. Y aún había más: anunció que todos los grupos juveniles de la iglesia alemana, llamados la Juventud Evangélica, debían fusionarse con las Juventudes Hitlerianas. De repente, la batalla había reverdecido.

Bonhoeffer sabía[1] que, al haber amenazado con abandonar la *Reichskirche*, las congregaciones alemanas del extranjero tenían una influencia de la que carecían las de Alemania. La separación de las iglesias alemanas de Londres de la iglesia oficial supondría un grave golpe a la reputación internacional de aquel país. La amenaza se hizo explícita en una carta que envió el barón Schroeder, presidente de la Asociación de las Congregaciones Alemanas en el extranjero. «Temo las funestas consecuencias —escribió— en forma de secesión de las parroquias alemanas en el extranjero con respecto a su iglesia madre, algo que me entristecería profundamente en nombre de la pasada comunidad de fe». No era una amenaza hueca. El domingo 7 de enero, los pastores alemanes enviaron un telegrama a la *Reichskirche*: «Por el bien del evangelio y por el de nuestra conciencia, nos asociamos con la proclamación de la Liga de Emergencia y retiramos nuestra confianza al *Reichsbischof* Müller». Esto equivalía a una declaración de guerra. La versión original del borrador que Bonhoeffer elaboró iba más allá, y afirmaba que ya no reconocían al *Reichsbischof*. Algunos consideraron que esta frase era demasiado fuerte, y se suavizó mediante la no menos cargada de intención «retiramos nuestra confianza». En ambos casos, una afirmación de este tipo con respecto a la *Reichskirche* era lo más parecido a cruzar el Rubicón de un *status confessionis* que hubieran hecho jamás las iglesias opositoras. A medida que los acontecimientos se iban desarrollando, muy pronto cruzarían ese río.

De hecho, al día siguiente comenzó una marcha a paso ligero en esa dirección que duró toda la semana. El lunes 8, la Liga de Emergencia de los Pastores planeó hacer el saque inicial de su protesta con un culto en la magnífica catedral de Berlín, de enorme importancia, que se halla exactamente enfrente del que fuera el palacio del káiser. Este colosal edificio, de casi ciento veinte metros de alto, fue concebido como la respuesta protestante a la de San Pedro en Roma. Su construcción la encargó el Káiser Guillermo II en la década de 1890, en el emplazamiento de la iglesia de 1465 que había sido la primera capilla de la corte Hohenzollern. En un principio debía constituir un vínculo visible y literal entre la iglesia y el estado, con un puente cubierto que la conectara con el palacio y, por tanto, tenía gran relevancia simbólica para los alemanes. Sin embargo, el déspota Müller oyó rumores de sus planes y decidió atajarlos de raíz mediante una orden policial que mantuviera cerradas las macizas puertas.

No obstante, ni siquiera él pudo impedir que los ofendidos fieles se reunieran en la inmensa plaza frente a la catedral y cantaran el *Ein Feste Burg** de Lutero. Habían acabado las contemplaciones. El jueves 11, en un esfuerzo por prestar cierto civismo a la situación que iba adquiriendo tintes muy desagradables, el anciano Hindenburg entró, arrastrando sus pies, en la discordia y convocó al *Reichsbischof* Müller a una reunión. Con ochenta y seis años ya, y a pocos meses de su muerte, el presidente titular del Reich representaba un vínculo vivo y jadeante con el glorioso pasado bajo el gobierno del káiser. Si alguien podía influenciar a Müller, ese era él. El día 12, Hindenburg se reunió con Bodelschwingh y otros dos miembros de la Liga de Emergencia de los Pastores y, el 13, llegó la declaración de paz. Los pastores de la oposición se retractaron de su inminente amenaza de separarse de la *Reichskirche*... aunque solo por el momento. La única razón de que Hindenburg consiguiera este milagro fue porque se había programado un encuentro con el Gran Hombre de Paz que se celebraría unos días después.

El 17 de enero, ambas partes debían reunirse con el *Reichskanzler*, Adolfo Hitler. A principios de 1934, muchos de los que integraban la Iglesia Confesante, incluido Niemöller, seguían pensando que era el más razonable en todo el asunto, y que sería quien lo resolviera a su favor. Estaban seguros de que toda la culpa era

---

* El himno «Castillo fuerte es nuestro Dios».

de los hombres de mente estrecha que estaban por debajo de él. Era el *Reichsbischoff* Müller quien estaba nazificando la iglesia y no Hitler. Cuando se encontraran con él, todo se aclararía. De manera que todo el mundo debía retirarse y apaciguarse hasta la reunión, ya que solo significaba esperar cuatro días más.

Mientras tanto, contarían los segundos y la tensión volvería a dispararse. Pero Hitler pospuso la entrevista. Y lo volvió a hacer, hasta el veinticinco. Los ocho días de espera adicional fueron una eternidad de inactividad forzada.

Bonhoeffer siguió desde Inglaterra cada detalle[2] de estas isometrías hemorroidales, a través de los comunicados, casi diarios, de su madre. Por sus conexiones familiares recibió una extraordinaria información interna, aun estando en su casa parroquial de Syndenham. Y Paula Bonhoeffer no solo le mantenía al tanto de la creciente intriga, sino que participó en ella. Le escribió a su hijo que, estratégicamente hablando, era importante hacer que Müller se enterara de que la tregua no era más que eso y le comunicó que ella había estado intentando que ese mensaje le llegara a través de su cuñado, el general von der Goltz. Añadió: «Esperamos que nuestro hombre en Dahlem —en alusión a Niemöller— consiga una audiencia» con Hindenburg.

El anciano parecía ser la clave. Parecía tener una cierta debilidad por la Iglesia Confesante y, al parecer, su opinión era a favor de que Hitler expulsara a Müller. Lo que desconocían era que Göring quería apoyarle para acosar aún más a los teólogos alborotadores. De modo que los pastores de Londres enviaron una carta a Hindenburg, y Bonhoeffer convenció al obispo Bell para que él también le escribiera una.

Hindenburg incluso envió la carta de los pastores a Hitler. Sin embargo, con Göring y sus esbirros anticlericales susurrándole al oído, este había resuelto ser poco receptivo. Según él, los pastores de Londres no hacían más que vomitar «una propaganda de la atrocidad internacionalista judía». Más les valdría tener cuidado. El adulador Heckel difundió las sombrías impresiones de Hitler en forma de amenaza no tan velada, que ellos rechazaron por entenderlas como una amenaza en toda regla. Mientras tanto, todos seguían esperando la reunión con Hitler.

Cautivo de Dios

Durante este tiempo de espera[3] de gran tensión, Bonhoeffer predicó su ya bastante famoso sermón sobre el profeta Jeremías. Era domingo 21 de enero. Un mensaje sobre un profeta judío del Antiguo Testamento era algo que se salía de lo corriente y resultaba provocador, pero esta solo era la menor de las dificultades que conllevaba. Las palabras con que lo inició eran particularmente intrigantes: «Jeremías no estaba ansioso por convertirse en un profeta de Dios. Cuando le llegó el llamado, de una forma repentina, se acobardó, se resistió e intentó escapar».

El sermón reflejaba la complicada situación de Bonhoeffer. Caben todas las dudas de que alguien de sus congregaciones pudiera entender de qué estaba hablando, y mucho menos aceptar que se trataba de la palabra de Dios dirigida a ellos aquel domingo. Si alguna vez se sintieron desconcertados por las homilías de su brillante y joven predicador, esta debió ser la que más.

La imagen de Jeremías que estaba describiendo era una de penumbra y drama continuos. Dios iba en su busca y no podía escapar. Se hizo mención de la «flecha del Todopoderoso» que se abatía sobre «la pieza que estaba cazando». ¿Pero quién era la «pieza de caza»? ¡Jeremías! ¿Pero por qué disparaba Dios sobre el héroe de la historia? Antes de que pudieran saberlo, Bonhoeffer pasó del simbolismo de la flecha al del lazo. «El lazo se está apretando y cada vez duele más —prosiguió—, recordándole a Jeremías que es un prisionero. Es un preso y tiene que ir donde lo lleven. Se ha dictado su camino. Es la senda del hombre a quien Dios no soltará y que nunca se deshará de él». El sermón empezó a adquirir tintes sumamente deprimentes. ¿Adónde quería llegar el joven predicador? Quizás estaba leyendo demasiados libros. ¡Lo que el hombre quiere es un poco de aire fresco, una nota divertida de vez en cuando! En cuanto a Jeremías, seguro que podía utilizar un poco de alegría; ¡seguro que las cosas mejorarían pronto! Siguieron escuchando, esperando que la suerte de Jeremías cambiara.

Lamentablemente, no fue así. El pastor Bonhoeffer siguió con su inexorable y pesada homilía, y la cosa era aún peor:

Este sendero conducirá directamente a la situación más profunda de la impotencia humana. El seguidor se convertirá en un hazmerreír del que todos se burlan y a quien toman por loco, por un demente extremadamente peligroso para la paz y la comodidad de la gente. Por tanto, hay que golpearlo, encerrarlo, torturarlo, si es que no lo ejecutan en el acto. Esto es lo que ocurrió con este hombre, Jeremías, porque no pudo escapar de Dios.[4]

Si Bonhoeffer quería asegurarse de que su congregación no soñara jamás con seguir a Dios demasiado de cerca, este sermón era justo lo que necesitaban oír. A continuación, afirmó que Dios llevaba a Jeremías «de una agonía a otra». ¿Podría ser peor?

Y Jeremías era tan de carne y hueso como nosotros, un ser humano como todos los demás. Sentía dolor por verse de continuo humillado, por las burlas, la violencia y la brutalidad que otros usaban para con él. Tras un episodio de terrible tortura que había durado toda una noche, prorrumpe en una oración: «Me sedujiste, oh Jehová, y fui seducido; más fuerte fuiste que yo, y me venciste».[5]

La congregación se sentía perdida. ¿Dios había obrado de una manera en que su siervo y profeta había acabado en la cárcel y en agonía? ¡Con seguridad se habían perdido una parte crucial de la frase! Pero no era así.

Y lo que ninguno de ellos podía saber era que su pastor estaba hablando, en gran parte, de sí mismo y de su futuro... el que Dios le estaba mostrando. Empezaba a comprender que era el prisionero de Dios, que al igual que los profetas de la antigüedad había sido llamado a sufrir y a sentirse oprimido... y, en esa derrota y la aceptación de la misma, había victoria. Era un sermón que se aplicaba a cualquiera que tuviera oídos para oír; sin embargo, pocos fueron los que pudieron hacerlo:

[Jeremías] fue censurado por alborotador de la paz; se le consideró enemigo del pueblo, como a todos aquellos a quienes, a lo largo de los siglos y hasta el día de hoy, han sido poseídos y atrapados por Dios, para quien él se había convertido en alguien demasiado fuerte...; con cuánta alegría habría gritado paz y *Heil* con el resto...

La triunfal procesión de verdad y justicia, la de Dios y sus Escrituras por todo el mundo, arrastran a una fila de prisioneros encadenados detrás del carro de la victoria. ¡Ojalá que, al final, nos ate a su carruaje triunfal para que, aunque atados y oprimidos, podamos participar en su victoria![6]

La entrevista con Hitler

Por fin llegó el 25 de enero y ambas partes se reunieron con Adolfo Hitler. No fue nada bien para la oposición que había venido con la esperanza de ser justificados y ver cómo Müller, ese hombre despreciable, recibía su merecido de manos del

Führer. Sin embargo, fue Niemöller, en aquel momento la figura más pronazi de la Iglesia Confesante, quien recibió la peor parte.

Göring había instalado escuchas en su teléfono y dio inicio a tan esperado encuentro presentando la transcripción de una llamada en la que este había hablado mal de la influencia de Hindenburg sobre Hitler. De repente, y de un modo que nadie olvidaría —por primera vez para muchos de los allí presentes—, los verdaderos colores de este y de sus lugartenientes saltaron a la palestra. Niemöller había soltado algunas ocurrencias sobre la reciente entrevista de Hindemburg con Hitler. Al Führer no le hicieron la menor gracia. «¡Esto es absolutamente insólito! —exclamó echando chispas—. ¡Atacaré esta rebelión con todos los medios a mi alcance!».

«Me sentí muy asustado —comentó más tarde Niemöller—. Pensé: "¿Qué puedo responder a todas sus quejas y sus acusaciones? [Hitler] seguía hablando, hablando y hablando. Dentro de mí dije: "Señor, haz que se calle"».[7] En un intento por presentar las cosas de otra manera, Niemöller declaró con toda sinceridad: «¡Pero si todos estamos entusiasmados con el Tercer Reich!». Hitler explotó: «¡Yo soy el único que lo ha construido! —vociferó—. Ustedes, ¡limítense a ocuparse de sus sermones! En aquel momento tan doloroso y aleccionador, la fantasía de Niemöller sobre el movimiento legítimo del Tercer Reich —algo que existía en el mundo de la realidad aparte de la mente de Hitler— se rompió. Ahora veía que los únicos principios del Tercer Reich consistían en los deseos y en la voluntad de aquel hombre que despotricaba delante de él.

El resto de la reunión no fue menos decepcionante. Naturalmente, todos los presentes juraron lealtad a Hitler y a *su* Tercer Reich. Niemöller pudo hablar más tarde con Göring, pero aun así se le prohibió predicar. Cuando todo hubo acabado, no había la menor duda sobre quién había ganado. Müller, el capellán payaso, aunque a tropezones, volvió a encumbrarse.

La posición de Heckel[8] también se vio reforzada. Dos días después de la reunión envió una carta a todos los pastores en el extranjero, reiterando fehacientemente lo que se había acordado en la entrevista, y añadiendo: «Así como el soldado de primera línea no se halla en posición de evaluar el plan general, sino que debe cumplir con los deberes de su más inmediata competencia, espero que el clero que se halla en el extranjero distinga entre su propia tarea particular y la de las autoridades de la iglesia a la hora de dar forma a la Iglesia Evangélica Alemana aquí en la patria».

La figura principal de una iglesia estaba extendiendo el Principio del Führer a la esfera eclesial y teológica, y, para ello, utilizaba un símil marcial. Debió de ser deprimente. Y lo peor fue que Heckel decidió que había llegado el momento de visitar Londres.

La principal razón de la visita de Heckel fue restañar la hemorragia de información de Bonhoeffer y de sus contactos ecuménicos. Sabía que ese hombre esforzado y preocupante no se desalentaría por una pequeña mala noticia, como lo sucedido en la entrevista con Hitler. Después de todo, cuando se le prohibió a Niemöller que predicara en su púlpito de Dahlem, Franz Hildebrandt —que expresaba con igual franqueza su oposición a los Cristianos Alemanes— le sustituiría.

El 4 de febrero, en su veintiocho aniversario, Bonhoeffer recibió cartas de amigos y familiares, pero la de Hildebrandt, brillante y divertida, las eclipsó a todas. Era una parodia escrita en el alemán arcaico de Lutero —cuyo legado se hallaba en el corazón mismo de la *Kirchenkampf* [lucha de la iglesia]— y, con extraordinario ingenio y juegos de palabras, combinaba las bromas privadas con tomaduras de pelo y divertidos comentarios socarrones sobre la lucha de la iglesia y sus enemigos teológicos. Una de esas bromas, que solo ellos entendían, era sobre una fotografía de Bonhoeffer desnudo, a la edad de dos años y en la bañera, que Paula Bonhoeffer había cometido el error de enseñarle al incorregible Hildebrandt. Otra tenía que ver con Bertha Schulze, una estudiante berlinesa de Bonhoeffer que Paula había contratado como secretaria de su hijo y ama de llaves en Londres. Esta, según lo que Hildebrandt refería como «sus intenciones» para con Dietrich, tuvo que buscarse otro trabajo. Probablemente no se había dado cuenta de que él no había resuelto aún su relación con Elizabeth Zinn, a quien le enviaba sus sermones cada semana. La animada carta de Hildebrandt transmite una imagen real del gozo que había en el centro de su amistad y la hilaridad de sus constantes bromas y de sus peleas durante los tres meses que compartieron en la casa parroquial de Londres.

El día de su cumpleaños, Bonhoeffer predicó dos veces como lo hacía todos los domingos, pero, por la noche, se reunió con unos cuantos amigos y recibió una llamada del 14 de Wangenheimstrasse, donde se había juntado toda la familia para desearle un feliz aniversario. Una de las cartas que había recibido ese día era de su padre, que revelaba algo que nunca antes le había dicho a su hijo:

Querido Dietrich:

Cuando decidiste estudiar teología, algunas veces pensé para mis adentros que la vida tranquila y sin incidentes, tal como yo la conocía por mi tío suevo... sería casi una pena para ti. Desde luego, en lo de «sin incidentes» me equivoqué profundamente. Que una crisis semejante fuera aún posible en el campo eclesiástico me parecía, debido a mis antecedentes científicos, fuera de cuestión. Pero en esto, como en muchas otras cosas, parece que nosotros los mayores tenemos ideas bastante equivocadas sobre la solidez de los llamados conceptos, criterios y cosas establecidos ... En cualquier caso, tú obtienes una cosa de tu llamado —y en esto se parece al mío—: relaciones vivas con los seres humanos y la posibilidad de significar algo para ellos, en asuntos más importantes que los de carácter médico. Nadie podrá quitarte jamás nada de esto, aunque las instituciones externas en las que estás situado no sean siempre como tú desearías.[9]

El obispo Heckel llega a Londres

El día después[10] de su cumpleaños, Bonhoeffer se reunió con los pastores de Londres antes de la visita de Heckel. Escribieron un memorándum en el que detallaron sus problemas con la *Reiskirche* para utilizarlo en la entrevista. Discrepaba con el uso de la fuerza que hacía el Reich en contra de sus oponentes y suscitaba el problema general del liderazgo de Müller, ya que evidentemente él estaba de acuerdo con gran parte de la herejía más demencial de los Cristianos Alemanes. Asimismo, declaraba que el Párrafo Ario contradecía «el claro significado de las Escrituras y solo era uno de los síntomas del peligro que los "Cristianos Alemanes" suponen para el evangelio puro y la confesión». Resulta relevante que pongan «Cristianos Alemanes» entre comillas, ya que el término debía producirles una repugnancia especial. Era ofensivo por la atrevida afirmación de quienes estaban asociados con el mismo al denominarse cristianos. Era algo más que cuestionable desde cualquier punto de vista teológicamente serio, y porque insinuaba con claridad que los que no pertenecían a su redil no eran verdaderos alemanes. El escrito terminaba con una referencia a las groseras denigraciones de Müller con respecto a sus oponentes: «El lenguaje del *Reichsbischof*, tal como se recoge hasta en la prensa diaria a la que apenas se le permite decir nada, incluye expresiones como *"Pfaffen"* y "conciudadanos desecados". Para unos pastores que ya están sujetos a bastante hostilidad en su labor diaria, estos insultos pronunciados por la boca de su más alto ministro no permiten, en forma alguna, que la confianza crezca».

Pfaffen era una combinación de las palabras alemanas *Pfarrer* (pastor) y *Affen* (mono). Se sabía también que Hitler solía utilizar el término *Pfaffen* para referirse a los pastores protestantes. La otra frase pretendía difamar a sus oponentes y acusarlos de falta de vigor varonil como alemanes, sello del verdadero «cristianismo positivo» junto con un lenguaje ordinario y desdeñoso que era una de sus principales manifestaciones.

Cuando Heckel y su delegación llegaron a Londres para entrevistarse con los siete pastores, las líneas entre ambas partes ya estaban trazadas. Aun así, Heckel pensó que podía lograr sus objetivos, que no solo consistían en persuadirles de que se avinieran, sino en conseguir que firmaran un acuerdo que traía en borrador y que declaraba fehacientemente su lealtad a la *Reichskirche* alemana. Utilizaría cualquier medio a su alcance para obtener las firmas, sobre todo la obcecación y las amenazas veladas. Pero no reveló el documento hasta el final de la reunión. En primer lugar, presentó los «Planes Generales» para la inminente «reorganización» de la *Reichskirche*.

Cuando se abrió el debate, Bonhoeffer fue el primero en hablar. No se contentaría con refutar lo que Heckel decía e insinuaba. Como era característico en él, saltó a la ofensiva con agresividad y brillantez, y de una manera exasperante aunque, a pesar de ello, con una educación exquisita. Describió los actos de la *Reichskirche*, repitiendo las cuestiones que figuraban en el memorándum y, a continuación, afirmó que no se trataba de cómo unificarse con una iglesia semejante, sino de la forma de separarse de ella. En su mente, la *Reichskirche* de Ludwig Müller era claramente hereje y no se arrepentía de ello. No tenía la libertad de pasarlo por alto.

Heckel no había sido elegido obispo aquel año para atender a la lógica. Con gran astucia esquivó todas la objeciones del documento e hizo mil filigranas alrededor de ellas como si cada una de ellas no fuese más que un absurdo malentendido. Explicó que, después de todo, Müller —que había instituido, rescindido y restituido el Párrafo Ario— ¡estaba en realidad *en contra* de este! Por cierto ¿había mencionado ya que el Reichsbischof sentía especial cariño por las iglesias en el extranjero? Si uno le daba una oportunidad vería que se trataba de un hombre alegre y conciliador. Había tenido que tomar unas decisiones muy difíciles. En cuanto a sus insultos públicos y su pésimo lenguaje, ¡no era más que la «jerga militar» de la época! Había sido capellán naval durante muchos años, y este tipo de cosas era de esperar.

¿Y qué había del descarado intento[11] de combinar todos los grupos juveniles de la iglesia con las Juventudes Hitlerianas? Hecken contestó que nadie más tenía problemas con ello y, deslizándose ahora desde la obcecación a las amenazas veladas, explicó que el amado Führer había descrito con gran efusividad esta fusión de todos los jóvenes como «el regalo de Navidad que más le complacía». ¡Cuánta vergüenza ajena debió de sentir Bonhoeffer!

Pero Heckel no había acabado aún. Siguió en la línea de sus amenazas, sacó a relucir las pruebas que tenían en contra de algún clero de la oposición y habló de acciones disciplinarias que se les aplicarían. Niemöller formaba parte de ese grupo y Heckel dijo que si no se portaba bien, el asunto podía llegar a un «final terrible». No perdió la oportunidad de mencionar el acto de «traición» que suponía confraternizar con «influencias extranjeras» refiriéndose con claridad al «obispo inglés y al sueco». Evitó decir, claro está, lo que él y todos los allí presentes sabían: que se trataba de los aliados de Bonhoeffer, es decir, George Bell y Valdemar Ammundsen. Prefirió confiar en el poder de deducción de todos.

Sin embargo, Bonhoeffer parecía extrañamente inmune a la intimidación. Siguió arremetiendo y haciendo lo que debía, pero siempre de forma respetuosa y comedida, y en el momento adecuado. Como este no era uno de ellos, apenas contestó y la reunión tocó a su fin. Pero solo había sido la primera de las dos que estaban programadas. Se volverían a encontrar al día siguiente.

Mientras tanto, Heckel se dirigió al Athenaeum Club, donde se reunió con el «obispo inglés» al que se había referido. Estaba desesperado por impedir que Bonhoeffer siguiera utilizando sus contactos ecuménicos que tantos problemas estaban causando para la *Reichskirche* en la prensa inglesa. Estaba previsto que, de no tener éxito con el joven pastor idealista, debería intentar conseguir un acuerdo del obispo Bell, mayor y más sabio. Con toda seguridad sería más razonable. Durante la entrevista, Heckel sugirió con suma diplomacia que Bell aceptara mantenerse al margen del asunto de la iglesia alemana durante, al menos, los seis meses siguientes. Bell no era tan razonable y se negó.

A Heckel le pareció demasiado irritante. Cuando se volvió a encontrar con los pastores de Londres al día siguiente, lo que estaba en juego era mucho más. Había fracasado con Bell, de modo que necesitaba con urgencia tener éxito con ellos y no podía marcharse sin que firmaran el documento que había traído. Pero los siete pastores no iban a firmar nada. En realidad, tenían su propio escrito y poseían el suficiente descaro como para obligar a que Heckel lo rubricara. Si quería que se unieran a la nueva *Reichskirche*, lo único que tenía que hacer era avenirse a sus condiciones. Si la *Reichskirche* consentía en estar «fundada sobre las Santas Escrituras del Antiguo y el Nuevo Testamento», si abolía el Párrafo Ario de una vez por todas, y si acordaba no expulsar a ninguno de los pastores que aceptaran estos primeros puntos, y todos los demás, estarían más que deseosos de unirse a ella. Era así de sencillo.

Viéndose arrinconado, Heckel volvió a recurrir a las amenazas veladas. Se atrevió a sugerir que si no eran «obedientes» en estas cuestiones, se les contaría con los «emigrantes de Praga». Los nazis utilizaban este término peyorativo para referirse a sus enemigos políticos de izquierdas que se habían visto forzados a huir de Alemania, bajo amenaza de muerte, cuando Hitler asumió el poder. La cosa había llegado demasiado lejos. No bien Heckel acababa de pronunciar aquellas palabras, Bonhoeffer y otros dos se pusieron en pie y se marcharon en señal de protesta.

Heckel regresó a Berlín con las manos vacías y echando humo de cólera. Decir que lamentaba haber prestado todo su apoyo y recomendado la promoción de Bonhoeffer a este pastorado en Londres era quedarse muy corto. Con ello solo había conseguido proporcionar a aquel arrogante exaltado una plataforma protegida y pública desde la que podía disparar a la *Reichskirche*. Una semana más tarde, se enteró de que Bonhoeffer había sido invitado al Palacio Lambeth por el arzobispo de Canterbury, Cosmo Lang. La noticia debió de suponer un fastidio insoportable ya que, unos meses antes, la delegación oficial de la *Reichskirche* de Hossenfelder y Fezer había intentado conseguir esa invitación y se había visto rotundamente rechazada. Heckel ya había llegado a su límite. Citó a Bonhoeffer en Berlín.

Sin embargo, antes de su visita, lo que ambos hombres se jugaban en esta batalla se convirtió en algo infinitamente más importante. Heckel acababa de ser recompensado por su buen hacer en la oficina del obispado. Asimismo, el Reichsbischof le había nombrado cabeza del Ministerio de Exteriores de la Iglesia, y esto significaba que ahora no solo debía rendir cuentas a la iglesia, sino también al estado. De manera que su fracaso en el intento de mejorar la imagen de Alemania en la prensa internacional era mucho más grave que nunca. Para Bonhoeffer también era más comprometido puesto que incumplir los decretos de Heckel se consideraba ahora una desobediencia al estado y hasta podía verse como una traición.

Dietrich llegó a Berlín el 5 de marzo. Cuando se reunió con Heckel, el recién nombrado obispo no se anduvo con rodeos. En lo sucesivo tendría que abstenerse de toda actividad ecuménica. Heckel elaboró un nuevo documento, como ya se había convertido en una costumbre, pero, de nuevo, Bonhoeffer fue demasiado listo para firmarlo y para no comunicárselo de forma desafiante. Le comentó que sopesaría el asunto y le contestaría en breve, por escrito. Regresó en avión a Londres el 10 de marzo y el día 18 escribió su más que predecible respuesta a Heckel: No firmaría.

A orillas del Rubicón

En Berlín, Bonhoeffer se reunió con Martin Niemöller, Gerhard Jacobi y otros de la Liga de Emergencia de los Pastores. Había llegado el momento de la verdad. Habían visto que sus esfuerzos en la lucha de la iglesia no habían servido para nada y, como líderes de la oposición, planearon romper filas con la *Reichskirche* alemana. Convinieron que no era ni más ni menos que el *status confessionis* que Bonhoeffer siempre había dicho, y celebrarían el sínodo para una Iglesia Libre en Barmen, a finales de mayo. Sería un acontecimiento que marcaría un hito y supondría su separación oficial y pública de la iglesia apóstata del Reich. Habían llegado a orillas del Rubicon y se preparaban para cruzarlo.

Ahora, más que nunca, necesitaría la ayuda y el apoyo de las iglesias fuera de Alemania. Bonhoeffer percibió la gran urgencia de la situación y, durante la semana en la que formuló su respuesta a Heckel, se puso en contacto con sus amigos del movimiento ecuménico. El 14 de marzo le escribió a Henry Louis Henriod, el teólogo suizo al frente de la Alianza Mundial. Asimismo, le envió una carta al obispo Bell redactada en inglés:

> Mi querido señor Obispo:
>
> ...Una de las cosas más importantes es que las iglesias cristianas de los demás países no pierdan interés en el conflicto con el transcurso del tiempo. Sé que mis amigos tienen todas sus esperanzas depositadas en usted y en sus próximas acciones. Alemania vive ahora un momento que nunca antes se había dado, en el que nuestra fe en la tarea ecuménica de las iglesias se puede ver sacudido y destruido por completo, o reforzado y renovado de una forma sorprendentemente nueva. De usted depende, mi señor obispo, que esta tesitura se aproveche como es debido. Lo que está en juego en la iglesia alemana ha dejado de ser una cuestión interna para convertirse en la existencia del cristianismo en Europa [...]; aunque el interés de las informaciones de los periódicos esté disminuyendo, la situación real es tan tensa, tan grave y tan responsable como antes. Me gustaría que pudiera ver una de las reuniones de la Liga de Emergencia. A pesar de toda la gravedad de los momentos actuales, siempre resulta un sostén y un estímulo para la fe de uno. ¡Por favor, no guarde silencio ahora! Me permito rogarle, una vez más, que considere la posibilidad de una delegación ecuménica y un ultimátum. No se trata de presentar este requerimiento en nombre de ningún interés nacional o denominacional, sino en representación del cristianismo en Europa. El tiempo pasa muy aprisa y pronto podría ser demasiado tarde.[12]

El 16 de marzo, Henriod escribió a Bell recalcando la situación y, aquél mismo día, también le respondió a Bonhoeffer:

Mi querido Bonhoeffer:
Gracias por la carta del 14 de marzo. Como bien dices, la situación se está volviendo cada vez más crítica y el movimiento ecuménico debería emprender alguna acción sin demora ... Ya le escribí al obispo de Chichester hace unos días, instándole a que haga un seguimiento de su correspondencia con el obispo Heckel mediante una carta contundente ... Quienes defienden el evangelio en Alemania no deberían desesperarse. De varios países están saliendo declaraciones y mensajes de pastores, y otras personas, que indican el profundo sentimiento existente fuera de Alemania con respecto a la situación del gobierno de la iglesia alemana. Solo puedo insistir en que se podría haber emprendido acción hace ya algún tiempo. Sin embargo, nuestros amigos de Alemania en quienes más confiamos nos han instado una y otra vez, aun en estos últimos días, a no romper las relaciones con ella. Es el único medio de influencia sobre esta situación de que disponemos para hacer llegar nuestras firmes críticas de un modo constante al gobierno actual.[13]

El 28 de marzo, Bonhoeffer viajó a Lambeth donde le recibió Cosmo Lang, arzobispo de Canterbury. El día 7 de abril volvió a escribirle a Henriod. Su urgencia y su frustración son típicas de sus tratos tanto con el movimiento ecuménico como con sus aliados en la Iglesia Confesante:

¡Mi querido Henriod!
¡Cuánto me habría gustado debatir la situación contigo una vez más, ya que la lentitud del procedimiento ecuménico empieza a parecerme una irresponsabilidad! Es imprescindible tomar una decisión en algún momento, y no es bueno esperar indefinidamente a que llegue una señal del cielo que resuelva la situación sin más problema. Hasta el movimiento ecuménico ha de asumir una determinación y, por tanto, está sujeta a error como todos los seres humanos. Sin embargo, postergarlo y andarse con rodeos, sencillamente por miedo a equivocarse, y cuando los demás —me refiero a nuestros hermanos de Alemania— deben decantarse por decisiones más difíciles cada día, me parece casi ir en contra del amor. Retrasar las resoluciones o no tomarlas puede ser mayor pecado que los errores que se

comentan por fe y por amor ... En este caso particular, es ahora o nunca. «Demasiado tarde» significa «nunca». Si el movimiento ecuménico no se da cuenta de esto, y si nadie es lo suficientemente violento para arrebatar el reino de los cielos por la fuerza (cp. Mt 11.12), entonces dicha organización ya no es la iglesia, sino una asociación inútil en la que se hacen hermosos discursos. «Si no crees, no serás establecido». Sin embargo, creer significa decidir. ¿Y puede caber alguna duda en cuanto a la naturaleza de esa decisión? Para Alemania, hoy, es la Confesión, como lo es para el movimiento ecuménico. Debemos sacudirnos el temor a este mundo. Es la causa de Cristo la que está en juego, ¿nos hallará dormidos? ... Cristo nos está mirando desde lo alto y se pregunta si queda alguien que confiese su fe en él.[14]

En medio de este torbellino de actividad ecuménica, Bonhoeffer seguía sirviendo como pastor de dos congregaciones, predicando dos veces cada domingo y realizando sus innumerables funciones pastorales. El 11 de abril, ofició en su parroquia el funeral de una muchacha alemana, de diecinueve años.

El día 12 se enteró de que Müller había nombrado *Rechtswalter* (administrador legal) sobre la iglesia alemana a un fanático racista llamado August Jäger. Un año antes, Jäger había hecho unas descabelladas declaraciones durante un discurso: «La aparición de Jesús en la historia mundial representa, en última instancia, el estallido de luz nórdica en medio de un mundo atormentado por los síntomas de la degeneración». El 15 de abril, Bonhoeffer escribió al obispo Bell:

El nombramiento del doctor Jäger... es una ostentosa afrenta a la oposición y... en realidad significa que todo el poder del gobierno de la iglesia se ha entregado a las autoridades y los partidos políticos. Para mí fue una tremenda sorpresa que el *Times* recogiera un reportaje bastante positivo con respecto a esta investidura. De hecho, Jäger es el hombre que hizo la famosa declaración en cuanto a que Jesús no es más que el exponente de la raza nórdica, etc. Fue él quien causó la jubilación de Bodeschwingh, y se le consideró el hombre más despiadado de todo el gobierno de la iglesia ... De modo que su nombramiento se debe entender como un paso más hacia la completa asimilación de la iglesia al estado y al partido. Aunque en estos momentos Jäger intentara mostrar su solidaridad con las iglesias en el extranjero mediante suaves palabras, nadie debería dejarse engañar por esta táctica.[15]

Bonhoeffer sabía perfectamente que la investidura de Jäger significaba que los nazis estaban planeando ser tan descarados como pudieran; el movimiento ecuménico debía actuar con rapidez y darles un ultimátum. La *Reichskirche* haría todo lo que estuviera en su mano para ganarse el favor de las iglesias en el extranjero; por tanto, el movimiento ecuménico debía permanecer fuerte y rechazar reconocerla como la verdadera iglesia alemana. Asimismo, era imperativo que mostrara su apoyo incondicional a los pastores de la Liga de Emergencia.

Al explicar la situación a su amigo Erwin Sutz, Bonhoeffer mostró un lado desafiante que rara vez podemos ver:

El régimen de la iglesia me ordenó volar a Berlín y me presentó un tipo de declaración según la cual debía abstenerme de toda actividad ecuménica desde ese momento en adelante. No la firmé. Este tipo de cosas es repugnante. Darían cualquier cosa por quitarme de aquí y, es la única razón por la que me mantengo en mis trece...

El nacionalsocialismo ha provocado el final de la iglesia en Alemania y lo ha perseguido con un único propósito. Podemos agradecerles, del mismo modo en que los judíos tuvieron que mostrar gratitud a Senaquerib. Tengo muy claro que esta es claramente la realidad a la que nos estamos enfrentando. Los ingenuos y soñadores idealistas como Niemöller siguen pensando que son los verdaderos nacionalsocialistas, y quizás sea la benevolente providencia la que los mantiene bajo el hechizo de esta falsa ilusión.[16]

La declaración de Barmen

Todos los esfuerzos ecuménicos de Bonhoeffer[17] empezaban a dar buenos resultados. El obispo Bell escribió su «Mensaje del Día de la Ascensión» sobre la crisis en la iglesia alemana y, el 10 de mayo, lo envió a los miembros de la organización ecuménica Life and Work de todo el mundo. Atrajo la atención mundial a los pastores que se oponían en Alemania y aplicó gran presión sobre la *Reichskirche*. Evidentemente, esto dejaba en muy mal lugar a Heckel, Müller y a los nazis en general. Como en todo lo que Bell escribía acerca de la lucha de la iglesia alemana, Bonhoeffer trabajó estrechamente con él para dar forma al mensaje. Declaraba:

Sin lugar a dudas, es una situación llena de ansiedad ... En el estado Alemán se ha producido una revolución ... Los miembros de las iglesias cristianas en el extranjero observan la postura actual no solo con gran interés, sino también con creciente preocupación. La principal causa de angustia es que el *Reichsbischof* ha asumido, en nombre del principio de liderazgo, unos poderes autocráticos que no le competen según las restricciones constitucionales o tradicionales, algo sin precedentes en la historia de la iglesia ... Las medidas disciplinarias tomadas por el gobierno de la iglesia en contra de los ministros del evangelio, por su lealtad a los principios fundamentales de la verdad cristiana, han causado una dolorosa impresión en la opinión de los cristianos en el extranjero, ya molestos por la introducción de distinciones raciales en la comunión universal de la iglesia cristiana. No cabe duda de que en Alemania misma deberían alzarse voces que hicieran una declaración solemne ante todo el mundo cristiano acerca de los peligros a los que está expuesta la vida espiritual de la Iglesia Evangélica.

Y, en ese mismo tono, seguía detallando el efecto que el gobierno nazi había tenido sobre las iglesias alemanas. Dos días después de que el obispo Bell enviara el documento a sus contactos ecuménicos, el texto íntegro apareció en el *Times* de Londres.

Esta victoria manifestó que, aunque solo fuera por sus actividades ecuménicas, a Bonhoeffer le sobraban razones para permanecer en Londres. Asimismo, continuó con su trabajo a favor de los refugiados con Julius Rieger en la iglesia de St. George. Los asilados judíos de Alemania llegaban sin cesar. La vida en Gotinga se estaba volviendo tan difícil para Sabine y su familia que, un año más tarde, ellos también acabarían refugiándose allí. Dos años después, le tocó el turno a Hildebrandt. La obra de Bonhoeffer como pastor y en las trincheras de la lucha de la iglesia supuso un innegable atractivo para él. El 22 de mayo, cuando se preparaba para el sínodo de Barmen, Dietrich escribió a su abuela:

Ahora mismo, el tiempo es muy hermoso aquí. Ayer hicimos una excursión con la iglesia y pasamos todo el día al aire libre, en una zona famosa porque el suelo del bosque está, a estas alturas del año, cubierto de azul: cientos de metros tapizados por una especie de campanilla. Además, me sentí gratamente sorprendido al encontrar rododendros salvajes en los bosques, un montón de ellos, cientos de arbustos que crecían muy cerca los unos de los otros ... Todavía no tengo claro cuánto tiempo más permaneceré aquí.

Recientemente recibí una carta... que confirmaba mi excedencia en el año en curso ... Supongo que tendré que tomar una decisión final en cuanto a retomar una carrera académica. No siento ya esas tremendas ganas de hacerlo.[18]

El nacimiento de la Iglesia Confesante

Durante los tres últimos días de mayo de 1934, los líderes de la Liga de Emergencia de los Pastores celebraron un sínodo en Barmen. Allí, a orillas del río Wupper, escribieron la famosa Declaración de Barmen, de la que surgió lo que llegaría a conocerse como la Iglesia Confesante.*

El propósito de la Declaración de Barmen era establecer lo que la iglesia alemana siempre había creído, basarlo en las Escrituras y diferenciarlo de la teología envilecida procedente de los Cristianos Alemanes. Manifestaba con claridad que la iglesia alemana no se hallaba bajo la autoridad del estado; repudiaba el antisemitismo y otras herejías de los Cristianos Alemanes y su iglesia «oficial» liderada por Müller. El principal autor de la Confesión de Barmen fue Karl Barth, quien afirmó haber elaborado la versión definitiva «fortalecido por café bien fuerte y uno o dos cigarros puros brasileños».

Dado que marcó un hito en la lucha de la iglesia alemana del Tercer Reich, y es un documento fundamental, lo citamos aquí en toda su extensión:

I. Un llamado a las congregaciones evangélicas y a los cristianos en Alemania

8.01 El Sínodo Confesional de la Iglesia Evangélica de Alemania se reunió en Bramen, del 29 al 31 de Mayo de 1934. Allí, representantes de todas las Iglesias Confesionales Alemanas se congregaron de común acuerdo, bajo una confesión del único Señor de la iglesia, que es una, santa y apostólica. En fidelidad a su Confesión de Fe, miembros de las Iglesias Luterana, Reformada y Unida buscaron un mensaje común para responder a la necesidad y la tentación de

---

* El término «confesar» significa «prestar conformidad a» o «reconocer». Se hace eco de la declaración de Jesús en el Evangelio de Mateo: «A cualquiera, pues, que me confiese delante de los hombres, yo también le confesaré delante de mi Padre que está en los cielos» (10.32). En un principio, algunos lo denominaron Movimiento Confesional. El término alemán para «Iglesia Confesional» era *Bekennende Kirche*, y a veces se solía utilizar la abreviatura BK.

la iglesia en nuestro día ... No fue su intención fundar una nueva iglesia ni formar una unión, pues nada estaba más lejos de sus mentes que la abolición de la naturaleza confesional de nuestras iglesias. Más bien su intención fue resistir, en fe y unanimidad, a la destrucción de la Confesión de Fe y, de este modo, a la de la Iglesia Evangélica en Alemania. En oposición a los intentos de establecer la unidad de esta por medio de una falsa doctrina, el uso de la fuerza y prácticas insinceras, el Sínodo Confesional insiste en que la unidad de las Iglesias Evangélicas en Alemania puede venir solamente de la Palabra de Dios, en fe, a través del Espíritu Santo. Solo así se renueva la Iglesia.

8.03 ¡No se dejen engañar por habladurías, como si pretendiésemos oponernos a la unidad de la nación alemana! ¡No escuchen a los seductores que pervierten nuestras intenciones como si quisiéramos romper la unidad de la Iglesia Evangélica Alemana o abandonar las Confesiones de los Padres!

8.04 ¡Prueben los espíritus para comprobar si son de Dios! Pongan también a prueba las palabras del Sínodo Confesional de la Iglesia Evangélica Alemana para ver si están de acuerdo con la Sagrada Escritura y con las Confesiones de los Padres. Si encuentran que estamos hablando algo contrario a la Escritura, ¡no nos escuchen! Pero si descubren que basamos nuestra postura en ella, no permitan que el miedo o la tentación les impidan seguir con nosotros el camino de la fe y la obediencia a la Palabra de Dios, de modo que su pueblo sobre la tierra sea de una misma mente y que, por la fe, experimentemos lo que él mismo ha dicho: «No te abandonaré ni te desampararé».

II. Declaración Teológica Concerniente a la Situación Actual de la Iglesia Evangélica Alemana

8.05 Según las palabras de apertura de su constitución del 11 de julio de 1933, la Iglesia Evangélica Alemana es una federación de Iglesias Confesionales que surgieron de la Reforma y que disfrutan de derechos iguales. La base teológica para la unificación de estas iglesias está asentada en el articulo 1 y el articulo 2 (1) de la constitución de la Iglesia Evangélica Alemana, reconocida por el Gobierno del Reich, el 14 de Julio de 1933.

Artículo 1. El fundamento inviolable de la Iglesia Evangélica Alemana es el evangelio de Jesucristo, tal como nos lo atestigua la Sagrada Escritura, y como trajeron de nuevo a la luz las Confesiones de la Reforma. Los plenos poderes que la iglesia necesita para su misión se determinan y limitan por estos medios.

8.07 Declaramos públicamente, delante de todas las iglesias evangélicas de Alemania, que lo que ellas sostienen en común en esta Confesión se halla bajo serio peligro y, con ello, la unidad de la Iglesia Evangélica Alemana. Se ve amenazada por los métodos de enseñanza y las acciones del partido regente de la iglesia, los "Cristianos Alemanes", y por la administración eclesiástica que ellos desempeñan. Han llegado a ser cada vez más evidentes durante el primer año de existencia de la Iglesia Evangélica Alemana. La amenaza consiste en que principios ajenos introducidos por parte de los líderes y los portavoces de los «Cristianos Alemanes» y por la administración de la iglesia han obstruido la base teológica, en la que esta se ha unido, reduciéndola a la ineficacia. Cuando tales principios se sostienen como válidos, según todas las Confesiones vigentes entre nosotros, la iglesia deja de ser la iglesia, y la Iglesia Evangélica Alemana, como federación de Iglesias Confesionales, llega a ser intrínsecamente imposible.

8.09 En vista de los errores cometidos por los «Cristianos Alemanes» del actual gobierno eclesiástico del Reich, que están devastando la iglesia y, por tanto, rompiendo la unidad de la Iglesia Evangélica Alemana, confesamos las siguientes verdades evangélicas:

8.10 1. «Yo soy el camino, la verdad y la vida; nadie viene al Padre, sino por mí» (Jn 14.6). «De cierto, de cierto os digo que el que no entra por la puerta, en el redil de las ovejas sino que sube por otra parte, ese es ladrón y salteador. Yo soy la puerta, el que por mí entrare, será salvo» (Jn 10.1, 9).

8.11 Jesucristo, como se nos atestigua de él en la Sagrada Escritura, es el Verbo de Dios al que debemos oír, en quien tenemos que confiar y a quien obedecer en la vida y en la muerte.

8.12 Rechazamos la falsa doctrina según la cual la iglesia podría y tendría que reconocer como fuente de su proclamación, al margen y además de este único Verbo de Dios, aún otros eventos y poderes, figuras y verdades, como revelación de Dios.

8.15 Rechazamos la falsa doctrina según la cual en algunas áreas de nuestra vida no pertenecemos a Jesucristo, sino a otros señores, y no necesitaríamos justificación ni santificación por medio de él.

8.17 La iglesia cristiana es la congregación de los hermanos en la que Jesucristo actúa en el presente como Señor en la Palabra y el sacramento por medio del Espíritu Santo. Como iglesia de pecadores perdonados ha de testificar, por medio de su fe y de su obediencia, con su mensaje y su orden, en medio de un mundo pecaminoso, que la iglesia solo le pertenece a él; que vive y desea vivir solo por su consuelo y dirección, aguardando su aparición.

8.18 Rechazamos la falsa doctrina que da a entender que a la Iglesia se le permite abandonar la forma de su mensaje y su orden por su propio placer, o por los cambios que pudieran producir en las convicciones ideológicas y políticas imperantes.

8.19 «Sabéis que los gobernantes de las naciones se enseñorean sobre ellas, y los que son grandes ejercen autoridad sobre ellas. Entre vosotros no será así. Más bien, cualquiera que anhele ser grande entre vosotros será vuestro servidor» (Mt 20.25, 26).

8.20 Los diversos cargos de la iglesia no establecen el dominio de algunos sobre los demás; por el contrario, son para el ejercicio del ministerio que ha sido confiado y ordenado a toda la congregación.

8.21 Rechazamos la falsa doctrina en la que, al margen de este ministerio, la iglesia pudiera y le fuera permitido concederse líderes especiales investidos con poderes regentes o pudiera autorizar que le impusieran.

8.22–5. «Temed a Dios, honrad al rey» (1P 2.17). La Escritura nos dice que, en el mundo aún sin redimir en el que la iglesia también existe, el estado tiene, por encargo divino, la tarea de proporcionar la justicia y la paz. [Cumple dicha tarea] mediante la amenaza y el ejercicio de la fuerza, según la medida del juicio y la capacidad humana. La iglesia reconoce el beneficio de este encargo divino con gratitud y reverencia delante de él. Trae a nuestra mente el Reino de Dios, sus mandamientos y su justicia; de ahí la responsabilidad tanto de los gobernantes como de los gobernados. Confía y obedece el poder de la Palabra por la cual Dios sostiene todas las cosas.

8.23 Rechazamos la falsa doctrina que pretende que el estado esté por encima y supere su mandato especial; que debiera y pudiera convertirse en el único y totalitario orden de la vida humana, cumpliendo así también la vocación de la iglesia.

8.24 Rechazamos la falsa doctrina que afirma que la iglesia, por encima y más allá de su misión especial, debiera y pudiera apropiarse de las características, las tareas, y la dignidad del estado, convirtiéndose así ella misma en un órgano de este.

8.26 La comisión de la iglesia, sobre la cual está fundamentada su libertad, consiste en anunciar en lugar de Cristo el mensaje de la gracia gratuita de Dios a todo el pueblo y, por tanto, ministrando su propia Palabra y obra mediante el sermón y los sacramentos.

8.27 Rechazamos la falsa doctrina por la que la iglesia, en arrogancia humana, pudiera poner la Palabra y la obra del Señor al servicio de cualquier deseo, propósito y plan escogidos de forma arbitraria.[19]

El 4 de junio —de nuevo gracias al obispo Bell y a Bonhoeffer— se publicó el texto íntegro de la Declaración de Barmen en el *Times* de Londres. Fue incendiario, y anunció al mundo que un grupo de cristianos de Alemania había declarado, de manera oficial y pública, su independencia de la *Reichskirche* nazificada. Cuando uno la leía, resultaba muy fácil entender por qué habían actuado de este modo.

Bonhoeffer se esforzó sobremanera para que quedara muy claro que la Declaración de Barmen no constituía una secesión de la iglesia alemana «oficial», porque sería como reconocer su legitimidad. Había sido la *Reichskirche*, y no la Iglesia Confesante, la que se había separado. La Declaración de Barmen señalaba que un grupo de pastores e iglesias reconocían, repudiaban y se distanciaban de forma oficial de esa secesión *de facto*. Volvía a aclarar lo que la iglesia —la iglesia alemana legítima y real— creía verdaderamente y lo que defendía.

Para Bonhoeffer, la Declaración de Barmen había convertido a la Iglesia Confesante en *la* iglesia alemana, y creía que todo cristiano verdadero reconocería que la *Reichskirche* de los Cristianos Alemanes estaba oficialmente excomulgada. Sin embargo, resultó que nadie lo vio con la claridad que él esperaba.

En realidad, aun algunos de sus aliados más cercanos, como George Bell y el obispo Ammundsen, no lo consideraron así. Esto provocaría algunas dificultades, sobre todo porque Bonhoeffer esperaba que la conferencia ecuménica se celebrara en Fanø, Dinamarca, durante aquel mes de agosto. Se le había pedido que diera un discurso allí y que organizara la conferencia juvenil que formaba parte de la principal, pero pronto cayó en la cuenta de que tenía cuestiones más importantes de las que preocuparse.

Los problemas comenzaron cuando descubrió que algunos de los delegados alemanes invitados a la conferencia de Fanø pertenecían a la *Reichskirche* que lideraba Müller. En primer lugar, Bonhoeffer estaba decidido a impedir que cualquiera de ellos asistiera a aquel coloquio general. Se estaba con los que habían declarado su separación de la *Reichskirche*, o se estaba con ella. ¿Cómo no lo habían entendido los líderes ecuménicos?

En el mes de junio, Bonhoeffer viajó a Berlín para entrevistarse con Niemöller y Karl Koch, presidente del Sínodo Confesante. Los tres estaban de acuerdo en que los poderes que estaban en Ginebra, donde se encontraba la sede de las oficinas de la organización ecuménica, reconocerían la nueva situación e invitaría a los miembros de la Iglesia Confesante a la conferencia y mantendría alejados a todos los demás.

De inmediato contactó con los organizadores de Fanø y dejó clara su postura:

Ya le he escrito a Herr Schönfeld para comunicarle que la participación de nuestra delegación alemana en Fanø dependerá de si los representantes de la actual *Reichskirchen leilung* toman parte en la conferencia o no. En cualquier caso, los miembros de nuestra delegación han concertado que permanecerán alejados de aquellas reuniones de Fanø a las que asistan representantes del gobierno de la Iglesia. Sería bueno que se entendiese esta alternativa de forma clara y general. Asimismo, espero que usted también nos ayude a conseguir que el movimiento ecuménico declare públicamente, y antes de que sea demasiado tarde, a cuál de las dos Iglesias de Alemania está dispuesta a reconocer.[20]

Por tanto, la participación de Bonhoeffer estaba supeditada a que se entendiese de una vez por todas que la Iglesia Confesante era ahora la verdadera iglesia alemana. Si sus líderes no eran invitados en esa categoría, ningún miembro de ella participaría. Si Heckel y la *Reichskirche* estaban presentes, se verían allí solos. El silencio de la Iglesia Confesante hablaría por sí solo.

Sin embargo, muy pronto se consideraría que aquello estaba resultando incómodo. Henriod escribió a Bonhoeffer con malas noticias: ya se había cursado la invitación a Heckel y la Oficina de Exteriores de la *Reichskirche*. Aunque, en términos generales, él estaba de su parte, le dijo que era imposible retirar la invitación. Asimismo, el cuerpo ecuménico no podía emitir una segunda invitación a la Iglesia Confesante como tal. Los líderes ecuménicos la consideraban un movimiento y no una iglesia. Sin embargo, añadió que si el Sínodo Confesante declaraba ser una segunda iglesia alemana, la situación sería distinta.

Bonhoeffer estaba exasperado. La Iglesia Confesante ya había declarado en Barmen, y en abundancia, todo lo necesario. Además, *no* era en modo alguno una segunda iglesia alemana, sino la *única*. No podía haber dos. La *Reichskirche* se había alejado por su herejía impenitente, dejando a la Iglesia Confesante como la única iglesia alemana que quedaba. La eclesiología de Bonhoeffer era bastante escueta y clara, aunque aquellos que no veían las cosas del mismo modo que él probablemente pensaran que era quisquilloso. Pero, para él, estas cosas estaban sujetas a las Escrituras y a los dogmas de la iglesia histórica. Esas cosas no se podían difuminar de una manera descuidada. O la Iglesia Confesante era la sola y única Iglesia Evangélica Alemana que se adhería a las Escrituras, al espíritu de la Reforma y a la Constitución de la Iglesia Evangélica Alemana, o no. La Declaración de Barnen había proclamado alto y claro al mundo que ellos eran teológica y legalmente esa iglesia.

El 12 de julio le escribió a Henriod:

No se trata de la afirmación, o tan siquiera el deseo, de ser una Iglesia Libre que esté al lado de la *Reichskirche*, sino que reivindicamos ser la única Iglesia Evangélica de Alemania teológica y legalmente legítima. Por tanto, usted no puede esperar que esta iglesia establezca una nueva constitución, ya que está basada en la misma que la *Reichskirche* ha descuidado ... La Iglesia [sic] Confesional... ya declaró una vez ante toda la cristiandad, cuál era su reivindicación. Por tanto, estoy totalmente convencido de que en cuanto a lo legal y lo teológico, la responsabilidad entre las futuras relaciones entre la Iglesia Alemana y el Movimiento Ecuménico recae sobre este último y sobre sus actos.[21]

Pidió a Henriod que perdonara su «larga explicación, pero no me gustaría que mis amigos me malentendiesen».

Sin embargo, Henriod, jefe de la Federación Ecuménica, sencillamente no lo veía de este modo. Se sintió atado por los protocolos y los estatutos de su organización. A Bonhoeffer le parecía ridículo que Ginebra no pudiera retirar la invitación de Heckel ni emitir una a la Iglesia Confesante tal cual estaban las cosas. Ahora acudió a Bell y este a Ammundsen, que escribió una carta amable en la que, refiriéndose a la Iglesia Confesante como «Sínodo Libre», dejaba claro que él mismo tampoco entendía la situación del modo en que Bonhoeffer lo hacía. Él también consideraba que la Iglesia Confesante era una especie de iglesia alemana «libre» alternativa. Sin embargo, dijo que quizás se pudiera invitar a dos miembros de la misma «sin cargo oficial» eludiendo así las extrañas reglas. Así fue como Bonhoeffer, Bodelschwingh y Koch fueron invitados, y ahora tenían que decidir si aceptaban o no aquellas curiosas condiciones. Mientras tanto, Heckel oyó rumores de esta invitación e intentó detenerla.

Durante aquel verano de 1934, en el transcurso de todas estas idas y venidas, en Alemania estaban ocurriendo unos cambios dramáticos. Tomados en conjunto, alteraban poderosamente el paisaje político y esto tendría consecuencias directas sobre el futuro de todos en los años siguientes y afectarían de inmediato a quienes asistieran a la conferencia ecuménica de Fanø.

La noche de los cuchillos largos

Los terribles sucesos[22] que trastornaron el panorama político de Alemania aquel verano fue la respuesta de Hitler a lo que parecían muy malas noticias. Corrían rumores de que las cosas se estaban aclarando por fin en cuanto a Hitler y su administración criminal. Bonhoeffer supo a través de su cuñado Dohnanyi que Hjarmar Schacht, el jefe del *Reichsbank* alemán, estaba a punto de dimitir. Los doctores del presidente Hindenburg filtraron las noticias de que le quedaban pocos meses de vida. Hitler temía que, tan pronto como falleciera, los conservadores y los líderes del ejército presionaran para volver a la monarquía de los Hohenzollern. Para ellos, la forma de avanzar hacia una Alemania mayor y más unificada estaba lejos de la crasa vergüenza que suponía Adolfo Hitler y volvían a mirar a los días dorados del gobierno del káiser y de los aristócratas. Pero Hitler, que había olfateado los vientos políticos con su característica sensibilidad canina, se adelantó de un salto a la situación. Haciendo gala de su típica crueldad lupina, ordeno un despiadado baño de sangre que llegó a conocerse como *Nacht der langen Messer* (La noche de los cuchillos largos).*

Sabía que debía impedir que los generales del ejército actuaran en contra suya. También estaba al tanto de que su mayor temor era perder su poder a favor de las SA. Ernst Röhm quería que sus SA se convirtieran en el nuevo ejército nazi, con él a la cabeza, y como había estado al lado de Hitler desde los albores del movimiento nazi, ¿cómo podría este negarle? Pero Hitler solo miraba por Hitler, de modo que si su viejo camarada Ernst Röhm estaba preocupando a los generales y, de ese modo, amenazaba su futuro, solo sería *pecata minuta*. Para que los generales apaciguaran su ardor monárquico, Hitler hizo un trato preventivo con ellos. Les prometió mantener a Röhm a raya e impedir que las SA tomaran el mando. ¡No había construido el Tercer Reich para que Röhm, ese pervertido de cuello ancho y corto, lo estropeara todo!

Por tanto, el 29 de junio, se desató el extraordinario asesinato en serie conocido como la «Noche de los cuchillos largos», un espantoso cuadro de derramamiento de sangre por toda Alemania en el que cientos de personas fueron masacradas a sangre fría. A algunos los sacaron a rastras de sus camas y los mataron en sus casas; otros cayeron a manos de los pelotones de ejecución, o sentados detrás de sus escritorios; las mujeres fueron despachadas con sus maridos; y se cobraron venganza de los antiguos enemigos del fallido golpe de estado de 1923, uno de ellos fue asesinado con picos. Solo fue un anticipo de las cosas que estaban por llegar. El acto más descarado de toda aquella matanza fue la ejecución de dos generales del ejército: von Schleicher y von Bredow.

En cuanto a Ernst Röhm, un airado Hitler se personó en su habitación de hotel, le vistió personalmente y lo arrastraron hasta una celda de la prisión de Múnich, donde se le aisló, dejándole a mano un insinuante revolver cargado. Pero el gusto de Röhm por la carnicería no llegaba hasta el suicidio, por lo que les tocó a dos miembros de sus propias SA poner fin a su sórdida vida.

---

* También se la llamó, de un modo absurdo, la Operación Colibrí.

Cuando todo acabó, Hitler afirmó que se había tratado de un inminente golpe de estado perpetrado por Röhm y que se había podido evitar con la ayuda de la providencia. Anunció que el número de ejecutados había sido de sesenta y una personas, aunque otras trece habían muerto mientras se «resistían al arresto». Dohnanyi comentó a Bonhoeffer que el Ministerio de Justicia elevaba el número a doscientas siete personas que habían sido metódicamente perseguidas y asesinadas; en años posteriores, la cifra se estableció entre los cuatrocientos y los mil. En cualquier caso, fue una larga lista de la que no se excluyó a ninguno de los anteriores enemigos de Hitler, Göring o Himmler. ¡Fue la oportunidad de barrer a todos los canallas traidores de las filas de los vivos! Muchos más fueron arrastrados a campos de concentración. Como siempre, Hitler bramó que se había visto incitado a actuar de ese modo, que se estaba fraguando un golpe de estado, que su propia vida se había visto amenazada ¡y que aquellas muertes se habían llevado a cabo pensando en los mejores intereses del Volk alemán, por el cual no había sacrificio demasiado grande!

El 13 de julio, Hitler pronunció un discurso al Reichstag:

Si alguien me reprocha y me pregunta por qué no recurrí a los tribunales de justicia ordinarios, todo lo que puedo contestar es esto: En aquel momento, yo era responsable del destino del pueblo alemán y, por tanto, me convertí en su juez supremo ... Todos deben saber que, en el futuro, si alguien alza su mano para golpear al estado, una muerte segura será la suerte que correrá.[23]

El efecto que todo aquello causó en la mayoría de los alemanes fue un profundo escalofrío.[24] Inge Karding, la estudiante de Bonhoeffer, recordaba el estado de ánimo que siguió a este episodio: «El temor paralizante era como un mal olor que se elevara dentro de uno mismo».

En cuanto a los generales del ejército, habían aterrizado en un punto difícil, en una situación de dependencia de Hitler. En aras de la justicia, no tenían ni idea de que la promesa de Hitler con respecto a impedir que Röhm se hiciera con el poder de las fuerzas armadas significaría una masacre sin límites. No obstante, los planes de restaurar la dinastía de los Hohenzollern desaparecieron. Después de todo, Hitler había mantenido su parte del trato, aunque lo hubiera hecho mediante un asesinato masivo y una maldad desenfrenada. En lo que a él respectaba, Hindenburg, esa molestia digna de un museo de cera, podía irse de este mundo cuando quisiera, y cuanto antes mejor, porque Hitler ya tenía algunas ideas particulares acerca de quién podría remplazarle.

Austria también estaba[25] experimentando una cierta violencia y disturbios políticos, que culminaron con el asesinato, el 25 de julio, del canciller Engelbert Dollfuss a manos de agentes nazis. Un católico acérrimo en un país incondicionalmente católico, como había dicho Dollfuss en una ocasión: «Para mí, la lucha contra el nacionalsocialismo es, en esencia, una batalla en defensa de la concepción cristiana del mundo. Mientras que Hitler quiere revivir el antiguo paganismo germano, yo quiero resucitar la Edad Media cristiana». A raíz de su asesinato, en Austria estalló una mayor violencia y muchos temieron que Hitler enviara tropas a través de la frontera. Mussolini envió militares para impedirlo y lo consiguieron. Una semana más tarde, Hindenburg falleció.

Cuando el héroe de guerra entregó su espíritu el 2 de agosto, a la edad de ochenta y seis años, Hitler anunció —en menos que canta un gallo— a quien había escogido para que sucediera a Hindenburg. ¡Él mismo sería el sucesor! Resultó que también seguiría siendo canciller. Por tanto, ambos oficios, el de presidente y el de canciller, se combinarían en una persona (*c'est moi*), porque este era el deseo del pueblo alemán. Y, por si alguien lo dudaba, aquel a quien tanto apreciaba anunció un plebiscito que se celebraría más adelante en ese mismo mes, y en el que, como era de esperar, el noventa por ciento del pueblo alemán votó Ja. Cuántos lo hicieron con entusiasmo y cuántos por miedo es algo que no podemos saber.

En cuanto al ejército, se habían liberado de la amenaza de Röhm y de las SA, pero las SS, bajo el mando del despreciable Heinrich Himmler, en grado superlativo, les acarrearían problemas infinitamente peores. Hitler pudo tener su pastel y comérselo también. Al contemplar sus logros, nunca se sentía satisfecho mientras hubiera más que poder conseguir. Aprovechándose del ánimo profundamente patriótico que se respiraba alrededor de la muerte de Hindenburg, Hitler convocó a los oficiales y las tropas de la guarnición de Berlín en la Königsplatz, donde, bajo la parpadeante luz de las antorchas, renovaron su juramento de lealtad. Pero cuando levantaron sus manos, descubrieron que estaban pronunciando un juramento que no era el que esperaban. No juraban fidelidad a la constitución o a la nación alemana, sino a aquel tipo de bigotes. De acuerdo con la promesa que estaban haciendo, Hitler se había convertido en la encarnación viva de la voluntad y la ley alemanas. Era muy parecido a: «Hago ante Dios este sagrado juramento de rendir obediencia incondicional a Adolfo Hitler, el Führer del Reich y del pueblo alemán, comandante supremo de las Fuerzas Armadas, y estaré dispuesto como soldado valiente a arriesgar mi vida en cualquier momento por esta promesa».

Pronunciaron estas palabras en masa, helados en sus formaciones e incapaces de rascarse la cabeza ante lo que acababa de ocurrir. Pero lo que había sucedido era que, en su hora de dolor y honor, los habían engañado de una forma magnífica. Los alemanes en general, y los militares en particular, se tomaban la obediencia y los juramentos de una manera extremadamente seria y esas cuatro palabras a las que habían expresado su conformidad bajo coacción, reportaría excelentes dividendos al Führer en los años que tenían por delante. Ellos mismos harían que, con esta promesa, cualquier plan de quitarle de su cargo mediante el asesinato, o de cualquier otra manera, fuera verdaderamente difícil, como veremos.

El general Ludwig Beck[26] estaba horrorizado. La noble tradición del ejército alemán había sido burlada y estafada, embaucada para que arrastrara sus colores por el barro. Beck lo definió como «el día más negro de su vida». Dimitiría en 1938 y se convertiría en uno de los líderes de los complots para asesinar a Hitler, que culminarían en la conspiración final que se llevaría a cabo el 20 de julio de 1944, el día antes de que Beck se quitara la vida.

Con la muerte de Hindenburg, se cortó la conexión del pueblo alemán con el bienestar y la estabilidad del viejo orden bajo el gobierno del káiser. Él había proporcionado una gran sensación de seguridad. Se le consideraba una fuerza estabilizadora y un control sobre el salvajismo de Hitler. Este lo sabía y le utilizó para legitimar su liderazgo. Pero, ahora, Hindenburg se había ido y el pueblo alemán se encontraba muy lejos de la orilla, en un barco a solas con un loco.

CAPÍTULO 16

LA CONFERENCIA EN FANØ

Debe quedar sumamente claro —por aterrador que resulte— que nos vemos directamente frente a la siguiente decisión: nacionalsocialistas o cristianos...

~

Tengo sumamente claro mi llamado. Desconozco lo que Dios hará con él ... Yo debo seguir el camino. Quizás no será por mucho tiempo (cp. Fil 1.23). Sin embargo, es bueno que sea consciente de tener este llamamiento ... Creo que su nobleza solo se nos revelará plenamente en los tiempos y en los acontecimientos que están por llegar. ¡Ojalá podamos resistir!

—DIETRICH BONHOEFFER

Fanø es una pequeña isla del mar del Norte, a una milla de la costa de Dinamarca. De camino para allá, Bonhoeffer pasó unos días en Copenhague, visitando a un amigo de la infancia que era abogado en la embajada alemana. Luego se detuvo en Esbjerg para ver a Franz Hildebrandt, quien le explicó que, a causa de la tensa situación política en Alemania tras el golpe de estado de Röhm, el asesinato de Dollfuss y la muerte de Hindenburg, Bodelschwingh y Koch, presidente del Sínodo Confesante, no asistirían a la conferencia de Fanø. Hildebrandt le acompañaría a la reunión juvenil, pero se marcharía antes de que llegaran Heckel y sus compatriotas. Como no era de raza aria ni trabajaba en la relativa seguridad de una iglesia fuera de Alemania, pensó que sería más sabio evitar que ellos le vieran. Quien sustituiría a Bonhoeffer en

Sydenham y St. Paul sería Jürgen Winterhager, ex alumno suyo y la persona que le había estado remplazando en Londres, que se desplazara a Fanø para ayudarle.

Sin Koch, Bodelschwingh ni Hildebrandt en Fanø, Bonhoeffer se sintió un tanto solo. Aunque Julius Rieger estaría allí, y también muchos de sus estudiantes de Berlín. Pero Müller y los Cristianos Alemanes se habían envalentonado con los acontecimientos recientes. En julio, Wilhelm Frick, Ministro del Interior, decretó la ilegalidad de debatir sobre la polémica de la iglesia, tanto en asambleas públicas como en la prensa. Este edicto no se diferenciaba en nada del anterior «decreto mordaza» de Müller, salvo que ahora era el estado, y no la iglesia, quien lo emitía y, por tanto, no había posibilidad de cuestionarlo. Era la ley del país. El estado y la iglesia se habían soldado a todos los efectos.

Además, tras la muerte de Hindenburg, la *Reichskirche*, ebria de sangre por la purga de Röhm, celebró un sínodo en el que se ratificaron todos los edictos anteriores de Müller. Quizás lo más abominable de todo fue declarar que, desde ese momento en adelante, todo nuevo pastor debía, en el momento de su ordenación, hacer un juramento «de servicio» a Adolfo Hitler. Müller, el ex capellán naval, no se vería superado por el ejército que había prometido lealtad personal al Führer. El juramento que habían de hacer los nuevos pastores era el siguiente: «Juro ante Dios... que seré... fiel y obediente al *Führer* del pueblo alemán y del estado, Adolfo Hitler».

Frente a estas circunstancias, muchos de los que formaban la Iglesia Confesante temieron literalmente por su vida, sobre todo si planeaban afirmar algo políticamente incorrecto en el escenario mundial. Asimismo, sabían que el «Mensaje del Día de la Ascensión» del obispo Bell se trataría en Fanø y los colocaría en una postura delicada. Muchos de ellos no habían alcanzado aún el punto en el que Bonhoeffer se encontraba con respecto a estas cuestiones y se sentían incómodos de tomar parte en cualquier cosa que condenara a Alemania en público. A esas alturas seguían considerándose alemanes patriotas en primer lugar, y recelaban de cualquiera de los países que había causado la vergüenza de Alemania en Versalles, con toda la miseria y el sufrimiento que la habían acompañado.

Tan solo cuatro años antes, a su llegada a Union, Bonhoeffer compartía esta misma postura. Sin embargo, y sobre todo gracias a su amistad con Jean Lasserre, había comenzado a cambiar su forma de ver las cosas. Las posteriores experiencias vividas con estadounidenses como los Lehmann y Frank Fisher, con el inglés George Bell y el sueco Valdemar Ammundsen, su punto de vista sobre la iglesia se expandió de un modo con el que muy pocos de sus paisanos habrían podido soñar. Sin lugar a dudas, sus hermanos y hermanas en Cristo de todo el mundo le eran más cercanos que los seudocristianos nazis de la Reichskirche. Pero él sabía que, en la Iglesia Confesante, muchos podrían poner obstáculos a emprender una acción decisiva en Fanø.

Unas semanas antes, el 8 de agosto, Bonhoeffer le había escrito al obispo Ammundsen:

Para ser sincero, cuando pienso en Fanø, mi temor personal es mayor en lo que respecta a muchos de nuestros propios partidarios que a los Cristianos Alemanes. Es posible que una gran cantidad de los que están de nuestro lado puedan ser terriblemente precavidos por miedo a parecer poco patriotas, no tanto por preocupación como por un falso sentido del honor. Aun de los que han estado haciendo trabajo ecuménico durante algún tiempo, numerosos son los que siguen pareciendo incapaces de realizar o creer que estamos aquí juntos, estrictamente como *cristianos*. Son sumamente suspicaces y esto les impide ser completamente sinceros. ¡Ojalá que usted, mi querido obispo, consiguiera romper el hielo para que esas personas fueran más confiadas y francas. En nuestra actitud con respecto al estado es, precisamente, donde debemos hablar claro y con absoluta sinceridad por el bien de Jesucristo y de la causa ecuménica. Debe quedar sumamente claro —por aterrador que resulte— que nos vemos directamente frente a la siguiente disyuntiva: nacionalsocialistas o cristianos...

En mi opinión, se debería redactar una resolución; nada bueno ocurrirá evitándola. Si la Alianza Mundial se debe disolver en Alemania, pues bien, de acuerdo, reconoceremos entonces que la culpa ha sido nuestra y esto siempre será mejor que vegetar en un estado de insinceridad. Solo la *verdad* y la *veracidad completas* podrán ayudarnos en estos momentos. Sé que muchos de mis amigos alemanes piensan de manera distinta, pero yo le suplico que intente entender esta idea.[1]

Para él, los cristianos serios dentro del movimiento ecuménico constituían la iglesia, la verdadera que superaba las fronteras, y los exhortaba a comportarse como tal. En Fanø lo volvería a hacer.

La conferencia juvenil[2] comenzó el 22 de agosto y Bonhoeffer dirigió el devocional. Una de las participantes, Margarete Hoffer, rememoraba: «En nuestro primer devocional se nos comentó de forma apremiante, como rezaba el lema de toda la conferencia, que nuestra obra no puede ni debe consistir en nada que no sea escuchar juntos lo que el *Señor* dice, y orar unidos para que podamos oír correctamente. Prestar oído con fe a las palabras de la Biblia, escucharnos unos a otros como oyentes que obedecen, es el núcleo central de toda obra ecuménica». Otro copartícipe, E. C. Blackman, afirmó: «Comenzamos con el ambiente correcto ya que, en nuestro devocional de la primera mañana, Bonhoeffer nos recordó que nuestro objetivo principal no era recomendar nuestras propias opiniones, nacionales o individuales, sino oír lo que Dios nos dijera».

La naturaleza radical de lo que Bonhoeffer afirmó e hizo en Fanø es difícil de exagerar. Se podría trazar una línea directa desde Fanø hasta Flossenbürg, once años más tarde. El doctor de esta prisión, que no sabía a quién estaba observando, recordaba posteriormente: «Vi al pastor Bonhoeffer arrodillado en el suelo, orando con fervor a Dios... tan seguro de que Dios oía su plegaria ... Jamás he visto morir a un hombre tan sometido por entero a la voluntad de Dios». Ese era Bonhoeffer en Fanø. Lo que le hizo destacar, para unos como inspiración, para otros como un tipo raro y para algunos más como una ofensa, fue que no esperaba que Dios oyera sus oraciones, sino que lo sabía con toda seguridad. Cuando afirmó la necesidad de que se humillaran, escucharan y obedecieran los mandamientos de Dios, no estaba adoptando una pose afectada. Quería impartir su visión de Dios y señalaba que uno debe confiar en Dios ahora y de una manera total, sabiendo que oírle es lo único que de verdad importa. Era evidente que un gran número de los que formaban el movimiento ecuménico y la Iglesia Confesante no acababan de creerlo. Sin embargo, él estaba seguro de que Dios no podría ayudarles a menos que actuaran por fe y en obediencia.

El martes 28, predicó en la adoración matinal, tomando como texto el Salmo 85.8: «Escucharé lo que hablará Jehová Dios; porque hablará paz a su pueblo y a sus santos, para que no se vuelvan a la locura». La paz era una de las cuestiones de máxima preocupación para él, pero durante aquel mes de agosto, también poseía un aspecto de urgencia evidente para todo el mundo. El asesinato de Dollfuss había sumido a Austria en el caos y, además, Alemania amenazaba con invadirla en cualquier momento. Al mismo tiempo, también se intuía que Mussolini intentaría invadir Etiopía aprovechando la crisis abisinia.

Bonhoeffer esperaba que la conferencia juvenil tuviera por resultado unas determinaciones valientes y sustanciales. No se vio decepcionado. Los cincuenta delegados redactaron dos resoluciones. La primera declaraba que los mandamientos de Dios quedaban por encima de cualquier afirmación del estado. Se aprobó por los pelos ya que muchos de los estudiantes berlineses de Bonhoeffer presentaron votos en contra. La segunda condenaba el apoyo cristiano a «la guerra, cualquiera que fuese». Un delegado polaco sugirió enmendarla sustituyendo esta frase por «guerra agresiva», pero los demás no lo aceptaron. Se produjo un agitado debate sobre la objeción de conciencia que, como ocurrió con todos los demás coloquios generales programados, se desperdigó en pequeñas conversaciones de grupo entre los participantes. Los estudiantes alemanes fueron valientes al intercambiar opiniones sobre estos asuntos.

En el transcurso de los días,[3] Bonhoeffer y los copartícipes en la conferencia juvenil se reunieron en las playas de Fanø para mantener unos debates informales. Aun en aquel enclave relajante, permanecían vestidos como si estuvieran en las reuniones oficiales: la mayoría de los hombres con chaqueta, corbata, zapatos y calcetines; las mujeres con sus vestidos almidonados. Durante una de estas tertulias al borde del mar, un sueco le preguntó a Bonhoeffer qué haría él si llegaba la guerra. No era una consideración abstracta para nadie, y menos aún para él, cuyos tres hermanos habían tomado las armas. Él mismo había adoptado pasos firmes en esa dirección durante el periodo de dos semanas como Igel en el Escuadrón de los Fusiles de Ulm. Exactamente dieciocho meses antes, el mismo día que Hitler había llegado al poder, su hermano Klaus había declarado: «¡Esto significa guerra!». Vio de un modo bastante profético adónde pretendía llevar Hitler al país. Según los allí presentes, Bonhoeffer tomó un puñado de arena sin pronunciar palabra, y la dejó correr entre sus dedos, mientras cavilaba sobre la pregunta y su respuesta. Luego, mirando con gran calma al joven, contestó: «Mi oración a Dios es que, en ese momento, me dé la fuerza para no empuñar un arma».

En medio de todo aquello, su sentido de traviesa inteligencia permaneció intacto. Otto Dudzus, uno de sus estudiantes de Berlín, recordó haber estado sentado junto a él cuando un sacerdote ruso, de generoso contorno, tomó la palabra. Garabateó un gracioso pareado del verso absurdo del poeta alemán Christian Morgenstern y se lo deslizó a él:

> Ein dickes Kreuz auf dickem Bauch,
> Wer spürte nicht der Gottheit Hauch?[*]

Acerca de las contribuciones de Bonhoeffer al tema de la conferencia y su dirección global, Dudzus indicó que «jamás se podrían estimar en su justo y elevado valor. Ponía especial cuidado en que no se convirtiera en una ineficaz discusión académica». Su forma de alentar a Ammundsen y a los demás para que se pronunciaran a favor de una verdadera resolución con respecto al tema de Alemania era heroica y visionaria. Era un exhortador increíble y, en numerosas

---

[*] Con una gran cruz gorda sobre una gran panza, / ¿quién no sentiría el aliento de Dios?

ocasiones de su vida, ayudaría a que otros vieran con claridad lo que para él era diáfano, y establecería las conexiones razonables hasta alcanzar las conclusiones lógicas que él sabía que se debían alcanzar.

Al final, no participó en los debates oficiales sobre el «Mensaje del Día de la Ascensión» de Bell, pero dijo todo lo necesario a quienes se encargarían de hacerlo. Sintió que estaba en buenas manos: se había escogido un comité para hacer el borrador de la resolución constituido por los obispos Bell y Ammundsen, H. L. Henriod y otros cuatro.

Uno de ellos era el estadounidense Dr. Henry Smith Leiper, que figuraría de una forma destacada en el fatídico viaje de Bonhoeffer a Estados Unidos en 1939. Este le había conocido en Union, pero tan solo de un modo casual. Leiper era un conferenciante especial cuando él hizo el programa de Sloan Fellows. Sin embargo, en Fanø, fue a su habitación para hablar con él, le contó su situación con Heckel, y cómo este le había informado que debía abandonar Londres. Leiper evocaba así aquella conversación:

Cuando le pregunté cuál había sido su respuesta a la orden del obispo, me confesó con una sonrisa sombría: «Negativa». Y amplió esa lacónica observación: «Le advertí que tendría que venir a Londres a buscarme si me quería fuera de esa iglesia». Con total franqueza y un desprecio audaz me señaló aquello que los seguidores de Cristo deben estar dispuestos a hacer al resistirse al cesarismo nazi y su penetración en los dominios espirituales. Entendí con toda claridad que estaba preparado para luchar contra el régimen de Ludwig Müller. Con todo, en ningún momento de nuestra entrevista mostró preocupación alguna por las posibles consecuencias de su decisión de oponerse abiertamente a todo el esfuerzo del hitlerismo por apoderarse del control de la iglesia en Alemania. Tampoco observé en él la más mínima duda en cuanto a que los cristianos con discernimiento tendrían que tratar de una forma realista con el más peligroso y desaprensivo de los dictadores que creía poder lograr su plan de convertir lo que denominaba «cristianismo práctico» en una fuente de poder e influencia para su plataforma política.

Fue muy significativo que Dietrich tuviera percepciones tan claras y que pudiera haber alcanzado unas decisiones tan valientes y tan al principio de la vida oficial del ingreso de Hitler en la administración de las iglesias. Por mi propia experiencia, un tanto extensa por muchas visitas anteriores a Alemania, sabía que casi ninguno de sus colegas era tan sabio ni tan audaz como él en cuanto a lo que estaba ocurriendo. Tampoco había entre ellos

alguien tan desafiante —al menos abiertamente— ante la tiranía que se avecinaba por el horizonte de su país con el «milagro» del Tercer Reich...
Dietrich estaba decidido a abordar los problemas suscitados por el movimiento nazi y no solo desde un punto de vista teológico o filosófico, sino
actuando con franqueza.[4]

Esta fue, probablemente, la contribución más importante de Bonhoeffer en
Fanø y en otras muchas circunstancias, arengando a otros a pasar a la acción y
manteniéndose siempre alejado de la mera teologización. Sus pensamientos sobre
todo esto quedarían plasmados en su libro *El seguimiento*, en el que todo lo que
carece de obediencia a Dios huele a «gracia barata». Las acciones debían ser acor-
des con lo que uno creía, o no se podía afirmar creer en ello. En Fanø, Bonhoeffer
presionó a los delegados para que entendieran esto y, en general, lo consiguió.

Desde luego su éxito fue total en conseguir que el liderazgo respondiera al
«Mensaje del Día de la Ascensión» de Bell con una resolución. Leiper y el comité
lo refrendaron con rotundidad. Así como el mensaje original del obispo había
sido una bofetada pública y con la mano abierta para Müller, esta resolución que
ratificaba el mensaje de Bell supuso otra. Y mientras el mensaje del obispo era el
de un único clérigo británico, la resolución de Fanø representaba la voz unida de
una gran multitud de todo el mundo:

> El consejo declara su convicción de que el gobierno autocrático de la iglesia,
> en especial cuando se impone sobre la conciencia mediante un juramento
> solemne, el uso de la fuerza y la supresión de un debate libre, son incompa-
> tibles con la verdadera naturaleza de la iglesia cristiana, y solicita a sus her-
> manos cristianos de la iglesia alemana, en nombre del evangelio:
> «Libertad para predicar el evangelio de nuestro Señor Jesucristo y
> vivir según sus enseñanzas;
> »Libertad de la palabra impresa y de asamblea en el servicio a la comu-
> nidad cristiana;
> »Libertad para que la iglesia pueda instruir a sus jóvenes en los
> principio del cristianismo y de la inmunidad frente a la imposición
> obligatoria de una filosofía de vida antagónica a la religión cristiana».[5]

En la mañana del 28, Bonhoeffer pronunció su memorable «Discurso de paz» ante
la asamblea. «Desde el primer momento —indicó Dudzus— la asamblea quedó

sin respiración a causa de la tensión. Es posible que muchos sintieran que nunca olvidarían lo que acababan de oír». Bonhoeffer afirmó que, antes que nada, la iglesia debe escuchar la Palabra de Dios y ha de obedecer. Aquellos que procedían de un trasfondo teológico liberal no estaban acostumbrados al lenguaje ni al tono que él utilizó. La idea de que Dios estaba hablando, exigiendo algo, hizo que algunos se sintieran incómodos. Dudzus señaló que Bonhoeffer «llegó tan lejos que la conferencia no podía seguirle». Sin embargo, nadie podía perderse el poder que había detrás de sus palabras. Las palabras que pronunció aquella mañana se siguen citando hoy:

> No hay camino que lleve a la paz que transcurra junto al de la seguridad. La paz requiere osadía y, por tanto, es en sí misma una gran aventura que nunca puede implicar seguridad. Son cosas opuestas. Exigir garantías es querer protegerse. La paz significa entregarse por completo al mandamiento de Dios, no querer seguridad, sino poner el destino de las naciones en las manos del Dios Todopoderoso, por fe y en obediencia, sin intentar dirigirla para los propios beneficios egoístas. Las batallas no se ganan con armas, sino con Dios. Se vence cuando el camino conduce a la cruz.[6]

«No le preocupaba aquí el inútil intercambio de las preguntas de finales abiertos —explicó Bethge—, sino con la exigencia directa de que se arriesgaran algunas decisiones».[7] Demandaba —no, no él, sino Dios— que aquellos que estaban escuchando obedeciesen. «Exhortó con pasión a aquella asamblea cuidadosamente reunida que justificara su derecho a existir mediante la imposición del evangelio de paz en toda su extensión». Les señalaba que Dios les había dado el poder, como iglesia suya, para que fuesen una voz profética en medio del mundo, y ellos debían empuñar esa autoridad recibida de él y comportarse como la iglesia que, por el poder del Espíritu Santo, era la respuesta de Dios a los problemas del mundo.

Pero, de entre sus oyentes, ¿quién sabía qué hacer con todo aquello? Bethge recordaba que Bonhoeffer «usaba la palabra "consejo", algo que debió de desconcertar a algunos de los que le estaban escuchando. Pero quería llevarles más allá de la idea de que eran un mero cuerpo asesor o formador de opiniones. Un consejo proclama, compromete y resuelve; y, en el proceso, se compromete y se resuelve por sí solo». Si alguna vez fue un Jeremías o un Jonás, fue en aquella isla frente a la costa danesa a finales de agosto de 1934.

A sus estudiantes berlineses que habían asistido a la conferencia juvenil no se les permitió observar desde el salón principal donde estaban reunidos los dignatarios, pero un amigo de Bonhoeffer convenció a alguien para que los dejara escuchar desde una galería superior. Tan pronto como acabaron, los sacaron apresuradamente. Un estudiante recuerda que las últimas frases de Bonhoeffer fueron inolvidables: «¿A qué estamos esperando? Ya es tarde». Cuando hubo acabado, el líder de la conferencia subió al podio y declaró que no era necesario comentar el discurso; el significado había quedado claro para todo el mundo.

Por las tardes, y a veces hasta ya bien entrada la noche, los estudiantes berlineses se reunían para seguir discutiendo las cuestiones. Bonhoeffer les advertía que tuvieran cuidado, y que se cercioraran bien de quién estaba alrededor de ellos cuando hablaban. Un día vieron el titular de un periódico danés que rezaba: «La juventud alemana habla con libertad: "Hitler quiere ser Papa"». Alguien se había infiltrado en sus debates y los había oído decir que Hitler quería apoderarse de la iglesia. Fue desastroso. Bonhoeffer estaba seguro de que encontrarían dificultades cuando intentaran entrar de nuevo en Alemania. Hizo todo lo que pudo para quitar hierro al asunto, restándole importancia en las conversaciones telefónicas y en las charlas con los demás en la conferencia. Al final no sucedió nada. Alemania no era aún un estado policial.

Heckel y los demás miembros[8] de la delegación de la *Reichskirche* estuvieron en la conferencia de Fanø, pero se ocuparon de los asuntos de su señor, que consistían en hablar con la menor sustancia posible. Heckel evitó hablar de la cuestión judía mediante una estrategia de flatulencia a doble cañón: el veinticinco impartió una ponencia sobre las cuestiones ecuménicas que duró una hora y media; dos días después, otra sobre la iglesia y el estado. El *Times* de Londres definió el primer discurso como «un brillante ascenso a la estratosfera del puro dogma eclesiástico». De alguna manera, a Müller le llegaron noticias de que Heckel no estaba causando la espectacular impresión esperada. Sin dejar nada al azar, despachó de inmediato a un enviado especial, Walter Birnbaum, junto con el doctor August Jäger, el implacable cascarrabias que se había referido a la encarnación como «estallido de la luz nórdica en la historia mundial». Ambos se apresuraron a viajar hasta Copenhague y se encontraron con que la conferencia ecuménica se estaba celebrando en Fanø, al otro lado de Dinamarca. Como la imagen de la *Reichskirche* estaba en juego, se las ingeniaron para fletar un hidroavión y recorrieron doscientas millas hacia el oeste a toda velocidad, antes de hacer doblemente ostentosa entrada, para gran consternación de Heckel.

Jäger no habló, pero la teología de su colega no fue menos defectuosa. Birnbaum pidió permiso para dirigirse a la asamblea y escupió una floreada guirnalda de anécdotas sobre algunos alemanes que se habían convertido al cristianismo como resultado del nacionalsocialismo. Julius Rieger lo consideró «una absurda jerigonza». Heckel se sentía molesto de que el *Reichsbischof* hubiera sentido la necesidad de enviar a aquellos dos; su presencia y sus comentarios hacían su postura aún más difícil. Sin embargo, conocía como nadie la forma de explotar al sistema en aquellas conferencias. Una vez más, se ató los patines y se movió a toda velocidad, de la manera más confusa que le fue posible: negó con descaro ciertas cosas, presentó quejas, insertó repetitivas paparruchas sin sentido en los minutos oficiales y, con cara inexpresiva, aseguró que la situación de Alemania era mejor que nunca para «proclamar el evangelio».

No obstante, para gran delicia de Bonhoeffer, la conferencia aprobó por unanimidad una resolución que declaraba la «gran ansiedad» por la situación en Alemania. Declaraba que «los principios vitales de la libertad cristiana» se habían visto amenazados y afirmó que el uso de la fuerza, «un gobierno eclesial autocrático» y «la supresión del libre debate» eran «incompatibles con la verdadera naturaleza de la iglesia cristiana». Y seguía estipulando: «El Consejo desea asegurar a sus hermanos del Sínodo Confesional de la Iglesia Evangélica Alemana que está orando por ellos, que cuentan con nuestra más sincera solidaridad en su testimonio de los principios del evangelio y nuestra determinación de mantener una estrecha comunión con ellos».

Lo que más escoció fue que Koch, el presidente del Sínodo Confesante, fue pública y deliberadamente elegido para el Consejo Universal de la Alianza Mundial. Heckel protestó amargamente, pero fue en vano. Sin embargo, hubo una acción que justificó el gasto nazi de enviarle allí. Ejerció presión para que se incluyese una pequeña y aparentemente benigna inserción en la resolución que indicara que el consejo quería permanecer «en amistoso contacto con todos los grupos de la Iglesia Evangélica Alemana». En realidad, al hacerlo así, se estaría situando a la *Reichskirche y a la Iglesia Confesante* en la categoría de «grupos», y esto sería devastador para el futuro. La reivindicación de Bonhoeffer en cuanto a que la Iglesia Confesante era en verdad la iglesia alemana, y que los Cristianos Alemanes y su *Reichskirche* eran heréticos y no se les podía reconocer como tales, había quedado desactivada por el procedimiento hábil y parlamentario del obispo Heckel.

En aquel momento,[9] sin embargo, esto no fue evidente. Bonhoeffer creyó que habían logrado un osado salto adelante y que las futuras conferencias ecuménicas incrementarían su progreso. Todo el mundo era optimista. No obstante, según Bethge, el movimiento ecuménico no llegaría nunca más allá en su compromiso con la Iglesia Confesante. «Fanø —escribió— no representó un primer paso, sino un efímero apogeo».

Gotinga

Antes de regresar a Londres, Bonhoeffer viajaría un poco más. Su primer viaje fue a Gotinga para visitar a Sabine y su familia. Las cosas podían ponerse bastante peor en cualquier momento, de modo que aquel año compraron un auto por si tuvieran que escapar por cualquier motivo. Lo harían... y sería muy pronto. Ya en esa época solían abandonar Gotinga con frecuencia y se quedaban con los padres de ella en Berlín, donde la situación era menos inestable para los judíos. En la escuela, sus hijas Marianne y Cristiane eran a veces sometidas al ridículo. Sabine rememoraba:

> Una de las amiguitas llegó a gritarle [a Christiane] por encima de la valla: «Tu padre es judío». Un día, encontramos un cartel clavado en uno de los árboles frente a la escuela que decía: «El diablo es el padre de los judíos». De camino a la escuela, nuestras hijas pasaban todos los días por delante de esta pancarta que incitaba a la agitación. Otro día colocaron una caja con el periódico nazi *Der Stürmer* con sus abominaciones frente a la escuela. Contenía temas antisemíticos, relatos fantasiosos de crímenes sexuales y actos rituales sádicos que supuestamente practicaban los judíos, así como historias inventadas del tipo más obsceno. Los escolares más mayores se agolparon frente a esto.[10]

La casa de los Leibholz estaba situada en Herzberger Landstrasse, donde otros muchos profesores de Gotinga tenían sus hogares. Los domingos por la mañana, las SA solían marchar con frecuencia calle abajo. Muchos años después, Sabine comentó: «Todavía me encojo cuando recuerdo las canciones al ritmo de las cuales desfilaban: "Soldados, camaradas, ahorquen a los judíos, péguenles un tiro"». El amor que Dietrich sentía por su hermana gemela era, en gran parte, la causa del valor que muchas veces demostraba en sus tratos con los nazis.

Después de Gotinga, Bonhoeffer fue a Würzburg y se entrevistó con algunos de los líderes de la Iglesia Confesante. En su función estándar de líder y exhortador, les ayudó a reconocer que eran en realidad una iglesia y no solo un movimiento, y los convenció de declararlo así con énfasis y sin demora. Finalmente, lo hicieron en Dahlem aquel mes de octubre. Su fallo al no haberlo dejado lo suficientemente claro con anterioridad les había costado caro en Fanø y no debían permitir que volviera a suceder. Asimismo, discutieron sobre la inminente consagración de Müller y la importancia de mantener a los personajes ecuménicos al margen.

A continuación, Bonhoeffer visitó a Jean Lasserre[11] en su parroquia de clase obrera en la región francesa de Artois. Varios delegados ecuménicos se reunieron allí después de Fanø. Algunos de ellos salieron y predicaron por las calles. Lasserre admiraba la facilidad que Bonhoeffer tenía para comunicarse con personas tan distintas a él y a sus circunstancias: «Verdaderamente hablaba el evangelio a la gente de la calle».

CAPÍTULO 17

EL CAMINO A ZINGST
Y FINKENWALDE

Es hora ya de romper con nuestras restricciones a las acciones del estado, basándonos en razones teológicas que, después de todo, no son más que miedo. «Hablen claro por los que no pueden hacerlo». ¿Quién, en la iglesia de hoy, es consciente de que esto es lo mínimo que la Biblia nos pide que hagamos?

∾

Con toda seguridad, la restauración de la iglesia debe depender de un nuevo tipo de monasticismo, que no tiene nada en común con el viejo, sino la vida del discipulado intransigente, seguir a Cristo según afirma el Sermón del Monte. Creo que ha llegado el momento de reunir a la gente para que haga esto.

—Dietrich Bonhoeffer

De regreso a Londres, Bonhoeffer se preguntó qué haría a continuación. Sus talentos y las relaciones de su familia le proporcionaban infinitas posibilidades y parecía querer conservar estas opciones abiertas.

Unos meses atrás, los líderes de la Iglesia Confesante tomaron conciencia de que debían pensar en abrir sus propios seminarios. La *Reichskirche* requería que todos los estudiantes teológicos universitarios demostraran su pureza racial de arios. El mes de junio anterior, Jacobi y Hildebrandt sugirieron que Bonhoeffer dirigiera un seminario de la Iglesia Confesante. Un mes después, Niemöller le asignó el del distrito berlinés de Brandenburg, puesto que se haría efectivo en enero del año siguiente, pero él no parecía tenerlo demasiado claro. Koch, el presidente del Sínodo, prefería que permaneciera en Londres, pero, si quería proseguir con sus estudios en la Universidad de Berlín, tenía que decidirse pronto; su excedencia no duraría para siempre. Aunque lo académico había perdido su encanto para él, Bonhoeffer odiaba que le arrebataran esa posibilidad.

El 11 de septiembre le escribió a Erwin Sutz:

Me siento desesperanzadamente en conflicto conmigo mismo sin saber qué decidir, ir a la India o regresar a Alemania para encargarme de un seminario de pastores que pronto se abrirá allí. Ya no creo en la universidad; en realidad, para irritación tuya, nunca he creído en ella. Toda la educación de la generación más joven de teólogos pertenece hoy a las escuelas eclesiales, que son como claustros y en las que la pura doctrina, el Sermón del Monte y la adoración se toman en serio. Esto no suele ocurrir jamás (ni en las circunstancias actuales podría suceder) en la universidad. Es hora ya de romper con nuestras restricciones a las acciones del estado, basándonos en razones teológicas que, después de todo, no son más que miedo. «Hablen claro por los que no pueden hacerlo». ¿Quién, en la iglesia de hoy, es consciente de que esto es lo mínimo que la Biblia nos pide que hagamos?[1]

Una semana después tomó su decisión. Aceptaría la dirección del nuevo seminario de la Iglesia Confesante. Sin embargo, anunció que no podría incorporarse hasta la primavera. Planeaba prepararse para la experiencia empleando los meses que quedaban de 1934 para viajar por toda Inglaterra y hacer un estudio de varias comunidades cristianas. Después de esto, iría por fin a la India y visitaría a Gandhi, como llevaba tanto tiempo ideando. Ahora formaba parte de su pensamiento más amplio sobre cómo pretendía Dios que vivieran los cristianos. A medida que la batalla de la iglesia y la situación política se había ido tornando más difícil, se había preguntado si los métodos de Gandhi de resistencia social cristiana no serían algo hacia lo que Dios llamaba a la iglesia. ¿Sería así como se suponía que él y otros cristianos debían luchar? ¿No sería una pista falsa pensar que podían ganar la batalla actual de la iglesia tal como ahora la estaban peleando?

Sabía que en la iglesia tal como ahora existía había algo profundamente incorrecto que no solo tenía que ver con la *Reichskirche* y los Cristianos Alemanes, sino con lo mejor de ella, con la Iglesia Confesante y la forma presente de cristianismo en Alemania en general. Sentía que lo que faltaba especialmente en la vida de los cristianos de Alemania era la realidad de morir día a día a uno mismo, de seguir a Cristo con cada partícula de su ser en cada momento, en todas las partes de la propia vida. Esta dedicación y este ardor existían entre los grupos pietistas como el Herrnhüter, pero a él le parecía que rozaban el límite de la orientación a las «obras» y de la «religiosidad» extrema, en un sentido barthiano. Se habían alejado demasiado del «mundo», habían apartado lo mejor de la cultura y de la educación hasta un punto que, según él, no estaba bien. Cristo había de ser llevado a cada centímetro cuadrado del mundo y de la cultura, pero la fe debía ser resplandeciente, luminosa, pura y robusta, libre de hipocresía, de «fraseología» y de mera religiosidad, o el Cristo que uno introdujera en ellos no lo sería en absoluto; sería una imitación ostentosa fabricada por los hombres. Bonhoeffer abogaba por un cristianismo demasiado mundano para los conservadores luteranos tradicionales, y demasiado pietista para los liberales teológicos. Siempre era demasiado algo para todos, de modo que ambos lados le malentendían y le criticaban.

En cualquier caso,[2] desde hacía bastante tiempo sentía que Gandhi podía proporcionarle algunas claves. No era cristiano, pero vivía en una comunidad que se esforzaba por vivir según las enseñanzas expuestas en el Sermón del Monte. Así quería Bonhoeffer que vivieran los cristianos. Por tanto, viajaría a la India para ver cómo lo practicaba una gente que no era cristiana. En Fanø preguntó a los cristianos reunidos: «¿Nos dejará en vergüenza el pueblo no cristiano de Oriente? ¿Debemos abandonar a unos individuos que arriesgan su vida por este mensaje?». ¿Sería posible que, así como Pablo había sido enviado a los gentiles «para provocar a celos a su propio pueblo (los judíos)», Cristo operara entre gente no cristiana de una manera que hiciera actuar a la iglesia? Aquel mes de mayo le había escrito a su abuela:

Antes de atarme en cualquier lugar durante demasiado tiempo, estoy pensando de nuevo en ir a la India. Últimamente he reflexionado mucho en las cuestiones de allí y creo que podría encontrar cosas importantes que aprender. En cualquier caso, a veces me parece que hay más cristianismo en su «paganismo» que en toda nuestra *Reichskirche*. En realidad, la cristiandad tiene su origen en Oriente, pero se ha occidentalizado tanto y se ha impregnado hasta tal punto de pensamiento civilizado que, como podemos ver, casi lo hemos perdido. Lamentablemente confío ya muy poco en la oposición de la iglesia. No me gusta en absoluto la forma en que llevan las cosas y, en realidad, temo el momento en el que asuman responsabilidades y podamos vernos obligados a ser testigos, de nuevo, de una terrible transigencia de la cristiandad.[3]

Ya estaba mirando más allá de la Iglesia Confesante, de cuyo parto él solo había sido la comadrona. Ya se veían demasiadas concesiones. Una cosa era cierta: la perversión de Hitler no podía derrotarse con mera religión. Anhelaba ver una iglesia que tuviera una conexión íntima con Cristo y que se dedicara a escuchar la voz de Dios y a obedecer sus mandamientos, ocurriera lo que ocurriera, incluido el derramamiento de sangre. ¿Pero cómo se podía oír la voz de Dios, y mucho menos obedecerla, cuando la oración y la meditación en las Escrituras era algo que ni siquiera se enseñaba en los seminarios alemanes? Lo mismo sucedía con la adoración y la alabanza. Él podía hacerlo en el seminario que iba a dirigir al llegar la próxima primavera.

Mientras tanto, Barth intentaba entrevistarse con Hitler. Muchos de los miembros de la Iglesia Confesante seguían pensando que se podía razonar con él. La guerra, los campos de exterminio y la solución final se hallaban aún en el futuro. Seguía habiendo esperanzas de que ese loco pudiera no ser tan demente después de todo, o que su salvajismo pudiera ser domesticado. Bonhoeffer ya había adivinado sus intenciones y, por ello, miraba mucho más allá en busca de otra cosa, algo más puro y verdadero. Hacía tiempo que se había apartado de la línea pasada de pensamiento que consideraba que cualquier cosa que se debatiera en la actualidad podría ser la solución. En su carta a Sutz hace referencia a la idea de Barth:

De ahora en adelante, creo que no tiene sentido que Hitler y Barth discutan sobre nada; en realidad algo que no se puede ya aprobar. Hitler ya ha demostrado claramente lo que es, y la iglesia debería saber con quién está tratando. Isaías tampoco fue a Senaquerib. Ya hemos intentado en bastantes ocasiones —demasiadas— advertir a Hitler de lo que está ocurriendo. Quizás aún no lo hayamos hecho en la forma correcta, pero, entonces, Barth tampoco lo va a hacer como es debido. Hitler no está en situación de escucharnos; está *obstinado* y, por tanto, debe obligar*nos* a escuchar. Así es como funciona. El movimiento de Oxford fue lo suficientemente ingenuo para intentar convertir a Hitler, una forma ridícula de no reconocer lo que está ocurriendo. Somos *nosotros* quienes debemos ser convertidos y no Hitler.[4]

En otra carta a Sutz se había referido a Hitler como un tipo de Senaquerib. Parecía creer que la máxima maldad del Führer, como la de Senaquerib, purificaría la iglesia, arrebataría la paja. ¿Pero por qué no lo habían visto otros todavía? ¿Por qué se habían dejado engañar por Hitler personas como el evangelista Frank Buchman, pensando que podrían convertirle? ¿Cómo era que otros no veían que, a menos que pudieran reconocer primero el mal, seguiría teniendo poder y causaría destrucción? En esta carta, Bonhoeffer aludía a Karl Brandt, médico personal de Hitler, y a quien Sutz conoció en una gira alpina.

> ¿Qué clase de hombre es Brandt? No entiendo cómo se puede permanecer en el entorno de Hitler, a menos que se sea un Natán o que se comparta la culpa de lo ocurrido el 30 de junio y el 25 de julio, y por la mentira servida en bandeja el 19 de agosto; ¡y sea copartícipe en el delito de la próxima guerra! Por favor, perdóname, pero estas cosas son realmente muy graves para mí y ya no me siento con ganas de ser ingenioso al respecto.[5]

Que Bonhoeffer preguntara[6] sobre Brandt nos ayuda a entender lo que debió de ser la vida de los alemanes en el Tercer Reich, sobre todo en los primeros días en que la mayoría de las personas seguían en la más completa oscuridad con respecto a lo que les aguardaba y lo que Hannah Arendt definió de una forma tan genial como la «banalidad del mal». No podía entender cómo alguien podía acompañar a Adolfo Hitler, sabiendo que este se había entregado por entero al mal, y, por ello, quería saber qué tipo de persona era Brandt.

Sutz lo desconocía, pero la historia nos cuenta que fue el principal arquitecto y codirector del programa de eutanasia T-4, en la que veintenas de miles de personas con discapacidades mentales y físicas fueron eliminados de los hospitales y de lugares como la comunidad de Bethel de Bodelschwingh, y asesinados. Asimismo, llevó a cabo innumerables abortos forzados en mujeres consideradas «genéticamente inferiores», «racialmente deficientes» (judías), o discapacitadas mental o físicamente. Los abortos eran legales excepto en los casos de fetos «arios saludables». Brandt también supervisó y participó en muchos «experimentos médicos» llevados a cabo en prisioneros de los campos de concentración. A decir verdad, fue el principal defensor médico en los juicios de Núremberg, donde fue condenado y sentenciado a muerte. No expresó arrepentimiento alguno ni siquiera antes de morir, y fue ahorcado en 1948.

La lucha de la iglesia continúa

El 23 de septiembre, la guardia de honor antidisturbios con esvásticas y camisas marrones mancilló el sagrado suelo luterano de la catedral de Berlín. Era la «consagración» del Reichsbischof Johann Heinrich Ludwig Müller. Pero los líderes ecuménicos de todo el mundo civilizado no asistieron al chabacano espectáculo y convirtieron el momento triunfal del bobalicón Müller en una solitaria farsa nazi. Con todo, este sentía que por fin había recibido lo que se merecía, y honraría a su amado Führer consiguiendo la unidad de la Iglesia Evangélica Alemana, aunque tuviera que hacerlo con un hacha.

Unos cuantos días más tarde, Bonhoeffer recibió una misteriosa postal de Franz Hildebrandt. Lo único que había escrito era: «Lucas 14.11». Era el versículo del día de la ceremonia de Müller, y Bonhoeffer captó la broma al instante. Recogía las palabras de Jesús a los fariseos, y las de Hildebrandt para Müller: «Porque cualquiera que se enaltece, será humillado; y el que se humilla, será enaltecido». Tal y como resultó, las palabras no solo eran adecuadas, sino también proféticas. Tan pronto como acabó la ceremonia, todas las cóleras del infierno se soltaron. La lucha de la iglesia estalló de nuevo en llamas y, en muy poco tiempo, el Reichsbischof estaba en dificultades frente al disgustado Führer.

El problema comenzó cuando, en una sola semana, el doctor August Jäger, con sus cicatrices por heridas de sable, decretó arresto domiciliario para los obispos de Württemberg y Baviera. Jäger hacía la mayor parte del trabajo sucio de Müller, pero, esta vez, le salió el tiro por la culata de mala manera. Los partidarios de ambos obispos tomaron las calles y, de repente, la prensa mundial se volvió a centrar en los problemas de la iglesia alemana. La cobertura del *Time* era particularmente incómoda:

Una multitud salvajemente entusiasta empujó al valiente obispo dentro de su automóvil, barrió a la policía y a las tropas de las SS, trotó detrás del coche hasta su domicilio gritando: «*Heil* Meiser! *Pfui* Müller!». Otra muchedumbre se quedó junto a la iglesia, cantando solemnemente el gran *Ein feste Burg ist unser Gott!* de Martín Lutero ... [Al día siguiente] la furiosa multitud se marchó para reunirse frente al santuario más sagrado del nazismo, la original Casa Marrón de Adolfo Hitler. Mientras las tropas de las SS permanecían de guardia, indecisos, los protestantes escupieron a las esvásticas de bronce que se alzaban a cada lado de la puerta, y desafiando a gritos al obispo Müller y al mismísimo Adolfo Hitler... Los partidarios de Meiser publicaron un amargo manifiesto:

«En una iglesia que se autodefine como iglesia del evangelio, este se ve desterrado y el despotismo y la mentira se han hecho con el control ... El obispo del reino, Ludwig Müller y August Jäger son responsables de estos estragos. Satanás hace su obra por medio de ellos. Por tanto, clamamos a Dios pidiendo liberación».[7]

Entretanto,[8] los miembros de la Iglesia Confesante pensaron que era tiempo de celebrar otro sínodo. Necesitaban establecerse oficialmente como iglesia mediante la creación de una organización administrativa; el 19 de octubre se reunieron, pues, en Dahlem y de allí salió la famosa Resolución de Dahlem: «Hacemos un llamamiento a las congregaciones cristianas, sus pastores y ancianos, para que ignoren las instrucciones recibidas del anterior gobierno de la *Reichskirche* y de sus autoridades, y que se abstengan de colaborar con los que desean seguir obedeciendo a dicha gerencia. Les pedimos que se adhieran a las directrices del Sínodo Confesional de la Iglesia Evangélica Alemana y sus cuerpos reconocidos».

Ya nadie podría decir que no existía una iglesia oficial. Bonhoeffer se sentía bastante complacido. El sínodo también promulgó una resolución en la que acusaba a Müller de violar la constitución de la Iglesia Evangélica Alemana.

A través de Dohnanyi, su cuñado, se enteró de que estos problemas públicos habían provocado que Hitler empezara a centrar su atención en la lucha de la iglesia. Como no podía confiar en Müller para que encubriera esta situación, se encargó personalmente de estos asuntos. Revocó la despótica legislación que la *Reichskirche* había proclamado aquel mismo verano y manifestó en público que se distanciaba de la Iglesia del Reich. Luego, en un estallido de luz nórdica, August Jäger dimitió. Las cosas mejoraban para la Iglesia Confesante.

Bonhoeffer sabía[9] que debían proceder según lo que se había resuelto en Dahlem, y había de ser pronto, porque Müller ni estaba en horas bajas ni fuera de juego; solo había sufrido algunas heridas y pronto arremetería con el contragolpe. El 5 de noviembre, Dietrich tenía previsto asistir a una reunión de todos los pastores alemanes en Inglaterra, en la Iglesia de Cristo de Londres. Acudieron cuarenta y cuatro miembros de sacristía y del clero que representaban a nueve congregaciones. Bonhoeffer y Julius Rieger fueron los encargados de hablar. De esta reunión surgió una resolución que entusiasmó a Dietrich: «Los ancianos aquí reunidos, en la Iglesia de Cristo, declaran que sostienen intrínsecamente la misma postura que la Iglesia Confesante, y que iniciarán de inmediato las negociaciones necesarias ante las autoridades de la iglesia que se deriven de esto». Bonhoeffer escribió a Bell comunicándole la noticia: «Me siento muy feliz por ello».

Las cosas debían formalizarse, de modo que se enviaron copias de la resolución a Heckel, de la Oficina de Exteriores y a Karl Koch, del Sínodo Confesante,
y se adjuntó una carta:

> Con gran placer, las congregaciones evangélicas alemanas de Gran Bretaña
> han sabido que, como resultado de las declaraciones del Führer, la profesión
> consciente de lealtad al Tercer Reich y su Führer no es idéntica en lo que
> respecta a todos los grupos eclesiales. Estas congregaciones se han basado,
> algunas de ellas durante siglos, en la Biblia y en la Confesión y, por tanto,
> consideran que la Iglesia Confesional es la sucesora de pleno derecho de la
> Federación de Iglesias Evangélicas Alemanas.[10]

Esto debió de provocarle náuseas a Heckel. Peor aún, la rebelión corría el peligro de extenderse por todo el mundo: los pastores proactivos de Londres habían
enviado una copia de la resolución con una carta de acompañamiento a otras congregaciones alemanas del extranjero, instándolas a pronunciarse al respecto. Para
Heckel, eran graves noticias. El 13 de noviembre telefoneó a la Embajada Alemana
en Londres y habló con el príncipe Bismarck, primer secretario, comentándole que
la acción de los pastores podía tener unas «repercusiones internacionales desfavora-
bles». Esto no afectó en lo más mínimo a Bismarck, que contestó que no correspondía a su jurisdicción tomar cartas en el asunto. Heckel buscó otro punto de apoyo y
llamó al pastor Shreiner, uno de los pastores de la Iglesia Alemana de Liverpool.
Según había podido saber, los pastores no hacían causa común con Bonhoeffer en
todas las cuestiones. Intentaría explotar sus discrepancias. Asimismo, descubrió ciertas irregularidades de procedimiento de las que se podría aprovechar. Para poder
separarse, cada una de las iglesias debía someter un aviso escrito por su propio consejo eclesiástico. Esto no se había hecho, y Heckel supuso que si trataba con cada
una de ellas individualmente, podría encontrar menos firmeza y más puntos de desacuerdo. Pero... quizás podía hacer algo más. Aunque la estrella de Müller había
comenzado a apagarse, la oposición de la Iglesia Confesante lo seguía despreciando
lo suficiente como para alegrarse enormemente con su destitución. Tal vez pudiera
sacudirse a Müller y dejarle en el camino para ralentizar a los lobos Confesantes.

Helmut Rössler

Finalmente, Heckel contactó con el joven pastor de una congregación alemana
en Heerlen, Holanda, y le persuadió para que se pusiera en contra de los

pastores de Londres. ¿Le ayudaría a convencer a los demás de la «diáspora», mediante una «carta circular» en la que les explicara los peligros de abandonar el barco para saltar a la Iglesia Confesante? El joven pastor acababa de iniciar su pastorado y estaba deseando ser útil. Envió una carta elocuente y persuasiva a veinte pastores en el extranjero, en países como Francia, Luxemburgo, Bélgica y Holanda. No se sabe muy bien cómo fue que Bonhoeffer recibió la carta, o si el pastor se la envió por cortesía. El caso es que llegó hasta él y fue como un golpe que le tiró para atrás. Su autor era su viejo amigo Helmut Rössler, un compañero que había estudiado con él en Berlín, y que había sido elegido para discutir su tesis doctoral junto con Walter Dress, su cuñado. Incluso había ido con Walter a Friedrichsbrunn en la primavera de 1927. Habían perdido contacto y ahora Rössler salía a la superficie en el lado del enemigo. Era un doloroso acontecimiento.

En su carta, Rössler argumentaba que las iglesias evangélicas alemanas del extranjero no debían unirse a la Iglesia Confesante, porque, si esta ganaba —explicaba—, la «lucha de la iglesia podría muy bien acabar yendo a la deriva hacia el establecimiento de iglesias libres, como en Estados Unidos, en cuyo caso se perdería el lazo que siempre había existido entre la Iglesia Evangélica y el Estado alemán, desde los tiempos de Lutero». Desde luego, Bonhoeffer había visto el sistema estadounidense y le había parecido una buena idea. En todo caso, era mucho mejor que permanecer en una iglesia que, según saltaba a la vista, ya no lo era. Asimismo, Rössler señalaba que unirse a la Iglesia Confesante pondría en peligro la financiación propia.

Puedo entender perfectamente que muchos colegas del ministerio puedan sentir que pertenecen internamente a la Iglesia Confesante y que no entenderían por qué no cederles el paso. Sin embargo, tal como están las cosas en estos momentos, actuar de este modo sería como apuñalar por la espalda a la Oficina de Exteriores de la Iglesia justo cuando, consciente de su máxima responsabilidad en cuanto al protestantismo alemán a nivel mundial, lucha por encontrar una verdadera solución para *toda* la iglesia que no necesite la completa desintegración de lo que ahora existe ... Los actos que demuestren individualidad por parte de las congregaciones en el extranjero causarían más daño que provecho, por no mencionar que al intervenir en las disputas internas de la iglesia alemana podrían incurrir, fácilmente y en cualquier momento, en acusaciones de traición que les resultarían muy difíciles de refutar.[11]

La cínica mención que Rössler hacía de *Dolchstoss* (una puñalada por la espalda) y de la traición debió encender a Bonhoeffer. Para alguien con un autocontrol
tan magnífico como él, la carta de contestación que envió el 20 de noviembre era
evidentemente emotiva:

> Mi querido Rössler:
>
> ¡Así que volvemos a encontrarnos, y de una forma tan oficial! Una vez más
> nos vemos en lados contrarios de una cuestión ... Debo decir que, en verdad,
> no me esperaba esto: que hubieras escuchado los cantos de sirena de Heckel
> ... Hasta has incluido el golpe bajo favorito de todos: «la traición contra
> nuestra patria». Me sorprende que hayas caído bajo el hechizo de estos
> cantos de sirena como un inocente jovencito; me gustaría seguir siendo tan
> ingenuo. En lo que respecta a la Oficina de Exteriores, estuve con ella
> durante un tiempo, bastante largo por cierto, hasta que llegué a conocerla
> mejor ... La forma de actuar de Heckel... es el camino de las buenas tácticas,
> pero no el de la fe ... Me sé de memoria los argumentos a favor del pensa-
> miento de Heckel, pero es una línea falsa. No somos nosotros quienes «apu-
> ñalamos a la Oficina de Ministerios Exteriores por la espalda», sino más bien
> al contrario. Es ella quien está traicionando a nuestras congregaciones en el
> extranjero convirtiéndolas en una seudoiglesia con el deleznable propósito
> de que se pague a los pastores.[12]

Bonhoeffer sintió una especial indignación al saber que Heckel, que siempre
había fingido estar por encima de la refriega y no en el campo Cristiano Alemán,
había acudido a la catedral de Berlín a dar su bendición a la investidura de Müller
como Reichsbischof:

> Este, en lugar de negarse a asociarse con los poderes de la oscuridad —¿qué
> concordia tiene Cristo con Belial?— ... Lo que aquí se exige es un «No»
> inmediato con todas las consecuencias. Ya no *hay* comunión entre nosotros y
> este tipo de iglesia y, siendo así, deberíamos decir «no». Hemos esperado
> demasiado tiempo ... Sé, y puedo documentarlo con el definitivo testimonio
> de un colega, que Heckel dijo a otro colega... ¡que tenía que convertirse en
> un Cristiano Alemán! Además, defendió ese régimen de la iglesia cuando
> estuvo aquí, y también ante los compañeros ecuménicos ... Me exigió una
> declaración escrita por la que me abstenía de todas las actividades ecuméni-
> cas. Me ordenó que volara a Berlín con ese propósito, ¡pero no consiguió mi
> firma, claro está! Finalmente, si alguien comprueba realmente esta «situación

de toda la iglesia» debería sacar las conclusiones correctas y darse cuenta de que la supuesta integridad de la Oficina de Exteriores de la Iglesia no puede permitir que conserve su lazo con un régimen eclesial tan poco cristiano ... No existe aquí excusa creíble alguna para el uso de tácticas cuando se trata de una decisión fundamental de y en la fe. De esto es de lo que se trata. Aquí, en Londres, esperamos haber adoptado esta determinación ya que, desde entonces, nos sentimos confiados independientemente de lo que pueda ocurrir. Ya no era posible actuar de otra manera.[13]

Al final, tomó un cariz un tanto rencoroso:

Ahora, me gustaría hacerte una pregunta personal. ¿Te pidió Heckel que escribieras esta carta o solo se enteró de que lo estabas haciendo? Su alcance va dirigido con demasiada precisión hacia nosotros, aquí, en Londres como para no sospechar. Además, nos pareció detectar que las direcciones de los sobres ¡se habían escrito con la máquina de escribir de la Oficina de Exteriores! Lamentaría profundamente esta alianza ... Yo tenía una relación bastante buena con Heckel —casi una amistad—, de modo que todo este asunto me causa doble dolor. En el plano humano, a veces lo siento enormemente por él. Pero no hay nada que hacer; hemos escogido caminos distintos. Ahora, con toda sinceridad, me temo que una separación similar amenaza también nuestra amistad, la tuya y la mía. Por tanto, te pregunto: ¿podríamos vernos en algún momento? ¡Podríamos aclarar tantas cosas! Espero recibir pronto tu respuesta. Saluda a tu esposa de mi parte.

Como siempre,
Dietrich Bonhoeffer[14]

El 6 de diciembre, Rössler contestó a Bonhoeffer. Su intercambio de correo nos proporciona una extraña y punzante ventana desde la que podemos contemplar lo complicada y dolorosa que debió de ser aquella lucha eclesial. Rössler no era, evidentemente, un irreflexivo fanático de partido.

Mi querido Bonhoeffer:
Iniciaré mi respuesta por el final: ¿Podrías tener y mantener una amistad con un comunista? ¡Sí! ¿Con un francés? ¡Sí! ¿Con un mahometano, un hindú, o un pagano de la fe batak? Creo que sí. ¿¿Con un cristiano, un alemán, que «traiciona el evangelio»?? ... bueno, no creo ser nada de esto. Pero me niego con todas mis fuerzas a considerar que la relación entre

ambos lados opuestos de la iglesia de hoy sea el cumplimiento de Mateo
10.35.* Las diferencias pueden ser tan profundas como un abismo, pero no
tienen efecto alguno en las relaciones de sangre ni en los lazos de amistad;
son polos separados en cuestiones de la mente, ¡pero no de la fe! De modo
que, aunque fueras un fanático de la Iglesia Confesante... yo no lo consideraría como una destrucción de nuestra relación. ¡Me parecería de lo más
absurdo! Mi opinión sobre las diferencias intelectuales y las batallas es
demasiado baja en comparación con la alta estima del verdadero misterio
de tu llamado y tu misión en la historia como para permitirme pensar de
otra manera.

   2. Por supuesto que escribí mi circular con el acuerdo de Heckel, con el
fin de proporcionar a mis hermanos en el ministerio extranjero una visión
comprensible de las luchas y la postura de las autoridades de nuestra iglesia.
En modo alguno me siento avergonzado de esta «alianza», aunque pudiera
dejarme a merced de la acusación de ser demasiado ambicioso...

   3. Si me vas a llamar «inocente jovencito» me veré obligado a tacharte
de niño ingenuo, cuando equiparas a la Iglesia Confesante con Cristo y al
gobierno de Müller con Belial. Tan solo una vez mencionas en tu carta la
premonitoria posibilidad de que la Iglesia Confesante pudiera ser también
un camino táctico para atraer a todo tipo de personas. ¿Cómo se nos ha
podido pasar por alto que este sea ya el caso; que ya sea una colección de
las mentes más disparatadas, desde el [teológicamente liberal] neoprotes-
tantismo hasta las sectas [fundamentalistas conservadores] de la santificación y los fanáticos de la confesión, todos trabajando a una? No es cierto
que la Iglesia Confesante sea más la iglesia verdadera que la Iglesia de los
Cristianos Alemanes, porque esta se halla en realidad escondida dentro de
cada una de ellas.[15]

Algo de esto debió de tocar la fibra sensible de alguien, sobre todo en los
puntos de Rössler concernientes a la Iglesia Confesante. No nos consta contestación alguna por parte de Bonhoeffer, pero quizás su respuesta fuera, en parte, el
abandono de la lucha eclesial y dedicarse a la formación de los jóvenes ordenan-
dos de la Iglesia Confesante y enseñarles cómo convertirse en discípulos de
Jesucristo, para que pudieran salir y hacer lo mismo. En cualquier caso, eso es lo
que él mismo haría muy pronto.

---

* «Porque he venido para poner... al hombre contra su padre, a la hija contra su madre».

Durante el otoño de 1934, estando aún en medio de la lucha de la iglesia, prosiguió con su vida pastoral en Londres. En la iglesia de St. Paul, cantó en una representación que el coro hizo del *Requiem* de Brahms. Asimismo, trabajó con los refugiados en la parroquia de St. George.

La incesante campaña de Hitler por deshacer el Tratado de Versalles se estiraba ahora hacia el oeste, en dirección a la región de Saar. Anunció que se celebraría un plebiscito en el mes de enero, para determinar si los habitantes de Saar querían convertirse en parte de Alemania. Cuando Hitler subió al poder en 1933, muchos comunistas y otros enemigos suyos hallaron asilo en esta región. Bonhoeffer y Julius Rieger sabían que si la población germanófona votaba a favor de unirse al Tercer Reich, este refugio político acabaría y miles de asilados se dirigirían a Londres. El obispo Bell también trabajaba con los refugiados, hasta el punto de llegar a considerar la posibilidad de dejar su diócesis para dedicarse a esta obra en exclusivo.

Hitler también seguía haciendo esfuerzos por establecer unas relaciones más cálidas con Inglaterra. El 6 de de noviembre, y como parte de esta iniciativa, el Ministro de Exteriores nazi, Joachim von Ribbentrop, hizo una visita al obispo Bell. Este último aprovechó la reunión para especificar con toda franqueza los abusos a los que se había sometido a los pastores de la Iglesia Confesante en el Tercer Reich. Ribbentrop y su familia vivían en Dahlem, y mientras se preparaba para desempeñar su papel de embajador en Gran Bretaña, había tanteado a Martin Niemöller en cuanto a la unión de la iglesia, diciendo: «Los ingleses esperarán esto de mí». Como era de esperar, Niemöller juzgó que esta razón era «absolutamente insuficiente» y no accedió. Ribbentrop regresó de nuevo en 1935 para visitar a Bell. Posteriormente, durante aquel mismo año, Bell tuvo el dudoso honor de entrevistarse con Rudolf Hess, el ceñudo diputado de Hitler.

La importancia del obispo Bell fue de enorme ayuda para Bonhoeffer, que necesitaba ser presentado a los directores de los colegios cristianos de toda Inglaterra, ya que preparaba una gira por todos ellos. Bell también escribió a Gandhi, en la India, con el fin de echarle una mano en la ultimación de los planes para su tan demorado viaje:

Un joven amigo mío, en la actualidad pastor alemán en Londres... siente gran afán porque le dé una carta de presentación para usted. Puedo recomendarlo sinceramente. Espera pasar dos o tres meses del año 1935 en la India ... Es un excelente teólogo, un hombre muy serio, que se encargará probablemente de formar a los candidatos ordenantes para el Ministerio en la futura Iglesia Confesante de Alemania. Quiere estudiar la vida en comunidad, así como los métodos de formación. Sería muy amable por su parte si pudiera permitir que vaya a verle.[16]

A principios de noviembre, en el correo de Bonhoeffer había una carta procedente de la India:

Querido amigo:

Tengo su carta. Si... tiene suficiente dinero para el billete de regreso y puede costearse sus gastos aquí... puede venir cuando desee. Cuanto antes mejor, para que pueda beneficiarse del frío clima ya que aquí ... Con respecto a su deseo de compartir mi vida diaria, puedo decir que se quedará conmigo, si estoy fuera de la cárcel y si estoy instalado en un sitio fijo cuando llegue. De otro modo... tendrá que conformarse con permanecer en una de las instituciones cercanas que se dirigen bajo mi supervisión. Si... puede vivir con la sencilla comida vegetariana que esas instituciones puedan proporcionarle, no tendrá gasto alguno de alojamiento y comida. Sinceramente suyo, [Gandhi][17]

A mediados de enero, Dietrich escribió a su hermano mayor para hablarle de su elección de dirigir un seminario ilegal. Karl-Friedrich no era cristiano y, durante algún tiempo, había sido socialista en su pensamiento y en la política, pero Bonhoeffer siempre sentía la libertad de hablar con él sinceramente:

Es posible que me consideres bastante fanático y loco sobre varias cosas. Yo mismo me asusto de ello a veces. Pero, para ser sincero, sé que el día que sea más «razonable» tendría que abandonar toda mi teología. Cuando empecé en ella, tenía una idea bastante distinta, probablemente más académica. Ahora se ha convertido en algo por completo diferente. Sin embargo, creo que por fin estoy en el camino correcto, por primera vez en mi vida. A veces me siento feliz por ello. Solo me preocupa sentir temor de que otra gente piense de una manera que les haga sentir atascados en lugar de proseguir adelante. Creo que estoy en lo cierto si digo que no lograré la clarividencia y la sinceridad interiores a menos que empiece a actuar consecuentemente con el Sermón del Monte. Solo en él se halla la fuerza que puede hacer saltar por las nubes toda esta idiotez, como fuegos artificiales que solo dejan atrás unos pocos envoltorios quemados. La restauración de la iglesia debe depender, sin lugar a duda, de un nuevo tipo de monasticismo, que nada tiene en común con el antiguo, sino una vida de discipulado intransigente, seguir a Cristo según el Sermón del Monte. Creo que ha llegado el momento de reunir a la gente y hacer esto juntos.

Perdóname por estas divagaciones tan personales, pero van llegando a mi mente al pensar en el tiempo que pasamos juntos recientemente. Después de todo, nos interesamos el uno por el otro. Sigo pasándolo mal cuando pienso que todas estas ideas mías te parecen realmente una completa locura. Existen cosas por las que merece la pena comprometerse del todo. Y me parece que la paz y la justicia social son algunas de ellas, como también lo es Cristo mismo.

Recientemente me tropecé con el cuento de *El traje nuevo del emperador*, que es verdaderamente relevante para nuestro tiempo. Lo único que nos falta hoy es el niño que habla al final. Deberíamos montar la representación de esta obra.

Espero tener noticias tuyas pronto... en cualquier caso, se acerca mi cumpleaños.

Cariñosos saludos para todos ustedes,
Dietrich[18]

CAPÍTULO 18

ZINGST Y FINKENWALDE

La obra teológica y la verdadera comunión pastoral solo pueden crecer en una vida que se reúna alrededor de la Palabra por la mañana y por la noche, y que tenga tiempos establecidos para la oración.

∽

No intenten hacer que la Biblia sea relevante. Su importancia es axiomática... No defiendan la Palabra de Dios, sino testifiquen de ella ... Confíen en la Palabra.

—DIETRICH BONHOEFFER

El 10 de marzo, Bonhoeffer predicó sus últimos sermones en Londres y, poco después, partió para realizar su gira por las comunidades cristianas. En cuanto a visitar a Gandhi, el viaje se pospuso de nuevo. Visitó las comunidades de la Baja Iglesia Anglicana como Wycliffe Hall, Oxford, así como las de la Alta Iglesia Anglicana; una comunidad cuáquera cerca de Birmingham y una universidad metodista en Richmond; también estuvo en comunidades presbiterianas, congregacionalistas y bautistas. Puso fin a su gira el 30 de marzo en Edimburgo, donde visitó a su profesor de Union, John Baillie.

El 15 de abril abandonó Londres y puso rumbo a Berlín, para hacerse cargo de sus funciones como inminente director del primer seminario de la Iglesia Confesante. Unos veintitrés ordenantes estaban preparados, pero no había lugar aún para albergarlos, aunque muchos de ellos ya habían llegado a Berlín. Dos días más tarde, Bonhoeffer y Franz Hildebrandt condujeron por el distrito berlinés de

Brandeburg, en busca de algunas propiedades disponibles. No encontraron nada. Se les ofreció el uso de un edificio de iglesia llamado Burkhardt House en Berlín, hasta entonces la sede de las oficinas de servicios sociales y educacionales. Decididamente, era una alternativa rústica en comparación con los emplazamientos idílicos que Bonhoeffer había estado visitando —no había césped ni zanja a prueba de ovejas— pero se sintió agradecido por tener al menos algo. Aun así, su sueño de crear algo en la línea de las comunidades monásticas que había visto en aquellos entornos más verdes sería difícil de conseguir aquí.

Entonces, el 25 de abril, recibió noticias de que la Escuela Bíblica Rhineland, en la costa báltica, estaba disponible hasta el 14 de junio. El destartalado centro de retiro, de pretendido uso veraniego, se encontraba justo detrás de las dunas y la playa. En ese tiempo del año podría ser extremadamente frío y ventoso. Sin embargo, había una granja con estructura de madera vista y unas cuantas barracas con techo de paja, sin calefacción, donde se podían alojar los ordenantes. Todos, incluido Bonhoeffer, eran jóvenes y estaban abiertos a la aventura. Al día siguiente, condujo a su rebaño a unos trescientos kilómetros en dirección norte, hasta el mar, para inaugurar allí el experimento de vida cristiana con el que había estado soñando.

Zingst

Hasta 1874, Zingst había sido una isla del mar Báltico. Entonces, una tormenta creó un puente de tierra de unos noventa metros de ancho hasta la costa de Pomerania, transformando la isla en una península de la noche a la mañana, y hasta el día de hoy. Hasta allí viajaron Bonhoeffer y sus ordenantes, a finales de abril de 1935, con sus planes de abrir un seminario de la flamante Iglesia Confesante.

En este pueblo turístico daría vida a lo que se había estado formando en su mente durante años. Cuando Martin Niemöller le pidió que dirigiera un seminario en nombre de la Iglesia Confesante no tenían ni idea de lo que habían puesto en marcha. Bonhoeffer podía ser teológicamente impredecible, así que enviaron a Wilhelm Rott para que fuera su ayudante y, a la vez, un discreto baluarte contra esto. A Rott se le conocía por tener una teología firme y sólida. Sin embargo, nunca había tenido motivos para cuestionar la teología o los métodos de Bonhoeffer, y tampoco sabía que le habían enviado allí con este cometido. Todo pareció desarrollarse con perfecta normalidad, quizás porque un gran número de los ordenantes habían sido estudiantes de Dietrich en Berlín, y estaban acostumbrados a su metodología.

Bonhoeffer tenía en mente una clase de comunidad monástica que aspirara a vivir de la forma en que Jesús ordenó a sus discípulos en su Sermón del Monte, donde uno no viviera sólo como estudiante teológico, sino como discípulo de Cristo. Sería un experimento no ortodoxo de vida cristiana comunitaria, en la «vida juntos» como él tan acertadamente lo definía. Nadie lo había intentado jamás en la tradición luterana. La reacción irreflexiva hacia todo lo que oliera a catolicismo romano era fuerte, pero hacía ya mucho tiempo que él había dejado atrás este tipo de provincianismo y estaba dispuesto a soportar las críticas. Sentía que el cristianismo luterano se había deslizado de las intenciones de Lutero, así como este sentía que lo había hecho la Iglesia Católica Romana con respecto a las de San Pedro y, más importante aún, de Cristo. Bonhoeffer estaba interesado en un ajuste de rumbo guiado por el Espíritu Santo que difícilmente señalaría nada nuevo.

En su libro *El seguimiento*, trataría el aspecto teológico de esta desviación luterana de la comprensión inicial de Lutero con respecto a la gratitud por la gracia de Dios para llegar a la ingratitud de lo que él definía como gracia barata. Bonhoeffer vio que gran parte del problema se debía a la educación teológica luterana que no producía discípulos de Cristo, sino teólogos alejados de la realidad y clérigos cuya capacidad para vivir la vida cristiana —y ayudar a otros a vivirla— no era demasiado evidente. No había conexión con la verdadera vida cristiana y la iglesia no estaba en contacto con la gente a la que debía ministrar. Hasta cierto punto, Ludwig Müller y los Cristianos Alemanes habían dado en el clavo con algunas de sus críticas, pero su resbalosa solución se limitó a ser fervientes nacionalsocialistas. Para ellos, todo aquel asunto sobre doctrina eran trámites absurdos que no le importaban lo más mínimo al hombre de la calle. La actitud de Bonhoeffer era justo lo contrario: había que convertirlo en una realidad para ese hombre de la calle, y este era el fallo de la iglesia. De esto trataba todo este experimento a orillas del Báltico.

El verdadero enclave era lejano, a unos noventa metros de las dunas, con un edificio principal y algunas construcciones anexas. No se veía ninguna otra granja y se hallaban a un kilómetro y medio de la pequeña ciudad de Zingst. Bonhoeffer debió de esbozar una sonrisa al saber que, a unos pocos kilómetros en dirección sur, se hallaba la minúscula localidad natal de Barth.

Cuatro de los veintitrés ordenantes procedían de Sajonia, entre ellos Eberhard Bethge. Habían asistido al seminario oficial de pastores de Wittenberg, pero habían escogido ponerse de parte de los dahlemitas de la Iglesia Confesante, y Müller los había expulsado. Bethge llegó uno o dos días más tarde en los últimos días de abril, justo después de la cena. Inmediatamente corrió hacia la playa, donde todos jugaban al fútbol, como solían hacer en esa parte del día. Saludó a sus tres amigos de su ciudad natal de Magdeburg y preguntó dónde estaba el *Herr Direktor*. Le señalaron a Bonhoeffer. Bethge no había oído hablar de él antes y no sabía nada de su liderazgo en la lucha de la iglesia. Se sorprendió al ver lo joven y atlético que parecía, y, al principio, le pareció imposible diferenciarlo de los estudiantes. Cuando Bonhoeffer por fin se dio cuenta de que había llegado otro ordenante, dejó lo que estaba haciendo, saludó a Bethge y le invitó a dar un paseo por la playa.

Le preguntó acerca¹ de su familia y su crianza, la expulsión de Müller y sus experiencias en la lucha de la iglesia. Le tomó por sorpresa que el director de este nuevo seminario le formulara preguntas tan personales y tuviera un interés tan sincero por él. Los ordenantes estaban acostumbrados a que hubiera una gran distancia entre ellos y sus maestros, y, cuando unos días después Bonhoeffer les pidió que no le llamaran *Herr Direktor*, sino *Bruder* (hermano) Bonhoeffer, se asombraron.

Mientras caminaban por la playa y conversaban aquella tarde, ninguno de los dos jóvenes podía imaginar siquiera lo importante que llegaría a parecer su entrevista. Habían recibido crianzas bastante diferentes. Uno era sofisticado, del exclusivo círculo berlinés de Grunewald, cuyo padre era un célebre doctor, escéptico de la profesión que su hijo había elegido; el otro, un sencillo chico de campo, del pequeño pueblo de Zitz, en Sajonia, donde su padre era pastor y había inspirado a su hijo para que siguiera sus pasos. Habían transcurrido ya doce años desde su muerte.

Ambos vieron que tenían más afinidad entre ellos que con cualquier otra persona de sus vidas. Cada uno de ellos poseía extraordinarias sensibilidades intelectuales y estéticas, en literatura, arte y música. En ese momento no imaginaban que llegarían a disfrutar de una amistad tan estrecha que el resto de los ordenantes sentiría celos de su relación. No podían sospechar que esa relación, que aún no había comenzado, se convertiría en el medio por el cual se conservarían y difundirían los escritos de Bonhoeffer por todo el mundo durante generaciones; o que sesenta y cinco años más tarde, a la muerte de Bethge, sus nombres se verían entrelazados de manera inextricable. Cuando dieron la vuelta y se dirigieron de nuevo hacia la granja Zingst no eran más que dos extraños aún.

Nadie llevaba más de unos pocos días allí cuando, el 1 de mayo, ocurrió algo importante entre Bonhoeffer y sus ordenantes. Por toda Alemania, ese día no solo se celebraba como el Día de Mayo, sino como fecha oficial en la que se reconocía a los obreros de Alemania. Ese año, en particular, entró en vigor una nueva ley en cuanto al reclutamiento militar y, aquella noche, Hitler pronunció un discurso. Los estudiantes y Bonhoeffer estaban reunidos alrededor de la radio para escucharlo.

En ese tiempo, incluso estos ordenantes de la Iglesia Confesante sentían algunos reparos sobre Hitler; desde luego, ninguno de ellos sentía lo mismo que Bonhoeffer en cuanto a él. Seguían pensando que la lucha de la iglesia era algo que estaba al margen de la política y tenían dudas acerca de la idea de un reclutamiento militar. Deshacer lo de Versalles y cumplir el deber para con Alemania iban de la mano con satisfacer las obligaciones en cuanto a Dios. En la mente de la gente, la iglesia y el estado seguían vinculados como lo habían estado bajo el gobierno del káiser y, dado que la República de Weimar había socavado esta conexión, se acogería de buen grado cualquier movimiento que los volviera a llevar en esa dirección. Como los Cristianos Alemanes habían atacado a los miembros de la Iglesia Confesante y los habían tachado de menos que patriotas, tal vez tenían más ganas que la mayoría de demostrar lo contrario si se les presentaba la oportunidad.

En un punto del discurso, Bonhoeffer formuló una pregunta que dejó muy claro que él no pensaba igual que todos los demás. Tomó por sorpresa a la mayoría de los estudiantes. Alguien le pidió que aclarase su pensamiento y él explicó que tendrían que debatirlo cuando acabara la alocución. Para una gran parte de estos ordenantes, era la primera vez que oían a alguien con autoridad desviarse de la línea estándar de los luteranos, que declaraba el servicio a la patria como algo que solo podía ser bueno. En esa reunión, Bonhoeffer era el único que tenía fuertes recelos contra Hitler y la guerra hacia la que este manipulaba al país; y esto él lo sabía muy bien.

Un gran número de los estudiantes de ese curso, y los cuatro posteriores, acabarían sirviendo en el ejército, y Bonhoeffer no intentó jamás convencerlos de lo contrario ni lo convirtió en un problema. Él tampoco era un comprometido pacifista en ese sentido y, desde luego, tampoco pensaba que los cristianos debieran ser objetores de conciencia. Respetaba los puntos de vista de sus estudiantes. Nunca pretendió que sus clases o el seminario se convirtieran en un culto a la personalidad, que se centrara en sí mismo. Lo único que le interesaba era persuadir a través de la razón. Imponer sus pensamientos a los demás le parecía tan fundamentalmente incorrecto como digno de un «engañador».

Finkenwalde

Tenían que desalojar los humildes barracones[2] de Zingst alrededor del 14 de junio, y encontrar cuanto antes un hogar más permanente. Consideraron varias propiedades, incluido el Castillo Ziethen en Kremmen. Finalmente se acomodaron en la antigua finca von Katte de Finkenwalde, una pequeña ciudad no lejos en Stetti, en Pomerania. Esa propiedad había sido una escuela privada, pero los nazis no veían con buenos ojos ese tipo de lugar. Como ocurrió con otras muchas como esta, pronto se quedó vacía. Buscaban un nuevo inquilino cuando la Iglesia Confesante la encontró. Poseía varios edificios anexos y una mansión a la que se había añadido un edificio escolar «pobremente construido», estropeando así su belleza. Una empresa comercial también había contribuido a menoscabar el entorno: el trozo trasero de la propiedad era ahora una gravera, una vulgar cicatriz en unos terrenos que, por lo demás, conservaban la hermosura natural de la que un día había sido una magnífica propiedad de Pomerania.

La mansión se encontraba en un estado terrible. Uno de los que la consiguieron la calificó de «verdadera pocilga». Antes de poder mudarse a su nuevo hogar, había que llevar a cabo una gran cantidad de trabajo. Muchos de los ordenantes no tuvieron donde alojarse y tuvieron que recurrir a los albergues para jóvenes de Griefswald. Otro grupo se adelantó para pintar y limpiar la maltrecha propiedad.

Bonhoeffer inauguró Finkenwalde con la primera conferencia que impartió allí, el 26 de junio. En aquel momento, la mansión seguía vacía. Hubo que recaudar fondos y otras muchas cosas, pero todo pareció hacerse con gran alegría, incluso la recogida de dinero. Uno de los ordenantes, Winfried Maechler, escribió un poema titulado «La humilde petición de los ordenantes», que, con versos inteligentes, pedía ayuda. Se envió a las congregaciones de la Iglesia Confesante y a particulares, muchos de los cuales ayudaron encantados. Las cartas de agradecimiento que Maechler escribió también estaban en versos.

Los terratenientes de Pomerania[3] también estaban firmemente en contra de Hitler y de los nazis, y, por lo general, también eran devotos cristianos. Muchas de aquellas familias adoptaron prácticamente a los finkenwaldianos como su proyecto personal, y quisieron ayudar en esta valiente e incipiente empresa en todo lo que pudieran. La madre de Ewald von Kleist-Schmenzin hizo todas las fundas de las sillas. Wilhelm Gross, un escultor, prestó su talento para convertir el gimnasio en capilla. Un día, el teléfono sonó y los ordenantes se enteraron de que alguien le había enviado un cerdo vivo al pastor Bonhoeffer. Se encontraba en el área de carga esperando que lo recogieran.

Bonhoeffer mismo y los ordenantes hicieron donaciones a la empresa de nueva creación. Él donó toda su librería teológica, incluida la inestimable edición Erlangen de las obras de Martín Lutero que perteneció a su bisabuelo von Hase. Asimismo, trajo su gramófono y su gran cantidad de discos, de los cuales los más apreciados y exóticos eran los espirituales negros que había adquirido en Manhattan.

La música constituyó una parte enorme[4] de la vida comunitaria en Zingst y Finkenwalde. Cada día, alrededor del mediodía, todos se reunían para cantar himnos u otra música sacra. Joachim Kamnitz, uno de los estudiantes berlineses de Bonhoeffer solía dirigir los cantos. Un día, Bethge comentó que le gustaría enseñarles el *Agnus Dei* de Adam Gumpelzhaimer. Les contó que este autor vivió en el siglo XVI y que escribió música sacra e himnos, en especial motetes poli corales. Bonhoeffer se sintió intrigado. Su conocimiento musical se remontaba hasta Bach, pero Bethge estaba familiarizado con la música que había precedido a este. Amplió sus horizontes hasta esa música sacra tan temprana y a compositores como Heinrich Schütz, Johann Schein, Samuel Scheidt, Josquin des Prez, y otros, que se incorporaron al repertorio de Finkenwalde.

En la mansión había dos pianos.[5] Bethge indicó que Bonhoeffer «jamás se negó a complacer una petición de quien le invitara a unirse a él para interpretar uno de los conciertos de Bach para dos pianos». Asimismo, explicó que le gustaba sobre todo cantar una parte de los duetos vocales de Schütz, *Eins bitte ich vom Herren* y *Meister, wir haben die ganze Nacht gearbeitet*. Siempre había repentizado de una forma extraordinaria, y sorprendió a sus estudiantes con sus talentos y su pasión musicales. Le encantaba Beethoven,[6] y Bethge comentó que «podía sentarse al piano y sencillamente improvisar el *Rosenkavalier*. Esto nos impresionó enormemente». No eran muchos los seminarios de Alemania en los que la música ocupara una parte tan integral de las cosas. Durante su primer mes en Zingst, el sol calentaba lo suficiente como para que Bonhoeffer diera las clases al aire libre, por lo general en un lugar de las dunas al abrigo del viento, y unas cuantas veces también cantaron allí.

La rutina diaria

En Zingst y en Finkenwalde, Bonhoeffer enfatizaba una estricta rutina diaria así como las disciplinas espirituales. Este aspecto de la existencia del seminario se asemejaba más a lo que había encontrado en las comunidades que visitó. Pero las cosas específicas que llenaban esa práctica cotidiana eran de su propia elaboración y tomadas de muchas tradiciones.

Cada día comenzaba con un oficio de cuarenta y cinco minutos antes del desayuno, y acababa con uno antes de ir a la cama. Un estudiante de Finkenwalde, Albrecht Schönherr, recordaba que el servicio matinal comenzaba con unos minutos para despertar.

> Bonhoeffer nos pedía que no nos dijésemos ni una palabra unos a otros antes del oficio. La primera palabra que se pronunciara debía ser la de Dios. Pero esto no era tan sencillo, porque pasábamos todo el tiempo en una habitación en la que dormíamos seis u ocho, en colchones de plumas [sobre] colchones de heno. Como se habían utilizado durante generaciones, al acostarnos se producía una enorme explosión de polvo.[7]

Estos oficios no tenían lugar en la capilla, sino alrededor de la gran mesa del comedor. Se iniciaban cantando un salmo coral y el himno escogido para ese día. A continuación se hacía una lectura del Antiguo Testamento. Luego entonaban «una estrofa determinada de un himno» y se utilizaba el mismo durante varias semanas, seguido de una lectura del Nuevo Testamento. Schönherr describió así el orden del oficio:

> Cantábamos mucho, orábamos los Salmos, por lo general varios, con el fin de acabar todo el salterio en una semana. A continuación se leía todo un capítulo del Antiguo Testamento, un trozo del Nuevo Testamento, y una oración que Bonhoeffer mismo elevaba ... Sin embargo, esta plegaria era muy importante, porque trataba cualquier tema que estuviésemos analizando, cualquier cosa que necesitásemos pedir a Dios. Luego era la hora del desayuno, que era muy modesto. A esto le seguía media hora de meditación. Todo el mundo se iba a su habitación y pensaba sobre la Escritura hasta saber qué significaba para él hoy, en ese día concreto. Durante ese tiempo, el silencio debía ser absoluto; el teléfono no podía sonar, y nadie debía pasear. Se suponía que habíamos de concentrarnos por completo en lo que Dios tuviera que decirnos.[8]

Se meditaba en el mismo versículo[9] durante toda una semana, media hora cada día. Wolf-Dieter Zimmermann recordaba que no se les permitía mirar el texto en la lengua original ni consultar libros de referencias o comentarios. Debían estudiar el versículo como si fuera la palabra de Dios para ellos personalmente. Esta práctica irritaba a muchos de los seminaristas, pero los ex estudiantes berlineses de Bonhoeffer estaban acostumbrados a sus métodos. Habían estado con él en los retiros de su cabaña en Biesenthal y en el albergue juvenil de Prebelow, y habían sido sus conejillos de Indias. Al aceptar estas prácticas con tanta facilidad ayudaban a que los demás también se adaptaran a ellas, pero en algunos momentos resultaba difícil. En una ocasión en que Bonhoeffer se ausentó durante unos días, al regresar descubrió que las meditaciones diarias de la Escritura no se habían llevado a cabo. Dejó muy claro que esto no le agradaba.

Estas prácticas de meditación sobre versículos de la Escritura no solo fastidiaban a los ordenantes.[10] Karl Barth escribió una carta en octubre de 1936 en la que expresaba que le perturbaba aquello que describió como:

> ...un olor casi indefinible a eros y pathos monástico. Difícilmente puedo decir que me sienta muy feliz con ello ... No consigo decidir cuál es la distinción de principios entre el trabajo teológico y la edificación devocional... No consideres esto como una crítica a tus esfuerzos solo porque la base de mi conocimiento y mi comprensión sea todavía demasiado insuficiente, pero esto te ayudará al menos a entender las preguntas que te formulo a pesar de toda mi simpatía hacia ti.

Bonhoeffer no era autoritario, pero sentía un respeto tradicional por el orden y no permitía que sus ordenantes tuvieran la impresión de estar a la misma altura que él. La autoridad de un siervo líder, al contrario que el autoritarismo del engañador, procedía de Dios y era un liderazgo de servicio con respecto a los que estaban por debajo de uno mismo. Este fue el ejemplo de Cristo a los discípulos, y él luchaba por liderar también de este modo.

Bethge recordaba que, mucho antes —llevaban unos pocos días en Zingst— Bonhoeffer pidió ayuda en la cocina. No hubo ningún voluntario inmediato. Él cerró la puerta con llave y empezó a fregar los platos. Cuando otros intentaron entrar para echarle una mano, no quiso abrir. Jamás mencionó una sola palabra sobre el asunto, pero el punto había quedado claro. Deseaba transmitir allí la misma cultura desprovista de egoísmo que se había practicado en su casa cuando era niño. El egoísmo, la pereza, la autocompasión, la falta de deportividad y cosas por el estilo no se toleraban. Convirtió este legado de su crianza en una parte de aquellos seminarios.

Otro aspecto de esta «vida juntos» que demostró ser bastante difícil fue su norma de no hablar jamás sobre un hermano cuando estuviese ausente. Él sabía que vivir según lo que Jesús enseñó en el Sermón del Monte no resultaba «natural» para nadie.

Al margen de lo que opinaran[11] sobre las disciplinas y los devocionales diarios, nadie podía quejarse por falta de diversión en Finkenwalde. La mayoría de las tardes y noches, se dejaba un tiempo para hacer senderismo o deporte. Bonhoeffer organizaba juegos constantemente, como su madre lo había hecho en su familia. Se jugaba mucho al tenis de mesa y, cualquiera que le buscara, probaría primero en esa sala. También jugaban al futbol. Schönherr se acordaba de que «él estaba siempre a la cabeza del grupo, porque era un corredor fantástico».[12] Siempre fue muy competitivo, y Bethge no olvidaba que «odiaba perder cuando intentaba hacer lanzamiento de peso —o de piedra— en la playa.

Albrecht Schönherr se acordaba[13] de que, tras la cena y el recreo, alrededor de las diez de la noche, había otro oficio de unos tres cuartos de hora, «como última nota del día con Dios. Después de esto, silencio y ¡a dormir! Así transcurría el día».

Bonhoeffer escribió a Barth, en parte para responder a su preocupación por el ambiente «monástico» de Finkenwalde. Él también era crítico de las comunidades «pietistas», pero sabía que tachar de «legalismo» todo énfasis sobre la oración y las disciplinas espirituales era algo igualmente erróneo. En Union también había visto que los estudiantes se enorgullecían de evitar el legalismo de los llamados fundamentalistas sin expresar ninguna teología real. Le escribió lo siguiente a Barth:

El trabajo del seminario me proporciona un enorme gozo. La tarea académica y la práctica se combinan de un modo espléndido. Creo que, en todas las etapas, los jóvenes teólogos que acuden al seminario suscitan las mismas preguntas que me han estado preocupando recientemente, y, por supuesto, nuestra vida en común se ve fuertemente influenciada por ello. Tengo la firme convicción de que, a la vista de lo que los jóvenes teólogos traen consigo de la universidad y del trabajo independiente que se les exigirá en las parroquias..., necesitan el tipo de formación totalmente diferente que un seminario de este tipo sin duda proporciona. Ni te imaginas lo vacíos y quemados que están la mayoría de los hermanos cuando llegan al seminario. Su carencia no es solo a nivel de conocimientos profundos de teología, sino mucho más en lo que respecta al conocimiento de la Biblia y de su propia vida personal.

En una velada abierta —la única en la que compartí— comentaste con gran seriedad a los estudiantes que, a veces, te dejarías de conferencias, para visitar a alguien por sorpresa y preguntarle como hacía el viejo Tholuck: «¿Qué tal le va a tu alma?». Esa necesidad no se ha satisfecho desde entonces ni siquiera por parte de la Iglesia Confesante. Sin embargo, pocos son los que reconocen este tipo de trabajo con los jóvenes teólogos como tarea de la iglesia y hacen algo al respecto. En realidad es lo que todo el mundo está esperando. Lamentablemente, no me siento en condiciones de hacerlo, pero pido a los hermanos que piensen los unos en los otros y esto me parece lo más importante. Es, sin embargo, cierto que tanto el trabajo teológico como la verdadera comunión pastoral, solo pueden crecer en una vida gobernada por sentarse alrededor de la Palabra por la mañana y por las noches, y con tiempos establecidos para la oración ... No me parece, en absoluto, que la acusación de legalismo sea adecuada. ¿Qué tiene de legalista que, en un entorno cristiano, se trabaje y se aprenda lo que significa la oración y dedicar gran parte del tiempo a este aprendizaje? Un importante hombre de la Iglesia Confesante me comentó recientemente: «Ahora no tenemos tiempo para la meditación; los ordenantes deberían aprender a predicar y a catequizar». Para mí, esto es interpretar erróneamente cómo son los jóvenes teólogos de hoy o una ignorancia culpable de la forma en que la predicación y el catecismo cobran vida. Las preguntas que nos formulan hoy con toda seriedad son: ¿Cómo aprendo a orar? ¿Cómo aprendo a leer la Biblia? Si no podemos ayudarles en esto, no podemos hacerlo en nada. Además, en estas cosas nada es obvio. Afirmar: «Si alguien no sabe esto, no debería ser ministro» equivaldría a excluir a una gran parte de nosotros de nuestra profesión. Tengo sumamente claro que todas estas cosas solo se justifican cuando, con ellas —¡al mismo tiempo!— se desarrolla un incesante trabajo realmente serio, teológicamente formal, exegético y dogmático. De otro modo se está concediendo un énfasis erróneo a todas estas preguntas.[14]

Predicar la Palabra

Bonhoeffer se tomaba la predicación en serio. Para él, un sermón no era ni más ni menos que la palabra misma de Dios, el lugar en el que él quería hablar a su pueblo. Quería grabar esta idea en sus ordenantes para ayudarles a entender que predicar no se limitaba a un ejercicio intelectual. Como la oración o la meditación sobre un texto escriturario, era una oportunidad de recibir noticias del cielo y, para el predicador, ser el vehículo por medio del cual Dios quisiera hablar suponía un santo privilegio. Como la encarnación, era un lugar de revelación, donde Cristo venía al mundo desde fuera del mismo.

Pero, como con muchas otras cosas, sabía que la mejor forma de comunicar lo que pensaba y sentía acerca de la homilética era llevándola a cabo. Predicar un sermón durante un culto real era infinitamente mejor que impartir una conferencia sobre ella. Los ordenantes debían ver en él a alguien que vivía lo que quería enseñarles a ellos, como hizo Jesús. La enseñanza y la vida debían ser dos partes de una misma cosa.

Incluso cuando no estaba predicando,[15] sino conversando sencillamente sobre sermones, quería comunicar cosas prácticas a sus ordenantes. Bethge rememoraba algunos de sus consejos: «Escriban su sermón a la luz del día; no lo hagan de una vez; en Cristo no hay lugar para cláusulas condicionales; los primeros minutos en el púlpito son los más favorables, no los malgasten con generalidades, sino confronten a la congregación enseguida con el núcleo del asunto; cualquiera que conozca de verdad la Biblia puede llevar a cabo una predicación extemporánea.

En 1932,[16] Bonhoeffer le explicó a Hildebrandt: «Un sermón realmente evangélico debe ser como ofrecer a un niño una buena manzana roja, o un vaso de agua fresca a un sediento y preguntarle: ¿Lo quieres?». De hecho, en Finkenwalde[17] declaraba lo mismo: «Debemos ser capaces de hablar sobre nuestra fe para que las manos puedan extenderse hacia nosotros con mayor rapidez de lo que podamos llenarlas ... No intenten hacer que la Biblia sea importante. Su relevancia es axiomática ... No defiendan la Palabra de Dios, sino den testimonio de ella ... Confíen en la Palabra. ¡Es un barco cargado hasta el límite de su capacidad!».

Deseaba grabar en la mente de sus ordenantes que, cuando uno presentaba de verdad la Palabra de Dios, la gente se derretía porque tenía el poder innato de ayudarles a ver su propia necesidad y le proporcionaría la respuesta a ella sin sobrecargarla de «religión» o de falsa piedad. La gracia de Dios, sin filtros ni explicación, tocaría a las personas.

Su enseñanza[18] sobre la oración era similar. Cada mañana, en el devocional, elevaba una larga oración improvisada. La mayoría de los seminaristas de la tradición luterana lo habrían considerado extremadamente pietista en un principio. Pero él no se arrepentía de cosas como estas. La vida de oración y comunión con Jesús debía estar en el centro. Todo el ministerio surgía de ello. Wilhelm Rott rememoraba que Bonhoeffer solía hablar sobre estas cosas, sentado en las amplias escalinatas de la mansión principal de Finkenwalde, con un cigarrillo y una taza de café. «Otra cosa que me impresionó por largo tiempo fue su queja de cuánto carecíamos del "amor de Jesús" ... Para él, la fe y el amor reales eran idénticos, porque constituían el núcleo central de la existencia de este cristiano sumamente intelectual. Lo sentíamos en las oraciones improvisadas de los devocionales matinales y vespertinos; brotaban del amor hacia el Señor y por sus hermanos».

Acedia y Tristizia

Un sábado por la tarde al mes, todos los ordenantes participaban en un oficio de comunión. En una de esas ocasiones, antes del culto, Bonhoeffer abordó el tema de la confesión personal entre ellos. Lutero había tenido esa idea de que los cristianos se confesaran unos con otros, en lugar de hacerlo con el sacerdote. La mayoría de los luteranos tomaron una decisión drástica y no se confesaron a nadie. Se consideró que la confesión era una costumbre demasiado católica, del mismo modo que se calificó la oración improvisada como excesivamente pietista. Pero Bonhoeffer instituyó con gran éxito la práctica de confesarse los unos a los otros. Como quizás cabría esperar, él escogió a Eberhard Bethge como confesor.

Se sentía cómodo[19] compartiendo con este lo que definía como *acedia* o *tristizia*: una «tristeza de corazón» que podríamos calificar típicamente de depresión. Sufría por ello, aunque rara vez lo demostraba, excepto entre sus amigos más cercanos. Gerhard Jacobi memoraba: «En la conversación privada transmitía una impresión menos calmada y armoniosa. Enseguida se notaba lo sensible que era, la agitación en la que se encontraba y cuán atribulado se sentía». Es poco probable[20] que lo hablara con nadie que no fuera Bethge. Sabía que el altísimo intelecto de este y su fe madura, a la vez que bien establecida, se hallaban a la altura de tratar con él en las complejidades, y hasta en las dudas que le asediaban. Estaba seguro de que podía ser un pastor para él, y así fue no solo en Finkenwalde, sino desde entonces en adelante. Tocó el tema de sus años de depresión más tarde, en una carta que escribió a Bethge desde la prisión de Tegel: «Me pregunto por qué unos días nos resultan más opresivos que otros, sin ninguna razón aparente. ¿Son dolores de crecimiento... o pruebas espirituales? Una vez acaban, el mundo vuelve a parecer un lugar bastante distinto».

Sin duda, algunas veces[21] era extremadamente intenso, y su mente brillante e hiperactiva podía llevarle a callejones sin salida temporales de agitación. Pero en Bethge tenía a un amigo a quien poder mostrar su lado peor. Este era tan alegre por naturaleza como intenso podía ser Bonhoeffer. De hecho, lo menciona en otra carta desde Tegel: «No conozco a nadie a quien le caigas mal, así como sé de muchísima gente a quien no le gusto. No me lo tomo nada mal en lo que a mí respecta; donde encuentro enemigos, también hallo amigos y esto me satisface. Sin embargo, es probable que esto se deba a que eres naturalmente abierto y modesto, mientras yo soy reticente y bastante exigente».

Los *Junkers* de Pomerania

En el encantador ambiente rural de Pomerania, Bonhoeffer se familiarizó primero con los terratenientes de la región, los *Junkers* (pronunciado YUN-quers), que eran familias aristócratas sin título nobiliario.* Pomerania era un mundo aparte de Berlín y Grunewald. El clima metropolitano de intelectualismo liberal se veía sustituido por el mundo conservador y casi feudal de los latifundios. Sin embargo, los valores tradicionales y el vasallaje a los altos criterios de la cultura resultaban asombrosamente similares. La mayoría de las familias pertenecían a la clase de oficiales del ejército prusiano, de la que salieron prácticamente todos los conspiradores contra Hitler. Enseguida se sintió con ellos como en casa, y los ricos hacendados se convertirían en sus partidarios más leales. De entre sus hijas escogería a la mujer con la que quería casarse.

Sus primeros contactos con estas familias tuvieron lugar cuando Finkenwalde envió cartas para recaudar fondos. Incluyeron a los Bismarck de Lasbeck y a los Wedemeyer de Pätzig. Asimismo, conoció a los Schlabrendorff y a su hijo, Fabian von Schlabredorff.**

---

* Bonhoeffer se hizo muy amigo de varias de estas familias y llegó a conocer a los hombres que se involucrarían unos años después en la conspiración en contra de Hitler.

** Fabian se implicaría de forma vital en la Resistencia en contra de Hitler y acabaría en una celda cercana a la de Bonhoeffer en la prisión de la Gestapo. Ewald von Kleist-Schmenzin, un cristiano conservador que poseía una gran hacienda en la región, también participó en el complot. En 1933,

Ruth von Kleist-Retzew

Una de las amistades de la que Bonhoeffer más disfrutó entre estas familias nobles fue, sin comparación, la de Ruth von Kleist-Retzow, una mujer vital de sesenta y ocho años por aquel entonces. Como el obispo George Bell, compartía fecha de cumpleaños con él, el 4 de febrero, y se hicieron tan amigos durante la década siguiente que él solía llamarla Abuela, sobre todo por la cantidad de tiempo que él pasaba con sus nietos. Ante su gran insistencia, él se encargó de supervisar personalmente la confirmación de varios de ellos. A veces, conversando con Eberhard Bethge, se refería a ella de broma como la tía Ruth, así como solía aludir al obispo Bell como «tío George», cuando hablaba con Hildebrandt.

Bonhoeffer y tía Ruth compartían impresionantes antecedentes aristocráticos. Ella era hija de los condes von Zedlitz-Trützschler. Su padre fue gobernador de Silesia, y había crecido en el palacio de Oppern, haciendo travesuras entre los círculos sociales de su clase hasta que, a la edad de quince años, se enamoró locamente de su futuro esposo, Jurgen von Kleist. Tres años después, se casaron, y él la sacó de su hogar en palacio para llevarla al crudo mundo rural de su enorme hacienda agrícola en Kieckow. Fue un matrimonio sumamente feliz y eran devotos cristianos según el patrón pietista que floreció en Pomerania durante generaciones.

Pero, poco tiempo después del nacimiento de su quinto hijo, el marido de Ruth falleció, dejándola viuda a la edad de veintinueve años. Se mudó con sus hijos a una gran casa solariega de Stettin, y dejó Kieckow en las competentes manos del administrador de la finca. Tras la Primera Guerra Mundial, su hijo Hans-Jürgen arregló la casa de Klein-Krössin para que ella pudiera vivir allí —era una de las propiedades de Kieckow—, y él se mudó a la mansión de Kieckow con su familia. A lo largo de los años siguientes, Bonhoeffer pasó muchas semanas en ese lugar y en Klein-Krössin; cuando había cumplido la treintena, se retiró allí para trabajar en su *El seguimiento*, y ya cumplidos los cuarenta, también escribió allí su *Ética*.

Ruth von Kleist-Retzow era una mujer de férreas convicciones y sumamente hábil, que no tenía paciencia para soportar a los clérigos sin fundamento. El brillante, culto y heroicamente combativo pastor Bonhoeffer pareció la respuesta a sus oraciones. Le ayudó en Finkendale en todo lo que pudo y abogó por la causa

---

Kleist-Schmenzin intentó conseguir una entrevista con Hindenburg para impedir que Hitler fuera canciller y, en 1938, el General Beck le enviaría a Londres para que los británicos le aseguraran que no permitirían que Hitler escapara entrando en Checoslovaquia.

del seminario entre las demás familias de la región. Los finkenwaldianos recibían gran parte de sus alimentos de las granjas de estas personas y, gracias a su defensa, algunos ordenantes hallaron puesto de pastor en las iglesias de la comarca. El antiguo sistema de mecenazgo, a través del cual las familias podían nombrar a los pastores de las iglesias locales, seguía firmemente arraigado.

Frau von Kleist-Retzow supervisaba la educación de varios de sus nietos por esas fechas: Hans-Otto von Bismarck, de dieciséis años, y su hermana de trece, Spes; Hand-Friedrich Kleist de Kieckow de doce; y dos hijos de los Wedemeyer de Pätzig. Maria von Wedemeyer llegó a Stettin al año siguiente, cuando tenía doce años. Vivieron allí con su abuela, en la casa solariega de Stettin y, los domingos, ella los llevaba a Finkenwalde para que escucharan al fascinante joven pastor. A partir del otoño de 1935, Bonhoeffer instituyó la práctica de celebrar allí oficios regulares el domingo, en la capilla, a los que pudiera asistir la gente de fuera del seminario. Frau von Kleist-Retzow estaba entusiasmada de poder asistir y oírle predicar, y aún se sentía más emocionada de poder llevar con ella a sus nietos para que le escucharan. Ruth-Alice rememoraba:

Un día nos encontramos sentados... bajo el púlpito ocupado por Dietrich Bonhoeffer ... Al parecer, la abuela había leído algunos de sus escritos antes de ese día ... De modo que allí se sentó, con su bella y dignificada figura, rodeada de sus jóvenes nietos, como una insólita aparición en lo que había sido el gimnasio de la escuela anterior y que ahora se había convertido en un improvisado lugar de adoración. Todos nos sentimos embelesados por el potente canto de los veinte ordenantes. El tema de su sermón —que no he olvidado jamás— era la bendición de Aarón.

Lo que siguió —tenis [de mesa] en el jardín; un debate entre la abuela y el pastor Bonhoeffer; una comida modesta pero alegre en la gran mesa del seminario en forma de herradura, una lectura de Shakespeare en la que todo el mundo participó—, fue el preludio de numerosas idas y venidas entre Finkenwalde y la casa de la Abuela ... Los ordenantes se dejaban caer cuando visitaban la oficina del Consejo de Hermanos de Pomerania, que se encontraba en la misma calle. Los últimos acontecimientos en la política eclesiástica, un estímulo continuo para la toma de decisiones, se discutían con entusiasmo. Como mujer versada en teología y rica en experiencia humana, aunque por encima de toda una luchadora, la abuela se sentía absolutamente en su salsa. No tardó en empezar a meditar cada mañana bajo la dirección de Dietrich, sobre los mismos textos bíblicos que sus ordenantes.[22]

Ruth von Kleist-Retzow no solo adoptó las disciplinas espirituales de Bonhoeffer, sino que decidió aprender el griego del Nuevo Testamento, a los setenta años. No quería perder las oportunidades que le ofrecía tener a Dietrich tan cerca. Incluso lo conquistó con zalamerías para que considerara la supervisión de la confirmación de cuatro de sus nietos: Spes von Bismarck, Hans-Friedrich von Kleist-Retzow, y Max von Wedemeyer y su hermana Maria. Él se tomo esta responsabilidad con extremada seriedad, reuniéndose y hablando con cada uno de ellos, y con sus padres. Al final, solo se ocupó de tres de ellos, ya que Maria, que solo contaba con doce años, no parecía lo suficientemente madura para emprender algo tan formal.

Ruth-Alice comentó que Bonhoeffer «siempre ponía alguna distancia alrededor de él, una cierta reserva».[23] Sin embargo, cuando predicaba, había algo irresistible en él. «Cuando se le veía predicar —explicó— era un joven totalmente asido por Dios». De algún modo, las generaciones jóvenes tenían una dificultad particular ya que sus padres y abuelos se oponían con total firmeza a los nazis. Sin embargo, Bonhoeffer y Finkenwalde les facilitaron las cosas. Fue un gran aliento: «En aquellos días —rememoraba Ruth-Alice—, los nazis siempre marchaban con paso firme y proclamaban: "¡El futuro es nuestro! ¡Somos el futuro!". Cuando nosotros, los jóvenes que estábamos en contra de Hitler y de los nazis, oíamos esto, nos preguntábamos: "¿Y nuestro futuro? ¿Dónde está?". Pero allí, en Finkenwalde, cuando escuchaba la predicación de este hombre, que había sido apresado por Dios, pensé: "Aquí. Nuestro futuro está aquí"».

CAPÍTULO 19

ESCILA Y CARIBDIS

1935–36

La proclamación de la gracia tiene sus límites. Puede ser que la gracia no deba proclamarse a quien no la reconozca, no la distinga o no la desee ... El mundo sobre el que se lanza la gracia como si fuera una ganga, acabará hartándose de ella y no solo destrozará lo que es santo, sino que también despedazará a quien se lo imponga.

෴

Solo aquél que clama por los judíos puede cantar cantos gregorianos.

—DIETRICH BONHOEFFER[1]

En 1935, cuando aceptó su llamado a ser director del seminario de la Iglesia Confesante de Finkenwalde, la relación de Bonhoeffer con esta iglesia se fue entorpeciendo. Se convirtió en un imán para la controversia, tanto en el interior como en el exterior de ella. En 1936, los nazis mismos fijaron su atención en él.

Las escrituras dicen[2] que la fe sin obras está muerta, que es «la evidencia de las cosas que no se ven». Bonhoeffer sabía que algunas de ellas solo se podían ver con los ojos de la fe, pero que no por ello eran menos reales y verdaderas que las que se podían ver físicamente. Sin embargo, los primeros tenían un componente moral. Para ver que perseguir a los judíos iba en contra de la voluntad de Dios uno debía escoger abrir los ojos. Luego, había que enfrentarse a una nueva e incómoda elección: actuar como Dios requería o no.

Bonhoeffer luchaba por ver qué quería Dios mostrar y, a continuación, qué respuesta pedía. Esta era la vida cristiana obediente, el llamado del discípulo. Y llegaba con un precio que explicaba por qué tantos temían abrir los ojos en primer lugar. Era la antítesis de la «gracia barata», que tan solo exigía un fácil asentimiento mental, y sobre la que escribió en *El seguimiento*. «Todos le percibían como una persona absolutamente íntegra —evidenció un ordenante de Finkenwalde—, un hombre que cree en lo que piensa, y que hace aquello en lo que cree».

Aquel verano[3] escribió el ensayo «La Iglesia Confesante y el Movimiento Ecuménico» en el que llamó la atención a ambas partes. Él era el principal punto de conexión entre ellos y veía lo mejor y lo peor de cada uno. Sin embargo, cada uno de ellos veía lo mejor en sí mismo y lo peor en el otro. A causa de las heridas aún sin cerrar de la Primera Guerra Mundial, en la Iglesia Confesante sospechaban de cualquiera, incluidos los cristianos de otros países, y sentían que muchos de los que formaban el movimiento ecuménico eran teológicamente descuidados. Por otra parte, muchos de estos opinaban que la Iglesia Confesante estaba demasiado preocupada por la teología y era extremadamente nacionalista. Ambas partes tenían buenos puntos.

Pero Bonhoeffer quería que lucharan contra su enemigo común, el nacionalsocialismo, e intentaba conseguir que lo hicieran, a pesar de las muchas barreras. Le horrorizaba que el movimiento ecuménico siguiera dispuesto a hablar con la *Reischkirche* de Müller, Jäger y Heckel. Y le aterraba que la Iglesia Confesante siguiera deseando hablar con Hitler y se resistiera a enfrentarse a él. La acción era lo único que atemorizaba a aquellos matones, pero ninguna de las partes parecía preparada para actuar. Preferían mantener un diálogo absurdo y sin fin, y hacerles el juego a sus enemigos. El anuncio de las Leyes de Núremberg contra los judíos fue un buen ejemplo de ello.

Las Leyes de Núremberg y el Sínodo de Steglitz

El 15 de septiembre de 1935 se anunciaron las Leyes de Núremberg. Protegían la sangre y el honor alemanes y declaraban:

Profundamente convencido de que la preservación de la sangre alemana es la condición primera de la supervivencia del pueblo alemán e inspirado por la irreductible voluntad de asegurar definitivamente el porvenir de la nación alemana, el Reichstag ha adoptado la siguiente ley por unanimidad y promulga:

Sección 1 1. Quedan prohibidos los matrimonios entre judíos y súbditos de sangre alemana o asimilada. Los matrimonios concertados a pesar de esta prohibición son nulos de pleno derecho, aun cuando, para burlar la ley, se hubiesen contraído en el extranjero. 2. Solo el procurador puede invocar una causa de nulidad.

Sección 2 1. Quedan asimismo prohibidas las relaciones extraconyugales entre judíos y súbditos de sangre alemana o asimilada.

Sección 3 Queda prohibido que los judíos contraten como empleadas de hogar a mujeres de sangre alemana o asimilada, de menos de cuarenta y cinco años.

Sección 4 1. Queda prohibido que los judíos enarbolen o engalanen con los colores nacionales. 2. En cambio, pueden engalanar con los colores judíos. El ejercicio de este derecho queda garantizado por el estado.[4]

Las Leyes de Núremberg representaban lo que se llegó a llamar una segunda fase «más ordenada» de la persecución a los judíos. Los que una vez fueron ciudadanos legales de Alemania se convertían, ahora, en súbditos del Tercer Reich. Su ciudadanía se desvanecía de una manera legal, en el centro de Europa y en siglo XX. Bonhoeffer se había enterado de esta legislación pendiente por Dohnanyi, que había intentado en vano frustrarla, o quitarle contundencia.

Bonhoeffer consideró que la aprobación de estas leyes era una oportunidad para que la Iglesia Confesante se expresara con claridad, como hasta la fecha no había sido capaz de hacer. Los nazis habían trazado una línea en la arena y todo el mundo la podía ver.

Sin embargo, la Iglesia Confesante volvió a ser muy lenta para actuar. De nuevo fue culpable del típico error luterano de limitarse a la estrecha esfera de la relación entre la iglesia y el estado. Si este intentaba invadirla, entonces sí habría un verdadero ámbito de preocupación. Pero Bonhoeffer opinaba que era absurdo limitar las acciones de la iglesia solo a ese terreno. Había sido instituida por Dios para que existiera de cara a todo el mundo. Debía pronunciarse y ser una voz en él, por tanto, tenía la obligación de expresarse en contra de cosas que no la afectaran directamente.

Bonhoeffer creía que el papel de la iglesia era *hablar en nombre de quienes no podían hacerlo*. Prohibir la esclavitud en su interior era correcto, pero permitir que existiera fuera de ella sería perverso, como lo era esta persecución de los judíos por parte del estado nazi. Hablar a favor de quienes estaban siendo acosados mostraría que la Iglesia Confesante era la iglesia. Así como Bonhoeffer había escrito que Jesucristo era el «hombre para los demás», la iglesia era su cuerpo sobre la tierra, una comunidad en la que él estaba presente, un colectivo que existía «para los demás». Servir a otros fuera de la iglesia, amarles como a sí misma, y comportarse con ellos como querría que ellos lo hicieran con ella, eran los claros mandamientos de Cristo. Bonhoeffer hizo, por aquel entonces, su famosa declaración: «Solo aquel que clama por los judíos puede cantar cantos gregorianos». En lo que a él respectaba, atreverse a cantarle a Dios cuando se estaba golpeando y asesinando a su pueblo escogido significaba que también se tenía la obligación de denunciar su sufrimiento. Si alguien no estaba dispuesto a hacerlo, a Dios no le interesaba su adoración.

Los luteranos se empeñaban en mantener a la iglesia fuera del mundo y esto reflejaba un énfasis exagerado y nada bíblico de Romanos 13.1–5,* heredado de Lutero. Nunca se habían visto obligados a tratar con la línea divisoria de esta idea escrituraria de la obediencia a las autoridades mundanas. Los primeros cristianos se rebelaron contra César y los romanos. Con toda seguridad, las Leyes de Núremberg tendrían el mismo efecto sobre la Iglesia Confesante que se opondría a los nazis.

Un día, Franz Hildebrandt llamó a Finkenwalde desde su iglesia local en Dahlem, con noticias alarmantes. El Sínodo Confesante proponía una resolución que concedía al estado el derecho de aprobar la legislación de Núremberg. Esto fue la gota que colmó el vaso. Hildebrandt estaba dispuesto a dimitir de la Liga de Emergencia de los pastores y abandonar la Iglesia Confesante. Bonhoeffer decidió que debía hacer algo, por lo que viajaría a Berlín con un grupo de sus ordenantes para ver si podían influir en el sínodo que se

---

* «Sométase toda persona a las autoridades superiores; porque no hay autoridad sino de parte de Dios, y las que hay, por Dios han sido establecidas. De modo que quien se opone a la autoridad, a lo establecido por Dios resiste; y los que resisten, acarrean condenación para sí mismos. Porque los magistrados no están para infundir temor al que hace el bien, sino al malo. ¿Quieres, pues, no temer la autoridad? Haz lo bueno, y tendrás alabanza de ella; porque es servidor de Dios para tu bien. Pero si haces lo malo, teme; porque no en vano lleva la espada, pues es servidor de Dios, vengador para castigar al que hace lo malo. Por lo cual es necesario estarle sujetos, no solamente por razón del castigo, sino también por causa de la conciencia».

celebraría en Steglitz. Al no ser delegado, no podía hablar en el sínodo, pero podía alentar a quienes vieran las cosas como él. Quería hacerles entender que las Leyes de Núremberg les proporcionaban una oportunidad extraordinaria para tomar posición.

El viaje fue una decepción. El sínodo no aprobó la resolución y tampoco se pronunció. La estrategia nacionalsocialista de dividir y vencer a sus oponentes, de confundir y entretener, estaba funcionando con la Iglesia Confesante. Bonhoeffer sabía que, en parte, esta falta de voluntad de expresarse con valentía estaba relacionada con el dinero. El estado proporcionaba una seguridad financiera a los pastores de Alemania, y ni siquiera los de la Iglesia Confesante arriesgarían sus ingresos más allá de lo necesario.

Familia

Durante este periodo[5] proseguían las luchas de Bonhoeffer contra la depresión. Tenía suficientes motivos para desalentarse, en particular por la falta de disposición de su iglesia a la hora de oponerse a las monstruosas Leyes de Núremberg. Podrían afectar incluso a su familia. Sabine y Gerhard ya habían sufrido como familia no aria, pero, ahora, todo sería peor con estas nuevas leyes. Se vieron obligados a despedir a muchas mujeres que trabajaban para ellos. «Hubo lágrimas» escribió Sabine. Las señoras se habían visto acosadas por trabajar para una familia judía. Hombres de las SA que hacían entregas a la casa les proferían cosas como: «¿Cómo, todavía siguen trabajando con judíos?». Algunos profesores que habían sido amigos suyos se distanciaron por temor a perder su trabajo. Cuantas más noticias tenía a través de su hermana, Christel von Dohnanyi, más convencida estaba que ella, Gert y las niñas tendrían que abandonar Alemania, por difícil que le resultara llegar a comprenderlo. Cuando Christel le comentó lo que estaba sucediendo en los campos de concentración, mucho antes de que los demás lo supieran, no pudo seguir escuchando y le pidió que se callara.

La abuela de Bonhoeffer,[6] que por entonces tenía noventa y tres años, tenía una amiga a cuyo familiar judío se le obligó a abandonar la abogacía como resultado de las nuevas leyes. Al final de lo que sería su última carta a Dietrich, le pidió ayuda: «Este hombre de cincuenta y cuatro años está viajando por todo el mundo en busca de trabajo para poder terminar de criar a sus hijos ... ¡La vida de una familia destruida! ... Todo se ha visto afectado, hasta el mínimo detalle. ¿Podrías aconsejarnos o ayudarnos en esto? ... Espero que puedas pensar enérgicamente en ello y, quién sabe, tal vez encontrar una salida».

Aquel mes de octubre de 1935, sus padres se mudaron de su inmensa casa de la Wangenheimstrasse en Grunewald a otra que habían construido en Charlottenburg. Era más pequeña, pero suficientemente grande para acoger a bastantes invitados. Dietrich siempre tendría una habitación en la planta superior. La abuela Julie Tafel Bonhoeffer se fue a vivir con ellos al nuevo hogar, pero después de Navidad contrajo una neumonía y falleció en enero. Su influencia sobre Karl Bonhoeffer y sus hijos fue incalculable. El 15 de enero, tomando como base el texto del Salmo 90 que la familia solía leer siempre la víspera de Año Nuevo, Dietrich predicó en su funeral:

Negarse a transigir en los principios correctos, libertad de expresión para el individuo libre, el hecho de que una vez que se da la palabra uno está atado, la claridad y el sentido común en las opiniones propias, la franqueza y la sencillez de vida en privado y en público, todos estos fueron los factores que llegaron al centro de su corazón ... No podía soportar que estos valores se menospreciaran o que se violaran los derechos de un individuo. Por esta razón, sus últimos años se vieron nublados por el gran dolor que le causaba el destino de los judíos entre nuestro pueblo, una carga que compartió con ellos y un dolor que también ella sentía. Provenía de otro tiempo, de otro mundo espiritual que no desciende con ella a la tumba ... Esta herencia que le agradecemos, impone deberes sobre nosotros.[7]

El viaje a Suecia[8]

El 4 de febrero de 1936, Bonhoeffer celebró su treinta cumpleaños. Siempre había sido exageradamente consciente de su edad y, para él, la treintena suponía ser increíblemente viejo. Sería la última piedra miliaria con respecto a su edad que vería. Fue precisamente la celebración de este aniversario la que le situaría por primera vez bajo la lente de los nazis.

Comenzó de un modo totalmente inocente en una de las numerosas conversaciones que solían mantener después de la comida, con sus ordenantes, en el salón principal de Finkenwalde. En el enorme brasero de cobre que compró en España ardían las llamas. Habían estado celebrando el aniversario de Bonhoeffer como de costumbre, con canciones y otros tributos al homenajeado, y, cuando se fue haciendo de noche, entraron en una charla bastante espontánea sobre regalar. Alguien tuvo la brillante sugerencia de que tal vez el cumpleañero no debía ser el único que recibiera regalos, sino darlos, y sus amigos serían los receptores. Cuando Bonhoeffer mordió el anzuelo y preguntó a cada uno qué querrían recibir, se decidieron por un viaje a Suecia. ¿Organizaría uno para ellos? Se demostraría que sí.

Este viaje fue uno de los muchos ejemplos de su generosidad. Un ordenante de Gross-Schlönwitz, Hans-Werner Jensen, expresó que «servir a sus hermanos se convirtió en el centro de la vida de Bonhoeffer. Evitaba mantenerlos bajo su tutela; solo quería ayudarles». Jensen rememoró otros incidentes en cuanto a su generosidad. Cuando Jensen se encontraba en el hospital de Stolp con una apendicitis, fue transferido desde la sala de tercera clase a una habitación privada. «El camillero me comentó que un hombre bien parecido, con gafas, había estado allí aquella mañana y había dicho que él se hacía cargo del precio ... En otra ocasión, volvíamos a casa tras una tarde al aire libre en Berlín. Él compró los billetes para todos nosotros en la estación. Cuando quisimos devolverle el dinero, solo respondió: «El dinero es basura».

Esta fue una gran oportunidad de mostrar a sus ordenantes la iglesia fuera de Alemania. Los había cautivado en numerosas ocasiones con historias de sus viajes al extranjero. Les había explicado que la iglesia era algo que trascendía las fronteras nacionales para extenderse por el tiempo y el espacio. Había varias razones para un viaje así, y mucho más para proporcionar a sus estudiantes cierta medida de las experiencias que ensanchan la cultura y que él había tenido a montones. Asimismo, sabía que fortalecer los lazos de Finkenwalde con la iglesia ecuménica en el extranjero resultaría útil para salvaguardarlo de la interferencia nazi.

Se puso en contacto, de inmediato,[9] con sus amigos ecuménicos en Suecia y Dinamarca. Los planes del viaje debían hacerse con toda la rapidez y el silencio posibles, porque en cuanto se enterase el obispo Heckel, con seguridad surgirían los problemas. Haría todo lo posible por impedirlo, y su capacidad era muy grande, aunque no si se marchaban antes de que él lo supiera. Nils Karlström, secretario del Comité Ecuménico de Uppsala, entendió la situación e hizo grandes esfuerzos por ayudar. Su invitación oficial, fundamental para el viaje, porque Heckel analizaría cada detalle para dilucidar lo adecuado del mismo, llegó el 22 de febrero. Tres días después, Bonhoeffer envió un aviso oficial a sus superiores, así como al Ministerio de Exteriores donde un amigo de la familia era jefe del Departamento de Justicia. Pensó que esto le proporcionaría alguna cobertura, pero le salió el tiro por la culata. Alguien más lo vio y se puso en contacto con Heckel, quien, a su vez, les dio malas referencias de Bonhoeffer. Como resultado, el Ministerio de Exteriores escribió a la Embajada Alemana en Estocolmo: «El Reich y los ministerios prusianos de Asuntos de la Iglesia y la Oficina de Exteriores de la Iglesia advierten en contra del pastor Bonhoeffer por no ser su influencia propicia para los intereses alemanes. El gobierno y los departamentos de la iglesia presentan las más firmes objeciones a su visita que se acaba de dar a conocer».

El 1 de marzo, los veinticuatro ordenantes junto con Bonhoeffer y Rott embarcaron en el puerto de Stettin y navegaron rumbo norte hacia Suecia, desconociendo que el Ministerio de Exteriores se había interesado por su viaje. Él conocía los peligros de un viaje semejante y había advertido a sus estudiantes que fuesen muy cuidadosos con lo que dijeran, sobre todo a los reporteros de los periódicos. Cualquier cosa que declararan saltaría a los titulares de los periódicos, no sin antes haber sido exagerados como era típico. No quería que se repitiera el fiasco de «Hitler quiere ser Papa».

Las noticias del viaje dejaron en mal lugar a Heckel ante el gobierno del Reich. El 3 de marzo, la prensa sueca destacó la visita de los seminaristas en primera plana, y, al día siguiente, su entrevista con el arzobispo Eidem en Uppsala también se recogió. El día 6, en Estocolmo, visitaron al embajador alemán, el príncipe Victor zu Wield. Este, que acababa de recibir la carta que le advertía sobre aquel agitador, los recibió con gran frialdad. Bonhoeffer desconocía el motivo, pero más tarde recordó que un retrato a tamaño real de Hitler en aquella habitación les lanzaba miradas fulminantes.

Con su llegada a Estocolmo se publicaron muchos artículos y fotografías. Cada centímetro de las columnas de cobertura internacional hicieron que Heckel se sintiera peor. Debía hacer algo de inmediato y, como de costumbre, el ingenioso clérigo haría todo lo que estuviera en su mano. En primer lugar, disparó una carta a la iglesia sueca. A continuación, escribió una misiva al comité de la iglesia prusiana llamándole la atención. Pero esta vez sacaría toda la artillería pesada y acribillaría a Bonhoeffer oficialmente y por escrito, en unos términos que condujeran todo el debate a otro nivel:

> Me siento obligado... a atraer la atención del comité de la iglesia provincial al hecho de que este incidente ha puesto mucho más a Bonhoeffer a la vista pública. Como se le puede acusar de pacifista y de enemigo del estado, podría ser recomendable que ese comité se desvincule de él y emprenda los pasos necesarios para asegurarse de que no siga formando a los teólogos alemanes.[10]

Se había dado un giro.[11] Heckel acababa de colocar a Bonhoeffer a merced del estado nazi. Bethge escribió que «ninguna forma de denuncia fue tan fatal como la descripción de "un pacifista y enemigo del estado", sobre todo porque se utilizó de una forma oficial y por escrito».

El primer resultado fue que se revocó de manera formal e inmediata el derecho de Bonhoeffer a seguir enseñando en la Universidad de Berlín. La conferencia que había impartido allí el 14 de febrero se convertiría en la última. Su larga relación con el mundo de la academia acabó para siempre. Protestaría y apelaría, pero no hubo forma de rescindir la sentencia. A pesar de todo, en la desordenada Alemania de Hitler, donde la academia estaba cerrada para los judíos, apenas pudo haber sido del todo descorazonador. Su cuñado Gerhard Leibholz se vio obligado a «retirarse» en abril de aquel mismo año. En cierto sentido, aquel veredicto era una insignia de honor.

«Una atroz pieza de falsa doctrina»

El 22 de abril,[12] Bonhoeffer impartió una conferencia titulada: «El problema de las fronteras de la iglesia y de su unión». Como era típico en él, se caracterizó por ser comedida, exhaustiva y definitiva, hasta el punto de la elegancia y la hermosura, como una ecuación ganadora. Explicó en ella cómo la Iglesia Confesante no se preocupaba solamente del dogma, sino que tampoco era indiferente a él. En un memorable y espantoso giro de frase, dijo que esta «optaba por el confiado camino entre la Escila de la ortodoxia y la Caribdis de la falta de confesión». Habló sobre las fronteras del compromiso, explicando la diferencia vital entre dedicarse a ser «otra iglesia» —como la Iglesia Ortodoxa Griega o la Católica Romana— o a ser una institución «antieclesial», como los Cristianos Alemanes. Se podía tener discrepancias con otra iglesia, pero aun así involucrarse en un diálogo que llegara al entendimiento mutuo. Con una institución antieclesial *no* podía existir tal intercambio. Esta conferencia sobre la eterna pregunta *¿Qué es la iglesia?* Ayudó a que sus estudiantes tuvieran un sentido claro y bíblico de una cuestión confusa en un momento equívoco de la historia de la iglesia alemana.

Sin embargo, en este hermoso paisaje y plantada a modo de bomba de relojería, había una sola frase. Pronto explotaría y arrasaría con todas el enunciado que la rodeaba, y causaría una tormenta de controversia. Él no lo había pensado de esta manera cuando la escribió, y jamás pudo imaginar que se convertiría en el punto central de toda la conferencia. La frase controvertida fue la siguiente: «Quienquiera que se separa de la Iglesia Confesante en Alemania, a sabiendas, se aparta de la salvación».

Las condenas tronaban.[13] Cuando se publicó la conferencia en la edición de junio de la *Evangelische Theologie*, la revista se agotó rápidamente. El estudio de Bonhoeffer hizo que Hermann Sasse, que escribió con él la Confesión de Bethel, declarase a la Iglesia Confesante como «algo distinto al movimiento confesional defendido por las iglesias luteranas y, por tanto, una secta, en realidad, la peor de todas las que hubieran pisado jamás el suelo del protestantismo alemán». Merz opinó que la declaración de Bonhoeffer era «la clamorosa efusión de un hombre hasta ahora juicioso que contradice todo lo que era fundamental para Lutero». El general superintendente Ernst Stoltenhoff lo definió como «tan solo una atroz pieza de falsa doctrina».

Bonhoeffer escribió a Erwin Sutz:

> Mi ensayo me ha convertido en el hombre más injuriado de nuestra fe ... Las cosas se van acercando a la fase en que la bestia, ante la cual se inclinan los adoradores de ídolos, lleva la caricatura de los rasgos de Lutero ... Una de dos: o la Declaración de Barmen es una verdadera confesión del Señor Jesucristo, elaborada por medio del Espíritu Santo, en cuyo caso puede edificar o dividir a una iglesia, o se trata de una expresión extraoficial de la opinión de un número de teólogos y, por tanto, la Iglesia Confesante lleva largo tiempo siguiendo la senda equivocada.[14]

Memorándum a Hitler

Las esperanzas de Bonhoeffer con respecto a la Iglesia Confesante[15] volvieron a surgir en la primavera de 1936, cuando supo que la administración de la iglesia estaba preparando un documento que criticaba directamente las políticas nazis en contra de los judíos, entre otras cosas. Era un documento valiente, aunque comedido, y se estaba escribiendo para los ojos de un solo hombre. Era un memorándum de la Iglesia Confesante para Hitler.

Estaba redactado de una manera que invitaba a su lector maníaco a una conversación. No exigía ni acusaba, sino que formulaba preguntas y, como tal, ponía a Hitler en evidencia al pedirle que aclarara ciertas cosas y ofreciéndole el beneficio de la duda. ¿Acaso la «descristianización» del pueblo alemán era una política oficial del gobierno? ¿Qué quería expresar el partido nazi con el término *cristianismo positivo*? Asimismo, señalaba que la ideología del partido estaba obligando a los ciudadanos alemanes a odiar a los judíos y, como resultado de esto, los padres cristianos se enfrentaban a algunas dificultades con sus hijos ya que se suponía que los seguidores del cristianismo no debían odiar a nadie. Hildebrandt se vio involucrado en la elaboración del borrador y Niemöller se encontraba entre los firmantes.

El documento se entregó en mano en la cancillería del Reich, el 4 de junio. Aparte de la copia para Hitler, solo existieron dos más, que se pusieron a buen recaudo. Todo fue un juego de azar calculado, ya que Hitler podía responder con una negativa. Finalmente, no hubo ninguna contestación. Pasaron los días, las semanas... ¿Lo recibió alguna vez?

Transcurridas seis semanas, las noticias fueron desastrosas: a través de un periódico londinense supieron del memorándum. El 17 de julio, el *Morning Post* publicó un artículo sobre él. ¿Cómo pudo tener conocimiento la prensa británica si no se había hecho público? Ahora Hitler quedaba mal ante los ojos del mundo en el preciso momento en que la Iglesia Confesante había esperado ofrecerle la oportunidad de reaccionar en privado y quedar bien. Y aún fue peor: una semana más tarde, un periódico suizo publicó el memorándum en su totalidad. Al parecer, la Iglesia Confesante lo había filtrado a la prensa internacional con la intención de dejar en mal lugar a Hitler. Pero ninguno de los que lo habían redactado tenía una copia. Algunos llegaron a sospechar que había sido Hitler mismo quien se lo había hecho llegar a la prensa para que la Iglesia Confesante quedara en entredicho. De hecho, ahora se la veía como una traidora que había manipulado a la prensa internacional en contra del gobierno alemán. El resultado fue que muchas de las corrientes luteranas principales se distanciaron aún más de ella.

¿Qué había pasado, pues? Resultó que dos de los antiguos estudiantes de Bonhoeffer, Werner Koch y Ernst Tillich, junto con el doctor Friedrich Weissler, abogado de la Iglesia Confesante, estaban detrás de la filtración. Se habían sentido frustrados por la falta de respuesta de Hitler y pensaron que podían forzarle la mano. Los tres fueron arrestados, enviados a los cuarteles generales de la Gestapo e interrogados. En otoño se les envió al campo de concentración de Sachsenhausen. Weissler, por el crimen de ser judío, fue separado de sus hermanos y murió pocas semanas después.

Los Juegos Olímpicos debían comenzar pasadas dos semanas, de modo que Hitler demoró el tomar acción inmediata contra el trío. Después de todo, los visitantes y la prensa internacional estaban por llegar y se habían vendido más de cuatro millones de entradas. Por ahora, deseaba parecer magnánimo y tolerante.

La Iglesia Confesante dio ahora un paso valiente. En vista de lo sucedido... de perdidos al río. El memorándum se leería desde los púlpitos de toda Alemania «y serviría para demostrar que la iglesia no había perdido su voz por completo ante la flagrante injusticia». Además, el texto se imprimiría en un millón de octavillas que se repartirían. Con su crítica pública de Hitler, la Iglesia Confesante estaba nadando contra una marea emergente de opinión popular a favor del gobernante. Quienes habían sido sus detractores uno o dos años antes le tenían ahora en alta consideración, y los Juegos Olímpicos serían un logro culminante. A cualquiera que criticara al boyante Hitler en ese nivel máximo alcanzado con la resurrección de Alemania tras la tumba de Versalles se le consideraría un maniático... o un enemigo del estado.

Las Olimpiadas

Aquel verano, los Juegos Olímpicos proporcionaron a Hitler una oportunidad única de mostrar la cara alegre y razonable de la «nueva Alemania». Goebbels, que no escatimó en gastos para edificar sus catedrales de engaño, erigió una verdadera Chartres de artimañas y fraude. El propagandista Leni Riefenstahl incluso hizo una película sobre el espectáculo.

Los nazis hicieron lo imposible[16] para retratar a Alemania como una nación cristiana. La *Reichskirche* levantó una carpa inmensa cerca del estadio olímpico. Los extranjeros no tendrían ni idea de la batalla interna entre los Cristianos Alemanes y la Iglesia Confesante; en el seno de la Alemania de Hitler solo parecía haber abundancia de cristianismo. En la Iglesia de St. Paul, la Iglesia Confesante patrocinó una serie de conferencias: Jacobi, Niemöller, y Bonhoeffer se encargaron de impartirlas. «Anoche, no estuvo mal —escribió este último—. La iglesia estaba llena a rebosar; hubo gente que se sentó en los escalones del altar y otros que tuvieron que permanecer de pie por todas partes. ¡Ojalá hubiera predicado en lugar de dar una conferencia!». La mayoría de estas conferencias tuvieron un pleno de audiencia. La *Reichskirche* auspició otros coloquios a cargo de teólogos universitarios «aprobados», todos con muy poca asistencia.

Bonhoeffer tenía sentimientos encontrados acerca de si la Iglesia Confesante debía participar. Los cristianos serios de Alemania estaban en guerra con algo que era impenitentemente perverso y que no atendería a razones; por tanto, no transigiría. Uno debía actuar y estar preparado a afrontar las consecuencias. Como siempre, pareció ser el único que lo veía. El movimiento ecuménico siguió su interminable diálogo, y los líderes de la Iglesia Confesante hicieron otro tanto de lo mismo, colando el mosquito y tragándose el camello.

El líder evangélico estadounidense[17] Frank Buchman, jefe del Movimiento Oxford, se encontraba ahora en Berlín, esperando poder llevar el evangelio de Cristo a Hitler y los demás gobernantes nazis. Su colega Moni von Cramon había conocido a Himmler, con quien Buchman compartió el almuerzo durante ese tiempo. El año anterior, Himmler le había comentado a Cramon: «Como ario, debo tener el valor de responsabilizarme yo solo de mis pecados». Tachó de «judía» la idea de poner sus pecados sobre los hombros de otro y la rechazó. Aún tenía menos interés en lo que Buchman tuviera que decirle. Más tarde, en el mes de agosto, Buchman hizo su trágica observación: «Doy gracias al cielo por un hombre como Adolfo Hitler, que edificó una línea delantera en contra del anticristo del comunismo». Fue un comentario de usar y tirar hecho en una entrevista con el *New York World-Telegram* desde su oficina en la Iglesia de Calvary en Park Avenue y la Calle 21, y no reflejaba su pensamiento más amplio sobre el tema. Con todo, ilustraba la facilidad con la que hasta los cristianos más serios se dejaron engañar inicialmente por la propaganda seudocristiana conservadora de Hitler.

Tras los Juegos Olímpicos, Bonhoeffer viajó a Chamby, Suiza, para la conferencia Life and Work. Los pastores de la Iglesia Confesante por toda Alemania leyeron el memorándum a Hitler el 23 de agosto. Bonhoeffer preguntó a sus superiores si podía permanecer en Suiza, ya que sería provechoso tener a alguien fuera de Alemania que estuviera familiarizado con él y que pudiera informar a la prensa internacional sobre él y acerca de cómo Hitler estaba actuando con los que lo proclamaron.

Un cierto número de pastores valientes leyeron la proclamación desde su púlpito el día señalado. Uno de ellos fue Gerhard Vibrans, amigo cercano de Bonhoeffer y Bethge. Al final del oficio, el maestro de la escuela del pueblo informó al policía del lugar. «¡Arreste a este traidor!», gritó. El agente se encogió de hombros ya que no tenía orden de actuar. No obstante, la Gestapo apuntó los nombres de aquellos que habían leído la declaración.

No echéis vuestras perlas a los puercos

En el otoño[18] de 1936, Müller reapareció, causando furor con un panfleto titulado *Deutsche Gottesworte* (Palabras alemanas de Dios). En el tono paternal y amistoso del charlatán de una icónica cadena de restaurantes, el *Reibi* se dirigió a su electorado en el prólogo: «Para ustedes, mis camaradas del Tercer Reich, no he traducido el Sermón del Monte, sino que lo he germanizado ... Su *Reichsbischof*». Müller estaba

encantado de ayudar a Jesús, su amigo ario, para que se comunicara de una manera más efectiva con el pueblo del Tercer Reich. Dado que la humildad no era una
actitud «alemana» aceptable, dio a sus camaradas algo más acorde con la campe-
chana imagen germánica que deseaba promover: «Bienaventurado el que observa
siempre una buena camaradería. Se llevará bien con el mundo». Obviamente,
Müller pretendía que esa sátira sin sentido fuera evangelística. ¿Pero a qué pretendía convertir a sus ignorantes lectores?

Los Cristianos Alemanes se habían convencido de que «evangelizar» a
Alemania merecía cualquier precio, incluida la evisceración del evangelio mediante la predicación del odio contra los judíos. Pero Bonhoeffer sabía que distorsio-
nar la verdad para venderla de una manera más eficaz no era algo que se limitara
a ellos. Miembros de la Iglesia Confesante también habían afeitado la verdad en
los momentos oportunos.

Para Bonhoeffer, el desafío consistía en comunicar la Palabra de Dios de la
forma más pura posible, sin sentir la necesidad de ayudarla o de revestirla. Ella
sola tenía el poder de tocar el corazón humano. Cualquier fruslería no haría más
que diluirlo. Ya se lo había advertido una y otra vez a sus ordenantes de esta
época: «Dejen que este poder hable por sí mismo, sin obstáculos».

Sin embargo, hablando de una forma práctica, era difícil saber dónde trazar
la línea en lo concerniente a proclamar el evangelio. ¿Acaso resultaba tan fácil
decir que Frank Buchman estaba echando perlas a un puerco cuando intentaba
alcanzar a Himmler? Esta pregunta surgiría de una forma muy práctica para algunos de los ordenantes que fueron despachados a parroquias que no estaban demasiado interesadas en lo que tenían que ofrecer. Podía llegar a ser desalentador. A
Gerhard Vibrans se le envió a una aldea diminuta al este de Magdeburg que
parecía poblada casi en exclusiva por pánfilos:

> Mi parroquia de seiscientas almas, en Schwinitz, es muy pobre; una media
> de una o dos personas asisten a la iglesia cada domingo ... Yo hago un pere-
> grinaje por todo el pueblo, vestido con mi atuendo, para recordar a la gente
> que es domingo ... Ellos intentan consolarme comentándome que de todos
> modos recibiré mi salario aunque nadie acuda a la iglesia.[19]

Señaló[20] que el domingo de la Trinidad nadie apareció, «aparte de la sacrista-
na». La respuesta de Bonhoeffer a Vibrans fue sencilla, práctica y bíblica: «Si un
pueblo no oye, ve a otro. Todo tiene un límite». Se estaba haciendo eco de la
orden de Jesús a sus discípulos en cuanto a sacudir el polvo de sus sandalias y

abandonar cualquier lugar donde no fueran bien recibidos (Mt 10.14). Pero Bonhoeffer no se lo tomó tan a la ligera, y lamentó mucho lo que le ocurría a Vibrans, que había sido un siervo tan fiel como nadie habría podido imaginar: «La lealtad con la que has cumplido nuestro consejo hace que me sienta mal. No te lo tomes de forma demasiado literal o llegará el día en que te puedas hartar de todo».

Bonhoeffer visitó el pueblo[21] y predicó allí. Más tarde le escribió a Vibrans y le comentó que debería escribirle a su congregación «advirtiéndoles que esta puede ser la última vez que se les ofrece el evangelio, y que existen otras comunidades cuya hambre por la Palabra no se puede satisfacer por la escasez de obreros».

En la primavera de 1937, Bonhoeffer escribió un documento dramático titulado «Declaraciones sobre el poder de las llaves y la disciplina de la iglesia en el Nuevo Testamento». Intentaba conseguir que la iglesia se tomara a sí misma en serio, que entendiera el poder que Dios le había dado: un asombroso y aterrador poder que debía ser comprendido y utilizado según las intenciones de Dios. Así como enseñaba a sus ordenantes sobre la predicación de la Palabra, ahora se dirigía a toda la Iglesia Confesante en los mismos términos. El documento comenzaba de esta manera:

> 1. Cristo ha dado poder a su iglesia para perdonar y retener los pecados sobre la tierra con autoridad divina (cp. Mt 16.19; 18.18; Jn 20.23). La salvación y la condena eternas se deciden por su palabra. Cualquiera que se vuelva de su camino de pecado al oír la palabra de proclamación y se arrepienta, recibe perdón. Quien persevere en su pecado, recoge juicio. La iglesia no puede soltar al penitente del pecado sin detener y atar al impenitente al mismo.[22]

Todo quedaba expuesto con total precisión. Más adelante, trataba el concepto de la gracia barata —sin utilizar este término— y comentó la forma en la que el movimiento ecuménico y la Iglesia Confesante se habían implicado algunas veces en un diálogo bien intencionado con Hitler y la *Reichskirche*:

> 3. «No deis lo santo a los perros, ni echéis vuestras perlas delante de los cerdos, no sea que las pisoteen, y se vuelvan y os despedacen» (Mt 7.6). La promesa de la gracia no se debe derrochar; se debe proteger de los

impíos. Hay gente que no es digna del santuario. La proclamación de la gracia tiene sus límites. La gracia no se le puede proclamar a cualquiera que no la reconozca, la distinga o la desee. No solo contamina el santuario mismo y los que pecan han de seguir siendo culpables contra el Santísimo, sino que, además, el mal uso de lo santo debe volverse en contra de la comunidad misma. El mundo sobre el que recae la gracia como una ganga se cansará de ella y no solo pisotearán aquello que es santo, sino que despedazarán a quienes se lo impongan. Por su propio bien, por el del pecador y por el de la comunidad, lo santo ha de protegerse de una entrega barata. El evangelio se preserva mediante la predicación del arrepentimiento que llama al pecado por su nombre y declara culpable al pecador. La llave que libera está resguardada por la que ata. La proclamación de la gracia solo puede salvaguardarse mediante la declaración del arrepentimiento.[23]

Ya había hecho comentarios parecidos con anterioridad, en distintos contextos. Había advertido a los líderes de la Iglesia Confesante en infinidad de ocasiones como también lo hicieron los profetas del Antiguo Testamento. Y, como les ocurrió a ellos, sus advertencias fueron en vano.

Sin embargo, en 1937,[24] la verdadera naturaleza de la bestia con la que habían estado tratando se reveló de repente. Los lobos, que ya no tenían necesidad de arrastrarse bajo la piel de los corderos, los desperdigarían y llegarían en tromba.

Las duras medidas de los nazis

En 1937, los nazis abandonaron todo fingimiento de ser imparciales y se dejaron caer con toda su fuerza sobre la Iglesia Confesante. Durante aquel año, más de ochocientos de sus pastores y líderes laicos fueron encarcelados o arrestados. Su dirigente, Martin Niemöller, de Dahlem, se encontraba entre ellos. El 27 de junio predicó el que sería su último sermón en muchos años. Una semana tras otra, las multitudes habían llenado su iglesia hasta hacerla desbordar. Aquel último domingo, Niemöller no fue menos franco de lo que siempre había sido. Declaró desde el púlpito: «No tenemos intención de utilizar nuestros propios poderes para escapar de las autoridades, como tampoco lo hicieron los apóstoles de la antigüedad. Tampoco estamos dispuestos a guardar silencio a instancias del hombre cuando Dios nos ordena hablar. Se da el caso, y así ha de ser, de que debemos obedecer a Dios antes que al hombre». Aquel jueves fue arrestado.

Aunque crueles,[25] los nazis hicieron gala de astucia y prudencia. Eran excesivamente sensibles a la opinión pública y su trato a la Iglesia Confesante fue mediante normas que se fueron incrementando y que cada vez eran más estrictas. Sus métodos «no iban dirigidos a prohibir directamente la Iglesia Confesante — explicó Bethge—, sino a liquidarla poco a poco a través de la intimidación y la supresión de las actividades individuales».

Prohibieron la lectura de las listas de oración intercesora desde el púlpito y revocaron pasaportes; el de Niemöller ya se había anulado a principios de año. En junio, los nazis declararon que todas las ofrendas recogidas durante los oficios de la Iglesia Confesante eran ilegales. En julio, toda «comunicación duplicada» debía sujetarse a la Ley Editorial nazi y recibiría el mismo trato que los periódicos. Las circulares de Finkenwalde escritas por Bonhoeffer a sus antiguos estudiantes, por ejemplo, debían ir firmadas por él personalmente. Indicaba en la parte superior de cada copia: *Carta personal*. El maremágnum de estúpidas normas y leyes injustas abrumó a los pastores confesantes que siempre andaban en conflicto con alguna de ellas y eran arrestados.

En los pocos años siguientes, Bonhoeffer se sintió responsable de cualquier finkenwaldiano llevado a prisión. Visitó a muchos de ellos y permaneció en contacto con sus esposas y sus padres. Esto es lo que escribió a los progenitores de uno de ellos:

> Con frecuencia, nos resulta difícil entender la forma en que Dios trata con su iglesia. Sin embargo, podemos alcanzar la paz en la certeza de que su hijo está sufriendo por amor al Señor y que la iglesia de Jesús está intercediendo por él en oración. El Señor confiere gran honor a sus siervos cuando permite que sufran ... [Su hijo], sin embargo, estará orando para que ustedes lo encomienden todo en las manos de Dios y que puedan dar gracias por todo lo que Dios permita en ustedes y en su iglesia.[26]

Quería que supieran[27] que formaban parte de una comunidad más amplia de resistencia. Con este fin, y como manera de llevar algún alivio en general a las jóvenes y hostigadas esposas de los pastores encarcelados, lo organizó todo para que pudieran permanecer en la casa de campo de Ruth von Kleist-Retzow en Klein-Krössin. Ella también se convirtió en un gran apoyo y exhortó a muchos de los hermanos y a sus familias. Cuando le tocó el turno a Werner Koch y le enviaron a un campo de concentración, le escribió: «Vivimos tiempos sumamente extraños, pero deberíamos sentirnos agradecidos de que la pobre y oprimida cristiandad esté adquiriendo mayor vitalidad de la que he conocido jamás en el transcurso de mis setenta años. ¡Qué testimonio de su verdadera existencia!». Bonhoeffer envió a la mujer de Koch a Frau von Kleist-Retzow para que pudiera disfrutar de su incomparable hospitalidad cristiana. La laberíntica casa, construida al estilo alemán antiguo, con muros de entramados de madera, estaba rodeada de jardines y altos castaños. Hasta criaba jóvenes gansos en su enorme cocina de campo y tenía tres habitaciones de invitados llamadas Esperanza, Contentamiento y Gozo.

Niemöller es arrestado; Hildebrandt se marcha

En la mañana del 1 de julio, Bonhoeffer y Bethge se encontraban en Berlín. Los arrestos de los pastores de la Iglesia Confesante habían ido en aumento, de modo que fueron a casa de Niemöller para urdir una estrategia con él y con Hildebrandt. Pero solo encontraron a sus esposas. La Gestapo había detenido a Niemöller tan solo unos momentos antes.

Los cuatro se hallaban conversando sobre lo que debían hacer a continuación cuando, de repente, varios Mercedes negros estacionaron junto a la casa. Sabiendo que se trataba de la Gestapo, Bonhoeffer, Bethge y Hildebrandt se dirigieron hacia la puerta trasera, donde Herr Höhle, un oficial de esta policía secreta que ya les resultaba familiar a ellos y a la mayoría de los que formaban la Iglesia Confesante, les cortó el paso. Los tres hombres fueron escoltados de regreso al interior de la casa, donde permanecieron durante siete horas, durante las cuales estuvieron sentados observando cómo registraban la casa de Niemöller. La meticulosa perseverancia de la Gestapo se vio finalmente recompensada por el descubrimiento de una caja fuerte detrás de un cuadro que guardaba miles de marcos pertenecientes a la Liga de Emergencia de los Pastores.

Jan, el hijo de Niemöller, de diez años,[28] recordaba que cualquiera que apareció por la casa aquel día fue detenido y estuvo bajo sospecha. «La casa se llenó de gente», relató. No se sabe cómo, la inimitable Paula Bonhoeffer oyó rumores de la situación. Bonhoeffer vio pasar el coche de sus padres varias veces y a su madre asomada a la ventanilla. Todos fueron liberados aquella tarde excepto Niemöller. Las cosas habían entrado en una nueva fase.

Niemöller estuvo ocho meses en prisión, pero, el día de su liberación, la Gestapo le volvió a detener rápidamente. Era famosa por esta desagradable táctica. Hitler no podía soportar la libertad de alguien que se le oponía con tanto descaro, de modo que honró al pastor Niemöller con la distinción de «prisionero personal» del Führer durante los siete años siguientes en Dachau. Fue liberado por los Aliados en 1945.

Mientras tanto, Hildebrandt predicó en Dahlem y sus sermones no fueron menos encendidos que los de Niemöller. A pesar de ello, empezó a considerar que, siendo judío, quizás había llegado el momento de marcharse. Estaban revocando los pasaportes y quizás no podría salir cuando fuera más conveniente. El 18 de julio predicó su último sermón.

Entre la congregación siempre había oficiales de la Gestapo.[29] Pretendían intimidar a los parroquianos y a los pastores, pero en Dahlem su fracaso fue sistemático. Niemöller les tomaba el pelo desde el púlpito, y en ocasiones pedía a algún congregante: «Pase una Biblia a nuestro amigo policía». Aquel domingo, en directa infracción de las nuevas leyes, Hildebrandt leyó en voz alta la lista de aquellos por quienes se pedían oraciones intercesoras. A continuación, recogió una ofrenda extraordinaria y dejó claro que iba destinada a la obra de la Iglesia Confesante. Dio instrucciones para que el dinero se depositase sobre la mesa de la Santa Cena en el altar, donde fue dedicado a Dios y a su obra con una oración. Por lo general, la Gestapo hacía la vista gorda a este tipo de violaciones de las leyes, pero no fue así aquel día. Al final del oficio, con todo el descaro, pasó al frente y tomó el dinero.

Después de esto, Hildebrandt fue detenido y se produjo una escena cuando protestó por su arresto. Toda la congregación se unió, levantando cada vez más la voz. La ruidosa multitud siguió a los oficiales de la Gestapo mientras escoltaban a Hildebrandt hacia el exterior y hasta su auto. La muchedumbre rodeó el coche, prosiguió con la protesta y observaron cómo los policías intentaban poner el auto en marcha sin conseguirlo. Tras varios minutos de incomodidad, los humillados oficiales admitieron su derrota, salieron del vehículo y caminaron con su prisionero hacia el cuartel general. Preferían hacer su trabajo en silencio, en la oscuridad de la noche cuando les resultaba posible, pero esta vez, mientras se dirigían calle abajo, eran el blanco de los abucheos de una congregación ultrajada porque le arrebataban a su pastor y queriendo que se enterara todo aquel que pudiera escucharlo. Lo que es más, la Gestapo no se dio cuenta de que llevaban a su prisionero en la dirección equivocada. Hildebrandt y sus parroquianos sí fueron conscientes de ello, pero no estaban de humor para ayudar a la policía, que parecía más necia con cada paso. Al final, le llevaron a los cuarteles generales de la Alexanderplatz.

Al día siguiente, la Gestapo le acompañó a su apartamento, donde se descubrió y se confiscó otra cantidad de dinero perteneciente a la Iglesia Confesante. Sin embargo, uno de los oficiales se vio repentinamente aquejado de un terrible dolor de muelas que le obligó a dar por terminado el registro de manera apresurada, dejando intacto un segundo fondo de la Iglesia Confesante.

A continuación, Hildebrandt fue trasladado a la prisión de Plötzensee. Bonhoeffer y sus demás amigos temieron por su vida allí. Como judío, lo más probable era que le maltratasen. La familia Bonhoeffer hizo un esfuerzo supremo para asegurar su liberación. Hans von Dohnanyi irrumpió en la lucha y consiguió sacarle uno o dos días antes de los veintiocho prescritos. Esto le permitió escapar a Suiza sin que las autoridades lo detectasen. Sin esta extraordinaria intervención, habría tenido que permanecer en el país y, con toda seguridad, habrían vuelto a encarcelarle como ocurrió con Niemöller. Al no ser ario, no habría sobrevivido. Desde el país helvético, partió rumbo a Londres, donde se convirtió de inmediato en pastor adjunto con su amigo Julius Rieger en la iglesia de St. George. Allí siguió trabajando con los refugiados y con el obispo Bell, y sus demás contactos ecuménicos. Pero Bonhoeffer echaba de menos a su amigo.

El final de Finkenwalde

La Iglesia Confesante de Berlín planeó un oficio de intercesión en la iglesia de Niemöller en Dahlem, el 8 de agosto. La iglesia fue acordonada, pero la congregación, como su pastor, estaba hecha de una pasta más dura que la mayoría y todo estalló en una nueva manifestación en contra de los nazis. Las multitudes se negaron a dispersarse durante horas. Doscientos cincuenta fieles fueron arrestados y conducidos a la Alexanderplatz.

A lo largo del verano de 1937, Bonhoeffer supervisó el quinto curso de seis meses en Finkenwalde. Al mismo tiempo, estaba acabando de trabajar en su manuscrito de un libro sobre el Sermón del Monte que había ido tomando forma en sus pensamientos desde 1932 más o menos. La obra, que se titularía *Nachfolge* [en español, *El precio de la gracia: El seguimiento*], se publicó en noviembre de 1937. Llegaría a ser uno de los libros cristianos más influyentes del siglo XX.

Cuando acabó el trimestre de verano, Bonhoeffer y Bethge hicieron un viaje de vacaciones al Königsee y a Grainau, cerca de Ettal, en los Alpes bávaros. Luego subieron hasta Gotinga para visitar a Sabine, Gerhard y las niñas. Fue allí donde recibió por sorpresa una llamada telefónica desde Stettin informándole de que la Gestapo había cerrado Finkenwalde. Habían sellado las puertas. Era el final de una época.

En el transcurso de las seis semanas siguientes, Bonhoeffer y Bethge permanecieron en Berlín, en casa de sus padres en Marienburgerallee. Se alojaron en su

habitación de la buhardilla, donde había dos camas y muchos estantes de libros.*
Desde la ventana se veían la casa vecina y su patio trasero, donde vivían Úrsula,
la hermana de Dietrich y su esposo, Rüdiger Schleicher. Bethge se convirtió en
un miembro más de la familia, compartiendo todas las comidas con ellos y disfrutando de esas personas tan inteligentes y cultas que se oponían apasionadamente
a los nazis. Por la noche, él y Bonhoeffer discutían las últimas noticias de
Dohnanyi. Las cosas iban siendo cada vez más desalentadoras, sobre todo para
los judíos.

Pasaron muchas veladas en casa de los Schleicher, donde se encontraba el
gran piano. Bethge, Dietrich y los demás cantaban, y este último era siempre
quien tocaba el acompañamiento. Su sobrina de once años, Renate, era la encar-
gada de pasar las páginas. Como su tío, había heredado los rasgos von Hase —el
pelo rubio y penetrantes ojos azules— de su abuela, Paula Bonhoeffer. Ni ella ni
Bethge habrían podido sospechar que, pasados seis años, se convertirían en marido y mujer.

Los pastorados colectivos

Durante aquellas seis semanas, Bonhoeffer lo intentó todo para apelar por el cierre de Finkenwalde. Sin embargo, a finales de 1937 era evidente que no volvería a
abrir sus puertas. A pesar de todo, Dietrich sabía que esto no tenía por qué significar el cierre de todos los seminarios ilegales. Seguirían adelante en forma de
Sammelvikariat (pastorados colectivos).

Para empezar, hubo que encontrar una iglesia cuyo pastor titular simpatizara
con la Iglesia Confesante, y colocar junto a él a un cierto número de «vicarios
aprendices». En teoría estos le ayudarían, pero, en realidad, recibirían una educación al estilo de Finkenwalde. La policía local registraría en sus archivos a cada
ordenante como ayudante del pastor local, pero viviría con otros compañeros, en
grupos de entre siete y diez. En 1938, existían dos pastorados colectivos, ambos
situados en la parte oriental de Pomerania. El primero, en Köslin, se hallaba a
unos ciento sesenta kilómetros de Stettin, hacia el noreste. El segundo, más remo-
to aun, se encontraba a cuarenta y nueve kilómetros más, en dirección este.

El padre de Fritz Onnasch, uno de los graduados en Finkenwalde, era superintendente[30] del distrito de Köslin. Colocó a diez de los ordenantes con cinco

---

* Su habitación se puede visitar aún hoy. Los estantes de libros, el escritorio y el piano de
Bonhoeffer siguen allí.

pastores de la Iglesia Confesante de su zona. Todos ellos vivían en su vicaría. Bonhoeffer también lo hacía cuando era necesario. Onnasch era el director de estudios. El superintendente de Schlawe, Eduard Block, empleó a Bethge y a Bonhoeffer como ministros asistentes bajo su dirección, llegando el primero a ser director de estudios allí. Este grupo de ordenantes vivían al este de Schlawe, en lo que Bethge describió como «una laberíntica casa parroquial maltratada por el viento en Gross-Schlönwitz, en el límite del distrito de la iglesia».

Bonhoeffer repartía su tiempo entre estos viajes idílicos entre Köslin y Schlawe, en su moto, cuando el tiempo lo permitía. Durante la segunda mitad de la semana enseñaba en Schlawe y se quedaba allí todo el fin de semana. Recorría con frecuencia los trescientos kilómetros que le separaban de Berlín y telefoneaba casi a diario; por lo general hablaba con su madre, que seguía siendo su principal conducto de información sobre las luchas políticas y las de la iglesia.

Era un eterno optimista,[31] porque creía lo que Dios decía a través de las Escrituras. Sabía que todo lo que le sucediera a él o a los fieles hermanos abriría nuevas oportunidades en las que Dios operaría, en las que su provisión se manifestaría. En 1937, escribió a los graduados de Finkenwalde su recapitulación de final de año: «Hoy, ya podemos afirmarles que nos vemos conducidos por unos nuevos caminos que suponen un gran motivo de agradecimiento». La carta de uno de los ordenantes de esa época nos transmite una imagen de lo que era la vida en Schlönwitz:

No llegué a Schlönwitz con un estado de ánimo alegre o esperanzado ... Me estremecía ante la posibilidad de este periodo de estrechez mental y física. Mi mente lo consideraba necesariamente malo..., algo que uno tiene que soportar por gracia, y sobrellevar en la medida de lo posible a modo de autodisciplina [...]; sin embargo, todo resultó ser diferente a lo que yo había temido. En vez de entrar en el acartonado mundo de la intolerancia teológica, me encontré en uno que combinaba gran parte de lo que yo amaba y necesitaba; un claro trabajo teológico en compañía de los demás, que nunca permitían que alguien se sintiera herido al comprobar su propia incompetencia, sino que convertían el trabajo en un gozo; una fraternidad bajo la Palabra que nos unía a todos independientemente de la persona y, al mismo tiempo, una apreciación de todo lo que aporta encanto a la creación caída: música, literatura, deporte y la hermosura de la tierra; una forma magnánima de vida ...; cuando miro hacia atrás puedo ver una imagen clara ... Los hermanos sentados por la tarde, ante un café y pan con mermelada. El jefe regresa tras una larga ausencia... ahora nos enteramos de las últimas noticias y el mundo irrumpe en la tranquilidad y la sencillez de nuestra vida de campo en Pomerania ... ¿Acaso apaga la exactitud de nuestra visión teológica, si les digo que eran las cosas periféricas las que se veían realzadas por la apreciación de lo que se hallaba en el núcleo central?[32]

En 1939, la vicaría de Schlawe ya no estuvo disponible, pero ni siquiera esto fue una dificultad. Los ordenantes se realojaron en Sigurdshof, una localidad aún más remota que Gross-Schlonwitz. Era como si un pájaro les hubiera guiado cada vez más lejos de las preocupaciones del presente hasta un mundo en las profundidades de un cuento de hadas alemán. Bethge escribió:

La casita se encontraba a unos tres kilómetros del pueblo más cercano a la propiedad y era el lugar más apartado en el que habían vivido hasta la fecha. Cuatro pequeñas ventanas en la parte frontal daban sobre un patio poco utilizado, bajo un techo sobresaliente con exuberantes plantas trepadoras. En la parte trasera transcurría el idílico río Wipper. Había una bomba de agua debajo los árboles más cercanos, donde empezaba un inmenso bosque que se fundía con la foresta warcina de la hacienda Bismarck, al sur. No había electricidad...[33]

Nos sentíamos angustiados por nuestro carbón y, además, no teníamos parafina, por lo que habíamos de utilizar velas. Permanecemos todos en una habitación y alguien toca [un instrumento] o lee en voz alta.[34]

En algunas cartas a sus padres, Bonhoeffer les describe la situación como sigue:

Llegué ayer ... Por la tarde no pude evitar unirme a los esquiadores en el bosque cubierto de nieve. Fue hermoso y tan apacible que todo lo demás parecía una aparición. Por lo general siento que la vida en el campo, sobre todo en momentos como este, tiene mucha más dignidad humana que en las ciudades. Todas las manifestaciones de las masas se disipan sin más. Creo que los contrastes entre Berlín y esta solitaria finca resultan ahora particularmente impresionantes.

Ahora estamos bastante aislados por la nieve e incomunicados. La camioneta postal no puede llegar hasta aquí y no podemos conseguir nada, excepto de vez en cuando por trineo ... Veintiocho grados bajo cero ... En estas circunstancias, el trabajo va bien. El guardabosque nos ha permitido reunir dos cargas de madera y doscientos kilos de carbón, y nos apañaremos con ello durante unas cuantas semanas. Por supuesto que el aprovisionamiento de alimentos es también bastante difícil, pero tenemos lo suficiente. Si de mí dependiera, creo que me gustaría abandonar la ciudad para siempre.

Aquí, el hielo negro es indescriptible después de grandes inundaciones. Los prados se han convertido en una espléndida pista de patinaje muy cercana, a unos nueve metros de la casa ... Disponemos de suficiente combustible para una semana.

Durante dos días hemos estado enterrados en nieve, con tormentas casi ininterrumpidas.[35]

CAPÍTULO 20

LA ASCENSIÓN DE MARTE

1938

Hoy, los confirmantes parecen jóvenes soldados que marchan a la guerra, la de Jesucristo contra los dioses de este mundo. Es una batalla que exige el compromiso de la propia vida en su totalidad. ¿Acaso no es Dios, nuestro Señor, digno de esta lucha?

—DIETRICH BONHOEFFER

Mi querida señora, hemos caído en las manos de los criminales. ¡Quién podría haberlo imaginado!

—HJALMAR SCHACHT, EXDIRECTOR DEL *REICHSBANK* ALEMÁN

El año 1938 fue inmensamente tumultuoso para Alemania y Europa. También lo fue para los Bonhoeffer, desde luego. Para Dietrich no empezó nada bien. El 11 de enero fue arrestado en una reunión de la Iglesia Confesante en Dahlem. Los oficiales de la Gestapo aparecieron, arrestaron a las treinta personas presentes y las interrogaron en los cuarteles generales de la Alexanderplatz durante siete horas, antes de liberarlos. Pero la noticia más importante de la que Bonhoeffer se enteró fue que, desde ese preciso instante, se le prohibía estar en Berlín. La Gestapo lo metió, aquella misma noche y junto con Fritz Onnasch, en un tren rumbo a Stettin.

Había comenzado el primer trimestre de los pastorados colectivos, y Bonhoeffer se sentía agradecido de que no le hubieran prohibido seguir con esta

obra. Sin embargo, verse aislado de Berlín en esos momentos, cuando los acontecimientos políticos empezaban a parecer alentadores, fue para él devastador.
Había esperado poder desplazarse entre Berlín y Pomerania casi a diario, como lo
había estado haciendo desde 1935. La casa de sus padres era el centro de su universo y, ahora, con el gobierno nazi empezando a tambalearse y las esperanzas
crecientes de que Hitler pudiera estar a punto de irse, era aún más terrible que le
mantuviesen alejado.

Pero con tanta gente en puestos importantes, casi nunca se quedaba sin
recursos. Planeó encontrarse con sus padres y debatir lo que se podía hacer. Era
evidente que él no podía viajar hasta donde ellos estaban; por tanto, a principios
de febrero, ellos se trasladaron a Stettin y se reunieron con él en casa de Ruth von
Kleist-Retzow. Hicieron uso de la eminencia de Karl Bonhoeffer en esta situación
y él persuadió a la Gestapo que la prohibición se limitara exclusivamente al trabajo. Dietrich pudo, pues, seguir viajando a Berlín por asuntos personales y
familiares.

Bonhoeffer tenía muchas razones para esperar que la suerte de Hitler diera un
giro repentino. Desde su puesto en el Ministerio de Justicia, Hans von Dohnanyi
veía y oía las cosas antes de que la maquinaria propagandística nazi pudiera fil-
trarlas, y transmitía todo aquello de lo que se enteraba a sus parientes. Durante el
otoño anterior, el gobierno de Hitler se había visto en una postura difícil cuando
Hjalmar Schacht, arquitecto de la economía en auge de Alemania, dimitió a modo
de protesta pública. En enero de 1938, los acontecimientos empezaron a desarrollarse de un modo que acarreó otra crisis aún más importante. Quizás estuvieran
a las puertas de la partida del irascible vegetariano que había destruido su país
durante los cinco años anteriores.

Los problemas de Hitler[1] comenzaron el 5 de noviembre de 1937. Convocó
a sus generales a una reunión en la que detalló sus planes para la guerra. Como
todos los que habían estado pendientes ya sabían, este había sido su plan desde
el principio. Ahora era algo inminente. Explicó a los asombrados generales que
atacaría primeramente a Austria y Checoslovaquia, eliminando así cualquier
ocasión de problema en el flanco oriental de Alemania. Era imperativo calmar a
Inglaterra por el momento, ya que constituía una grave amenaza militar. Durante
cuatro horas, el megalómano garabateó una receta de cómo, en breve, su ingenio militar dejaría al mundo pasmado: «¡Los coceré a fuego lento hasta que se
ahoguen!».

Los generales abandonaron esta reunión en distintos estados de impresión y
furia. Lo que acababan de oír era locura concentrada. El ministro de Exteriores,
barón von Neurath, sufrió literalmente varios ataques de corazón. Al general

Beck todo aquello le pareció «demoledor». Beck dirigiría la conspiración para asesinar a Hitler en la que Dohnanyi y Bonhoeffer se verían pronto implicados, y fue lo que Beck oyó decir a Hitler aquel día lo que lo situó en el camino de la rebelión. Pero todos los generales estaban perplejos ante la desnuda y ciega agresión de Hitler. Habían empezado a describirle como «mentalmente enfermo» y «sediento de sangre». Lo que estaba planeando ahora era lo más parecido al suicidio nacional.

Pero estos caballeros pertenecientes a la tradición de los oficiales prusianos eran demasiado educados para saber tratar con alguien tan vulgar como Hitler. Por una parte, era una vergüenza, un zafio, un salvaje, un zoquete al que apenas se podía tomar en serio. Por otra parte, era la cabeza legal de su amada Alemania, a quien habían hecho sus juramentos. Para la mayoría de estos hombres, él constituía una especie de obsceno rompecabezas chino. Un gran número de ellos amaba su país y odiaba a Hitler, y supieron ver que sus planes de guerra dejaban sin aliento por su temeridad y su inmoralidad. Estaban convencidos de que estrellaría a su gran nación sobre las rocas, y estaban prácticamente en lo cierto. Desde aquella reunión en adelante, se obstinaron en quitárselo de encima.

Beck hizo todo lo que estaba en su mano para influir en los generales y que perpetraran un golpe de estado. Finalmente, para poder hacer una declaración pública tan valiente como pudiera, dimitió. Esto debería haber sacudido a la nación hasta sus cimientos, y haber defenestrado a los nazis en masa. Sin embargo, al mantener su digno porte aristocrático, Beck echó a perder todo el efecto de su salida. No quería atraer demasiado la atención sobre sí mismo, porque podría haber sido indecoroso, por tanto se marchó con tanta nobleza que apenas se le oyó partir. Su última réplica llevaba suficiente carga de inglés como para hacerle errar el tiro.

Hans Gisevius dijo que Beck «seguía tan inmerso en las tradiciones del cuerpo de oficiales prusiano que deseaba evitar que pudiera parecer, en lo más mínimo, un ataque a la autoridad del estado».[2] Llegado el momento, Beck empezaría a darse cuenta de que se encontraba en un mundo nuevo donde el estado, tal como él lo conocía, había sido desmantelado y tirado a una ciénaga. Pero aún no lo había visto del todo. Su sucesor, Franz Halder, no era ni por asomo tan pasivo como él y describió a Hitler como «la encarnación misma del mal».[3]

El Caso Fritsch

Uno de estos hombres dignos se encontraba en el centro de la crisis que amenazaba con derrocar a Hitler, y esto mantenía a Dohnanyi y a Bonhoeffer interesados y con los ojos abiertos. Se trataba del comandante en jefe del ejército, el general Wilhelm von Fritsch.

Los problemas comenzaron cuando este cometió el error de intentar convencer a Hitler para que abandonara sus planes de guerra. El Führer no tenía paciencia para ese tipo de cobardes de clase alta. Para él, la cuestión no era si Fritsch podía estar en lo cierto, sino la forma de silenciar a estos cizañeros. El hinchado y engominado jefe de la Luftwaffe, Hermann Göring, tuvo una idea. Llevaba ya algún tiempo codiciando el puesto máximo del ejército alemán y, en los últimos tiempos, había conseguido deshacerse del anterior responsable principal de una manera poco limpia. Aquel hombre, el mariscal de campo Blomberg, había sido expulsado a causa de un escándalo que implicaba a su nueva esposa, a quien Göring acusó de haber sido prostituta, cosa que era cierta. El elegante caballero, ya mayor, no tenía ni idea de que el pasado de su secretaria pudiera saltar a la palestra, pero, cuando esto ocurrió, hizo una reverencia y se marchó.

Göring sabía[4] lo que iba a hacer; con esos hombres de honor no resultaba difícil ponerlos en una situación incómoda y quitárselos de en medio. ¿Funcionaría de nuevo? Pero esta vez, no contaba con hechos que pudieran servirle. A pesar de ello, ya se le ocurriría algo. Y lo que ingenió fue algo despreciable. Himmler le proporcionaría la información condenatoria. Involucraba a un testigo furtivo que afirmaría que Fritsch había mantenido una relación homosexual en un «callejón oscuro cerca de la estación de tren de Potsdam, en Berlín, con un tipo de los bajos fondos que respondía al nombre de «Joe el bávaro». Frente a esta acusación espantosamente sórdida, Fritsch se quedó mudo, lo cual era comprensible.

Hemos de aclarar[5] que los líderes nazis, incluido Hitler, no tenían problema moral alguno con respecto a la homosexualidad. Muchas de las primeras figuras del movimiento nazi lo eran, en especial Ernst Röhm y los amigotes con los que se pavoneaba. Es plausible que Hitler tuviera que ver con dicha actividad. Pero, en el Tercer Reich, una acusación de homosexualidad no tenía igual a la hora de desprestigiar una reputación. De modo que, con un cinismo imponente, esa fue su marca registrada. Hitler y los nazis la emplearían innumerables veces en contra de sus enemigos políticos; los campos de concentración estaban llenos de tristes casos cuyos motivos para merecer estar allí jamás necesitaron descubrirse, mientras llevaran el estigma de un triángulo rosa.

Pero el general Fritsch era en realidad inocente del acto que se le imputaba y juró defender su honor. Dohnanyi estaba en medio, intentando aclarar lo que había ocurrido. Pronto descubrió que se le había confundido a propósito con un «caballero oficial retirado y postrado en cama», llamado Frisch. Este último sí había estado retozando en aquella callejuela tenebrosa, pero Fritsch no. Himmler y la Gestapo lo sabían todo, pero su deseo de librarse de él era primordial, de modo que intentaron tenderle una trampa con un deliberado error tipográfico. ¿A quién le importaría una pequeña *t* dentro del océano de tinta del Tercer Reich? Casi lo consiguen... aunque no del todo.

Cuando Fritsch se enteró de la repugnante maniobra, juró que se haría justicia. La corte de honor militar le exoneraría y las maquinaciones de Himmler le expondrían a él y a sus SS en público como lo que eran verdaderamente. La implicación de Heydrich también quedaría de manifiesto, se le sacaría de su escondite y sería expulsado para que volviera a su caverna submarina. La culpa de la Gestapo y las SS fue tal que pareció que todo el asunto podría echar a Hitler de su cargo. Si intentaba suprimir las pruebas, el ejército estaba listo para actuar. Ya se estaba planeando un golpe, y Dohnanyi y Bonhoeffer observaban conteniendo el aliento.

Sin embargo, y como bien sabemos,[6] nada de esto ocurrió. Como un Houdini del infierno, Hitler volvió a retorcerse y se liberó. ¿Pero cómo? Como de costumbre, fue la confusa inactividad del cuerpo de oficiales del ejército alemán, que se vieron atados y amordazados por sus escrúpulos fuera de lugar. Llegado el momento, los diablos sangrientos de sangre con los que estaban jugando a las palmitas los estrangularían con los intestinos de sus curiosos miramientos. Aunque cueste creerlo, Fritsch estaba convencido de que sería indecoroso que un hombre de su posición social protestara las acusaciones en público. Joachim Fest escribió que la «incapacidad de Fritsch de mentalizarse sobre el vasto nuevo mundo en el que se encontraba de repente, quedó patente en su casi cómico, aunque doloroso plan, ideado con la aprobación de Beck para desafiar a Himmler... a un duelo». Bien podría haber sugerido jugar al ajedrez con un tiburón. Otro alemán conservador comentó en una ocasión que en Hitler «había algo ajeno a sí mismo, como si hubiera surgido de una extinta tribu primitiva».[7] ¡Era una condenada interrogante! Para cuando alguno de estos elegantes sujetos le tenía en el punto de mira, ya era demasiado tarde. Aquel año, el exdirector del *Reichsbank*, Hjalmar Schacht, había exclamado ante una persona con la que estaba cenando: «Mi querida señora, hemos caído en las manos de los criminales. ¡Nunca lo habría imaginado!».

Hitler hizo borrón y cuenta nueva[8] anunciando en la mañana del 4 de febrero —treinta y dos cumpleaños de Bonhoeffer— una reordenación drástica de todo el ejército alemán. Era un decreto audaz y radical: «Desde ahora en adelante, asumo personalmente el mando de todas las fuerzas armadas». De un solo golpe, eliminó todo el problema de Fritsch y mucho más, aboliendo el Ministerio de la Guerra y creando, en su lugar, el *Oberkommando der Wehrmacht* (OKW) y convirtiéndose él mismo en su cabeza. El alto puesto que Göring había codiciado ya no existía, pero Hitler ascendió su enjoyado *Arsch* [sus posaderas] concediéndole el rimbombante título de mariscal de campo. Wilhelm Keitel fue nombrado jefe del OKW precisamente por carecer de cualidades de liderazgo y porque no interferiría en los deseos de Hitler. En una ocasión, este le comentó a Goebbels[9] que Keitel «poseía el cerebro de un acomodador de cine». Así se evaporó el problema que podría haber acabado con el gobierno nazi.

Si alguna vez se perdió una oportunidad de oro para poner a Hitler y los nazis de patitas en la calle y liberar a Alemania del destino impensable que la aguardaba, esa fue el fallido Caso Fritsch. Sin embargo, fue desde aquí, el punto más bajo de todos, desde donde surgió la resistencia contra Hitler. La principal figura de los distintos grupos de oposición que ahora brotaron fue Hans Oster, quien se convirtió en el jefe de la División Central del Abwehr (la Inteligencia Militar Alemana). En el lado civil, Carl Goerdeler sería el líder principal. Era el alcalde de Leipzig que, en 1933, se había negado a izar la esvástica en su ayuntamiento y, en 1937, rehusó quitar una estatua pública del compositor judío Felix Mendehlssohn. En su ausencia, los nazis la eliminaron y él tuvo que resignarse, pero desde entonces trabajó de forma incansable contra Hitler y los nazis.

La *Anschluss* austríaca

Tras el éxito conseguido[10] con el Caso Fritsch, Hitler pudo asentarse de nuevo y centrarse apaciblemente en cómo apoderarse de Europa. De forma muy conveniente, sus primeros pasos hacia la guerra y la conquista fueron en dirección a su lugar de nacimiento, Austria. En marzo de 1938, incorporó a toda una nación al redil nazi mediante la anexión (*Anschluss*) de Austria. Para muchos alemanes, este fue un momento vertiginoso. Lo que Versalles les había arrebatado volvía de nuevo a ellos —con interés— gracias a su benevolente Führer. Los personajes públicos, ávidos por congraciarse con el popular dictador, sobrepujaban los unos por encima de los otros contorsionándose en una calistenia de adulación. En los círculos eclesiásticos, el obispo Sasse de Turingia era el primero de la fila e insistía en decir «gracias» a su Führer y hacerlo mediante la exigencia de que todos los pastores por debajo de él hicieran un «juramento de lealtad» personal a Hitler. Se conserva el telegrama que le envió a este: «Mi *Führer*: en una extraordinaria hora histórica y obedeciendo a una orden interna, todos los pastores de la Iglesia

Evangélica de Turingia han jurado, con el corazón lleno de gozo, lealtad al *Führer* y al Reich ... Un Dios, una obediencia en la fe. ¡*Heil*, mi *Führer*! Poco tiempo después, otros obispos, temerosos de verse fuera de la profusión de gratitud, también suministraron enérgicamente «ordenes internas» a sus rebaños.

El nuevo jefe de la *Reichskirche* era el doctor Friedrich Werner, y, como redomado adulador que era, nadie le superaría. Solo con su gran sentido de la ocasión se vería catapultado a la parte delantera, ya que eligió el cumpleaños del Führer para su gesto servil. El 20 de abril publicó un decreto radical en la *Legal Gazette* en el que exigía que cualquiera que fuese pastor en Alemania hiciera un juramento de obediencia a Adolfo Hitler. Esto no tenía nada de «interno».

En reconocimiento de que solo aquellos que mantienen un oficio en la iglesia son inquebrantablemente leales al Führer, al pueblo y al Reich, por este medio se decreta: Cualquiera que esté llamado al oficio espiritual debe afirmar su leal deber con el siguiente juramento: «Juro que guardaré fidelidad y obediencia a Adolfo Hitler, el Führer del Reich y del pueblo alemán, que observaré a conciencia las leyes y llevaré a cabo los deberes de mi oficio, con la ayuda de Dios» ... Cualquiera que se niegue a hacer el juramento de lealtad deberá ser expulsado.[11]

Muchos pastores de la Iglesia Confesante sintieron que prestar ese juramento sería como inclinarse ante un falso dios. Así como los primeros cristianos se negaron a adorar las imágenes del César, y los judíos rehusaron venerar la estatua de Nabucodonosor, ellos también rechazaron el juramento a Adolfo Hitler. Pero la actitud mesiánica hacia Hitler se había extendido por todas partes y pocos se atrevían a rebelarse contra él. Con cada uno de sus triunfos, la presión por unirse a la adulación crecía. Aquel mes de abril, Bonhoeffer había estado en Turingia al pasar por el famoso castillo Wartburg en Eisenach. Fue allí donde Lutero, recién excomulgado por el papa León X, tradujo el Nuevo Testamento al alemán en 1521. Tras la *Anschluss*, Dietrich observó que la gran cruz que coronaba el castillo había sido eclipsada por una monstruosa esvástica iluminada.

El decreto de Wener, por el cual todos los pastores alemanes debían prestar este «juramento de lealtad» a Hitler provocó una amarga división en la Iglesia Confesante en un momento en el que las cosas eran aún frágiles. Muchos de los pastores estaban cansados de luchar y consideraron que hacer dicho juramento no sería más que una mera formalidad por la que apenas merecía la pena perder su carrera. Otros juraron, pero con la conciencia desgarrada, desconsolados por lo que estaban haciendo. Pero Bonhoeffer y los demás lo vieron como un cínico cálculo por parte de Werner y empujaron a la Iglesia Confesante a que se rebelara. Pero la Iglesia no lo hizo. Karl Barth escribió desde Suiza:

> Tras leer y releer los argumentos utilizados para respaldar la decisión tomada, me siento profundamente desconcertado ... ¿Acaso esta derrota era posible, permisible o necesaria? ¿De verdad no había, ni hay, nadie entre todos ustedes que pueda devolverles a la simplicidad del camino recto y estrecho? ... ¿No hay nadie que les suplique que no pongan en peligro la futura credibilidad de la Iglesia Confesante de este modo tan espantoso?[12]

En el lado positivo,[13] ese mes de abril, Bonhoeffer presidió la confirmación de los tres nietos de Ruth von Kleist-Retzow y Max von Wedemeyer. El oficio se celebró en la iglesia de Kieckow y, de acuerdo con el ambiente de la clase militar prusiana, Bonhoeffer empleó símiles marciales en su sermón: «Hoy, los confirmantes parecen jóvenes soldados que marchan a la guerra, la de Jesucristo contra los dioses de este mundo. Es una batalla que exige el compromiso de la propia vida en su totalidad. ¿Acaso no es Dios, nuestro Señor, digno de esta lucha?». La idolatría y la cobardía nos confrontan por todas partes, pero el enemigo más extremo no se enfrenta a nosotros, porque está en nuestro interior: «Creo, Señor; ayuda mi incredulidad».

Ruth von Kleist-Retzow estaba allí, resplandeciente de orgullo por sus nietos y por Dietrich. Sus hijos con sus esposas, y sus demás nietos, también estaban presentes, incluida Maria von Wedemeyer, a quien Bonhoeffer propondría matrimonio cuatro años más tarde. Los dos jóvenes confirmados aquel día morirían en la guerra que aún no había comenzado. Friedrich en 1941 y Max en 1942. El padre de Max, que también había asistido, también caería en el frente. Pero la relación que Bonhoeffer tenía con estas familias genuinamente nobles fueron un punto brillante durante unos tiempos que, por lo demás, eran sumamente oscuros.

La huida de Alemania

El 28 de mayo, Hitler informó a sus comandantes militares sobre sus planes de entrar en Checoslovaquia y borrarla del mapa. El servicio civil obligatorio se aprobó en junio y, a lo largo del verano, Alemania se fue inclinando hacia la guerra. Había llegado el momento de que los generales perpetraran su golpe. En agosto, Ewald von Kleist-Schmenzin se entrevistó con Winston Churchill, por aquel entonces miembro del Parlamento, para discutir si Inglaterra ayudaría a los alemanes que intentaban provocar un nuevo gobierno. «¡Les daremos todo —respondió Churchill—, pero primero tendrán que traernos la cabeza de Hitler! Los generales estaban trabajando en ello.

El sentido de la guerra inminente[14] hizo que los Leibholz se preguntaran si sus días en Alemania no acabarían en breve. Una ley, a punto de entrar en vigor, exigía que se corrigieran los pasaportes de todas aquellas personas judías que dieran un nombre que no fuera evidentemente judío: debían añadir Israel como segundo nombre para los hombres y Sara para las mujeres. Hans von Dohnanyi instó a los Leibholz a que se marcharan mientras pudieran hacerlo. Si la guerra estallaba, las fronteras alemanas quedarían selladas. Sabine y Gert habían oído historias de judíos secuestrados por la noche y humillados. Cada vez que sonaba el timbre de la puerta, se asustaban por no saber qué problema podía acarrear. Habían viajado a Suiza e Italia de vacaciones y sintieron la libertad de estar fuera de Alemania. «Cada vez que volvíamos a Gotinga —rememoraba Sabine— algo parecido a una banda de hierro parecía oprimir mi corazón con cada kilómetro que nos acercaba a la ciudad».

Por fin hicieron los preparativos para marcharse. Fue una decisión monumental y desgarradora. Sabine y Gert fueron primero a Berlín donde discutieron todos los detalles finales con la familia que ya había empezado a utilizar palabras en clave para las llamadas telefónicas y en las comunicaciones por escrito. Seguían teniendo esperanzas de que, con el golpe inminente del que Dohnanyi los informaba, pudieran regresar antes de que transcurriera mucho tiempo. Quizás solo estarían fuera unas pocas semanas. Pero no podrían arriesgarse; debían partir.

Cuando regresaron a Gotinga, el 8 de septiembre, Bethge y Bonhoeffer les siguieron desde Berlín en el coche de Dietrich. El plan consistía en acompañarles durante parte del viaje hasta la frontera Suiza al día siguiente. Todo debía hacerse con el máximo secretismo. Ni siquiera la niñera de las niñas debía saberlo.

El día siguiente era viernes. La niñera despertó a las niñas a las seis y media de la mañana y las preparó para ir a la escuela. De repente, la madre entró en la habitación y anunció que no irían al colegio. ¡Iban a hacer un viaje a Wiesbaden! Marianne, de once años, sospechó que se estaba tramando algo. Nunca habían ido a Wiesbaden. Pero era lo suficientemente lista para saber que, si estaban a punto de abandonar su hogar, no debía decir ni una palabra. Sabine comentó a la niñera que estarían de vuelta el lunes.

Por lo general, Marianne hacía el camino hasta la escuela acompañada de su mejor amiga, Sybille, pero aquella mañana le anunció que pasarían el fin de semana en Wiesbaden. Cuando Sybille le dijo adiós, Sabine pensó que quizás no la volvería a ver nunca. «Debo intentar recordar cómo es», pensó.

El coche de los Leibholz iba cargado, aunque no demasiado lleno. Debía parecer que solo se ausentaban por un fin de semana. Cualquier otra cosa habría levantado sospechas cuando llegaran a la frontera, cerca de Basilea. Se marcharon en los dos autos.

Cuando les pareció seguro, Sabine explicó a las niñas que no iban a Wiesbaden. Cruzarían la frontera de Suiza. «Es posible que cierren la frontera a causa de la crisis» añadió.

Muchos años después, Marianne recordaba aquel día:

El techo de nuestro auto estaba abierto, el cielo era azul oscuro y el campo lucía maravilloso bajo los cálidos rayos de sol. Sentí que había una absoluta solidaridad entre los cuatro adultos. Sabía que a partir de ese momento se nos pedirían cosas a las que nosotros, como niños, no estábamos acostumbrados, pero me sentía orgullosa de que se me permitiera compartir los verdaderos problemas de las personas mayores. Pensé que si no podía hacer nada en contra de los nazis, al menos debía colaborar con quienes sí tenían la capacidad para ello. Christiane y yo pasamos la mayor parte del tiempo cantando en el coche, canciones folclóricas y bastante combativas sobre la libertad. Mi madre, el tío Dietrich y el «tío» Bethge cantaban con nosotras. Disfruté de los distintos contrapuntos. Tío Dietrich me enseñó una nueva canción a varias voces, *Über die Wellen gleitet der Kahn* [El bote se desliza sobre las olas].

Durante el camino, mi tío me parecía como lo he recordado siempre: muy fuerte y seguro, inmensamente bondadoso, alegre y firme.

Nos detuvimos en Giessen e hicimos picnic junto a la carretera. No me pareció que los mayores estuvieran deprimidos. De pronto, apuntaron que se hacía tarde y que debíamos apurarnos: «Debemos cruzar la frontera esta noche; pueden cerrarla en cualquier momento». Nosotras, las niñas, nos acomodamos en nuestro auto; nuestros padres entraron y recuerdo que el tío Dietrich y el «tío» Bethge nos dijeron adiós con la mano hasta que solo fueron un punto diminuto y una colina los hizo desaparecer de nuestra vista. El resto del camino ya no fue alegre. Mis padres condujeron a toda prisa y dejamos de hablar para que pudieran concentrarse. El ambiente estaba tenso.

Atravesamos la frontera suiza aquella noche, ya muy tarde. Christiane y yo fingimos estar dormidas y enfadadas porque nos hubieran despertado, para disuadir a los guardas de la frontera alemana de rebuscar demasiado dentro del coche. Mi madre se había puesto una chaqueta de ante larga, muy marrón, que pretendía apaciguar a los oficiales alemanes. Dejaron que nuestro auto saliera, y Suiza nos permitió entrar. Mis padres no volverían a cruzar la frontera alemana hasta después de la guerra.[15]

Después de ver marchar a Sabine, Gert y las niñas, Bonhoeffer y Bethge regresaron a Gotinga, y se quedaron en casa de los Leibholz durante varias semanas. Allí, Dietrich escribió su pequeño devocional clásico, *Vida en comunidad.** Bethge recordaba a Bonhoeffer trabajando de forma casi constante en el manuscrito, en el escritorio de Gerhard, mientras él estudiaba la *Dogmática* de Barth. Durante las pausas, jugaban al tenis. Bonhoeffer acababa de empezar el breve libro con la intención de escribir algo para los ordenantes, mientras la experiencia y sus pensamientos estuvieran frescos. Pero, al final, se dio cuenta de que su pensamiento sobre la comunidad cristiana podía alcanzar una audiencia más amplia. El libro se ha convertido en un clásico de la literatura devocional.

Mientras él escribía, la crisis checoslovaca era prioritaria. Hitler mantuvo en público que las poblaciones de Europa, de habla germana, pertenecían a Alemania. La *Anschluss* austríaca no se había presentado como un acto de agresión, sino como el padre benevolente que da la bienvenida a su hijo al regresar a casa. La situación en los Sudetes se describía del mismo modo. Pero había cuestiones mayores en juego. Francia e Inglaterra no lo tolerarían. Italia, por entonces bajo el gobierno de Mussolini, se sentía inclinada a ponerse del lado de Hitler. Los generales sabían que los planes de Hitler eran pura agresión y que conducirían a Alemania a una guerra mundial que perdería. Bonhoeffer sabía que el golpe era inminente. Él y Bethge se mantuvieron en estrecho contacto con la familia en Marienburgerallee.

Durante ese tiempo,[16] Karl Barth escribió una carta a un amigo que incluía la frase siguiente: «Cada soldado checo que lucha y sufre también lo hará por nosotros, y lo digo sin reserva; también lo estará haciendo por la iglesia de Jesús que, en el ambiente de Hitler y Mussolini, se convertirá en la víctima del ridículo o del exterminio». De alguna manera, la carta se publicó y causó un alboroto tremendo. Para muchos de los que formaban la Iglesia Confesante, había ido demasiado lejos; por ello, se distanciarían de él.

---

* Ya había dictado algunas partes de él en Gross-Schlönwitz. Hans-Werner Jensen, un ordenante, recordó haberlas mecanografiado al dictado de Bonhoeffer.

La paz para nuestros tiempos:
Múnich 1938

Los generales del ejército ansiaban que Hitler invadiera Checoslovaquia, y no era porque les pareciera sabio hacerlo, sino porque lo consideraban de una insensatez patente que les proporcionaría la oportunidad que habían estado aguardando. Apresarían a Hitler y se harían con el poder. Se les abrían varias posibilidades. Una de ellas era declararle loco e incapacitado para el liderazgo, y la primera prueba sería su insistencia de invadir Checoslovaquia, cuando solo supondría un desastre seguro y la ruina de Alemania. Pero también tenían conexiones con un psiquiatra alemán, sumamente respetado, que compartía este diagnóstico del líder de la nación y sus opiniones políticas. Karl Bonhoeffer esperaba entre bastidores. Su testimonio experto sería de gran ayuda; además, desde la perspectiva clínica, estaba del todo convencido de que Hitler era un loco patológico. Pensaban que llevando todo el asunto a través de los medios legales podrían exponer sus crímenes, evitarían la desalentadora posibilidad de desencadenar una guerra civil y de convertirle en un mártir, ya que su popularidad iba en aumento. Pero debía ser Hitler quien diera el primer paso. Cuando lo hiciera, el ejército perpetraría su golpe de estado y todo sería distinto.

El beneficio más inmediato para la familia Bonhoeffer sería que los Leibholz podrían regresar a Alemania. No tenían previsto marcharse para siempre, y esta fue probablemente la razón por la cual Bonhoeffer y Bethge permanecieron en su casa de Gotinga tras su partida. Todos sabían, a través de Dohnanyi, que los generales estaban preparando un golpe. De un modo u otro, echarían al ex vagabundo vienés en cualquier momento. Pero lo que se representó en el escenario mundial en las siguientes semanas resultó más extraño que la ficción.

Tal y como estaban las cosas[17] en aquel mes de septiembre, Hitler se hallaba a punto de invadir Checoslovaquia y todos los líderes europeos esperaban que lo hiciera. Parecía inevitable, y se estaban preparando para detenerle con medios militares. Lo conseguirían, ya que, sencillamente, Alemania no estaba en medidas de librar una guerra de tal envergadura. El escenario estaba, pues, dispuesto. Era como si Hitler hubiese salido arrastrándose por una cornisa, presentando sus ultrajantes exigencias, y no hubiera regresado al interior. Desde luego no pretendía sentirse incómodo ante las multitudes volviendo a arrastrarse hasta la ventana. Todo el mundo le observaba desde abajo y los generales lo hacían desde dentro, sin quitarle ojo mientras él se sostenía sobre el saliente. Sabían que su postura era imposible y esperaban que cayera. Si fuera necesario, incluso estarían preparados para darle un pequeño empujón. El mundo entero se alegraría. Neville Chamberlain, primer ministro británico, apareció de repente en el papel sin precedentes de apaciguador *ex machina*, y destruyó la sobrecogedora apoteosis de este magnífico drama. Fue como si hubiera incautado un globo de aire caliente, se hubiese dejado llevar por la corriente y le hubiese ofrecido a Herr Hitler un agradable y civilizado paseo hasta el suelo.

Hitler aceptó, aunque quedó pasmado por el ofrecimiento no solicitado e innecesario de Chamberlain. Los generales estaban diez veces más atónitos que él. ¡Habían estado a un tris de la acción y no alcanzaban a comprender por qué Chamberlain habría hecho algo semejante! El primer ministro británico deseaba conocer a Hitler personalmente, donde este quisiera y sin tener que preocuparse por el protocolo. A sus sesenta y nueve años, era la primera vez que subía a un avión en el que viajaría durante siete horas desde Londres hasta Berchtesgaden, en el extremo más lejano de Alemania, para encontrarse con el maleducado tirano.

Sus inoportunos esfuerzos servirían de ejemplo clásico de gracia barata en términos geopolíticos: era la «paz» por cortesía de la casa, con una guarnición de Checoslovaquia. Goerdeler denunció el acuerdo de inmediato y lo definió como «capitulación declarada». Lejos de allí, en Londres, Winston Churchill lo catalogó de «anticipo de una copa amarga». Lo peor no fue salvar a Hitler de su propia destrucción, sino que esto le proporcionó el tiempo necesario para reconstruir las fuerzas armadas de Alemania. Un año después, cuando arrasó Polonia con toda su potencia, se reiría de Chamberlain.

En octubre, cuando los nazis se habían recuperado y exigieron que todos los judíos de Alemania llevaran una *J* estampada en el pasaporte, quedó claro que los Leibholz no podrían regresar. Abandonarían Suiza para trasladarse a Londres. Allí, Bonhoeffer los pondría en comunicación con el obispo Bell y Julius Rieger, que los acogieron como habían hecho ya con tantos refugiados judíos del Tercer Reich. Franz Hildebrandt, a quien conocían muy bien, también estaba a mano para ayudarles a establecerse. Finalmente, Gerhard consiguió un lectorazgo en la Facultad de Magdalen, en Oxford, donde por aquel entonces se encontraba C. S. Lewis.

Kristallnacht, «9.11.38»

Bonhoeffer solía referirse a Jesucristo como el «hombre para los demás», encarnado en abnegación, en amor, y en servicio a los demás hasta la más absoluta exclusión de sus necesidades y deseos. De manera similar, la iglesia de Jesucristo existía para «los demás». Dado que Cristo era Señor sobre todo el mundo y no solo sobre la iglesia, esta existía para llegar más allá de sí misma, para hablar a favor de los que no tenían voz, para defender al débil y al huérfano. En 1938, las opiniones de Bonhoeffer sobre este asunto se afinaron de una manera particular a consecuencia de los inquietantes acontecimientos del 9 de noviembre. Ahora, por primera vez, su mirada se dirigía de una forma distinta en otra dirección que no eran sus propias pruebas, sino las del pueblo de Dios: los judíos.

Los infames acontecimientos de aquella semana comenzaron el 7 de noviembre, cuando un joven judío alemán de diecisiete años disparó y mató a un oficial en la Embajada Alemana de París. Al padre del muchacho lo habían metido, hacía poco, en un atiborrado furgón de carga y lo habían deportado a Polonia. Se vengó por ello y por los demás abusos de los nazis contra los judíos. Sin embargo, el hombre que asesinó no era el embajador alemán, el conde Johannes von Welczeck, como era su intención. Era el tercer secretario de la embajada, Ernst vom Rath, que se cruzó en el camino del airado joven en el momento equivocado. Irónicamente, vom Rath se oponía a los nazis, en parte por su antisemitismo cruel. Como ya había ocurrido con el incendio del Reichstag, el tiroteo fue exactamente el pretexto que Hitler y los líderes nazis necesitaban. En una serie de manifestaciones «espontáneas», los diablos volvieron a desatarse contra los judíos de Alemania a una escala terrible.

Hitler dio la orden de emprender acciones contra los judíos, pero, para su ejecución, recurrió a los servicios de Reinhard Heydrich, el segundo de Himmler al frente de las SS. Este, que era uno de los personajes más siniestros del malvado panteón del Tercer Reich, tenía un semblante de hielo que evocaba algo que uno pudiera encontrar en el mundo tenebroso de la fosa de las Marianas. A la 1:20 de la madrugada siguiente al asesinato de vom Rath, envió un mensaje urgente por teletipo a cada estación de la Gestapo de toda Alemania. Las órdenes daban directrices explícitas sobre la forma de perpetrar los acontecimientos de lo que se ha llegado a conocer como la *Kristallnacht* (La Noche de los Cristales Rotos). Se destruyeron y saquearon hogares y comercios; se incendiaron las sinagogas; y los judíos fueron golpeados y asesinados.

Bonhoeffer se encontraba en el extremo oriental, en las remotas tierras de Pomerania, cuando comenzaron a ocurrir estos sucesos. La Gestapo de Kösslin también había recibido el mensaje por teletipo, y se incendió la sinagoga del lugar. Pero Bonhoeffer no se enteró de ello, ya que había salido para Gross-Schlönwitz para iniciar su segunda mitad de la semana de enseñanza. No supo lo ocurrido en toda Alemania hasta más tarde, al día siguiente. En una conversación con sus ordenantes sobre este asunto, el siguiente día, alguien expuso la aceptada teoría de una «maldición» sobre los judíos. Los jóvenes ordenantes no aprobaban lo ocurrido y se sentían genuinamente apesadumbrados por ello, pero hablaban en serio cuando sugirieron que la razón de estos males podría ser la «maldición» que pesaba sobre los judíos por haber rechazado a Cristo. Bonhoeffer sabía muy bien que en aquellos muchachos no había odio ni antisemitismo, pero refutó con firmeza su interpretación. Estaban en un error.

Aquel mismo día, o el siguiente, estaba leyendo[18] el Salmo 74. Coincidió que era el texto sobre el que había que meditar. Se sobresaltó al leerlo y, con su lápiz, trazó una línea vertical en el margen para destacarlo, con un punto de exclamación junto a la raya. Asimismo, subrayó la segunda mitad del versículo 8: «Sie verbrennen alle Häuser Gottes im Lande» («Han quemado todas las sinagogas de Dios en la tierra»). Junto al versículo escribió: «9.11.38». Bonhoeffer vio en esto un ejemplo de cómo Dios le comunicaba algo a través de su Palabra aquel día, y, al meditar y orar, se dio cuenta de que las sinagogas que se habían quemado en Alemania le pertenecían a Dios. Fue entonces cuando vio con mayor claridad la conexión: levantar la mano contra los judíos equivalía a atacar a Dios mismo. Los nazis estaban arremetiendo contra Dios al agredir a su pueblo. Los judíos de Alemania no eran enemigos de Dios. Lo que es más, eran sus hijos amados. Visto de forma bastante literal, era una revelación.

En la circular[19] a la comunidad de Finkenwalde unos días más tarde, reflexionó sobre esto y, para exponer su atrevido punto, añadió otros versículos a la mezcla: «Últimamente he pensado mucho en el Salmo 74, Zacarías 2.8 y Romanos 9.4ss. y 11.11–15. Esto nos conduce a orar con gran fervor». En conjunto, estaba predicando un sermón provocador. El versículo de Zacarías es el siguiente: «Porque así ha dicho Jehová de los ejércitos: Tras la gloria me enviará él a las naciones que os despojaron; porque el que os toca, toca a la niña de su ojo». Los versículos de Romanos 9 son: «...que son israelitas, de los cuales son la adopción, la gloria, el pacto, la promulgación de la ley, el culto y las promesas; de quienes son los patriarcas, y de los cuales, según la carne, vino Cristo, el cual es Dios sobre todas las cosas, bendito por los siglos. Amén». Y en Romanos 11: «Digo, pues: ¿Han tropezado los de Israel para que cayesen? En ninguna manera; pero por su transgresión vino la salvación a los gentiles, para provocarles a celos. Y si su transgresión es la riqueza del mundo, y su defección la riqueza de los gentiles, ¿cuánto más su plena restauración? Porque a vosotros hablo, gentiles. Por cuanto yo soy apóstol a los gentiles, honro mi ministerio, por si en alguna manera pueda provocar a celos a los de mi sangre, y hacer salvos a algunos de ellos».

Estaba utilizando palabras de judíos —David, Zacarías y Pablo— para enfatizar que son el pueblo de Dios, que el Mesías vino de ellos y, en primer lugar, para ellos. Nunca los abandonó, sino que ansiaba alcanzar a quienes eran la «niña de sus ojos». Si el cristianismo ha llegado a los gentiles es, en gran parte, para que los judíos pudieran recibir a su Mesías. Bonhoeffer identificaba el mal causado a los judíos con una maldad cometida contra Dios y su pueblo, pero no estaba dando ese salto teológico para sugerir que no se suponía que los cristianos llevaran el evangelio de Cristo a los judíos. Por el contrario, él estaba en contra de esta idea y por ello citaba aquellos versículos; asimismo, se rebelaba contra los nazis que habían prohibido que los judíos formaran parte de la iglesia alemana.

Para él, tomar semejante postura teológica en el asunto de los judíos resultaba extremadamente raro. No obstante, sabía que Dios le había hablado aquella mañana. Bethge comentó que Bonhoeffer jamás volvió a escribir nada en su Biblia sobre los acontecimientos de su tiempo. Esta fue la única vez.

Hans-Werner Jensen[20] rememoraba que, inmediatamente después de la *Kristallnacht*, Bonhoeffer tomó conciencia de las vicisitudes por las que estaban pasando los judíos y esto hizo que «le embargara un gran desasosiego interno, una ira santa ... Durante aquellos días alarmantes, aprendimos a entender no solo la venganza humana, sino la oración de los llamados salmos de la venganza que entregan solo a Dios el caso del inocente "por amor a su nombre". No fue apatía y pasividad lo que Bonhoeffer sacó de ellos, sino que para él la oración era el despliegue de la acción de mayor fuerza posible».

En el transcurso de todo el año 1938, la incapacidad de los líderes de la Iglesia Confesante para ser valientes y estar firmes desanimó a Bonhoeffer, en particular porque los pastores no estaban recibiendo el aliento y el apoyo que necesitaban con tanta urgencia. En su carta de Adviento de aquel año escribió:

> No estoy del todo seguro de cómo hemos entrado, en gran parte, en una forma de pensar que es positivamente peligrosa. Creemos estar actuando de una manera especialmente responsable si, de vez en cuando, echamos otro vistazo a la cuestión y nos preguntamos si el camino emprendido es el correcto. Resulta sobremanera evidente que una «reevaluación tan responsable» se inicie siempre en el momento en que aparecen graves dificultades. Entonces hablamos como si ya no tuviéramos «el gozo y la certeza

adecuados» con respecto a este camino, o, aún peor, como si Dios y su Palabra ya no estuvieran presentes, a nuestro lado, con tanta claridad como solían estar. En todo esto, intentamos en última instancia evitar lo que el Nuevo Testamento llama «paciencia» y «prueba». De todas formas, Pablo no empezó a reflexionar si hacía lo correcto cuando la oposición y el sufrimiento amenazaban; tampoco lo hizo Lutero. Ambos estaban seguros y contentos de seguir siendo discípulos y seguidores de su Señor. Amados hermanos, nuestro verdadero problema no es dudar del camino que hemos iniciado, sino que nos falte la paciencia, que guardemos silencio. Aún no somos capaces de imaginar que, en realidad, Dios no quiere hoy algo nuevo para nosotros, sino probarnos a la manera antigua. Esto es demasiado insignificante, monótono, y nos exige poco. Sencillamente no podemos ser constantes con el hecho de que la causa de Dios no siempre sea la que tiene éxito; que cabe la posibilidad de que «fracasemos» aunque, a pesar de todo, estemos en el camino correcto. Aquí es donde comprobamos si comenzamos por fe o por un estallido de entusiasmo.[21]

Bonhoeffer mismo alentaba[22] y apoyaba de cualquier forma posible a sus hermanos en Cristo perseguidos. Aquel año habían arrestado a muchos pastores y, esa Navidad, le tocó el turno a Fritz Onnasch. Dietrich escribió a los hermanos de Finkenwalde en el mes de diciembre: «Esta vez, el balance general anual habla por sí solo. Veintisiete personas de nuestro círculo han estado en prisión, en muchos casos durante varios meses. Algunos siguen allí y pasaran todo el periodo de Adviento encarcelados. De los demás, no hay uno solo que no haya experimentado algún tipo de problema en su trabajo o en su vida privada, por los ataques cada vez más impacientes de las fuerzas anticristianas».

Empezó a preguntarse si la lucha de la Iglesia Confesante no habría acabado. Siempre había sentido que había otra batalla a la que Dios le estaba llamando. Una cosa sabía: no empuñaría un arma en ningún frente. No era un pacifista como muchos han afirmado, pero vio que aquella guerra en la que Hitler estaba hundiendo a Alemania era injusta. Sin embargo, era lo bastante inminente como para saber que le convocarían a filas. ¿Qué ocurriría entonces?

Implicación en la conspiración

No podemos decir con exactitud cuándo se unió Bonhoeffer a la conspiración, sobre todo porque siempre había estado en medio de ella, aún antes de que se la pudiera definir como tal. Su familia tenía relación con muchas personas poderosas del gobierno, la mayoría de las cuales compartían sus opiniones anti-Hitler. Karl Bonhoeffer estaba muy unido a Ferdinand Sauerbruch, un famoso cirujano berlinés antinazi que influyó en Fritz Kolbe, diplomático alemán, para que se uniese a la Resistencia. Kolbe se convirtió en el espía más importante de Estados Unidos contra Hitler. Paula Bonhoeffer tenía una estrecha relación con su primo, Paul von Hase, comandante del ejército en Berlín. Era ferozmente contrario a Hitler y jugaría un papel principal en el complot Valkiria del 20 de julio de 1944. Cuando arrestaron a Dietrich y le encarcelaron en Tegel, la importancia de von Hasse marcó una relevante diferencia en el trato que recibió. Su hermano Klaus, abogado jefe de la Lufthansa, estaba muy relacionado en los negocios y con otros líderes; su cuñado, Rüdiger Schleicher, también letrado, era íntimo amigo del jefe del departamento legal del ejército, Dr. Karl Sack.

Además estaba Hans von Dohnanyi, que fue uno de los líderes de la conspiración. En 1933, fue asignado al *Reichsjustizminister* Franz Gürtner y, por primera vez, tuvo un asiento salpicado de sangre en primera fila para observar el funcionamiento interno del liderazgo nazi. Sin embargo, evitó con gran habilidad cualquier conexión con el partido, y esto le causó graves problemas en algunas ocasiones. En 1938, sus dificultades se incrementaron, pero escapó a las presiones de Berlín convirtiéndose en juez de la Corte Suprema de Leipzig. Seguía regresando a la ciudad berlinesa cada semana para impartir una conferencia y, de este modo, se mantuvo en estrecho contacto con la Resistencia y, en especial, con el general Hans Oster y Carl Goerdeler. Se alojaba en casa de su familia política en Marienburgerallee, donde coincidió muchas veces con su joven cuñado Dietrich.

A lo largo de 1938, Dohnanyi ayudó a Ewald von Kleist-Schmenzin para que pudiera proporcionar información sobre Hitler y los nazis a la inteligencia británica, e intentara influir en ellos para que se pronunciaran firmemente en contra de Hitler antes de que invadiera Austria y los Sudetes. Su principal contacto era Churchill, que aún no estaba en el poder como primer ministro. Pero en octubre de 1938, la implicación de Dohnanyi en la conspiración aumentó de una manera espectacular.

A esas alturas, Hitler se preparaba para tomar por la fuerza la parte de Checoslovaquia que Chamberlain no le había entregado en bandeja de plata. El jefe del *Abwher* era Wilhelm Canaris. Conociendo la postura de Dohnanyi en cuanto a Hitler, Canaris le puso sobre su personal y le pidió que elaborara un expediente que recogiera todas las atrocidades de los nazis. Un año después, cuando se emprendió la guerra contra Polonia, este documentó la barbarie del *Einsatzgruppen* de las SS, aunque muchos de los altos generales no estaban al tanto de nada. Canaris sabía que la evidencia de estas atrocidades sería fundamental para convencer a los generales y a otros para que, llegado el momento, se unieran al golpe. Esa información también ayudaría a convencer al pueblo alemán de la criminalidad de Hitler y, de ese modo, destruir su influjo sobre ellos. Asimismo, le otorgaría la autoridad necesaria al nuevo gobierno.

Gran parte de esta información recopilada por Dohnanyi llegó hasta sus cuñados y sus familias. Antes de que nadie supiera nada sobre ello en Alemania, los Bonhoeffer se enteraron de los asesinatos en masa de Polonia, la quema sistemática de las sinagogas allí y muchas cosas más. Tan pronto como ocurrían los acontecimientos, la familia Bonhoeffer se enteraba de ellos, aunque nadie más lo supiera hasta pasados algunos años. Dohnanyi llevaba un registro de todo. Lo llamó «Crónicas de la vergüenza», aunque finalmente se conoció como el Expediente Zossen, porque allí fue donde se escondió. Los nazis los encontraron allí y esto provocó la ejecución de Dohnanyi y la de muchos otros, incluidos sus tres cuñados: Rüdiger Schleicher, y Klaus y Dietrich Bonhoeffer.

Aun antes de que este escogiera unirse a la conspiración, aconsejaba a Dohnanyi y a varios de sus líderes. No estaba demasiado dispuesto a ir más allá de esto. Para conocer su postura exacta en todo aquello, y poder escuchar la voz de Dios, tendría que regresar primero a Estados Unidos.

CAPÍTULO 21

LA GRAN DECISIÓN

1939

He tenido tiempo para pensar y orar sobre mi situación y la de mi nación, y que la voluntad de Dios para mí haya quedado clara. He llegado a la conclusión de que he cometido un error viniendo a Estados Unidos. Tengo que atravesar este período de dificultad de nuestra historia nacional con los cristianos de Alemania. No tendré derecho a tomar parte en la reconstrucción de la vida cristiana en Alemania después de la guerra, si no he participado en las pruebas de este tiempo con mi pueblo. Mis hermanos del Sínodo Confesante querían que fuera. Quizás tuvieron razón al instarme a ello, pero yo me equivoqué al hacerlo. Es una decisión que todo hombre debe tomar por sí mismo. En Alemania, los cristianos tendrán que afrontar la terrible alternativa de querer el fin de su nación para que sobreviva la civilización cristiana, o de querer la victoria de su nación y, por consiguiente, la destrucción de nuestra civilización. Yo sé cuál de estas alternativas debo elegir, pero no puedo hacerlo desde la seguridad...

—DIETRICH BONHOEFFER A REINHOLD NIEBUHR, JULIO DE 1939[1]

El 23 de enero, la madre de Bonhoeffer le informó que había visto un cartel que ordenaba a todos los hombres nacidos en 1906 y 1907 que se alistaran en el ejército. Ahora se vería obligado. No podía declararse objetor de conciencia. Esto podría provocar su arresto y su ejecución. Además, tendría amplias repercusiones: si un líder de la Iglesia Confesante no estaba dispuesto a empuñar las armas por Alemania, toda ella caería en desgracia. Los demás pastores entenderían que Bonhoeffer creía que debían hacer lo mismo, algo que no era así. Todo esto era terriblemente problemático.

Existía una posible solución. Bonhoeffer podría conseguir que retrasaran su llamada a filas por un año. Mientras tanto, quizás, podría regresar a Estados Unidos y trabajar en el movimiento ecuménico. Pensando en las posibilidades, decidió que debía hablar con Reinhold Niebuhr, que había sido su profesor en Union. Aquel año estaba impartiendo las prestigiosas Conferencias Gifford en Edimburgo y pronto llegaría a Sussex, Inglaterra. Deseaba visitar a Sabine y Gert, para quienes vivir en el extranjero no había resultado fácil. También tenía muchas ganas de ver al obispo Bell. ¡Estaba decidido! Iría a Inglaterra.

Pero Hitler volvía a amenazar con invadir Praga. De hacerlo, cualquier esperanza de prórroga se desvanecería, ya que no se concedían en tiempo de guerra. El 10 de marzo, Bonhoeffer y Bethge tomaron un tren nocturno hasta Ostende, en la costa belga. A causa de la tensa situación política, Dietrich no consiguió dormir hasta cruzar la frontera. Si Hitler decidía avanzar, podrían detener su tren dentro de los límites de Alemania y nadie podría marcharse. Al día siguiente, atravesaron el canal. El 15 de marzo, Hitler se apropió de otro trozo de Checoslovaquia, quebrantando así los Acuerdos de Múnich firmados con Chamberlain. Con el fin de guardar las apariencias, el primer ministro británico juró declarar la guerra si Hitler invadía Polonia.

Estaba claro: llegaba la guerra. Bonhoeffer seguía sin tener claro lo que debía hacer y, el 25 de marzo, le escribió al obispo Bell:

Estoy pensando en salir de Alemania durante algún tiempo. La razón principal es el servicio militar obligatorio al que los hombres de mi edad (1906) serán llamados este año. Desde el punto de vista de mi conciencia me parece imposible unirme a una guerra en las circunstancias actuales. Por otra parte, la Iglesia Confesante no ha tomado aún una actitud definitiva como tal a este respecto y lo más probable es que no pueda hacerlo en el estado de cosas presente. Si me pronuncio en esta cuestión causaría un tremendo peligro a mis hermanos y el régimen lo consideraría típico de la hostilidad de nuestra iglesia hacia el estado. Quizás lo peor de todo sea el juramento militar que tendría que hacer. Por tanto, estoy bastante desconcertado en esta situación y quizás mucho más al sentir que solo por basarme en razones cristianas me resulta difícil hacer el servicio militar bajo las actuales condiciones; a pesar de ello, pocos son los amigos que aprobarían mi actitud. A pesar de mucho leer y pensar sobre esta cuestión, no he decidido qué haría en una situación distinta. Sin embargo, tal como están las cosas, tendría que violentar mi convicción cristiana si tomo las armas «aquí y ahora». He estado pensando en irme al campo misionero, no para escapar a esta situación, sino porque deseo servir donde haya anhelo por el servicio. Y aquí existe otro problema: la situación del intercambio alemán imposibilita que se envíen obreros al extranjero. En cuanto a las Sociedades Misioneras Británicas, desconozco si hay alguna posibilidad. Por otra parte, sigo teniendo gran deseo de servir en la Iglesia Confesante durante tanto tiempo como pueda.[2]

Esta era, en resumen, la dificultad de Bonhoeffer e ilustraba su pensamiento en cuanto a que los cristianos no pueden ser gobernados por meros principios que solo podían conducirle hasta un cierto punto. Llegaba un momento en el que toda persona debía tener noticias de Dios, saber qué le pedía él que hiciera, aparte de los demás. No creía que le estuviera permitido tomar las armas en esta guerra de agresión, pero tampoco sentía que debiera convertir su opinión en la norma absoluta o declararlo y dejar a la Iglesia Confesante en un lugar complicado. Buscaba una salida que le permitiera obedecer a su conciencia, sin forzar a *otros* a que también lo hicieran.

En otras cuestiones siempre estaba demasiado dispuesto a pronunciarse y a empujar a otros para que le imitasen. El Párrafo Ario fue un ejemplo de ello. Sin embargo, empuñar las armas por Alemania resultaba más complejo. No le concedería demasiada importancia aunque le resultara del todo imposible de evitar. Pero debía existir una solución... Oraría en este sentido y buscaría el consejo de gente conocida y en quien confiara, como el obispo Bell.

En Inglaterra se sintió emocionado de volver a encontrarse con Franz Hildebrant y Julius Rieger. Mantuvo reuniones con sus colegas del movimiento ecuménico, la mayoría de ellas desalentadoras. El 29 de marzo viajó con los Leibholz a Oxford y, el 3 de abril, viajó con Julius Rieger y Gerhard Leibholz a Sussex, donde esperaba encontrar ayuda. Explicó que podría resolver su dilema si conseguía una invitación en firme y oficial para enseñar en Union durante un año, y la necesitaba cuanto antes. Niebuhr entendió la urgencia de la situación y saltó a la acción. Movería tantos hilos como pudiera.

Al día siguiente,[3] la *Reichskirche* publicó la Declaración de Godesberg, firmada por el doctor Werner. Declaraba que el nacionalsocialismo era una continuación natural de «la obra de Martín Lutero» y estipulaba que la «fe cristiana es exactamente lo opuesto al judaísmo y la diferencia es absolutamente insalvable». Y añadía: «La estructura supranacional e internacional de la iglesia de carácter católico romano o del mundo protestante es una degeneración política de la cristiandad».

El Comité Provisional del Consejo Mundial de las Iglesias editó un manifiesto como respuesta, de cuyo esbozo se encargó Karl Barth. Repudiaba la idea de que la raza, la identidad nacional o el trasfondo étnico tuviera algo que ver con la verdadera fe cristiana y declaraba: «El evangelio de Jesucristo es el cumplimiento de la esperanza judía ... La iglesia cristiana... se regocija por mantener comunidad con aquellos que, siendo de raza judía, han aceptado el evangelio». El hombre que había presionado para que se elaborara el manifiesto fue Willem A. Visser't Hooft, un holandés a quien Bonhoeffer había conocido en los círculos ecuménicos y que ahora desempeñaba un puesto clave en dicho movimiento. Cuando Dietrich se enteró de que estaría en Londres, pidió a Bell que organizara una entrevista. Se encontraron en la Estación Paddington. Años más tarde, Visser't Hooft rememoraba el tiempo que pasaron juntos:

> Habíamos oído mucho el uno del otro, pero fue sorprendente la rapidez con la que pasamos de la primera fase de abrirnos camino a la esfera más profunda de una conversación verdadera; de hecho, enseguida me trató como a un viejo amigo ... Caminamos de un lado al otro del andén durante largo tiempo. Me describió la situación de su iglesia y de su país. Hablaba de una manera extraordinariamente libre de ilusiones y, en algunos momentos, casi con clarividencia en cuanto a la guerra inminente ... ¿Acaso no había llegado la hora de negarse a servir a un gobierno que iba directo a la guerra y, además, quebrantando todos los mandamientos? ¿Pero cuáles serían las consecuencias de su postura para la Iglesia Confesante?[4]

Bonhoeffer viajó también[5] a Chichester para reunirse con Bell. Antes de abandonar Inglaterra, le escribió para darle las gracias por sus consejos y su comprensión. «No sé cuál será el resultado de todo esto, pero ha significado mucho para mí comprobar que usted ve las enormes dificultades de conciencia a las que nos estamos enfrentando». Regresó a Berlín el 18 de abril con la esperanza de que algo saldría de su reunión con Niebuhr. Había permanecido cinco semanas en Inglaterra, durante las cuales la posibilidad de una guerra había aumentado de manera considerable.

Dos días después,[6] Alemania celebraba el cincuenta cumpleaños de Hitler y, una vez más, el sinuoso Dr. Werner se convirtió en un lazo para aquella ocasión que hacía época: publicó otro resplandeciente tributo a Hitler en el periódico oficial de la *Reichskirche* alemana: «[Celebramos] con júbilo el cincuenta aniversario de nuestro Führer. En él, Dios le ha concedido al pueblo alemán un hacedor de milagros ... Que nuestra manera de darle las gracias sea la voluntad resuelta e inflexible de no decepcionar... a nuestro Führer en la gran hora histórica».

Y lo que aún fue peor,[7] *Junge Kirche*, otra publicación eclesiástica que en su día fue un órgano de verdad y ortodoxia teológica, se había pasado al lado oscuro y pintaba a Hitler con brillantes colores mesiánicos: «Hoy se ha convertido en una evidencia para todos, sin excepción, que, luchando poderosamente para abrirse camino entre los viejos mundos y viendo con los ojos de su mente lo que es nuevo y de obligada realización, la figura del Führer se nombra en las pocas páginas de la historia mundial reservadas por los iniciadores de una nueva época ... La persona del Führer ha traído una nueva obligación también para la iglesia».

Bonhoeffer sabía[8] que lo llamaría cualquier día, pero lo único que podía hacer era esperar y orar. Niehbuhr puso varias cosas en marcha. El 1 de mayo escribió a Henry Leiper en Nueva York, y cantó las alabanzas de Bonhoeffer instándole a que actuara con rapidez mediante las palabras «disponemos de poco tiempo». Leiper conocía a Dietrich de los círculos ecuménicos y habían pasado algún tiempo en Fanø, en 1934. Niebuhr también envió una carta a Henry Sloane Coffin, presidente de Union, pidiendo su ayuda. Asimismo, se puso en contacto con Paul Lehmann, amigo de Bonhoeffer que entonces enseñaba en la Facultad Elmhurst en las afueras de Chicago. En cuestión de días todas estas cartas generaron un hervidero de actividad de un lado a otro del Atlántico: se hicieron llamadas telefónicas, se convocaron reuniones, se modificaron planes y se escribieron más misivas, todas con la desesperada aunque entusiasmada esperanza de rescatarle de un peligro inminente, por no mencionar el introducir al brillante joven teólogo en sus esferas de órbita. Todo el asunto tenía un tono vertiginoso y Bonhoeffer no tenía ni idea de los esfuerzos extraordinarios que se estaban haciendo por él.

El 11 de mayo,[9] Leiper le envió una carta formal ofreciéndole un puesto conjunto con Union y con su propia organización, Central Bureau of Interchurch Aid [Oficina Central de Ayuda Entre Iglesias]. Para él, Bonhoeffer serviría como pastor para los refugiados alemanes de Nueva York. Asimismo, impartiría conferencias en la escuela teológica de verano de Union y Columbia y, en otoño, lo haría durante el trimestre regular de Union. El gran puesto que Leiper había creado solo para él le ocuparía «al menos durante los dos o tres años siguientes». Mientras tanto, Paul Lehmann, emocionado con la idea de tener a su viejo amigo de regreso, envió cartas urgentes a más de treinta facultades —que no era cualquier cosa en aquellos días anteriores a las computadoras— preguntando si les interesaba que Bonhoeffer impartiera conferencias. En la primera línea de cada una de las misivas dejaba caer el nombre de Niebuhr, que tenía gran peso, y explicando que era el presidente del comité «que se aventuraba a atraer su atención sobre Bonhoeffer». Le describía como «uno de los jóvenes teólogos más capaces y uno de los jóvenes pastores más valientes que hubieran emprendido la tarea de la fiel exposición y perpetuación de la fe cristiana en un tiempo tan crítico como el que ahora atraviesa Alemania».

Sin embargo, mientras estos esfuerzos[10] se estaban realizando, Bonhoeffer seguía muy lejos de establecer su curso de acción. Una carta de su amigo Adolfo Freudeberg complicó aún más las cosas al decirle que si aceptaba el puesto de pastor para los refugiados ya no podría volver a Alemania mientras estuviera bajo gobierno nacionalsocialista. Detestaba encontrarse sin opciones.

La situación en la Iglesia Confesante también parecía cada vez menos esperanzadora. Su repulsa hacia Karl Barth, por haber afirmado en su carta que cada soldado checo que muriera luchando contra Hitler era un mártir, molestó a Bonhoeffer. Que la Iglesia Confesante pudiera distanciarse del autor de la Confesión de Barmen le producía gran dolor. Esta y muchas otras cosas le hicieron sentir que no tenía ya mucho que hacer en Alemania. Estados Unidos parecía ser la dirección que Dios tenía para él. Aun así, no estaba del todo seguro.

Antes de partir hacia allá[11] se reunió con unos diez estudiantes y amigos en el apartamento de Dudzus. Albrecht Schönherr, Winfried Maechler, Gerhard Ebeling y Bethge se encontraban entre ellos. «Bonhoeffer nos explicó por qué se marchaba a Estados Unidos —recordaba Dudzus— y hablamos sobre cómo continuar con su obra, la de Finkenwalde. El seminario se había prohibido, pero existía en la ilegalidad en forma de reuniones clandestinas. Conversamos sobre la manera de proseguir con ella, y debatimos muchas cosas necesarias los unos con los otros. En un momento de la discusión nos preguntó, de un modo bastante inesperado, si concederíamos la absolución al asesino de un tirano».

En esa época, solo Bethge sabía que Bonhoeffer estaba implicado en la Resistencia, Más tarde, en las conversaciones, utilizó el ejemplo de un conductor ebrio que matara a algunos peatones en una calle principal como la Kurfürstendamm de Berlín. Afirmó que todos tendrían la responsabilidad de hacer todo lo posible para impedir al conductor asesinar a más personas. Un año o dos más tarde, Bonhoeffer supo algo de lo que pocos eran conscientes: la matanza de judíos superaba con creces lo que ellos hubieran podido concebir. Sintió el compromiso de detenerlo, de hacer cualquier cosa que estuviera en su mano. Pero ahora, antes de partir para Estados Unidos, seguía buscando soluciones.

El 22 de marzo, recibió un aviso para que se presentara a cumplir con su servicio militar y fue consciente de que debía actuar deprisa. Contactó con las autoridades necesarias e informó de las invitaciones oficiales de Union y Leiper. El 4 de junio viajaba rumbo a Estados Unidos.

Regreso a Estados Unidos

Bonhoeffer redactó un diario[12] durante su viaje a Estados Unidos y escribió numerosas postales y cartas, sobre todo a Bethge, que pasaba la información a todos los demás. Tomó un vuelo de tarde desde Berlín a Londres: «Ahora mismo estamos sobrevolando el canal con un anochecer maravilloso. Son las diez de la noche y sigue habiendo luz. Me siento bien». El día 7 embarcó en Southampton: «Esta postal es para enviarte mis mejores últimos deseos antes de entrar en el Atlántico y que no haya más servicio de correo. Acabamos de zarpar desde Southampton y en un par de horas atracaremos en Cherburgo. Mi camarote es muy espacioso; por todo el barco la cantidad de espacio es extraordinaria. El tiempo es espléndido y el mar está en calma». El día 8, se topó con un joven que había estudiado en Union. «Fue como la respuesta a una oración —escribió—. Hablamos de Cristo en Alemania, Estados Unidos y Suecia, de donde él acababa de salir. ¡La tarea en Estados Unidos!». Seguía pensando en el futuro, en su tiempo en Estados Unidos, pero en la carta que le escribió a Bethge el día 9 ya se sentía una sensación de separación de Alemania y de los «hermanos» que resulta sorprendente: «Podrás estar trabajando allí y yo en Estados Unidos, pero ambos estaremos solamente donde él esté. Él nos reúne. ¿O acaso me he perdido el lugar donde él está? ¿Dónde está para mí? No, Dios afirma: "Tú eres mi siervo"». El 11 de junio era domingo, pero no había oficios eclesiales. Bonhoeffer había acordado con Bethge tener los devocionales privados cada día a la misma hora. Esta había sido una de las cosas que le habían cautivado en Finkenwalde: las meditaciones cotidianas sobre las Escrituras y la sensación de unión con quienes hacían lo mismo a la misma hora. Pero el barco se acercaba a Nueva York, y el cambio de horario lo confundía: «Pero estoy completamente contigo, hoy más que nunca», escribió. Luego pareció crecerse al infinito, con una sinceridad implacable en cuanto a discernir sus motivos y la voluntad de Dios:

> Si tan solo hubiera podido vencer las dudas sobre mi propio camino. El propio examen que uno realiza de las profundidades de su corazón que, sin embargo, es insondable: "Él conoce los secretos del corazón". Cuando la confusión de las acusaciones y las excusas, de los deseos y los temores, nos lo oscurecen todo, él ve con suma claridad el interior de todos nuestros secretos. Y, en el corazón de estos, encuentra un nombre que él mismo ha escrito: Jesucristo. Así también, un día, nosotros distinguiremos con bastante claridad en las profundidades del corazón divino y podremos leer, no, ver, un nombre: Jesucristo. Así nos gustaría celebrar el domingo. Un día sabremos y veremos lo que hoy creemos; un día participaremos juntos en un oficio, en la eternidad.

> El principio y el fin, Señor, tuyos son;
> el espacio intermedio era mío;
> vagué en la oscuridad y no me descubrí a mí mismo;
> contigo, oh Señor, está la claridad y la luz es tu casa.
> Tan solo un corto periodo de tiempo, y todo está hecho;
> luego, toda la lucha se desvanece en la nada.
> Entonces, refrescaré mi ser en las aguas de la vida,
> y hablaré con Jesús por siempre jamás.[13]

Veintiséis días

El 12 de junio de 1939, faltando una semana para que se cumplieran ocho años desde que había abandonado Nueva York, Bonhoeffer entró en el gran puerto de Estados Unidos por segunda vez. Pero, ahora, las cosas eran bastante distintas, tanto para él como para la ciudad. El horizonte de Manhattan no parecía sonreírle como la última vez y nada había cambiado desde su partida. El frenesí de la construcción, la vitalidad y la agitación de la Era del Jazz habían desaparecido. La Gran Depresión que entonces daba sus primeros pasos había cumplido ya los diez años.

El reverendo Macy, del Consejo Federal de Iglesias, le recibió en el muelle[14] y le llevó al Hotel Parkside. A la mañana siguiente, un martes, se reunió con Leiper para el desayuno: «[Él] me saludó muy amablemente y vino en busca mía. Primer debate sobre el futuro. Estoy tomando como firme punto de partida para todo que quiero volver a casa en un año. Sorpresa. Pero tengo muy claro que debo volver».

No llevaba ni veinticuatro horas en Nueva York,[15] pero ya se sentía profundamente desubicado. Estaba seguro de que debía regresar. Leiper tenía la certeza de que se quedaría allí más tiempo y esto le tomó por sorpresa. ¿Qué había ocurrido? Más tarde, aquel mismo día, tras unas cuantas llamadas telefónicas, Bonhoeffer subió a Union y se instaló en la que llamaban la Habitación del Profeta, una suite de invitados bien equipada, directamente sobre la entrada principal del seminario. Una amplia habitación de techos altos y paneles de madera, con un conjunto de ventanas al este que dan a Broadway y la Calle 121, y otro al oeste con «una hermosa vista sobre el patio interior». Le estaban dando un trato estrella. Pero aún le esperaba un honor más alto: a las cuatro debía reunirse con el doctor Coffin en el Gran Central. Este le invitó a su hacienda en Berkshires, cerca del límite con Massachusetts.

Henry Sloane Coffin[16] era la personificación del gobierno liberal de la costa oriental. Elegido para la sociedad secreta de Skull & Bones en Yale, se había convertido en pastor de la prestigiosa Iglesia de Madison Avenue de Manhattan en 1910. Cuando asumió el puesto de presidente de Union en 1926, *Time* lo sacó en la portada. En 1930, Coffin había conocido a un Bonhoeffer de veinticuatro años, brillante estudiante del programa Sloane Fellow con un doctorado por la Universidad de Berlín, que se tomaba la Biblia y a sí mismo muy en serio, y que defendía a Barth y a Lutero. Sin embargo, el Bonhoeffer con el que se había encontrado hoy era otra cosa. Llegaba con las más altas recomendaciones de Niebuhr, quien, de una forma más bien alarmante —aunque también sumamente exacta—, afirmó que si Union no le hacía un hueco, acabaría en un campo de concentración. Aunque Coffin era un acérrimo liberal teológico, respetaba a Bonhoeffer y sus puntos de vista barthianos.

En el trayecto de dos horas y media en tren en dirección norte, los dos patricios, el estadounidense de cincuenta y nueve años, y el alemán de treinta y tres, debatieron sobre la situación de la iglesia en Estados Unidos. Pero, mientras departían, la mente de Bonhoeffer seguía agitada por las circunstancias de su tierra natal, preguntándose cuánto tiempo se quedaría en Estados Unidos y si debía haber venido. Sin embargo, siempre dueño de sus emociones, no traicionó en absoluto su confusión interna ante su anfitrión ni en el tren ni en los tres días que pasó con él y con su familia en su hacienda. Su diario nos revela sus pensamientos:

13 de junio de 1939: La hacienda de Lakeville, Connecticut, se halla en las colinas; vegetación fresca y exuberante. Por la noche, miles de luciérnagas en el jardín como fuegos voladores. Jamás lo había visto antes. Una visión fantástica. Un recibimiento muy cordial e «informal». Lo único que echo en falta es Alemania y los hermanos. Las primeras horas de soledad son duras. No entiendo por qué estoy aquí, si ha sido lo más sensato, si los resultados merecerán la pena. Por la noche, lo último de todo son las lecturas y los pensamientos sobre la obra en casa. Llevo casi dos semanas sin saber qué está ocurriendo allí. Es difícil de soportar.[17]

14 de junio de 1939: El desayuno en el porche a las ocho. Ha diluviado durante la noche. Todo está fresco y limpio. A continuación las oraciones. Casi me sentí vencido por la corta oración —toda la familia se arrodilló— en la que recordamos a los hermanos alemanes. Luego, leer, escribir, salir para repartir invitaciones para la noche. Acudieron unas veinticinco personas: pastores, maestros, con sus esposas y amigos. Conversaciones muy agradables que no llegaron a ninguna parte.[18]

15 de junio de 1939: Desde ayer por la noche no he podido dejar de pensar en Alemania. No habría creído posible que, a mi edad, después de tantos años en el extranjero, pudiera sentirme tan terriblemente nostálgico. Lo que esta mañana fue en sí misma una maravillosa expedición en auto hasta la casa de una amiga en el campo, es decir, en las colinas, se convirtió en algo casi insoportable. Nos sentamos durante una hora y conversamos, no de una manera necia, es verdad, pero sobre cosas que me eran del todo indiferentes: si se podía tener una buena educación musical en Nueva York; sobre la educación de los niños, etc. etc. y pensé lo útiles que me habrían sido esas horas si las hubiera podido pasar en Alemania. De buenas ganas habría embarcado en el siguiente barco rumbo a casa. Esta inactividad, o más bien actividad en cosas sin importancia, es bastante intolerable cuando uno piensa en los hermanos y lo precioso que es el tiempo. Vuelve toda la carga de remordimiento por una mala decisión y casi me abruma. Me sentí en la más absoluta desesperación.[19]

Desgarrado entre su odio[20] por las palabras desperdiciadas y su profundo respeto por la conducta educada, era la definición misma de la agitación. Cuando regresó de su excursión y su cortés conversación con la bienintencionada amiga, intentó abandonarse a su trabajo. Sin embargo, se vio interrumpido por otra invitación a dar un paseo por las colinas de Massachusetts. Aceptó y fue, pero luego se recriminó por haberlo hecho: «Todavía no había hallado paz para leer la Biblia y orar». No obstante, fue un paseo glorioso. Recorrieron un largo trecho entre laureles y llegaron a un lugar donde la vista le recordó a Friedrichsbrunn. Sin embargo, en ningún momento le abandonó la carga por Alemania y el pensamiento de si debía regresar no se apartaba de él.

Aquella noche asistieron[21] a un cine local. La película era *Juárez*, un drama histórico interpretado por Bette Davis y Paul Muni. Si Bonhoeffer había pensado perderse en otro mundo, se sintió totalmente decepcionado. Muni interpretaba a Benito Juárez, el noble presidente de Méjico elegido democráticamente, que luchaba contra Claude Rains en el papel de Napoleón III, un cínico dictador europeo obsesionado por crear un imperio. Atrapado entre ambos se hallaba el idealista y joven Habsburgo, el emperador Maximiliano I, que había sido engañado por Francia para que asumiera el liderazgo de México, pero cuya devoción por el pueblo mexicano era la conmovedora imagen de un monarca verdaderamente noble. El tema bastante pedante de la película en cuanto a lo que constituye un liderazgo legítimo y sus distintos paralelos con lo que nadaba en la mente de Bonhoeffer eran sorprendentes. En su diario lo valoró sencillamente como «una buena película».

Aquella noche, a solas en su habitación,[22] le escribió a Leiper reiterando que debía regresar «en un año a lo sumo» y explicándose mejor, ya que obviamente se sentía culpable por haber confundido a todos en sus expectativas. Solo entonces, por fin, halló paz en las Escrituras en las que tanto había anhelado sumergirse durante todo el día y en las que ahora se sosegaba: «¡Qué feliz me sentí de poder empezar de nuevo con las lecturas por la noche y encontrar: "Mi corazón se goza en tu salvación" (Sal 13.5)!».

A la mañana siguiente,[23] regresó a Nueva York y visitó la Feria Mundial de Queens. Pasó toda la tarde allí, entre las multitudes. Cuando regresó a su habitación aquella noche, se alegró de estar de nuevo en soledad, para pensar y orar. Escribió en su diario: «Uno se siente menos solo cuando está a solas». Apuntó sus nuevas impresiones sobre Nueva York: «¡Cuánto más limpia es Nueva York que Londres! Nadie fuma en el metro ni en la calle. Técnicamente también es más avanzada o está más al día (ventilación en el metro). Y es bastante más internacional que la capital británica. De la gente con la que he hablado hoy, al menos la mitad hablaba un inglés terriblemente imperfecto».

Al otro día, sábado, volvió a estar solo. Pasó la mayor parte del tiempo en la biblioteca de Union. Estudió varias ediciones de *Christian Century* para un ensayo que estaba escribiendo. Sin embargo, añoraba constantemente recibir una carta de Alemania que le pusiera al tanto de la situación allí. Nada en su vida podía compararse a lo que sentía. Estaba más inquieto y nervioso, más profundamente desubicado que nunca. Era como si le hubieran separado de una parte de sí mismo con un océano por medio; vagaba por las calles de Nueva York como un fantasma:

Es casi insostenible ... La Palabra de Dios dice hoy: «Vengo en breve» (Ap 3.11). No hay tiempo que perder y yo estoy aquí, desaprovechando los días, quizás las semanas. Al menos, eso es lo que parece en estos momentos. Luego me digo a mí mismo: «Escapar de aquí ahora sería cobardía y debilidad». ¿Conseguiré realizar algún trabajo relevante aquí? Inquietantes noticias políticas desde Japón. Si la cosa se agita más volveré a Alemania. No puedo quedarme fuera [de Alemania] solo. Eso está claro. Toda mi vida está allí.[24]

El domingo seguía con su desasosiego; su búsqueda de paz y de una respuesta prosiguió. Desde las ventanas occidentales de su habitación podía ver en lo alto, por encima del tejado de Union, una escultura del ángel Gabriel que sostenía una trompeta. Miraba hacia el norte y coronaba la aguja que quedaba encima del altar de la Iglesia de Riverside. Bonhoeffer sabía que la poco entusiasta predicación liberal de aquella congregación distaba sumamente de su aprobación, y mucho menos sería para él un conducto por medio del cual Dios le hablara sobre su situación. Pero no podía vivir a menos de cien metros de ella y no visitarla. Más tarde o más temprano tendría que probar sus tibias aguas. Pero, aquella mañana, sentía una enorme carga por escuchar algo de parte de Dios.

Riverside era la iglesia que Rockefeller había construido para Harry Emerson Fosdick, y que se había inaugurado con tanta fanfarria en 1930. Ahora, en 1939, Fosdick seguía siendo el predicador liberal más famoso de Estados Unidos, y Riverside era el púlpito de liberalismo* teológico más importante de todo el país.

---

* Probablemente, Bonhoeffer desconocía que Fosdick era uno de los defensores que más se hacían oír a favor de apaciguar a Hitler. Abogaba por la equivalencia moral que argumentaba que el fenómeno de Hitler y el fascismo habían nacido por culpa de Estados Unidos y de su política.

Bonhoeffer se encontraba en un estado de ánimo en el que necesitaba escuchar a Dios en la predicación de su Palabra, aunque no fuera en la forma precisa que habría deseado. Sin embargo, no estaba en condiciones de oír lo que se predicó aquella mañana en Riverside. El texto para el sermón no era de la Biblia, sino de un filósofo estadounidense, William James, cuyas obras había estudiado nueve años antes. El siempre elegante y tolerante Bonhoeffer había estado anhelando recibir algo de parte de Dios, pero fue al lugar equivocado. Esto es lo que anotó en su diario: «Bastante insoportable». La predicación vacía le alteró y vertió toda su indignación en su diario:

> En conjunto fue una celebración religiosa respetable, indulgente y satisfecha consigo misma. Este tipo de idolatría agita la carne acostumbrada a mantenerse en línea con la Palabra de Dios. Este tipo de sermones acarrean libertinaje, egotismo e indiferencia. «¿No sabe la gente que podría sentirse igual de bien, o incluso mejor, sin "religión"? ... Quizás los anglosajones son realmente más religiosos que nosotros, pero desde luego no son más cristianos, al menos, mientras sigan teniendo sermones como este. No tengo la menor duda de que un día soplará la tormenta con toda su fuerza sobre esta limosna religiosa, si es que Dios sigue en algún lugar del escenario ... Por estos lares, las tareas de un verdadero teólogo son inmensas, pero solo un estadounidense podría cambiar toda esta basura. Hasta ahora no parece haber ninguno por aquí.[25]

Para poder escuchar a Dios,[26] regresó a su habitación y a los textos diarios de los *Losungen* moravos. «¡Qué buenas son las lecturas de hoy! —escribió—. Salmo 119.115; Mateo 13.8». Se sintió eufórico con estos versículos. El primero era: «Apartaos de mí, malignos, pues yo guardaré los mandamientos de mi Dios». El segundo: Pero parte cayó en buena tierra, y dio fruto, cuál a ciento, cuál a sesenta, y cuál a treinta por uno».

De nuevo estuvo solo[27] todo el día y echó de menos a sus hermanos en Cristo: «Ahora debo empezar a aprender de nuevo y ver lo afortunado que he sido hasta aquí por haber estado siempre en compañía de los hermanos. Y Niemöller ha estado solo durante dos años. ¡No puedo ni imaginarlo! ¡Qué fe, qué disciplina y qué acto de Dios tan claro!». Él también estaría solo, en prisión, dos años y, para cuando acabara la guerra, Niemöller habría cumplido ocho años de internamiento. Pero esto sería en el futuro. En el presente, anhelaba la Palabra, de modo que volvió a salir de Union y caminó por Broadway en dirección sur, a una iglesia que se hallaba a siete cuadras de allí.

Fosdick y los demás de la parte superior de la calle habían vilipendiado a su pastor, el doctor McComb, tratándolo de fundamentalista. Sin embargo, lo que Bonhoeffer encontró allí le emocionó:

Ahora el día sí ha tenido un buen final. Fui de nuevo a la iglesia. Mientras haya cristianos solitarios, siempre habrá oficios [de iglesia]. Asistir y orar allí juntos, cantar y escuchar, ha sido de gran ayuda después de un par de días de bastante soledad. El sermón ha sido sorprendente (Iglesia Presbiteriana de Broadway, Dr. McComb) sobre «nuestra semejanza con Cristo». Bíblico por completo. Las secciones acerca de que «somos irreprensibles como Cristo», «somos tentados como Cristo» han sido especialmente buenas.[28]

Encontrar una predicación[29] según la Biblia en la ciudad de Nueva York, y justo en aquel preciso día, cuando intentaba oír la voz de Dios con tanta desesperación, fue una respuesta a sus oraciones. Allí, en aquella iglesia presbiteriana «fundamentalista» de Broadway, escuchó la Palabra de Dios predicada. En una coyuntura tan crítica para él, hizo algo que no había hecho jamás: se declaró a favor de los llamados fundamentalistas y en contra de sus adversarios en Riverside y Union. Con respecto a la iglesia de McComb afirmó: «Un día este será el centro de la resistencia cuando la Iglesia de Riverside haya sido mucho tiempo el templo de Baal. Este mensaje me proporcionó gran alegría».

En los días siguientes se arrepintió del antiamericanismo que se había producido en él y equiparó valientemente a los fundamentalistas con la Iglesia Confesante. Allí estaban, luchando contra las influencias corruptoras de los teólogos de Union y de Riverside; en casa, la pelea era contra la *Reichskirche*. Era una ecuación sorprendente. Equivalía a decir: la iglesia está aquí marginada como lo estamos nosotros allí.

Este sermón abrió ante mí unos Estados Unidos totalmente desconocidos para mí. De no ser así, habría sido ingrato por no ver toda la protección que Dios me ha dado durante estos días. Con mi intención y mi necesidad interior de pensar constantemente en los hermanos de allí y su trabajo, casi he evitado la tarea aquí. Empezó a parecerme una traición no tener todos mis pensamientos puestos allí. Aún debo hallar el equilibrio correcto. Pablo escribe que se acuerda de aquella congregación «sin cesar» en sus oraciones a pesar de que, al mismo tiempo, está dedicado por completo a la tarea que tiene entre manos. Tengo que aprender a hacer lo mismo. Lo más probable es que solo lo consiga con oración. Dios, concédeme la claridad sobre mi futuro en las próximas semanas y mantenme en la comunión de oración con los hermanos.[30]

El lunes seguía sin recibir noticias de Alemania. La importante reunión con Leiper estaba prevista para el día siguiente, pero anhelaba saber de los hermanos: «Quiero estar al tanto de cómo va la obra por allí, si todo va bien o si me necesitan. Persigo recibir una señal de allí antes de la decisiva entrevista de mañana. Quizás sea bueno que no haya llegado aún».

Sus pensamientos también se centraban en la situación internacional:

Las noticias sobre China son inquietantes. ¿Podría llegar a casa a tiempo si las cosas se agravan? He pasado todo el día en la biblioteca. He escrito algunas conferencias en inglés. Tengo grandes dificultades con el idioma. Dicen que hablo muy bien el inglés, aunque yo opino que es del todo insuficiente. ¡Cuántos años, cuántas décadas ha llevado aprender el alemán e incluso ahora uno no lo sabe! Jamás aprenderé el inglés. Esta ya es suficiente razón para regresar pronto a casa. Sin el idioma uno está perdido y en desesperada soledad.[31]

Jamás se había sentido tan solo[32] ni tan alemán. Estaba solo en Nueva York durante el cálido mes de junio. Paul Lehmann estaba en Chicago. Aquella tarde, después de trabajar y luchar durante todo el día para escribir en inglés, tomó el metro hasta Times Square. Pasó una hora mirando el noticiario y volvió a meterse en el metro para subir a la parte alta de la ciudad, caminó por Broadway hasta Union, giró a la izquierda y cruzó la gran entrada, y tomó las escaleras hasta su inmensa habitación en el piso superior. Escribió en su diario, leyó las Escrituras y oró. Sin embargo, no pudo escapar a su sentimiento de no estar sincronizado consigo mismo y con sus hermanos en Alemania. Antes de dormir, hasta se quejó por la diferencia de horarios: «Me molesta cuando no tenemos la misma hora que en Alemania. Es un obstáculo e impide que oremos juntos. Ocurre lo mismo cada noche. Pero: «Gracias te damos, oh Dios..., pues cercano está tu nombre» (Sal 75.1).

Por fin, el 20 de junio por la mañana[33] recibió una carta de sus padres, aunque todavía nada de parte de los hermanos. Aquel día tendría su importante almuerzo con Henry Leiter y la reunión. Se encontraron en el Club de Arte Nacional de Gramercy Park. Después escribiría en su diario: «He tomado la decisión. He rechazado la propuesta. Se han sentido claramente decepcionados y bastante disgustados. Quizás signifique más para mí de lo que puedo ver en estos momentos. Solo Dios sabe».

Años más tarde,[34] Leiper rememoraba la comida-reunión que mantuvieron bajo el famoso techo alicatado del exclusivo club. Era evidente que había esperado aquel almuerzo tanto como Bonhoeffer lo había temido; sus expectativas eran discutir sobre la naturaleza del trabajo que efectuarían juntos. «Cuál no sería mi sorpresa y mi consternación —comentó Leiper— cuando me enteré por boca de mi invitado que había recibido una llamada urgente de sus colegas en Alemania para que volviera enseguida para llevar a cabo importantes tareas que, según sentían, solo él podía realizar». Desconocemos a qué se refería Bonhoeffer. Es posible que la carta de sus padres incluyera una alusión codificada a la conspiración, algo que le pareciera urgente y que decidió su rumbo. En cualquier caso, estaba decidido a obedecer a Dios y estaba seguro de que su decisión de regresar a Alemania era exactamente eso. Sabía que las consecuencias serían asunto de Dios. «No le presioné para que me diera detalles sobre ese trabajo —recordaba Leiper—. Por su forma de actuar y lo tenso que estaba, sentí que sería algo a lo que no podía negarse».

Por la noche, Bonhoeffer rumió en su diario sobre la decisión, desconcertado por el extraño misterio de todo aquello:

Es extraordinario comprobar que nunca tengo demasiado claros los motivos de ninguna de mis decisiones. ¿Será una señal de confusión, de falta de sinceridad interior, o tan solo significa que somos guiados sin saberlo? ¿Será ambas cosas? ... Hoy, la lectura habla con terrible severidad acerca del incorruptible juicio de Dios. Con toda seguridad él ve cuánto sentimiento personal, cuánta ansiedad conlleva la decisión de hoy, por valiente que pueda parecer. Las razones que uno da a los demás, y a sí mismo, cuando actúa de una manera concreta son en verdad inadecuadas. Todo se puede justificar. En última instancia, uno actúa desde un nivel que permanece escondido de nosotros. Por tanto, solo se le puede pedir a Dios que nos juzgue y nos perdone ... Al fin y al cabo, solo puedo rogar a Dios que sea misericordioso en su juicio sobre el día de hoy y todas sus decisiones. Ahora está en sus manos.[35]

En cierto modo, volvía a sentir paz. El siguiente día hizo un calor abrasador. Trabajó durante toda la mañana y, por la tarde, atravesó Central Park hasta llegar al refugio de mármol que era el inmenso Museo Metropolitano de Arte. Se reanimó bebiendo un largo trago fresco de cultura europea. En particular, se quedó prendado de la *Vista de Toledo* de El Greco y de *Cabeza de Cristo* de Hans Memling.

Pasó la velada[36] con unos amigos alemanes, los Bewer, y su sentido de distanciamiento o su nostalgia se vieron más aliviados. J. W. Bewer era un erudito del Antiguo Testamento a quien Bonhoeffer conoció el año que pasó en Union y que acababa de publicar un libro sobre Miqueas. «Fue tan bueno pensar y volver a hablar en alemán —escribió—. Jamás sentí la resistencia que el idioma inglés ofrece a mis pensamientos con tanta fuerza como aquí, en Nueva York. En esta lengua, siempre me siento insatisfecho conmigo mismo».

Pero, aquella noche, sus pensamientos se dirigieron a su futuro:

Sigo replanteándome mi decisión. También podría dar algunas razones bastante diferentes para ello: primero, estoy aquí (y, quizás, mi propia confusión me sirvió de guía); ellos afirman que, cuando se anunció mi venida, fue como la respuesta a una oración; querían tenerme a *mí*; no pueden entender mi negativa; trastorna todos sus planes de futuro; no tengo noticias de casa y quizás todo vaya bien sin mí, etc. Asimismo, podría preguntarme: ¿Ha sido simplemente mi anhelo por Alemania y la obra allí el que me ha guiado a actuar de este modo? ¿Es esta nostalgia, casi incomprensible y completamente desconocida para mí hasta ahora, una señal de lo alto que me acompañan para que me resulte más fácil negarme? ¿No será, tal vez, una irresponsabilidad hacia muchos otros hombres decir que no al propio futuro de uno y al de tantos otros? ¿Lo lamentaré? Quizás no ... La lectura vuelve a ser dura: «Y se sentará para afinar y limpiar la plata... los afinará como a oro y como a plata» (Mal 3.3). Y esto es necesario. No sé dónde estoy. Pero él lo sabe; y, al final, todos los hechos y las acciones serán puros y claros.[37]

El día siguiente, 22 de junio, recibió una invitación de sus parientes, los Boericke, para que fuese en unos días a Filadelfia, a visitarlos. Todavía nada de los hermanos en Sigurdshof. Él no lo sabía, pero ellos estaban bien y había elegido a Hellmut Traub como su nuevo director. Bonhoeffer estaba leyendo a Niebuhr, pero el libro le pareció decepcionante. Aquella noche deambuló hasta un cine para ver el noticiario: «nada especial». Luego leyó los periódicos:

Bewer me tranquiliza. Vivir aquí es insostenible para un alemán; uno se siente sencillamente desgarrado en dos ... Hasta ser responsable, tener que arrepentirse por haber salido de forma innecesaria resulta verdaderamente demoledor; aquí todo reposa únicamente sobre los propios hombros y uno no tiene ni voz ni derechos en un país extranjero ... La fuerza con la que me han llevado estos pensamientos en los últimos días y la lentitud del progreso de *Una Sancta* resultan en verdad extrañas ... He estado escribiendo en la cama desde anoche ... Las lecturas y las intercesiones son lo único que queda ahora. Por la mañana, un debate con Bewer y Van Dusen sobre el futuro. Quiero volver en agosto. Ellos me instan a quedarme más tiempo aquí. Sin embargo, si no ocurre nada mientras tanto, me ceñiré al 12 de agosto. Luego me quedaré con Sabine.[38]

Durante el almuerzo con David Roberts[39] y su esposa trataron la situación racial de Estados Unidos, así como lo que este describió como un notable aumento del antisemitismo estadounidense. Comentó que había visto un cartel en la carretera que llevaba a un complejo de montaña en el que se leía: «300 m; demasiado alto para judíos». Y otro que decía: «De preferencia, gentiles».

El día 23[40] estuvo leyendo en su habitación y luego dio un paseo hasta el Hudson. Sentado en la orilla, pensó en Sigurdshof, tan lejos de allí: «¿Por qué no recibo noticias?». Acabó el libro de Niebuhr con una mezcla de sentimientos y siguió decepcionado por lo que se seguía aceptando como teología en Union: «Aquí no se piensa a la luz de la Biblia». Cerró los apuntes de ese día en el diario con un juicio sobre la calidad de la música que oía desde su habitación: «Ahí abajo acaban de terminar una conferencia sobre la revisión del himnario. Arrastran las corales de una forma terrible y usan demasiado pedal. El clavicordio suena mejor. Lecturas e intercesiones».

El día 24, por fin[41] recibió una carta: «Es un gran alivio». Reflexionando sobre el escenario de la iglesia estadounidense se sentía fascinado al ver que la tolerancia triunfaba sobre la verdad. Su análisis era extraordinariamente similar al informe que escribió en el verano de 1931, cuando intentó hallar sentido al año pasado en Union:

Ahora me pregunto con frecuencia si es verdad que Estados Unidos es un país sin Reforma. Si por este término entendemos el conocimiento recibido de Dios en cuanto al fracaso de todas las formas de edificar un reino de Dios sobre la tierra, entonces es probablemente cierto. ¿Pero no ocurre lo mismo en Inglaterra? La voz del luteranismo está aquí, en Estados Unidos, pero es.

una entre otras muchas: nunca ha podido enfrentarse a las demás denominaciones. Apenas parece que haya «encuentros» en este gran país, en el que uno siempre puede evitar al otro. Sin embargo, donde no hay contacto, donde la libertad es el único factor de unión, lógicamente uno no sabe nada de la comunidad que se crea por este medio. Y el resultado de ello es que toda la vida en su conjunto es completamente distinta. La comunidad en el sentido que nosotros le damos no se puede desarrollar así ni en lo cultural ni en lo eclesiástico. ¿No es verdad?[42]

Aquella noche escribió[43] postales y anotó en su diario: «Hoy, el periódico vuelve a ser nefasto». Lecturas: «El que creyere, no se apresure [en inglés, no huye]» (Is 28.16)». Estoy pensando en la obra en casa. Más tarde, se afirmó que el texto de este *Losung* fue la clave de su decisión, el que le habló más claro de entre todos los demás: «El que creyere, no se apresure [no huye]». Permanecer allí era huir, y escapar de Estados Unidos era creer y confiar en el Señor.

Anotó un título con una nota de sarcasmo[44] bajo la última palabra del día: «Mañana es domingo. Me pregunto si escucharé un *sermón*».

Con esa esperanza, por la mañana visitó la iglesia luterana de Central Park:

Domingo 25 de junio de 1939: Sermón sobre Lucas 15 acerca de cómo vencer el temor. Aplicación muy forzada del texto. A parte de esto, animado y original, pero demasiado análisis y poco evangelio. Me convenció cuando dijo que la vida del cristiano es como el gozo diario de la persona que va camino a casa. Una vez más no ha habido una verdadera exposición del texto. Muy pobre.[45]

Tras el oficio, comió con los Bewer y pasó la tarde y la velada con Feliz Gilbert, un historiador de aproximadamente su misma edad, a quien conocía de Berlín. Sus últimas palabras en el diario aquella noche fueron: «Hoy es el aniversario de la confesión de Augsburgo. Esto me hace pensar en mis hermanos en casa. Romanos 1.16 ["Porque no me avergüenzo del evangelio, porque es poder de Dios para salvación a todo aquel que cree; al judío primeramente, y también al griego"]».

26 de junio de 1939: ...Hoy he leído por casualidad en 2 Timoteo 4: «Procura venir antes del invierno», la petición que Pablo hace a Timoteo que debe compartir el sufrimiento del apóstol y no sentirse avergonzado. «Procura venir antes del invierno», de lo contrario, será demasiado tarde. Esto me ha rondado la cabeza todo el tiempo. A nosotros nos ocurre como a los soldados, que vienen a casa con permiso desde el frente y que, a pesar de todo lo que han esperado anhelan volver a él. Ya no podemos escapar de él. Y no es porque seamos necesarios, o porque seamos de utilidad (¿para Dios?), sino sencillamente porque allí está nuestra vida y, si la dejamos atrás al no volver a encontrarnos en medio de él, la destruimos. No es piadoso, sino más bien una urgencia vital. Pero Dios no solo actúa mediante emociones piadosas, sino también por medio de las que son vitales. «Procura venir antes del invierno»; no estoy haciendo un mal uso de las Escrituras si lo tomo como si me lo estuviera diciendo a *mí*. Si Dios me da su gracia para hacerlo.[46]

27 de junio de 1939: Carta de mis padres. Gran gozo, bastante sorprendente. Trabajo, almuerzo y toda la tarde en la biblioteca ... Por la noche, una visita del profesor Richardson, larga conversación. Es inglés. Uno parece sentirse más próximo a él que a los estadounidenses. Me pregunto si estos no nos entienden en absoluto, porque dejaron Europa para poder vivir su fe a su manera y en libertad. Me refiero a que no permanecieron firmes en la última decisión con respecto a la cuestión de la creencia. Siento que entenderían mejor al fugitivo que a aquel que se queda. De ahí la tolerancia estadounidense o más bien su indiferencia en los asuntos dogmáticos. Se excluye un encuentro belicoso, aunque el verdadero anhelo apasionado por la unidad en la fe también tiene ese carácter.[47]

28 de junio de 1939: Los informes de los periódicos son cada vez más preocupantes. Distraen los pensamientos de uno. No puedo imaginar que la voluntad de Dios sea que permanezca aquí, sin nada en particular que hacer en caso de guerra. Debo viajar a la primera oportunidad posible.[48]

Aquel mismo día recibió carta de Paul Lehmann, que seguía teniendo la impresión de que todo estaba listo. Había tenido considerables dificultades para tramitar invitaciones para Bonhoeffer:

No te imaginas con cuánto gozo y alivio recibimos tu carta ... Marion y yo hemos aguardado con ansias las noticias de tu llegada a Union. Ahora que estás ahí, apenas podemos esperar que estés aquí con nosotros ... Sé que es impensable que regreses hasta que Estados Unidos haya tenido la más plena oportunidad de verse enriquecido con tu contribución a su destino teológico. Al menos me gusta pensarlo de este modo ... Por tanto, tú debes tomarlo también como una responsabilidad.[49]

Bonhoeffer comprendió[50] la necesidad de poner a Lehmann al tanto de su reciente decisión y enviarle una postal de inmediato: «Todo ha cambiado para mí por completo. Volveré a Alemania el 2 de agosto o incluso el 25 de julio. ¡La situación política es tan terrible! Por supuesto, me gustaría recibir una nota tuya antes de partir. Estoy disfrutando de unas cuantas semanas de libertad aunque, por otra parte, siento que debo regresar a las "trincheras" (me refiero a la lucha de la iglesia)».

Al día siguiente, siguió cavilando sobre el estado de la iglesia estadounidense:

29 de junio de 1939: La separación entre la iglesia y el estado no tiene por resultado que esta siga aplicándose a su propia tarea; no es garantía contra la secularización. En ningún sitio existe más laicismo que cuando estos están separados en principio, como ocurre aquí. Esta misma división puede crear oposición, de manera que la iglesia se comprometa con más fuerza en las cosas políticas y seculares. Esto puede ser importante para las decisiones que tengamos que tomar allí.[51]

El día treinta, Bonhoeffer le escribió a Lehmann y le proporcionó una explicación más completa:

30 de junio de 1939: Muchísimas gracias por tu buena carta, tan llena de amistad y esperanza para el futuro. Me cuesta enormemente decirte que en este intervalo de tiempo he tenido que decidir retornar a Alemania en las próximas semanas. Mi invitación de venir por aquí se basaba en un malentendido, ya que tenía la intención de permanecer en Estados Unidos de manera indefinida. Por consiguiente, se me propuso hacerme cargo de los refugiados cristianos aquí y ese trabajo, que es sumamente necesario, habría impedido cualquier posibilidad de volver a Alemania. Esta obra ha de llevarla un refugiado. Mientras tanto, todo se ha decidido y puesto en orden con la Iglesia Confesante. Partiré en julio o agosto. Por descontado que, en cierto modo, lo lamento; sin embargo, por otra parte, me alegra saber que muy pronto podré ayudar de nuevo allí. Regreso a las luchas de los hermanos.[52]

Pero, ese mismo día, Bonhoeffer recibió un telegrama de Karl-Friedrich desde Chicago, y decidió cambiar de nuevo la fecha de su marcha. Se iría en una semana:

30 de junio de 1939: Telegrama de Karl-Friedrich que llega desde Chicago. Hay mucho que discutir. Le han ofrecido una excelente cátedra allí; significa una decisión definitiva. Luego, mis preguntas. Dado que en las circunstancias actuales me iría de todos modos en cuatro semanas a más tardar, tal como están las cosas he decidido partir el día ocho con Karl-Friedrich. Si estalla la guerra no quiero estar aquí y no hay posibilidad de conseguir noticias objetivas sobre la situación. Esta fue una gran decisión.[53]

Al día siguiente llegó Karl-Friedrich. Bonhoeffer se puso su gorro de turista y los dos hermanos pasaron el día en Midtown Manhattan:

1 de julio de 1939: ...con K. F. en la ciudad, compra de regalos, [Radio City] auditorio, cine, el más grande. Terrible. Chabacano, ostentoso, colores vulgares, música y carne. Este tipo de fantasía solo se puede encontrar en una gran ciudad. K. F. no está de acuerdo ... No pude evitar pensar en la situación de Alemania y en la iglesia ... Las lecturas vuelven a ser muy buenas. Job 41.11; Dios dice: «¿Quién me ha dado a mí primero, para que yo restituya? Todo lo que hay debajo del cielo es mío». Romanos 11.36: «Porque de él, y por él, y para él, son todas las cosas. A él sea la gloria por los siglos. Amén». La tierra, las naciones, Alemania y, por encima de todo, la iglesia no pueden caerse de su mano. Me resultó terriblemente difícil pensar y orar «Hágase tu voluntad» en vista de la situación actual. Pero así debe ser. Mañana es domingo. Ojalá que Dios haga que su Palabra se escuche en todo el mundo.[54]

Domingo 2 de julio de 1939: Iglesia, Park Avenue. Revdo. Gorkmann (predicador de la radio) sobre «el hoy es nuestro», ningún texto, no hay eco de la proclamación cristiana. Más bien una decepción ... Los estadounidenses

hablan tanto de la libertad en sus sermones. Como posesión es algo dudoso para una iglesia; la libertad debe ganarse bajo la obligación de una necesidad. La libertad para la iglesia procede de la necesidad de la Palabra de
Dios. De otro modo se convierte en una arbitrariedad y acaba en forma de
numerosas nuevas ataduras. Dudo que la iglesia en Estados Unidos sea
realmente «libre». Los domingos son bastante solitarios por aquí. Solo la
Palabra crea una verdadera comunidad. Necesito algunas buenas oraciones comunitarias en mi propia lengua. Las noticias no son buenas.
¿Llegaremos a tiempo? ¡Lectura: Is 35.10! [«Y los redimidos de Jehová volverán, y vendrán a Sion con alegría; y gozo perpetuo será sobre sus cabezas; y tendrán gozo y alegría, y huirán la tristeza y el gemido»].
Intercesiones.[55]

El lunes,[56] Bonhoeffer asistió a unas conferencias impartidas por Coffin y
Niebuhr; pasó el resto del día escribiendo un artículo y conversando con un estudiante. Apuntó en su diario: «Las oraciones de la mañana a cargo de Coffin fueron muy pobres. Debo tener cuidado de no ser negligente con la lectura de la
Biblia y la oración. Carta de Paul Lehmann». Este había recibido la carta de
Bonhoeffer con las decepcionantes noticias: «No puedo expresar la profunda
preocupación que sentimos Marion y yo. Créeme si te digo que estoy escribiendo
con gran pesadumbre».[57]

A la mañana siguiente, Bonhoeffer se reunió con Coffin y, más tarde, con
Niebuhr que le invitó a cenar. Pero aquel día, el único Cuatro de Julio que pasó
en Estados Unidos, cenó en el Empire State Building con Karl-Friedrich.

5 de julio de 1939: Cuanto más se acerca mi partida, más llenos están los días ...
Conversaciones durante el almuerzo con dos estudiantes de los estados
sureños sobre el problema de los negros ... Sería bueno poder estar aquí
otras cuatro semanas, pero el precio es demasiado alto. Carta de Eberhard.
Gran gozo.[58]

Los dos días siguientes fueron de tanta ocupación que no tuvo tiempo de
escribir en su diario. El día 6 bajó al centro para reservar su billete de barco. De
camino a la parte alta de la ciudad visitó el Mercado de Valores. A las dos y media
se reunió con Paul Lehmann en la Habitación del Profeta. No se habían visto
desde 1933, de modo que fue una reunión muy agradable.

A la mañana siguiente, la última que Bonhoeffer pasaría en Estados Unidos, Paul Lehmann intentó convencerle para que no se marchara. Sabía para qué regresaba su amigo. Pero la decisión estaba tomada: Bonhoeffer ya había tomado la firme decisión de volver a Berlín. Había estado veintiséis días en Nueva York.

Aquella noche, Paul le acompañó hasta el barco y se despidió de él.

7 de julio de 1939: Despedida a las siete y media; levamos ancla a las doce y media. Manhattan de noche; la luna sobre los rascacielos. Hace mucho calor. La visita ha llegado a su fin. Me alegro de haber estado aquí y estoy contento de ir camino a casa. Quizás he aprendido más en este mes que en todo el año que pasé aquí hace ya nueve; por lo menos he adquirido algún conocimiento interior para todas las decisiones futuras. Es probable que esta visita tenga un gran efecto sobre mí. *En mitad del Océano Atlántico...*[59]

9 de julio de 1939: Conversación con Karl-Friedrich sobre temas teológicos. Mucha lectura. Los días son visiblemente más cortos por la pérdida de una hora. Desde que estoy en el barco, mi incertidumbre en cuanto al futuro ha cesado. Puedo pensar en el tiempo reducido en Estados Unidos sin remordimientos. Lectura: «Bueno me es haber sido humillado, para que aprenda tus estatutos» (Sal 119.71). Uno de mis versículos favoritos de mi salmo preferido.[60]

Bonhoeffer estuvo diez días en Inglaterra. No visitó al obispo Bell, pero vio a Franz Hildebrandt y a Julius Rieger, y pasó tiempo con su amada Sabine, Gerhard y las niñas. Sabían que la guerra era inminente, que cualquier día el mundo cambiaría.

Mientras estaba en casa de los Leibholz, Bonhoeffer tuvo una cierta sensación de lo que estaba por venir. Estaba enseñando a Marianne y Christiane unos versos infantiles en inglés cuando se vio interrumpido por la nefasta noticia de que Paul Schneider, uno de los pastores más valientes de la Iglesia Confesante, había sido golpeado hasta la muerte en Buchewald. Bonhoeffer supo que volver era lo correcto. Ahora se despediría de Sabine y de su familia y retornaría a Alemania.

Llegó a Berlín el 27 de julio y viajó de inmediato a Sigurdshof para continuar con su trabajo. Pero, aunque él lo desconocía, Helmut Traub había retomado con gran eficiencia la labor en el punto en que él la había dejado cuando se marchó. Traub rememoraba su sorpresa al ver que Bonhoeffer regresó de repente:

Me alegró saber que Bonhoeffer no estaba en Alemania, sino a salvo del inminente reino de terror y de la catástrofe que yo sabía que llegarían a ciencia cierta. No debía perecer en ellos. Él sabía del resurgir de la Iglesia, de la necesidad interna (y no solo la externa condicionada por los Cristianos Alemanes) de la Iglesia Confesante cuyo destino él había ayudado a determinar; en él vivían lo mejor de la teología liberal desde los tiempos de Harnack y también el movimiento más reciente de teología dialéctica. Además, contaba con una educación general igualmente asombrosa en cuanto a filosofía, literatura y arte. Su franqueza y su convicción libre y sin prejuicios de que la Iglesia debía experimentar un cambio y renovarse a sí misma, justificaba la confianza de la que disfrutaba en las iglesias extranjeras ... Prácticamente estaba predestinado a reconstruir la iglesia protestante después de la debacle que, con toda seguridad, nos estaba reservada ... Por encima de todo esto y, al margen del gran peligro de su situación, Bonhoeffer estaba seguro de no hallar misericordia, ya que sería irremediablemente un objetor de conciencia. No había lugar para él en esta Alemania actual, porque creíamos que sería *entonces*, más adelante, cuando tendríamos una verdadera y más profunda necesidad de él; *entonces* llegaría su momento.

Pero un día, tras un breve mensaje que anunciaba su regreso, Bonhoeffer estaba allí, delante de nosotros. Fue bastante inesperado; en realidad, siempre hubo algo extraordinario en torno a él, aun cuando las circunstancias fueran de lo más ordinarias. Inmediatamente me sentí indignado, espetando cómo podía haber vuelto con lo complicado que había sido poder sacarle y ponerle a salvo, protegido para nosotros, para nuestra causa; de todos modos, aquí, todo estaba perdido. Con gran calma, encendió un cigarrillo. Luego dijo que había cometido un error al marcharse a Estados Unidos. Ni él mismo entendía ahora por qué lo había hecho ... Este hecho precisamente —que abandonara a todas luces numerosas posibilidades magníficas para su propio desarrollo en los países libres, que regresara a la deprimente esclavitud y a un futuro oscuro, aunque también a su propia realidad— fue lo que confirió a todo lo que nos contó entonces la fuerte y gozosa firmeza que solo puede surgir de la libertad comprendida. Sabía que había dado un paso definido, aunque las realidades que tenía por delante seguían siendo muy poco claras.[61]

La vida en los dos pastorados colectivos al este de Pomerania prosiguió aquel mes de agosto. Pero la sensación de guerra era inminente, y estaban tan cerca de Polonia, lugar por donde se iniciaría con toda seguridad, que Bonhoeffer pensó que sería demasiado peligroso permanecer allí. Decidió que debían marcharse. Los trimestres de Köslin y Sigurdshof acabaron, pues, de forma prematura y el 26 de agosto él ya estaba de regreso en Berlín.

CAPÍTULO 22

EL FIN DE ALEMANIA

No se puede librar una guerra con los métodos del Ejército de Salvación.

—Adolfo Hitler

Unos meses atrás, en el mes de marzo,[1] cuando Hitler había invadido Praga, Neville Chamberlain soltó su taza de té, y prestó atención. Fue entonces cuando cambió una de sus zanahorias por una vara y juró que Gran Bretaña defendería Polonia si Hitler la atacaba. Ese momento había llegado. Pero este no podía limitarse al ataque. Primero debía hacer que pareciera una autodefensa. De modo que el 22 de agosto informó a sus generales: «Daré una razón propagandística para iniciar la guerra; no importa si es plausible o no. No se le preguntará después al vencedor si lo que afirmó era cierto».

El plan era que las SS,[2] disfrazadas con uniformes polacos, atacaran una estación de radio alemana situada en la frontera polaca. Para proporcionarle un toque de autenticidad, no necesitarían «víctimas» alemanas. Decidieron utilizar internos de los campos de concentración a quienes se refirieron vilmente como *Konserven* (conservas). Estas víctimas de Alemania se vestirían como soldados alemanes. Al final, solo asesinaron a un hombre para realizar este propósito, vía inyección letal, y después le dispararon varias veces para aparentar que le habían matado los soldados polacos. El homicidio deliberado de un ser humano con el fin de engañar al mundo parece un acto inaugural perfectamente conveniente para lo que había de venir detrás. Esto se llevó a cabo el 31 de agosto, según programa.

En «represalia», las tropas alemanas invadieron Polonia al amanecer, el 1 de septiembre. La Luftwaffe de Göring hizo llover un infierno desde el aire, asesinando deliberadamente a civiles, a los que se remató cuidadosamente en tierra. Fue un frío acto de terror deliberado por parte de un asesino en masa jamás visto en los tiempos modernos y este fue el primer anticipo de la crueldad nazi que llegarían a conocer tan bien. El mundo exterior no se enteraría de los detalles durante algún tiempo. Solo supo que las fuerzas alemanas estaban cortando Polonia como el proverbial cuchillo caliente hace con la mantequilla: las divisiones Panzer borraron con toda nitidez entre cincuenta y sesenta y cinco kilómetros polacos por día.

Sin embargo, Hitler dio un discurso[3] al Reichstag situándose en el papel de víctima agraviada. «Ustedes conocen los intentos sin fin que hice con el fin de proporcionar una aclaración pacífica y que todos pudieran comprender el problema de Austria —proclamó— y, más tarde, el de los Sudetes, Bohemia y Moravia. Pero todo fue en vano». Polonia había rechazado sus misericordiosas ofertas de paz y con una insensibilidad que no se podía tolerar. ¡Los polacos habían recompensado su buena fe con la violencia! «Se me juzga incorrectamente si se confunden mi amor por la paz y mi paciencia con debilidad e incluso cobardía ... Por consiguiente, he decidido hablar con Polonia en el mismo idioma que ella ha utilizado con nosotros en los últimos meses». El sufrido Führer, amante de la paz, no pudo soportarlo más: «Esta noche, por primera vez, soldados regulares han disparado sobre nuestro propio territorio. Desde las 5:45 de la madrugada hemos estado devolviendo el fuego y, desde ahora en adelante, responderemos a las bombas con bombas». Hacía tiempo que el almirante Canaris, jefe del Abwehr, había temido que llegara esta hora. La emoción le pudo al pensar en las implicaciones de todo aquello. Hans Bernd Gisevius, un diplomático contratado por Canaris para que trabajara con él en la Resistencia, se encontraba ese día en el cuartel general del OKW. Se encontraron de frente en unas escaleras traseras y Canaris lo llevó aparte. «Esto significa el final de Alemania», susurró.

Gran Bretaña ya no podía hacer otra cosa que declarar la guerra. Pero Hitler y von Ribbentrop dudaban que lo hiciera. Como había ocurrido con Austria y Checoslovaquia, seguramente preferirían una solución «diplomática». De hecho, durante dos días los británicos se dedicaron a intentarlo con la diplomacia, pero en un momento dado, alguien dio apoyo a Chamberlain porque, contrariamente a los cálculos de Hitler, Gran Bretaña declaró la guerra el domingo.

Aquella mañana, Dietrich y Karl-Friedrich se encontraban a unos minutos de casa, debatiendo sobre los acontecimientos de los últimos días. Era una mañana cálida y húmeda, con nubes bajas que cubrían el cielo de la ciudad. De repente se oyeron unas sirenas. Era mediodía. Dietrich tomó su bicicleta y pedaleó a toda velocidad hasta su casa en Marienburgerallee y esperó acontecimientos. Pero no voló ningún avión sobre Berlín. No habría una represalia aérea inmediata. Todo aquello resultaba un tanto extraño y decepcionante. Sin embargo, había comenzado la Segunda Guerra Mundial.

Septiembre de 1939

Durante las primeras semanas de la guerra, Bonhoeffer consideró su situación. Había conseguido una prórroga de un año para el servicio militar, y solo estaba en términos amistosos con los poderes de Schlawe. ¿Pero qué ocurriría después de ese año? Se planteó un trabajo como capellán militar; igual, hasta lo destinaban a un hospital. Su madre se reunió con su primo Paul von Hase, el comandante de Berlín, para estudiar esa posibilidad y se registró su solicitud. Bonhoeffer no obtuvo respuesta alguna hasta febrero: la respuesta era negativa. A la capellanía solo podían aspirar aquellos que ya estuvieran en el servicio activo.

Mientras tanto, muchos de los hombres que habían formado parte de Finkenwalde, Köslin, Schlawe y Sigurdshof ya habían sido llamados a filas. Uno de ellos fue abatido al tercer día de la lucha. Hacia el final de la guerra, más de ochenta de los ciento cincuenta jóvenes de Finkenwalde y los pastorados colectivos habían caído en el frente. El 20 de noviembre, Bonhoeffer escribió una circular a los hermanos:

> He recibido noticias que les transmito hoy: nuestro amado hermano Theodor Maass murió en Polonia el 3 de septiembre. Se sentirán tan desconcertados por estas nuevas como yo. Sin embargo, les ruego que den gracias a Dios en memoria de él. Fue un buen hermano, tranquilo y fiel pastor de la Iglesia Confesante. Un hombre que vivió de la palabra y el sacramento que Dios consideró digno de sufrir por el evangelio. Estoy seguro de que estaba listo para partir. Cuando Dios crea grandes vacíos, no deberíamos intentar llenarlos con palabras humanas. Deberían permanecer abiertos. Nuestro único consuelo es el Dios de la resurrección y el Padre de nuestro Señor Jesucristo, que también fue y es Dios. En él conocemos a nuestros hermanos y encontramos la comunión que nos atan a aquellos que han vencido y a los que siguen esperando que llegue su hora. Alabado sea Dios por nuestro hermano fallecido y que tenga misericordia de todos nosotros hasta que llegue nuestra hora final.[4]

La guerra colocó a Bonhoeffer en una extraña posición. Siempre había sido un hombre de aparentes contradicciones, y la guerra las magnificaría. Sabía que no podía luchar por la Alemania de Hitler, pero, en lo tocante a los jóvenes que no veían las cosas a su manera, los apoyaba de una forma extraordinaria. También era consciente de que él contaba con opciones que ellos no tenían. Albrecht Schönherr recordó el ambiente:

A través de la propaganda nazi y lo borroso de toda esta situación, teníamos la sensación de que, al final, tendríamos que involucrarnos de una forma real; había que defender a la patria. Por supuesto que no sería con una buena conciencia ni, por encima de todo, con entusiasmo ... Después de todo, era evidente que si alguien se negaba a ser reclutado en caso de guerra, sería decapitado, ejecutado. ¿Era este el momento en el que deberíamos entregar nuestra vida, y, de este modo, nuestra preocupación por nuestra familia y todo lo que era importante para nosotros? ¿O quizás todavía no? Bonhoeffer no dijo: No debéis ir ... Si se considera desde la perspectiva de hoy, podremos analizarlo de un modo más crítico. Sobre todo, porque somos conocedores de todo cuanto ocurrió. Pero, en aquel momento, no percibimos las cosas con una claridad completa. Sé que Bonhoeffer mismo se sentía triste por haber apoyado a un hombre que se había negado por completo a ser alistado y fue ejecutado. Nos encontrábamos en una situación sumamente extraña.[5]

A través del espejo

A mediados de octubre, cuando la lucha en Polonia había llegado a su fin y parecía seguro retomar los pastorados colectivos, al menos el de Sigurdshog, llegaron ocho ordenantes y Bonhoeffer asumió su tarea donde la había dejado. Alternó el idilio de la tierra de hadas de otro mundo que representaban los bosques de Pomerania y la revuelta intriga de la *siempre* presente Berlín. Aquel invierno fue uno de los más severos que se recordaban, pero fue un gran gozo poder escapar a ese mundo aislado por la nieve, tan alejado de las atrevidas preocupaciones de la guerra.

A pesar de todo, no podía escapar en gran medida. En Berlín se reunió con Dohnanyi, quien le contó todo como siempre lo había hecho. Pero ahora Bonhoeffer oía cosas que no había escuchado antes, que alterarían su pensamiento de forma fundamental. Era peor que cualquier pesadilla y lo que ahora sabía haría que se sintiera más solo que nunca, porque muchos en la iglesia y en el mundo ecuménico estaban invirtiendo grandes energías para que la guerra acabara. Sin embargo, él no. Creía que el objetivo principal era quitar a Hitler del poder. Solo después de esto, Alemania podría negociar por la paz. En vista de la información que poseía, cualquier tipo de paz con Hitler no sería mejor que la guerra. Pero no podía comentar estas cosas ni siquiera en los círculos ecuménicos. Fue entonces cuando empezó a tomar conciencia de que ya formaba parte de la conspiración para derrocar a Hitler. Ni siquiera podía compartir lo que sabía con sus mejores amigos, porque había adquirido un carácter demasiado peligroso. Ahora, más que nunca, estaba solo con Dios y recurría a sus juicios sobre sus actos.

¿Qué *sabía* Bonhoeffer?

Dohnanyi le había contado que ahora, bajo la oscura tapadera de la guerra, Hitler había dado rienda suelta a unos horrores indescriptibles que convertía a las atrocidades bélicas habituales en curiosidades del pasado. Los informes que llegaban desde Polonia indicaban que las SS estaban cometiendo unas monstruosidades indecibles, cosas insólitas en tiempos civilizados. El 10 de septiembre, un grupo de hombres de las SS habían supervisado el trabajo forzado de cincuenta judíos polacos que habían pasado el día reparando un puente. Una vez acabado el trabajo, metieron a los trabajadores en una sinagoga y los asesinaron. Esto solo fue un ejemplo. A un nivel sistemático más extendido, los avances de la *Wehrmacht* en Polonia iban acompañados del asesinato en masa intencionado de civiles.

La principal fuente de Dohnanyi era su jefe, el almirante Canaris. Todo era tan alarmante que este insistió en reunirse con Wilhelm Keiter, que estaba al frente del ejército alemán. Se encontraron el 12 de septiembre, en el ferrocarril privado de Hitler, y Canaris preguntó al jefe del OKW sobre las abyectas maldades que destruirían a Alemania. Lo que no podía saber en esa civilizada entrevista es que estas seguirían y llegarían a ser incluso peores. No solo destruirían a Alemania, sino que sería de una forma más completa de lo que él había osado temer. La cultura y la civilización alemanas que él, Dohnanyi y Bonhoeffer conocían y amaban quedarían arrasadas de la historia. Las futuras generaciones estarían convencidas de que nada bueno pudo existir jamás en un país que causó tanto mal. Solo pensarían en aquellas ignominias. Sería como si las fuerzas de la oscuridad se hubiesen desatado para marchar de forma grotesca a lomos de caballos muertos, pero hacia atrás, a través de la herida del presente, y hubieran destruido también el pasado alemán.

Canaris y los demás del liderazgo militar germano pensaron que la naturaleza salvaje de Hitler era algo desafortunada, pero no tenían ni idea de que fuera algo que él cultivaba y celebraba, que formaba parte de una ideología que había estado aguardando esta oportunidad para saltar a la garganta de todos los judíos, polacos, sacerdotes y aristócratas, para hacerlos pedazos. Los generales alemanes no habían visto el oscuro río de sangre que bullía bajo la superficie de la nueva Alemania, pero, de repente, ahí estaba, empujando con fuerza como un géiser. A pesar de todas las pistas y advertencias, era demasiado horripilante para creerlo.

La hora de Hitler había llegado y, el primero de septiembre, un nuevo y brutal darwinismo estalló sobre Europa: el triunfo nietzscheano del fuerte sobre el débil podía al fin comenzar. Los débiles que fuesen útiles para trabajar serían brutalmente esclavizados; a todos los demás los asesinarían. Lo que a la comunidad internacional le parecía tan ofensivo —que Hitler tomara el territorio de los polacos por la fuerza— no era nada en comparación con lo que los nazis estaban perpetrando. Sus ideologías raciales exigían mucho más que territorio; Polonia debía convertirse en un gigantesco campo de trabajo para esclavos. Los polacos serían tratados como *Untermenschen* (infrahumanos). No se limitarían a ocupar sus territorios, sino que ellos mismos serían aterrorizados y forzados a una total docilidad, los tratarían como a bestias. Los alemanes no tolerarían la posibilidad del fracaso ni la más leve manifestación de misericordia. La brutalidad y el ensañamiento se cultivarían de forma agresiva como virtudes.

Canaris escribió en su diario: «He indicado al general Keitel que estoy al tanto de las extensas ejecuciones planeadas en Polonia y las instrucciones particulares de exterminar a la nobleza y al clero».[6] Se estaba refiriendo al plan que las SS denominaron «limpiar la casa de judíos, intelectuales, clero y nobleza». Todos los polacos con capacidad de liderazgo debían ser ejecutados. Poco después de su nombramiento como gobernador general de Polonia, Hans Frank declaró: «Los polacos serán los esclavos del Reich alemán».

No habían faltado las advertencias;[7] el libro de Hitler, *Mein Kampf*, había sido el más elocuente. Todo el mundo occidental podría haberse salvado solo con preguntarse lo que estaba por llegar. ¿Pero quién lo habría creído? El 22 de agosto, Hitler anunció a sus generales con total descaro que, en el seguimiento de la guerra, ocurrirían cosas que no serían de su agrado. En otras ocasiones se refirió a la brutalidad que se avecinaba como «obra del diablo». Una vez declaró: «No se puede librar una guerra con los métodos del Ejército de Salvación». Había estado planeando todas estas cosas desde el principio y, en aquella reunión del 22 de agosto, advirtió a los generales que «no debían interferir en esos asuntos, sino limitarse a sus deberes militares».

Algo había[8] en la psique alemana que respondió demasiado bien a este tipo de sugerencia. Sin embargo, también hubo algunas almas valientes que consideraron todo el panorama. Niemöller fue, sin duda, una de ellas. Ahora, Canaris era otra. Protestó, pues, ante Keitel, pero en vano. No entendía que estas salvajadas constituyeran el núcleo central de la oscura visión que Hitler, por fin, hacía realidad. A Keitel no le preocupaban este tipo de cosas; no le pagaban para ello. Le contestó a Canaris: «El Führer ya ha decidido sobre este asunto».

Dado que las SS habían cometido[9] los actos más perversos, Hitler podía ocultar lo peor a sus líderes militares. Sin embargo, se filtraron algunos informes. Muchos generales estaban fuera de sí. El general Blaskowitz envió un memorándum a Hitler en el que describía los horrores que había visto. Se sintió profundamente preocupado por el efecto que esto tendría sobre los soldados alemanes. Si unos líderes curtidos se sentían perturbados, ya podía imaginarse cómo afectaría a unos jóvenes que no habían visto jamás un campo de batalla. El general Bock leyó el memorándum de Blaskowitz y lo que en él describía le «puso los vellos de punta». Los generales Petzel y Georg von Küchler se opusieron a lo que veían en los términos más contundentes posible. Exigieron que se pusiera fin al asesinato de civiles. El general Ulez definió la «política étnica» de «borrón en el honor de todo el pueblo alemán». El general Lemelsen hizo que arrestaran a un líder de las SS por ordenar el asesinato de cincuenta judíos.

Pero nadie quería meterse en problemas. Hitler se ocupó de que se declarara una amnistía general sobre todos esos hombres que habían sido detenidos. Sin embargo, a causa de los informes sobre esos actos tan monstruosos que empezaron a circular y a verificarse, muchos de los que pertenecían al liderazgo militar se decidieron finalmente a posicionarse en contra de Hitler y unirse al golpe de estado.

No obstante, algunos generales[10] —Brauchitsch entre ellos— se sintieron menos molestos. En enero de 1940, Blaskowitz le envió un nuevo memorándum en el que le describía la actitud del ejército hacia las SS como algo que alternaba «la aversión y el odio», y donde afirmaba que «todos los soldados se sentían asqueados por los repugnantes crímenes cometidos en Polonia por agentes del Reich y los representantes del gobierno». Brauchitsch se limitó a encogerse de hombros. No quería que el ejército se viera mancillado por dichas maldades, pero si las SS eran quienes hacían la mayor parte del trabajo sucio, no sería él quien protestara.

Los generales de mente noble sí quisieron y lo hicieron, pero se dieron cuenta de que montar un escándalo no significaba tener éxito. Cada día masacraban más judíos y polacos. Debían planear otro golpe. Muchos de ellos eran cristianos y no sentían el más mínimo reparo por llamar maldad a lo que estaban viendo; además, sentían que su deber era detenerlo a toda costa. Un gran número de ellos sentían que, en aquel momento, ser buenos alemanes y fieles cristianos significaba volverse en contra del hombre que regía su país.

Sabían que si no planificaban con sumo cuidado otros detalles del golpe, la muerte de Adolfo Hitler podía provocar cosas peores. Dos cosas eran fundamentales. En primer lugar, debían comunicarse con los oficiales británicos para garantizar que ellos, los conspiradores, serían considerados al margen de Hitler y de los nazis. Si la muerte del dictador no servía más que para envalentonar a los británicos para destruir Alemania, poco se conseguiría. En segundo lugar, debían conseguir que bastantes líderes del ejército se pusieran de su lado para lograrlo *in toto*. Si solo tenían éxito en matar a Adolfo Hitler, otros nazis se harían con el control y proseguirían con su obra.

La cosmovisión nazi en casa

Así como Hitler había estado planeando durante años esclavizar a los polacos y matar a los judíos, también había ideado asesinar a todos los alemanes con discapacidades. Ahora podía hacerlo. Ya a principios de 1929 había propuesto que se eliminara a setecientos mil alemanes de los más «débiles» por año. Antes de la guerra, el clamor por tales acciones habría sido ensordecedor. Sin embargo, ahora, con la atención de todos centrada en la guerra, esta pesadilla doméstica podía comenzar; la niebla de la conflagración cubriría una multitud de pecados también en casa.

Las preparaciones para el programa de eutanasia T-4 se habían puesto en marcha hacía años. En agosto de 1939, se había notificado a todos los doctores y las comadronas del país que llevaran un registro de todos los niños nacidos con defectos genéticos, con carácter retroactivo hasta 1936. Al inicio de la guerra, en septiembre, comenzó la matanza de estos «defectuosos». En los años siguientes acabaron con cinco mil niños pequeños. No fue hasta bien entrado el otoño de aquel año cuando la atención se centró oficialmente en los demás «incurables». Victoria Barnett cuenta la historia en su excelente libro *For the Soul of the People* [Por el alma del pueblo]:

> Es poco probable que las primeras instituciones en recibir los impresos no estuvieran al tanto de su propósito. Había que rellenar un formulario por cada paciente en el que se detallara la naturaleza de la enfermedad del paciente, el tiempo ya pasado en instituciones y su estatus racial. La carta de presentación indicaba a los directores de los distintos establecimientos sanitarios que la cumplimentación de los impresos era una medida estadística necesaria y que, debido a la demanda de dependencias médicas en tiempo de guerra, el traslado masivo de ciertos pacientes podría ser inevitable. Los expertos nombrados por el estado revisarían los formularios una vez rellenados, seleccionarían a los pacientes que debían ser «transferidos» y proporcionarían los medios para su transporte desde la institución de origen.[11]

Tan pronto como la campaña polaca se puso en marcha, un número de pacientes adultos evaluados como menos «sanos» fueron acomodados en autobuses para su «traslado». Los lugares de destino de aquellas pobres almas acabarían con ellos.

Al principio, el método utilizado era vía inyección y, más tarde, mediante gas de monóxido de carbono. Los padres o parientes de estos pacientes no tenían ni idea de lo que ocurría hasta que recibían una carta por correo informándoles de la muerte de su ser querido, que ya había sido incinerado. Como causa de la muerte se solía recurrir a la neumonía o una enfermedad común parecida, y las cenizas de los restos de su familiar les llegaban poco tiempo después.

El memorándum de Hitler sobre este asunto llevaba fecha del 1 de septiembre, para que coincidiera con el comienzo de la guerra. La base lógica que se aportaba para estas matanzas era que los pacientes ocupaban centros médicos y camas que debían utilizar los soldados heridos mientras luchaban por la patria. Cuando el Tercer Reich empleaba todos sus medios para pelear con sus enemigos, el costo de cuidar a los «incurables» era prohibitivo. Debían «dar su vida» por una causa mayor, como todos los demás; los padres de los soldados debían «hacer el máximo sacrificio» de sus hijos para el esfuerzo de la guerra y los progenitores de estos pacientes tenían que hacer lo mismo. Karl Brandt, médico personal de Hitler y el hombre con el que se encontró Erwin Sutz mientras hacía una excursión en los Alpes, dirigía el programa T-4.

Los métodos de asesinato e incineración utilizados en estos centros de eutanasia fueron los primeros intentos de los nazis para acometer las matanzas en masa. Las lecciones aprendidas al acabar con estos pacientes desvalidos ayudaron a los nazis a perfilar sus métodos de homicidios y cremaciones que culminarían en los campos de exterminio donde a cientos de miles primero, y después a millones, de inocentes se les arrebató la vida.

Se renuevan los planes del golpe de estado

Hacia finales de septiembre, en Alemania todo el mundo estaba convencido de que la paz estaba a punto de llegar. Hitler había conseguido lo que quería —Polonia— y eso era todo. Pero, el 27 de septiembre, el día de la rendición de Varsovia, Hitler convocó a sus generales y anunció sus planes de guerra también para la frontera occidental. Atacaría Bélgica y Holanda. Luego, Francia e Inglaterra. Y Dinamarca y Noruega. Una vez más los generales se quedaron petrificados por lo que estaban escuchando. Desempolvaron los planes para deshacerse de aquel loco y los pusieron al día.

Asimismo, Beck también le pidió a Dohnanyi que actualizara sus Crónicas de la vergüenza, por las que un día serían ahorcados. Para ello, Dohnanyi consiguió películas reales de muchas de las atrocidades de las SS en Polonia. Para evitar que surgiera una nueva leyenda de Dolchstoss (apuñalamiento por la espalda) cuando mataran a Hitler y Alemania fuera derrotada por los Aliados, era fundamental que tuvieran pruebas de las atrocidades de los nazis. Hubo más conversaciones y reuniones, y Bonhoeffer se hallaba en el centro de un gran número de ellas.

Sin embargo, a medida que el ejército[12] se preparaba para más guerra —y mientras los conspiradores se aprontaban para el nuevo intento de golpe— una nueva sorpresa los frenó a todos en seco. He aquí que el impredecible mago, Adolfo Hitler, haría aparecer ahora con su varita mágica una marchita rama de olivo y la agitaría delante de un mundo que observaba con los ojos desorbitados. En un discurso al Reichstag el 6 de octubre, volvió a adoptar una pose de profunda magnanimidad y, con el rostro tan recto que el resto del mundo parecía ladeado, Hitler propuso la paz: «Mi principal esfuerzo ha consistido en liberar nuestra relación con Francia de todo rastro de animadversión y hacerla tolerable para ambas naciones ... Alemania ya no tiene nada que reclamar a Francia ... He dedicado no menos energía a lograr el entendimiento angloalemán, no, mucho más que eso: una amistad angloalemana».

Todo era teatro.[13] Los términos tácitos de su absurdo *Diktat* eran que nadie mencionara el trozo de terreno empapado en sangre y ahora ocupado por Alemania, antes conocido como Polonia. Ni tampoco de la que una vez se llamó Checoslovaquia. Si nadie era lo bastante necio para sacarlos a relucir, la paz estaba a la vista. Pero Chamberlain, como una mujer burlada, no volvería a prestar atención a las dulces palabras. Si Hitler deseaba que le creyera, comentó, «hechos —y no solo palabras— debían ser lo próximo». El 13 de octubre, Chamberlain rechazó la propuesta de Hitler.

Mientras tanto, los generales[14] se dieron cuenta de que debían actuar con rapidez. El golpe debía perpetrarse *antes de que Hitler atacara al oeste*. Una vez que los ejércitos alemanes invadieran Bélgica y Holanda, sería más difícil que nunca conseguir que Gran Bretaña tomara a los conspiradores en serio, sobre todo porque muchos de ellos habían estado a cargo de la sangrienta monstruosidad ocurrida de Polonia. Y Hitler no se iba a quedar quieto. Si no podía convencer a Gran Bretaña para que le concediera los términos de paz que él quería, los tomaría por la fuerza. Con sus típicos modales de caballero, le comentó al general Halder: «Los británicos solo estarán dispuestos a hablar después de una paliza». Se estaban ultimando los planes militares para marchar rumbo al oeste tan rápido como fuera posible. Y los conspiradores se apresuraron a dar forma a sus propios designios.

Sin embargo, estos consistían en mucho más que dilucidar cómo pegarle un limpio tiro a Herr Hitler. Primero, los conspiradores tenían que asegurarse de que Gran Bretaña y otros poderes supieran de su existencia y que estuvieran dispuestos a apoyarles cuando abordaran su gesto fatídico. No querían que Gran Bretaña y Francia se aprovecharan sencillamente del repentino fallecimiento de Hitler para infligir su propia justicia rigurosa sobre Alemania. Necesitaban cerciorarse de que esos países preservarían la paz. Tampoco podían apartar los ojos de Rusia, al este. Stalin siempre estaba aguardando cualquier momento de debilidad para poder abalanzarse sobre Europa y arrancarle otro pedazo a precio de oferta. Para los conspiradores, cultivar contactos amistosos con el extranjero y convencerles de la credibilidad del complot era una parte fundamental del conjunto.

Y ahí era donde intervendría Dietrich Bonhoeffer. Su papel de alcanzar a los británicos sería crucial en los pocos años siguientes. Sus conexiones con el obispo Bell y otros —así como las de Bell con altos cargos del gobierno británico— eran muy importantes. Bonhoeffer también tenía contactos en Noruega y en Estados Unidos. ¿Pero sería verdad que este pastor daría un último paso más allá de proporcionar apoyo emocional e intelectual para los demás y participaría con ellos? Eso estaba por ver.

CAPÍTULO 23

DE LA CONFESIÓN A LA CONSPIRACIÓN

En 1935, Bonhoeffer nos introdujo en el problema de lo que hoy llamamos resistencia política ... La creciente persecución de los judíos generó una situación cada vez más hostil, sobre todo para Bonhoeffer mismo. Entendimos que la mera confesión, por muy valiente que fuera, significaba inevitablemente la complicidad con los asesinos.

—EBERHARD BETHGE

Antes de ser capaces de ascender de nuevo por el otro lado tendremos que pasar por un valle muy profundo, creo que más hondo de lo que ahora podemos pensar.

—DIETRICH BONHOEFFER

Bonhoeffer estaba en el corazón de la conspiración, prestando apoyo emocional y aliento a aquellos que tenían una implicación más directa, como su hermano Klaus y su cuñado Dohnanyi. No tenía ningún reparo en ello. Sin embargo, para él, involucrarse de un modo más oficial era algo totalmente distinto.

Su situación era complicada. Como líder de la Iglesia Confesante, sus decisiones eran más difíciles que si hubiera actuado por su cuenta. Cualquiera que fuese su elección, debía considerar a otros, como lo había hecho cuando rechazó convertirse en objetor de conciencia. No era libre de hacer lo que quisiera. Tomar determinaciones nunca le resultó fácil, pero una vez que tenía las cosas claras, seguía adelante. Tras su regreso de Nueva York, no tenía claro lo que Dios le guiaba a hacer.

Debió de ser[1] en algún momento de ese periodo de tiempo cuando su cuñada Emmi Bonhoeffer intentó provocarle y empujarle a implicarse de forma más seria. Ni Emmi ni Klaus eran cristianos, de modo que, viendo que su marido arriesgaba su vida, no podría evitar pensar que su cuñado, el pastor, disfrutaba de una postura demasiado cómoda por encima de la refriega. Quizás tendía a pensar que su «mente era demasiado espiritual» que no «servía para cosas terrenales». Emmi tenía la suficiente confianza con Dietrich como para compartir con él sus pensamientos de una forma directa. «Ustedes los cristianos se alegran cuando otro hace lo que ustedes saben que se debe hacer —le espetó—, pero, al parecer, en cierto modo no están dispuestos a ensuciarse las manos y llevarlo a cabo». Con esto no le estaba sugiriendo que se convirtiera en un asesino, sino que su grado de implicación no equivalía al de su esposo o al de Dohnanyi. Bonhoeffer consideró cuidadosamente su afirmación. Contestó que nadie debería alegrarse de que otro matara a un tercero. A pesar de todo, sabía adónde quería llegar; ella tenía razón, pero él todavía no había decidido lo que iba a hacer.

Mientras tanto, con o sin Bonhoeffer, la conspiración progresó con renovado vigor. Dohnanyi se puso en contacto con el doctor Joseph Müller, un abogado de Múnich con fuertes vínculos en el Vaticano. Algunas veces, los que formaban parte del complot se referían a él como «Herr X». Era un hombre de gran fuerza física. Desde la infancia, sus amigos le llamaban *Ochsensepp* (Joe Buey). La misión que le confiaron en octubre de 1939 fue viajar a Roma, supuestamente para un asunto oficial de la Abwehr, pero, en realidad, debía contactar con el embajador británico en la Santa Sede y conseguir alguna seguridad de paz por parte de Gran Bretaña si los conspiradores conseguían deshacerse de Hitler. Müller tuvo éxito; los términos británicos requerían que Alemania liberara los territorios añadidos durante los excesos cometidos por Hitler durante los dos últimos años. Pero Müller llegó más lejos. Convenció al Papa para que aceptara actuar como intermediario entre Gran Bretaña y el gobierno alemán en ciernes que se formara tras la muerte del dictador. Todo era sumamente prometedor. Bonhoeffer y Müller simpatizaron enseguida y, un año después, este propició la entrada de Dietrich en el monasterio alpino de Ettal. Pero, por el momento, Bonhoeffer seguía viajando entre Sigurdshof y Berlín.

Los conspiradores planeaban lanzar el golpe cuando Hitler diera luz verde para atacar al oeste. Sin embargo, este fijaría una fecha, todos se prepararían, y, en el último minuto, se cancelaría. Hitler actuó de este modo veintinueve veces a lo largo de varios meses, volviendo medio loco a todo el mundo. La cadena de mando para desconvocar un golpe militar totalmente desarrollado era de una terrible complejidad. Además, era el general Brauchitsch quien debía, por desgracia, dar el visto bueno final. Convencerle para que se involucrara había sido una tarea ardua, y los altibajos de las emociones por los constantes aplazamientos minaron el poco coraje que tenía. Se perdieron numerosas oportunidades. Cuando por fin Hitler emitió la orden de avance, en mayo de 1940, el golpe tan difícil de manejar tropezó consigo mismo y nada ocurrió. Habían fracasado.

De la confesión a la resistencia

El 15 de marzo, el último grupo de ordenantes acabó el trimestre y, dos días después, la Gestapo cerró Sigurdshof. Por fin lo descubrieron y la era dorada que había comenzado en Zingst a principios de 1935 acabó. Bonhoeffer ya no podía enseñar a estudiantes. Tendría que pensar qué hacer a partir de ahora, y sus opciones se iban reduciendo. Inevitablemente se iba dirigiendo hacia una implicación más profunda en la conspiración, pero seguía sin saber lo que esto significaba con exactitud.

Nadie ha intentado explicar mejor que Eberhard Bethge la aparente paradoja de un cristiano involucrado en un complot para asesinar a un jefe de estado. Nos ayuda a mostrar que los pasos de Bonhoeffer hacia la resistencia política no fueron un desvío injustificado de su anterior pensamiento, sino el resultado natural e inevitable del mismo. Siempre procuró ser valiente y decir la verdad —«confesar»— al precio que fuera; pero en un momento dado, limitarse a proclamar la verdad sabía a gracia barata. Bethge explicaba:

En 1935, Bonhoeffer nos introdujo en el problema de lo que hoy llamamos resistencia política. Los niveles de confesión y de resistencia no podían ya mantenerse claramente separados. La creciente persecución de los judíos generó una situación cada vez más hostil, sobre todo para Bonhoeffer mismo. Entendimos que la mera confesión, por muy valiente que fuera, significaba inevitablemente la complicidad con los asesinos, aunque siempre surgieran nuevos actos de rechazo a ser absorbidos y aunque predicáramos «solo a Cristo» un domingo tras otro. Durante todo el tiempo, el estado nazi jamás consideró la necesidad de prohibir este tipo de predicación. ¿Por qué iba a hacerlo?

Nos acercábamos, pues, a la línea divisoria entre confesión y resistencia; si no la cruzábamos, la primera no sería mejor que la colaboración con los criminales. De manera que se evidenció dónde radicaba el problema de la Iglesia Confesante: nos resistíamos mediante la confesión sin llevarla a cabo a través de la resistencia.[2]

Durante toda su vida, Bonhoeffer había aplicado la misma lógica a las cuestiones teológicas que su padre atribuía a los temas científicos. Solo había una realidad y Cristo era Señor sobre toda ella o nada. Un asunto principal para él era que todo cristiano debía ser «plenamente humano» al introducir a Dios en la totalidad de su vida, y no solo en una esfera «espiritual». Ser una figura etérea que se limitaba a hablar de Dios, pero en cierta forma rehusaba ensuciarse las manos en el mundo real donde Dios le había colocado, era una mala teología. Dios nos había mostrado, a través de Cristo, que su intención era que estuviésemos en este mundo y le obedeciéramos con nuestras acciones. Por tanto, Bonhoeffer se ensuciaría las manos, no porque se hubiese impacientado, sino porque Dios le hablaba de pasos de obediencia adicionales.

Cruzar la línea

Tras meses de aplazamientos, en mayo, Hitler ordenó a sus ejércitos que marcharan rumbo al oeste. El día diez, las unidades alemanas atacaron Holanda. Los holandeses sucumbieron en cinco días. Bélgica sería la siguiente y, muy pronto, los tanques alemanes rugirían atravesando Francia. El 14 de junio, las tropas germanas entraron en París y, tres días después, *le mot oncle* se oyó por todo el mundo. Fue un colapso impresionante.

Mientras tanto, en el extremo más alejado del continente, Bonhoeffer y Bethge visitaban a un pastor que había sido uno de los hermanos de Finkenwalde, al este de Prusia. Aquella mañana, tras una reunión de pastores, tomaron un transbordador en dirección a la península y hallaron una cafetería al aire libre, bajo el sol. Era en Memel, lo que hoy es Lituania. De repente, una fanfarria de trompeta sonó por los altavoces de la radio anunciando un avance informativo especial: *Francia se había rendido.* Veintidós años después de la humillación de Alemania, Hitler les había pagado con la misma moneda.

La gente se volvió loca.[3] Algunos saltaron y se pusieron de pie sobre las sillas, otros se subieron a las mesas. Todos alzaban el brazo haciendo el saludo nazi y estallando en canciones como «Deutschland über Alles» y, después, «la canción de Horst Wessel». Era un alboroto de patriotismo y Bonhoeffer y Betghe se quedaron clavados como escarabajos pinchados, al menos esa fue la reacción de este último. Por el contrario, Bonhoeffer parecía parte de la algarabía. Estaba estupefacto: junto con todos los demás, su amigo se puso en pie y alzó el brazo haciendo el saludo «¡Heil, Hitler!». Viendo que Bethge estaba allí, en pie, boquiabierto, le susurro: «¿Estás loco? ¡Levanta el brazo! ¡Ya tendremos que correr suficientes riesgos por distintas cuestiones, pero este estúpido saludo no es una de ellas!». El extraordinario amigo y mentor de Bethge le había instruido en muchas cosas a lo largo de los cinco años anteriores, pero esto era algo nuevo.

Bethge se dio cuenta de que fue entonces[4] cuando Bonhoeffer cruzó la línea. Se estaba comportando como un conspirador. No quería que se le considerara un objetor de conciencia. Quería integrarse. No quería hacer una declaración anti-Hitler; tenía mejores cosas en las que pensar. Deseaba estar solo para hacer lo que él sabía que Dios le llamaba a hacer, y eran cosas que le requerían pasar inadvertido. Bethge explicaba que no se podía fijar una fecha concreta de cuándo Bonhoeffer pasó a ser parte de la conspiración de una manera oficial. Sin embargo, cuando en aquella cafetería de Memel Bonhoeffer rindió homenaje a Hitler, supo que su amigo ya se encontraba del otro lado de la línea. Había cruzado desde la «confesión» a la «resistencia».

El mayor triunfo de Hitler

Tres días más tarde se desarrollaba una curiosa escena en unos bosques al norte de París. Hitler, que consideraba la misericordia como una señal de debilidad infrahumana, organizó que los franceses firmaran los términos de su rendición en el bosque de Compiegne, en el mismo lugar donde habían obligado a los alemanes a firmar el armisticio en 1918. Ese negro día de humillación estaba fresco en la mente de Hitler, y ahora aprovecharía la ocasión para darle la vuelta. Forzar a sus enemigos vencidos a regresar al enclave de la humillación de Alemania no fue más que el comienzo. Hitler se encaramaría en lo más alto de la mezquindad haciendo que sacaran del museo donde estaba guardado el vagón de tren en el que se había firmado aquel pacto y lo arrastró hasta aquel claro del bosque. Se utilizaron martillos de aire para quitar el muro del museo y el vagón se volvió a llevar al pasado donde se infligió la fatídica herida a la nación alemana. Por si fuera poco, Hitler hizo que le entregaran la misma silla en la que Foch se había sentado para poder tomar asiento en ella, dentro del vagón, allí en la foresta de Compiegne. Con semejante inclinación por el simbolismo, es de sorprender que se resistiera a poner el Tratado de Versalles en una caja fuerte y la lanzara en medio del Océano Atlántico.

Hitler y Alemania habían esperado veintitrés años para que llegara este momento triunfante. Si alguna vez Adolfo Hitler se convirtió en el Salvador de la nación alemana, fue en aquel momento. Muchos alemanes que sentían cierta reserva y recelos en cuanto a él, cambiaron ahora de opinión. Había sanado la herida incurable de la Primera Guerra Mundial y de Versalles. Le había devuelto su grandeza anterior a una Alemania rota. Las cosas viejas habían pasado y he aquí que él las había hecho todas nuevas. A los ojos de mucha gente se convirtió de repente en algo parecido a un dios, el mesías que habían esperado y por el que habían orado, y cuyo reino duraría mil años.

En su libro *Ética*, en el que trabajó durante ese tiempo, Bonhoeffer escribió sobre la forma en que la gente adora el éxito. El tema le fascinaba. En una carta escrita desde Barcelona muchos años antes, aludía a esto y observaba la inconstancia de las multitudes en las corridas, donde por un momento arengaban al torero y, al siguiente instante, hacían lo mismo con el toro. Lo que buscaban era el éxito, por encima de todo. En *Ética* expresó:

En un mundo en el que el éxito es la medida y la justificación de todas las cosas, la figura de Aquel que fue sentenciado y crucificado sigue siendo una figura extraña y, en el mejor de los casos, es objeto de compasión. El mundo solo se dejará dominar por el éxito. No son las ideas o las opiniones las que deciden, sino los hechos. Solo el éxito justifica los errores cometidos ... Con una franqueza y una imparcialidad que ningún otro poder terrenal se podría permitir, la historia apela en su propia causa al *dictum*: «El fin justifica los medios» ... La figura del crucificado invalida todo pensamiento que toma el éxito como rasero.[5]

A Dios no le interesaba el éxito, sino la obediencia. Si uno acataba lo que Dios ordenaba y estaba dispuesto a sufrir la derrota y lo que pudiera presentarse en su camino, él le mostraría un tipo de éxito que el mundo jamás podría imaginar. Pero este era el camino estrecho y pocos lo tomaban.

Para la Resistencia alemana fue un tiempo deprimente. No obstante, siguió prodigando esfuerzos en varios frentes. Siempre había un cierto número de grupos y planes avanzando de manera simultánea. Por esa época, Fritz-Dietlof von der Schulenburg unió fuerzas con un miembro del Círculo de Kreisao. Otros planeaban convertir al gran conquistador en el blanco de francotiradores cuando se pavoneara bajando por los Campos Elíseos en el inevitable desfile de victoria. Pero esa parada nunca se materializó.

Para los nazis, la sensación de victoria era tan grandiosa que, en Polonia, Hans Frank aprovechó para ordenar ejecuciones en masa a sangre fría y a una escala tremenda. Aprovecharía mientras pudiera.

Bonhoeffer incomprendido

Tras el éxito de Hitler en Francia, había amanecido un nuevo día. A Bonhoeffer, como a tantos otros de la Resistencia, los habían convencido de que Hitler arruinaría Alemania arrastrándola a una miserable derrota militar. ¿Pero quién habría imaginado que lo haría a través del éxito, de una orgía cada vez mayor de narcisismo y de egolatría? En realidad, Bonhoeffer lo consideró así en el discurso truncado que pronunció dos días después de que Hitler llegara al poder. Sabía que si Alemania adoraba a cualquier ídolo, incineraría su propio futuro, como hicieron los adoradores de Moloc quemando a sus hijos.

Después de la caída de Francia, muchos entendieron que Hitler estaba destruyendo a Alemania por medio del éxito. Aquel mes de julio, Bonhoeffer estaba pensando en las implicaciones de esto, cuando habló en la reunión del Antiguo Consejo de Hermanos Prusianos de Potsdam. Sin embargo, sus palabras fueron ampliamente malinterpretadas y esto se añadió a su creciente sensación de aislamiento de la Iglesia Confesante.

Bonhoeffer dijo que Alemania[6] le había dado su pleno consentimiento al nacionalsocialismo y a Hitler. Lo llamó un «sí histórico». Antes de la victoria sobre los franceses, habían existido grandes posibilidades de una rápida derrota de Hitler y del final del nacionalsocialismo, pero se habían desvanecido. Los que se oponían a Hitler debían habituarse a ello e intentar comprender la nueva situación y actuar en consecuencia. No sería un breve recorrido, sino largo, y se imponían distintas tácticas. Bonhoeffer solía hablar con frecuencia de un modo hiperbólico, para dar más efecto, y algunas veces esto se volvía contra él, como sucedió en esta ocasión.

Una vez le había indicado a un estudiante[7] que todo sermón debía contener «una pizca de herejía», queriendo decir con esto que, para expresar la verdad, a veces es necesario exagerar algo o expresarlo de un modo que pueda sonar herético, aunque en modo alguno debería serlo. Sin embargo, incluso al utilizar esta frase «una pizca de herejía» traicionó su costumbre de afirmar cosas que aportaran efecto y que se podían malinterpretar con facilidad. Muchos entendieron que estaba afirmando que no le preocupaba la teología ortodoxa. Bonhoeffer caía a menudo en trampas como estas y, por esta razón, podría ser el teólogo más incomprendido que haya existido jamás.

Aquel día en Potsdam, intentaba sacudir las telarañas del entendimiento de todos y volvió a ocurrir. Al decir que Hitler había ganado, estaba haciendo un gran esfuerzo —analizándolo en retrospectiva, demasiado grande— para que sus oyentes despertaran y cambiaran de rumbo. Pero ahora, cuando hablaba de cómo había vencido el nacionalsocialismo, algunos de los que formaban su audiencia interpretaron que prestaba su conformidad a esta victoria. Con total seriedad creyeron que, en realidad, había declarado: «Si no puedes vencerles, únete a ellos». En los pocos años siguientes, tras haber comenzado el trabajo para la Abwehr —aparentemente como agente del gobierno alemán, pero como miembro de la Resistencia en realidad— muchos recordaron lo que dijo aquel día y pensaron que se había pasado al «otro» bando y que trabajaba para Hitler y los nazis.

¿Qué es la verdad?

Bonhoeffer quería decir, obviamente, que quienes se opusieran a Hitler debían replantearse su acercamiento a la nueva situación de Alemania. Estaba bastante dispuesto a hacer lo siguiente: renunciar a su anterior postura de oposición externa al régimen y, de repente, fingir estar en buena sintonía con él. Pero era evidente que esta era la única manera de poder oponerse a él en otro nivel, uno más fundamental.

Esto suponía engañar. Muchos de los cristianos formales de su época fueron teológicamente incapaces de seguirle hasta ese punto, y él tampoco se lo pidió. Para muchos de ellos, el engaño en el que pronto se implicaría Bonhoeffer no se diferenciaba en nada de la mentira. Su disposición a comprometerse en un artificio no procedía de una actitud arrogante con respecto a la verdad, sino de un respeto por ella tan profundo que le obligó a sobrepasar el fácil legalismo de decir la verdad.

Varios años más tarde, en la prisión de Tegel, Bonhoeffer escribió el ensayo *¿Qué significa decir la verdad?*, en el que analizaba el tema. «Desde el momento de nuestra vida en el que somos capaces de hablar —comenzaba diciendo— se nos enseña que nuestras palabras han de ser verdad. ¿Qué significa esto? ¿Qué significa "decir la verdad"? ¿Quién nos lo pide?

El rasero de Dios[8] en cuanto a la verdad entraña más que un mero «no mentir». En el Sermón del Monte, Jesús afirmó: «Habéis oído que fue dicho..., más yo os digo». Él llevó las leyes del Antiguo Testamento a un nivel más profundo de significado y de obediencia, de la «letra de la ley» al «Espíritu de la ley». Seguir la primera era la «religión» muerta sobre la que Barth, entre otros, había escrito. Era el intento del hombre por hacer creer a Dios que era obediente, y esto era un engaño aún mayor. Dios siempre requería algo más insondable que el legalismo religioso.

En el ensayo,[9] Bonhoeffer ponía el ejemplo de una niña a la que el maestro preguntaba delante de la clase si su padre era un borracho. Ella respondió que no. «Por supuesto —explicó—, uno podría calificar la contestación de la niña de mentira; pero, a la vez, esta mentira contiene más verdad —es decir que se corresponde de manera más estrecha a la verdad— que si la pequeña hubiera revelado la debilidad de su padre delante de todos sus compañeros». No se puede exigir «la verdad» a toda costa. Para esta niña, admitir frente a toda la clase que su padre era un borracho significaba deshonrarlo. La forma en que uno dice la verdad depende de las circunstancias. Bonhoeffer era consciente de que lo que él llamaba «la verdad viviente» era peligrosa y «suscitaba la sospecha de que la verdad se puede adaptar a la situación en cuestión, de manera que el concepto de la verdad se disuelve por completo y la falsedad y la verdad se acercan tanto que no se pueden distinguir».

Bonhoeffer sabía que la otra cara de la moneda del fácil legalismo religioso de «no decir nunca una mentira» era la cínica noción de que no existe tal verdad, sino solo «hechos». Esto conducía a la insolente idea de que uno debe afirmarlo todo sin ningún sentido de lo adecuado o discernimiento, y que el decoro o la reserva son «hipocresía» y una clase de mentira. También escribió sobre esto en *Ética*:

El cínico es el único que afirma «decir la verdad» en toda ocasión, en todo lugar, a todos los hombres, de la misma manera, pero que, en realidad, no muestra más que una imagen sin vida de la verdad ... Adopta el halo del devoto fanático de la verdad que no puede permitir las debilidades humanas; sin embargo, en realidad no hace más que destruir la verdad viviente entre los hombres. Hiere la vergüenza, profana el misterio, quebranta la confianza, traiciona la comunidad en la que vive y se ríe con arrogancia ante las devastaciones que ha forjado y de la debilidad humana que «no puede soportar la verdad».[10]

Para Bonhoeffer, la relación con Dios ordenaba todo lo que había a su alrededor. Muchas veces se refirió a la reciprocidad con Jesucristo como el *cantus* *firmus** de una pieza de música. Todas las demás partes se referían a él y las mantenía juntas. Ser fiel a Dios de la manera más profunda significaba tener tal conexión con él que uno no vivía de forma legalista por medio de «reglas» o «principios». Era imposible separar los propios actos de ese vínculo con Dios. Era un nivel de obediencia más exigente y maduro, y Bonhoeffer había llegado a ver que la maldad de Hitler estaba obligando a los cristianos a profundizar en su obediencia, a pensar con más ahínco en lo que Dios estaba pidiendo. La relación legalista estaba demostrando ser del todo inadecuada.

El jefe de Dohnanyi,[11] el general Oster, había dicho que el nacionalsocialismo era «una ideología de una inmoralidad tan siniestra que los valores y las lealtades tradicionales ya no eran aplicables». Bonhoeffer sabía que Dios tenía la respuesta a cada dificultad, e intentaba comprender lo que le estaba transmitiendo sobre su situación. Había pasado la mera «confesión» para llegar a la conspiración que implicaba una cierta medida de engaño que muchos de sus colegas de la Iglesia Confesante no habrían entendido. Muy pronto, cuando se convirtió en doble agente para la Inteligencia Militar bajo las órdenes del almirante Canaris, se trasladó a un lugar en verdad sumamente solitario.

Los Salmos: El libro de oración en la Biblia

A medida que se desarrollaba su papel dentro de la conspiración, siguió su tarea pastoral y sus escritos. Seguiría escribiendo hasta los últimos meses de su vida, pero el último libro que publicó fue *Das Gebetbook der Bibel* [en español, *Los Salmos: El libro de oración en la Biblia*], que apareció en 1940. Que en esas fechas se editara un libro sobre los Salmos del Antiguo Testamento fue un testimonio de la devoción de Bonhoeffer por la verdad en el campo académico y de su disposición a engañar a los líderes del Tercer Reich.

Geffrey Kelly, alumno de Bonhoeffer,[12] escribió: «Uno no debería equivocarse a este respecto; en el contexto de la implacable oposición de la Alemania nazi a cualquier forma de honrar el Antiguo Testamento, este libro, en el momento de su publicación, constituyó una declaración explosiva tanto política como teológicamente». El libro era una declaración apasionada de la importancia del Antiguo Testamento para el cristianismo y para la iglesia, y fue una valiente y erudita represión de los esfuerzos nazis por socavar todo lo que tuviera un origen judío».

---

* Una melodía preexistente que forma la base de una composición polifónica.

A causa de esto, Bonhoeffer se metió en una batalla con el Board for the Regulation of Literature [Consejo para la Regulación de la Literatura]. Como haría más tarde en muchos interrogatorios en prisión, se hizo el tonto y afirmó que el libro era una mera exegesis literaria académica. Sabía muy bien que toda interpretación y toda erudición veraces señalaban la verdad, algo que para los nazis era infinitamente peor que una lluvia de balas. Asimismo, dijo que las prohibiciones del consejo en contra de sus «escritos religiosos» no quedaban del todo claras y que no había entendido que debiera someterles este manuscrito.

El incidente ilustra el sentido de Bonhoeffer en cuanto a lo que significaba «decir la verdad». Obedecer a Dios mediante la publicación de este libro pro judío —y fingir con astucia que no tenía la más remota idea de que los nacional-socialistas pondrían objeciones a su contenido— representaba ser veraz. Sabía que, de haberles enviado el manuscrito de antemano, este jamás habría visto la luz. Estaba convencido de que Dios quería que publicara la verdad en el libro.[13] Y esta no era algo que les debiera a los nazis mediante la presentación del manuscrito, como tampoco la hipotética niña de su ensayo tenía por qué confesar a la clase la realidad de los vicios de su padre.

En el libro, Bonhoeffer vinculaba la idea de la gracia barthiana con la oración mediante la afirmación de que no podemos alcanzar a Dios con nuestras propias plegarias, sino que sobre las «suyas» —los Salmos del Antiguo Testamento que Jesús oró— vamos a caballo durante todo nuestro trayecto al cielo. No debemos confundir lo que hacemos de un modo natural, como «desear, esperar, suspirar, lamentar, regocijarnos por» en oración, que es algo *antinatural* para nosotros y que Dios debe iniciar desde fuera de nuestro ser. Si embrollamos estas dos cosas «estaremos confundiendo la tierra con el cielo, los seres humanos con Dios». La oración no puede proceder de nosotros. «¡Para ello uno necesita a Jesucristo!», escribió. Cuando oramos los Salmos, «elevamos nuestra plegaria junto con la de Cristo y, por tanto, podemos estar seguros y contentos de que Dios nos oye. Cuando nuestra voluntad, todo nuestro corazón, entra en la oración de Cristo, entonces estamos orando de verdad. Solo podemos hacerlo en Cristo, con quien también se nos oirá».

Esta idea habría parecido[14] increíblemente «judía» a los nazis, y era demasiado «católica» para muchos protestantes que veían en las oraciones recitadas la «vana repetición» de los paganos. Sin embargo, Bonhoeffer solo quería ser bíblico. Los ordenantes de Finkenwalde y posteriores oraban los Salmos cada día. Dietrich era muy firme en esto: «El Salterio llenaba la vida de la cristiandad primitiva. Pero lo más importante de todo esto es que Jesús murió en la cruz con palabras de los Salmos en sus labios. Cuando se abandona la salmodia, se pierde un tesoro incomparable de la iglesia cristiana. Al recuperarlo llegará un poder inesperado».

En un libro de pocas páginas, Bonhoeffer afirmaba que Jesús había dejado su impronta en los Salmos y en el Antiguo Testamento; que la cristiandad era inevitablemente judía; que el Antiguo Testamento no queda sustituido por el Nuevo Testamento, sino que va inextricablemente unido a él; y que Jesús era judío y esto era del todo inevitable. Asimismo, dejó muy claro que los Salmos hablaban de Jesús y profetizaban su venida. El siguiente mes de marzo descubriría que la publicación de este pequeño tratado exegético tuvo como resultado que se le prohibiera publicar nada más.

Bonhoeffer se une a la Abwehr

El 14 de julio de 1940, Bonhoeffer estaba predicando en una conferencia de iglesia en Königsberg, cuando la Gestapo hizo su aparición y disolvió el coloquio. Citaron una nueva orden que prohibía este tipo de reuniones, y esta se dio por terminada. No hubo arrestos, pero Bonhoeffer vio que la continuación de esta tarea pastoral estaba llegando a su fin. Él y Bethge siguieron adelante, visitando parroquias del este de Prusia, incluidas las que se encontraban en las ciudades alemanas de Stallupönen, Trakehnen y Eydtkuhnen.* Las tropas de Stalin se hallaban muy cerca, y el ánimo general era de ansiedad, de modo que, tras esta gira por estos pueblos, regresó a Berlín y conversó con Dohnanyi sobre sus planes de dar un paso más.

Existía gran rivalidad entre la Abwehr y la Gestapo, ya que ocupaban esferas separadas, como la CIA y el FBI en Estados Unidos. El razonamiento de Dohnanyi era que si la Abwehr le empleaba de manera oficial, la Gestapo se vería obligada a dejarle tranquilo. Esto tenía sentido por muchas razones. Bonhoeffer tendría gran libertad de movimiento para continuar su obra como pastor, y contaría con la cobertura necesaria para expandir sus actividades para la conspiración. Otro beneficio era que, como miembro inestimable de la Inteligencia Militar de Alemania, era muy poco probable que llamaran a Bonhoeffer para el servicio militar. En apariencia estaría realizando un importante deber para la patria. Esto fue una enorme ventaja, ya que no había decidido en ningún momento qué hacer si era reclutado.

---

* Después de la guerra, estas ciudades se convirtieron en parte de la Unión Soviética, y tras la disolución de esta, pertenecieron a Kaliningrad Oblast, un exclave de Rusia.

Dohnanyi, Bethge, Bonhoeffer, Gisevius y Oster discutieron este arreglo en una reunión en casa de los Bonhoeffer durante el mes de agosto. Decidieron seguir adelante. Para empezar enviarían a Dietrich en comisión de servicio al este de Prusia, sobre todo porque la guerra con Rusia parecía inminente y sería un lugar natural para que fuese, ya que tenía bastante tarea pastoral allí. Si la Gestapo veía extraño que se utilizara a un pastor de la Iglesia Confesante para asuntos de la *Abwher*, podría decir que también se habían servido de comunistas y judíos, cosa que era verdad. La «fachada» del pastorado en la Iglesia Confesante era el camuflaje ideal para las actividades de la Abwehr. Además, la Inteligencia Militar se embarcaba en misiones complejas y misteriosas. ¿Quién era la Gestapo para cuestionarlas?

De modo que llegó el día. Bonhoeffer se había unido de manera oficial a la conspiración. Se hallaría bajo la protección de la Abwehr y, con la excusa de ser miembro de la Inteligencia Militar, Oster y Canaris lo ampararían. Los niveles de engaño eran varios. Por una parte, estaría desempeñando una verdadera labor pastoral y seguiría con sus escritos teológicos, como deseaba. Oficialmente, su trabajo era una tapadera para su tarea como agente nazi en la Inteligencia Militar. Sin embargo, su cometido en esta organización era una fachada para su verdadera faena como conspirador contra el régimen nazi.

Bonhoeffer se hacía pasar por un pastor, pero solo simulaba que fingía porque en realidad lo *era*. Y aparentaba ser un miembro de la Inteligencia Militar a favor de Hitler, pero —como Dohnanyi, Oster, Canaris y Gisevius— en realidad trabajaba *en su contra*. No estaba diciendo pequeñas verdades inocentes. Según la famosa frase de Lutero, estaba «pecando con descaro». Estaba involucrado en un juego de altos riesgos que consistía en un engaño sobre otro; pero, a pesar de ello, sabía que todo aquel asunto, estaba obedeciendo por completo a Dios. Para él, esto era el *cantus firmus* que confería una perfecta coherencia a todas las vertiginosas complejidades.

No obstante, en septiembre, la RSHA (*Reichssicherheitshauptamt* [Oficina Central de Seguridad del Reich], que mantenía una implacable rivalidad con la Abwehr le causó no pocos problemas. Al frente de la RSHA estaba la resbalosa lamprea llamada Reinhard Heydrich, que trabajaba bajo las órdenes directas de Himmler. Informó a Bonhoeffer que, a causa de lo que ellos definieron como «actividades subversivas», no se le permitía ya hablar en público. Y, lo que era aún peor, debía presentarse con regularidad ante la Gestapo en Schlawe, en la lejana Pomerania oriental, donde tenía aún fijada su residencia oficial. Sus posibilidades de trabajar con la Iglesia Confesante se iban reduciendo hasta la nada. Podían seguir utilizándole como profesor, pero, después de esta última restricción, la Iglesia Confesante decidió darle una excedencia por «estudio teológico».

Bonhoeffer no se tomó estas acusaciones sin protestar. Era importante dar un contragolpe y conservar la ilusión de que estaba entregado al Tercer Reich. De nuevo se hizo el tonto, escribió una carta indignada a la RSHA en la que protestaba porque le caracterizaran de cualquier cosa que no fuera un patriota. También citó a sus distinguidos antepasados y parientes, algo que jamás habría hecho en circunstancias normales, ya que esto le habría parecido orgulloso y ridículo. Pero lo hizo todo con el rostro perfectamente impasible, y hasta acabó la carta con un pomposo «¡Heil Hitler!», por si acaso. Pero esta carta no le resolvió el problema, y de nuevo acudió a Dohnanyi.

A resultas de esta conversación, su papel en la Abwehr cobró más seriedad y el juego del gato y el ratón con los secuaces de Hitler comenzaría en serio. Lo primero de todo, Dohnanyi quería sacarle de la interferencia de la RSHA. Ya no convenía dejarle en Pomerania por más tiempo. Pero Berlín sería aún peor. Por tanto, idearon asignarle deberes de la Abwehr que le llevaron a Múnich.

Dohnanyi se desplazó a Múnich en el mes de octubre y debatió la situación con sus colegas. Mientras tanto, Bonhoeffer permanecía en Klein-Krössin, sin llamar la atención, trabajando en su *Ética* y esperando la señal. A finales de mes recibió luz verde y fue a Múnich, donde se empadronó en el municipio como residente allí. Su tía, la condesa Kalckreuth, le proporcionaría alojamiento en su casa, que se convirtió en su dirección «oficial», así como la del superintendente Eduard Block estaba en Schlawe. Cuántas noches pasaba en cada lugar era otra historia.

Una vez inscrito como residente en Múnich, la Abwehr local podía requerir sus servicios, como así fue. Se convirtió en lo que se llamaba un *V-Mann* o *Vertrauernsmann* (la traducción literal significa «hombre de confianza») y trabajaba de manera clandestina. «Oficialmente» seguía siendo un civil y podía seguir haciendo lo que quisiera: trabajar en su *Ética*, ministrar como pastor y desempeñar una tarea en la Iglesia Confesante.

El monasterio de Ettal en los Alpes

En Múnich, Bonhoeffer volvió a contactar con Joseph Müller, adjunto a la oficina de la Abwehr allí y líder activo de la conspiración. El trabajo de

Dietrich en la Resistencia sería ahora a través de él. Müller le consiguió una invitación para que viviera en Ettal, un pintoresco monasterio benedictino anidado en la región de Garmish-Partenkirchen de los Alpes bávaros. Para Bonhoeffer fue un pequeño sueño hecho realidad. Allí, en ese bastión católico de resistencia contra los nazis, encontró una profunda paz y silencio, lejos del ruido mental de Berlín. La abadía databa de 1330, pero la mayoría de los edificios se habían construido en el siglo XVIII al estilo barroco. Se hizo muy amigo del prior y del abad, que le invitaron a quedarse como su huésped durante el tiempo que gustase. Así lo hizo desde noviembre y durante todo el invierno.

El 18 de noviembre[15] le escribió a Bethge: «Me han recibido de una forma sumamente cálida; como en el refectorio, duermo en el hotel, puedo usar la biblioteca, tengo mi propia llave del claustro y, ayer, mantuve una larga y buena conversación con el abad». Fue todo un honor, sobre todo para un no católico. El *Kloster* (claustro) de Ettal se hallaba a unos cuatro kilómetros de Oberammergau, donde desde 1634, cada diez años, los residentes representaban su famosa obra de la Pasión.

Bonhoeffer disfrutó de la rutina[16] de la existencia monástica y progresó con su libro. En Finkenwalde había instituido la costumbre monástica de que alguien leyera en voz alta durante las comidas. A los ordenantes no les gustaba demasiado esta práctica y, después de un tiempo, él la suspendió. Pero en Ettal era la costumbre, como había sido durante muchos siglos. A él le agradaba, aunque le resultaba curioso que unos libros no devocionales como las obras históricas se leyeran con el mismo tono de salmodia que se utilizaba para la liturgia eclesial. «Algunas veces, cuando el asunto es cómico —le comentó a sus padres— resulta imposible evitar una sonrisa». Mientras estuvo allí, el padre Angelus Kupfer, el abad, y algunos de los sacerdotes leyeron su libro *Vida en comunidad* y planearon debatirlo con el autor más tarde.

Sus largas charlas con todos ellos le aportaban una apreciación renovada del catolicismo y documentó su escrito de *Ética*, en especial aquellas partes que trataban de la ley natural, ausente en la teología protestante y cuya ausencia pretendió corregir.

Múnich se hallaba a unos noventa minutos en tren, y Bonhoeffer realizó numerosos viajes hasta allí. A veces se quedaba en casa de su tía, pero la mayoría de ellas pernoctaba en un albergue católico, el Hotel Europäischer Hof.

Aquel año[17] efectuó sus compras navideñas allí. Era extremadamente considerado y generoso a la hora de hacer obsequios. A varios amigos y parientes les regaló un grabado enmarcado del *Nacimiento de Cristo* de Stephan Lochner. Ahora, cada Navidad tenía la tarea adicional —autoimpuesta— de reunir paquetes para cada uno de los hermanos de Finkenwalde dispersados por toda Alemania, muchos de los cuales eran soldados. Envió numerosos libros y, en una tienda de Múnich, compró cien postales de la *Noche Santa* de Albrecht Altendorfer para incluirlas en los paquetes de Navidad. Escribió a Bethge: «La imagen me parece muy oportuna: Navidad en medio de los escombros».

Su ministerio a los hermanos de Finkenwalde prosiguió en los paquetes y cartas frecuentes. Esa Navidad envió noventa de ellos y con sus cartas; al parecer tuvo que mecanografiar la carta muchas veces, utilizando papel carbón para que resultara menos agotador. La carta de Navidad de aquel año fue otro hermoso «sermón meditación», esta vez sobre Isaías 9.6–7 («Porque hijo nos es nacido...»). Rumió la idea de que las cosas habían cambiado para siempre, que ya nada volvería a ser como antes de la guerra. Pero explicó que, para empezar, el pensamiento de que siempre se podía regresar al tiempo anterior a los problemas y la muerte era falso. La guerra solo les mostraba una realidad más profunda que siempre había existido:

> Así como la fotografía secuencial hace visible, en una forma más comprimida y penetrante, los movimientos que, de otro modo, no captaría nuestra visión, la guerra pone de manifiesto, en una forma particularmente drástica y visible, lo que hemos ido viendo a lo largo de los años, de una manera más terrible y clara, como la esencia del «mundo». No es la guerra la que, en primer lugar, trae la muerte ni la que inventa los dolores y los tormentos de los cuerpos y las almas humanas; tampoco es la que da rienda suelta a las mentiras, la injusticia y la violencia. No es ella la que en primera instancia convierte nuestra existencia en algo totalmente precario que deja a los seres humanos sin poder, los fuerza a observar cómo sus deseos y planes se frustran y son destruidos por «poderes más exaltados». La guerra hace que todo esto, que ya existía al margen de ella y con anterioridad, sea inmenso e inevitable para nosotros que preferiríamos pasarlo todo alegremente por alto.[18]

Y seguía explicando que, a causa de la guerra, podían ver las cosas como son en verdad. La promesa de Cristo es, por tanto, más real y deseada.

El 13 de diciembre[19] le escribió a Bethge: «Ha estado nevando durante cuarenta y ocho horas sin parar, y ahora los bancos de nieve apilados son más altos que los que vimos el año pasado, fuera de lo común incluso para aquí».[20] Los constantes ataques aéreos sobre Berlín hicieron que Dohnanyi y Christine, la hermana de Dietrich, decidieran inscribir a sus hijos Barbara, Klaus y Christoph en la escuela de Ettal. Ella los visitaba con frecuencia. Aquella Navidad estuvieron todos juntos en medio de la nieve y el hielo alpinos. La belleza del entorno no pasó desapercibida para Bonhoeffer. Le escribió a Bethge: «... la insuperable calidad [de las montañas] resulta a veces una carga sobre mi trabajo».

Bethge también le visitó en Navidad.[21] Bonhoeffer se probó sus raquetas de nieve y todo el mundo disfrutó esquiando. Como es tradicional en Alemania, todos abrieron sus regalos la noche de Navidad. A él le llegó un obsequio de parte de su amigo pastor, Erwin Schültz, desde los bosques de Gross-Schlönwitz. «Amado hermano Schültz —le escribió más tarde—, fue en verdad una gran sorpresa, un entusiasmo sin igual, cuando, ante las narices de varios de mis sobrinos, abrimos el paquete y salió un conejo vivo». Tras abrir los paquetes, todo el mundo asistió a la Misa Mayor en la resplandeciente iglesia de la abadía.

Sus padres[22] le enviaron un diccionario de francés. Sabía que pronto pasaría algún tiempo en Ginebra y por esa razón lo había pedido. También le hicieron llegar una lupa que había pertenecido a su hermano Walter, muerto hacía ya más de veintidós años. Había sido el naturista de la familia. El día veintiocho les escribió una carta agradeciéndoles los regalos y reflexionando sobre la «nueva realidad» de que, por algún tiempo, las cosas no iban a cambiar. Pero estaba decidido a buscar la verdad más profunda escondida en medio de una situación que, de otro modo, parecería sombría: «El año pasado, cuando... llegamos al final del año, todos pensamos probablemente que este año llegaríamos más lejos en nuestras decisiones y que veríamos con más claridad. Ahora resulta, como poco, discutible que esa esperanza se haya hecho realidad ... Casi me parece como si, a lo largo del extenso trayecto, nos hubiésemos adaptado a vivir más profundamente fuera del pasado y del presente —y esto significa fuera de la gratitud— que de cualquier visión del futuro».

Le escribió algo similar a Schültz: «Antes de ser capaces de ascender de nuevo por el otro lado tendremos que pasar por un valle muy profundo, creo que más hondo de lo que ahora podemos pensar. Lo principal es que nos dejemos guiar por completo, sin resistirnos y sin impacientarnos. Entonces todo irá bien».[23] Estaba preparado para el largo recorrido, viniera lo que viniera.

En Ettal, Bonhoeffer solía reunirse con miembros de la conspiración, como el ministro de justicia Gürner y Carl Goerdeler, el ex alcalde de Leipzig. Müller solía pasar por allí a diario. Durante las Navidades, Bonhoeffer y Bethge se reunieron con Dohnanyi y representantes del Vaticano, incluido el secretario personal del papa Pío XII, Robert Leiber. Durante la visita de Gürtner, Bethge y Dietrich dieron un largo paseo con este bajo el frío alpino, y debatieron sobre la dificultad que la Iglesia Confesante estaba teniendo en sus tratos con la *Reichskirche.**

En enero de 1941, Bonhoeffer viajó a Múnich para ver a Justus Perels, el abogado jefe de la Iglesia Confesante. Perels estaba trabajando muy duro en ejercer presión sobre el gobierno del Reich con respecto a los pastores de la Iglesia Confesante; tantos de ellos habían sido reclutados y enviados al frente que la Iglesia Confesante había sido diezmada. Esa era precisamente la intención de los nazis. Perels confiaba en persuadirles de utilizar la misma política para la Iglesia Confesante que para la *Reichskirche.*

Mientras estuvo en Múnich,[24] Bonhoeffer acompañó a Perels a ver la ópera de Beethoven *Las criaturas de Prometeo*, representada en forma de pantomima. «No le entusiasmó demasiado». Asimismo, fueron a ver una película sobre la vida de Schiller, que le describió a Bethge como «terrible: patética, estereotipada, falsa, irreal, no fiel a la historia, mal representada, ¡de mal gusto! Ve a verla tú mismo. Es la forma en que yo imaginaba a Schiller cuando era estudiante de primer año en la escuela secundaria».

Por primera vez en cinco años, Bonhoeffer y Bethge estuvieron separados durante un espacio de tiempo importante. Bonhoeffer había ido dependiendo cada vez más de él. Confiaba en él para que criticara y le ayudara a dar forma a sus ideas teológicas. Mientras trabajaba en su *Ética*, echó de menos el probar y explorar sus pensamientos con su querido amigo. Oraron juntos casi a diario durante años; adoraron juntos de forma cotidiana; y, lo más íntimo de todo, cada uno era el confesor del otro. Conocían sus luchas primarias e intercedían por ellas. El 1 de febrero, Bonhoeffer celebró su propio cumpleaños enviando a Bethge una carta de aniversario y reflexionando sobre su amistad:

Que hayamos permanecido conectados durante cinco años por el trabajo y la amistad es, en mi opinión, un gozo bastante extraordinario para una vida humana. Es una gran cosa tener a una persona que le entienda a uno tanto de forma objetiva como personal, y, además, experimentarle a ambos respectos como fiel ayuda y consejero. Y tú siempre has sido ambas cosas para

---

* Gürtner padecía de la gripe en aquél momento, y quizás como resultado de este paseo, se murió un mes después.

mí. Asimismo, has soportado con paciencia las severas pruebas de esta amistad, sobre todo por mi violento carácter (que yo también aborrezco en mí mismo y que me has recordado con franqueza y en repetidas ocasiones), sin permitir que te amargaran. Por todo esto te estoy enormemente agradecido. En incontables cuestiones, tu ayuda ha sido decisiva por tu mayor claridad y simplicidad de pensamiento y juicio, y sé por experiencia que tu oración por mí es un poder real.[25]

Viaje a Ginebra

El 24 de febrero, la Abwehr envió a Bonhoeffer a Ginebra. Su propósito principal fue establecer contacto con los líderes protestantes fuera de Alemania, informarles sobre la conspiración y tantear el terreno para los términos de paz con el gobierno siguiente. Müller estaba manteniendo conversaciones similares en el Vaticano con los líderes católicos. Pero, en un principio, Bonhoeffer no pudo entrar siquiera a Suiza. La policía de esa frontera insistió en que alguien, desde el interior del país helvético, respondiera por él como fiador. Bonhoeffer nombró a Karl Barth, a quien llamaron, y consintió, aunque no sin cierto recelo.

Como otros en aquella época, Barth quedó perplejo por la misión de Bonhoeffer. ¿Cómo podía ir a Suiza un pastor de la Iglesia Confesante en medio de una guerra? Le parecía que, de algún modo, habría hecho las paces con los nazis. Esta fue una de las bajas de la guerra: la confianza en sí pareció sufrir un millar de muertes.

Estas dudas y preguntas de los demás acosarían a Bonhoeffer, pero de ninguna manera tenía libertad para explicar lo que estaba haciendo a quienes no pertenecieran a su círculo interno. Esto representaba otra «muerte» a sí mismo, porque tenía que someter su reputación en la iglesia. La gente se preguntaba cómo había escapado al destino del resto de su generación. Escribía y viajaba, reuniéndose con unos y otros, yendo al cine y a restaurantes y viviendo una vida de privilegio y libertad relativos mientras otros sufrían, morían y se veían en terribles posturas de compromiso moral.

Para quienes sabían que Bonhoeffer trabajaba para la Abwehr, fue aún peor. ¿Habría capitulado por fin el patricio moralista de altos principios, siempre tan inflexible y exigiendo a los demás que también lo fueran? ¿Era él quien había dicho que «solo quienes clamen por los judíos pueden entonar cantos gregorianos», y quien se había erigido en el lugar de Dios declarando de forma ultrajante que no había salvación fuera de la Iglesia Confesante?

Aunque hubiera podido explicar que, en realidad, estaba trabajando en contra de Hitler, muchos de la Iglesia Confesante se habrían sentido confusos y otros se habrían ofendido. Era impensable que un pastor estuviera involucrado en un complot cuyo eje fuera el asesinato de un jefe de estado en tiempo de guerra, cuando hermanos, hijos y padres estaban dando su vida por su país. Bonhoeffer había llegado a un punto en el que se sentía solo en muchos aspectos. No obstante, Dios le había llevado allí y él no estaba por buscar una forma de salir, como tampoco lo hizo Jeremías. Era el destino que había abrazado, en obediencia a Dios, y podía regocijarse en él; y así lo hizo.

Durante su permanencia en Suiza,[26] les escribió a Sabine y Gert en Oxford, algo que no podía hacer desde Alemania. ¡Cuánto los echaba de menos! También le escribió al obispo Bell. En Ginebra visitó a Erwin Sutz, a quien habría señalado: «¡Derrocaremos a Hitler; puedes contar con ello!». También se reunió con Karl Barth, quien ni tras una larga conversación pudo sentirse completamente cómodo con la conexión entre él y la Abwehr.

Asimismo, Bonhoeffer se entrevistó con dos contactos del mundo ecuménico, Adolfo Freudenberg y Jacques Courvoisier. Sin embargo, su principal encuentro en Ginebra fue con Willem Visser't Hooft, a quien había visto por última vez en la Estación de Paddington de Londres. Bonhoeffer le puso al tanto de la situación en Alemania y Visser't Hooft transmitiría esta información al obispo Bell que, a su vez, la haría llegar al gobierno de Churchill. Le habló de la continua lucha de la Iglesia Confesante con los nazis, le comentó las detenciones de los pastores, y todo tipo de persecuciones, así como de las medidas de eutanasia. Muy poca información de esta índole había escapado de Alemania desde el comienzo de la guerra. Si al menos Bell consiguiera pasar esta información a alguien como el ministro de Asuntos Exteriores británico, Anthony Eden, su viaje habría sido todo un éxito.

Estuvo un mes en Suiza. Cuando regresó a Múnich, a finales de marzo, encontró una carta de la Asociación de Escritores del Reich informándole que, desde ese momento, se le prohibía escribir. Había intentado evitar esto con valentía y hasta se había inscrito en dicha organización, algo que consideraba repugnante y que solo había hecho por guardar las apariencias de ser un «buen alemán» a sus ojos. Había llegado incluso a presentar la «prueba» exigida de su «ascendencia aria». Sin embargo, aun esta desagradable treta había sido insuficiente para compensar el contenido ofensivamente pro judío de su libro sobre los Salmos.

Como ya había hecho antes cuando le prohibieron[27] hablar en público, volvió a protestar enérgicamente, manteniendo que su escrito era académico y que no entraba en las categorías que ellos sugerían. En realidad rescindieron la multa inicial contra él —un verdadero milagro—, pero no estuvieron de acuerdo en que su obra quedaba exenta por razones académicas. Expresaron la firme parcialidad del Tercer Reich contra el cristianismo con estas palabras: «Solo están exentos aquellos teólogos que ocupan una cátedra en las facultades del estado. Más aún, por su abrumadora lealtad dogmática, no estoy dispuesto a reconocer a los clérigos como especialistas en este sentido». Al final, la prohibición de escribir no le afectó en exceso. No volvería a publicar nada durante el resto de su vida, pero escribió mucho. Siguió trabajando en su obra maestra *Ética* y así continuaría durante algún tiempo más.

Pasó las vacaciones de Pascua con su familia en Friedrichsbrunn. Los Bonhoeffer habían estado yendo a la intacta belleza de los montes Harz desde la Primera Guerra Mundial. Para todos ellos, y en especial para Dietrich, que contaba con siete años cuando compraron la cabaña del guarda forestal, era el vínculo con el mundo intemporal más allá de sus dificultades presentes. En los mágicos bosques que traían a la mente el mundo de los cuentos de Jacob y Wilhelm Grimm, nada había cambiado desde los días dorados en que eran niños, cuando Walter aún vivía y paseaba con su hermano pequeño Dietrich para buscar fresas o champiñones. Tres años más tarde, cuando ya llevaba uno en la cárcel de Tegel, escribiría sobre Friedrichsbrunn y cuánto le emocionaba su recuerdo:

En mi imaginación vivo mucho tiempo en la naturaleza, en los claros cerca de Friedrichsbrunn ... Me tumbo boca arriba en la hierba, observo cómo navegan las nubes en la brisa por el cielo azul y escucho el susurro de los bosques. Es extraordinario cuánto afectan estos recuerdos de la infancia a toda la perspectiva de uno: me parecería imposible y antinatural que hubiésemos vivido arriba en las montañas o cerca del mar. Las montañas del centro de Alemania: los montes Harz, el bosque de Turingia, las montañas Weser, son las que representan para mí la naturaleza, las que me pertenecen y me han creado.[28]

Sin embargo, aún no era un mero recuerdo.[29] Por el momento seguía allí, libre para deambular por los bosques, acostarse en los prados y disfrutar de su familia. La Pascua era el 13 de abril y toda la familia se había reunido allí para celebrarla. Pero, después de que todos se hubieran marchado, él se quedó para trabajar en su *Ética* en la paz y el silencio; había escrito mucho allí a lo largo de los años. Seguía sin haber electricidad —no la instalarían hasta pasados dos años— pero había una estufa de carbón, algo necesario en esa época del año. No obstante, no había carbón. Por alguna razón no lo habían traído. Mantenía el calor quemando leña y, cuando necesitaba interrumpir un poco la escritura, salía y cortaba un poco. El primer día que la familia llegó observó que parte de la leña almacenada había desaparecido. Nunca supieron quién se la había llevado, pero cuando Bonhoeffer se marchó, hizo una pequeña marca en la pared para señalar la altura del montón y se lo comentó a sus padres. Así podrían comprobar si faltaba después de su partida.

CAPÍTULO 24

EL COMPLOT CONTRA HITLER

El pueblo alemán cargará con una culpa que el mundo no olvidará ni en cien años.

—Henning von Tresckow

La muerte revela que el mundo no es como debería ser, sino que necesita la redención. Solo Cristo es el vencedor de la muerte.

—Dietrich Bonhoeffer

Estoy seguro de que muchos en Alemania se ven ahora silenciados por la Gestapo y la ametralladora, que anhelan ser liberados de un gobierno nazi impío, y que llegue un orden cristiano en el que ellos y nosotros podamos asumir nuestra parte.

—Obispo George Bell

Desde la caída de Francia, un año antes, el golpe se había estancado. Las victorias de Hitler habían sido tan asombrosas y rápidas que la mayoría de los generales habían perdido toda confianza en su capacidad de oponerse a él. Su popularidad creció. En los últimos meses había conquistado Yugoslavia, Grecia y Albania, y el general Rommel había triunfado en el norte de África. Hitler parecía imparable, por lo que la mayoría de los generales flotaban con la marea alemana creciente y no se les podía convencer de mover un dedo en su contra.

Dohnanyi y Oster sabían que persuadir a estos importantes generales era la única esperanza de derribar a Hitler. Con anterioridad habían esperado que un movimiento de base hubiera hecho caer a los nazis desde abajo. Pero una vez Niemöller encarcelado, esta posibilidad se evaporó. Su atrevido desafío a los nazis y sus cualidades de liderazgo le convertían en el candidato perfecto. Esta fue, sin duda, la razón por la que Hitler envió al ferviente cristiano a un campo de concentración. Ahora tendría que ser desde arriba, y esto significa que tenían que ser los generales.

Algunos de ellos eran los nobles líderes[1] de la conspiración, dispuestos a actuar en cualquier momento. Pero otros muchos eran menos nobles y sabios, y su deseo de salir de la ciénaga y la ignominia de Versalles era tan fuerte que anulaba la extremada repugnancia que sentían hacia Hitler. Muchos pensaron que, una vez que hubiese servido a sus propósitos, flaquearía y sería remplazado por alguien menos cruel; si fuera necesario, ellos se ocuparían. Pero no mientras estuvieran ganando de una manera tan espectacular, no mientras estuvieran retrotrayendo Versalles. Muchos también sentían que matar a Hitler lo convertiría en un mártir. Surgiría otra leyenda de la puñalada por la espalda, y se les atribuiría para siempre el papel de Brutus y Casio y a Hitler el de César. ¿Por qué arriesgarse? El gelatinoso Brauchitsch personalizaba a aquellos que habían decidido firmemente dejarse llevar por el viento. «Personalmente no voy a hacer nada —afirmó—, pero no impediré que cualquier otro actúe».

Beck, Dohnanyi, Oster, Canaris, Goerdeler y los demás conspiradores hicieron lo que pudieron durante el año de los éxitos de Hitler, pero en lo esencial estuvieron atascados.

La Orden de los Comisarios

Entonces llegó el 6 de junio de 1941, y la célebre Orden de los Comisarios. Hitler estaba a punto de lanzar su campaña contra Rusia, cuyo nombre en clave fue Operación Barbarroja, y su implacable desprecio por las «razas orientales» como los polacos y los eslavos volvería a estar en plena exhibición. La Orden de los Comisarios daba instrucciones al ejército de disparar y matar a todos los líderes militares soviéticos que capturaran. Hitler había permitido al ejército que evitara los horrores más atroces de Polonia. Sabía que no tenían estómago para ello, y los desalmados *Einsatzgruppen* de las SS habían realizado los hechos más sucios y más inhumanos. Pero ahora le ordenaba al ejército mismo que llevara a cabo la matanza y el sadismo que contravenía todos los códigos militares que se remontaban a siglos y siglos. Los generales prestaron atención. Incluso los más débiles de voluntad de entre ellos comprobaron que habían estado cabalgando alegremente sobre la espalda de un tigre.

Asesinar a todos los líderes del Ejército Rojo que capturaran era impensable,[2] pero a Hitler no le interesaban las ideas pasadas de moda sobre moralidad y honor. Les enseñaría el camino cruel hacia la victoria y ahora escupía diabólicos aforismos de una lógica perfectamente redundante. «En oriente —declaró—, la inclemencia es bondad para el futuro». Los líderes del ejército alemán «deben exigirse a sí mismos el sacrificio de vencer sus escrúpulos». Al explicar la necesidad de la Orden de los Comisarios, afirmó de un modo absurdo que los líderes del Ejército Rojo debían «por norma, ser inmediatamente abatidos por sus bárbaros métodos de guerra asiáticos».

Henning von Tresckow[3] era un típico prusiano, con un fuerte sentido del honor y de la tradición que despreciaba a Hitler desde el principio. Era el primer oficial al frente para contactar con los conspiradores. Cuando se enteró de la Orden de los Comisarios, le advirtió al general Gersdorf que, si no llegaban a convencer a Bock para que la cancelara, «el pueblo alemán cargará con una culpa que el mundo no olvidará ni en cien años». Dijo que no solo caería la culpa sobre Hitler, sino también sobre su círculo interno, «sobre usted y yo, sobre su esposa y la mía, sobre sus hijos y los míos». Para muchos generales, este fue el punto decisivo. Al incansablemente pusilánime Brauchitsch le impactó tanto la Orden de los Comisarios que sacó el tema delante de Hitler y este, sin pensarlo, lanzó un tintero a la cabeza del venerable general.

Hitler inició la Operación Barbaroja el 22 de junio de 1941. Alemania estaba en guerra con la Unión Soviética. La sensación de invencibilidad que rodeaba a Hitler seguía siendo fuerte, pero ahora surgía por primera vez una pregunta: ¿debería Hitler abandonar mientras llevara la delantera? ¿No se acabaría algún día su buena racha? Algo frenaba a los hombres sensatos, y tenía que ver con las blancas extensiones de territorio ruso. A Hitler, sin embargo, no le preocupaba esa sensatez y, a pesar de las bajas probabilidades de éxito, inició la marcha de los ejércitos alemanes rumbo a Moscú.

Los líderes de la conspiración[4] aguardaron el momento. La Orden de los Comisarios de Hitler los ayudó a reclutar a muchos generales y, a medida que las crueles implicaciones empezaron a verse de primera mano, su capacidad de ganar adeptos se incrementaría. Mientras tanto, Oster y Dohnanyi prosiguieron con su tarea bajo la protección del almirante Canaris. Si jamás hubo alguien que llevara una doble vida, ese era Canaris. Por las mañanas daba paseos a caballo en el Tiergarten de Berlín con Heydrich, ese monstruo pisciforme, y, al mismo tiempo, utilizaba su poder para menoscabarle a él y a los nazis a cada paso. El bandidaje de Hitler le asqueaba. En un viaje a España, mientras rodaba en su auto descapotable por el campo, se puso en pie e hizo el saludo de Hitler a cada manada de cerdos que veía al pasar. «Nunca se sabe —dijo— si uno de los peces gordos del partido puede encontrarse en la multitud».

El siguiente viaje de Bonhoeffer para la Abwehr no tendría lugar hasta septiembre, cuando se desplazaría de nuevo hasta Suiza. Mientras tanto, siguió escribiendo *Ética* y desempeñando su tarea pastoral. Con la ayuda de Oster y Dohnanyi, consiguió exenciones y prórrogas para numerosos pastores de la Iglesia Confesante. Esperaba protegerles del peligro, pero también mantenerlos en su función de pastor, ya que las necesidades de sus rebaños eran mayores que nunca. Era en su mayor parte una batalla perdida, como tantas otras, pero él siguió luchando con energía y se sintió agradecido por los pequeños logros.

Mucha de su obra pastoral era ahora vía correspondencia. En agosto escribió otra carta circular a los aproximadamente cien ex ordenantes. En ella encontramos palabras que arrojan luz sobre su propia muerte:

Hoy debo informaros que nuestros hermanos Konrad Bojack, F.A. Preuß, Ulrich Nithack y Gerhard Schulze han caído en el frente oriental ... Han partido antes que nosotros por la senda que todos habremos de tomar en algún momento. Con particular misericordia, Dios les llamará a ustedes y a nosotros solo en la hora que haya escogido. Hasta ese instante, que está en las manos de Dios solamente, todos estaremos protegidos incluso en el mayor de los peligros; y, desde nuestra gratitud por dicha protección, sin duda surgirá una disposición siempre nueva para el llamado final.

¿Quién puede comprender cómo son escogidos aquellos a los que Dios se lleva tan pronto? ¿Acaso la muerte temprana de los jóvenes cristianos siempre nos parece como si Dios estuviera saqueando los mejores instrumentos que tiene, en el momento en que más se les necesita? A pesar de todo, el Señor no comete errores. ¿Podría ser que Dios necesitara a nuestros hermanos para algún servicio escondido, en representación nuestra, en el mundo celestial? Deberíamos poner fin a nuestros pensamientos humanos, que siempre desean conocer más de lo que pueden y aferrarse a lo que es seguro. A cualquiera que Dios llame a casa es alguien a quien ama. «Su alma era del agrado del Señor, por eso se apresuró a sacarle de entre la maldad» (Sabiduría 4).

Sabemos, por supuesto, que Dios y el diablo están librando una batalla en el mundo y que el segundo también tiene algo que decir en la muerte.

Frente a ella no podemos limitarnos a hablar de un modo fatalista, «Dios así lo quiere»; pero también debemos yuxtaponerlo con la otra realidad, «Dios no lo permite». La muerte revela que el mundo no es como debería ser, y que necesita la redención. Solo Cristo es el vencedor de la muerte. Aquí, la marcada antítesis entre «Dios así lo quiere» y «Dios no lo permite» llegan a un punto crítico y también hallan su resolución. Dios accede a aquello que no quiere, y desde ahora en adelante, la muerte misma debe, por tanto, servirle a él. A partir de ahora, el «Dios lo permite» abarca incluso el «Dios no lo permite». Dios quiere vencer a la muerte por medio del sacrificio de Jesucristo. Solo en la cruz y en la resurrección de Jesucristo pudo la muerte ser arrastrada en el poder de Dios, y ahora debe servir a sus objetivos. Ya no es una renuncia fatalista, sino una fe viva en Jesucristo que murió y resucitó por nosotros, y es capaz de lidiar en profundidad con la muerte.

En la vida con Jesucristo, la muerte como destino general que se acerca a nosotros desde fuera se afronta mediante la muerte desde dentro, la propia muerte, la muerte libre de morir cada día con Jesucristo. Los que viven con Cristo mueren a diario a su propia voluntad. Cristo en nosotros nos entrega a la muerte para poder vivir dentro de nosotros. De este modo, el morir internamente crece para encontrarse con esa muerte que llega desde el exterior. Los cristianos reciben su propia muerte de esta manera y, así, nuestra muerte física no se convierte en el final, sino más bien en el verdadero cumplimiento de nuestra vida con Jesucristo. Entonces entramos en comunidad con Aquel que, en su propia muerte, pudo decir: «Consumado es».[5]

Bonhoeffer también mantenía una correspondencia[6] individual con los hermanos. Recibió una carta de un finkenwaldiano que se había resistido a la meditación sobre los textos bíblicos. Sin embargo, en medio de la guerra, le comentó a Bonhoeffer que siguió con esta práctica él solo. Cuando era muy difícil meditar en los versículos, sencillamente los memorizaba y esto tenía un efecto similar. Explicaba que, así como Bonhoeffer siempre les había dicho, los versículos «se abrían a una profundidad inesperada. Uno tiene que vivir con los textos y, cuando se desarrollan, me siento muy agradecido de que nos obligaras a hacerlo».

Su correspondencia[7] con tantos es un testimonio de su fidelidad como pastor. Aunque él mismo no estuvo en el frente, tuvo muchas noticias de los hermanos que sí se encontraban allí, y los alentaba a vuelta de correo, y oraba por ellos. Uno de ellos, Erich Klapproth, escribió que la temperatura era de cuarenta bajo cero: «Durante varios días seguidos no podemos ni lavarnos las manos, sino que pasamos de los cadáveres a una comida y, de ahí, de nuevo al rifle. Toda la energía ha de reunirse para luchar contra el peligro de congelarse, mantenerse en movimiento aunque uno esté muerto de cansancio». Klapproth se preguntaba si se les permitiría regresar de nuevo a casa, retomar sus vidas calmadas y tranquilas. Poco después de esto, Bonhoeffer supo que había muerto.

La noticia de la muerte de su querido amigo[8] Gerhard Vibrans le afectó de forma particularmente dura: «Creo que el dolor y la sensación de vacío que su muerte deja en mí apenas habría sido distinta si hubiera sido mi propio hermano».

Sus grandes esfuerzos por la Iglesia Confesante no cesaron. La guerra proporcionaba a los nazis amplias oportunidades para dañar a las iglesias. Hacia finales de 1941, Bonhoeffer ayudó a Perels a redactar una petición a las Fuerzas Armadas:

> La esperanza de los cristianos protestantes de que las medidas anti eclesiales cesen, al menos durante la guerra, se ha visto amargamente decepcionada ... Al mismo tiempo, estas medidas están tomando formas aún más duras en casa. En las congregaciones va creciendo la impresión de que la calamidad de la guerra y la ausencia del clero están siendo intencionadamente explotadas por el partido y la Gestapo, para destruir a la iglesia protestante incluso durante la guerra misma.[9]

El documento mencionaba muchas formas de abuso. Himmler intentaba destruir a la Iglesia Confesante con toda su energía, forzaban a todos sus pastores que no habían sido llamados a filas a que abandonaran el pastorado, y les daban trabajos «que fueran una actividad de alguna utilidad». El trato que la Gestapo dispensaba a los pastores en los interrogatorios era «ahora, por lo general, el mismo que a los criminales». Este es otro ejemplo que demuestra el implacable odio del liderazgo nazi hacia los cristianos y el cristianismo:

> Un destacado hombre común de la iglesia protestante, cuyo hijo había muerto en el este, fue forzado a soportar un gran maltrato mediante una comunicación anónima. Le anunció la muerte de su hijo con las siguientes palabras: «Caído en la fe de su Señor y Salvador...». El comunicado habla de «vergüenza sobre el clan santurrón y su sangre degenerada» que ha denunciado al hijo por creer en un «oscuro predicador itinerante».[10]

Finalmente, los cristianos de toda Alemania luchaban contra las medidas de eutanasia:

Las congregaciones, que ahora están al corriente de la matanza de los llamados indignos, reclaman las víctimas que haya de entre los suyos. Los cristianos de todas las confesiones la consideran con la más profunda alarma y repulsa, sobre todo en lo que se refiere a la derogación de los Diez Mandamientos y a cualquier seguridad de ley; es, por tanto, una señal del ejemplo anticristiano de las autoridades que lideran el Reich.[11]

Segundo viaje a Suiza

En septiembre Bonhoeffer volvió[12] a Suiza para la Abwehr. Se reunió de nuevo con Visser't Hooft. Las cosas no se veían muy bien para la Resistencia, ya que los ejércitos de Hitler habían tenido éxito hasta la fecha en la campaña rusa. Sin embargo, Bonhoeffer tenía una impresión distinta. «Este es, pues, el principio del fin», comentó cuando se saludaron. Visser't Hooft estaba desconcertado. ¿Quería decir que era el principio del fin para Stalin y los soviéticos? «No, no —replicó Bonhoeffer—. Hitler se está acercando a su fin, por un exceso de victorias». Estaba convencido de que se aproximaba al final de su encantada carrera. «El viejo nunca saldrá de esto», afirmó.

Hacia el otoño de 1941,[13] sin embargo, todas las esperanzas de que la conspiración consiguiera las seguridades de una paz negociada habían desaparecido. La guerra había durado demasiado. Con Alemania luchando contra Rusia, Churchill[14] lo veía como todo o nada. No le interesaba la conspiración... si es que existía realmente. Adoptó una postura desafiante que tildó a todos los alemanes de nazis e hizo oídos sordos a las voces de los conspiradores. No obstante, el obispo Bell habló en nombre de ellos. Intentó despertar la conciencia británica explicándoles que habían hombres y mujeres en Alemania ansiosos porque Hitler muriera. Con anterioridad, aquel mismo año, había pronunciado un discurso en una gran manifestación que criticaba al gobierno británico por hablar de victoria, pero sin misericordia alguna por aquellos que sufrían fuera de Gran Bretaña. En gran medida, a través de las conversaciones con Bonhoeffer y los Leibholz, Bell sabía de lo que hablaba: «Estoy seguro de que muchos en Alemania se ven ahora silenciados por la Gestapo y la ametralladora, que anhelan ser liberados de un gobierno nazi impío, y que llegue un orden cristiano en el que ellos y nosotros podamos asumir nuestra parte. ¿Acaso no saldrá ninguna llamada de trompeta desde Inglaterra que los despierte de la desesperación?».

Churchill y su Secretario de Asuntos Exteriores, Eden, no se conmovieron, pero Bonhoeffer perseveraría. Escribió un largo memorándum en el que explicaba, entre otras cosas, que la indiferencia de los Aliados hacia quienes podían perpetrar un golpe contra Hitler los estaba convenciendo de no llevarlo a cabo. Si los buenos alemanes de la conspiración pensaban que los británicos y sus aliados no los distinguirían de los nazis después de haber arriesgado su vida, poco incentivo tenían para realizarla: «La pregunta a la que debemos enfrentarnos es si un gobierno alemán que rompe por completo con Hitler y todo aquello que él defiende puede esperar conseguir unos términos de paz que le ofrezcan alguna oportunidad de sobrevivir ... Queda claro que la respuesta a esta pregunta es un asunto urgente ya que la actitud de los grupos de la oposición en Alemania depende de la contestación que se reciba».

Bonhoeffer fue ingenuo al pensar[15] que podía recibir una palabra del gobierno británico después de que su memorándum circulara en los círculos adecuados. No llegó ninguna. En una conversación que tuvieron en Ginebra en el mes de septiembre, Visser't Hooft le preguntó por qué oraba: «Si quiere que le diga la verdad —respondió—, pido por la derrota de mi nación, porque creo que es la única forma de pagar por todo el sufrimiento que mi país ha causado en el mundo». Empezaron a llegar nuevos informes desde el frente, y lo que supo a través de Dohnanyi era monstruoso. Había que detener a Hitler a cualquier precio.

A medida que los ejércitos alemanes avanzaban[16] hacia Moscú, la barbarie de las SS había obtenido de nuevo libertad para expresarse. Era como si el diablo y sus huestes se hubieran arrastrado fuera del infierno y caminaran sobre la tierra. En Lituania, las brigadas de las SS habían reunido a judíos indefensos y los habían golpeado hasta la muerte con porras, y después habían bailado con los cadáveres al son de la música. Retiraron a las víctimas, trajeron a un segundo grupo, y repitieron el macabro ejercicio.

Como resultado de estas cosas,[17] otros muchos líderes del ejército entraron en la conspiración. En un momento dado, unos oficiales fueron a ver al mariscal de campo Bock y le suplicaron, con lágrimas en los ojos, que detuviera «la orgía de ejecuciones» en Borisov. Pero ni siquiera Bock tenía poder alguno para ello. Cuando exigió que le trajesen al comandante de las SS a cargo de las masacres, el comisionado civil, Wilhelm Kube, se rió desafiante. Hitler había otorgado pleno reinado a las SS y ni siquiera un mariscal de campo podía hacer nada al respecto.

Fue durante este tiempo cuando el conde Peter Yorck von Wartenburg y su primo von Stauffenberg vencieron sus sentimientos fundamentales en contra de la conspiración. Ambos eran devotos cristianos y habían sido educados en la casta de la aristocracia militar alemana. Lo que presenciaron fue un cambio total y una burla de todos los valores que ellos mantenían en alto. Stauffenberg tomó las riendas en el famoso intento de asesinar a Hitler el 20 de julio de 1944, como pronto veremos.

La operación 7

Cuando Bonhoeffer regresó de Suiza a finales de septiembre, le pusieron al tanto de más horrores. Pero estos se habían perpetrado *dentro* de Alemania. Un nuevo decreto requería que todos los judíos de Alemania llevaran una estrella amarilla en público. Las cosas se habían trasladado ahora a una nueva esfera, y Bonhoeffer sabía que no sería más que un anticipo de lo que estaba por llegar. En casa de los Dohnanyi, aquel mes de septiembre, declaró, como es sabido, que si era necesario estaría dispuesto a matar a Hitler. No llegaría hasta ese punto, pero debía dejar claro que no estaba asistiendo al cumplimiento de un hecho que no quisiera llevar a cabo. Estipuló, sin embargo, que primero debía dimitir de la Iglesia Confesante. Sabía que la mayoría de sus miembros no compartirían su postura en este asunto, pero lo más importante era que no quería implicarlos en algo que él estaba acometiendo solo. Su papel en la conspiración era algo entre él y Dios únicamente; eso lo sabía a la perfección. También tenía claro que haber sido escogido por Dios, como los judíos y los profetas, era algo inconmensurable. Era el más alto honor, pero uno terrible que nadie procuraría jamás.

Fue alrededor de esa época cuando Bonhoeffer se involucró en un complejo plan para salvar a siete judíos de la muerte. Sería su primera misión seria para la Abwehr. Su nombre en clave era U7, es decir, *Unternehmen 7* [Operación 7] por el número de judíos implicados en un principio; al final este número se duplicó. El almirante Canaris quería ayudar a dos amigos judíos y las personas a su cargo, y Dohnanyi a dos colegas abogados. Los pasarían a escondidas hasta meterlos en Suiza con el aparente propósito de que contaran a los suizos lo bien que los alemanes estaban tratando a los judíos.

Con respecto a quienes formaban los círculos de Himmler, se esperaba que los judíos mintieran a favor de los nazis y, al hablar bien de ellos a las autoridades suizas, se les concedería la libertad. En un primer momento, algunos de los judíos creyeron que esto era en realidad lo que querían que hicieran y se negaron a participar. Dohnanyi tuvo que convencerlos, con gran riesgo para sí mismo, de que se trataba de una contraoperación y que tenían que decir la verdad a los suizos y ser libres. Dejó muy claro que él, el coronel Oster, el almirante Canaris, el conde Moltke y otros estaban involucrados en una conspiración en contra de Hitler.

Pero la operación resultó compleja y requirió mucho tiempo. En primer lugar, Dohnanyi tuvo que sacar a los judíos de las listas de deportados y convertirlos en agentes oficiales de la Abwehr, como había hecho con Bonhoeffer. A continuación convenció a Suiza para que los aceptara, siendo esta la mayor dificultad de todas. Los suizos habían declarado su neutralidad en la guerra y se negaron a ayudar a judíos alemanes. En este callejón sin salida, Bonhoeffer, Justus Perels y Wilhelm Rott (ayudante de Bonhoeffer en Zingst) utilizaron sus contactos ecuménicos. Apelaron a los hombres de iglesia suizos para la que era una situación de vida o muerte. Si estos judíos no escapaban de Alemania pronto, serían transportados a un terrible destino. Rott suplicó al presidente de la Federación de Iglesias Suizas, sabiendo que lo que le pedían era oficialmente imposible: «Lo que ahora le pedimos es que, ya sea por representaciones urgentes o actos oficiales por parte de las iglesias suizas, se pueda abrir la puerta para unos pocos, o al menos por un solo caso por el que abogamos de manera especial». A pesar de las súplicas de Rott, los suizos no se conmovieron. Entonces Bonhoeffer le escribió a Barth, pidiéndole ayuda.

Los suizos tenían su precio.[18] Dohnanyi tenía que asegurarse de que se enviara un buen montón de divisa extranjera a Suiza, ya que estos hombres y mujeres no podrían trabajar en aquel país. Los archienemigos de la Abwehr, Himmler y Heydrich,* notaron finalmente el detalle del dinero, como si de un hilo que cuelga se tratara, y tiraron de él hasta que las cosas empezaron a desenmarañarse y condujeron por fin al arresto de Bonhoeffer. Pero fue lo que los nazis estaban haciéndoles a los judíos lo que, de entrada, le empujó a él y a muchos otros de la conspiración a actuar. Cuando sus sentencias de muerte se entregaron en 1945, y pudieron hablar sin poner en peligro a los demás, tanto su hermano Klaus como su cuñado Rüdiger Schleicher conmocionaron a sus captores al decirles valientemente que habían entrado en la conspiración en primer lugar por los judíos.

Hitler da un traspié

En octubre, Dohnanyi y Oster se reunieron con Fabian von Schlabrendorff y el general de división Henning von Tresckow, que creía que las cosas volvían a estar maduras para derrocar a Hitler. Los generales en el frente ruso estaban cada vez

---

* Gisevius nos dice que, con frecuencia, a estos dos bellacos se les llamaba los «gemelos negros».

más enojados con la interferencia de Hitler. Entre eso y el continuo sadismo de las SS, muchos estaban finalmente preparados para volverse en su contra. Tal como Bonhoeffer había pronosticado, Hitler había llegado al final de su cuerda ininterrumpida de éxitos.

En noviembre de 1941,[19] las tropas alemanas bajo el mando del mariscal de campo von Rundstedt rugían hacia Stalingrado cuando, el 26 de noviembre, en Rostov, sufrieron una grave derrota y empezaron a retroceder. Fue la primera vez que una de las fuerzas de Hitler fue derrotada con contundencia. Fue algo que la arrogancia del Führer no pudo encajar. Se sentía personalmente afrentado y, ahora, a mil seiscientos kilómetros de allí, en Wolfsschanze, su búnker en los bosques del este de Prusia, Hitler exigió a Rundstedt que mantuviera la línea a cualquier precio. Sus tropas debían pagar el coste que fuera y soportar cualquier carga. Rundstedt telegrafió de vuelta que era una «locura» intentarlo. «Repito —prosiguió Rundstedt— que esa orden debe ser revocada o encuentre a otro». Hitler así lo hizo y le relevó del mando.

La marea cambiaba para Adolfo Hitler. El resto de sus ejércitos orientales cargaban ahora contra las blancas fauces del notable invierno ruso, cuya furia incrementaba por día. Miles de soldados morían congelados. El combustible se helaba. Había que encender fuegos bajo los tanques para que pudieran arrancar. A causa del frío, las ametralladoras dejaron de disparar. Las miras telescópicas no servían para nada.

Con todo, a pesar de las súplicas de otros generales, Hitler, inmisericorde, hizo que sus tropas avanzaran y, el 2 de diciembre, un único batallón alemán se acercó lo suficiente para poder vislumbrar las legendarias agujas doradas del Kremlin, a unos veintidós kilómetros. Esto fue lo más cerca que los alemanes conseguirían llegar. El 4 de diciembre, la temperatura se desplomó hasta los treinta y uno bajo cero. El 5, cayó hasta los treinta y seis bajo cero. Los generales Bock y Guderian supieron que habían llegado al final de sus capacidades y recursos. Debían replegarse. Brauchitsch, el comandante en jefe del ejército, decidió dimitir de su puesto. El día 6, los rusos atacaron las líneas alemanas con una fuerza tan demoledora que los que una vez fueron los ejércitos invencibles de Hitler dieron media vuelta y batieron en franca retirada. Fueron perseguidos por el infinito e inhóspito paisaje y fue por mérito propio que pudieron sobrevivir al repliegue. A las tropas de Napoleón no les fue tan bien.

Este revés traspasó a Hitler como una daga, pero las noticias del 7 de diciembre sobre el solapado ataque japonés a Pearl Harbor, hicieron revivir su ánimo. Se regocijó en especial por la forma tan poco limpia de atacar, y dijo que se correspondía con su «propio sistema». De esta forma eternamente alegre tan suya interpretó el asesinato en masa de los estadounidenses como una señal alentadora de la providencia, justo cuando la necesitaba. La declaración estadounidense de guerra contra Japón y Alemania fueron el anuncio del comienzo del fin de Hitler, que tendría que librar una guerra en dos frentes hasta el día de su suicidio. Pero no podía ver el sombrío futuro. En aquel momento, todavía tenía la mente en Rusia, donde se hallaba tan ocupado cavando un camino nuevo en la nieve hacia la dominación del mundo.

En primer lugar, cesaría a los generales a quienes culpaba del vergonzoso desastre. Debería haberlo hecho mucho antes. Sustituyó a Bock. Guderian fue destituido. A Hoepner lo despojó de su rango y le prohibió llevar el uniforme. Sponeck fue encarcelado y sentenciado a muerte. El general Keitel, como recompensa por años de fiel adulación, escapó con un virulento rapapolvo durante el cual el Führer acusó al profusamente condecorado invertebrado de *Dummkopf* [imbécil]. Brauchitsch reaccionó al fracaso con un fallo coronario y entregó su dimisión.

Esto fue catastrófico para los conspiradores, que habían estado cortejando a Brauchitsch durante algún tiempo y recientemente les había dado su asentimiento a los planes. Ahora, su tembloroso eje se quitaba de en medio. Los líderes de la conspiración debían ocuparse de sustituirlo. Pero su reemplazante sería reacio a participar, porque Hitler, siempre inclinado a eliminar intermediarios, se autonomizó para ocupar el lugar de Brauchitsch. Como comandante en jefe del ejército, supervisaría todas las operaciones militares que salieran adelante. Antes de que todo acabara, Hitler lo estaría haciendo todo él mismo. Si hubiera habido pistas de tenis en Wolfsschanze, con toda seguridad el Führer también habría controlado el programa de quienes las utilizaran.

Los conspiradores se reagrupan

Con la partida de Brauchitsch, la conspiración tuvo que encontrar otra forma de progresar. Había otras razones para desalentarse, por no mencionar las frustradas probabilidades de una paz negociada con Gran Bretaña y sus aliados. Pero no había tiempo que perder retorciéndose las manos. Las crecientes deportaciones de judíos al este se encargaban de ello. De no haber sido porque escaparon cuatro años antes, la amada Sabine, su esposo e hijas podría estar ahora en un furgón camino de una muerte segura. Bonhoeffer pensó en Franz Hildebrandt; en sus amigos de la Universidad de Berlín y en los de su infancia en Grunewald. El exterminio del «mundo de la judería» bajo los auspicios del orwellianismo de la Solución Final había comenzado. En una conferencia en

Wannsee, a principios de 1942, se selló el destino de todos los judíos dentro del alcance del Tercer Reich. La importancia de matar a Hitler y desbaratar el progreso de su infernal visión para el mundo era más urgente que nunca. ¿Pero cómo?

Los planes de los conspiradores[20] eran más o menos los mismos que antes. Hitler sería asesinado; el general Beck, que había dimitido en señal de protesta cuatro años antes, lideraría el golpe y, probablemente, se convertiría en el jefe de un nuevo gobierno. Según Gisevius, Beck «estaba por encima de todos los partidos... como único general con una reputación sin igual que había dimitido voluntariamente». Con Beck como líder de un nuevo gobierno alemán, muchos generales se sintieron con coraje para ir adelante.

Mientras tanto, la mayor conspiración progresaba en diversos frentes, y el *Abwher* planeaba enviar a Bonhoeffer en misión a Noruega a principios de abril. Por primera vez, sin embargo, en febrero de 1942, Dohnanyi se enteró de que la Gestapo los estaba vigilando a él y a Bonhoeffer. Le habían pinchado su teléfono y estaban interceptando su correspondencia. Probablemente Martin Bormann y el cadavérico Heydrich también estaban detrás de aquello. Consciente del creciente peligro, Bonhoeffer redactó un testamento que entregó a Bethge, porque no quería alarmar a su familia.

Se reunía regularmente con su hermano Klaus. Como abogado principal de la Lufthansa tenía muchos contactos de trabajo de alto nivel. Se las ingenió para meter a su colega Otto John en la conspiración, y este trajo al príncipe prusiano Louis Ferdinand. El número de personas involucradas creció significativamente. En términos generales eran dos grupos principales que conspiraban contra Hitler. El primero se centraba en Canaris y Oster y la Abwehr. Pero el otro, liderado por el conde Helmuth von Moltke, empezaba ahora a formarse. Se le llamó el Círculo de Kreisau.

El Círculo de Kreisau

El Círculo de Kreisau tomó su nombre del lugar donde se reunió por primera vez, la hacienda Kreisau de Moltke.* Von Moltke era miembro de la Cámara de los Lores prusiana y descendiente de una ilustre familia de militares. Su padre comandaba las fuerzas alemanas al principio de la Primera Guerra Mundial y sirvió como ayuda de campo del Káiser Wilhelm II. Su tío-abuelo, el mariscal de

---

* *Kreis* significa «círculo»; la repetición de *Kreisauer Kreis* se pierde en la traducción.

campo Helmuth barón von Moltke, fue el legendario genio militar cuyas celebradas victorias en las guerras austroprusianas y francoprusianas prepararon el camino para la creación del Imperio alemán en 1870.*

Como muchos de los que formaban el Círculo Kreisau, Moltke era un cristiano comprometido. Canaris lo alistó en la conspiración al principio de la campaña polaca, cuando documentó muchos abusos de los derechos humanos. En octubre de 1941 escribió: «Sin lugar a duda, más de mil personas son asesinadas de esta forma cada día, y otros mil hombres alemanes están habituados a matar ... ¿Qué diré cuando se me pregunte: y qué hizo usted durante ese tiempo?». En otra carta, declaró: «Desde el sábado, los judíos berlineses están siendo acorralados. Luego se los expulsa con lo que puedan transportar ... ¿Cómo puede alguien estar al tanto de estas cosas y caminar libremente por la calle?».

En 1945, antes de su ejecución, Moltke escribió a su esposa que comparecía ante el tribunal «como cristiano y nada más» y afirmó que «lo que tanto aterroriza al Tercer Reich» era lo que había debatido con clérigos protestantes y católicos, «preguntas sobre las exigencias prácticas y éticas de la cristiandad. Nada más: solo por esto nos condenan ... Solo lloré un poco, no porque me sintiera triste o melancólico..., sino solo porque me siento agradecido y conmovido por esta prueba de la presencia de Dios». A sus hijos les dejó dicho que había intentado ayudar a las víctimas de los nazis y preparar el camino para el cambio a un nuevo liderazgo: «A eso me condujo mi conciencia... y, al final, este es el deber de un hombre». Creía que solo por la fe en Dios uno podía ser un total adversario de los nazis. Con anterioridad había intentado convencer a los nazis que cumplieran la Primera Convención de Ginebra, pero Keitel la descartó como «una noción de cortesía de una época pasada». Más tarde, Moltke ayudó a deportar a los judíos de Alemania.

La otra figura principal del Círculo de Kreisau era el conde Peter Yorck von Wartenburg, cuyo primo, el conde Claus Schenk von Stauffenberg, lideraría el fallido complot Valkiria del 20 de julio de 1944. Pero el Círculo Kreisau se oponía de forma acérrima al asesinato. Su conspiración se limitaba mayormente a debatir cómo se debería dirigir Alemania tras derrocar a Hitler, de modo que no había un contacto extenso con los conspiradores de la Abwehr. Tras la primera reunión en la finca de Moltke, se reunieron en la villa de Yorck, en el vecindario berlinés de Lichterfelde. Finalmente, Yorck cambió de opinión en cuanto al asesinato y se convirtió en una figura principal en el complot de Stauffenberg.

---

* También fue un célebre lingüista, genialmente taciturno y, por tanto, se decía de él que «era silencioso en siete idiomas».

CAPÍTULO 25

BONHOEFFER LOGRA UNA VICTORIA

*Si en Alemania hay hombres que también están dispuestos a librar batalla
contra la monstruosa tiranía de los nazis desde el interior, ¿es justo
desalentarlos o ignorarlos? ¿Podemos permitirnos rechazar la ayuda que nos
ofrecen para lograr nuestro fin?*
—Obispo George Bell a Anthony Eden, Ministro de Exteriores británico.

V on Moltke y Bonhoeffer se vieron por primera vez durante su viaje a
Noruega; recientemente, el colaborador nazi Vidkun Quisling, cuyo
sobrenombre se convirtió en sustantivo común, con el significado de
«traidor», lo había entregado a Hitler. Gracias a su traición, fue nombrado primer ministro del nuevo gobierno títere, el 1 de febrero de 1942. Pero el
día que tomó posesión de su cargo adoptó una postura beligerante con la iglesia
noruega, prohibiendo a Provost Fjellbu, uno de sus líderes, que celebrara un oficio
en la nacionalmente simbólica Catedral Nidaros de Trondheim. Esto causó una
tormenta de resistencia que unió a esta iglesia con la más amplia resistencia noruega, de un modo que resultó públicamente desastroso para el nuevo gobierno de
títeres y para los nazis en general. En abril, la Abwehr decidió enviar a Bonhoeffer
a Noruega para que ayudara en esta situación, aunque, por descontado, él iba allí
precisamente para lo contrario.

El 20 de febrero, Quisling cesó a Fjellbu de su cargo. Sin embargo, a diferencia de lo ocurrido en Alemania, los líderes de la iglesia noruega estaban
unidos y eran firmes: todos sus obispos cortaron cualquier conexión con el
gobierno. En marzo, Quisling volvió a extralimitarse, estableciendo una versión

noruega de las Juventudes de Hitler. De inmediato, un millar de maestros hicieron una huelga en protesta.

En abril, volvió a ser el turno de la iglesia de oponerse a Quisling. El Jueves Santo, el obispo Berggrav, heroico líder de la resistencia de los pastores, fue sometido a arresto domiciliario. Por tanto, en plena Pascua, el 5 de abril, todos los pastores de Noruega imitaron el comportamiento de sus obispos seis semanas antes, e hicieron lo que Bonhoeffer había rogado a los pastores alemanes en julio de 1933: se pusieron en huelga. Dietrich había estado en Kieckow y Klein-Krössin durante el mes de marzo, y había trabajado en su *Ética*. Pero cuando encarcelaron a Berggrav, Dohnanyi le convocó en Berlín y le puso al corriente de su nueva misión.

La valentía de la iglesia noruega durante este episodio le alegró. Estaba ansioso por viajar allí y alentarles, poniendo a su disposición el beneficio de su experiencia. El 10 de abril, tomó el tren desde Stettin a Sassnitz, en la costa norte. Él y Dohnanyi debían encontrase allí con von Moltke, para después embarcar en el transbordador hasta Trelleborg, en Suecia.

Von Moltke se encontraba entre aquellos que no creían que el asesinato de Hitler fuera algo moralmente permisible; opinaba que esto no haría más que convertirlo en un mártir y conduciría a un peor gobierno, bajo el mando de sus infames lugartenientes. Su principal interés radicaba en tener planes listos para un gobierno socialista y democrático cuando el régimen nazi se derrumbara. En cuatro semanas, un grupo iniciaría conversaciones a este respecto en la hacienda de Moltke, en Kreisay; sería el principio del Círculo de Kreisau. Bonhoeffer no podría asistir, porque coincidiría con su viaje a Suiza, pero él y Moltke tendrían mucho tiempo para discutir sus opiniones, ya que perdieron el transbordador y era el último del día. De modo que cenaron juntos y vieron una película.

A la mañana siguiente,[1] sin haber oído una palabra sobre el transbordador, dieron un largo paseo para aclarar su plan de juego para Noruega. Von Moltke y Bonhoeffer caminaron casi seis kilómetros y medio en dirección norte, siguiendo la costa hasta los acantilados calizos de Stubbenkammer, y otras tantas de regreso. No vieron un alma durante todo ese tiempo, excepto a un solitario leñador. Tras el paseo de tres horas y media, regresaron al hotel para enterarse de que seguían sin tener noticias del transbordador. Decidieron almorzar. Von Moltke era un año menor que Bonhoeffer, pero llevaba diez casado. En una carta a su esposa, Freya, escribió: «Estando sentados a la mesa (¡!), por la ventana vimos aparecer el transbordador de repente, surgiendo de la niebla. Fue realmente maravilloso. Corrimos al puerto, donde nos informaron que el barco partiría dos horas más tarde, por lo que debíamos apurarnos».

Tomaron ese transbordador,[2] pero se vieron atrapados en el hielo durante dos horas, y esto les hizo perder el último tren de Malmö a Oslo. Pernoctaron allí y, por la mañana, prosiguieron hasta Oslo. La experiencia de Bonhoeffer en la lucha de la iglesia alemana le proporcionaba una autoridad especial de cara a los líderes eclesiales noruegos. Adoptó la misma postura que había asumido años antes en Alemania, pero esta vez siguieron su consejo. Les dijo que esta era la oportunidad de mostrar al mundo —y a todos en Noruega— lo salvajes que eran los nazis. No debían retroceder. Tal como contaba Berggrav años más tarde, Bonhoeffer «insistió en una resistencia implacable que pudiera llegar hasta el martirio, si hacía falta». Ni él ni Moltke pudieron encontrarse con él en su celda de la prisión, pero recibieron un mensaje suyo, y su misión de persuadir al gobierno noruego de liberarle tuvo éxito. El día que abandonaron Estocolmo, Berggrav fue puesto en libertad.

Bonhoeffer y Moltke regresaron a Berlín e informaron a Dohnanyi. Habían disfrutado de la mutua compañía, pero unas pocas semanas más tarde, cuando el Círculo de Kreisau se reunió por primera vez, Dietrich estaba realizando su tercer viaje a Suiza para la Abwehr.

El tercer viaje a Ginebra

Cuando llegó a Ginebra, se sintió decepcionado al saber que Visser't Hooft no se encontraba allí, en particular porque deseaba hablar con él sobre su reciente periplo por Noruega. Se enteró de que este se hallaba de viaje por España e Inglaterra, y que en este último país presentó, ante una reunión del Peace Aims Group el memorándum que Bonhoeffer había redactado el anterior mes de septiembre, aunque por esa época resultaba un tanto anticuado debido al cambio de las circunstancias. La principal razón de visitar Inglaterra era reunirse con Sir Stafford Cripps, que ocupaba una posición destacada en el Gabinete de Guerra de Churchill. Le entregó a Cripps un memorándum escrito por Adam von Trott zu Solz, que trabajaba en la Oficina de Asuntos Exteriores y que se convertiría en una figura vital en el Círculo de Kreisau.[*] La intención era que la nota pasara de Cripps a Churchill. Bonhoeffer sabía muy poco sobre el despacho de Trott y del contacto que Visser't Hooft pretendía tener con Cripps, ya que todo aquello procedía del mundo del Círculo de Kreisau y no del de la conspiración de la

---

[*] Trott era descendiente de John Jay, primer presidente de la Corte Suprema de Estados Unidos.

Abwehr. La falta de comunicación entre ambos grupos no era intencionada, sino algo típico en el secreto mundo de la inteligencia militar y de las conspiraciones en tiempo de guerra.

En Ginebra, Bonhoeffer volvió a visitar a Erwin Sutz. También pasó tiempo con Adolfo Freudenberg, que había sido el segundo pastor de St. George, en Londres, donde ayudó a Rieger y Hildebrandt con los refugiados alemanes. Una noche, en casa de los Freudenberg, Bonhoeffer vio a Frau Visser't Hooft y otros del movimiento ecuménico. Pero también hizo cosas menos importantes. Pasó una deliciosa tarde de compras con Frau Freudenberg. Adolfo recordaba que su decisión de ir a un cierto restaurante de los barrios pobres no contó con la aprobación de Bonhoeffer:

> Conocíamos una romántica, aunque bastante deslucida, cervecería al aire libre que daba sobre las susurrantes aguas del Arve; había tenido mucho éxito con todos nuestros invitados. Sin embargo, no fue así con Dietrich: la camarera, su forma de servir la comida, los animales inoportunos, como un gato, un perro, un viejo pato y una pava medio desplumada que mendigaban comida e incomodaban a los clientes, todo esto ofendió su sentido de la belleza y la dignidad, por lo que nos marchamos enseguida.[3]

El viaje a Suecia

Durante esta visita a Ginebra, sin un propósito fijo, el 23 de mayo, Bonhoeffer se enteró de algo que le conduciría a su mayor éxito en el nuevo campo de la política exterior: el obispo Bell estaría durante tres semanas en Suecia. Semejante información era difícil de conseguir durante la guerra, en especial para los alemanes; por tanto, coordinar planes con alguien como Bell era del todo imposible. Que estuviese en la neutral Suecia, donde Bonhoeffer podría verle, era demasiado bueno como para no aprovecharlo, ya que le daba la oportunidad de informar de la conspiración al gobierno británico. Dadas las conexiones del obispo con la administración de Churchill, Bonhoeffer debía hacer todo lo que estuviese en su mano por verle antes de que se marchara de Suecia.

Debía abandonar Ginebra de inmediato. La Abwehr se encargaría de los preparativos, y esto podría resultar complicado, por no decir peligroso. Se apresuró y regresó a Berlín para hablar con Dohnanyi y Oster. Canaris le consiguió un pase especial de emisario a través del Ministerio de Exteriores, y el 30 de mayo tomó un avión en dirección a Estocolmo.

En la enrevesada clandestinidad de las misiones secretas de inteligencia, con frecuencia una mano desconocía lo que la otra hacía. Y nadie sabía a ciencia cierta en quién podía confiar. Hans Schönfeld, que en un tiempo se opuso a Bonhoeffer, se encontraba en esos momentos en Suecia y se había reunido con el obispo Bell el día 24. A lo largo de los años, ambos habían mantenido unos cuantos conflictos. Schönfeld no estaba relacionado con la Iglesia Confesante y, en la esfera ecuménica, se había aliado con el pérfido obispo Heckel. Se encontraba en Fanø cuando Bonhoeffer había dado su conferencia de paz, y se había sentido bastante disgustado, porque había esperado oír algo más proalemán. Hasta llegó a pensar que Dietrich habría aprovechado la ocasión para defender la racista teología de *Volk* que muchos alemanes habían adoptado. Bonhoeffer no había hecho nada de esto, por supuesto, sabiendo que era un antisemitismo con vestiduras clericales. Sin embargo, de repente, ambos se encontraron del mismo lado de la conspiración en contra de Hitler.

Cuando Bell y Schönfeld se reunieron, el obispo fue bastante cauteloso, ya que conocía su relación con la *Reichskirchenleitung* [la jefatura de la Iglesia del Reich]. La actitud general de Schönfeld fue un poco parecida a la que Churchill asoció cínicamente con los «palpadores de la paz» alemanes. Querían que Gran Bretaña se llevara bien con Alemania cuando acabara la guerra, y no querían ceder los territorios conquistados mediante métodos bárbaros. Sentían poca humildad o vergüenza por lo que su gobierno había perpetrado. Por esta razón, Churchill no prestaría atención a los alemanes, por mucho que alegaran representar a una conspiración en contra de Hitler. Schönfeld no era del todo así, pero, como Bell no lo conocía, prefirió ser cordial, aunque en última instancia frío y evasivo.

Pero, ahora, Bonhoeffer estaba de camino. El 31 de mayo, Domingo de Pentecostés, llegó a Estocolmo, donde supo que Bell se encontraba en el Instituto Ecuménico Nórdico de Sigtuna. Se apresuró hasta allí y sorprendió a su viejo amigo. No se habían visto desde la primavera de 1939, justo antes de que Bonhoeffer saliera para Nueva York. Ambos hombres tenían la sensación de que había transcurrido una eternidad, pero allí estaban, como si se hubieran visto el día anterior.

Bell le dio gratas noticias[4] sobre Sabine y Gert. La familia Bonhoeffer se había sentido muy angustiada por los Leibholz y viceversa; en tres años no se habían comunicado entre ellos. El obispo le comentó que lo último que había oído era que Bonhoeffer era un soldado ¡que iba de camino a Noruega para luchar allí! Un amigo mutuo sabía que había estado en Suecia y había dado por sentado que se dirigía a la guerra en Noruega. Después de todo, ¿qué otra cosa podía estar haciendo un alemán en Suecia? Una vez, ambos amigos se pusieron al corriente de las noticias personales, pasaron al asunto de la conspiración.

Ahora Dietrich se enteró de que Schönfeld también se encontraba en Sigtuna. En un principio fue algo que le confundió, pero al final se vio que era algo fortuito, ya que, desde un punto de vista levemente distinto, pudo corroborar la mayor parte de lo que este había afirmado. Y además podía ampliarlo, proporcionando a Bell los nombres de los que estaban implicados en la conspiración y que Schönfeld no conocía. Por medio de Oster y Schlabrendorff supo que los dos generales que iniciarían el golpe eran los mariscales de campo von Boch y von Kluge. Estos detalles dejaron muy claro a Bell —y lo mismo ocurriría con sus contactos en Londres— que existía realidad y profundidad en la conspiración. Sin embargo, se desconoce cómo Schönfeld y Bonhoeffer se entrevistaron con Bell en nombre de la conspiración.

Dietrich observó que, a pesar de sus diferencias,[5] Schönfeld había cambiado de alguna manera y que era fundamentalmente confiable. De hecho, estaba arriesgando su vida por estar allí, y hablar en secreto al representante de una nación enemiga sobre el complot para asesinar a Hitler. Al parecer, su relación con la conspiración era a través del Círculo de Kreisau, ya que habló de un futuro gobierno postnazi que seguiría líneas socialistas. Bonhoeffer se refería a posibilidades más conservadoras que incluirían el retorno a la monarquía de los Hohenzollern bajo el gobierno del príncipe Luis Fernando de Prusia, con quien estaba relacionado a través de su hermano Klaus.[*]

Bonhoeffer y Schönfeld divergían[6] en su actitud general. El segundo presentaba un talante de fuerza alemana y buscaba términos favorables de paz. Sugirió, por ejemplo, que los británicos no podían ganar la guerra, de modo que les interesaba llegar a un acuerdo con los conspiradores. El primero venía de una posición de debilidad deliberada, una que esperaba apelar a un sentido de la justicia y la misericordia británica. Expresó profunda humildad y vergüenza por los pecados de Alemania y sintió que tanto él como todos los alemanes debían estar dispuestos a sufrir por ellos. Era preciso mostrar al mundo que se arrepentían de verdad. Quería demostrarle la sinceridad de su pesadumbre y su solidaridad hacia quienes habían sufrido y seguían haciéndolo. No deseaba minimizar las maldades cometidas en nombre de Alemania: «Los cristianos no desean escapar al arrepentimiento, o al caos, si es la voluntad de Dios que recaiga sobre nosotros. Debemos asumir este juicio como cristianos». Los seguidores de Cristo debían ser como Jesús en su disposición a sufrir por los demás, y Alemania había ahora de hacerlo delante del mundo. Se podía confiar en Dios para que resolviera los detalles. Como Cristo, los cristianos estaban obligados a pagar el precio por los pecados de otros, y ser quienes dieran el primer paso en ese sentido.

---

[*] Ferdinand se había hecho amigo de Henry Ford y, durante un tiempo, trabajó en una fábrica Ford de Detroit. Asimismo, tenía gran cordialidad con el presidente Franklin Delano Roosevelt.

Sabía que Alemania jamás se recuperaría a menos que los alemanes adoptaran una actitud de arrepentimiento. Le correspondía a él y a la iglesia en general exhortarles a ello.

Bell no se anduvo por las ramas[7] y les hizo saber que no se hicieran demasiadas ilusiones con respecto a la respuesta de Churchill a sus solicitudes. Las probabilidades eran cada vez más a largo plazo. No obstante, debatieron detalles como la forma de comunicarse con Gran Bretaña si este país deseaba ponerse en contacto con ellos, incluidos códigos y lugares. En un principio pensaron en Suecia, pero el obispo Björquist, jefe del Instituto Ecuménico Nórdico no consideró que fuese posible, dada la neutralidad de esta nación. Suiza tendría que ser el punto de encuentro para los representantes británicos y los de la conspiración alemana. Bethge indicó que la actitud de Björquist pudo haberse debido a una incomodidad fundamental con respecto a Bonhoeffer a consecuencia del viaje de diez días que este hizo a Suecia en 1936, con sus ordenantes de Finkenwalde. Este obispo era muy cercano a la *Reichskirche* y a Heckel, y abogaba por la teología de la *Volkskirche*. Como muchos de los luteranos mayoritarios de aquella época, Björquist consideraba a Bonhoeffer del mismo modo en que un obispo episcopal lo haría con un evangélico; por tanto, aventurarse en una situación complicada con él parecía un tanto temerario.

Aprovechando que se hallaba en territorio neutral, Bonhoeffer escribió a Sabine y Gert. Lo hizo en inglés, posiblemente para evitar suscitar sospechas si la carta caía en manos indebidas:

1 de junio de 1942

Queridos míos:

¡Qué gozo tan indescriptible poder recibir noticias vuestras por medio de George! Todavía me parece un milagro ... Con toda seguridad os habréis enterado, como también nosotros aquí en Suecia, de que, en general, todas las personas que no sean descendientes de arios y que se encuentren fuera de Alemania han sido expatriadas. Tal como veo el futuro de vuestra patria, esto es bueno para vosotros y no hará más que facilitar vuestro regreso en ese día que todos anhelamos. Espero, pues, que no os preocupéis por esto.

Mi corazón está lleno de gratitud por estos últimos días. George es una de las personalidades más extraordinarias que he conocido en mi vida. Os ruego que transmitáis mi amor a las niñas ... Charles y su esposa irán al campo en el norte, a casa de unos amigos míos, para pasar varias semanas. Les hará bien.

Mucho amor de

Dietrich[8]

«Charles y su esposa» era uno de los nombres codificados que la familia utilizaba durante la guerra. Se refería a sus padres; Charles era el cognado de Karl. Iban a Pomerania como invitados de Ruth von Kleist-Restow en su hacienda de Klein-Krössin. Bonhoeffer no podría haber soñado que, en una semana, estaría allí y que, como resultado de ello, su vida cambiaría para siempre:

1 de junio de 1942

Mi señor obispo:

Permítame expresar mi profunda y sincera gratitud por las horas que pasó conmigo. Todavía me parece un sueño haberle visto, departido con usted y escuchar su voz. Creo que estos días permanecerán en mi memoria como uno de los periodos más importantes de mi vida. Este espíritu de comunión y de fraternidad cristiana me sostendrá en las horas más oscuras. Aunque las cosas lleguen a ser peor de lo que anhelamos y esperamos, la luz de estos pocos días jamás se extinguirá en mi corazón. Las impresiones han sido tan abrumadoras que soy incapaz de expresarlas con palabras. Me siento avergonzado cuando pienso en su gran bondad y, en estos momentos, estoy lleno de esperanza para el futuro.

Que Dios esté con usted en su camino de regreso a casa, en su obra y siempre. Pensaré en usted el miércoles. Le ruego que ore por nosotros. Lo necesitamos.

Con toda mi gratitud, Dietrich[9]

El obispo Bell conocía demasiado bien el nivel de cinismo que Churchill profesaba a las solicitudes alemanas, pero su encuentro con Bonhoeffer había fortalecido su resolución de hacer todo cuanto estuviera en sus manos. Que Visser't Hooft hubiese estado en Londres para presentar el memorándum de Trott también le alentaba. El 18 de junio, Bell envió una carta a Anthony Eden, ministro de asuntos exteriores, referente a las reuniones de Sigtuna en la que le pedía una entrevista:

Estimado señor Eden:

Acabo de regresar de Suecia con lo que me parece una información confidencial sumamente importante acerca de las propuestas de un gran movimiento de oposición en Alemania. Dos pastores germanos, a los que conozco muy bien desde hace doce años o más (uno de ellos es un amigo íntimo), han venido expresamente desde Berlín para verme en Estocolmo.

Este movimiento está respaldado por líderes tanto de las iglesias protestantes como las católicas. Me han provisto de innumerables detalles y nombres de líderes de la administración civil, del movimiento obrero y del ejército, implicados. Las credenciales de estos pastores hablan por sí solas, y estoy convencido de su integridad y de los riesgos que han corrido.[10]

Bell se reunió con Eden[11] el 30 de junio y presentó un extenso memorándum con los detalles de sus debates con Schönfeld y Bonhoeffer. Dos semanas más tarde, seguía sin recibir respuesta alguna cuando se topó con Sir Stafford Cripps, que le dio noticias alentadoras sobre su propia reunión con Visser't Hooft en el mes de mayo y sobre la aceptación general del memorándum de Trott por parte de Adam. Le aseguró que abogaría por ello ante Eden. Sin embargo, cuatro días después, las noticias que llegaron fueron muy malas: «Sin arrojar sombra alguna sobre la buena fe de sus informadores, me satisface que no exista ningún interés nacional que nos obligue a enviarles ningún tipo de respuesta. Imagino que esta decisión puede causarle alguna decepción, pero en vista de lo delicado de las cuestiones implicadas, siento que debo pedirle que la acepte».

Sin lugar a duda,[12] la implacable negativa británica de ayudar a estos alemanes en su lucha contra Hitler tenía mucho que ver con el deseo de Churchill de aplacar a Stalin, con quien su gobierno había firmado un tratado de alianza en el mes de mayo. Bethge dijo que «Londres evitaba con sumo cuidado todo lo que pudiera parecer una falta de lealtad a la alianza». Irónicamente, aquel que en un futuro acuñaría el término «Telón de Acero» estaba siendo ahora sensible con su futuro arquitecto.

Pero Bell no se rindió. El 25 de julio le escribió a Eden, insistiendo aún en su empeño:

En Suecia encontré gran evidencia en muchos aspectos, además de la información de los dos pastores, en cuanto a la clara distinción entre los nazis como tales y un gran cuerpo de otros alemanes. La clara definición de esta distinción (y sus consecuencias) por parte del gobierno es la forma más enfática que tanto espera la oposición...

El señor Churchill declaró en su primer discurso como primer ministro que nuestra política era «librar batalla contra una tiranía monstruosa que no se ha visto jamás superada en el oscuro y lamentable catálogo de los crímenes humanos», y que nuestro objetivo era «la victoria a toda costa». Si hay hombres en Alemania que también están dispuestos a luchar contra la monstruosa tiranía de los nazis desde el interior, ¿es justo desalentarlos o ignorarlos? ¿Podemos permitirnos rechazar la ayuda que nos ofrecen para lograr nuestro fin? Si con nuestro silencio estamos provocando que pierdan toda esperanza para Alemania, ya sea hitleriana o todo lo contrario, esta será en realidad nuestra contribución.[13]

Gerhard Leibholz[14] había mantenido un estrecho contacto con Bell y sabían a qué se estaban enfrentando. En una carta a Sutz sobre los esfuerzos del obispo, escribió que «por desgracia, muchos de sus amigos y de los nuestros no poseen su amplitud de juicio y tendrán dificultades para liberarse de los prejuicios erróneos». Como judío, Leibholz estaba profundamente al tanto del antisemitismo de Gran Bretaña, responsable de alguna indiferencia a la súplica de la judería europea. Como alemán, era buen conocedor de las actitudes antialemanas que no obedecían menos a motivos raciales. Según el periodista Joachim Fest: «...en Gran Bretaña existía la convicción, y no solo por parte de los lectores de la prensa sensacionalista, de que los alemanes eran malvados por naturaleza, o, en todo caso, tenían una cierta predisposición a serlo, como resultado de su herencia histórica y cultural».[15]

Leibholz instó a Bell para que llevara el memorándum al embajador estadounidense en Gran Bretaña, John Gilbert Winant. Bell así lo hizo el 30 de julio; el embajador fue más alentador. Prometió pasar la información a Roosevelt, pero Bell no volvió a tener noticias suyas. Roosevelt había rechazado rotundamente otras solicitudes de aquellos que estaban relacionados con la conspiración alemana.

El 4 de agosto, Eden envió su obtusa respuesta:

Mi querido señor obispo:

Gracias por su carta del 25 de julio, acerca del problema alemán.

Soy muy consciente de la importancia de no desalentar a ninguno de los elementos de oposición en Alemania en contra del régimen nazi, como me comenta. Recordará que, en mi discurso del 8 de mayo en Edimburgo, dediqué un pasaje bastante largo a Alemania y concluí declarando que, si alguna sección del pueblo alemán deseaba realmente volver a un estado alemán basado en el respeto por la ley y los derechos del individuo, debía entender que nadie les creería hasta haber dado pasos activos para librarse de su régimen actual.

No me parece aconsejable, en el presente, llegar más lejos en una declaración pública. Imagino los peligros y las dificultades a las que la oposición se expone en Alemania, pero, hasta la fecha, han dado pocas pruebas de su existencia. Hasta que muestren su disposición a seguir el ejemplo de los pueblos oprimidos de Europa, corriendo los riesgos y emprendiendo acciones para oponerse y derrocar al gobierno nazi de terror, no veo cómo podríamos difundir de un modo provechoso las declaraciones de los miembros del gobierno sobre Alemania. Creo que estas ya han dejado bien claro que no tenemos intención de negarle un lugar en la futura Europa, pero cuanto más tiempo tolere el pueblo alemán al régimen nazi, mayor será su responsabilidad por los crímenes que este cometa en su nombre.

Sinceramente suyo,
Anthony Eden[16]

El decoro diplomático impedía que Eden expresara sus verdaderos sentimientos, pero los garabateó en el margen de la carta de Bell para la posteridad: «¡No veo razón alguna para alentar a este pestilente sacerdote!».

En el lado positivo de las cosas, Heydrich había muerto. A finales de mayo, los luchadores de la resistencia checa le habían tendido una emboscada al armiño albino, mientras este se desplazaba en su Mercedes descapotable. Ocho días después, el arquitecto de la Solución Final cayó en las manos del Dios de Abraham, Isaac y Jacob.

CAPÍTULO 26

BONHOEFFER ENAMORADO

*¿Por qué estoy tan alegre estos días? ... El hecho increíble permanece:
quiere casarse conmigo de verdad. Sigo sin entender cómo puede ser
esto.*

—MARIA VON WEDEMEYER

Justo después de su viaje[1] a Suecia, el 8 de junio de 1942, Bonhoeffer fue a Klein-Krössin para visitar a su querida amiga Ruth von Kleist-Retzow. Coincidió que su nieta Maria estaba allí. Se acababa de graduar de la escuela secundaria y, antes de embarcarse en el servicio nacional durante un año, decidió pasar algún tiempo visitando a la familia. Así lo recordaba:

Entre todas las visitas, la más importante era a mi abuela, con quien estaba muy unida. El sentimiento era mutuo, porque ella pensaba que me parecía a ella cuando era joven. Llevaba allí una semana cuando el famoso pastor Bonhoeffer vino a pasar unos días. Para ser sincera, al principio me sentí un poco incómoda, pero muy pronto resultó que los tres nos llevamos extremadamente bien. Ellos dos hablaban de un modo en que yo no solo entendía sus conversaciones, sino que me alentaban con cordialidad a unirme a ellos, cosa que hice.

Me temo que solía adoptar un cierto tono engreído con mi abuela que la divertía y que yo mantuve incluso cuando Dietrich apareció. Hablamos de planes futuros. La abuela definió mis planes de estudiar Matemáticas como un capricho absurdo, pero Dietrich se lo tomó en serio, quizás por esa misma razón.

Fuimos a dar un paseo por el jardín. Comentó que había estado en Estados Unidos y notamos con sorpresa que nunca había conocido a alguien que hubiera visitado ese país.

Maria partió a la mañana siguiente, por lo que no dispusieron de mucho tiempo juntos, pero Bonhoeffer quedó entusiasmado. Como de costumbre, necesitaba tiempo para procesar lo que estaba sintiendo y pensando. Sin embargo, le tomó por sorpresa cuánto le afectó el breve tiempo pasado con aquella joven hermosa, inteligente y confiada. Ella tenía dieciocho años.

Hasta aquel mes de junio, Bonhoeffer pensaba en ella como la niña de doce años, demasiado pequeña para ser confirmada en 1936, cuando aceptó enseñar a su hermano mayor y sus dos primos. Desde entonces, la había visto unas cuantas veces en Klein-Krössin y en Kieckow, pero quizás no se había fijado en ella. Era una muchacha bella y vivaz, y esperaba estudiar Matemáticas. Bonhoeffer admiraba profundamente la clase aristocrática de Pomerania, pero le sorprendió hallar una ambición semejante entre sus mujeres. Habría sido algo típico en el entorno de Grunewald, pero allí era toda una revelación.

Bonhoeffer conocía muy bien a la familia de Maria. Además de su perdurable amistad con su abuela, había pasado mucho tiempo con su hermano Max, dos años mayor que ella y al que adoraba. Por aquel entonces era teniente y servía en el frente oriental. También conocía a sus padres, Hans y Ruth von Wedemeyer; no existía una pareja de cristianos más fervientes que ellos y, además, eran anti-Hitler.

Hans von Wedemeyer[2] había sido muy amigo de Franz von Papen, el canciller del Reich anterior a Hitler. Von Papen era una de las principales figuras que se había engañado a sí mismo al pensar que podría controlar a Hitler de alguna manera. Hans von Wedemeyer no se dejaba llevar por tales ilusiones. Su esposa recordaba su reacción la noche en que Hitler se convirtió en canciller: «Jamás le había visto tan desesperado, ni lo volví a ver después de aquello». Von Papen se convirtió en vicecanciller de Hitler, y von Wedemeyer siguió formando parte de su personal, pero tres meses después ya no podía formar parte de aquello y abandonó. Hizo bien. Un año después, durante la noche de los cuchillos largos, su sucesor fue asesinado sentado ante su escritorio.

En 1936,[3] los nazis persiguieron a Wedemeyer por su incondicional ejemplo político antinazi. Lanzaron una campaña de prensa en contra de él e intentaron prohibirle de forma legal que administrara su finca de Pätzig. En el desenlace de los procedimientos de aquel juicio amañado, el juez nazi lo obligó a comparecer durante cuarenta y cinco minutos, mientras despotricaba en contra de él, citando su «reprobable actitud y su carácter degradado». La mayoría de sus amigos le aconsejaron firmemente que no apelara el veredicto, pero él lo hizo de todos modos. Preparó su caso durante un año con la ayuda de su primo Fabian von Schlabrendorff, que se convirtió en un personaje central en el complot contra Hitler. Finalmente, Wedemeyer quedó libre de todos los cargos.

Wedemeyer y su esposa también eran líderes del movimiento Berneuchen, una corriente evangélica dirigida a insuflar vida en las aburridas iglesias luteranas. Una vez al año organizaban una reunión en Pätzig.

Hans era ahora líder de un batallón de infantería cerca de Stalingrado. Como mucha gente de su época, se sentía atrapado entre su odio hacia Hitler y su amor por el país. La clase militar prusiana no se encogía ante el deber, pero, como sucedía con otros muchos, le molestaba que el hombre al mando de los ejércitos alemanes fuese tan fundamentalmente indigno de su posición y se opusiera de forma tan intrínseca a todo lo que para Hans era correcto y verdadero.

Aquella semana, Bonhoeffer trabajó en su libro en el entorno encantador de Klein-Krössin. Se desconoce si él y Ruth hablaron sobre Maria como esposa potencial para él. Es probable que este pensamiento cruzara la mente de ella, ya que fue la más ardiente partidaria de aquella unión, cuando la pareja debatió aquella posibilidad en público. Asimismo, era franca y empecinada, por lo que no se puede descartar que fuese ella quien sugirió aquella idea.

Bonhoeffer, de treinta y seis años, sabía que Maria era probablemente demasiado joven o que él era muy mayor. Hacía ya mucho tiempo que había decidido no casarse. Cuando acabó su relación con Elizabeth Zinn hacía ya seis años, excluyó el matrimonio por considerarlo incompatible con la vida a la que se sentía llamado.

Dos semanas después de abandonar Klein-Keössin, escribió a uno de los ordenantes de Finkenwalde, Gustav Seydel, que había anunciado su propio compromiso. La respuesta de Dietrich nos aporta un vislumbre de sus pensamientos sobre esta cuestión:

Me gustaría expresar cuánto me regocijo contigo. Lo que siempre me deleita en noticias como esta es la mirada segura al futuro y la confianza de que existe una razón para esperar el siguiente día o año, aferrarse con gozo a la felicidad que Dios nos sigue dando. Esto es —no me malinterpretes— una protesta contra todo el falso y ficticio apocalipticismo que tanto se está difundiendo hoy día, y que saludo como una señal de fe auténtica y saludable. Como seres humanos terrenales, debemos tener en cuenta un futuro en la tierra y, por su bien, debemos aceptar tareas, responsabilidades, gozos y tristezas. No es necesario que menospreciemos la felicidad solo porque exista tanta infelicidad. No deberíamos apartar con arrogancia la bondadosa mano de Dios, porque en otro sentido esta sea dura. Creo que es más importante recordarnos esto los unos a los otros, y acojo el anuncio de tu boda con gratitud, como buen testimonio de esto mismo ... Que Dios te prepare por medio de esta divina bondad para que puedas soportar de nuevo la divina dureza, si es necesario.[4.*]

Sabemos que estos pensamientos no surgieron solamente por haberse encontrado con Maria, ya que Bonhoeffer escribió algo parecido a Erwin Sutz, en el anterior mes de septiembre:

A lo largo de los años he escrito muchas cartas con motivo del casamiento de alguno de los hermanos y he predicado bastantes sermones de boda. La principal característica en semejantes ocasiones estribaba en que, a pesar de los «últimos» tiempos (con esto no pretendo sonar apocalíptico), alguien se atreva a dar un paso de tal afirmación en la tierra y en su futuro. En ese tiempo, siempre tenía muy claro que una persona solo podía dar ese paso, realmente como cristiano, desde una fe muy firme y basándose en la gracia. Y es que aquí, en medio de la destrucción final de todas las cosas, uno desea edificar; en plena vida que se vive de hora en hora, y de día en día, uno anhela un futuro; viéndose conducido fuera de la tierra, uno ansía un poco de espacio; ante una miseria tan extendida, uno quiere un poco de felicidad. Y lo más abrumador es que Dios dice sí a este extraño anhelo, consiente esa voluntad nuestra, cuando por lo general debería ser exactamente lo contrario.[5]

---

* Sydel murió en acto de servicio en Ucrania, en octubre de 1943.

Semanas más tarde, Bonhoeffer le habló a Eberhard Bethge sobre Maria. Como en todo lo demás, intentaba descubrir lo que Dios le decía. El 25 de junio le escribió a Bethge:

> No le he escrito a Maria. En realidad aún no es el momento para ello. Si no resulta posible que nos volvamos a encontrar, el agradable pensamiento de unos pocos minutos intensos acabará por disolverse en la esfera de las fantasías no cumplidas, un reino que, en cualquier caso, ya está bien poblado. Por otra parte, no veo cómo se podría organizar un encuentro discreto que a ella no le resulte doloroso. Ni siquiera puedo esperar que la señora Von Kleist lo concierte, al menos no por iniciativa mía, ya que en realidad no tengo este asunto del todo claro ni estoy decidido.[6]

El veintisiete, Bonhoeffer voló a Venecia con Dohnanyi para un asunto de la Abwehr. Una semana más tarde se encontraba en Roma y el 10 de julio ya estaba de regreso en Berlín. Planeaba volver a Klein-Krössin pasados diez días, pero no pudo hacerlo hasta el 18 de agosto. No había mantenido contacto con Maria desde su anterior encuentro. Pero ahora, mientras se hallaba de nuevo en Klein-Krössin, sobrevino la tragedia. El padre de Maria cayó en Stalingrado. Tenía cincuenta y cuatro años.

Hans von Wedemeyer[7] había estado al mando de un regimiento que, como la mayoría de ellos en aquella época, se hallaba cansado y reducido. La noche del 21 de agosto, los rusos lanzaron un bombardeo durante el cual le alcanzaron. En Hanover, Maria se enteró de la muerte de su padre y viajó de inmediato a casa, a Pätzig. Al oír la noticia, su hermano Max le escribió a su madre: «Cuando mis pensamientos acuden a ti, madre, no me siento preocupado. Tan solo cuando pienso en la querida Maria, con su carácter tan apasionado y su extremada sensibilidad, me pregunto cómo le afectará».

Bonhoeffer se quedó con Ruth von Kleist-Retzow hasta el veintiséis. El 21 de agosto le escribió a Max:

> Querido Max:
> Has perdido a tu padre. Creo que puedo sentir lo que esto significa para ti y pienso mucho en ti. Aún eres muy joven para quedarte sin tu progenitor. Sin embargo, de él has aprendido a honrar la voluntad de Dios en todo lo que él da y en lo que quita. Él te enseñó que la fuerza de una persona tan solo procede de la unión con la voluntad de Dios. Sabes que

él amaba a tu padre y también a ti, y que el deseo y la oración de tu querido progenitor era que siguieras amando a Dios independientemente de lo que permitiera en tu vida y lo que te pidiera. Querido Max, por apesadumbrado que esté tu corazón en estos momentos, permite que aquello que tu padre plantó en ti por la bondad de Dios, crezca ahora con firmeza. Ruega a Dios con todo tu corazón para que te ayude a conservar y demostrar lo que se ha dado. Tienes a tu madre, tu abuela, tus hermanos, que te darán todo su apoyo; pero ayúdales tú también. ¡Cuánto lo van a necesitar! En momentos como estos, uno debe luchar mucho por sí mismo. Tendrás que aprender cómo, algunas veces, hay cosas que uno debe aceptar a solas delante de Dios. A menudo resulta muy difícil, pero estas son las horas más importantes de la vida.[8]

Al día siguiente le escribió a Frau von Wedemeyer:

Mi querida señora:
Hace alrededor de siete años que su esposo se sentó en mi salón de Finkenwalde para hablar de la instrucción que Max debía recibir en esos momentos para su confirmación. Jamás he olvidado aquella entrevista. Sabía que Max ya había recibido, y seguiría haciéndolo, todo lo decisivo en el hogar de sus padres. También me quedó muy claro lo que significa para un chico de hoy tener un padre piadoso que, al mismo tiempo, se mantiene en lo más duro de la vida. Cuando, a lo largo de estos años, llegué a conocer mejor a casi todos sus hijos, con frecuencia me sentí impresionado en extremo por el poder de la bendición que emana de un padre que cree en Cristo. Esta ha sido, en esencia, la misma impresión que se ha convertido en algo tan importante para mí en mis encuentros con todos sus parientes ... La bendición no es, por supuesto, puramente espiritual, sino algo que se va abriendo camino en la profundidad de la vida terrenal. Bajo la bendición correcta, la vida se vuelve saludable, segura, expectante, activa, precisamente porque se guía por la fuente de vida, fuerza, gozo y actividad ... Si los seres humanos han transmitido a sus seres queridos, y a muchos más, la bendición que ellos mismos han recibido, entonces han cumplido con toda seguridad el cometido más importante de su vida; indudablemente se han convertido en personas felices en Dios y han proporcionado felicidad en Dios a otros.[9]

Bonhoeffer regresó a Klein-Krössin el 1 de septiembre para pasar dos días allí y de nuevo el 22 del mismo mes, por otros dos días. Ninguna de estas veces coincidió con Maria. Pero sí la vio el 2 de octubre en Berlín. Fue su primer encuentro desde principios de junio.

Ruth von Kleist-Retzow se hallaba en Berlín porque tenían que operarla de un ojo en el hospital franciscano, y le había pedido a Maria que la cuidara allí. Ambos se toparon el uno con el otro en la cabecera de la abuela. Los pensamientos de ella con respecto a él no habían seguido la misma línea que los de él hacia ella; tampoco había permitido Bonhoeffer que los suyos fuesen mucho más allá. En cualquier caso, él estaba en el hospital en su papel de pastor, y Maria acababa de perder a su padre.

Años más tarde,[10] Maria rememoraba: «Las frecuentes visitas de Dietrich [al hospital] me sorprendieron, y su devoción me impresionó. En aquella época manteníamos largas conversaciones. Era una reunión bajo circunstancias distintas a las de junio. Yo seguía profundamente afectada por la muerte de mi padre, y necesitaba su ayuda». Pasaron más tiempo juntos de lo que habría sido posible en cualquier otra situación. Como berlinés nativo, Bonhoeffer asumió el papel de anfitrión. Un día la invitó a almorzar, sugiriéndole que fueran a un pequeño restaurante cerca del hospital, que escogió por su propietario: en realidad era el lugar más seguro para que pudieran hablar libremente. Pertenecía al hermano de Hitler.

El 15 de octubre Bonhoeffer invitó a Maria a una reunión familiar en casa de su hermana Úrsula. Era una fiesta de despedida en honor a su sobrino Hans-Walter[11] Schleicher, que marchaba a la guerra al día siguiente. Bonhoeffer había pensado que estaría de viaje en esa fecha, y le había escrito unos días antes. Como sabía lo que estaba ocurriendo en la guerra de Hitler, era natural que se sintiera protector hacia su sobrino. La carta nos proporciona una idea de su actitud hacia aquellos con los que pronto se mezclaría en prisión:

Hans-Walter:

Es evidente que estás entrando en tu vida de soldado de un modo distinto a la mayoría de tus contemporáneos. Tienes un fundamento de valores. Has recibido ciertos conceptos esenciales de vida. Sabes —quizás en parte, de una forma aún inconsciente, pero eso no importa aquí— los tesoros que suponen una óptima vida familiar, unos buenos padres, el derecho y la verdad, la humanidad, la educación y la tradición. Tú mismo has estado haciendo música durante años y, últimamente, has leído muchos libros que no han resbalado sobre ti sin dejar huella. Finalmente, de alguna manera sabes también lo que son la Biblia, el Padrenuestro, y la música de iglesia. Todo esto te ha proporcionado una imagen de Alemania que jamás deberás abandonar, que te acompañará a la guerra y que defenderás dondequiera que te encuentres, independientemente de quién pueda enfrentarse a ti. Quizás como soldado seas más libre para esto que otros. Pero, es evidente, y tú también lo sabes, que a causa de esto no solo tendrás que afrontar conflictos con quienes son burdos por naturaleza, cuyo poder te sorprenderá en las próximas semanas; sin embargo, sencillamente porque procedes de una familia de este tipo, eres diferente de la mayoría de la gente, incluso en los detalles externos más pequeños. Lo importante es, por tanto, que uno conciba qué tipo de ventajas tiene sobre los demás (¡y, sin duda alguna, tú las tienes!) no como mérito, sino que es un don, y que te pongas por entero a la disposición de los demás y los quieras de verdad a pesar de su distinto modo de ser.

Aquella tarde, Maria conoció a los padres y los hermanos de Bonhoeffer. Es muy probable que Bethge estuviera también allí. Aquella noche, tras regresar a la casa de su tía, donde se alojaba, escribió en su diario:

Tuve una conversación muy interesante con el pastor Bonhoeffer. Me comentó que era tradición entre nosotros que los jóvenes se presentaran voluntarios para el servicio militar y dieran su vida por una causa que no aprobaran en absoluto. Sin embargo, también debe haber gente que pueda luchar solo por convicción. Si aprobaban las razones para la guerra, perfecto. Si no, podrían servir mejor a la patria operando en el frente interno, quizás incluso trabajando en contra del régimen. A ellos les correspondería, por tanto, evitar servir en las fuerzas armadas durante tanto tiempo como pudieran; incluso, bajo ciertas circunstancias, si no llegaran a conciliarlo con su conciencia, podrían ser objetores.

¡Ah, todo es tan lógicamente claro y obvio! ¿Pero no es terrible cuando pienso en mi padre?[12]

Su diario mostró, en los días siguientes, que Bonhoeffer no era tímido al compartir en cierta medida su papel en la conspiración. Por supuesto que Henning von Tresckow, el tío de Maria, era una figura principal en el complot, y ella estaba relacionada con muchos otros, incluido von Schlabrendorff.

16 de octubre. Ahora sé que es correcto que un hombre como Dietrich, que siente en verdad tener una misión interna para ayudar a su país y cuya personalidad es capaz de formar una opinión objetiva sea útil para Alemania de otro modo y que evite el servicio militar tanto como pueda. Es de gran responsabilidad por su parte procurar el curso genuinamente adecuado de la acción. Resulta muy fácil convertirse en un refunfuñón, en una persona que condena y se queja de todo por principio, viendo siempre un motivo oculto detrás de todo.[13]

Dos días después, un domingo, Bonhoeffer se hallaba en el hospital visitando a Ruth von Kleist-Restzow. Allí llevó a cabo el devocional de la mañana, tomando como texto Efesios 5.15–21. Así lo rememora Maria:

18 de octubre. «¡Aprovechad bien el tiempo!». El pastor Bonhoeffer se encargó hoy del oficio de la mañana. «El tiempo pertenece a la muerte, o, más aún, al diablo. Debemos comprárselo y devolvérselo a Dios, a quien le pertenece en realidad». — «Si inquirimos la voluntad de Dios, libre de toda duda y recelo, la descubriremos». — «Dar siempre gracias por todo». — «Todo aquello por lo que no podemos dar gracias a Dios, se lo reprochamos».[14]

El sentido de la propiedad de Bonhoeffer y su deseo de ser un consuelo pastoral para Maria debieron de facilitar que evitara pensar demasiado en un futuro con ella. Ninguno pareció pronunciar una sola palabra que pudiera indicar que se trataba de algo más que un pastor de familia que ministraba a una anciana y a su nieta que acababa de perder a su padre. A pesar de ello, ambos disfrutaban de la mutua compañía; quizás las restricciones de la situación facilitaron que se relajaran el uno con el otro.

El 26 de octubre sobrevino una nueva tragedia. Max, el hermano de Maria, fue abatido. El treinta y uno, Bonhoeffer le escribió:

Querida señorita von Wedemeyer:
Si me lo permite, solo le diré esto: creo que me hago idea de lo que la muerte de Max supone para usted.

Apenas puedo evitar decirle que yo también comparto ese dolor.

En momentos como este, lo único que nos puede ayudar es echarnos sobre el corazón de Dios, no con palabras, sino de verdad y por completo. Esto requiere muchas horas difíciles, día y noche, pero cuando nos abandonamos enteramente en Dios —o, mejor dicho, cuando él nos ha recibido—, entonces sentimos la ayuda. «Por la noche durará el lloro, y a la mañana vendrá la alegría» (Sal 30.5). ¡En verdad hay gozo en Dios, en Cristo! Créalo.

Pero cada persona debe hacer este camino solo; más bien, Dios lleva a cada ser humano por él de forma individual. Solo las oraciones y el aliento de los demás pueden acompañarnos por esta senda.[15]

Si alguna vez hubo un momento en el que poner de lado cualquier pensamiento de una relación romántica, fue este. Al margen de sus conversaciones con Bethge, es poco probable que Bonhoeffer le mencionara sus sentimientos a nadie. Maria no tenía unas emociones parecidas de las que hablar y, por consiguiente, no pudo haberle visto como algo más que un amigo pastor cordial y piadoso. En este ambiente, Bonhoeffer esperó viajar a Pomerania para asistir al funeral en memoria de Max.

Sin embargo, de alguna manera, la abuela de Maria, que los había estado observando desde su cama de hospital durante semanas —y que sin duda había notado la química que había entre ellos en el mes de junio—, tenía otras ideas. De una manera absurda, se las mencionó a su hija, la madre de Maria, que envió una carta a Dietrich pidiéndole que no acudiera al funeral. Él estaba perplejo. Frau von Wedemeyer sentía que su hija era demasiado joven para comprometerse con el pastor Bonhoeffer y estimó que cualquier conversación sobre este asunto era inadecuada en un momento como aquel. Él no podía creer que aquello fuese del dominio público. Que cualquiera pudiera hablar de ello cuando él mismo no había dicho nada al respecto era un horror. El día 11, tras recibir la carta de la madre de Maria, llamó a Ruth von Kleist-Retzow inmediatamente, seguro de que había sido ella quien había iniciado el problema.

A Maria, todo esto la tomó por sorpresa. Escribió una carta a Bonhoeffer comentándole que se acababa de enterar de que su madre le había «pedido que no acudiera al funeral, solo por algún estúpido cotilleo familiar que su abuela había alentado». En lo que a ella respectaba, no había nada de eso y solo se sentía avergonzada.

Bonhoeffer respondió:

13 de noviembre de 1942
Querida señorita von Wedemeyer:
Su carta ha aportado una claridad beneficiosa a una situación que se ha confundido de manera innecesaria. Con todo mi corazón le doy las gracias

por esto, y también por el valor con el que ha agarrado al toro por los cuernos. Con toda seguridad entenderá que me resultó imposible hallar la petición de su madre del todo comprensible; lo que sí pude deducir fácilmente —porque se corresponde con mis propios sentimientos— fue sencillamente que no deseaba sentirse preocupada o agobiada por nada en estos días y semanas tan difíciles. Cualquier otra cosa que pueda haber incitado su petición no se detallaba en su carta, y yo no tuve derecho a inquirir sobre ello...

Usted, al igual que yo, o incluso más, percibirá como una dolorosa carga interna que estas cosas no aptas para la discusión se sacaran a la luz. Permítame decirle con toda franqueza que no puedo estar de acuerdo con el comportamiento de su abuela; le dije innumerables veces que no deseaba comentar este tipo de asunto y que, de hecho, sería violento para ambas partes. Creo que, por su enfermedad y su edad, no ha sido capaz de atesorar en silencio dentro de su corazón lo que pensó estar presenciando. Mis conversaciones con ella fueron, con frecuencia, difíciles de soportar; no hizo caso de mi petición. Interpreté su prematura partida de Berlín en este contexto y me sentí dolido por ello ... Debemos hacer un gran esfuerzo por no guardar unos sentimientos duros hacia ella.[16]

Pero en esta carta,[17] como quien no quiere la cosa, siempre tan gentil, aprovechó esta apertura, aunque no había sido intencionada, para insinuar un avance en su camino:

...solo a partir de un corazón apacible, libre y sanado puede ocurrir algo bueno y correcto; es algo que he experimentado repetidas veces en la vida, y pido a Dios (perdóneme por expresarme de este modo) que nos lo conceda pronto y muy pronto.

¿Puede usted entender todo esto? ¿Sería posible que lo experimentara como yo lo hago? Eso espero; en realidad no puedo concebir otra cosa. ¡Pero qué difícil es esto también para usted!

...Por favor, perdone esta carta que transmite de una forma tan torpe lo que siento. Soy consciente de que las palabras que pretenden decir cosas personales me resultan tremendamente difíciles de hallar; es una gran carga para todos los que están a mi alrededor. Su abuela me ha reprochado muchas veces, y con severidad, mi actitud distante. Ella misma es tan distinta, pero es evidente que la gente debe aceptarse y soportarse tal como es ... Le estoy escribiendo brevemente a su abuela, instándola a guardar silencio y ser paciente. Mañana también enviaré una carta a su madre, para que no se sienta disgustada por lo que su abuela pueda decir; me horrorizo solo con pensarlo.

Desconocemos lo que Maria pensó,[18] en realidad, tras leer la carta, pero esta debió de ser la primera vez que sospechó que él sentía algo por ella. Volvió a recibir carta de él dos días después, el 15 de noviembre. Entre lo que estaba ocurriendo en la familia Wedemeyer y todo lo demás del mundo que los rodeaba, fue un tiempo tumultuoso y de gran confusión. Bonhoeffer mencionó el suicidio de un destacado compositor de música eclesial, Hugo Distler, que se había sentido desesperado por la deportación de unos amigos judíos: «Ahora me entero de que se quitó la vida en su oficina de la catedral, con la Biblia y la cruz en la mano ... Tenía treinta años. Me ha conmocionado. ¿Por qué nadie fue capaz de ayudarle?».

Frau von Wedemeyer se sintió disgustada por la serie de cartas y debió mantener algunas conversaciones desagradables con su madre y su hija. El día 19 llamó a casa de los Bonhoeffer para hablar con él. Dijo que Maria no deseaba recibir más cartas, aunque probablemente fuera ella misma quien tomara esta decisión en nombre de su hija. Más tarde, aquel mismo día, Bonhoeffer le escribió a Maria.

Estimada señorita von Wedemeyer:
Su madre me ha telefoneado esta mañana y me ha transmitido su deseo. El teléfono es un medio muy inadecuado de comunicación, sobre todo porque no pude estar a solas durante la conversación. Le ruego que me perdone si mis cartas han supuesto una enorme carga para usted. No era mi deseo, sino que anhelaba su paz de espíritu. Al parecer —así es como me vi obligado a entender a su madre— en estos momentos no podemos darnos esto el uno al otro. Por tanto, se lo pido a Dios para usted y para nosotros y esperaré hasta que él nos muestre el camino. Solo estando en paz con Dios, con los demás y con nosotros mismos podremos escuchar y hacer la voluntad de Dios. En esto podemos tener gran confianza y no ser impacientes ni actuar de forma precipitada.

No piense que no entendí que no deseaba responder ni puede hacerlo, y lo que es más que probable, no deseaba recibir esta carta. Pero si el tiempo me proporciona la posibilidad de volver a Klein-Krössin en algún momento, en un futuro no muy lejano, ¿me lo prohibirán sus deseos? En cualquier caso, esto es lo que entiendo.

Le ruego perdone cada palabra que pueda herirla o agobiarla más allá de lo que Dios ya ha puesto sobre usted.

Le he escrito a su madre para informarle de que tenía que escribirle brevemente una vez más.

Que Dios la proteja a usted y a todos nosotros.

Sinceramente suyo,

Dietrich Bonhoeffer[19]

Bonhoeffer se declara

Lo que sucedió después solo podemos imaginarlo, pero la larga lengua de la bienintencionada abuela había obligado al pájaro a salir de su escondite. No se suponía que ocurriera de esta manera; de repente todo había salido a la luz. El 24 de noviembre, Bonhoeffer viajó a Pätizg para visitar a Frau von Wedemeyer. De alguna manera, en un abrir y cerrar de ojos, decidió que quería casarse con Maria von Wedemeyer. Iba a pedirle permiso a su madre para declararse.

Bonhoeffer respetaba a Frau von Wedemeyer,[20] pero temía que fuera exageradamente piadosa. Escribió a Bethge tres días después: «Contrariamente a mis temores de que la casa tuviera un aire excesivamente espiritual, la impresión fue muy agradable». Frau von Wedemeyer estaba «calmada, simpática y no alterada como yo había temido». No se oponía irrevocablemente a la pareja, pero «dada la enormidad de la decisión» propuso una separación de un año. Bonhoeffer respondió que en aquellos días «un año se podía convertir en cinco o diez y que, por tanto, representaba un aplazamiento hasta lo incalculable». No obstante, le contestó a Frau von Wedemeyer que «comprendía y reconocía su autoridad materna sobre su hija». No esperaba que fuera realmente un año, pero no quiso forzar el tema, sobre todo porque Frau von Wedemeyer había enviudado recientemente.

Cuando acabaron de departir, Frau von Wedemeyer le pidió que hablara con su madre, para informarla de cómo estaban las cosas. La abuela de Maria estalló de inmediato al enterarse de que su hija adoptaría una postura tan severa, y él imaginó que, con toda probabilidad, la luchadora Ruth causaría más problemas. Durante su visita no vio a Maria, pero por las palabras de su madre dedujo que, en general, se avenía a la separación, aunque era obvio que poco podía decir al respecto.

Durante esa misma época,[21] Eberhard Bethge propuso matrimonio a Renate Schleicher, sobrina de Bonhoeffer, de dieciséis años. Sus padres, Úrsula y Rüdiger, estaban preocupados por la pareja y sus razones eran similares, ya que Bethge tenía treinta y tres años. Bonhoeffer le escribió a Bethge dándole detalles de su visita a Klein-Krössin y luego trató la situación de su amigo. Los Schleicher también habían sugerido una larga separación. «Si esto empieza a parecerte ominoso —comentó Dietrich—..., deja que te cuente algo sobre mi propia situación; entonces, por una vez, no solo considerarán tus circunstancias desde la perspectiva de Renate, sino desde la tuya. Pero por ahora, retendré mi paz».

El diario de Maria muestra los progresos de sus sentimientos tres días, un mes y seis semanas más tarde.

27 de noviembre. ¿Por qué me siento tan alegre, de repente, estos días? Me siento a salvo, en primer lugar, porque puedo retrasar todas mis meditaciones, deliberaciones y preocupaciones hasta más adelante. Sin embargo, es indudable que el dejarlas de lado no puede ser la causa de esta sensación de alivio. Desde el momento en que mamá me habló por teléfono de su entrevista con Dietrich, siento que puedo volver a respirar en libertad. Es obvio que produjo una considerable impresión en mamá, como no podía ser de otro modo.

El hecho increíble permanece: quiere casarse conmigo de verdad. Sigo sin entender cómo puede ser esto.[22]

19 de diciembre de 1942. Pätzig.

Pensé que regresar a casa podía ser una de las cosas que hicieran flaquear mi decisión. Seguía creyendo que me hallaba bajo la influencia de la abuela o, más bien, de su propia idea exagerada y poco realista, pero no es cierto. Sé que le amaré.

Bueno, hay tantos argumentos superficiales en contra. Es viejo y sabio para su edad, supongo que es un minucioso académico. Con lo que me gusta bailar, montar a caballo, el deporte y el placer, ¿cómo podré olvidar todas estas cosas? ... Mamá dice que es un idealista y que no lo ha pensado bien. Yo no lo creo.[23]

10 de enero de 1943. Mientras venía hacia aquí, conversé con mamá; fue esa charla que tanto había anhelado, pero que temía en gran manera. Provocó lágrimas —calientes y gordas— «y, a pesar de todo, ¡qué felicidad de ser amada! [...]». ¿Fue buena y productiva? Oro porque así sea, porque yo siento que fue, y es, crucial para mi vida. También ruego que no solo fuera una mera charla con mamá, sino que la convenciera de verdad; que no sea algo que me deja decidir a mí, sino que lo considere adecuado.[24]

«Hoy puedo decirle que sí»

Bonhoeffer no se había comunicado con Maria desde noviembre, pero el 10 de enero, ella habló con su madre y su tío Hans Jürgens von Kleist-Retzow, que era su guardián y los persuadió para que le permitieran escribirle a Bonhoeffer. Así lo hizo el día 13:

Estimado pastor Bonhoeffer:
Desde que llegué a casa he sabido que debía escribirle y es algo que he estado esperando.

Recientemente hablé con mi madre y mi tío de Kieckow. Ahora puedo hacerlo y pedirle que conteste a esta carta.

Me resulta muy difícil expresar por escrito lo que apenas me atrevería a decir en persona. Deseo rebatir cada una de las palabras que desean pronunciarse aquí, porque son muy torpes y contundentes con las cosas que uno quiere decir con suavidad. Pero como he experimentado que usted me entiende tan bien, ahora tengo el valor de escribirle, aunque en realidad no tengo derecho alguno de responder a una pregunta que ni siquiera me ha formulado. Hoy puedo decirle que Sí con todo mi gozoso corazón.

Le ruego que entienda la renuncia de mi madre a retirar el plazo que nos impuso. Todavía le cuesta creer, por la experiencia pasada, que nuestra decisión se mantenga vigente. Yo misma me entristezco al pensar que la abuela solo le ha contado cosas buenas sobre mí, y usted se haya formado una imagen falsa de mí. Quizás debería decirle muchas cosas malas acerca de mí, porque me siento desgraciada al pensar que usted pudiera amarme por lo que no soy.

Sin embargo, no puedo creer que alguien me pueda amar tanto por lo que soy en realidad. Ciertamente no tengo ningún deseo de herirle, pero debo expresar esto de todos modos:

Si se ha dado cuenta de que no soy lo suficientemente buena, o si ya no desea venir a mí, le ruego que lo manifieste. Todavía puedo pedírselo; será infinitamente más duro si me veo obligada a reconocerlo más tarde. Yo misma estoy bastante convencida de que necesito algún tiempo más para poner a prueba mi decisión, y sabiendo que mi tiempo en la Cruz Roja será difícil, esto es algo esencial para mí.

Esto es algo que solo nos incumbe a ambos, y a nadie más, ¿no es así? Estoy tan asustada de lo que otras personas digan, incluso la abuela. ¿Podría concederme esta petición?

Gracias desde lo más profundo de mi corazón, por todo lo que ha hecho por mí recientemente. Solo puedo imaginar lo difícil que debe de haber sido, porque a mí también me ha costado mucho soportarlo en bastantes ocasiones.

Suya, Maria[25]

Bonhoeffer respondió de inmediato. Por primera vez se dirigió a ella por su nombre y, pronto, en el segundo párrafo, en la frase «querida Maria, le doy las gracias por sus palabras», pasó al *du* informal.

Querida Maria:
La carta tardó cuatro días en llegar, y acabo de recibirla en este momento —hace una hora— ¡en que llegó aquí! Volverán a recoger el correo en sesenta minutos, de modo que al menos el saludo inicial y las gracias deben salir entonces, aunque las palabras que ahora deseo decir no hayan surgido aún. ¿Podría expresar simplemente lo que hay en mi corazón? Soy consciente, y me siento abrumado, por el regalo sin igual que se me ha dado —después de toda la confusión de las pasadas semanas ya no me atrevía a esperar—; ahora, esto inimaginablemente extraordinario y maravilloso está aquí, sin más. Mi corazón se abre, se ensancha y desborda de gratitud y vergüenza, y todavía no puedo entender ese «Sí» que ha de ser tan decisivo para toda nuestra vida. Si pudiéramos hablar ahora en persona, ¡habría tanto —aunque fundamentalmente se trataría de una única y misma cosa— que decir! ¿Podremos vernos pronto? ¿Y dónde? ¿Sin tener que volver a temer las palabras de otros? ¿O quizás, por una razón u otra, esto no deba ocurrir aún? Yo creo que ahora ha de suceder.

No puedo hablar de un modo distinto a como lo he hecho con frecuencia en mi propio corazón —quiero hablarte como un hombre que habla a la chica con la que quiere recorrer la vida y que le ha dado el Sí—, querida Maria. Gracias por tu palabra, por todo lo que has soportado por mí, y por lo que eres y serás para mí. Alegrémonos ahora y seamos felices el uno en el otro. Debes contar con el tiempo y la calma necesarios para serenarte, como escribes en tu carta, y en la forma que sea mejor para ti. Esto es algo que solo tú sabes. Con tu «Sí», ahora puedo aguardar con paciencia; sin él era difícil y habría sido cada vez peor. Ahora resulta fácil, ya que sé que tú lo quieres y lo necesitas. No deseo en modo alguno empujarte o asustarte. Quiero cuidarte y permitir que el gozo naciente de nuestra vida te haga sentir ligera y feliz. Entiendo muy bien que quieras estar sola todavía por algún tiempo; yo he estado suficiente tiempo en soledad a lo largo de mi vida como para saber la bendición (aunque, sin duda también los peligros) de la soledad. Comprendo, y comprendí también a lo largo de estas pasadas semanas —no sin dolor—, que para ti no puede resultar fácil decirme Sí, y jamás lo olvidaré. Y es tu Sí lo único que me puede dar el valor también de decirle a mi corazón algo que no sea «No». No vuelvas a hablar de la «falsa imagen» que podría tener de ti. No quiero ninguna, solo a ti, así como te ruego con todo mi corazón que no quieras una imagen mía, sino solo a mí; y debes saber que son dos cosas diferentes. Pero no pensemos ahora en lo malo que acecha y tiene poder sobre todas las personas, sino encontrémonos el uno al otro en un perdón y un amor grande y libre; aceptémonos como somos, con agradecimiento e infinita confianza en Dios que nos ha conducido hasta este punto y nos ama.

Esta carta ha de salir inmediatamente, para que puedas recibirla mañana. Que Dios te proteja a ti y a ambos.

Tuyo, Dietrich[26]

Así fue como Dietrich Bonhoeffer se comprometió. Considerarían el 17 de enero como fecha oficial. Sería un compromiso como pocos en el mundo. Por supuesto que, de haber sabido ambos lo que les esperaba, habrían hecho las cosas de un modo bastante diferente. Pero nadie conocía lo que aguardaba en el futuro ni podían hacerlo. Sin embargo, Bonhoeffer había echado sus preocupaciones y sus expectativas sobre Dios. Sabía que él y su compromiso con Maria estaban en sus manos.

Todavía se vieron obligados a esperar, pero ahora era de otra manera. En un sentido, ya se pertenecían el uno al otro y podían disfrutar de ello, aun estando separados. Bonhoeffer tenía mucho en lo que ocuparse. Aunque no estaba muy seguro de ello todavía, la Gestapo le pisaba los talones y la conspiración corría aprisa hacia adelante con otro plan para matar a Hitler.

Transcurridos seis días,[27] y sin noticias de ella, volvió a escribir, aunque solo fuera para informar a Maria de que todo iba bien y que no debería sentirse apurada. «Por el momento —escribió— siento como si Dios nos ordenara esperar hasta que se nos muestre el camino».

Al día siguiente, el domingo veinticuatro, recibió su carta. Le preguntaba si debían esperar seis meses antes de mantener correspondencia. No sabemos si fue su madre quien la persuadió para que formulara la pregunta, pero esto pareció sorprender a Dietrich, aunque se sentía demasiado feliz para molestarse. Estaba enamorado.

> Mi querida Maria:
>
> Ahora la carta está aquí, tu amable carta; te doy las gracias por ella y te las vuelvo a dar cada vez que la leo; en realidad para mí es como si fuera la primera vez que experimento en mi vida lo que significa estar agradecido a otra persona. Qué poder tan profundamente transformador puede ser la gratitud —es el Sí—; esa palabra tan difícil y maravillosa que tan rara vez aparece entre los mortales —de la que surge todo esto—; que Dios, de quien procede todo Sí conceda que siempre podamos darnos este Sí de esta manera y cada vez más y más, el uno al otro, durante toda nuestra vida.
>
> Cada palabra de tu carta me ha hecho sentir, con gozosa certeza, que todo será bueno entre nosotros. La vida juntos, hacia la que esperamos ir por la bondad de Dios, es como un árbol que debe crecer fuerte y libre, desde las silenciosas y escondidas raíces profundas.[28]

Asimismo, le pidió a Maria que informara a su abuela de la nueva situación y que se guardara de tener ningún otro malentendido con la empecinada mujer.

El día después del treinta y siete cumpleaños de Bonhoeffer, tuvo noticias de Ruth von Kleist-Restow. Maria la había puesto al corriente de todo.

> Sabes perfectamente, sin necesidad de que te lo diga, cuánto deseo recibirte plenamente como un hijo, llegado el momento. Que se retrase tanto es, con toda probabilidad, una decisión de [su] madre y de Hans-Jürgens, *imagino*. Quizás sea lo correcto para M., y pueda así tener las cosas totalmente claras. Si a ambos les parece demasiado tiempo de espera, habrá formas de acortarlo. De todas maneras, ¿qué significa el tiempo hoy? ... Oh, estoy muy contenta.
>
> Abuela[29]

CAPÍTULO 27

ASESINAR A ADOLFO HITLER

¿Puedo disparar? Soy capaz de entrar en los cuarteles generales del Führer con mi revolver. Sé dónde y cuándo tendrán lugar las conferencias. Puedo tener acceso.

—WERNER VON HAEFTEN A DIETRICH BONHOEFFER

L
a preocupación de Frau von Wedemeyer con respecto a Bonhoeffer no estribaba tan solo en su edad; también tenía que ver con su trabajo para la Abwehr. Quizás incluso llegó a saber que estaba implicado en la conspiración. Todo lo que él hacía era incierto y peligroso. Arrastrar a una chica de dieciocho años a una relación con alguien cuyo futuro era tan poco seguro parecía egoísta. En cualquier momento lo podían arrestar o algo peor. Que Frau von Wedemeyer hubiera perdido a su marido y su hijo subrayaba la poca certeza de las cosas. De modo que aprobó el compromiso, pero estipuló que no se hiciera público durante algún tiempo. Bonhoeffer se lo comunicó a sus padres en febrero, pero, aparte de ellos y Bethge, se mantuvo en secreto.

Ruth-Alice von Bismarck, la hermana de Maria,[1] era cuatro años mayor. Ella y su esposo sentían la misma preocupación en cuanto a lo peligroso del trabajo de Bonhoeffer y sobre lo que parecía ser un gran egoísmo por su parte: pedirle matrimonio. ¿Acaso no era consciente de cuánto sufriría ella si lo arrestaban, lo encarcelaban o lo mataban? ¿No sería más decente esperar, como muchos otros hacían durante aquellos tiempos tan agitados? En realidad, como resultado de su participación en la Operación 7, la Gestapo ya había tropezado con su pista en el mes de octubre.

Dicha operación fue finalmente un éxito, pero uno de sus muchos detalles captó la atención de la Gestapo cuando un inspector de aduanas de Praga descubrió una irregularidad de divisas que lo condujo hasta Wilhelm Schmidhuber. Este fue el miembro de la Abwehr que visitó a Bonhoeffer en Ettal en diciembre de 1940. La Gestapo no tardó en encontrarlo. Le interrogaron acerca del contrabando de moneda extranjera, un grave crimen en tiempo de guerra, aunque se hiciera bajo los auspicios de la Abwehr. Schmidhuber los llevó hasta Joseph Müller, el amigo católico de Bonhoeffer. Fue todo muy preocupante, sobre todo cuando trasladaron a Schmidhuber a la infame prisión de la Gestapo en la Prinz-Albrecht-Strasse de Berlín. Proporcionó información que implicaba a Dohnanyi, Oster y Bonhoeffer. Ahora se trataba de una carrera contrarreloj. El golpe contra Hitler y su régimen debía lanzarse antes de que la Gestapo hiciera el próximo movimiento y arrestara a sus odiados rivales de la Abwehr.

«Culpa y libertad»

Bonhoeffer sabía que podía ser arrestado e incluso asesinado, pero ya había aceptado esa realidad. También se había hecho a la idea de seguir adelante con el matrimonio bajo tales circunstancias, como mostraban sus cartas a Seydel y Sutz. Consideraba que dar un paso adelante libremente y no encogerse ante las posibilidades futuras era un acto de fe en Dios.

Este pensamiento también afectaba su implicación en la conspiración. En diciembre de 1942, habló con Oskar Hammelsbeck, un colega de la iglesia:

> Bonhoeffer me confió que estaba involucrado de forma activa y responsable en la resistencia alemana contra Hitler, siguiendo su convicción moral de que «la estructura de acción responsable incluía la disposición a aceptar tanto la culpa como la libertad» (*Ethics*, p. 209). «Si cualquier hombre intenta eludir la culpa en la responsabilidad, se está apartando de la máxima realidad de la existencia humana. Y, lo que es más, se aísla del misterio redentor de Cristo que llevó la culpa sin pecado, y no tiene participación en la justificación divina que radica en este acontecimiento» (*Ethics*, p. 210).[2]

Bonhoeffer sabía que vivir en el temor de incurrir en la «culpa» era, en sí mismo, algo pecaminoso. Dios quería que sus amados hijos operaran desde la libertad y el gozo de hacer lo que era correcto y bueno, y no desde el temor de cometer una equivocación. Vivir con miedo y sintiéndose culpable era ser «religioso» en el sentido peyorativo del que tan a menudo hablaba Bonhoeffer y sobre el que predicaba. Era consciente de que actuar libremente podría significar hacer algo malo e incurrir en culpa de forma inadvertida. En realidad, sentía que vivir de esta forma implicaba que resultaba imposible evitar caer en la culpa, pero que si uno deseaba vivir de una forma plena y responsable, podía estar dispuesto a hacerlo.

Wolf-Dieter Zimmermann, el estudiante de Bonhoeffer, recordaba una noche extraordinaria de noviembre de 1942. Dietrich les había visitado a él y a su esposa en su pequeña casa cerca de Berlín. También estaba allí Werner von Haeften,[3] el hermano menor de Hans-Bernd von Haeften, que había asistido a la clase de confirmación de Bonhoeffer en Grunewald, dos décadas antes. Le había hecho una visita a Hans-Bernd en Copenhague cuando iba de camino a Fanø, y este se había metido en la conspiración a través del Círculo de Kreisau. Pero Werner estaba involucrado a un nivel más profundo: era ayudante de campo de Stauffenberg, que dirigiría el complot del 20 de julio de 1944. En casa de Zimmermann, le pinchó a Bonhoeffer sobre si estaba permitido matar a Hitler. Wolf-Dieter recuerda así la conversación:

Werner von Haeften, un antiguo amigo de mi familia, era ahora ayuda de campo del Alto Mando del Ejército. Al principio estaba bastante callado y no le preguntamos en detalle acerca de sus deberes. De repente, se volvió hacia Bonhoeffer y le preguntó: «¿Puedo disparar? Soy capaz de entrar en los cuarteles generales del *Führer* con mi revolver. Sé dónde y cuándo tendrán lugar las conferencias. Puedo tener acceso». Aquellas palabras nos asustaron a todos. Tenían un efecto tan explosivo que, al principio, todos hicimos grandes esfuerzos por calmar a los demás. La discusión duró muchas horas. Bonhoeffer explicó que el disparo en sí no significaba nada: había que conseguir algo con ello, un cambio de circunstancias, del gobierno. Liquidar a Hitler era algo que, de por sí, no tenía utilidad alguna; las cosas podrían incluso empeorar. Esto era lo que dificultaba tanto el trabajo de la resistencia, siguió diciendo, que el «después» debía prepararse con sumo cuidado. Von Haeften, que procedía de una antigua familia de oficiales, era un tipo amable, entusiasta, idealista, pero también un hombre de convicciones cristianas que creía en las tradiciones heredadas. Era uno de los confirmantes de Niemöller. Ahora, de repente, desarrollaba una enorme energía y no se contentaba con las reflexiones «teóricas». Siguió haciendo preguntas, hurgando a mayor profundidad; había visto su oportunidad y se preguntaba si debía aprovecharla. Reiteró que él podía ser uno de los pocos capaces de actuar, de intervenir. No consideraba que su vida tuviera gran importancia. Por otra parte, Bonhoeffer le exhortó una y otra vez a que fuera discreto, que planeara con claridad y a continuación analizara todas las complicaciones imprevistas que podían surgir. Nada debía dejarse al azar. Al final llegaron las preguntas directas de von Haeften: «¿Puedo...? ¿Se me permitiría...?». La respuesta de Dietrich fue que no podía decidir por él. Él y solo él podía asumir el riesgo. Si llegaba a afirmar que existía culpa en no aprovechar una ocasión, cuánta más no habría en tratar la situación a la ligera. Nadie podría salir sin culpa de la circunstancia en la que se encontraba. Pero aquella culpa era siempre una que se llevaba con sufrimiento.

Ambos hombres hablaron durante horas. Los demás solo hicimos algunos comentarios mínimos. No se tomó ninguna decisión. Werner von Haeften regresó a sus deberes sin recibir ninguna directriz. Tenía que decidir por sí mismo. Más tarde lo hizo. Como ayuda de campo de Stauffenberg fue uno de los implicados en el intento fallido contra la vida de Hitler. Asimismo, fue uno de los que ejecutaron en la tarde del 20 de julio de 1944 en el patio del Alto Mando del Ejército, en la Bendlerstrasse. Testigos oculares nos comentan que se enfrentó a la muerte con calma y valor.

Operación Flash

En enero y febrero de 1943, mientras la Gestapo reunía información sobre Bonhoeffer y Dohnanyi, los preparativos estaban en curso para un intento de golpe en el mes de marzo. La soga de la Gestapo se iba tensando, pero, si el golpe tenía éxito, se acabarían todos los problemas. El nombre codificado de este esfuerzo fue Operación Flash, sin duda porque su brillante, en sentido literal, punto culminante implicaba la detonación de una bomba en el avión de Hitler cuando sobrevolara Minsk con su pasajero a bordo.

Los principales ejecutores eran los generales Friedrich Olbricht, Henning von Tresckow y el ayuda de campo y primo de este, Fabian von Schlabrendorff, casado con la prima de Maria von Wedemeyer, Luitgard von Bismarck. Schlabrendorff también destacó en el complot del 20 de julio como ayuda de campo de Stauffenberg. Von Tresckow era tío de Maria y Olbricht había sido muy útil a la hora de conseguir exenciones del servicio militar para muchos pastores de la Iglesia Confesante.

El plan consistía[4] en que Schlabrendorff colocara una bomba en el avión de Hitler en Smolensk, donde se encontraría el 13 de marzo en una breve visita a las tropas del frente oriental. Años más tarde, Schlabrendorff explicó que «la apariencia de un accidente evitaría las desventajas políticas de un asesinato. Y es que, en aquellos días, Hitler seguía teniendo muchos seguidores que, tras un acontecimiento como aquel, habrían levantado una firme resistencia contra nuestro levantamiento». Tan pronto como se confirmara que los restos del Führer habían quedado esparcidos por todo Minsk, los generales lanzarían su golpe. Schlabrendorff y Tresckow habían experimentado con numerosas bombas, pero al final, el honor de hacer estallar a Adolfo Hitler, el mito y el hombre, recayó en un artefacto inglés. Los mecanismos y las espoletas de las bombas alemanas hacían demasiado ruido y podían ser descubiertas. Pero habían encontrado una bomba inglesa; era un explosivo de plástico del tamaño de un libro, sin mecanismo de relojería y sin espoleta, de ahí que no se oyera ningún tic-tac o pitido. Cuando Schlabrendorff pulsara ciertos botones, se rompería un vial que contenía una sustancia química corrosiva que se comería el cable que retenía un resorte. Una vez que este saltara, golpearía la tapa del detonador y la bomba explotaría... y, después, *¡abajo el telón!*

La Abwehr era la única que podía conseguir el explosivo especial, de modo que Dohnanyi tendría que llevarlo en tren desde Berlín hasta Smolensk, cerca del frente ruso. Por aquel entonces, Dohnanyi había reclutado a Bethge para que trabajara con la Abwehr, y que también él pudiera eludir el servicio militar, sobre todo porque estaba a punto de casarse con su sobrina Renate Schleicher. Da la casualidad que Bethge se vio obligado a pedir prestado el Mercedes de Karl Bonhoeffer para llevar a Dohnanyi hasta el tren nocturno que le llevaría a Rusia. El doctor Bonhoeffer no tenía ni idea de que su coche oficial de médico se estaba utilizando para transportar explosivos destinados a matar a Hitler; Bethge tampoco podía suponer que estaba sirviendo de chófer para algo semejante. Dejó a Dohnanyi y la bomba en la estación y estos emprendieron camino hacia Smolensk.

El día 13, Tresckow[5] y Schlabrendorff, ya en posesión de la bomba, se vieron dos veces tan cerca de Hitler que sintieron la tentación de hacerla estallar antes de tiempo. Pero, en ambos casos, los generales que debían liderar el golpe también estaban presentes, de manera que se ciñeron al plan original de colocar la bomba en el avión del Führer. Años más tarde, el educado Schlabrendorff recordaba el deprimente espectáculo de Hitler en la mesa: «Verlo comer era de lo más desagradable. Colocaba su mano izquierda sobre el muslo mientras que, con la derecha, se atiborraba la boca de comida, que consistía en todo tipo de verduras. Para ello, no acercaba la mano a sí, sino que dejaba el brazo derecho pegado a la mesa y bajaba la cabeza hasta él para tomar el alimento».

Cuando el *Reichsführer*, vegetariano reconocido, tragaba su papilla a toda prisa y de manera indecorosa, los horrorizados generales que le acompañaban se permitían mantener una educada conversación. Durante lo que debió de ser, sin duda, una comida tensa, en particular porque algunos sabían que sería la última para aquellos que embarcaran en el avión del Führer, de manera informal, el general Tresckow le pidió un favor a su compañero de mesa, el teniente coronel Heinz Brandt. Este formaba parte del entorno de Hitler, y Tresckow le preguntó si le importaba llevarle una botella de *brandy* de regalo a su viejo amigo, el general Stieff, en Rastenberg. Dio a entender que el licor era el pago de una apuesta entre caballeros. Brandt accedió y, un poco después, justo cuando se dirigían al campo de aviación, Schlabrendorff le entregó el paquete, no sin antes haber pulsado el botón mágico, *presto*, que ponía las cosas en marcha y sabiendo que media hora más tarde, en algún lugar muy por encima de la tierra, sonaría sobre el Tercer Reich la bocina que señalaba el final del juego.

Si Hitler no subía pronto al avión, podría ser incómodo. Pero lo hizo, junto con su séquito y Brandt. El falso *brandy* fue colocado en un lugar seguro debajo de todos ellos, en la bodega, y, el aeroplano despegó por fin, acompañado por sus detalles de aeronave de combate. Ellos serían los encargados de transmitir las primeras noticias sobre la sorprendente muerte del Führer. Ya solo quedaba la agonía de la espera.

El punto hasta el que Hitler[6] planeaba sus movimientos y sus actividades con tal de evitar el asesinato era impresionante. Un chef que le acompañaba dondequiera que iba se encargaba de preparar sus comidas y, como todo déspota antiguo, se aseguraba de que su curandero, el doctor Theodor Morrell, probara primero cualquier plato que le pusieran por delante, mientras él observaba. Asimismo, llevaba un gorro extraordinariamente pesado. A escondidas, Schlabrendorff calculó el peso de aquel legendario sombrero cuando los generales se reunieron en los cuarteles de Klugel. «Pesaba como una bala de cañón» forrada con un kilo y medio de acero. En cuanto al avión de Hitler, estaba dividido en varios compartimentos. Schlabrendorff explicaba que su cabina personal «estaba acorazada y tenía un artilugio para descender en paracaídas. Según nuestros cálculos, sin embargo, la carga explosiva de las bombas era suficiente para hacer estallar todo el avión, incluida la cabina blindada. Aunque no debería ocurrir, esas partes esenciales de la aeronave se desprenderían en el caso de que el avión se estrellase».

Durante dos horas no tuvieron noticias. Luego llegó la información imposible. Hitler había aterrizado sano y salvo en Prusia oriental. El intento había fracasado. Todos tenían demasiado miedo para sentirse deprimidos por el resultado. Sabían que podrían haber descubierto la bomba. Pero el general Tresckow permaneció tranquilo; con gran frialdad telefoneó a los cuarteles generales de Hitler, y pidió hablar con Brandt. Cuando este se puso al teléfono, Treskow le preguntó si se le había entregado el *brandy* a Stieff. Cuando le contestó que no, le explicó que se había equivocado de paquete. ¿Le importunaría demasiado si, al día siguiente, Schlabrendorff pasaba por allí y lo cambiaba por el envío correcto? Así se vio conducido a un asunto oficial.

Como no tenía ni idea de lo que le esperaría al llegar, con gran valor, Schlabrendorff tomó un tren allí e hizo la temida visita. Nadie parecía saber que estaba allí para recuperar una bomba que no había estallado. Todo fue bastante bien hasta que Brandt se la entregó. Le dio el paquete con un gesto brusco involuntario que casi le provoca a Schlabrendorff un ataque al corazón y le hace esperar un *kaboom* tardío y desagradable. Pero no ocurrió nada de eso. Intercambiaron los paquetes con afabilidad: Schlabrendorff le entregó un paquete que contenía *brandy* y este le devolvió la imitación.

En el tren de regreso a Berlín, cerró con llave la puerta de su coche cama y abrió el paquete para ver qué había salido mal. Todo había funcionado a la perfección: el vial se había roto; el líquido corrosivo había disuelto el cable; este había liberado el muelle que había saltado y golpeado la tapa del detonador. Sin embargo, este no había encendido el explosivo. Quizás se trataba de uno de los escasos artefactos defectuosos, o quizás la culpa era del frío que hacía en el compartimento de equipajes. En ambos casos, el misteriosamente duradero Führer había escapado de nuevo a la muerte.

Todos quedaron destrozados por el fracaso, pero este sentimiento se compensaba con el alivio de que la bomba no se hubiese descubierto. La cosa habría podido haber acabado mucho peor. En la mañana del 15 de marzo, Schlabrendorff mostró la bomba que no había estallado a Dohnanyi y a Oster. ¿Pero de qué servía llorar por la leche derramada? Sencillamente debían intentarlo de nuevo. Hitler estaría en Berlín el día 21. Himmler y Göring lo acompañarían. La oportunidad de enviar a este perverso trío al otro mundo era demasiada para ser cierta. Rara vez aparecían juntos en público, pero estaba programado que asistieran a las ceremonias del *Heldengedenktag* (Funeral en memoria de los héroes) en el *Zeughaus* del Unter den Linden. A continuación tenían que examinar el armamento apresado a los soviéticos. Los conspiradores volvieron al trabajo.

Las bombas de abrigo

Pero hubo dificultades. Para empezar, tendría que ser una misión suicida. No obstante, el comandante Rudolf-Christoph von Gersdorff, que formaba parte del personal de Kluge, se ofreció valerosamente como voluntario para ese honor. Se reuniría con Hitler y su entorno tras la ceremonia y los conduciría por la exposición del armamento requisado. Llevaría dos bombas en su abrigo, del mismo tipo de la que había fallado en el avión del Führer, pero las espoletas serían más cortas. Querían equiparlas con detonadores más rápidos, pero se decidieron por unos que tardarían diez minutos. Se suponía que Hitler pasaría allí una media hora. Una vez que las espoletas saltaran y los viales se rompieran, pasarían diez minutos hasta que el cable se disolviera y liberara el resorte. Mientras Gersdorff le estuviera dando explicaciones al Führer sobre el armamento, sabría que con cada minuto se estaba aproximando a su propia muerte. La noche antes, Gersdorff se reunió con Schlabrendorff en su habitación del Hotel Eden y este le entregó las bombas. Todo estaba preparado.

Al día siguiente, un domingo, casi todo el clan Bonhoeffer estaba reunido en casa de los Schleicher, en el 41 de Marienburgerallee. Estaban ensayando para su representación musical con ocasión del setenta y cinco cumpleaños de Karl Bonhoeffer, para el que faltaban diez días. Habían escogido la cantata de Walcha, *Alaba al Señor, Rey más poderoso*. Dietrich tocaba el piano, Rüdiger Schleicher el violín y Hans von Dohnanyi formaba parte del coro. Mantener la mente en la música era un acto terrorífico de autodisciplina, ya que aquellos tres y Christine estaban al tanto de lo que estaba ocurriendo a unos diez kilómetros de allí, en el *Zeughaus*. Ocurriría en cualquier momento, o tal vez ya había sucedido.

Mantenían los ojos pegados a los relojes; las orejas se ladeaban intentando percibir el sonido del teléfono con la llamada que lo cambiaría todo y que ellos celebrarían durante el resto de su vida. El coche de Dohnanyi estaba estacionado delante de la puerta principal, listo para llevarle adonde le necesitaran tan pronto como él mismo lo supiera. El final de la pesadilla llamada Tercer Reich era inminente. Las llamadas pinchadas y la sombra de la Gestapo, que habían ido en aumento durante los pasados meses, acabarían y todos dirigirían sus grandes talentos y sus energías al largo y duro, aunque grato, trabajo de restaurar su amada Alemania y convertirla en algo de lo que volvieran a sentirse orgullosos.

El numeroso grupo siguió practicando, sin saber que la ceremonia del *Zeughaus* se había retrasado una hora, y preguntándose por qué no sonaba el teléfono. Gersdorff esperaba como habían planeado, con las bombas en su abrigo militar. Al final, Hitler llegó, pronunció un breve discurso y procedió a visitar la exposición con sus rémoras, Göring, Himmler, el general Keitel y el jefe de la armada, el almirante Karl Dönitz.

Cuando Hitler se le acercó,[7] Gerdorff metió las manos bajo su abrigo y pulsó los botones. Ahora ocurriría. Los viales se rompieron, y el ácido comenzó a devorar lentamente los cables. Gersdorff saludó al Führer con extraordinario valor y disciplina y comenzó a representar el trabajo de su vida, fingiendo preocupación por el armamento ruso y proporcionándole detalles mientras avanzaban. Pero Hitler decidió poner fin a su visita. En un momento, salió por una puerta lateral que daba a Unter den Linden y se marchó. Lo que debía durar media hora solo había tardado unos cuantos minutos. Gersdorff seguía llevando un abrigo cargado con explosivos a punto de estallar. No había interruptor de «apagado». Con cada segundo que transcurría, el ácido avanzaba en su obra corrosiva, disolviendo el cable de metal. Tan pronto como Hitler se hubo marchado, Gersdorff entró a toda prisa en un baño y arrancó las espoletas de las dos bombas. En lugar de morir aquella tarde como estaba previsto, aquel hombre valiente vivió hasta 1980. Pero Hitler había escapado de nuevo.

La familia Bonhoeffer no recibió ninguna alegre llamada aquel día. Y la Gestapo se estaba acercando.

Diez días después, celebraron el setenta y cinco cumpleaños de Karl Bonhoeffer por todo lo alto. Aunque ninguno de ellos lo supo aquel día, esta sería la última magnífica representación que la familia daría. De alguna manera, fue un momento adecuado y culminante para la extraordinaria saga, para la que aquellas funciones se habían convertido en una tradición a lo largo de los años. En cinco días, su vida cambiaría de forma dramática. Jamás se volverían a reunir como en aquella ocasión.

Pero ahí estaban ahora, cantando *Alaba al Señor*. Todos estaban presentes aquel día, incluida Maria Czeppan, la antigua institutriz, y Bethge, que se convertiría en miembro oficial de la familia en el plazo de un mes. Los únicos ausentes eran los Leibholz, que seguían en Inglaterra. Pero hasta ellos se las ingeniaron para hacer un cierto acto de presencia, enviando un telegrama de felicitación por medio de Erwin Sutz.

Con exquisita ironía,[8] Hitler también tuvo representación. Un oficial del Ministerio de Cultura del Reich se presentó para recompensarle con la codiciada medalla Goethe de la nación por toda una vida al servicio de Alemania. La recibió delante de todo el grupo, junto con un certificado especial: «En nombre del pueblo alemán, concedo al profesor emérito Bonhoeffer la medalla Goethe de las artes y la ciencia, instituida por el difunto *Reichspräsident* Hindenburg. El *Führer*, Adolfo Hitler».

Cinco días después, otros representantes del gobierno de Hitler se desplazarían hasta la casa situada en el 43 de Marienburgerallee. En aquella ocasión no iban para agasajar a nadie y su llegada fue del todo inesperada.

CAPÍTULO 28

LA CELDA 92 EN LA PRISIÓN DE TEGEL

No puedo seguir así. Tengo que saber... ¿estás realmente en peligro?

—Maria von Wedemeyer

¿Quién permanece firme? Solo el hombre cuya norma final no sea su razón, sus principios, su conciencia, su libertad o su virtud, sino que esté dispuesto a sacrificar todo esto cuando se le llame a la obediencia y a la acción responsable en fe y en exclusiva lealtad a Dios; el hombre responsable que intenta convertir toda su vida en una respuesta a la pregunta y al llamado de Dios.

—Dietrich Bonhoeffer

El uso fuera de contexto y la transmisión de boca en boca del famoso término «cristianismo sin religión» convirtieron a Bonhoeffer en el adalid de un modernismo llano, no dialéctico, que oscurece todo lo que quiso decirnos sobre el Dios vivo.

—Eberhard Bethge

El día 5 de abril, Bonhoeffer se encontraba en casa. Alrededor del mediodía, llamó a los Dohnanyi. Una voz que no le sonaba familiar contestó el teléfono. Bonhoeffer colgó. Supo lo que estaba ocurriendo: la Gestapo había realizado el movimiento final. Se hallaban en casa de los Dohnanyi y la estaban registrando. Con mucha calma, Bonhoeffer se dirigió a la casa vecina para ver a Úrsula y la puso al corriente de lo que había sucedido y lo que podría ocurrir a continuación: la Gestapo iría en su busca y le arrestaría también a él. Ella le preparó una gran comida y, más tarde, él regresó a su casa para poner sus papeles en orden, ya que la Gestapo echaría un buen vistazo a todo como era su costumbre. Hacía tiempo que se había preparado para ese momento e incluso había dejado unas cuantas notas especialmente para su beneficio.

Luego volvió a casa de los Schleicher y aguardó allí. A las cuatro, su padre se acercó y le dijo que dos hombres deseaban hablar con él. Estaban arriba, en su habitación. El fiscal militar Manfred Roeder y un oficial de la Gestapo llamado Sonderegger. Bonhoeffer se reunió con ellos y, con su Biblia en la mano, fue escoltado hasta el negro Mercedes y se lo llevaron. Jamás volvería.

El compromiso con Maria

En los tres meses que transcurrieron entre su compromiso y su arresto, Bonhoeffer había estado en una moratoria de comunicación con Maria. Habían acordado esperar un año antes de casarse. María le había pedido que no se escribieran durante seis meses, probablemente a partir de finales de enero, después de su compromiso. La espera era larga, pero Bonhoeffer estaba dispuesto a afrontarla con gozo, como expresó en su carta. María tenía otra forma de sobrellevarla. Le escribía cartas que no enviaba, y lo hacía en su diario. Quizás la idea era que Dietrich pudiera leerlas cuando la separación hubiese acabado.

En febrero y marzo, pues, mientras la Gestapo estrechaba el cerco sobre Bonhoeffer y Dohnanyi, Maria le escribió unas cuantas veces en su diario. Con frecuencia expresaba preocupación porque él apenas supiera cómo era ella; porque su juventud y su personalidad de espíritu libre la hicieran, en cierto modo, indigna de él. Le costó mucho convencerla de que estaba en un error. No obstante, en su «carta» del 3 de febrero, le escribió desde Pätzig:

> Si pudieras verme aquí, así, creo que hay momentos en los que yo no te importaría nada. Por ejemplo, cuando monto como una maníaca y hablo el dialecto con los jornaleros. Algunas veces me estremezco y pienso que te disgustaría verme de esa forma. Cuando hago sonar el gramófono y salto por toda la habitación sobre un pie, tirando de una media con un inmenso agujero, me dejo caer sobre la cama horrorizada al pensar que podrías

verme. También hago cosas peores. Fumo un puro, porque no lo he hecho nunca y sencillamente quiero saber a qué sabe, y luego me siento tan mal que no puedo almorzar ni cenar. O me levanto en medio de la noche, me pongo un vestido largo y bailo como una salvaje alrededor de la sala de estar, o me voy de paseo con Harro [el perro] y al día siguiente duermo toda la mañana.

Puedo entender que esto te parezca horrible, pero intentaré de veras no hacerlo cuando estés aquí. El problema es que a veces ocurre sin pensarlo y tengo que desahogarme de alguna manera. Con todo, estoy segura de que la Cruz Roja mejorará un poco mi conducta y te ahorrará el trabajo.[1][*]

María no parecía estar al corriente del peligro al que se enfrentó su prometido en los meses anteriores a su arresto hasta que, en una carta fechada el 16 de febrero, su más que habladora abuela le dio motivos para preocuparse. La carta insinuaba suficiente peligro para Bonhoeffer como para afectar significativamente a Maria. Volvió a «escribirle» en su diario:

No puedo seguir así. Tengo que saber... ¿estás realmente en peligro? ¿Qué estoy haciendo, Dietrich? Perdona mi debilidad. Debo llamarte. Tengo que saber de tus propios labios qué está ocurriendo. ¿Por qué no me mantienes informada? No te entiendo. Quizás no te das cuenta de lo que me estás haciendo. Pensar que algo te pueda suceder me resulta insoportable, ¿acaso no lo entiendes? ¿No entiendes que, desde que me lo contaste, no he podido deshacerme de mis temores con respecto a tu seguridad?[2]

¡Te comenté que podías llamarme o escribirme! Dime que estás bien, Dietrich, y que no te estás impacientando, porque todo lo que sé me llega a través de mi abuela y no de ti. Oh, Dietrich, solo tranquilízame, te lo suplico.[3]

Durante tres semanas, guardó para sí sus preocupaciones y solo las compartió con su diario, pero el 9 de marzo rompió las reglas del compromiso y le telefoneó a Berlín. No sabemos a ciencia cierta si su madre tuvo conocimiento de la llamada. Al día siguiente, María escribió una carta de verdad y la envió:

He hablado contigo y he oído tu voz. Dietrich, amado mío, ¿recuerdas aún cada una de las palabras que hemos intercambiado? «Hey —me respondiste— ¿qué

* En breve, esperaba empezar a trabajar como enfermera en Hanover.

ocurre?». ¡Cómo rodaban las lágrimas por mis mejillas aunque intenté con todas mis fuerzas no llorar! No lo había hecho desde el descanso de la comida. Al principio no entendías adónde quería llegar. Lo expresé de una forma tan estúpida ¿no es así? Pero luego te reíste, y fue una risa tan linda. ¡Pensar que pudieras tomártelo así! Te estoy agradecida sobre todo por ello. Cuando soltaste la carcajada alentándome a no preocuparme, supe enseguida que lo que la abuela había comentado no era verdad y que todo mi desasosiego y mi llanto habían sido bastante innecesarios; que estabas bien y contento de que te hubiera llamado. Por eso te reías ¿verdad? Porque te sentías feliz. Después, también yo me reí.

Aquel mismo día, Bonhoeffer le escribió a Maria. Se desconoce lo que decidieron sobre seguir comunicándose, pero al parecer ambos habían tenido más que suficiente con el tiempo en que no habían podido hacerlo. Estaban locamente enamorados y deseaban estar juntos; si esto no era posible, al menos debían escribirse.

Querida Maria:

Sigo oyendo el latido de mi corazón y todo mi interior ha pasado por una especie de transformación, de gozo y de sorpresa, pero también de consternación al ver que estabas preocupada. Siempre hago cosas necias de este tipo. Si estuvieras aquí y pudiéramos conversar, te habría contado lo que compartí estúpidamente con tu abuela. No, no tienes que inquietarte ni por un momento... Yo tampoco lo hago. Por lo poco que departimos, sabes que el peligro no solo existe allí afuera [en el frente de batalla], sino también aquí, en casa; unas veces más y otras menos. ¿Qué hombre de hoy tiene derecho a rehuirlo y a encogerse ante él? ¿Y qué mujer de esta época no lo compartiría por mucho que el hombre quisiera de buen grado aliviarla de esta carga? ¿Y qué felicidad indescriptible siente el hombre cuando la mujer que ama está junto a él con valor, paciencia y, sobre todo, oración? Querida y buena Maria, no soy extravagante cuando digo que tu presencia en espíritu ha supuesto una ayuda manifiesta para mí en las recientes semanas. No obstante, me entristece de veras haberte causado aflicción. Así que, ahora, mantén la calma, ten confianza y vuelve a ser feliz; piensa en mí como lo has hecho hasta este momento, así como yo te recuerdo constantemente.[4]

Dos semanas más tarde,[5] Bonhoeffer volvió a escribirle, hablándole de la visita que le había hecho a su abuela en el hospital. No parecía sentirse demasiado bien, y él sabía que seguía atribulada por los «recuerdos de las dificultades del invierno anterior que nosotros ya hemos dejado muy atrás». Suponía que una carta de Maria ayudaría a que se sintiera más cómoda. De hecho, había estado planeando visitar a su abuela y le escribió a Bonhoeffer el 26 de marzo para informarle. También tenía buenas noticias. Había quedado «temporalmente exenta» del *Reichsarbeintsdienst*, un programa nacional que obligaba a las jóvenes solteras a hacer una especie de servicio militar. María lo había temido y se sentía muy feliz de poder trabajar como enfermera en vez de cumplir con ello. Cuando, una año más tarde, la amenaza volvió a levantar la cabeza, el padre de Bonhoeffer contrató a Maria para que le sirviera de secretaria y desempeñara sus funciones en la casa familiar. La boda de Renate y Bethge también se agilizó para que esta también pudiera eludir el odioso servicio militar.

Tan solo diez días después[6] de esta carta, Maria sintió que algo no iba bien. El 5 de abril escribió de nuevo a Dietrich en su diario: «¿Ha sucedido algo malo?», preguntó. «Me temo que se trata de algo realmente negativo». No tenía ni idea de que le habían arrestado ese mismo día, pero sintió en su interior una premonición y la registró en su diario. Durante ese tiempo no tuvo comunicación con Bonhoeffer ni con su familia.

El 18 de abril se hallaba en Pätzig para la confirmación de su hermano pequeño Hans-Werner. Para entonces, sus sentimientos sobre la situación se habían desencadenado y había decidido desafiar la insistencia de su madre en cuanto a que ella y Bonhoeffer no se vieran. También se lo participó a su cuñado Klaus von Bismark ese mismo día. Pero, poco después de hacerlo, ella y los Bismark regresaron a la mansión donde departieron con su tío Hans-Jürgens von Kleist. Él estaba al corriente del arresto y los informó. Era la primera noticia que Maria recibía.

Ya era demasiado tarde para verle. Durante el resto de su vida, Maria lamentó no haberse enfrentado antes a los deseos de su madre. Esta llegó a arrepentirse de sus actos a ese respecto y se lo reprochó a sí misma; a Maria le costó mucho perdonarla.

Primeros días en Tegel

La Gestapo había estado reuniendo información sobre sus rivales de la Abwehr durante largo tiempo. No querían otra cosa que dar un escarmiento a aquella deshonesta organización. Pero Canaris era tan astuto y Oster y Dohnanyi habían sido tan cuidadosos que era casi imposible llegar al fondo de lo que se traían entre manos. Con todo, la Gestapo tenía la impresión de que la Abwehr era un bastión de intrigas y tal vez incluso de conspiración contra el Reich. Siguiendo sus meticulosos métodos, descubrieron todo lo que pudieron hasta disponer de la suficiente información para poder llevar a cabo sus arrestos. Entonces atacarían.

En un mismo día detuvieron a Bonhoeffer, Dohnanyi y Joseph Müller, y los condujeron a la prisión de Wehrmacht, de la Lahrter Strasse, para los oficiales de rango. Christine, la hermana de Dietrich y la esposa de Müller también fueron arrestadas. Las llevaron a la cárcel de mujeres en Charlottenburg. Solo Bonhoeffer fue conducido a la prisión militar de Tegel.

Meses más tarde, Dietrich escribió el relato de sus primeros días allí:

Las formalidades de ingreso se realizaron correctamente. La primera noche me encerraron en una celda de admisión. Las mantas de la cama plegable tenían un olor tan nauseabundo que, a pesar del frío, era imposible utilizarlas. A la mañana siguiente, me lanzaron un trozo de pan al interior de la celda; tuve que recogerlo del suelo. Una cuarta parte del café consistía en posos. El sonido de los crueles abusos del personal de la cárcel sobre los presos que se retenían para la investigación penetraba en mi celda por primera vez; desde entonces lo he oído cada día desde la mañana hasta la noche. Cuando tuve que desfilar con otros recién llegados, uno de los carceleros se dirigió a nosotros como «miserables», etc., etc. Se nos preguntó a todos el motivo por el que habíamos sido arrestados y, cuando respondí que lo desconocía, el guardia respondió con una risa burlona: «Te enterarás muy pronto». Transcurrieron seis meses antes de que justificaran la detención. A medida que fuimos pasando por las distintas oficinas, algunos suboficiales que se habían enterado de cuál era mi profesión, quisieron tener una palabras conmigo de vez en cuando ... Me llevaron a la celda más aislada de la planta superior. Me informaron de que toda mi correspondencia quedaría retenida hasta nueva orden y que, a diferencia de todos los demás presos, no se me permitiría disfrutar de la media hora diaria al aire libre, aunque, según las normas penitenciarias, tenía derecho a ella. Tampoco recibí periódicos ni tabaco. Tras cuarenta y ocho horas, me devolvieron mi Biblia; habían rebuscado en ella por si había introducido una sierra, hojas de afeitar o cosas por el estilo en su interior. Durante los doce días siguientes, la puerta de la celda solo se abrió para la comida y para sacar la cubeta. Nadie me dirigió la palabra. No me dieron razón alguna de mi detención ni de cuánto tiempo duraría. De las distintas observaciones deduje —y lo pude confirmar con posterioridad— que estaba alojado en la sección de los casos más graves, donde los prisioneros condenados estaban esposados.[7]

Durante los doce primeros días,[8] le trataron como a un delincuente. Las celdas de su alrededor confinaban a los condenados a muerte, uno de los cuales lloró durante toda la primera noche que Bonhoeffer pasó allí, impidiéndole el sueño. En la pared del calabozo leyó la irónica pintada de un ocupante anterior: «Dentro de cien años todo habrá acabado». Este fue el punto más bajo y lóbrego desde el cual las cosas mejorarían durante las semanas y los meses. La mayor parte de los dieciocho meses de reclusión que pasó en Tegel no tuvieron nada que ver con aquellos primeros días.

Sin embargo, en un aspecto sí fueron idénticos. Desde el principio hasta el final de aquel periodo, Bonhoeffer mantuvo la disciplina diaria de la meditación en las Escrituras y la oración que había venido practicando por más de una década. Cada mañana reflexionaba durante al menos media hora en un versículo bíblico. También intercedía por sus amigos y familiares, y por sus hermanos de la Iglesia Confesante que se encontraban en primera línea o en los campos de concentración. Cuando recuperó su Biblia, la leyó a diario durante horas. Alrededor de noviembre ya había leído dos veces y media todo el Antiguo Testamento. Asimismo, sacó fuerza orando los Salmos, como habían hecho en Zingst, Finkenwalde, Schlawe, Sigurdshof y en los demás lugares. Una vez le comentó a Bethge, a punto de embarcarse en un viaje, que lo más importante era practicar las disciplinas diarias cuando uno se encontraba fuera, para tener la sensación de base, de continuidad y de claridad. Ahora que le habían metido de golpe, sin miramientos, en una atmósfera intensamente distinta a la del hogar de sus padres, él practicaba aquellas mismas disciplinas.

En un principio[9] le pusieron en la planta superior de la prisión, el cuarto piso, aunque pronto le trasladaron a la tercera, a «una celda que daba al sur, con una vista panorámica del bosque de pino que se hallaba al otro lado del patio de la cárcel. Esta celda de dos metros diez de ancho por tres de largo quedó inmortalizada en el libro *Cartas de amor desde la prisión*.* Mostraba un catre, un banco contra una de las paredes, un taburete, la necesaria cubeta, una puerta de madera con

---

* Ruth-Alice von Bismarck, hermana de Maria, es la editora de estas extraordinarias cartas. Antes de su prematura muerte a causa del cáncer, en 1977, Maria dio permiso a su hermana para que publicara aquellas misivas que narraban la historia de su relación con Dietrich Bonhoeffer y proporcionaban un contexto y unos antecedentes que no se encontraron en ningún otro lugar.

una diminuta ventana circular a través de la cual los guardias podían observarle, y una ventana no tan pequeña sobre su cabeza que le proporcionaba luz del día y aire fresco. Podía haber sido peor. Su familia vivía a unos diez kilómetros al sur y le visitaba a menudo, suministrándole comida, ropa, libros y otras cosas. En la postdata[10] de la primera carta que escribió a su casa, nueve días después de llegar allí, pidió «zapatillas, cordones para las botas (negros y largos), betún, papel de carta y sobres, tinta, una tarjeta de fumador, crema de afeitar, utensilios de costura y un traje para cambiarme».

Bonhoeffer ya había vivido de una forma sencilla con anterioridad. Durante los tres meses en Ettal se había alojado en una celda de monje, y había ido de un lado a otro durante los últimos años. Hasta su habitación del 43 de Marienburgerallee estaba amueblada en un estilo espartano.

Y su situación mejoraría en todos los cargos. Al principio tuvo que cumplir con la estricta norma de una carta cada diez días, y solo podían constar de una página. Esto le irritó enormemente. Pero pronto se congració con algunos de los guardias, que pudieron sacar otras cartas suyas a hurtadillas. El feliz resultado fue un emocionante torrente de actividad epistolar muy superior a las pocas cartas «oficiales» que escribía cada diez días. Entre noviembre de 1943 y agosto de 1944, tan solo a su amigo Eberhard Bethge le escribió doscientas páginas muy bien apuradas. No tenía su piano, pero con el tiempo llegaría a contar con muchos libros y papeles. Sus padres solían enviarle pequeños regalos de todo tipo, incluidas flores para su cumpleaños; María también lo hacía. Hasta le llevó un inmenso árbol de Navidad en el mes de diciembre, aunque era demasiado grande para meterlo en la celda y se quedó en la habitación de los guardias. En su lugar, le regaló una corona de Adviento. Él la utilizó para colocar sus obras de arte favoritas y su tabaco.

Pero la perspectiva de Bonhoeffer no dependía de estas amenidades. La primera carta que escribió a su casa era una representación de su actitud:

¡Queridos padres! Quiero que estén completamente seguros de que estoy bien,* como también lo estuve los diez primeros días. Lo siento, pero no me permitieron escribirles antes. Resulta bastante extraño que las incomodidades que uno suele asociar a la vida carcelaria, las durezas físicas, apenas me molestan. Hasta el pan seco puede llegar a ser suficiente por las mañanas (también consigo una variedad de extras). La dura cama de la prisión no me

---

* La traducción inglesa de *Letters & Papers from Prison* [*Resistencia y sumisión: Cartas y apuntes desde el cautiverio*] es mucho menos enfática de lo que indica la frase en alemán. «Vor allem... dir wissen und auch wirklich glauben, das es mir gut geht» se traduce mejor «Por encima de todo, quiero que sepan y que crean de verdad que me encuentro bien».

inquieta lo más mínimo, y uno puede dormir mucho entre las ocho de la tarde y las seis de la mañana. Me ha sorprendido de forma particular no haber sentido apenas necesidad de cigarrillos desde que llegué aquí; pero creo que el factor psíquico ha jugado un papel muy importante en todo esto. La violenta sacudida mental que produce un arresto repentino conlleva la necesidad de reorganizar toda la orientación mental y aceptar una situación totalmente nueva; todo esto significa que lo físico ocupa el asiento de atrás y pierde su importancia. Esto me parece un verdadero enriquecimiento de mi experiencia. Estoy bastante más acostumbrado que otras personas a estar solo, y esto es ciertamente un buen tratamiento relajante espiritual. Lo único que me molesta, o podría llegar a incomodarme, es pensar que la ansiedad pueda atormentarlos al pensar en mí, y que no duerman ni coman como es debido. Perdónenme por causarles tanta preocupación, pero creo que el destino hostil es más culpable que yo. Para compensarlo, sería bueno que leyeran los himnos de Paul Gerhardt y los aprendan de memoria, como yo estoy haciendo. Aparte de esto, tengo mi Biblia, algún material de lectura de la biblioteca de aquí y, ahora, también dispongo de suficiente papel de escribir.

Pueden imaginar que, en estos momentos, me siento especialmente angustiado por mi prometida. Lo que tiene que soportar es demasiado, sobre todo cuando hace tan poco tiempo que ha perdido a su padre y su hermano en el este. Como hija de un oficial, mi encarcelamiento le resultará quizás sobremanera duro de llevar. Quizás venga a Berlín para verles. Eso estaría muy bien.

Hoy se cumplen dos semanas desde las celebraciones del setenta y cinco cumpleaños. Hace un día espléndido. Todavía puedo oír la coral que cantamos por la mañana y por la tarde, con todas las voces e instrumentos: «Loor al Señor, el Todopoderoso, el Rey de la Creación ... Te abriga bajo sus alas, sí, y suavemente te sostiene». Es verdad, y en esto debemos confiar siempre.

Ahora, la primavera ya está llegando. Tendrán mucho que hacer en el jardín; espero que los preparativos de la boda de Renate vayan bien. Aquí, en el patio de la prisión hay un zorzal que emite un canto hermoso por la mañana y, en esta época, también por la tarde. Uno se siente agradecido por las pequeñas cosas y esto es, ciertamente, una ganancia. Adiós por el momento.

Pienso en ustedes y en el resto de la familia, y mis amigos con gratitud y amor,

Su Dietrich[11]

Por su crianza, Bonhoeffer dejó claro que no se permitiría autocompasión alguna; le repugnaba verla en los demás y no la toleraría en sí mismo. Sus padres sabían que sería valiente y fuerte, y esto les servía de gran consuelo. Todos sus hijos eran así y lo serían hasta el final. En la última carta de Walter, escrita en 1918, era evidente: restaba importancia a sus sufrimientos y expresaba su preocupación por sus compañeros soldados.[*] Por tanto, lo que Dietrich les manifestaba en su carta ahora les aportó tranquilidad. Pero Manfred Roeder, el fiscal, leyó aquella misiva y todas las demás. Bonhoeffer escribía a dos niveles: en uno, para sus padres, pero en el otro para el hostil par de ojos que rastreaban cualquier prueba que le incriminara. Sin embargo, no se estaba limitando a evitar lo que le pudiera inculpar: también utilizaba esta y otras cartas para pintar una imagen particular dirigida a Roeder. Quería proporcionarle un marco en el cual interpretar las cosas que él afirmó durante sus interrogatorios. Hasta en una misiva inocua y veraz como esta primera, Bonhoeffer se engranó en un engaño mayor.

En primer lugar, ¿por qué le habían arrestado? Sería ejecutado por su implicación en el complot para matar a Hitler, pero no le detuvieron por este motivo. En abril de 1943, los nazis no tenían indicio alguno de que estuviera involucrado en la conspiración, y ni siquiera sabían que esta existiera. Permanecería oculto hasta que fracasó el complot de la bomba de Stauffenberg, más de un año después. Durante los quince meses siguientes, su encarcelamiento y el de Dohnanyi fueron por razones más inofensivas. Estaba relacionado con la Operación 7 que la Gestapo interpretó como un esquema de blanqueo de dinero. No podían imaginar que a Bonhoeffer y los demás les preocupaba sobre todo el destino de los judíos. Otra de las razones tenía que ver con los intentos de la Abwehr por conseguir exenciones del servicio militar para los pastores de la Iglesia Confesante. Se podría decir, por tanto, que Bonhoeffer fue detenido por razones relativamente menores. En cierta forma, se le arrestó más que nada por su relación con Dohnanyi.

Dado que Dietrich y los demás sabían que los nazis ignoraban que existiera una conspiración, siguieron con su juego de engaño a varios niveles. El complot seguía adelante mientras ellos estaban entre rejas; sabían que lo más probable es que asesinaran a Hitler en cualquier momento y ellos quedaran libres. Por consiguiente, debían hacer todo lo que pudieran para impedir que la descubrieran. No se les debía escapar nada que pudiera poner a la Gestapo

---

[*] Ver página 27.

sobre aviso en cuanto a algo más de lo que ya sabían, que no era gran cosa. Fingirían ser inocentes de los cargos presentados contra ellos y harían como si, al margen de estos, no hubiera nada que mereciera la pena investigar. Y lo consiguieron.

Estrategia

Como parte de su mayor artimaña, Dohnanyi y Bonhoeffer querían conservar la ficción de que este último era un inocente pastor que sabía poco o nada de cuestiones más amplias. De esta forma, toda la atención se concentraría en Dohnanyi, cuya brillante mente legal y mayor conocimiento de los detalles complicados podrían defenderse de los ataques de Roeder. Con este fin, escribió una carta a Bonhoeffer en Pascua, en lugar de enviársela a sus padres, ya que el persecutor la leería y deseaba adaptar las cosas a los ojos de este. La misiva que escribió en Viernes Santo 23 de abril, expresaba lo siguiente:

Mi querido Dietrich, no sé si se me permitirá enviarte esta felicitación, pero lo intentaré. Las campanas suenan en el exterior anunciando el oficio ... Ni te imaginas lo triste que me siento de que, por mi culpa, tú, Christel, los niños y mis padres tengan que sufrir así y que mi amada esposa y tú estén privados de libertad. *Socios habuisse malorum** puede ser un consuelo, pero el *habere*** es una carga terriblemente pesada ... Me sentiría aliviado si supiera que todos ustedes —y tú personalmente— no son demasiado severos cuando piensan en mí. ¡Qué no daría porque estuvieran todos libres de nuevo! ¡Qué no cargaría sobre mí si con ello pudiera evitarles esta aflicción![12]

Una razón por la cual la familia Bonhoeffer podía funcionar como semejante semillero de sedición era su formidable inteligencia y su capacidad de comunicarse cómodamente a distintos niveles a la vez, con la confianza de ser entendidos al hacerlo. Ahora, a Bonhoeffer se le permitía escribir cartas a su casa y Dohnanyi pudo escribirle la carta anterior sabiendo que se leería y se entendería a dos niveles. Dietrich sabía que sus padres sabrían que lo que les

---

* «Estar acompañado en la aflicción» del aforismo: «La miseria ama la compañía».
** «Tener (compañía)».

escribía iba dirigido, en parte, al necio de Roeder. Confiaba en que serían capaces de sacar lo que significaba para ellos y también la interpretación que Roeder le daría. Hasta cierto punto, habían estado actuando así durante años, ya que cualquier cosa que se expresara en el Tercer Reich podía ser oída casualmente por quien no debía. Pero, ahora, lo perfeccionarían tanto que les permitiría distraer a sus adversarios.

Asimismo, habían ideado[13] con anterioridad la forma de comunicarse si alguno de ellos era encarcelado, y ahora utilizaban dichos métodos. Uno de ellos consistía en introducir mensajes codificados en los libros que se les permitía recibir. Bonhoeffer recibió muchos de parte de sus padres y los devolvía cuando acababa con ellos. Para indicar que el libro llevaba una nota en clave, subrayaban el nombre del propietario en la guarda del libro o en la parte interna de la tapa. Si debajo de *D. Bonhoeffer* había una raya, el receptor sabía que contenía un recado. Se transmitía mediante las marcas a lápiz más diminutas bajo distintas letras de las páginas del libro. Cada tres o diez hojas —el número parecía variar— se marcaba un punto apenas visible a lápiz en aquella página. Las señales empezaban al final del libro e iban hacia el principio, de manera que en una obra de trescientas páginas uno disponía de treinta letras para su mensaje. Solían ser notas de suprema importancia, y muy peligrosas, como lo que Dohnanyi había declarado a su interrogador para que Bonhoeffer pudiera corroborar la información, que no cayera en ninguna trampa ni le pillaran en una contradicción con respecto a algo que Dohnanyi hubiera contestado. Uno de los mensajes era: «O. reconoce ahora oficialmente la tarjeta de codificación de Roma». En este caso, «O» se refería a Oster. Roeder pensó que esto indicaba un crimen mayor, pero finalmente se demostró que formaba parte del secretismo básico de la Abwehr para fines oficiales. Otro de los mensajes en clave en libros comunicaba: «No estoy seguro de que se haya encontrado la carta con las correcciones de Hans, pero creo que sí». Todo aquello podía llegar a ser un tanto barroco, pero los Bonhoeffer estaban preparados.

Renate Bethge recordaba[14] que ella y los demás jóvenes se encargaban de buscar las marcas apenas visibles a lápiz ya que sus ojos de menor edad las detectaban mejor. Incluso utilizaban una goma para comprobar que fueran las señales y no simples irregularidades diminutas a la hora de imprimir las páginas. Christopher von Dohnanyi[15] rememoraba otra forma utilizada para deslizar los mensajes bajo las narices de los nazis: «Se podía usar un tarro para mermelada..., con una tapa doble. Solían llevar un cartón doble. Mi madre y nosotros cortábamos pequeños redondeles que se introducían entre el cartón y el metal, ¡y en los que escribíamos las cosas más peligrosas!». Con una caligrafía en miniatura, Hans von Dohnanyi escribía cartas enteras en aquellos círculos secretos.

A lo largo de los dieciocho meses[16] pasados en Tegel, funcionó muy bien la pose básica de Bonhoeffer como sencillo pastor idealista indiferente al que no le preocupaban las cuestiones políticas. Tenía una forma brillante de hacerse el tonto en los interrogatorios y en las largas cartas que escribía a Roeder: «Soy el último en negar que puedo haber cometido errores en el trabajo tan extraños, tan nuevos y tan complicados como los de la Abwehr. Con frecuencia me resulta difícil seguir la velocidad de sus preguntas, probablemente porque no estoy acostumbrado a ellas». Representaba al pastor luterano arquetípico de aquel tiempo, un eclesiástico ingenuo de poco mundo que sabía muy poco de intrigas de alto nivel; Dohnanyi, el sofisticado supergenio jurisprudencial, sabía todo lo que era importante: «Fue mi cuñado quien me sugirió que, con mis conexiones eclesiales, debía entrar al servicio de la Abwehr. A pesar de los considerables escrúpulos internos, aproveché su ofrecimiento porque me proporcionaba el trabajo de guerra que había deseado desde el inicio de las hostilidades, pudiendo incluso utilizar mi capacidad como teólogo».

Se aventuró fingiendo que trabajar para la Abwehr mitigaba su dolor por las acusaciones de la Gestapo que habían provocado que se le prohibiera predicar y escribir:

Esto supuso una gran liberación interna ya que lo consideré una grata oportunidad de rehabilitarme a los ojos de las autoridades del estado, algo que estaba ansioso por hacer a la vista de la acusación ofensiva y, a mi entender, completamente injustificada que se presentó contra mí. Saber que había sido utilizado por un departamento militar fue, por tanto, de gran importancia para mí personalmente. Hice un gran sacrificio por esta posibilidad de rehabilitación y por mi trabajo al servicio del Reich, a saber, ofrecer todas mis conexiones ecuménicas para el uso militar.[17]

Bonhoeffer siempre fingió tener la típica actitud luterana hacia las autoridades del estado, que procedía de una comprensión simplista de Romanos 13. Aparentó incredulidad y resentimiento ante la insinuación de que estaba cuestionando al estado:

No puedo creer que este sea el cargo que se presenta realmente contra mí. Si este fuera el caso ¿habría recurrido a la familia de un viejo oficial, de la que todos los padres e hijos han ido al campo de batalla desde el principio de la guerra; de los cuales muchos han conseguido las más altas condecoraciones y que han hecho el mayor sacrificio de la vida y de sus miembros, para encontrar a mi futura esposa, quien también ha perdido a su padre y su hermano en el frente? ¿Habría yo abandonado, en tal caso, todos los compromisos contraídos en Estados Unidos y regresado a Alemania antes de que estallara la guerra, donde naturalmente esperaba que me llamaran a filas de inmediato? ¿Acaso me habría ofrecido como capellán del ejército en cuanto la guerra comenzó?[18]

Poco sabían aquellos nazis ignorantes de la teología que el hombre con el que estaban tratando había elaborado una defensa teológica del engaño contra los que eran como ellos. De alguna manera, él era su peor pesadilla. No era un pastor «mundano» o «comprometido», sino uno cuya devoción a Dios dependía de su engaño a los poderes del mal que se alineaban en contra de él. Estaba sirviendo a Dios mientras los estaba embaucando.

«Después de diez años»

Bonhoeffer había escrito un ensayo pocos meses antes de su arresto, titulado *Después de diez años: un cómputo hecho en el Año Nuevo de 1943*. En la Navidad de 1942, entregó copias a Bethge, Dohnanyi y Hans Oster, y escondió una cuarta en el techo de su buhardilla. Era una valoración de todo lo que había vivido y aprendido en las extraordinarias experiencias de los diez años transcurridos desde que Hitler ascendió al poder. Es de gran ayuda para nosotros, ya que expone más del pensamiento que le llevó a él, y a todos ellos, a las fabulosas medidas que habían estado tomando y, seguirían haciéndolo, contra el régimen nazi. También confirma el papel crucial de Bonhoeffer en la conspiración, el de su teólogo y su brújula moral. Les ayudó a ver con precisión por qué tenían que hacer lo que estaban llevando a cabo; por qué no era conveniente, sino oportuno; por qué era la voluntad de Dios.

Comenzaba poniendo las cosas en su marco:

Uno puede preguntar si ha habido gente, aun antes de la historia humana, con tan poca tierra bajo sus pies; personas a las que cualquier alternativa disponible les pareciera igualmente intolerable, repugnante y fútil, que buscaron la fuente de su fuerza más allá de todas estas opciones existentes, completamente en el pasado o en el futuro y que, sin ser soñadores, fueron capaces de aguardar el éxito de su causa con tanta tranquilidad y confianza...

La gran mascarada del mal ha trastocado todos nuestros conceptos éticos. Para alguien que ha sido educado en nuestros conceptos éticos tradicionales, que el mal aparezca disfrazado de luz, caridad, necesidades históricas o justicia social es bastante desconcertante, mientras que, para el cristiano que basa su vida en la Biblia, sencillamente confirma la fundamental perversidad del mal.[19]

Luego, desestimaba[20] las respuestas estándar con respecto a aquello a lo que se estaban enfrentando y mostraba por qué fallarían cada una de ellas. «¿Quién permanece firme? Solo el hombre cuya norma final no sea su razón, sus principios, su conciencia, su libertad o su virtud, sino que esté dispuesto a sacrificar todo esto cuando se le llame a la obediencia y a la acción responsable en fe y en exclusiva lealtad a Dios; el hombre responsable que intenta convertir toda su vida en una respuesta a la pregunta y al llamado de Dios».

Así veía Bonhoeffer lo que estaba haciendo. Había redefinido teológicamente la vida cristiana como algo activo, no reactivo. No tenía nada que ver con evitar el pecado ni con simplemente hablar, enseñar o creer las nociones, los principios, las normas o las afirmaciones teológicas. Tenía todo que ver con vivir toda la vida de uno en obediencia al llamado de Dios por medio de la acción. No solo requería una mente, sino también un cuerpo. Era el llamado de Dios a ser plenamente humano, a vivir como seres humanos obedientes a aquel que nos había hecho, que era el cumplimiento de nuestro destino. No se trataba de una vida estrecha, comprometida y circunspecta, sino una que se viva en una especie de libertad salvaje, gozosa y a pleno pulmón. En esto consistía obedecer a Dios. Que Dohnanyi u Oster entendieran todo esto como Bethge resulta dudoso, pero eran hombres brillantes que, con toda seguridad, comprendieron lo suficiente como para buscar el consejo y la participación de Bonhoeffer en lo que estaban llevando a cabo.

Bonhoeffer habló[21] sobre cómo habían utilizado los nazis la tendencia alemana al autosacrificio y a la sumisión a la autoridad para sus fines perversos; solo un profundo entendimiento de la Biblia y el compromiso con el Dios de ella podría hacer frente a semejante maldad. «Depende de un Dios que exige una acción responsable en una valiente empresa de fe —escribió—, y que promete perdón y consuelo al hombre que se convierte en pecador en ella». Ahí estaba el problema: uno debía ser más celoso en agradar a Dios que en evitar el pecado. Había que sacrificarse uno

mismo a los propósitos de Dios, incluso hasta el punto de cometer posibles equivocaciones morales. La obediencia a Dios debía ser cara al futuro, celosa y libre; ser
un mero moralista o pietista convertiría dicha vida en un imposible.

Si queremos ser cristianos, debemos tener alguna participación en el gran
corazón de Cristo, actuando con responsabilidad y en libertad cuando llegue la hora del peligro, y mostrando una solidaridad que no surge del temor,
sino del amor liberador y redentor de Cristo por todo aquel que sufre. La
mera espera y quedarse mirando no es una conducta cristiana. El cristiano
está llamado a la solidaridad y la acción, no por sus propios sufrimientos en
primer lugar, sino por los de sus hermanos, por quienes Cristo padeció.[22]

Bonhoeffer también habló de muerte:

En los años recientes hemos empezado a familiarizarnos con el pensamiento
de la muerte. Nos sorprendemos a nosotros mismos con la tranquilidad con
la que nos enteramos de la muerte de uno de nuestros contemporáneos. No
podemos odiarla como solíamos hacer, porque hemos descubierto algo bueno en ella, y casi hemos llegado a aceptarla. Fundamentalmente, sentimos
que en realidad ya le pertenecemos a la muerte, y que cada nuevo día es un
milagro. Con toda probabilidad, no sería verdad afirmar que le damos la
bienvenida (aunque todos conocemos ese cansancio que deberíamos evitar
como la peste); somos demasiado inquisitivos para ello. Expresado con
mayor seriedad, nos debería gustar ver algo más del significado de los fragmentos rotos de nuestra vida ... Seguimos amando la vida, pero no creo que
la muerte pueda tomarnos ahora por sorpresa. Después de lo que hemos
pasado durante la guerra, apenas nos atrevemos a admitir que nos gustaría
que la muerte viniera a nosotros, no de forma accidental y repentina,
mediante alguna causa trivial, sino en la plenitud de la vida y con todo lo que
hay en juego. Somos nosotros mismos, y no las circunstancias externas,
quienes convertimos la muerte en lo que puede ser: una muerte libre y
voluntariamente aceptada.[23]

La vida en Tegel

Como jefe de la Abwehr, el almirante Canaris hizo todo lo que pudo para proporcionar cobertura a Dohnanyi y Bonhoeffer. Esto cambiaría cuando, en

febrero de 1944, la Gestapo y Himmler lo derrotaron y fue destituido. Pero durante los primeros meses en Tegel, Bonhoeffer y Dohnanyi confiaron en su protección.

Dietrich tenía una ventaja adicional en Tegel, una muy relevante. Su tío Paul von Hase era el comandante militar de Berlín y, por tanto, era el gran jefe, por encima del alcaide. Cuando los guardias de la prisión se enteraron de esto, todo cambió. Nadie habría podido imaginarlo. ¡El sobrino de von Hase era un prisionero! Era como tener a una celebridad en medio de ellos. Y no era solo por su tío, sino por el gran misterio que acompañaba a su encarcelamiento. Era pastor y quedaba bastante claro que también era enemigo del estado nazi. Muchos de ellos también estaban en contra de los nazis, aunque en silencio, por lo que fue creciendo una innegable fascinación por él. A medida que lo iban conociendo, descubrieron que era genuinamente amable y generoso —de un modo increíble para muchos de ellos— incluso con aquellos guardias a los que otros despreciaban. Realmente era un buen hombre, una represión viviente de las fuerzas que los oprimían y sobre las cuales tenían poco poder.

Pronto se le otorgaron ciertos privilegios en la cárcel, a veces por la posición de su tío, pero con mayor frecuencia porque otros, en aquel desagradable entorno, lo consideraban una fuente de consuelo para ellos y querían tenerle cerca. Deseaban hablar con él, contarle sus problemas, confesarle cosas, y simplemente estar junto a él. Aconsejaba a algunos de los condenados y también a los guardias. Uno de ellos, Knoblauch, se entusiasmó tanto con él que hizo todo lo posible por ayudarle a escapar, como veremos. También se le permitió pasar algún tiempo a solas en su celda con otros, algo contrario a las órdenes explícitas. Y también pudo estar a ratos en la enfermería, donde funcionaba más como pastor de la cárcel que como prisionero. En general, dedicó bastante tiempo al trabajo pastoral en Tegel, tanto que algunas veces sintió que estaba restando demasiado tiempo a escribir y leer.

La única Navidad que Bonhoeffer pasó en Tegel fue la de 1943. Harald Poelchau, uno de los pastores oficiales de la cárcel, le pidió que le ayudara a escribir una hoja que se distribuiría a los presos. En ella, plasmó varias oraciones, entre las cuales se encontraba la siguiente:

Oh Dios,
Temprano en la mañana clamo a ti.
Ayúdame a orar

y a pensar solo en ti.

No puedo orar solo.

En mí hay tinieblas,

pero en ti hay luz.

Estoy solo, pero tú no me dejas.

Soy de corazón débil, pero tú no me dejas.

Estoy inquieto, pero en ti hay paz.

En mí hay amargura, pero en ti hay paciencia;

tus caminos sobrepasan el entendimiento, pero

tú conoces el camino por mí.[24]

Poelchau recordaba la cortesía de Bonhoeffer incluso en prisión:

Un día me pidió que tomara una taza de café con él ... Me habló de su vecino de celda, un oficial inglés que nos había invitado a ambos si yo me arriesgaba a encerrarle en la otra celda. Nos colamos en el momento propicio y tuvimos una pequeña fiesta, con un infiernillo apuntalado sobre un montón de arena que se encontraba en un rincón de cada celda para usarlo en los ataques aéreos. Tomamos café, pan blanco que se había conservado para la ocasión, y charlamos, seriamente y también con alegría, y esto nos ayudó a olvidar la guerra.[25]

El noble porte de Bonhoeffer y su generosidad eran evidentes para muchos, incluso hasta su último día. En Tegel utilizaba su propio dinero para pagarle la ayuda legal a un joven preso que no se lo podía permitir; en otra ocasión se impuso a su propio abogado defensor y le pidió que llevara el caso de un compañero de prisión.

Cuando, en el verano de 1943,[26] le ofrecieron una celda más fresca en la segunda planta de la cárcel, la rechazó, sabiendo que le darían la suya a otra persona. Sabía que gran parte de ese mejor trato se debía a la posición de su tío. Escribió que, cuando las autoridades de la cárcel se enteraron de su parentesco «fue de lo más incómodo ver cómo todo cambió desde aquel preciso instante». Enseguida se le ofrecieron mayores porciones de comida, pero él no las aceptó, sabiendo que sería a expensas de los demás presos. A veces se sentía agradecido por las pequeñas mercedes del trato preferencial y otras, le disgustaban. Parte del personal se disculparon con él tras descubrir quién era su tío. «Fue duro», escribió.

A Bonhoeffer le indignaba la injusticia, y le enfurecía la forma en la que muchos de los guardas veteranos maltrataban a los prisioneros, pero utilizó su posición para hablar por aquellos que no tenían poder. En un momento dado, hasta escribió un informe sobre la vida en la prisión, con la intención de llamar la atención de las autoridades a las cosas que era necesario mejorar. Sabía que por ser sobrino de von Hase conseguiría que alguien se ocupara de aquellos problemas, de modo que detalló con pelos y señales las injusticias que observaba y se convirtió en la voz de quienes no la tenían, como siempre había exhortado a sus feligreses en sus predicaciones.

Maria von Wedemeyer

La relación de Bonhoeffer con Maria era una fuente de fortaleza y esperanza para él. Cuando se enteró del arresto, su futura suegra sintió que debía permitir que el compromiso se hiciera público. Él le agradeció enormemente su amabilidad. Esto les proporcionaba mayor esperanza de que su futuro en común era una realidad que pronto llegaría. Habían creído que tendrían que guardar silencio al respecto, incluso ante la familia, hasta que el «año» oficial hubiese tocado a su fin, es decir, hasta noviembre. Todos estaban convencidos de que, tan pronto Roeder viera contestadas sus preguntas y, en general, todo se aclarara, Bonhoeffer no tardaría en recobrar su libertad, y la boda se celebraría enseguida. Durante sus dos primeros meses en Tegel, Dietrich no pudo escribir a Maria, de modo que lo hacía a través de sus padres, que le trasmitían las partes principales de sus cartas.

Mientras tanto, el 23 de mayo, ella los visitó en Berlín, donde fue recibida como la prometida de Dietrich. Incluso llegó a pasar largo tiempo a solas en la habitación de Bonhoeffer. Al día siguiente, le escribió desde Hanover.

Mi querido, queridísimo Dietrich:
Ayer estuviste pensando en mí, ¿no es así? Sentí que estabas constantemente a mi lado, que me acompañabas por todas estas habitaciones desconocidas para conocer a todas esas personas. De repente, todo parecía familiar, acogedor y muy querido. Me siento muy feliz por el día que pasé en Berlín, Dietrich... tan indeciblemente dichosa y agradecida a ti y a tus padres. Creo que mi felicidad está tan honda y firmemente arraigada que el dolor no puede alcanzarla, por inmenso que pueda parecer en algunos momentos.

Me gustan tus padres. En el instante en que tu madre me saludó, sabía que no podía ser de otro modo, y que me estás dando infinitamente más de lo que yo hubiera soñado jamás. Me enamoré de todo: tu casa, el jardín y —sobre todo— tu habitación. No sé qué sería capaz de dar con tal de volver a sentarme allí, aunque solo fuera para contemplar las manchas de tinta sobre el protector de tu escritorio. Todo se ha hecho tan real para mí desde que me encontré contigo ayer, en casa de tus padres. La mesa donde escribiste tus libros y las cartas para mí, tu sillón y el cenicero, tus zapatos en la estantería y tus fotografías favoritas ... Nunca pensé que te echaría tanto de menos y que te anhelaría de este modo, pero esto se ha duplicado desde ayer.

...Queridísimo Dietrich, cada mañana a las seis, cuando ambos juntamos nuestras manos en oración, sabemos que podemos tener gran fe, no solo el uno en el otro, sino muy por encima de esto y mucho más allá. Por tanto, no podemos sentirnos tristes, ¿no es así? Volveré a escribirte pronto.

Haga lo que haga, y piense lo que piense, siempre seré

Tu Maria[27]

En su siguiente carta del 30 de mayo, se admiraba de que hubiera transcurrido un año desde su aciago encuentro en Klein-Krössin: «Ya se ha cumplido un año. Imagínate, me parece casi incomprensible que seas el caballero que conocí en aquel tiempo y con el que discutí sobre nombres de pila, *Lili-Marlen*,* margaritas y otros asuntos. La abuela me contó lo que recordabas de aquello, y me sonrojé por el horror retrospectivo que sentí por todas las estupideces que dije».

A principios de junio, Roeder concedió permiso a Bonhoeffer para que le escribiera a Maria. Tras su primera carta, ella escribió lo siguiente:

9 de junio de 1943

Queridísimo Dietrich:

Me escribiste una carta tan hermosa [...]; el mero hecho de que puedo esperar otra igual dentro de diez días me pone de un buen humor increíble. Pero, cuando la leo, casi me produce demasiada felicidad y, de repente, pienso que debo despertar de este sueño y concienciarme de que nada de ello es verdad, y me río de mí misma por haberme atrevido a suponer

---

* Canción muy popular de la época, sobre todo entre las tropas. La emisora militar alemana cerraba cada noche con ella.

tanta ventura. Ya ves, mi felicidad sigue siendo mucho mayor que mi tristeza; debes creerlo de verdad. No tardaremos mucho en vernos de nuevo, estoy segura, y es algo que me digo a mí misma y a ti cada noche y cada mañana...

¿Me señalas que quieres saber de mis planes de boda? Tengo más que suficientes. Hemos de comprometernos oficialmente tan pronto como volvamos a estar juntos. Muy poca gente de mi familia lo sabe por el momento ... No te escaparás sin fiesta de compromiso, pero nos casaremos enseguida después. Me gustaría que fuera en verano, cuando Pätzig luce más hermosa. Siempre he estado ansiosa por mostrártela en el mes de agosto, en especial. Lo que has visto de ella hasta la fecha no cuenta. He imaginado ese mes de agosto con todo detalle. Cómo esperaría tu tren, los paseos que daríamos y en los que te enseñaría mis lugares favoritos, las vistas, los árboles y los animales. He pensado en cuánto te gustarían a ti también y, después de esto, tendríamos un hogar en común allí. No te sientas deprimido o abatido. Céntrate en lo felices que seremos más adelante y recuerda que, quizás, todo esto tenía que ocurrir para que fuésemos conscientes de lo hermosa que será nuestra vida y lo agradecidos que debemos sentirnos por ello ... Has de comenzar ya a escoger los himnos y los textos. Me gustaría «Sollt ich meinem Gott nicht singen»* y el Salmo 103 ... Te ruego que los incluyas. En cuanto a todo lo demás, estoy abierta a la persuasión y las sugerencias. Ya conoces la iglesia de Pätzig...

¡También tendremos luna de miel! ¿Dónde? ¿Y luego, qué? Pues lo más importante es que seremos felices, ambos lo seremos. Y todo lo demás será irrelevante, ¿verdad?

He solicitado el traslado al Hospital Augusta de Berlín y me hallo a la espera de que me destinen allí. Podría ocurrir en los próximos días. Estar cerca de ti siempre será mucho mejor y espero poder visitar a tus padres con mayor frecuencia. Piensa ahora lo maravilloso que será cuando recobres tu libertad.

Querido Dietrich, si solo pudiera aliviar un poquito de tu carga. Daría lo que fuese por tener la oportunidad de hacerlo. Estoy contigo a cada instante, aunque al mismo tiempo tan terriblemente lejos, y anhelo de una forma indecible encontrarme junto a ti de verdad. Sabes que soy siempre

Tu Maria[28]

---

* «¿Cómo no alabaré a mi Dios?».

Maria consiguió un permiso de visita para el 24 de junio, aunque Bonhoeffer no sabía que iría. Sería el primero de diecisiete encuentros. Diecisiete de ellos tuvieron lugar entre esa fecha y el 27 de junio del año siguiente, 1944.[*] El último fue el 23 de agosto de 1944, un mes después del intento de asesinato del 20 de junio. Pero aquel día de junio de 1943, cuando Maria fue por primera vez a visitar a Dietrich, sus esperanzas de un juicio sin demora y una rápida liberación eran mucho más vivas, y pensaban constantemente en su inminente boda.

Los encuentros eran siempre[29] un tanto incómodos, ya que nunca estaban solos, sino que, por así decirlo, Roeder hacía de carabina. De hecho, en su primera entrevista del 24 de junio, este sorprendió a Bonhoeffer trayendo a Maria a la habitación. Dietrich estaba perplejo. ¿Qué significaba que ella estuviera allí? Era una táctica despreciable. «Descubrí que Roeder, el fiscal, me estaba utilizando como una herramienta —escribió Maria años más tarde—. Me introdujo en una habitación casi sin previo aviso y Dietrich estaba visiblemente conmocionado. Su primera reacción fue el silencio, pero después mantuvo una conversación normal; sus emociones solo se manifestaron en la presión con la que sostenía mi mano».

Cuando hubo acabado el tiempo de la visita, Roeder se llevó a Maria en una dirección mientras que Bonhoeffer tenía que salir por otra puerta. No se habían visto desde noviembre. Ahora les habían concedido esos preciosos momentos y, de repente, el encuentro había llegado a su fin. Sin embargo, cuando Maria estaba a punto de abandonar la habitación, hizo gala del espíritu independiente y la firme voluntad por los que se la conocía: cuando volvió la cabeza y vio que su amado Dietrich salía por una puerta del otro lado de la habitación, obviamente en contra de los deseos de Roeder, cruzó la sala con ímpetu y abrazó a su prometido por última vez.

Cuando Bonhoeffer regresó a su celda, prosiguió con la carta que estaba escribiendo a sus padres.

Acabo de regresar de ver a Maria —¡una sorpresa y un gozo indecibles! No me enteré hasta un minuto antes. Todavía parece un sueño—; en realidad es una situación casi inimaginable... ¿Qué pensaremos de ello algún día? En un momento así, todo lo que se puede decir es trivial, pero eso no es lo principal. Venir ha sido muy valiente por su parte; no me habría atrevido a sugerírselo. Era infinitamente más difícil para ella que para mí. Yo sé dónde me

---

[*] En 1943, Maria visitó a Bonhoeffer el 24 de junio, el 30 de julio, el 26 de agosto, el 7 de octubre, el 10 y el 26 de noviembre y el 10 y el 22 de diciembre. En 1944, sus encuentros fueron el 1 y el 24 de enero, el 4 de febrero (su cumpleaños), el 30 de marzo, el 18 y el 25 de abril, el 27 de junio y el 23 de agosto.

encuentro, pero para ella todo esto debe de ser inimaginable, misterioso, terrorífico. ¡Piensen cómo será todo cuando acabe esta pesadilla![30]

Las primeras cartas de Maria[31] estaban llenas de ideas y planes para su boda. Le contó que había empezado a trabajar en su ajuar, en una de ellas incluyó un dibujo que había hecho de todos los muebles de su habitación para que pudieran hacerse una idea de cómo equipar su nuevo hogar en común. Asimismo, le informó de que su abuela había decidido regalarles su «sofá azul de Stettin, más los sillones y una mesa». Se preguntaba qué pastor oficiaría el enlace y le confesó que el mes de septiembre anterior, antes de que ninguno de ellos supiera lo que les depararía el futuro cercano, había escrito en su diario que le gustaría que fuese *él* quien celebrara la boda. «¡Qué pena que eso no sea posible!», comentó.

María siguió con el capricho de escribirle en su diario. Tras su segundo encuentro, el 30 de julio, anotó:

Yo estaba sentada en el lujoso sofá rojo cuando entraste. Viéndote así, casi te hablo de «Sie».* Un traje oscuro que te quedaba muy bien, una inclinación formal al *Oberst Gerichtsrat...*,** extrañamente desconcertante.

Sin embargo, cuando miré en tus ojos, vi esa querida y oscura luz en ellos, y cuando me besaste, supe que te había encontrado de nuevo... de una forma más completa de lo que nunca te había tenido antes.

Fue todo tan distinto de la primera vez. Estabas más calmado y relajado. Pero también más confiado. Eso fue lo que sentí por encima de todo, y fue lo que descendió hasta mi triste y desanimado corazón, proporcionándome alegría y felicidad. ¡Hay que ver de qué cosas se habla en esos momentos! ... de conducir autos, del tiempo, de la familia.*** Y, sin embargo, significó tanto y compensó el intervalo de un mes de soledad. En un momento dado me agarraste. Aunque internamente estaba tranquila, temblaba. Me sentí tan a gusto, deseé que dejaras allí tu cálida mano, aunque transmitía una corriente que me llenó sin dejar lugar a los pensamientos.[32]

---

* En alemán, *Sie* es la manera formal y educada de dirigirse a alguien, y *du* es la informal, usado para amigos y miembros de la familia.
** Fiscal militar con el rango de coronel; en este caso, Roeder.
*** Roeder, que se sentaba cerca de ellos, escuchaba la mayoría de sus conversaciones.

Por aquel entonces, los privilegios de escritura de Bonhoeffer se ampliaron a una carta cada cuatro días en lugar de cada diez. Decidió que alternaría las dirigidas a sus padres y a Maria. Y es que todas ellas se censuraban, y a veces tardaban hasta diez días en llegar a su destinatario, aunque, en el caso de sus padres, el trayecto que debía recorrer desde su celda hasta la casa no llegaba a diez kilómetros. Bonhoeffer y Maria solían escribirse inmediatamente después de la visita. No querían hacerlo en los pocos días anteriores a una inminente visita, ya que se arriesgaban a verse antes de que llegara la misiva.

Tras su segundo encuentro,[33] el 30 de julio, Maria le escribió que, en el tren de regreso a Pätzig se había topado con su tío Gerhard Tresckow. Era hermano de Henning von Tresckow, personaje central en los dos intentos importantes para asesinar a Hitler. Maria le contó que, aunque su tío «no estaba al tanto» de su compromiso, le recordó que cuando tenía doce años ella le había invitado a su boda y que él le había afirmado que «no se la perdería por nada del mundo».

Asimismo, siguió[34] haciendo planes para su futuro en común, comentando que el sofá de su abuela «sería más adecuado para tu habitación», ya que encajaría perfectamente con las discusiones teológicas, las estanterías y el humo de los cigarrillos. El gran piano «pasará al salón». Las cartas que intercambiaban eran traviesas y estaban llenas de declaraciones de amor. Aquel mes de agosto, Bonhoeffer escribió: «No te puedes imaginar lo que significa para mí tenerte, en las circunstancias en las que me encuentro ahora. Aquí estoy bajo la dirección especial de Dios. Me siento seguro. Para mí, la forma en la que nos encontramos el uno al otro tan poco tiempo antes de mi arresto es una indicación definitiva de ello. Una vez más, las cosas se desarrollaron *hominum confusione et dei providentia*».*

Fue en esta carta donde escribió su famosa línea acerca de que su matrimonio era un «"sí" a la tierra de Dios». El compromiso mismo era su forma de vivir lo que creía. Todo, incluido el prometerse a Maria, lo hizo «para Dios». No fue algo calculado, sino un acto de fe:

Cuando considero el estado del mundo, la oscuridad total que amortaja nuestro destino personal y mi encarcelamiento actual, nuestra unión —si no fue una frivolidad, algo que desde luego no ha sido— solo puede ser una prueba de la gracia y la bondad de Dios, que nos invita a creer en él.

---

* Según la confusión del hombre y la providencia de Dios.

Tendríamos que estar ciegos para no verlo. Cuando Jeremías afirmó, en la hora más funesta de la necesidad de su pueblo, que «aún se comprarán casas, heredades [y viñas] en esta tierra»,* fue una señal de confianza en el futuro. Esto requiere fe, y ojalá que Dios nos la conceda a diario. No me refiero a la fe que escapa al mundo, sino a aquella que soporta *en* él, amando y permaneciendo veraz a él a pesar de todas las dificultades que nos trae. Nuestro matrimonio debe ser un "sí" a la tierra de Dios. Ha de fortalecer nuestra resolución de hacerlo y lograr algo en ella. Me temo que los cristianos que se aventuran a estar sobre la tierra sosteniéndose sobre una sola pierna lo harán igual en el cielo.[35]

Un sermón de boda desde una celda de la cárcel

Bonhoeffer no era el único miembro de la familia comprometido para casarse. Su sobrina Renate, de dieciséis años, estaba a punto de contraer matrimonio con su mejor amigo, Eberhard. Si no lo hacían pronto, la reclutarían para servir en el *Reichsarbeitsdienst*. El solo pensamiento de un alistamiento militar bajo el régimen de Hitler era mucho más odioso para los Schleicher que el hecho de que su hija se casara con su amado Eberhard uno o dos años antes. Se fijó la fecha para el 15 de mayo. Bonhoeffer había esperado predicar en aquella boda, pero, aun contando con una liberación temprana, no llegaría a tiempo para el enlace. No obstante, escribió un sermón que no recibieron antes de la boda, pero, como tantas cosas suyas, halló una audiencia infinitamente mayor de lo que él habría podido esperar. Se ha convertido en un pequeño clásico que muchos leen en sus aniversarios.

Como en la carta de Maria, donde describía su matrimonio como un «"sí" a la tierra de Dios», afirmó el papel de este en el inminente enlace de Bethge mediante la confirmación del propio cometido de la pareja en el mismo. Sabía que, para celebrar a Dios de la forma correcta, uno debía entender y aclamar a la humanidad en sí, de una manera plena. Constantemente intentaba corregir la idea de una falsa elección entre Dios y la humanidad, o entre el cielo y la tierra. Dios quería redimir a la humanidad y a esta tierra, y no abolirlos. Como era su costumbre a la hora de ser tan claro como le fuera posible, casi exageró este punto:

No deberíamos apresurarnos demasiado a hablar de una forma piadosa de la voluntad y la dirección de Dios. Es obvio, y no habría que ignorar,

---

* Jeremías 32.15.

que las propias voluntades humanas son las que funcionan aquí, celebrando su triunfo; el curso que están tomando al principio es el que han escogido para sí mismos; lo que han hecho y siguen realizando no es, en primer lugar, algo religioso, sino bastante secular... A menos que puedan decir hoy con valentía: «Esta es *nuestra* decisión, *nuestro* amor, *nuestro* camino», se estarán refugiando en una falsa piedad. «El hierro y el acero pasarán, pero nuestro amor perdurará para siempre». Ese deseo de felicidad terrenal que desean hallar el uno en el otro y en el cual, por citar la canción medieval, uno es el consuelo del otro ahora y cuando solo existan sus almas, es un deseo que se justifica delante de Dios y del hombre.[36]

Bonhoeffer intentaba reclamarlo todo para Dios, como había estado haciendo durante veinte años. Afirmaba que no solo la parte «religiosa» de su matrimonio era importante, sino todo él. La libertad de escoger compañero es un don de Dios, que nos creó a su imagen. Y el «deseo de felicidad terrenal» no es algo que robamos a sus espaldas, sino que él lo ha deseado y nosotros deberíamos anhelarlo. No se debe separar esta parte de la vida y del matrimonio de él ni intentar esconderlo de él como si solo nos perteneciera a nosotros o destruirlo por completo mediante una falsa piedad que niega su existencia.

La dicha terrenal y la humanidad pertenecen a Dios, no en un estrecho sentido «religioso», sino en uno plenamente humano. Bonhoeffer era un defensor de la idea que Dios tiene de la humanidad, que él inventó y redimió por medio de la encarnación. Sin embargo, tan pronto como había llegado lo suficientemente lejos en una dirección en su exposición del argumento «plenamente humano», cambiaba de rumbo y pasaba a explicar también la tesis de «plenamente Dios».

Ustedes mismos saben que nadie puede crear y suponer una vida semejante desde sus propias fuerzas, sino que lo que uno recibe se le retiene a otro; y esto es lo que denominamos dirección de Dios. Por tanto, hoy, por mucho que se regocijen de haber alcanzado su meta, agradecerán en la misma medida que la voluntad y el camino de Dios les haya traído hasta aquí. Por mucha confianza con la que acepten la responsabilidad de sus actos hoy, pueden y quieren ponerla con igual confianza en las manos de Dios.[37]

Por tanto, son ambas cosas, pero para poder ver cada una con claridad primero se deben poner juntas. Y entonces las puso juntas:

Al añadir Dios hoy su «Sí» al de ustedes, al confirmar su voluntad con la de él y al permitirles y aprobar su triunfo, su regocijo y su orgullo, los convierte al mismo tiempo en instrumentos de su voluntad y propósito tanto para ustedes mismos como para otros. En su insondable condescendencia, Dios añade su «Sí» al de ustedes; sin embargo, al hacerlo, a partir del amor de ustedes él crea algo nuevo: el santo estado del matrimonio.[38]

Bonhoeffer intentaba[39] expresar, con toda su fuerza, la paradoja casi inefable de una relación adecuada con Dios. Tenía una opinión muy alta del matrimonio: es «más que el amor que ustedes sienten el uno por el otro», y «tiene una dignidad y un poder mayores, porque es la santa ordenanza de Dios, por medio de la cual desea perpetuar la raza humana hasta el final de los tiempos». Quizás la frase más memorable del sermón sea esta: «No es el amor de ustedes el que sustenta el matrimonio, sino que, desde ahora en adelante, el matrimonio es el que preserva su amor».

La lectura

Bonhoeffer no esperó jamás que su encarcelamiento durara demasiado. En un principio, sencillamente deseó proporcionar toda la información posible al fiscal para conseguir una fecha de juicio. Los cargos eran relativamente menores, y tanto él como Dohnanyi podían elaborar una buena defensa y esperaban ganar. Pero Canaris y Sack, que trabajaban detrás de bastidores a favor de Dohnanyi y de Bonhoeffer, pensaron que era mejor alargar el proceso. Querían evitar el enfrentamiento de un juicio, sobre todo desde que los planes de asesinar a Hitler iban progresando. Cuando esto ocurriera, el juicio sería discutible. De modo que pasaron los meses y la batalla legal rugía. Alrededor del mes de octubre, Bonhoeffer cumplía seis meses en Tegel. Todo aquello había durado bastante más de lo que él había pensado.

Entre las visitas de su familia y de Maria, la lectura, escribir y otras cosas, sacó el mejor provecho de ello. Karl y Paula Bonhoeffer lo visitaron el 12 de octubre y le llevaron dalias de su jardín. Al día siguiente, les envió una carta en la que les comentaba que un verso de *Oktoberlied* [Canción de octubre] del poeta Theodor Storm* resonaba constantemente en su mente:

> Und geht es draussen noch so toll,
> unchristlich oder christlich,
> ist doch die Welt, die schöne Welt
> so gänzlich unverwüstlich.[40],**

Para explicar esto en profundidad solo se necesitan unas pocas y alegres flores de otoño, la vista desde la ventana de la celda y media hora de «ejercicio» en el patio de la cárcel, donde de hecho hay hermosos castaños y limeros. Sin embargo, en última instancia, para mí y a cualquier precio, el «mundo» consiste en un puñado de personas a las que me gustaría ver y con las que desearía estar. Las ocasionales apariciones de ustedes y Maria, durante una breve hora como si llegaran desde una gran distancia, son en verdad aquello por y para lo que vivo principalmente. Si, aparte de esto, pudiera escuchar de vez en cuando un buen sermón los domingos —a veces escucho fragmentos de las corales transportados por la brisa— me sentiría aún mejor...

He vuelto a escribir bastante últimamente y, con frecuencia, el día se hace demasiado corto para la cantidad de trabajo que me he señalado. Algunas veces —y esto resulta cómico— ¡me da la impresión de que no tengo «tiempo» aquí para este o aquel asunto de menor importancia! Por la mañana, después del desayuno (alrededor de las 7:00) leo algo de teología y escribo hasta el mediodía; por la tarde tengo un rato de lectura, luego un capítulo de *Weltgeschichte* [Historia del mundo] de Delbrück, algo de gramática inglesa, de la que aún puedo aprender todo tipo de cosas, y, finalmente, si estoy de humor, escribo o vuelvo a leer. Luego, por la noche, estoy lo bastante cansado como para alegrarme de acostarme, aunque esto no signifique quedarme dormido de golpe.

La cantidad de lectura y escritura que Bonhoeffer realizó en esos dieciocho meses en Tegel es, sin duda, impresionante. En el mes de diciembre escribió a Bethge:

---

* Poeta danésalemán, 1817–1888.

** Aunque la tormenta siga rugiendo, / bajo cada aguja o minarete, / he aquí que el mundo, el glorioso mundo / no ha sido destruido.

De una manera bastante dispersa, he estado leyendo recientemente una historia sobre Scotland Yard, un asunto de prostitución; he acabado el Delbrück —me parece bastante poco interesante en sus problemas—, los sonetos de Reinhold Schneider —de calidad muy variable, algunos muy buenos; en conjunto, en todas las últimas producciones parece faltar la *hilaritas* —«alegría»— que se debe hallar en cualquier logro intelectual verdaderamente grande y libre. Uno tiene siempre la impresión de que se trata de una elaboración torturada y crispada, y no una creatividad al aire libre ... En estos momentos estoy leyendo una gigantesca novela inglesa que abarca desde 1500 hasta el día de hoy, obra de Hugh Walpole, escrita en 1909. Dilthey también me está interesando mucho y, durante una hora cada día, estoy estudiando el manual para personal médico, por si acaso.[41]

Solo fue la punta del iceberg. Meses antes quiso leer *Witiko*, la ética medieval de Adalbert Stifter, y estuvo importunando a sus padres para que encontraran una copia, pero fue imposible. Con gran asombro, encontró una en la biblioteca de la cárcel. Estaba entusiasmado. Las purgas de Goebbels de toda literatura «no alemana» en todas las bibliotecas no había tocado demasiado el siglo XIX. En una serie de cartas a sus padres, les habló de su lectura:

Leo un trozo de Stifter casi a diario. En este ambiente, hay algo muy consolador en el mundo protegido y segregado de sus personajes —es lo bastante anticuado como para no describir más que gente agradable— y centra los pensamientos de uno en las cosas que de verdad importan en la vida. Aquí, en la celda de una prisión, externa e internamente, vuelvo a los aspectos más simples de la existencia; Rilke, por ejemplo, me deja frío.[42]

La mayoría de la gente opinaría que sus mil páginas, que uno no se puede saltar y que hay que tomar de una forma constante, son demasiado; por tanto, no estoy seguro de recomendarles su lectura. Para mí, es uno de los mejores libros que conozco. La pureza de su estilo y la descripción de los personajes proporcionan un sentimiento peculiar de felicidad bastante raro... es *sui generis* ... Hasta aquí, las únicas novelas históricas que me han impresionado de un modo similar son *Don Quijote* y *Berner Geist* de Gotthelf.[43]

Mi lectura me está haciendo vivir ahora en el siglo XIX por entero. Durante estos meses he leído a Gotthelf, Stifter, Immermann, Fontane y Keller con una admiración renovada. Un periodo en el que la gente escribía en un alemán tan claro y sencillo debe haber tenido un núcleo bastante sano. Tratan los asuntos más delicados sin sentimentalismo, los de mayor seriedad sin displicencia, y expresan sus convicciones sin patetismo; no existe una exagerada simplificación o complicación del lenguaje ni del tema; en resumen, se acerca bastante a lo que me gusta y me parece muy sensato. Pero debe de haber supuesto una enorme cantidad de trabajo duro a la hora de expresarse en buen alemán y, por tanto, una gran oportunidad para la reflexión.[44]

Los niveles culturales de Bonhoeffer[45] eran obviamente altos. En una carta a Bethge comentaba que la generación de su prometida

había crecido con una literatura contemporánea realmente mala y que les resultaba más difícil que a ellos plantearse escribir a una temprana edad. Cuanto más hemos conocido las cosas que son verdaderamente buenas, más insípida parece la diluida limonada de la literatura posterior; a veces incluso llega a repugnar. ¿Conoces alguna obra escrita, por ejemplo, en los quince últimos años que te parezca de calidad perdurable? Yo no. En parte, no son más que mera palabrería, propaganda, sentimentalismo autocompasivo, sin conocimiento profundo ni ideas, ni claridad, ni sustancia; casi siempre el lenguaje es malo y crispado. A este respecto soy un *laudator temporis acti*** bastante consciente.

Bonhoeffer pudo[46] enviar cartas a Bethge, a escondidas, desde noviembre de 1943. Una vez abierta esta posibilidad, derramó un torrente escrito al único amigo que tenía la calidad teológica, musical y literaria para seguirle. «No puedo leer un libro ni escribir un párrafo —le comentó a Bethge— sin hablarte de ello o, al menos, sin preguntarme qué opinarías».

Los pensamientos más íntimos de Bonhoeffer

Las cartas a Bethge abrieron más de una oportunidad para debatir sobre cultura. Podía hacerlo con sus padres, y lo hacía. Pero con su amigo podía tratar cosas que

---

* «Alabador de tiempos pasados», tomado del *Ars Poetica* de Horacio.

no podía discutir con nadie más. Era la única alma sobre la tierra a quien podía mostrarle su debilidad, con quien podía explorar sus pensamientos más íntimos y con quien podía tener la absoluta confianza de que no le malinterpretaría. Con todos los demás parecía sentir la obligación de interpretar el papel de pastor, de ser fuerte. Pero Bethge era la única persona que le podía ministrar. Le había servido de confesor y pastor desde Finkenwalde y el lado más oscuro de su amigo no le resultaba extraño.

En la primera carta que le escribió, le hizo saber que la depresión que a veces le asediaba no era un problema. Temía que Bethge hubiera estado preocupado por él a este respecto.

18 de noviembre de 1943

...tras estos largos meses sin adoración, penitencia y eucaristía y careciendo de la *consolatio fratrum*, vuelve a ser mi pastor como tantas veces en el pasado y escúchame. Son tantas las cosas que contar que me gustaría comentárselas a ambos, pero hoy solo hay tiempo para lo esencial, de modo que esta carta es solo para ti ...

Durante este tiempo he sido preservado de toda prueba espiritual seria. Eres la única persona que sabe cuán a menudo *accidie, tristitia,* con todas sus amenazantes consecuencias, me han acechado; en ese tiempo temí que pudieras preocuparte por mí a ese respecto. Pero me dije desde el principio que no iba a obligar a hombre ni demonio en ese sentido: pueden hacer lo que quieran a título personal; espero poder permanecer siempre firme en esto.

Al principio me cuestioné mucho si la causa de Cristo fue la verdadera razón de que te estuviera produciendo tanto dolor; pero pronto lo aparté de mi mente y lo consideré una tentación, ya que tuve la certeza del deber que se me había impuesto de resistir en esta situación límite con todos sus problemas; me sentí bastante satisfecho de hacerlo y, desde entonces, he permanecido así (1 P 2.20; 3.14).[47,*]

* «Pues ¿qué gloria es, si pecando sois abofeteados, y lo soportáis? Mas si haciendo lo bueno sufrís, y lo soportáis, esto ciertamente es aprobado delante de Dios ... Mas también si alguna cosa padecéis por causa de la justicia, bienaventurados sois. Por tanto, no os amedrentéis por temor de ellos, ni os conturbéis».

Bonhoeffer dijo que los Salmos[48] y Apocalipsis eran de gran consuelo para él durante aquellos días, como también lo eran los himnos de Paul Gerhardt, muchos de los cuales se sabía de memoria. De modo que no era fuerte y valiente «por naturaleza». Su ecuanimidad era el resultado de la autodisciplina, de recurrir deliberadamente a Dios. Dos semanas más tarde le habló a Bethge de los ataques aéreos: «Tengo que decirte una cosa de forma personal: los duros asaltos por aire, en especial el último, cuando las ventanas de la enfermería estallaron por la mina terrestre, y las botellas y los suministros médicos cayeron de los armarios y las estanterías, me tendí en el suelo en plena oscuridad con poca esperanza de salir indemne del ataque, me llevaron sencillamente a orar y a la Biblia».

Una y otra vez, en varios relatos, la gente escribe lo fuerte que Bonhoeffer era durante los asaltos aéreos, siendo el consuelo y un baluarte para los que estaban a su alrededor cuando pensaban que la muerte se hallaba cerca. Pero tomaba su fortaleza de Dios y se la prestaba a los demás. No le asustaba compartir su debilidad y sus temores con Bethge, por tanto, podemos considerar que el valor que expresaba era real. Parece haberse encomendado de verdad a Dios y, por ello, no tenía remordimientos ni temores:

23 de enero de 1944

...cuando toda posibilidad de colaborar en algo se ve cortada de repente, y detrás de cualquier ansiedad sobre él se halla la conciencia de que su vida ha sido ahora colocada por completo en unas manos mejores y más fuertes. Para ti y para nosotros, la mayor tarea de las próximas semanas, y quizás meses, puede consistir en confiarse el uno al otro a esas manos ... Cualquiera que sea la debilidad, los errores de cálculo y la culpa que exista en lo que precede a los hechos, Dios se encuentra en los actos mismos. Si sobrevivimos durante este tiempo, seremos capaces de ver con bastante claridad que todo ha resultado para mejor. La idea de que podríamos haber evitado muchas de las dificultades de la vida si nos hubiésemos tomado las cosas con más prudencia es demasiado necia para contemplarla ni un instante. Cuando miro atrás, a tu pasado, tengo tal convicción de que lo ocurrido hasta ahora ha sido correcto que siento que lo que está sucediendo en estos momentos también es oportuno. Renunciar a una vida plena y a sus gozos para evitar el dolor no es cristiano ni humano.

9 de marzo de 1944

Cuando la gente sugiere en sus cartas... que estoy sufriendo aquí, rechazo ese pensamiento. Estas cosas no se deben dramatizar. Dudo mucho que esté «padeciendo» más que tú o que la mayoría de la gente hoy día. Por supuesto que una gran parte de lo que hay aquí es horrible, ¿pero dónde no? Quizás hayamos dado demasiada importancia a esta cuestión del sufrimiento y hayamos sido demasiado solemnes al respecto ... No, el padecimiento ha de ser algo bastante distinto, y contar con una dimensión diferente de lo que hasta el momento he experimentado.[49]

11 de abril de 1944
Ayer le oí decir a alguien que los últimos años habían sido un completo desperdicio en lo que a él le concernía. Me alegro de no haber sentido nada igual ni por un momento. Tampoco he lamentado la decisión que tomé en el verano de 1939, ya que estoy firmemente convencido —por extraño que parezca— de que mi vida ha seguido un curso recto e ininterrumpido, al precio que haya tenido que pagar en su conducta externa. Ha supuesto un constante enriquecimiento de la experiencia por la que no puedo más que sentirme agradecido. Si tuviera que acabar mi existencia en estas condiciones, tendría un significado que creo ser capaz de entender; por otra parte, todo podría ser una concienzuda preparación para un nuevo comienzo y una tarea distinta cuando llegue la paz.[50]

Bonhoeffer se había resignado a perderse la boda de Eberhard y Renate celebrada en el anterior mes de mayo. Pero cuando se enteró de que esperaban un hijo, tuvo la certeza de que saldría a tiempo para predicar en el bautismo. Hasta le pusieron su nombre y él fue su padrino. Conforme se fue acercando la fecha, se dio cuenta de que tampoco estaría en libertad para entonces.

9 de mayo de 1944. Sin duda, me resulta muy doloroso que haya sucedido lo improbable y que no pueda celebrar el día con ustedes; pero lo he aceptado. Creo que nada de lo que me sucede carece de sentido, y que es bueno para todos nosotros que sea así, aunque vaya en contra de nuestros propios deseos. Tal como yo lo veo, estoy aquí con un propósito, y solo espero poder cumplirlo. A la luz del designio supremo, todas nuestras privaciones y decepciones son triviales. Nada sería más indigno y equivocado que convertir una de esas raras ocasiones de gozo, como la que ahora experimentan, en una calamidad a causa de mi actual situación. Esto iría en contra y

Bonhoeffer y Eberhard Bethge durante el verano de 1938, en la casa parroquial de Gross-Schlönwitz.
(Art Resource, NY)

Dr. Karl Barth (izquierda).
(Getty Images)

Martin Niemoller (izquierda) y Rvdo. Otto Dibelius (derecha) flanquean al obispo de Chichester, George Bell, antes de un oficio alemán-inglés en la Marienkirche de Berlín, el 27 de octubre de 1946.
(AP Images)

1 de septiembre de 1939. Horas después del ataque no provocado sobre Polonia por los nazis, *Der Führer* se dirigió al Reichstag: «Ustedes conocen los intentos innumerables que hice con el fin de proporcionar una aclaración pacífica y que todos pudieran comprender del problema de Austria —proclamó— y, más tarde, el de los Sudetes, Bohemia y Moravia. Pero todo fue en vano. Se me juzga incorrectamente si se confunden mi amor por la paz y mi paciencia con debilidad e incluso cobardía…, desde ahora en adelante, ¡responderemos a las bombas con bombas!». Más tarde, aquel mismo día, Hans Bernd Gisevius, se encontró de bruces con el almirante Canaris en el cuartel general del OKW. «Esto significa el final de Alemania», susurró.

(Art Resource, NY)

«DAS WAR EIN VORSPIEL NUR DORT
WO MAN BÜCHER VERBRENNT
VERBRENNT MAN AM ENDE AUCH MENSCHEN»
HEINRICH HEINE 1820

IN DER MITTE DIESES PLATZES
VERBRANNTEN AM 10 MAI 1933
NATIONALSOZIALISTISCHE STU-
DENTEN DIE WERKE HUNDERTER
FREIER SCHRIFTSTELLER, PUBLI-
ZISTEN, PHILOSOPHEN UND WIS-
SENSCHAFTLER.

En la Opernplatz de Berlín hay una placa conmemorativa en el lugar donde se reunieron treinta mil estudiantes a medianoche para quemar los libros de autores «no alemanes» y para oír declarar a Joseph Goebbels: «¡La era del arrogante intelectualismo judío ha acabado!». A la izquierda, una cita del poeta alemán Heinrich Heine: «Donde se queman libros, acabarán por quemar también a la gente». A la derecha: «El 10 de mayo de 1933, en medio de esta plaza, los estudiantes nazis quemaron los libros de cientos de autores, editores, filósofos y

Heinrich Himmler (1900–1945), el
criador de pollos que se convirtió en
jefe de las SS nazis y de la Gestapo.
(Getty Images)

Reinhard Heydrich (1904–1942). Él y
Himmler eran conocidos con el apodo
de «los gemelos negros».
(Getty Images)

Vista trasera de la finca Wannsee en el 2009. En enero de 1942, Heydrich
presentó aquí sus planes para la «Solución final a la cuestión judía», con el fin de
exterminar a los judíos de Europa. En la actualidad, el edificio es un museo del

20 de julio de 1944. Wolfsschanze, Prusia Oriental. Horas después de que la bomba de Stauffenberg no consiguiera acabar con él, el misteriosamente perdurable Führer posa con Martin Borman (izquierda), Alfred Jodl y otros. *(Getty Images)*

Más tarde, ese mismo día, Hitler saludó a Goebbels: «Fue la providencia la que me salvó —declaró con posterioridad—. Esto demuestra que estoy en el camino correcto. Siento que esta es la confirmación de toda mi obra»

El doctor Carl Goerderler, alcalde de Leipzig, se enfrenta al «Tribunal del Pueblo» del famoso Ronald Freisler, que le sentenció a muerte por su papel en el complot de asesinato del 20 de julio. También condenó a Klaus, el hermano de Dietrich, y a su cuñado Rüdiger Schleicher a la pena máxima.
(Getty Images)

Prisión militar de Tegel, en Berlín, donde Bonhoeffer estuvo recluido durante dieciocho meses antes de su traslado a la cárcel subterránea de la Gestapo en Prinz-Albrecht-Strasse. La «x» señala la celda en la que estuvo al principio. Más tarde pasó a la número 92 en la tercera planta.

El manuscrito del poema de Bonhoeffer «*Wer bin Ich?*» («¿Quién soy?»), escrito durante el tiempo que pasó en la prisión de Tegel.

(Art Resource, NY)

¿QUIÉN SOY?

¿Quién soy? A menudo me dicen
que salí del confinamiento de mi celda
tranquilo, alegre, firmemente,
como un señor de su mansión de campo.
¿Quién soy? A menudo me dicen
que solía hablar a mis guardianes
confiada, libre y claramente,
como si yo diera las ordenes.
¿Quién soy? También me dicen
que sobrellevé los días de infortunio
orgullosa y amablemente, sonriendo,
como quien está habituado a triunfar.

¿Quién, en verdad, soy? ¿Todo lo que los demás dicen de mí?
¿O soy solo lo que yo sé de mí mismo?
Inquieto, ansioso y enfermo, como un ave enjaulada,
pugnando por respirar como si me ahogara;
sediento de colores, flores, voces de pájaros,
hambriento de palabras bondadosas, de amabilidad,
con la expectación de grandes hechos;
temblando impotente por la suerte de mis amigos distantes,
cansado y vacío de orar, de pensar, de hacer;
exhausto y dispuesto a decir adiós a todo.

¿Quién soy? ¿Este o el otro?
¿Uno ahora y otro después?
¿O ambos a la vez? ¿Hipócrita ante los demás
y, ante mí mismo, un débil acabado?
¿O hay dentro de mí algo como un ejército derrotado
que huye en desorden de la victoria lograda?
¿Quién soy? Se burlan de mí estas solitarias preguntas mías.
Sea quien fuere, tú lo sabes, ¡oh Dios! ¡Soy tuyo!

Campo de concentración de Flossenburg, lugar donde Bonhoeffer fue ejecutado al amanecer del 9 de abril de 1945, junto con el almirante William Canaris, el coronel Ludwig Gehre, el general Hans Oster y otros. La placa conmemorativa dice así: «En su resistencia contra la dictadura y el terror, dieron sus vidas por la libertad, la justicia y la humanidad». Tras ser testigo de la muerte de Bonhoeffer, el médico de Flossenburg informó: «En los casi cincuenta años que trabajé como médico, jamás vi morir a un hombre con tanta sumisión a la voluntad de Dios». Bonhoeffer había predicado una vez: «Nadie ha creído aun en Dios y en su reino, nadie ha oído sobre el reino de los resucitados, sin sentir nostalgia de esa hora, aguardando y esperando con gozo ser liberado de la existencia corporal … La muerte es el infierno, la noche y el frío, si no la transforma nuestra fe. Pero eso es precisamente lo más maravilloso: que podemos transmutarla».

socavaría mi optimismo con respecto a mi caso. Por muy agradecidos que estemos por todos nuestros placeres personales, no debemos perder de vista, ni por un instante, las cosas extraordinarias para las que estamos viviendo y que deben arrojar luz en lugar de penumbra sobre su gozo.[51]

Una semana más tarde[52] le envió «Pensamientos en el día del bautismo de Dietrich Wilhelm Rüdiger Bethge». Como el sermón que escribió para su boda, es una pequeña obra maestra. En la carta que acompañaba el ensayo, rogó: «Por favor, no alberguen pesar alguno por mí. Martin [Niemöller] lo lleva soportando casi siete años, y es diferente».

«Cristianismo sin religión»

En algún momento del mes de abril de 1944, Bonhoeffer experimentó un renacimiento en su pensamiento teológico, pero a causa de sus circunstancias solo pudo comunicar sus cavilaciones a través de las cartas que enviaba clandestinamente a Bethge. No habría tiempo de escribir otro libro, aunque lo intentaría. Parecía haber estado trabajando en uno hasta el momento en que fue conducido a la prisión de la Gestapo, aquel mes de octubre, pero jamás se encontró el manuscrito. Los pensamientos, a veces incompletos, plasmados en las misivas a Bethge son lo único que tenemos, y han complicado su legado. Muchos solo conocen a Bonhoeffer como quien acuñó el dudoso concepto del «cristianismo sin religión». Irónicamente, muchos de los pertenecientes al movimiento «Dios está muerto» lo han considerado como una especie de profeta.

Bonhoeffer sentía plena libertad[53] de compartir sus pensamientos más profundos con su amigo Eberhard Bethge; por lo demás, era una persona extremadamente reservada y es casi seguro que, de haber sabido que sus pensamientos teológicos mal expresados y privados se abrirían camino hasta alcanzar los debates de seminarios en el futuro, no solo se habría sentido incómodo, sino profundamente molesto. Cuando Bethge preguntó si podía compartir aquellas cartas con algunos de los hermanos de Finkenwalde —«Supongo que estás dispuesto a permitir que estas secciones se entreguen a gente como Albrecht Schönherr, Winfried Maechler y Dieter Zimmermann, ¿no es así?»—, Bonhoeffer objetó: «Yo mismo no lo haría por el momento, porque eres la única persona con la que me aventuro a pensar en alto, por así decirlo, con la esperanza de aclarar mis ideas». Más adelante, en la misma carta, añadió: «A propósito, sería bueno que no te deshicieras de mis cartas teológicas, sino que se las enviaras de vez en cuando a Renate, ya que deben de ser una carga para ti allí. Tal vez me gustará leerlas de nuevo para mi trabajo. Uno puede escribir cosas con mayor naturalidad y viveza en una carta que en un libro, y suelo tener mejores ideas en las misivas que cuando lo hago para mí mismo».

Basándose en esto, Bethge se sintió libre, tras la muerte de Bonhoeffer, de compartir algunas de estas cartas con otros teólogos. El extraño clima teológico tras la Segunda Guerra Mundial y el interés en el martirizado Bonhoeffer fueron de tal calibre que hambrientos milanos y otros pájaros menos nobles se abalanzaron sobre los pocos fragmentos de estas cartas privadas que sus descendientes siguen royendo. Todo esto ha conducido a una terrorífica interpretación errónea de la teología de Bonhoeffer y ha tenido repercusiones negativas sobre su pensamiento y sus escritos anteriores. Muchas modas teológicas *ultra* han intentado con posterioridad reclamar a Bonhoeffer como suyo* y, con este fin, han ignorado gran parte de su obra. En términos generales, algunos teólogos han convertido estos pocos fragmentos esqueléticos en el hombre de Piltdown teológico, una broma pesada mal construida pero que algunos han creído con toda sinceridad.

Las interpretaciones más tortuosas[54] se han fijado en su referencia a «cristianismo sin religión». En 1967, en una conferencia en la catedral de Coventry, de Inglaterra, Eberhard Bethge dijo que el «uso aislado y la transmisión del famoso término "cristianismo sin religión" ha convertido a Bonhoeffer en el defensor de un modernismo superficial no dialéctico que oscurece todo lo que quiso decirnos acerca del Dios vivo». A continuación reproducimos un pasaje principal de una de las cartas de Bonhoeffer a Bethge, fechada el 30 de abril de 1944:

> Lo que me perturba sin tregua es la pregunta: ¿qué es en realidad el cristianismo? O, mejor, ¿quién es Cristo verdaderamente para nosotros hoy día? Ha acabado la era en que se podía comunicar cualquier cosa a la gente mediante las palabras, teológicas o piadosas, y lo mismo ocurre con la época de la interioridad y la conciencia; a saber, el tiempo de la religión en general. Vamos hacia un periodo completamente sin religión; tal como es la gente ahora, sencillamente ya no puede ser religiosa. Ni siquiera los que afirman sinceramente serlo actúan en lo más mínimo como tales y, con toda probabilidad, con el término «religioso» se refieren a otra cosa.[55]

---

* Es probable que, con el tiempo, alguien llegue a afirmar que en la relación entre Bonhoeffer y Bethge concurría algo más que *philos* y *storge*.

En resumen, él vio que la situación era tan sombría, desde el punto de vista histórico, que se replanteó algunas cosas básicas y se preguntó si el hombre moderno había ido dejando atrás la religión. Lo que él quería decir con la palabra «religión» no era el verdadero cristianismo, sino el falso y abreviado contra el que luchó durante toda su vida. En primer lugar, ese cristianismo «religioso» había hundido a Alemania y a Occidente durante ese gran tiempo de crisis, y se preguntaba si no sería ya tiempo de que el señorío de Jesucristo fuera más allá de los domingos por la mañana y de las iglesias, hasta llegar a todo el mundo. Pero esto no era más que una extensión de su anterior teología, centrada con empeño en la Biblia y en Cristo.

Bonhoeffer no tuvo tiempo[56] de elaborar demasiado su nuevo pensamiento. Pero los teólogos demasiado ansiosos han edificado pequeños zigurats con esos pocos ladrillos dispersos. También escribió: «¿En qué sentido somos nosotros [la iglesia]... los llamados a dar un paso adelante, a no vernos como especialmente favorecidos desde un punto de vista religioso, sino como pertenecientes de forma total al mundo?». En ese caso, Cristo ya no es objeto de religión, sino algo por completo diferente: en realidad, el Señor del mundo. ¿Pero qué significa esto?

Estaba pensando de una forma nueva sobre lo que había reflexionado y comunicado a lo largo de dos décadas. Dios era mayor que cualquiera que uno imaginara y exigía a sus seguidores y al mundo más de lo que estaba recibiendo. Bonhoeffer reconoció que el concepto estandarizado de la «religión» había empequeñecido a Dios, dejándole tan solo el dominio sobre aquellas cosas que no se podían explicar. Ese Dios «religioso» no era más que el «Dios de las lagunas», el que se ocupaba de nuestros «pecados secretos» y nuestros pensamientos escondidos. Pero él rechazaba a ese Dios abreviado. El de la Biblia era Señor sobre todas las cosas, sobre todo descubrimiento científico. Su señorío no se limitaba a lo que desconocíamos, sino a lo que conocíamos y a lo que se estaba descubriendo por medio de la ciencia. Bonhoeffer se preguntaba si no sería tiempo ya de introducir a Dios en la totalidad del mundo y dejar de pretender que solo quería vivir en los rincones religiosos que reservábamos para él:

Siempre me parece que intentamos con ansiedad reservar algún espacio para Dios en este sentido; me gustaría no hablar de él siguiendo los bordes, y hacerlo desde el centro, no en debilidad, sino en fuerza; por tanto, no en muerte y culpa, sino en la vida y la bondad del hombre ... La iglesia no se halla en los límites, donde fallan los poderes humanos, sino en medio del pueblo. Así es como ocurre en el Antiguo Testamento y, en este sentido, seguimos leyendo el Nuevo Testamento lejos de la luz del Antiguo. El aspecto de este cristianismo sin religión, la forma que adopta, es algo en lo que estoy pensando sobremanera y pronto te escribiré de nuevo sobre ello.[57]

La teología de Bonhoeffer se había inclinado siempre hacia la opinión encarnacional que no evitaba «al mundo», sino que lo consideraba la buena creación de Dios que se debía disfrutar y celebrar, y no simplemente trascender. Según este criterio, Dios había redimido a la humanidad por medio de Jesucristo, y nos había vuelto a crear como «buenos». De modo que no debíamos menospreciar nuestra humanidad por considerarla «no espiritual». Como ya había afirmado con antelación, Dios quería que nuestro «sí» hacia él fuera también un «sí» con respecto al mundo que había creado. No se trataba del endeble seudohumanismo de los teólogos liberales del «Dios está muerto», que reclamarían el manto de Bonhoeffer como suyo en las décadas siguientes; tampoco era el antihumanismo de los teólogos piadosos y «religiosos» que renunciarían a la teología de Bonhoeffer en favor de los liberales. Era algo totalmente distinto: era el humanismo de Dios redimido en Jesucristo.

El magnum opus de Bonhoeffer

Bonhoeffer pensaba en *Ética*[58] como su *magnum opus*. Es el libro que nunca acabó del todo. Había trabajado en él durante años, en Ettal, en Klein-Krössin, en Friedrichsbrunn y en su dormitorio de la buhardilla en Berlín. Ahora seguía haciéndolo en su celda de Tegel. En 1943, le comentó a Bethge: «A veces siento como si mi vida hubiera acabado más o menos, y que lo que me queda por hacer es acabar mi *Ética*». Aunque nunca lo hizo a su entera satisfacción, se puede considerar junto con su *El seguimiento* y *Vida en comunidad* como obras esencialmente completas,* con la misma importancia indiscutible que proporciona un entendimiento completo de Dietrich Bonhoeffer.

El libro comienza con estas líneas: «Es una exigencia enorme la que debe plantearse todo aquel que quiera abordar el problema de una ética cristiana: la demanda de renunciar desde el principio, por no ser adecuadas, a las dos preguntas que, por lo general, lo conducen a tratar los problemas éticos: "¿Cómo puedo ser bueno?" y "¿cómo puedo hacer algo bueno?". En vez de ello, debería formular otra totalmente distinta: "¿Cuál es la voluntad de Dios?"».

---

* Eberhard Bethge editó el manuscrito conservado.

Para Bonhoeffer, aparte de Dios no hay realidad ni nada bueno. Todo fingimiento a este respecto es la noción peyorativa que Barth ofrece de la religión, un esquema que subvierte a Dios por completo y construye un sendero humanístico caído que solo va al cielo. Es la torre de Babel de Barth, la hoja de higuera que pretende engañar a Dios, sin conseguirlo.

«Todas las cosas aparecen como en un espejo distorsionado —afirmó Bonhoeffer— a menos que se vean y se reconozcan en Dios». Por tanto, Dios no es un mero concepto ni una realidad religiosos. Dios es quien inventó la realidad y esta solo se percibe en verdad cuando existe en Dios. Nada de lo que vive está fuera de su esfera. De modo que no hay ética aparte de hacer la voluntad de Dios y él —en realidad Jesucristo— es el dato no negociable de la ecuación de la ética humana:

En Jesucristo, la realidad de Dios ha entrado en la de este mundo. El lugar donde se responden las preguntas sobre la realidad de Dios y la del mundo se caracteriza, al mismo tiempo y de forma exclusiva, por el nombre: Jesucristo. Dios y el mundo están encerrados en este nombre..., no podemos hablar de una forma correcta de Dios o el mundo sin referirnos a Jesucristo. Todos los conceptos de la realidad que ignoran a Jesucristo son meramente abstractos.[59]

Mientras se conciba a Cristo y al mundo como dos esferas que chocan entre sí y se repelen la una a la otra, nos dejan tan solo con las opciones siguientes. Renunciar a la realidad como un conjunto nos coloca en una de las dos esferas, querer a Cristo sin el mundo o a este sin él; en ambos casos, nos engañamos a nosotros mismos ... No existen dos realidades, sino una sola, que es la de Dios revelada en Cristo en la realidad del mundo. Participando de Cristo, nos hallamos a la vez en la realidad de Dios y en la del mundo. La realidad de Cristo abarca en sí misma la del mundo. Este no tiene ninguna realidad propia independiente de la de Dios en Cristo ... El tema de ambas esferas, que ha dominado la historia de la iglesia una y otra vez, es algo extraño al Nuevo Testamento.[60]

Bonhoeffer creía que, históricamente hablando, había llegado el momento de que todos vieran estas cosas. La maldad de los nazis no podía ser derrotada a través de la «ética», las «normas» y los «principios» antiguos. Solo Dios podía combatirla.

En circunstancias «normales», afirmaba, a la gente le preocupan las ideas de lo correcto y lo incorrecto. Intentan hacer lo que está bien, tal como ellos lo entienden, y procuran evitar realizar lo malo. Esto jamás sería suficiente, pero, en el tiempo de los nazis, el fracaso de un planteamiento «religioso» semejante se ha vuelto más obvio. «Los personajes de Shakespeare se hallan entre nosotros», escribió. «El villano y el santo tienen poco o nada que hacer con los programas éticos». Hitler había hecho que la verdadera realidad de la condición humana fuera menos evitable; el mal se había posicionado en el centro del escenario del mundo y se había retirado la máscara.

En el libro, Bonhoeffer examinaba y rechazaba un cierto número de planteamientos para tratar con el mal. «Las personas razonables —explicaba— piensan que «con un poco de razón pueden recomponer una estructura que se ha roto por las juntas». Además, están los «fanáticos» de la ética que «creen que pueden enfrentarse al poder del mal con la pureza de su voluntad y sus principios». Los hombres de «conciencia» se abruman, porque «los innumerables disfraces respetables y seductores, y las máscaras con las que el mal se acerca a ellos hacen que sus conciencias se sientan ansiosas e inseguras hasta que, por fin, acaban contentándose con una conciencia apaciguada y no con una buena conciencia». Deben «engañar a su propia conciencia para no desesperarse». Finalmente, están algunos que se retiran a un «virtuosismo privado». Añadió:

> Esas personas no roban ni asesinan, ni cometen adulterio, sino que hacen el bien según su capacidad. Pero... deben cerrar los ojos y los oídos a las injusticias que ocurren a su alrededor. Solo al precio del autoengaño pueden conservar su irreprochabilidad limpia de las manchas de una acción responsable en el mundo. En todo lo que hacen, lo que dejen de llevar a cabo no los dejará descansar. Serán destruidos por la falta de descanso o se convertirán en los más hipócritas de todos los fariseos.[61]

Bonhoeffer se refería tanto a él como a cualquiera. A la luz de los acontecimientos en Alemania en ese tiempo, todos se encontraban atrapados en una situación de imposibles éticos. En vista de las monstruosas maldades que se cometían por todas partes, ¿qué podía y qué debía uno hacer? En las cartas de sus ordenantes leemos lo torturados que se sentían al no saber cuándo protestar y cuándo acceder, cuándo ir a la guerra aun sabiendo que era injusta y cuándo adoptar una postura. Uno de ellos escribió a Bonhoeffer sobre tener que matar a prisioneros y se sentía desgarrado por ello, sabiendo que si no obedecía sería él quien perdiera la vida. Este tipo de cosas se había convertido en algo frecuente. ¿Quién podía imaginar los horrores de los campos de concentración donde los judíos se veían obligados a comportarse de forma indecible con otros de su raza con la esperanza de conservar la vida? La máxima perversidad del mal se manifestaba con toda claridad y mostraba el fracaso de los supuestos intentos éticos del hombre por ocuparse de ella. El problema de la maldad es demasiado para nosotros. Todos nos contaminamos con él sin poder escapar al contagio.

Sin embargo, Bonhoeffer no adoptó[62] un tono moralista. Se metió entre aquellos a los que el problema del mal dejaba perplejos y nos asemejó a todos a la figura de Don Quijote. El hidalgo era para él una importante imagen de la condición humana. En su *Ética* escribió que, en nuestros esfuerzos por hacer el bien, luchamos contra molinos de viento como aquel «caballero de la triste figura». No obstante, no había condenación moral en lo que Bonhoeffer afirmó. «Solo el miserable puede leer el destino de Don Quijote —escribió— sin participar en él y sentirse conmovido». Este es nuestro aprieto universal como seres humanos.

La solución es hacer la voluntad de Dios, de una forma radical, valiente y gozosa. Intentar explicar «lo correcto» y «lo incorrecto» —hablar de ética— fuera de Dios y de la obediencia a su voluntad es imposible. «Los principios no son más que herramientas en las manos de Dios; pronto serán descartadas cuando ya no sean útiles». Debemos mirar solo a Dios y, en él, somos reconciliados con nuestra situación en el mundo. Si solo contemplamos los principios y las normas nos encontraremos en una esfera caída donde nuestra realidad está separada de Dios:

«Sed, pues, prudentes como serpientes, y sencillos como palomas» es un dicho de Jesús (Mt 10.16). Como en todos los demás, él es quien lo interpreta. Nadie puede mirar a Dios y a la realidad de este mundo sin compartir la mirada, mientras ambos estén divididos. A pesar de todos los esfuerzos por impedirlo, los ojos van del uno al otro. Existe un único lugar donde Dios y la realidad del mundo están reconciliados entre sí, donde él y la humanidad se han convertido en una sola cosa. Solo allí podemos fijar los ojos en Dios y en el mundo a la vez, al mismo tiempo. Este sitio no se encuentra en alguna parte que esté más allá de la realidad, en el reino de las ideas. Se halla en medio de la historia como un milagro divino. Está en Jesucristo, el reconciliador del mundo.[63]

Bonhoeffer estaba diciendo que, aparte de Jesucristo, no podemos saber qué es lo correcto ni lo podemos hacer. Debemos recurrir a él en toda situación. El insondable mal del mundo solo puede recibir un golpe mortal en él. Aquellos para quienes las pocas palabras de Bonhoeffer sobre el cristianismo sin religión fueron el *sine qua non* de todo lo que dijo en su vida, este cristocentrismo intransigente sería algo considerado extremo, igual que sus declaraciones en *Ética* sobre otras muchas cuestiones, como por ejemplo el aborto.

La destrucción del embrión en el seno de la madre es una violación del derecho a vivir que Dios le ha conferido a esta vida naciente. Suscitar la pregunta de si ya se trata o no de un ser humano supone sencillamente confundir la cuestión. El simple hecho es que la intención de Dios era crear una persona y que este ser naciente ha sido deliberadamente privado de su vida. Y esto no es otra cosa que un asesinato.[64]

Pero Bonhoeffer veía los dos lados de este tipo de cuestiones. La gracia de Dios no debía apartarse de la imagen:

Una gran variedad de motivos pueden conducir a cometer un hecho de este tipo; en realidad, en los casos en los que constituye un acto de desesperación, realizado en circunstancias de indigencia humana o económica extrema y de miseria, la culpa puede a menudo radicar más bien en la comunidad y no en el individuo. Es precisamente en estos casos en los que el dinero puede ocultar muchos actos libertinos, mientras que el error más renuente del pobre se puede revelar con mayor facilidad. Todas estas consideraciones deben, sin duda, tener una influencia bastante decisiva en nuestra actitud personal y pastoral para con la persona en cuestión, pero no pueden en ningún caso alterar el hecho de que sea un asesinato.[65]

Visitas en Tegel

El misterio de la encarnación constituía el centro de la teología de Bonhoeffer.[66] En una circular escribió: «Junto a la cuna de Belén no había sacerdote ni teólogo. No obstante, toda la teología cristiana tiene su origen en la maravilla de todas las maravillas: que Dios se hizo hombre. Junto con el resplandor de la noche santa, arde el fuego del inconmensurable misterio de la teología cristiana». Esto fue lo que le hizo comprender la humanidad de Jesucristo de un modo en que los pietistas religiosos no pudieron. Esto le proporcionó la justificación para entender que las cosas buenas de este mundo son regalos de la mano de Dios y no tentaciones que se deben evitar. Por tanto, aun en la prisión, Bonhoeffer disfrutaba de las personas y de la vida, y era un sentimiento muy vivo.

Sus momentos favoritos durante los dieciocho meses en Tegel fueron aquellos en los que pudo recibir visitas, aunque fuera bajo la observadora mirada de Roeder. Con el paso de los meses, los guardias le permitieron a veces algún tiempo a solas con sus visitas.

El 26 de noviembre de 1943, Bonhoeffer recibió el regalo único de una visita de las cuatro personas que más amaba: Maria, sus padres y Eberhard Bethge. Fueron juntos y, cuando Bonhoeffer regresó a su celda, estaba fuera de sí:

> Será algo que guardaré por largo tiempo: el recuerdo de haber tenido a las cuatro personas más cercanas y queridas para mí durante un breve momento. Cuando volví a mi celda, caminé de un lado a otro durante toda una hora, mientras que mi cena seguía ahí y se enfriaba. Al final no pude evitar reírme de mí mismo cuando me di cuenta de que repetía una y otra vez: «¡Ha sido fabuloso!». Siempre titubeo a la hora de utilizar la palabra «indescriptible» en relación a cualquier cosa, porque si te tomas la suficiente molestia de aclarar algo, creo que no deben existir muchas que sean realmente «indescriptibles». Sin embargo, en estos momentos, es la opinión que me merece esta mañana.[67]

La buena alegría[68] de la familia Bonhoeffer en toda circunstancia se puede notar en la forma en que convertían hasta las visitas a la cárcel en pequeñas celebraciones. Esta vez, llevaron numerosos regalos, incluido un puro de parte de Karl Barth. Maria había confeccionado una guirnalda de Adviento para él, y Bethge le entregó unos huevos duros* extraordinariamente grandes. Aquella Navidad, María le dio el reloj de pulsera que su padre llevaba cuando le mataron. Sus padres también le hicieron entrega de una reliquia: «la copa del bisabuelo de 1845, que ahora se encuentra sobre mi mesa con un ramo de siempreviva». Tan solo un mes después, el día de su cumpleaños, su madre le dio otro recuerdo: el *Herzliebschränkchen*, un exquisito armario pequeño en madera de rosa tallada que perteneció un día a Goethe, quien se lo había regalado a su amiga Minna Herzlieb.

---

* Algunas fuentes los han confundido con verdaderos huevos de avestruz, porque Bonhoeffer se refirió a ellos de este modo, en broma, en una carta a Bethge.

Como la copa, había llegado a la familia a través de su bisabuelo Karl August von Hase.

En su treinta y ocho cumpleaños recibió una visita de Maria que, sin darse cuenta de ello, le llevó duras noticias. Uno de los libros que le entregó contenía un mensaje de sus padres codificado: el almirante Canaris había sido destituido de su cargo. La Gestapo y la RSHA habían logrado lo que habían anhelado durante tanto tiempo. Habían puesto a la renegada Abwehr bajo su jurisdicción. Canaris solo funcionó de forma efectiva durante un breve periodo de tiempo adicional, pero el acontecimiento más importante que se derivó de este duro giro de sucesos fue positivo. El liderazgo de la conspiración para asesinar a Hitler no murió, sino que pasó a unas manos nuevas. Surgiría un nuevo grupo de conspiradores, dirigidos por el coronel Claus von Stauffenberg. Y tendría éxito donde otros habían fracasado una y otra vez.

CAPÍTULO 29

VALKIRIA Y EL COMPLOT DE STAUFFENBERG

Es hora de hacer algo. Quien tenga el valor de actuar debe saber que probablemente pasará a la historia de Alemania como un traidor. Pero, si no lo hace, lo será de verdad ante su propia conciencia.

—CLAUS SCHENK VON STAUFFENBERG

Quiero que esperes conmigo y seas paciente, y cuanta más paciencia, más durará esto. Y ahora, no estés triste. Cuéntame lo que piensas y actúa como debes. Pero ten siempre la seguridad de que te amo mucho y que eres muy importante para mí.

—DIETRICH BONHOEFFER A MARIA VON WEDEMEYER

E l 30 de junio de 1944,[1] Paul von Hase, comandante militar de Berlín, cruzó las puertas de la prisión de Tegel. ¿Su propósito? El prisionero de la celda 92, Dietrich Bonhoeffer. Fue como si Hitler hubiera aparecido de repente para almorzar. Bonhoeffer le escribió a Bethge que fue «de lo más cómico ver cómo todos agitan sus alas y —con unas cuantas excepciones notables— intentan superarse los unos a los otros de un modo indecoroso. Es doloroso, pero algunos de ellos se encuentran en un estado en que no pueden evitarlo». La aparición debió de ser un tanto aterradora, en particular para el jefe de Tegel, Maetz, que ya trataba a Bonhoeffer con aduladora deferencia. Ahora, la razón por la cual recibía ese trato había llegado. Lo increíble fue que von Hase permaneció allí durante más de cinco horas. Dietrich comentó que su tío «hizo que trajeran cuatro botellas de *Sekt* [champán alemán]; fue un acontecimiento único para los anales del lugar». Pensó que su tío había hecho aquella visita para demostrar a todos que apoyaba a su sobrino y para dejar claro «lo que esperaba del nervioso y pedante M[aetz]». Fue «sumamente notable» —pensó Bonhoeffer— que su tío se atreviera a tomar partido, por así decirlo, contra la acusación nazi y a favor de su enjuiciado sobrino.

La atrevida aparición de su tío sugería que el golpe era inminente, que Hitler moriría pronto y que todos podrían comenzar a vivir de nuevo. Él ya sabía que las cosas estaban en marcha, pero la visita de von Hase lo confirmó rotundamente. Este no solo estaba al corriente del complot, sino que era parte integral del mismo. Los planes para esta conspiración, cuyo nombre codificado era Valkiria, existía desde hacía un año, pero los acontecimientos no habían sido favorables para su ejecución. Hasta ahora.

Preparativos para el golpe

En realidad,[2] la situación distaba mucho de ser ideal. Sin embargo, el nivel de desesperación había aumentado. Los conspiradores pasaban de pensar con prudencia a las simples ganas de actuar. Durante la mayor parte del tiempo querían matar a Hitler para conseguir mejores términos de paz de parte de los Aliados, pero dado que el ofrecimiento de Churchill rondaba el cero absoluto, comprendieron que cada día que transcurría los alejaba más de su meta. La guerra rugía y las nuevas víctimas aliadas se iban añadiendo al peaje, así como las muertes de inocentes judíos y otros. Buscar algo en los Aliados era desesperanzador, pero llegaron a la conclusión de que ya no importaba. Ahora se trataba sencillamente de hacer lo correcto, ocurriera lo que ocurriera. Stauffenberg dijo: «Es hora de hacer algo. Quien tenga el valor de actuar debe saber que probablemente pasará a la historia de Alemania como un traidor. Pero, si no lo hace, lo será de verdad ante su propia conciencia».

Henning von Tresckow, tío de María,[3] declaró algo similar: «Hay que intentar el asesinato *coûte que coûte* [cueste lo que cueste]. Aunque fracase, debemos pasar a la acción en Berlín. El propósito práctico da igual; lo que importa ahora es que el movimiento de resistencia alemán debe dar un paso ante los ojos del mundo y de la historia. Comparado con esto, nada más importa».

Stauffenberg, católico devoto perteneciente a una familia aristocrática, dirigiría el famoso y definitivo complot del 20 de julio. Su repulsa por Hitler se disparó cuando vio cómo trataban las SS a los prisioneros de guerra polacos en 1939. Esto, unido al asesinato de los judíos, hizo que se decidiera a hacer todo lo posible por acabar con el reinado del dictador. A finales de 1943 le comentó a Axel von dem Bussche, su compañero de conspiración: «Vayamos al núcleo central del asunto: estoy cometiendo alta traición con los cinco sentidos».

Stauffenberg aportó una energía que hacía mucha falta y se centró en la tarea; también fue el elegido para llevar a cabo la acción. La visita de von Hase le dejó claro a Bonhoeffer que esta era inminente. Lo ideal seguía siendo que Hitler saltara por los aires junto con dos o tres de sus ásperos paladines.

De modo que se fijó una fecha.[4] El 11 de julio, Stauffenberg visitó a Hitler en el Obersalzberg. Transportaba la bomba en su maletín. Pero cuando llegó se dio cuenta de que Himmler estaba ausente. El general Stieff se opuso firmemente a seguir adelante con el plan. «Dios mío —le dijo Stauffenberg a Stieff— ¿acaso no deberíamos hacerlo?». De regreso a Berlín, todos aguardaban con esperanza. Pero Stieff siguió en sus trece. Cuando Goerdeler supo que no lo habían llevado a cabo, se enfureció: «¡No lo harán jamás!», gritó.

Pero Stieff y Fellgiebel estaban seguros de que habría muchas oportunidades. En efecto, cuatro días más tarde invitaron a Stauffenberg al cuartel general de Hitler al este de Prusia. De nuevo llegó con la bomba en su maletín y, una vez más, Himmler no se encontraba allí. Stieff insistió en que esperaran. Esta vez se le unió Fellgiebel. Stauffenberg estaba disgustado, pero si Fellgiebel y Stieff no le apoyaban, tenía las manos atadas. Había costado mucho convencer al primero y su papel en el conjunto del complot era crucial. Retornó a Berlín.

Aun así, todos sabían[5] que el intento era inminente. El día 16, Bonhoeffer le escribió a Bethge: «Quién sabe, es posible que no podamos demasiado a menudo ahora y que nos veamos antes de lo que esperamos ... Muy pronto tendremos que pensar mucho en el viaje que hicimos juntos en el verano de 1940 y en mis últimos sermones». Estaba hablando en lenguaje codificado. Sus últimos sermones eran los que predicó en los pastorados colectivos del este de Prusia, y esta era su forma indirecta de referirse a los cuarteles generales de Hitler en Wolfsschanze. Fue precisamente allí donde estalló el artefacto.

20 de julio de 1944

Adolfo es la contracción de la palabra[6] en alemán antiguo *Adelwolf*, que significa «lobo noble». Hitler estaba al tanto de esta etimología y, en su comportamiento místico e inquietante, adoptó el símbolo teutón y totémico del lobo como propio. La salvaje crueldad carnívora y darwiniana de la bestia le atraían y ya se había identificado con ella mucho antes. En la década de 1920 se registró en algunas ocasiones en los hoteles con el nombre de Herr Wolf y también lo utilizó para la compra de la casa de Oberzalzberg. Los hijos de los Wagner le llamaban «Tío Wolf».* *Wolfsschlucht* [garganta del lobo] fue el nombre con el que bautizó su cuartel general durante la Batalla de Francia, y *Werwolf* [hombre lobo], para el puesto de mando del frente oriental. Sin embargo, su obsesión más lupina fue su sede militar general de Prusia oriental, *Wolfsschanze* [la guarida del lobo].

El 19 de julio, Stauffenberg recibió la orden de presentarse en Wolfsschanze al día siguiente para una reunión que se celebraría a la una. Sabía que era la oportunidad que había estado esperando con impaciencia. A la mañana siguiente, el 20 de julio, se levantó a las cinco y, antes de partir, le comentó a su hermano Berthold: «Hemos cruzado el Rubicón». Condujo hasta el aeropuerto con su ayudante, Werner von Haeften, que había hablado con Bonhoeffer durante horas sobre matar al Führer. Ahora iba camino de hacerlo. Llevaban con ellos el maletín de Stauffenberg, que contenía importantes papeles y, envuelta en una camisa, otra de esas ingeniosas bombas de plástico que tantos problemas habían causado, una y otra vez, en el tiempo de los conspiradores. Pero esta vez, tal como narra la historia, sí estalló. Al final, su explosión mataría a miles, pero como se pretendía.

Se detuvieron en una capilla católica donde Stauffenberg se entregó a la oración. El padre Wehrle le permitió entrar, ya que el templo estaba cerrado a esas horas. Diez días antes, Stauffenberg le había formulado una pregunta que le rondaba la cabeza: «¿Puede la Iglesia conceder la absolución a un asesino que ha arrebatado la vida a un tirano?». El sacerdote le había contestado que solo el Papa podía hacerlo en un caso así, pero que lo investigaría. Haeften había mencionado este tema a Bonhoeffer, dieciocho meses antes.**

Ya en el aeropuerto,[7] Stauffenberg declaró: «Esto es más de lo que habíamos osado esperar ... El destino nos ha ofrecido esta oportunidad, y no la rechazaría

---

* Hitler adoraba al compositor Richard Wagner (1813–83). Conoció a su viuda, Cosima, en 1923 y en los años posteriores pasó mucho tiempo con los hijos y los nietos de este en su casa de Bayreuth.

** Ver páginas 425–26.

por nada del mundo. He examinado mi conciencia delante de Dios y de mí mismo. Ese hombre es la encarnación del mal».

El viaje en avión duró tres horas[8] y llegaron a Rastenberg a las diez. Un coche oficial los recogió y los condujo a los sombríos bosques de Prusia oriental que rodeaban el cuartel general de Hitler. Dejaron atrás los fortines, o «pastilleros» como se les solía llamar, los campos de minas, la alambrada de espinos electrificadas y, por fin, a los entregados y serviles guardias de las SS que patrullaban la zona. Stauffenberg se hallaba ahora en un área «segura» donde, por lo demás, el Führer estaba desprotegido. Lo único que quedaba por hacer era retirar la espoleta de la bomba, colocarla cerca de Hitler, deslizarse fuera de la habitación antes de la explosión, pasar discretamente por delante de los guardias de las SS, quienes, para entonces, se hallarían en un estado de frenética alerta, cruzar la cerca electrificada, cruzar los campos de minas y dejar atrás los fortines. Y él haría todo aquello.

Pero todavía faltaban tres horas para la reunión, Primero tomarían el desayuno. Después, Stauffenberg se encontraría con Fellgiebel, que debía informar a los conspiradores de Berlín cuando la bomba hubiera estallado. Asimismo, como jefe de las señales en la OKW, podía aislar Wolfsschanze del mundo cortando todas las comunicaciones —teléfono, radio y telégrafo— durante el tiempo suficiente para que los planes de Valkiria se pusieran en marcha. Tras organizarlo todo con Fellgiebel, se dirigió a la oficina del general Keitel, jefe de la OKW. Pero el desagradable Keitel le sorprendió con graves noticias: ¡Mussolini estaba de camino! Se esperaba a *Il Duce* a las dos y media. La presentación que Stauffenberg debía hacer ante Hitler debía adelantarse a las doce y media. Y, lo que era más, Keitel dijo que Hitler tendría prisa, por lo que Stauffenberg debía apurarse en su exposición. Se preguntaba si la reunión no sería demasiado breve para que la espoleta cumpliera su cometido. En ese instante, Keitel le obsequió con otra sorpresa: a causa del calor, la reunión no sería en el búnker subterráneo, sino en las barracas de conferencia, en la superficie. Eran malas noticias, porque las paredes subterráneas habrían confinado la explosión multiplicando su efecto. A pesar de todo, el artefacto era bastante potente para ello.

Justo antes de las doce y media, Keitel dijo que era la hora. Debían irse de inmediato. Pero, antes de abandonar la oficina, Stauffenberg preguntó si podía lavarse; esperaba armar la bomba en el baño. Cuando vio que aquel no era el lugar ideal, preguntó al ayudante de Keitel si podría cambiarse de camisa. Este le condujo a otra habitación, donde, tras cerrar la puerta, abrió su maletín a toda prisa, desenvolvió la bomba, se puso la camisa que la ocultaba y aplastó el vial. Explotaría en diez minutos. Stauffenberg se apresuró a entrar en el coche de Keitel y, en un momento, llegaron a las barracas de conferencia.

Cuando Keitel y Stauffenberg entraron en la sala donde se hallaba Hitler para la reunión, ya habían transcurrido cuatro de los diez minutos. El Führer le saludó brevemente y siguió prestando atención a la exposición del general Heusinger. Stauffenberg echó un vistazo alrededor de la habitación y comprobó que había otro problema: Himmler y Goebbels no se encontraban allí. No obstante, ocupó su lugar cerca de Hitler y colocó el maletín debajo de la mesa. Se encontraba exactamente a un metro y ochenta centímetros de las piernas del dictador que —a menos que se moviese— quedarían separadas de su malhumorado dueño en cinco minutos.

Sin embargo, algo llamado zócalo se cruzaría literalmente en el camino y desviaría el vector de la histórica explosión de su pretendido objetivo. Se trataba de un pedestal macizo que se utilizaba como soporte. En el caso de la enorme mesa de roble de aquella mapoteca había dos, uno a cada extremo. La mesa en sí medía aproximadamente cinco metros y medio de largo por uno y medio de ancho, y cada uno de los monstruosos zócalos eran casi tan anchos como ella. Aquella estrafalaria mesa sin patas tendría mucho que ver con los asesinatos de Dietrich Bonhoeffer, su hermano Klaus y sus dos cuñados; Stauffenberg y Haeften; y cientos de conspiradores más, por no mencionar los millones de inocentes que en aquellos momentos sufrían en medio de una miserable desesperación en los campos de concentración. Es un hecho, y un misterio, que el curso de la historia dependiera del caprichoso diseño de un mueble.

Stauffenberg sabía que quedaban tres minutos antes de la detonación. Era hora de irse. Se excusó repentinamente, murmurando algo parecido a que necesitaba pedir un conjunto de datos definitivo por teléfono para su exposición. Que alguien abandonara la presencia de Adolfo Hitler era algo sin precedentes, pero él tenía apremiantes razones. Salió del edificio, luchando contra la poderosa tentación de salir corriendo. Detrás de él, en la habitación, Heusinger prosiguió con su cantinela hasta que una de sus frases quedó prematuramente puntuada por una explosión tan poderosa que Stauffenberg, que ya se encontraba a unos doscientos metros aproximadamente, vio unas llamas amarillas y azuladas que salían por las ventanas, junto con algunos de los hombres de alto rango que, milésimas de segundos antes, miraban fijamente los mapas con aburrimiento.

La mesa de roble[9] se había hecho astillas. Los cabellos ardían. El techo se había desplomado sobre el suelo. Varios hombres yacían muertos. Pero, contrariamente a lo que Stauffenberg creía mientras se precipitaba hacia el aeródromo, ninguno de aquellos cadáveres pertenecía a la «encarnación del mal». Hitler se encontraba perfectamente, aunque despeinado al estilo de los dibujos animados. Gertraud Junge, su secretaria, recordaba: «El Führer tenía un aspecto extraño. Tenía el pelo levantado por un lado, como plumas de ave sobre un erizo, y su ropa estaba hecha jirones. Pero, a pesar de todo, estaba extasiado; ¿acaso no había sobrevivido, después de todo?

«Fue la providencia la que me salvó —declaró Hitler—. Esto demuestra que estoy en el camino correcto. Siento que esta es la confirmación de toda mi obra».[10] Su extraordinaria supervivencia entre humo y muerte fue la prueba positiva de que estaba sentado a horcajadas sobre el espíritu mismo de la época. A pesar de todo, tenía graves quemaduras en las nalgas y la explosión había convertido sus pantalones en una especie de falda de hula hula hecha jirones. Tan romántico como siempre, hizo que los enviaran a Berchtesgaden, a Eva Braun, como recuerdo de la asombrosa durabilidad de su amado Führer, junto con una nota: «Te envío el uniforme de este aciago día. Es la prueba de que la providencia me protege y de que ya no debemos temer a nuestros enemigos».

Sin embargo, después de enviar sus pantalones a Eva, Hitler acudió al *Volk* alemán dejándola a ella, como de costumbre, en el papel de segundona. Debía asegurarles que estaba bien. Alrededor de la medianoche, se instaló un micrófono de radio y toda Alemania oyó la voz del Führer:

Si me dirijo a ustedes hoy es por dos razones especiales. En primer lugar, para que puedan oír mi voz y saber que estoy sano e ileso. En segundo lugar, para que puedan conocer los detalles de un crimen sin igual en la historia alemana. Una muy pequeña camarilla de oficiales ambiciosos, sin conciencia, criminales y estúpidos forjaron un complot para eliminarme y, conmigo, exterminar al cuerpo de oficiales que ostentan el mando actual de la *Wehrmacht* alemana. La bomba, colocada por el coronel conde von Stauffenberg, explotó a unos dos metros a mi derecha. Hirió a varios de mis colegas; uno de ellos ha muerto. Yo mismo estoy totalmente ileso ... Esa pandilla de usurpadores es... una banda sumamente pequeña de elementos criminales que serán exterminados sin piedad ... Esta vez se procederá a un ajuste de cuentas como el que nosotros, los nacionalsocialistas, acostumbramos a efectuar ... De manera muy especial quiero saludarles a ustedes, mis viejos camaradas en la lucha, porque una vez más se me ha concedido escapar de un destino que, aunque para mí mismo no supone terror alguno, sí lo habría sido para el pueblo alemán. Considero que esta nueva señal de la providencia me indica que debo seguir con mi trabajo, y así lo haré.[11]

Después de esto, sonó música marcial y Göring tomó la palabra:

¡Camaradas de la *Luftwaffe*! El coronel conde von Stauffenberg ha cometido hoy un infame e inconcebible intento de asesinato contra nuestro Führer, bajo las órdenes de una camarilla miserable de otrora generales que, por su despreciable y cobarde conducta en la guerra, fueron destituidos de sus puestos. El Führer se ha salvado de milagro ... ¡Larga vida al Führer, a quien Dios Todopoderoso ha bendecido hoy de una forma visible![12]

A continuación, otra marcha militar, seguida por las palabras de Dönitz, el jefe de la armada:

¡Hombres de la Armada! Una ira santa y una rabia inconmensurable llenan nuestros corazones por el ataque criminal que ha intentado cobrarse la vida de nuestro amado Führer. La providencia ha querido que no fuese así; le ha guardado y protegido, no abandonando, por tanto, a nuestra patria alemana en su hora funesta. Una insensatamente pequeña camarilla de generales...[13]

La verdad era demasiado difícil de soportar: había sido una amplia conspiración de las élites alemanas. Su existencia era más larga y amplia de lo que habrían podido soñar jamás. El impacto de tales noticias sobre el ego de Hitler debió de ser demoledor y, como otras muchas, no las toleraría. Borraría todo rastro de oposición y sacaría la información de cualquier fuente concebible a fuerza de tortura. Las esposas, los hijos, demás miembros de la familia y amigos de cualquiera relacionado con la conspiración serían perseguidos, arrestados y enviados a campos de concentración. El final del complot había comenzado.

En el Tercer Reich solo había un periódico de «iglesia». Unos días después del golpe, ofreció otro puñado de propaganda:

El espantoso día. Mientras nuestros valerosos ejércitos, intrépidos hasta la muerte, luchan con valentía para proteger su país y lograr la victoria final, un puñado de infames oficiales, llevados por su propia ambición, se aventuraron a cometer un terrible crimen e intentaron asesinar al Führer, que salvó su vida apartando así el indecible desastre de nuestro pueblo. Damos gracias a Dios por ello de todo corazón y pedimos, con toda nuestra iglesia y congregaciones, el auxilio de Dios y su ayuda en las graves tareas que el Führer debe llevar a cabo en los tiempos más difíciles.[14]

Pero hubo otro periódico[15] que también adoptó un tono parecido de reproche hacia los conspiradores. El *New York Times* declaró que quienes habían intentado «secuestrar o asesinar al jefe del estado alemán y comandante en jefe del ejército» habían hecho algo que uno no «esperaría normalmente en el cuerpo de oficiales de un gobierno civilizado». Y Winston Churchill,[16] que había hecho todo lo posible por no alimentar la conspiración y que desapareciera, se limitaba ahora a dar un puntapié a su cadáver describiendo el intento como un caso en el que «las más altas personalidades del Reich alemán se asesinaban unos a otros».

Bonhoeffer se entera del fracaso del complot

El 21 de julio, Bonhoeffer escuchaba la radio en la enfermería y se enteró del fallido intento de asesinato. Conocía las consecuencias. Sin embargo, no se dejaría llevar por las emociones que le producían las circunstancias. Su ecuanimidad en medio del desastre queda de manifiesto en la carta que escribió a Bethge ese día:

> Lo único que quiero hacer hoy es enviarte un breve saludo. Espero que estés a menudo con nosotros aquí, en tus pensamientos, y siempre me alegro de cualquier señal de vida, aunque el debate teológico se detenga por un momento. En realidad, estos pensamientos de teología ocupan siempre mi mente, pero hay veces en las que me conformo con vivir la vida de fe sin preocuparme por sus problemas. En esos momentos, me limito a disfrutar de las lecturas del día, sobre todo las de ayer y hoy, y siempre me alegra volver a los hermosos himnos de Paul Gerhardt.[17]

Las lecturas, o *Losungen*, del 20 de julio eran: «Estos confían en carros, y aquéllos en caballos; mas nosotros del nombre de Jehová nuestro Dios tendremos memoria» (Sal 20.7) y «Si Dios es por nosotros, ¿quién contra nosotros?» (Ro 8.31). Las del día siguiente eran: «El Señor es mi pastor, nada me faltará» (Sal 23.1), y «Yo soy el buen pastor; y conozco mis ovejas, y las mías me conocen» (Jn 10.14).

Es indudable que hallaría gran consuelo en ellas y que las tomaría como palabras particulares de Dios para él en la más negra de las horas. También expresó más pensamientos teológicos:

Durante el último año aproximadamente, he llegado a conocer y entender la profundidad de la mundanidad del cristianismo. El cristiano no es un *homo religiosus*, sino tan solo un hombre como también lo era Jesús ... No me refiero a la mundanidad banal de lo culto, lo ocupado, lo cómodo o lo lascivo, sino a la que es profunda y se caracteriza por la disciplina y el conocimiento constante de la muerte y de la resurrección.[18]

Bonhoeffer afirmó con acierto que podía «ver los peligros» de su propio libro *El seguimiento*, «aunque sigo reafirmándome en lo que escribí». Se refería a que con la vida cristiana por la que abogaba en su obra, siempre existía la tentación de convertirse en alguien religioso, en un sentido peyorativo y barthiano, y utilizar la fe cristiana como una válvula de escape y no como un medio de vivir la vida de una manera más plena. Y añadió:

Más tarde descubrí, y sigo haciéndolo hasta el momento presente, que solo viviendo por completo en este mundo se puede aprender a tener fe ... Uno debe abandonar totalmente cualquier intento de fabricar algo por uno mismo, ya sea un santo, un pecador converso o un hombre de iglesia (¡lo que se llama un tipo sacerdotal!), un hombre justo o injusto, un enfermo o uno que está sano. Con esta mundanidad aludo a vivir sin reservas en los deberes, los problemas, los éxitos y los fracasos, las experiencias y las perplejidades de la vida. Al hacerlo, nos echamos en los brazos de Dios de una manera absoluta, no tomando en serio nuestros propios sufrimientos, sino los de Dios en el mundo: velamos con Cristo en Getsemaní. Pienso que esto es fe; es *metanoia;** y es la forma en que uno se convierte en un hombre y en un cristiano (¡cp. Jer 45!). ¿Cómo puede el éxito provocar nuestra arrogancia y el fracaso confusión, si compartimos los sufrimientos de Dios por medio de esta clase de vida?

Creo que entiendes lo que quiero decir, aunque lo exponga con tanta brevedad. Me alegro de haberlo aprendido y sé que solo he podido hacerlo

---

* El término griego del Nuevo Testamento para «arrepentimiento».

por el camino que he recorrido. Me siento tan agradecido por el pasado, y por el presente; estoy satisfecho con ellos...

Ojalá que Dios, en su misericordia, nos guíe a través de estos tiempos; pero, sobre todo, que nos conduzca hasta él...

Adiós. Cuídate y no pierdas la esperanza de que nos volveremos a encontrar todos muy pronto. Siempre pienso en ti con fidelidad y gratitud.

Tuyo, Dietrich[19]

Con la carta incluyó un poema. Dijo que había «escrito estas líneas en unas pocas horas, por la noche. Están poco pulidas... Esta mañana me doy cuenta de que tendré que revisarlas por completo. Aun así, te las envío tal como están, en bruto. ¡Desde luego no soy un poeta!». Pero lo era, y el poema es una síntesis de su teología de aquel momento:

Estaciones en el camino hacia la libertad

Disciplina
Si sales en busca de la libertad, aprende ante todo
a disciplinar tus sentidos y tu alma, no sea que tus pasiones
y deseos te saquen del camino que deberías seguir.
Castos sean tu mente y tu cuerpo, ambos sujetos,
buscando en constante obediencia la meta establecida;
solo por la disciplina aprende el hombre a ser libre.

Acción
Osando hacer lo correcto, no siguiendo los caprichos,
aprovechando con valor las ocasiones, sin dudar por cobardía;
la libertad solo está en la acción, no vuela en pensamientos.
No desmayes ni temas, enfréntate a la tormenta y la acción,
confiando en Dios, cuyos mandatos sigues con fidelidad;
pletórica de júbilo, la libertad acogerá tu espíritu.

Sufrimiento
Ha habido una transformación. Tus manos tan fuertes y activas,
Atadas están; impotente, ves el final de tus actos;
suspiras aliviado, y encomiendas tu causa a otras manos

más fuertes; satisfecho, ya puedes descansar.

Solo por un instante rozaste la libertad;

luego la entregaste a Dios para que en gloria la perfeccione.

Muerte

Ven ya, fiesta suprema en el camino a la eterna libertad;

muerte, aparta las pesadas cadenas y abate

las murallas de nuestro cuerpo temporal, de nuestra alma cegada,

para que por fin podamos contemplar lo que aquí sigue escondido.

Libertad, cuánto te hemos buscado en la disciplina, la acción y

el sufrimiento; moribundos podemos contemplarte revelada en el Señor.[20]

A finales de julio,[21] envió a Bethge algunos «Pensamientos diversos»: «Te ruego disculpes estas divagaciones pretenciosas. Son fragmentos de conversaciones que jamás tuvieron lugar y que, por consiguiente, te pertenecen. Quien se ve forzado, como yo, a vivir por completo en sus pensamientos, consigue que acudan a su mente las cosas más absurdas, ¡y escribe sus extrañas reflexiones!».

Muy apropiadamente, una de ellas afirma: «La seriedad absoluta no está jamás exenta de un toque de humor». Otra reitera su tema de que ser cristiano consiste menos en evitar cuidadosamente el pecado que en hacer la voluntad de Dios con valor y de forma activa: «La esencia de la castidad no es la supresión de la lujuria, sino la total orientación de la propia vida hacia una meta. Sin esta, la decencia está abocada a convertirse en algo ridículo. El decoro es el *sine qua non* de la lucidez y la concentración». Y la última parece retomar su poema: «La muerte es la fiesta suprema en el camino a la libertad».

Consecuencias

Dos días después,[22] Bonhoeffer se enteró de que Canaris había sido arrestado. Pronto conocería más detalles del fallido complot. Werner von Haeften había muerto valientemente, saltando de lleno en la trayectoria de una ráfaga de balas destinadas a Stauffenberg, que también pereció momentos después. Antes de ser ejecutado, gritó: «¡Larga vida a la sagrada Alemania!».

Henning von Tresckow y otros se quitaron la vida, muchos de ellos por temor a revelar los nombres de los demás bajo tortura. Antes de hacerlo, habló con Schlabrendorff, que recordaba sus palabras:

El mundo entero nos vilipendiará ahora, pero sigo totalmente convencido de que hicimos lo correcto. Hitler no solo es el archienemigo de Alemania, sino del mundo. Cuando, en unas horas, comparezca ante Dios para rendir cuentas de lo que he hecho y lo que he dejado por hacer, sé que podré justificar en buena conciencia lo que llevé a cabo en la lucha contra Hitler. Dios prometió a Abraham que no destruiría a Sodoma si podía hallar a diez hombres justos en la ciudad; por tanto, espero que por amor a nosotros, Dios no consuma a Alemania. Ninguno de nosotros puede llorar su propia muerte; quienes consintieron unirse a nuestro círculo vistieron la túnica de Neso. La integridad moral de un ser humano comienza cuando está preparado para sacrificar su vida por sus convicciones.[23]

Todos los que se habían implicado remotamente[24] en la conspiración habían sido arrestados y eran interrogados. La mayoría sufrieron tortura. El 7 y 8 de agosto, los primeros conspiradores fueron sometidos al *Volksgerichtshof* (tribunal popular), presidido por Roland Freisler, a quien William Shirer había llamado «maníaco vil e insultante» y «quizás el nazi más siniestro y sediento de sangre del Tercer Reich, después de Heydrich». Gran admirador de los juicios-espectáculo del Moscú de la década de 1930, deseaba emularlos; era un hombre según el corazón de Hitler. En cuanto al tribunal popular, fue creado por el Führer en 1934, para juzgar «casos de traición» cuando el resultado del proceso por el incendio de Reichstadt ante la Corte Suprema de Alemania no fue el deseado.

El 8 de agosto, el general Paul von Hase, tío de Bonhoeffer, fue sentenciado a muerte por Freisler y fue ahorcado aquel día en la prisión de Plötzensee. Tenía cincuenta y nueve años. Su esposa fue arrestada, como las mujeres y parientes de muchos de los implicados en la conspiración. El 22 de agosto, Hans von Dohnanyi fue conducido al campo de concentración de Sachsenhausen. El 20 de septiembre se descubrieron los expedientes de las «Crónicas de la vergüenza» (desde entonces conocidos como los expedientes Zossen) en Zossen. Para Bonhoeffer y Dohnanyi, este fue el mayor de todos los desastres. Dohnanyi los había estado guardando desde 1938, documentando los horrores de los nazis. Este descubrimiento lo sacó todo a la luz y ellos lo sabían. Había acabado el fingimiento.

Pero la valentía de los hombres[25] que se habían enfrentado contra el régimen del mal también quedó de manifiesto. Muchos de ellos que habían sido golpeados y quebrantados consiguieron hacer declaraciones para la posteridad durante sus juicios, cosas que debieron sorprender desagradablemente a Freisler y los demás fervientes nazis. Ewald von Kleist-Schmenzin alegó que cometer traición contra el régimen de Hitler era «un mandamiento de Dios». Hans-Bernd von Haeften afirmó que Hitler quedaría en los anales de la historia mundial como «un gran perpetrador de mal». Von der Schulenberg declaró ante el tribunal: «Decidimos tomar este hecho sobre nuestras espaldas para salvar a Alemania de su indescriptible miseria. Soy consciente de que me van a ahorcar por haber participado en él, pero no lamento lo que hice y solo espero que otro lo consiga en circunstancias más afortunadas». Y muchos otros expresaron manifestaciones similares. Muy pronto, Hitler prohibió que se continuara con los reportajes de los juicios.

Maria pierde las esperanzas

Ya desde los meses anteriores al fallido intento de asesinato del 20 de julio, Maria dio muestras de que toda la espera y el estrés le estaban pasando factura. Sus cartas a Bonhoeffer se distanciaron cada vez más y empezó a sufrir jaquecas, insomnio y hasta desvanecimientos. Según comentó su hermana, Ruth-Alice, hubo «muchos indicios de que estaba atravesando una crisis emocional». Sus familiares notaron que, cada vez que volvía de Tegel, parecía «desesperada» como si estuviera cayendo en la cuenta de que la situación de Dietrich no mejoraría. En junio le escribió una carta acerca de su situación. No se ha conservado, pero la respuesta de Dietrich, fechada el 27 de junio, nos da una idea de lo que ella estaba sintiendo:

Mi querida y muy amada Maria:
Muchas gracias por tu carta. No me deprimió en absoluto; me hizo feliz, infinitamente feliz, porque sé que no podríamos hablarnos de este modo si no nos amáramos tanto, mucho más de lo que ahora podemos pensar ... Nada de lo que escribiste me sorprendió o me consternó. Fue más o menos como yo pensaba. ¿Qué derecho tenía yo a creer, cuando hemos visto tan poco el uno del otro, que me podías amar y cómo no regocijarme por la más pequeña prueba de tu amor?...

¿De modo que a veces te atormenta pensar en mí? Queridísima, mi queridísima Maria, ¿no te basta con saber que me has alegrado y me has hecho feliz, incluso más de lo que jamás esperé en toda mi vida? ¿No es suficiente para ti, si empiezas a dudar de tu amor por mí, que te amo como eres y que no quiero nada de ti, ningún sacrificio, nada; solo a ti? Lo único que *no* deseo es que pudieras sentirte, o llegar a ser, infeliz porque notaras la falta de algo, porque no consigo proporcionarte lo que buscas en mí. El Lunes Blanco* sentías que «no podías continuar»; dime, pues, si *puedes* seguir sin mí. Si crees que sí, ¿estarías tan segura si supieras que *yo* no puedo proseguir sin *ti*? No, todo es bastante imposible. No te atormentes, querida Maria. Conozco tus sentimientos y es absolutamente inevitable. Fingir otra cosa sería faltar a la verdad y la sinceridad. Pero, estando como estamos, seguimos perteneciéndonos el uno al otro y permaneceremos juntos; no te dejaré marchar. Te agarraré muy fuerte, para que sepas que somos el uno del otro y que debemos seguir unidos...

Agradezco de forma especial lo que escribiste sobre los años de los que te hablé.** Al no saber de ti durante tanto tiempo, temí que hubieras desmayado, aunque no acababa de creerlo en realidad. En tus palabras detecto una repetición del «sí» que me escribiste el 13 de enero de 1943, y ese «sí» es al que me aferro por mucho que tenga que esperar hasta recibir una carta. Es cuando oigo una y otra vez ese «¡Sí, sí, sí!» y me siento abrumado y feliz con su sonido.

De modo que no vas a venir durante un tiempo. Querida Maria, si te resulta demasiado agotador, no es necesario decirte que tienes razón de no hacerlo. Por otra parte, ¿puede haber algo más importante en nuestra vida, a estas alturas, que vernos una y otra vez? ¿No estaremos levantando una barrera a la fuerza entre nosotros si renunciamos voluntariamente a ello?

Permíteme hablar con franqueza. No sé con cuánta frecuencia nos volveremos a ver en esta vida, en vista de los tiempos que corren. Me deprime enormemente pensar que, más tarde, pudiéramos reprocharnos algo irremediable. Claro que hay obstáculos externos, como la enfermedad o la prohibición de viajar, que son inevitables. Pero los que surgen del interior, por insuperables que puedan parecer en su momento, no podrán absolvernos jamás del posterior autorreproche.

Las parejas que están comprometidas se pertenecen y más que nunca cuando uno de ellos se encuentra en la difícil situación en que yo me hallo. Nadie sabe mejor que yo, mi queridísima Maria, que te estoy atando a unos sacrificios, privaciones y esfuerzos sin precedentes, y nadie

---

* Una fiesta que se celebra después del Domingo de Pentecostés.
** Ver página 66, carta sobre su relación con Elizabeth Zinn.

estaría más dispuesto que yo a evitártelos. Me privaría con gusto del placer que una visita tuya me proporciona en mi soledad, pero siento firmemente que no debo hacerlo, por tu propio bien y el de nuestro futuro matrimonio. Debo exigirte este sacrificio —aun sin poder recompensártelo en modo alguno— en nombre de nuestro amor. Sobra decir que no puedes venir si estás enferma o si te supone un esfuerzo físico demasiado grande, ¡pero juntos debemos vencer las dificultades espirituales!...

Te he contado con toda sinceridad lo que siento. Estoy tranquilo por todo lo que ha ocurrido antes, pero solo nosotros somos responsables del futuro y, a ese respecto, todo debe ser muy claro, directo y sin restricciones ¿no es así? Por encima de todo, debemos someter nuestra vida a una consideración única —que nos pertenecemos el uno al otro— y actuar en consecuencia.

No resulta fácil tener que discutir estas cosas por carta, pero Dios lo ha querido así. Simplemente no debemos perder la paciencia. La voluntad de Dios y nuestro sometimiento a ella van más allá de cualquier polémica. Siento la misma aversión que tú a provocar la compasión, pero quiero que esperes conmigo y que tengas paciencia; cuanto más dure esto, más paciencia. Y, ahora, no te estés triste. Dime lo que piensas y actúa como debes. Pero ten siempre la seguridad de que te amo mucho y que eres muy importante para mí.

> Tuyo,
> Dietrich[26]

Maria le visitó el 27 de junio y, por tanto, no sabemos si recibiría su carta antes o después de la visita. Bonhoeffer le volvió a escribir el 13 de agosto:

Queridísima Maria:
En estos días, nuestras cartas tardan demasiado en llegar a su destino. Probablemente será culpa de los ataques aéreos ... Solo he recibido una tuya en casi seis semanas y me temo que las noticias que mis padres tenían de ti la última vez que vinieron eran similares. Pero, sabes, las cartas son una prueba tan débil de que nos pertenecemos el uno al otro que nuestros pensamientos y oraciones están destinados a expresarlo mucho mejor. Y lo hacen lleguen las cartas o no, ¿verdad? ¿Así que ahora has empezado a

trabajar en Berlín?* A lo largo de los siglos, el trabajo duro se ha ensalzado como mejor remedio para los problemas y las preocupaciones. Mucha gente considera que el mejor aspecto del trabajo es su tendencia a entumecer la psique. Personalmente pienso que lo que importa de verdad es que el tipo de trabajo correcto lo hace a uno desinteresado y que una persona que tiene el corazón lleno de intereses y preocupaciones personales desarrolla un deseo por el desinterés en el servicio de los demás. Por tanto, espero desde lo más profundo de mi corazón, querida Maria, que tu nuevo empleo te conceda esa bendición y que, cuanto mayores sean sus dificultades, también lo sea tu sentido de liberación espiritual. Ciertamente creo que, dada tu natural vitalidad heredada, por no hablar de la locura por el trabajo duro, este no te parecerá demasiado para ti. Ni te imaginas lo liberado que yo me sentiría si pudiera trabajar de nuevo para los demás, en lugar de hacerlo únicamente para mí mismo. Sin embargo, cada día me siento agradecido de poder sumergirme en mis libros y aprender tantas cosas nuevas para mí, y garabatear una o dos de las ideas y referencias que necesito para mi obra. Recientemente, y con gran placer, he vuelto a leer las memorias de Gabriele von Bülow von Humboldt.** ¡Estuvo separada de su prometido durante tres años completos, poco después de su compromiso! ¡Qué paciencia tan inmensa y qué tolerancia tenía la gente en aquellos tiempos, y qué gran «resistencia a la tensión»! Cada una de las cartas tardaba más de seis semanas. Aprendieron a hacer aquello de lo que la tecnología nos ha privado, es decir, encomendarse el uno al otro a Dios a diario y poner su fe en él. Ahora estamos aprendiendo de nuevo a hacerlo, y deberíamos sentirnos agradecidos por muy difícil que sea.

Mi amada Maria, no perdamos nunca la fe por lo que nos suceda; todo ello nos llega de manos buenas y bondadosas. Pensaré mucho en ti el día 22.*** Papá está con Dios. Solo a uno o dos pasos por delante de nosotros. Pensemos en él y en Max con gozo en nuestros corazones y oremos para que madre siga hallando el consuelo que ha tenido durante los dos años pasados. Adiós por ahora, amada Maria, y que Dios nos guarde a todos.

Con todo mi fiel corazón

Dietrich[27]

* Al parecer, Maria iba a comenzar a trabajar para la Cruz Roja.
** Era una noble alemana del siglo XIX.
*** Era el aniversario de la muerte del padre de ella.

Después de esta carta, los padres de Dietrich le informaron de que Maria había decidido irse a vivir con ellos a su casa de Berlín. Aparentemente se encargaría de algunos trabajos de secretaría para el doctor Bonhoeffer, que tenía la oficina en la primera planta de su casa. Dietrich le escribió:

Mi querida y amada Maria,

De modo que, ahora, de tu propia voluntad y sin que yo te repitiera mi petición, has tomado la gran decisión de venirte aquí y ayudar a mis padres. No puedo expresarte lo feliz que me siento por ello. Al principio no me lo podía creer cuando mis padres me lo comentaron, y casi no puedo entender cómo ha ocurrido y qué lo ha hecho posible ... Acababa de aceptar la idea de que la Cruz Roja volvería a llamarte, y que no volveríamos a vernos en siglos. Pero, ahora, todo ha cambiado por completo y, desde mi punto de vista, es una bendición del cielo. No puedo evitar preocuparme por ti durante los ataques aéreos, es cierto, pero sabré que estás cerca de mí cada hora de cada día. ¡Es maravilloso! ¡Qué fantástica decisión la tuya! ¡Te estoy tan agradecido!

...¿Puedo pedirte un enorme favor? Ayuda a Mamá a lidiar con todas sus preocupaciones recurrentes, querida Maria; te ruego que seas paciente con ella. Es el mejor favor que me podrías hacer. Puede ser que el buen Señor te haya enviado a ella precisamente porque necesite una futura nuera en este momento, y cuanto mejor la conozcas, más sentirás que en verdad no quiere nada para sí misma (¡quizás *demasiado* poco!), y que todos sus deseos, actos y pensamientos se centran en los demás. Oremos a Dios para que tengas éxito. Luego... ¡¡volveré a verte pronto!! Querida Maria, debemos hacer acopio de toda nuestra fuerza de nuevo y ser pacientes. No te desanimes. Dios ha procurado que el corazón humano sea más fuerte que ningún poder sobre la tierra. Adiós por ahora, querida Maria, y gracias por todo, ¡por todo!

> Te abrazo y te beso con ternura.
> Tuyo, Dietrich[28]

Maria volvió a visitar a Bonhoeffer[29] de nuevo el 23 de agosto. Esta sería la última vez que se verían. Bonhoeffer le escribió a Bethge ese día: «Maria ha estado aquí hoy, tan fresca y, al mismo tiempo, tan firme y serena como pocas veces he visto».

Bonhoeffer planea su fuga

En septiembre, Bonhoeffer decidió que escaparía de Tegel. La libertad que tenía de caminar por los alrededores había sido extraordinaria, y la huida siempre fue una opción muy real. Pero, por varias razones, nunca lo había hecho. Ahora se habían cerrado las vías de esperanzas por las que merecía la pena estar allí. Casi todos los que habían participado en la conspiración habían sido arrestados. Todo había acabado. Los nazis tenían una sólida prueba de todo lo que habían estado haciendo y, en los salvajes interrogatorios, conseguirían aún más información. La única razón por la que Hitler no ordenó la ejecución de todos ellos era porque quería sacar el máximo de detalles posibles. Su idea era obtener todos los nombres y los pormenores de la monstruosa maldad perpetrada a sus espaldas durante todos aquellos años. De haber una ocasión para huir, tenía que ser aquella. Sin lugar a duda, la guerra acabaría pronto. Aunque los alemanes no hubieran conseguido matar a Hitler, los Aliados lo harían pronto.

El amigo más cercano que tenía entre los guardias, el cabo Knoblauch, se presentó voluntario para ayudarle. Se dio aviso a la familia para que consiguieran un uniforme de mecánico de la talla de Dietrich y que lo llevaran a casa de Knoblauch, a unos seis kilómetros al este de Tegel. Asimismo, debían conseguir cupones de alimentos y dinero. El cabo lo escondería todo en una de las casitas con jardín que los alemanes tenían (y siguen teniendo) en las afueras de la ciudad. Bonhoeffer y él irían allí tras la huida. En cuanto a la fuga en sí, Dietrich se vestiría con el uniforme de mecánico y saldría sencillamente de la prisión con Knoblauch cuando acabaran los deberes de su día de guardia. El mayor obstáculo consistía en que pudiera permanecer escondido y abandonar el país antes de que lo atraparan.

El 24 de septiembre, un domingo, Úrsula, la hermana de Bonhoeffer, y su marido Rüdiger, junto con su hija Renate, fueron en su automóvil hasta la casa de Knoblauch y entregaron un paquete con el uniforme de mecánico, los cupones y el dinero. Todo estaba dispuesto para una huida, excepto los detalles de cómo saldría Bonhoeffer del país. No sabemos con claridad por qué no se procedió a la fuga aquella semana, pero la falta de unos planes concretos en cuanto a la forma de escapar de Alemania debió de ser lo que le frenó.

Al fin de semana siguiente, otro suceso le obligó a descartar por completo la idea de huir. El sábado 13, Klaus Bonhoeffer vio un coche estacionado cerca de su casa. Esto hizo que diera media vuelta de inmediato y que se marchara. Emmi, la esposa de Klaus, se encontraba en Schleswig-Holstein visitando a sus hijos a los que había enviado allí a causa de los bombardeos aliados. Klaus estaba seguro de que se trataba de un coche de la Gestapo y, de haber entrado a su casa, le habrían arrestado y se lo habrían llevado. Se dirigió a casa de Úrsula en Marienburgerallee, donde se quedó aquella noche. Durante este doloroso episodio, Úrsula consiguió convencer a su hermano para que no se suicidase, algo de lo que llegaría a arrepentirse después de que fuera arrestado, torturado y sentenciado a muerte.

El lazo se iba estrechando por día. Aquel mismo sábado en el que Klaus llegó buscando refugio, su prima, la esposa del general Paul von Hase, fue liberada de prisión y también se presentó allí. Von Hase ya había sido ejecutado por el tribunal popular y ella no tenía dónde ir. Por el papel desempeñado por su esposo en la conspiración, ninguno de sus parientes quería darle cobijo, excepto Úrsula y Rüdiger Schleicher.

Hacia esa misma hora, aquel día, el cabo Knoblauch llegó para discutir los detalles de la huida de Dietrich de Alemania; los Schleicher debían conseguir un pasaporte falso y organizar la fuga a Suecia. Pero Úrsula y Rüdiger explicaron que el plan se había descartado. Klaus estaba a punto de ser arrestado. La huida de Dietrich solo haría que cualquiera que estuviese relacionado con él pareciera más culpable.

A la mañana siguiente, la Gestapo se personó y se llevó a Klaus. El lunes, Knoblauch regresó a casa de los Schleicher y les informó que Dietrich había decidido no fugarse. Solo podría empeorar las cosas para todos, en especial para Klaus, y la Gestapo no tendría ningún reparo en ir en busca de sus padres o de Maria. La cosa nunca llegó hasta ese punto, pero aquel miércoles la Gestapo regresó a Marienburgerallee y arrestó a Rüdiger. Ahora, los dos hermanos Bonhoeffer y sus dos cuñados estaban en la cárcel.

Y ese domingo 8 de octubre de 1944, los dieciocho meses de Bonhoeffer en Tegel llegaron a su fin. Fue trasladado en secreto a la prisión que la Gestapo tenía en Prinz-Albrecht-Strasse. Dietrich Bonhoeffer estaba ahora bajo la custodia del estado.

La prisión de la Gestapo

Los cuatro meses que Bonhoeffer pasó en la prisión de la Gestapo fueron claramente distintos del tiempo que estuvo en Tegel. Las celdas eran subterráneas. La de Dietrich medía dos metros cuarenta de largo por uno cincuenta de ancho, y no podía ver la luz del día. No había patio por el que caminar ni guardias amistosos, y no se oía el canto de los tordos. El almirante Canaris le dijo: «Esto es el infierno». Allí estaban también Carl Goerdeler, Joseph Müller, el general Oster y el juez Sack. El primo de Maria, Fabian von Schlabrendorff, también se encontraba en esa cárcel. Parecía que todos los que habían trabajado para la conspiración estaban entre rejas. Incluso habían detenido a Eberhard Bethge, aunque no le retuvieron en aquel terrible lugar.

Cuando interrogaron a Bonhoeffer[30] por primera vez, le amenazaron con torturarle. Se le dijo que el destino de sus padres, los demás miembros de su familia y su prometida dependía de su confesión. Pudo hablar con von Schlabrendorff y catalogó sus interrogatorios de «francamente repulsivos». Nada nos hace pensar[31] que fuera torturado en algún momento, pero su hermano Klaus y la mayoría de los demás sí lo fueron. En su libro *They Almost Killed Hitler* [Casi mataron a Hitler], Schlabrendorff narró sus propios sufrimientos. Cuando pensó que iba a ser liberado, Bonhoeffer le pidió que visitara a su padre y que le sugiriera que intentara conseguir una entrevista personal con Himmler. Sin embargo, Schlabrendorff no fue puesto en libertad en aquel tiempo.

Lo que Dohnanyi tuvo que soportar es otra historia. Su salud se resintió sobremanera. Durante un bombardeo de los Aliados, sufrió una apoplejía que le causó una parálisis parcial y la ceguera. Aun así, no recibió misericordia alguna de los nazis, quienes, sabiendo que había sido uno de los cabecillas de la conspiración, hicieron todo lo que pudieron para sacarle información. Sus padecimientos fueron tales que persuadió a su esposa Christine para que introdujera un bacilo de difteria en la prisión. Si conseguía infectarse, no podría ser interrogado.

En una carta a Maria, Bonhoeffer le había escrito:

Stifter dijo en una ocasión: «El dolor es un ángel santo que muestra unos tesoros a los hombres que, de otro modo, permanecerían escondidos para siempre; a través de él los hombres han llegado a ser más grandes que mediante todos los gozos del mundo». Así debe ser y así me lo digo una y otra vez, en mi posición actual: el dolor del anhelo que, con frecuencia, se puede llegar a sentir físicamente debe estar ahí, y no hablamos ni necesitamos hacerlo para que se vaya. Sin embargo, hemos de vencerlo cada vez y, así, existe un ángel incluso más santo que el del dolor y que es el del gozo en Dios.[32]

Pero Bonhoeffer ya no podía escribir más a Maria. Ella hizo la caminata en numerosas ocasiones, esperando obtener permiso para visitarle. Cada una de las veces se lo denegaron. Por duras que fueran las condiciones, pudieron haber sido peores. Himmler y las SS sabían que la guerra estaba perdiendo fuelle y no a favor de Alemania, de modo que estaban sacando «palpadores de paz» y sabían que podían utilizar a aquellos prisioneros como moneda de cambio. Permitieron, pues, a Bonhoeffer que le escribiera a Maria en Navidad.

19 de diciembre de 1944
Mi queridísima Maria:
Me siento tan feliz de poder escribirte una carta de Navidad y, a través de ti, transmitir mi amor a mis padres, mis hermanos y mis hermanas, y darles a todos las gracias. Nuestros hogares estarán muy tranquilos en esta fecha. Sin embargo, he descubierto a menudo que, cuanto más silencioso es mi entorno mayor es la fuerza con la que siento mi conexión con todos ustedes. Es como si, en la soledad, el alma desarrollara órganos de los cuales apenas somos conscientes en la vida diaria. Por tanto, no me he sentido solo o triste ni por un instante. Tú misma, mis padres —todos ustedes, incluidos mis amigos y estudiantes en el servicio activo— son mis compañeros constantes. Sus oraciones y amables pensamientos, pasajes de la Biblia, conversaciones por largo tiempo olvidadas, piezas de música, libros— todo ello cobra una vida y una realidad como nunca antes. Vivo en una gran esfera invisible de cuya existencia verdadera no tengo la menor duda. La vieja canción de niños sobre los ángeles dice: «Dos me cubren, dos me despiertan» y, hoy, ya crecidos, nuestra necesidad de que los bondadosos poderes invisibles nos preserven día y noche no es menor que la de los niños. No debes, pues, pensar que soy infeliz. De todos modos, ¿qué significa felicidad o infelicidad? ¡Dependen tan poco de las circunstancias y tanto de lo que ocurre en el interior de nosotros! Me siento agradecido cada día por tenerte —y a ti y a todos ustedes— y esto me produce felicidad y alegría.

En lo superficial, existen pocas diferencias entre esto y Tegel. La rutina diaria es idéntica, la comida del mediodía es considerablemente mejor, el desayuno y la cena un tanto más frugal. Gracias por todas las cosas que me han traído. Me tratan bien y según lo reglamentario. Este lugar está bien climatizado. Lo único que no tengo es movilidad; por tanto, hago ejercicios y camino de un lado a otro en mi celda con la ventana abierta ... ¡Me alegro de que me permitan fumar! Gracias por pensar en mí y hacer todo lo que puedes por mí. Desde mi punto de vista, saber esto es lo más importante de todo.

Llevamos dos años esperándonos el uno al otro, mi querida Maria. ¡No te desanimes! Me alegro de que estés con mis padres. Transmite todo mi cariño a nuestra madre y a toda la familia. Te adjunto unos cuantos versos que se me ocurrieron estas últimas noches. Son mi felicitación de Navidad para ti, mis padres, mis hermanos y mis hermanas ... Con todo mi amor y mi gratitud a ti, mis padres, mis hermanos y mis hermanas.

Un abrazo.
Tuyo, Dietrich[33]

El poema siguiente —que Bonhoeffer adjuntó a esta carta— se ha hecho famoso en toda Alemania y está incluido en muchos libros de texto escolares. Asimismo, se canta en las iglesias como himno.

LOS PODERES DEL BIEN

Rodeados fiel y silenciosamente por poderes del bien,
Misteriosamente protegidos y consolados,
Así hemos de vivir juntos estos días
Caminando unidos hacia un nuevo tiempo.
Todavía quiere el pasado atormentar nuestros corazones,
Aún nos oprime la pesada carga de días malos,
Señor, da a nuestras almas angustiadas
Aquella salvación, para la cual nos has preparado.
Y si nos ofreces el cáliz pesado y amargo
Del sufrimiento, lleno hasta el borde,
Lo tomaremos agradecidos y sin temblar
De tus manos buenas y amadas.
Y cuando nos regales de nuevo la alegría
Por este mundo y su brillante sol,
Entonces mantendremos la memoria del pasado
Y nuestra vida te pertenecerá en plenitud.
Deja que nos iluminen cálida y silenciosamente
Las velas que tú has encendido en medio de nuestra noche,
Reúnenos, si es posible, nuevamente a todos,
Porque lo sabemos: Tu luz ilumina la oscuridad.
Y cuando la paz nos cobije profundamente,
Permítenos percibir los sonidos de inmensidad y plenitud
De aquel mundo, que se expande invisible alrededor nuestro:
El canto de alabanza de todas las criaturas de tu creación.

Protegidos misteriosamente por poderes del bien,
Esperamos confiados lo que ha de venir,
Dios está junto a nosotros en la noche y en el alba
Y con toda seguridad en cada nuevo día.[34,*]

Desde ese momento en adelante, la información sobre Bonhoeffer se vuelve escasa. La mayor parte de lo que sabemos sobre él durante este periodo de cuatro meses nos llega a través de Schlabrendorff. Su relato, del libro *I Knew Dietrich Bonhoeffer*, es el siguiente:

Debo admitir que me alarmé en gran manera cuando vi a Dietrich Bonhoeffer. Pero cuando vi su recta figura y su imperturbable mirada, me sentí reconfortado y supe que me había reconocido sin perder la compostura ... A la mañana siguiente, pude cruzar una palabra con él en el baño colectivo, aunque las normas eran que los prisioneros tenían prohibido hablar entre ellos, y esto se vigilaba estrictamente. Nos conocíamos desde algún tiempo antes del inicio de la guerra y nuestra relación se había estrechado desde su compromiso con mi prima Maria von Wedemeyer. Enseguida me informó que estaba decidido a resistir frente a todos los esfuerzos de la Gestapo y a no revelar nada de lo que el destino de nuestros amigos convertía en nuestro deber mantener oculto. Unos días después le trasladaron de la celda 19 a la 24. Este cambio nos convirtió en vecinos y nos proporcionó la oportunidad de comunicarnos y mantener breves conversaciones cada día. Por la mañana nos apresurábamos y entrábamos juntos a uno de los huecos del baño donde podíamos ducharnos, y nos abandonábamos con avidez a esta oportunidad, aunque el agua estaba fría, ya que era la manera de escapar de la supervisión de nuestros guardianes y tener un breve intercambio de pensamientos. Esto se repetía por las noches y la puerta de nuestras celdas permanecía abierta hasta que todos los prisioneros de nuestro corredor habían regresado. Aprovechábamos ese tiempo para hablar con ansias a través de las bisagras de la puerta que nos separaba. Finalmente, nos veíamos el uno al otro durante los avisos de ataques aéreos que tenían lugar cada día y noche, y donde sacábamos partido a cada oportunidad de informarnos mutuamente de

---

* Traducción: Pastor Dr. Arturo Blatezky

nuestros pensamientos y experiencias. Solo quien ha estado en estricto confinamiento solitario durante un largo periodo de tiempo puede entender lo que significaba para nosotros esta oportunidad de hablar con alguien durante aquellos largos meses. Dietrich Bonhoeffer me contó sus interrogatorios ... Su noble y pura alma debió de haber sufrido profundamente. Pero no dejó ver ninguna señal de ello. Siempre estaba de buen humor y hacía gala de la misma bondad y cortesía hacia todo el mundo, de tal manera que, para mi sorpresa, en poco tiempo se había ganado a sus guardianes, que no siempre tenían una buena disposición. Para nuestra relación, era relevante que él fuera el que tenía esperanza, mientras que yo, entonces como ahora, sufría de depresiones. Siempre me alegraba y me consolaba; jamás se cansó de repetir que la única lucha que se pierde es aquella en la que se tira la toalla. Me pasó numerosas notas en mano en las que había escrito palabras bíblicas de consuelo y esperanza. También consideraba su propia situación con optimismo. Me repetía una y otra vez que la Gestapo no tenía ni idea de sus verdaderas actividades. Había sido capaz de trivializar su relación con Goerdeler. Su conexión con Perels, el justicia mayor de la Iglesia Confesante, no tenía la suficiente importancia para servir de acusación. En cuanto a sus viajes al extranjero y sus entrevistas con dignatarios de la Iglesia de Inglaterra, la Gestapo no entendía su propósito y su fin. Si las investigaciones debían seguir al ritmo de entonces, podrían transcurrir años antes de que llegaran a una conclusión. Estaba lleno de esperanza, e incluso hacía conjeturas de que podría obtener su libertad sin un juicio, si alguna persona influyente tenía la valentía de interceder a su favor con la Gestapo. Asimismo, pensaba que había interpretado un buen papel con respecto a su relación con su cuñado, el *Reichsgerichtsrat* von Dohnanyi, plausible ante sus interlocutores, para que no supusiera un importante cargo contra él. Cuando este fue llevado también a la prisión de la Prinz-Albrecht-Strasse, Dietrich incluso se las arregló para estar en contacto con él. Cuando volvíamos de nuestro refugio de cemento, después de un aviso de ataque aéreo, su cuñado se tumbaba en una camilla en su celda, con ambas piernas paralizadas. Con una rapidez de la que nadie le habría creído capaz, Dietrich Bonhoeffer se precipitaba al interior de la celda abierta donde estaba su cuñado. Parecía un milagro que ninguno de los guardias le viera. Pero Dietrich también tuvo éxito en la parte más difícil de su incursión, al salir de allí sin que nadie se diera cuenta y alineándose en la columna de prisioneros que guardaban fila a lo largo del corredor. Aquella misma noche me comunicó que había llegado a un acuerdo con Dohnanyi sobre todos los puntos fundamentales de su próximo testimonio. Tan solo una vez pensó que las cosas habían dado un giro a peor, porque le habían amenazado con arrestar a su prometida, a sus ancianos padres y a sus hermanos a menos que sus declaraciones fueran más comprensibles. Luego decidió que había llegado el momento de declarar francamente que era un enemigo del nacionalsocialismo. Según afirmó, su actitud estaba arraigada en sus convicciones cristianas. En sus conversaciones conmigo se ceñía a su opinión de que no podían presentar ninguna prueba que justificara el cargo de alta traición.

Como vecinos de celda, también compartimos gozo y alegría en nuestra vida personal y humana. Nuestras pocas pertenencias y lo que se nos permitía aceptar de nuestros familiares y amigos se intercambiaban según nuestras necesidades. Con ojos brillantes me habló de las cartas de su prometida y sus padres, cuyo amor sentía cerca de él incluso en la prisión de la Gestapo. Cada miércoles recibía su paquete de la lavandería, que también contenía puros, manzanas o pan y que nunca omitía compartir conmigo aquella misma noche, cuando no nos vigilaban. Le deleitaba que, hasta en la prisión, uno fuera capaz de ayudar a su prójimo y dejarle compartir lo que tenía.

La mañana del 3 de febrero de 1945, un ataque aéreo convirtió la ciudad de Berlín en un montón de escombros; los edificios del cuartel general de la Gestapo también se incendiaron. Nos encontrábamos de pie, estrechamente apretujados en nuestro refugio antiaéreo, cuando una bomba lo alcanzó con una enorme explosión. Durante un segundo pareció como si el refugio reventara y el techo se desplomara sobre nosotros. Me mecí como un barco que da bandazos en la tormenta, pero aguantó. En ese momento, Dietrich Bonhoeffer demostró su entereza. Permaneció bastante tranquilo, sin mover ni un solo músculo, quedándose inmóvil y relajado como si nada hubiese sucedido.

El 7 de febrero de 1945 por la mañana, hablé con él por última vez. Ese mismo día, hacia las doce, anunciaron el número de su celda entre otros. Dividieron a los prisioneros en dos grupos. Bonhoeffer fue trasladado a Buchenwald, el campo de concentración cerca de Weimar.[35]

«¡El canalla ha muerto!»

Los primeros días[36] de febrero de 1945 estuvieron, cuando menos, repletos de acontecimientos. La guerra iba perdiendo potencia, pero la cruel injusticia del régimen de Hitler continuó no obstante. El 2 de febrero, el tristemente célebre Roland Freisler, del tribunal popular, sentenció a Klaus Bonhoeffer y Rüdiger Schleicher a muerte. El día 3, Schlabrendorff estaba a punto de ser condenado también, pero coincidió que la Octava Fuerza Aérea Estadounidense desató mil bombarderos B-17 Flying Fortress sobre Berlín. En un breve espacio de tiempo lanzaron tres mil *toneladas* de bombas. «Durante dos horas —escribió Bethge— un escuadrón tras otro volaron sobre Berlín, surcando el claro cielo azul invernal, transformando la zona este del zoo en un desierto de humo y cenizas». Las bombas estadounidenses alcanzaron la prisión de la Gestapo donde Bonhoeffer estaba retenido. Los daños fueron tan graves que él y la mayoría del resto de prisioneros tendrían que ser trasladados.

El tribunal popular también quedó muy afectado. Freisler estaba preparándose para sentenciar a Schlabrendorff cuando cayeron las bombas. En uno de aquellos momentos, para el cual pareció haberse inventado la palabra *Schadenfreude* [alegría por el mal ajeno], al más que malvado Freisler le cayó una viga del techo encima. El fuerte golpe en el cráneo le despachó de inmediato a otro tribunal de justicia con el que parecía estar menos familiarizado. Como resultado de la aparición no programada de Freisler en ese otro tribunal, la salida de Schlabendroff de este mundo se retrasó durante décadas.* Pero las cosas aún fueron más extrañas aquel día.

A medida que las bombas estadounidenses llovían sobre el tribunal popular, el hermano de Rüdiger Schleicher, el doctor Rolf Schleicher, se encontraba en la estación del metro de Berlín. Era directivo médico en Stuttgart y había venido a Berlín para apelar la sentencia de muerte a la que Freisler había condenado a su hermano. Pero no se permitió a nadie abandonar la seguridad de la estación hasta que cesó el bombardeo. Cuando se le permitió salir a la superficie, el doctor Schleicher pasó de largo por el tribunal popular en el que Freisler había sentenciado a su hermano el día anterior. Vio que había quedado sumamente dañado y que ardía. Alguien se percató de su uniforme de médico y le indicó que se apresurara a entrar en el patio para ayudar a uno de los heridos. Era una persona importante que necesitaba atención. El doctor Schleicher se acercó al hombre y vio que no podía hacer nada, ya que estaba muerto. Pudo comprobar con asombro que se trataba de Roland Freisler, cuya penetrante voz se había burlado de su hermano Rüdiger un día antes, antes de regodearse pronunciando la sentencia de muerte.

Se le apremió para que escribiera el certificado de muerte, pero se negó a hacerlo hasta poder ver al ministro de Justicia, Otto Thierack, que se sintió

---

* Schlabrendorff vivió hasta 1980.

«bastante desconcertado» por la inquietante oportunidad de la «coincidencia». Le dijo que la ejecución de su hermano Rüdiger sería aplazada hasta que se presentara una «petición de clemencia». Cuando el doctor Schleicher llegó a casa de su hermano en Marienburgerallee más tarde ese mismo día, pudo pronunciar las palabras triunfantes: «¡El canalla ha muerto!».

Bonhoeffer abandona Berlín

En las primeras horas de la tarde del 7 de febrero, Bonhoeffer y varios de los prisioneros más destacados fueron sacados de sus celdas y se les hizo esperar junto a dos camionetas que les conducirían a los campos de concentración de Buchenwald y Flossenbürg. Eran veinte hombres en total, todos ellos figuras principales de la conspiración. Difícilmente se podría imaginar una selección más sensacional de personajes.

Entre ellos se encontraba el excanciller de Austria, Dr. Kurt von Schluschnigg, cuyo trato a manos de la Gestapo fue una de las marcas más negras en las páginas del Tercer Reich. También estaba allí el doctor Hjalmar Schacht, exjefe de la *Reichsbank*, que posibilitó el ascenso de Hitler al poder y, más tarde, luchó en vano contra el monstruo que él mismo había ayudado a crear. Schacht había hablado en contra del trato a los judíos con anterioridad y formaba parte del complot de 1938. Como otros tantos, fue arrestado tras el fallido plan de Stauffenberg. El almirante Canaris, el general Oster y el juez Sack se encontraban igualmente allí. Bonhoeffer se uniría a estos tres en Flossenbürg tres meses después. Los generales Halder y Thomas, y el colega de Oster, Theodor Strünck, formaban parte del grupo. Todos estos entrarían en la camioneta que se dirigía a Flossenbürg.

De pie, frente al segundo vehículo, había un segundo grupo. Incluía al general von Falkenhausen, que había sido gobernador de Bélgica durante la ocupación alemana en la Primera Guerra Mundial; el comandante Franz Liedig, el capitán de corbeta que había trabajado bajo las órdenes de Canaris; Ludwig Gehre, que también había sido oficial de la Abwehr bajo el mando de Canaris; Gottfried, conde de Bismarck, nieto de Otto von Bismarck; y el conde Werner von Alvensleben, de casi setenta años, que en 1934 se había negado a hacer el infame juramento de lealtad a Hitler y que había sido persona no grata desde entonces para los nazis. El doctor Hermann Pünder también estaba allí; era un político católico que había sido Secretario de Estado justo antes de Hitler. Y el doctor Joseph Müller. Este había sido cruelmente maltratado por la Gestapo durante años, pero no les dio la información que con tanta violencia buscaban. Payne Best describió a Müller como «uno de los hombres más valientes y decididos que se pudiera imaginar».

Y allí estaba Dietrich Bonhoeffer, que acababa de celebrar su treinta y nueve cumpleaños en una celda de la Gestapo y que ahora veía la luz del día por primera vez en cuatro meses. La mayoría de ellos habían tardado mucho más. Dondequiera que los condujeran, estar al aire libre en aquella extraordinaria compañía levantó el ánimo de todos ellos. Estaba claro que la guerra llegaba a su fin y que Hitler estaba acabado. Que cualquiera de ellos viviera para verlo era otra historia.

Cuando llegó la hora[37] de subir a la camioneta, Bonhoeffer y Müller fueron esposados. Dietrich protestó en vano. Müller, que había sufrido mil veces más, dirigió una palabra de aliento a su amigo y hermano en la fe. «Vayamos a la horca con calma, como cristianos», exhortó. Bonhoeffer era un embajador en cadenas. Ahora realizaría un largo viaje de trescientos kilómetros hacia el sur, hasta Buchenwald.

CAPÍTULO 30

BUCHENWALD

*Su alma brillaba realmente en la oscura desesperación de nuestra prisión...
[Bonhoeffer] siempre había temido no ser lo bastante fuerte para soportar
una prueba como aquella, pero ahora sabía que no había nada en la vida de
lo que uno debiera tener miedo.*

—PAYNE BEST EN UNA CARTA A SABINE

Buchenwald era uno de los centros de exterminio nazi.* Sin embargo, no era un mero lugar donde la gente moría, sino que allí se celebraba la muerte y se la adoraba. Así como en la comunidad Bodelschwingh de Bethel había sido una encarnación del evangelio de vida, donde se cuidaba y se amaba al débil, Buchenwald y sus equivalentes por todo el Tercer Reich eran la manifestación de la cosmovisión satánica de las SS, donde se predaba sobre la debilidad y se la aplastaba. A veces se asesinaba a los seres humanos por su piel, que se utilizaba para fabricar *souvenirs* como carteras y fundas de cuchillo para los miembros de las SS. Se reducía la cabeza de algunos prisioneros para convertirlas en regalos. A través de Dohnanyi, Bonhoeffer había tenido noticia de estas prácticas abominables, pero muy pocos alemanes estaban al tanto de ellas en aquella época. Cuando Emmi Bonhoeffer contó valientemente a sus vecinos que en algunos campos se utilizaba la grasa humana para elaborar jabón, se negaron a creerla, convencidos de que tales historias eran propaganda antialemana.

---

* Buchenwald significa «bosque de hayas». Aunque no era un campo de exterminio *per se*, 56,545 personas fueron aniquiladas allí, mediante trabajos forzados, fusilamientos, ahorcamientos o experimentos médicos, antes de que los Aliados los liberaran en abril de 1945.

Bonhoeffer pasó siete semanas en Buchenwald. No se encontraba en el complejo principal, sino justo en la parte externa, en el frío sótano carcelario de un edificio amarillo estilo casa de vecindad construido para albergar al personal del campo. Constaba de cinco o seis plantas y su frío y húmedo sótano se había utilizado con anterioridad como prisión militar para las SS. Ahora alojaría a unos presos más ilustres, diecisiete en total, distribuidos en doce celdas.*

El elenco de Buchenwald

No disponemos de cartas de Bonhoeffer durante ese periodo, pero uno de los hombres que conoció en Buchenwald, el oficial de inteligencia británica capitán S. Payne Best, escribió un relato sobre sus años de cautiverio en Alemania, titulado *The Venlo Incident*. Este libro nos proporciona la información sobre sus dos últimos meses. Best llegó a Buchenwald el 24 de febrero, junto con otros tres prisioneros. Uno era otro oficial británico, Hugh Falconer; el segundo, Vassily Kokorin, era oficial de las fuerzas aéreas soviéticas y sobrino de Molotov, el protegido de Stalin; el tercero, el general Friedrich von Rabenau fue quien compartió la pequeña celda de Bonhoeffer.

Rabenau, de sesenta años, era cristiano y su fe le había llevado a oponerse a Hitler desde el principio. En 1937 se encontraba entre los firmantes de la «Declaración de noventa y seis iglesias evangélicas en contra de la teología de Alfred Rosenberg», la cual denunciaba y refutaba la filosofía anticristiana y pronazi de Rosenberg. En 1942 fue obligado al retiro anticipado y pasó dos años trabajando para conseguir su doctorado en teología por la Universidad de Berlín, como había hecho Bonhoeffer. Asimismo, fue activo en la resistencia, sirviendo de enlace entre Beck y Goerdeler, y autor de la extensa y muy considerada biografía del líder militar alemán Hans von Seeckt, que Bonhoeffer había leído. A través de Pünder, que compartía la pequeña celda junto a la de ellos, sabemos que Rabenau siguió trabajando en su autobiografía en Buchenwald. Parece muy probable que Bonhoeffer también escribiera, aunque no se conservó nada de entonces. Pünder también narra que Rabenau y Bonhoeffer pasaban horas debatiendo sobre teología y que él disfrutaba

---

* Las celdas 1, 2, 3, 4, 6, 7 y 8 —todas en un mismo lado del sótano— eran muy pequeñas. La celda 5, también en ese lateral, era casi el doble de grande que las demás. En el lado opuesto se encontraban las 9, 10, 11 y 12, también de un tamaño mayor que las pequeñas. Entre ambas filas de celdas había dos muros de ladrillo con una abertura entre ellos, de modo que cada una de las dos hileras de calabozos daba a un corredor. Un pasillo situado entre ambas conducía a la entrada del sótano.

escuchando sus discusiones. Rabenau y Bonhoeffer también jugaban al ajedrez con un tablero que le había dado Payne Best al primero.

Best era una de las principales figuras de la debacle de 1940 que se llegó a conocer como el Incidente Venlo, del que tomó el título para su libro. Aunque este libro no es una obra de ficción, Best se retrata a sí mismo en parte como el coronel Nicholson de *Puente sobre el río Kwai*, como Terry Thomas y como el barón von Munchausen. No dejaba de impresionar lo grandioso de Best, pero también podía reírse de sí mismo. En su libro se describía a partir de los recuerdos de otra persona:

> Debemos mencionar al señor Best como alguien especialmente reseñable. Este hombre del servicio secreto, «robado» a Holanda en 1940, era en verdad un ejemplo del famoso personaje de la caricatura internacional del inglés: sumamente alto, enjuto y casi un poco encorvado por lo flaco, con las mejillas hundidas, dientes prominentes, un monóculo, pantalones de franela, una chaqueta a cuadros... y un cigarrillo. Una solícita y continua sonrisa dejaba al descubierto sus grandes dientes postizos de caballo y exhibía esa discreción fidedigna que engendra la confianza más profunda.[1]

A continuación, Best comentaba su descripción: «Incluidos sus comentarios sobre mis dientes, acepto y de hecho me siento halagado por la imagen verbal que hace de mí, sobre todo porque los dientes no eran míos, sino una elaboración del dentista de Sachsenhausen que, posiblemente, utilizó su arte para asemejar mi apariencia a su idea de un inglés».[2]

Puede resultar extraño observar los últimos días de Bonhoeffer a través del monóculo de la personalidad del capitán Best. Sin embargo, su infatigable buen humor alumbra a veces el lúgubre espectáculo. En su defensa diremos que los seis años pasados en el campo de concentración de Sachsenhausen agudizaron, probablemente, su inclinación por el humor negro.

En aquel sótano[3] se encontraban también el exembajador alemán en España, Dr. Erich Heberlein, y su esposa, Margot. Best los describe de este modo: «De los Heberlein, la yegua gris era sin duda el mejor caballo. Una mezcla de sangre irlandesa y española no puede sino producir algo intenso y fuera de lo común...; ella era para sus captores un problema tan grande como los dos prisioneros británicos, que es mucho decir. ¿Su marido? Un hombre encantador, un diplomático de la vieja escuela con modales impecables y una asimilación sin par de su clase».

Según Best,[4] el capitán Gehre, compañero de celda de Müller, era un «hombre enjuto y moreno, de buen parecer y de unos treinta años». En realidad tenía cincuenta. Tras la debacle de Stauffenberg, la Gestapo le dio caza. Su esposa y él decidieron escapar mediante el suicidio. Él la mató de un disparo y, a continuación, volvió la pistola hacia sí, pero no consiguió más que perder un ojo de un balazo. La Gestapo lo atrapó, lo torturó y lo interrogó. Moriría con Bonhoeffer, Canaris, Oster y Sack, el 9 de abril en Flossenbürg.

El conde von Alvensleben estaba en la celda número cuatro, con el coronel von Petersdorff. Este había sido herido seis veces en la Primera Guerra Mundial y Best lo describe como «un tipo salvaje y aventurero» que se había opuesto a Hitler desde el principio. El 3 de febrero se hallaba en la cárcel de Lehrterstrasse cuando las bombas estadounidenses lo enterraron en su celda. Sus pulmones y riñones quedaron afectados, pero no recibió tratamiento alguno y ahora estaba bastante enfermo. Su compañero de calabozo, Alvensleben, era el ejemplo típico de los muchos arrestados tras el complot del 20 de julio. Su único delito había sido tener buena relación con algunos de los conspiradores. Los detenidos por este mismo crimen eran miles. Cualquiera que tuviera lazos de sangre con los arrestados era culpable de *Sippenhaft* (responsabilidad por parentesco), cargo por el cual detenían y castigaban a los familiares: esposas, padres y también los hijos. Separaban a los niños pequeños de sus padres, que no los volvían a ver nunca más.

Otro de los diecisiete[5] presos era el doctor Hoepner, hermano del general Erich Hoepner, figura central del complot del 20 de julio. Fue de los primeros que ahorcaron en Plötzensee, en un horrendo espectáculo que Hitler hizo filmar para su sádico disfrute. Best describió a este hermano como «el único hombre que conocí durante mi encarcelamiento que fuera un pobre cobarde». Su celda estaba al lado de la de Best, que tuvo terribles discusiones con los guardias. Best se había convertido en un experto en la forma de tratar a los vigilantes de los campos de concentración, ya que por entonces llevaba seis años en su compañía y parecía sentir gran orgullo por no ceder ni un ápice ante ellos. Sin embargo, cuando Hoepner oyó las disputas, entró «en tal estado de nervios que se desplomó sobre el suelo de la celda». Los médicos tuvieron que atenderle dos veces a causa de aquellos episodios nerviosos.

En justicia hemos de decir que fue una situación brutal para Hoepner.[6] Hasta el por demás valiente Best lo pensaba: «Ha sido un mes infernal que ha sacado más de mí que todo mi encarcelamiento anterior. Dudo mucho que algún día vuelva a casa. Lo más probable es que me liquiden de un balazo si nuestras tropas se acercan demasiado. La única esperanza real es destruirlos y no veo razón alguna para que tengan piedad de los que estamos en su poder, en absoluto».

El general von Falkenhausen ocupaba la celda número cinco,[7] una de las más grandes. Best opinaba: «Es uno de los mejores hombres que he conocido jamás». Le condecoraron en la Primera Guerra Mundial *Pour le mérite.** Según Schuschnigg, Falkenhausen vestía ahora su uniforme completo «con un forro rojo brillante». *Pour le mérite* colgaba de su cuello. En el calabozo siguiente se alojaba el jefe de escuadrón británico Hugh Falconer y, junto a él, Kokorin. Müller y Gehre ocupaban la número ocho. Los dos últimos internos de esta pequeña prisión, y Bonhoeffer, eran bastante distintos a los demás. A la primera solo la conocemos como «Heidl». Isa Vermehren la describió como: «Una mujer joven, indefinible y de lo más desagradable de la que nadie consiguió descubrir su verdadero nombre, nacionalidad o lengua. Fue detenida por espía y la única duda consistía en si solo había trabajado para la Gestapo o si había sido lo suficientemente inteligente para ejercer su noble profesión en los intereses de ambos lados a la vez».

Best la retrató[8] como «una muchacha de pequeña estatura, rubia, rechoncha, de veintipocos años que, de no ser por su tamaño podría haber posado como modelo para una Germania juvenil», pero que «siempre fue uno de nuestros problemas». Vivía en el burdel de Sachsenhausen y «había adquirido mucho del lenguaje y los modales de sus anfitrionas». Kokorin fue arrestado con ella, pero, en ese sentido, estaba solo.

El más extraño de todos los que compartieron los dos últimos meses de la vida de Bonhoeffer eran, con diferencia, los doctores Waldemar Hoven y Sigmund Rascher, dos de los personajes más malvados del Tercer Reich. Cuando Dietrich llegó, Hoven era un prisionero; sin embargo, tres semanas después, la carencia de médicos hizo que recobrara la libertad. Como médico principal de Buchenwald, había supervisado la matanza de muchos internos, algunos enfermos y otros sanos. Asimismo, contaba con la distinción de ser el amante de la infamemente cruel Ilse Koch, comandante femenina del campo. Un testigo de los juicios de Núremberg, un interno de Buchenwald que había trabajado con Hoven, declaró:

En una ocasión, el doctor Hoven y yo nos encontrábamos junto a la ventana de la sección de patología y me señaló a un preso desconocido para mí, que cruzaba el lugar donde se guardaban las listas. El doctor me dijo: «Mañana por la noche quiero ver la calavera de este prisionero sobre mi escritorio». Se le ordenó al prisionero que se presentara en la sección médica después de que el médico anotara su número de identificación. El cadáver se entregó aquel mismo día a la sala de disecciones. El examen post mórtem

---

* Máxima condecoración alemana al valor.

demostraba que había muerto mediante inyecciones. Se preparó la calavera según las órdenes y se le entregó al doctor Hoven.[9]

Rascher, de treinta y seis años,[10] ocupó el lugar de Hoven alrededor del 28 de febrero. Best se lo encontró una mañana en el baño; era «un hombre pequeño con un bigote anaranjado; un tipo raro, quizás el personaje más extraño que se haya cruzado en mi camino». Rascher le comentó a Best que había «planeado y supervisado la construcción de las cámaras de gas y era responsable de la utilización de prisioneros como conejillos de Indias para la investigación médica». Best afirmó:

Obviamente, él no veía nada de malo en esto, y lo consideraba un asunto de conveniencia. En cuanto a las cámaras de gas, explicó que Himmler, un hombre de buen corazón, se sentía ansioso por que los prisioneros fuesen exterminados de una manera que les causara una agonía y un sufrimiento menores, y ese problema mayor había conducido a diseñar una cámara de muerte tan camuflada que no traicionara su propósito y que regulara el flujo del gas letal para que los pacientes se durmieran sin saber que jamás volverían a despertar. Lamentablemente —siguió contando Rascher—, nunca consiguieron resolver del todo el problema causado por la distinta resistencia de la gente a los efectos de los gases venenosos, y siempre había unos cuantos que vivían más tiempo que los demás y reconocían dónde se hallaban y lo que estaba sucediendo. Según él, la principal dificultad radicaba en que el número de personas que debían ser exterminadas era tan enorme que resultaba imposible evitar que las cámaras se llenaran en demasía, impidiendo así todo intento de asegurar un índice de mortalidad regular y simultáneo.[11]

La razón del encarcelamiento de Rascher no estaba nada clara. Había formado parte del personal privado de Himmler y era el «oficial médico» de Dachau. Sus principales aportaciones a la infamia son sus «experimentos» en seres humanos. Comenzaron cuando se dieron cuenta de que nadie sabía lo que ocurría cuando los aviadores se veían sometidos a grandes altitudes. Escribió a Himmler para hacerle una propuesta:

¡Estimado *Reichsführer!*
Mi más sincero agradecimiento por sus cordiales deseos y las flores con motivo del nacimiento de mi segundo hijo. De nuevo, un fuerte varón, aunque ha llegado con tres semanas de antelación. Me permitiré enviarle una fotografía de ambos niños en el momento oportuno.

Por el momento me han destinado al *Luftgaukommando VII* de Múnich para un curso médico. Durante este, donde las investigaciones en los vuelos de gran altitud juegan un papel relevante (determinado por el techo un tanto más alto de los cazas ingleses), se ha lamentado no contar hasta la fecha con la posibilidad de realizar pruebas con material humano. Dichos experimentos son muy peligrosos y nadie se presenta voluntario para ello. Por tanto, le formulo esta *seria* pregunta: ¿podía usted proporcionar dos o tres criminales profesionales para estos ensayos?...

Estas experimentaciones que, por supuesto, pueden provocar la muerte de los sujetos, se llevarían a cabo con mi colaboración. Son fundamentales para las investigaciones de los vuelos a gran altitud y no se pueden realizar, como se ha intentado, con monos, que ofrecen unas condiciones enteramente distintas a estas pruebas. He mantenido una conversación sumamente confidencial con un representante del cirujano de las fuerzas aéreas que efectúa dichos experimentos. También él es de la opinión que esta cuestión solo se podría resolver mediante la experimentación en humanos (los deficientes mentales también se pueden utilizar como material de prueba).

Espero sinceramente, mi altamente estimado *Reichsführer*, que, a pesar de la inmensa carga de trabajo que lleva a sus espaldas, disfrute de la mejor salud.

Con mis cordiales deseos, *Heil Hitler*, su agradecido y leal

Sigmund Rascher[12]

Se le concedió «gustosamente» el permiso. Un interno austríaco describió uno de los experimentos:

A través de la ventana de observación de la cámara de descompresión he visto personalmente a un prisionero en su interior teniendo que soportar un aspirador hasta que sus pulmones reventaban ... Se volvían locos y se tiraban del cabello intentando aliviar la presión. Se desgarraban la cabeza y la cara con los dedos y las uñas, ansiando mutilarse a sí mismos en su locura. Golpeaban las paredes con las manos y la cabeza, y gritaban para poder aminorar la presión de sus tímpanos. Estos casos acababan, por lo general, con la muerte del individuo.[13]

Unos doscientos internos fueron sometidos a estos horrores antes de que concluyeran los «experimentos». Cerca de la mitad murieron, y los que sobrevivieron no tardaron en ser asesinados, aparentemente para impedir que testificaran sobre lo que habían experimentado. Rascher recibió altos elogios por la información que descubrió, y enseguida tuvo una nueva idea. ¿Y qué de las temperaturas extremadamente bajas a las que se sometían los aviadores? Un relato de los juicios de Núremberg cuenta la historia siguiente:

> Se colocó a un prisionero desnudo, sobre una camilla, fuera de las barracas, por la noche. Se le cubrió con una sábana y, cada hora, se vertía sobre él un cubo de agua. Esta persona yacía de esa guisa, al aire libre, hasta por la mañana. Se anotaban las temperaturas. Más tarde, el doctor Rascher decidió que era un error cubrir al individuo con una sábana y empaparle de agua ... En el futuro no se utilizaría la sábana.[14]

Rascher esperaba usar[15] Auschwitz en lugar de Dachau para estos experimentos, ya que hacía más frío y el mayor «tamaño de los terrenos causaba menos agitación en el campo. (Las personas utilizadas para el experimento gritaban al congelarse)». Rascher se vio obligado a hacerlo en Dachau. Le escribió a Himmler: «Gracias a Dios que hemos vuelto a tener otra intensa ola de frío en Dachau. Algunos permanecieron fuera, al aire libre, durante catorce horas a seis grados bajo cero, y alcanzaron una temperatura interna de veinticinco grados, y una congelación periférica».

Otro método consistía[16] en meter a las «personas de prueba» en tanques de agua helada. En los juicios de Núremberg, un prisionero de Dachau que tuvo la desgracia de servirle de ordenanza a Rascher dijo que se tomaba con regularidad la temperatura, los latidos del corazón y la respiración de las víctimas mientras se congelaban hasta morir. Al principio, Rascher no permitió la anestesia; sin embargo, «las personas de prueba hacían tanto ruido que era imposible» seguir sin ella.

Cuando algunos médicos de la Luftwaffe se enteraron de tales experimentos, objetaron por motivos religiosos. Himmler se sintió indignado por sus protestas. Decidió pasarlas por alto trasladando a Rascher a las SS, donde los reparos cristianos no suponían un problema. Esta es su carta al mariscal de campo de la Luftwaffe, Erhard Milch:*

---

* El padre de Milch era judío. Cuando surgieron dichos rumores en 1935, la Gestapo lanzó una investigación e hizo que Göring interviniera y se ocupara de que tuviera una coartada adecuada (su madre fue obligada a testificar en falso que el padre judío de Milch no era en realidad su progenitor y que era hijo de su tío ario). Asimismo, se le entregó un *Deutschblütigkeitserklärung* (certificado de sangre alemana). Göring se sintió ofendido por las acciones de la Gestapo y fue en esa época cuando pronunció su célebre afirmación: «Wer Jude ist, bestimme ich!» («¡Yo decido quién es judío!»).

Querido camarada Milch:

Recordarás que, mediante el general Wolff te recomendé de forma particular que consideraras el trabajo de un cierto Führer de las SS, el doctor Rascher, un médico de la *Luftwaffe* de licencia. Podemos llevar a cabo, con gran eficiencia, estas investigaciones que tratan el comportamiento del organismo humano a grandes alturas, así como las manifestaciones causadas por el enfriamiento prolongado del cuerpo dentro del agua fría, y problemas similares de vital importancia para las fuerzas aéreas sobre todo. La razón es que yo mismo asumo la responsabilidad de proporcionar individuos insociables y criminales que solo merecen morir en los campos de concentración para estos experimentos.*

Por desgracia no tuviste tiempo cuando, recientemente, el doctor Rascher quiso informar sobre los experimentos ante el Ministerio de Aviación. Mis esperanzas en ese informe eran importantes, porque creía que serviría para eliminar las dificultades que se basan principalmente en las objeciones religiosas contra los experimentos del doctor Rascher, de los que yo mismo me hice responsable.

Los problemas siguen siendo los mismos que antes. Ni que decir tiene que, en esos «círculos médicos cristianos», se ha adoptado una postura según la cual se debería permitir que un joven aviador alemán arriesgue su vida; sin embargo, la de un criminal —que no es llamado al servicio militar— es demasiado sagrada para este propósito y uno no debería mancharse con esta culpa...

Nosotros dos no deberíamos enfadarnos por estas dificultades. Tardaremos al menos diez años más en eliminar esta mentalidad cerrada de nuestro pueblo. No obstante, esto no debería afectar al trabajo de investigación necesario para nuestros jóvenes y espléndidos soldados y aviadores.

Te ruego que liberes al doctor Rascher, oficial médico en la reserva, de la *Luftwaffe* y que me lo traslades a las *Waffen-SS*. Yo asumiré, desde ese momento, la responsabilidad exclusiva por los experimentos realizados en este campo y pondría los resultados a la entera disposición de las fuerzas aéreas, ya que nosotros, en las SS, solo necesitamos la parte que concierne a las heridas por congelación en el este. Sin embargo, a este respecto, sugiero que, como enlace entre tú y Wolff, *se le debería encargar a un médico «no cristiano» que...*

---

* A muchos de estos «criminales profesionales» se les etiquetaba de este modo por el «crimen» de *Rassenschande*, es decir, «contaminación de la raza», y que significaba específicamente que habían tenido relaciones sexuales consentidas con una mujer alemana.

Te agradecería que dieras la orden de volver a poner la cámara de baja presión a tu disposición, junto con las bombas elevadoras, ya que los experimentos deberían ampliarse para abarcar incluso altitudes mayores.

Cordiales saludos y *Heil Hitler*
Himmler, SS *Reichsführer*[17]

Rascher dirigió cuatrocientos experimentos de «congelación» de este tipo sobre trescientas personas. Una tercera parte se congeló hasta morir. Los demás murieron en la cámara de gas o de un balazo.

En Buchenwald,[18] se suponía que los guardias mantenían a los prisioneros en un estado adecuado para ser interrogados. Al mediodía se les daba una sopa y, por la noche, «pan, tocino y mermelada». Se les permitía hacer media hora de ejercicios diarios caminando de un lado al otro por el pasillo central. Los diecisiete prisioneros no debían tener contacto con nadie y durante esa media hora solo podían estar a solas o con un compañero de celda. Pero la logística de cerrar y abrir las celdas y controlar el tiempo de gimnasia de cada preso resultó demasiado cansado para los guardias, que preferían quedarse en su cuarto caliente, con pocas responsabilidades. Finalmente dejaron que los internos salieran en grupos de seis o más, y permitieron que tuvieran bastante contacto.

En un principio, cada individuo o pareja, en los casos en que las celdas estuvieran ocupadas por dos personas, debían limitar su paseo a caminar por separado, pero pronto [comentó Best] todos nos juntábamos y conversábamos libremente los unos con los otros. Cambiando mi hora de salida cada día pude, poco a poco, conocer y hablar con todos mis compañeros. Por la mañana, también, se abrían todas las puertas al mismo tiempo, por lo general entre las seis y las ocho de la mañana, y los hombres nos congregábamos en el baño, mientras los encargados limpiaban las celdas y nos hacían la cama.[19]

Podemos suponer que, en el transcurso de los dos meses, Bonhoeffer tuvo contacto con la mayoría de los prisioneros.

Best explicaba que Rascher pensaba con toda seriedad que los experimentos que había dirigido estaban «plenamente justificados por el gran valor de los resultados científicos obtenidos». Añadió:

Era bastante obvio que él no veía nada de malo en exponer a un par de docenas de personas al frío intenso, metidos en agua o al aire, y luego intentar resucitarlos. En realidad se sentía muy orgulloso de haber descubierto una técnica que, según él, salvaría la vida de miles que, de otro modo, habrían muerto congelados, y dijo que su encarcelamiento se debía a su intento de publicar los resultados de su investigación en este campo en una revista médica suiza para que se pudieran beneficiara los marinos británicos que, tras ser rescatados del mar cuando sus barcos eran torpedeados, con frecuencia morían sin recuperar la conciencia.[20]

La opinión de Best sobre Rascher es un rompecabezas:

En aquella época no me impresionaron demasiado sus historias ni tampoco a nuestros compañeros presos cuando llegaron a conocerle. Estábamos todos demasiado endurecidos con respecto a nuestro entorno, donde la muerte repentina estaba a la orden del día. En cualquier momento podía llegar una orden para que algunos de nosotros, o todos, fuésemos gaseados, fusilados o ahorcados [sic]. En nuestro subconsciente, todos estábamos tan comprometidos en la lucha por la supervivencia que nadie tenía energía para derrochar en solidaridad con los sufrimientos de unos desconocidos anónimos que, después de todo, ya estaban muertos. Además, Rascher era un excelente camarada para los que estábamos allí. Aquí es donde se presenta la extraña contradicción de su carácter, ya que, a lo largo de nuestra relación con él, se distinguió por su valentía, su desinterés y su lealtad. En los días difíciles que estaban por venir, él fue la vida y el alma de nuestro grupo. Aunque conocía muy bien el riesgo, jamás vaciló a la hora de enfrentarse al brutal conjunto de guardias que nos tenían en su poder.[21]

Resulta imposible pensar que Bonhoeffer[22] compartiera esta perspectiva. Y es que el contraste entre Rascher y él no podía ser más marcado. Best describió a Dietrich como «todo humildad y dulzura; siempre me pareció difundir una atmósfera de felicidad, de gozo en los sucesos más insignificantes de la vida, y de una profunda gratitud por el mero hecho de estar vivo ... Fue uno de los escasos hombres que he conocido para los que Dios era real y siempre estaba junto a él».

Best le escribió a Sabine[23] en 1951, y describió a su hermano como «diferente; bastante tranquilo y normal, parecía estar perfectamente a gusto..., su alma brillaba realmente en la oscura desesperación de nuestra prisión...». Best afirmó que Bonhoeffer «siempre había temido no ser lo bastante fuerte para soportar una prueba como aquella, pero ahora sabía que no había nada en la vida de lo que uno debiera tener miedo». También era «alegre, dispuesto a responder a una broma».

Falconer opinaba de Bonhoeffer[24] y Rabenau: «Creo que eran el único par de prisioneros de los que compartían celda que se llevaban realmente bien y que disfrutaban de su mutua compañía». Tanto Falconer como Best hicieron un comentario sobre las peleas y la desconfianza existente entre los demás alemanes. Best escribió:

> Cuando tuve mi primer contacto con los demás prisioneros, lo que más me impresionó fue, forzosamente, la intensa desconfianza que sentían la mayoría de los alemanes los unos de los otros; casi cada uno de ellos me advirtió que tuviera cuidado de otro, porque era un espía de la Gestapo ... Esta atmósfera de sospecha era típica de la Alemania nazi, aunque me pareció extraño que esta gente, encarcelada por la Gestapo, sintiera tan poca inclinación por formar un frente común y aunar esfuerzos.[25]

Best estaba seguro[26] de que si formaban una piña podrían escapar con facilidad. Los guardias estaban aterrorizados de lo que pudiera ocurrirles una vez que los Aliados llegaran hasta ellos, y Best estaba seguro de poder convencerles para que escaparan con sus propios prisioneros. Empezó a ser evidente que los estadounidenses estaban haciendo grandes progresos desde el oeste, mientras que los rusos empujaban desde el este. Alemania se había ido debilitando cada vez más. No podría pasar mucho tiempo antes de que fueran liberados. Uno de los guardias, Sippach, dijo que huiría del campo antes de que los estadounidenses le encontraran. Sin embargo, otro, Dittman, afirmó que lucharía hasta el último momento y que guardaría dos balas: una para Best, a quien despreciaba, y otra para él. «¡Jamás saldrás de aquí vivo!, le espetó a Best, que pasó un buen rato demostrando su valía con los guardias, hasta tal punto que Rascher le advirtió en una ocasión «que tuviera más cuidado, ya que Buchenwald era muy distinto [sic] a Sachsenhausen».

Bonhoeffer, y todos los demás, resistían el frío y el hambre, sabiendo que en cualquier momento podían ser liberados o ejecutados. En un momento dado tuvieron noticias de los progresos de la guerra y esto les hizo pensar que los estadounidenses estaban realmente cerca. Los guardias estaban tan nerviosos que permitieron al general von Falkenhausen escuchar los boletines diarios de guerra en la radio de su cuarto, de modo que pudiera explicarles, con su extraordinaria mente militar, lo cerca que se encontraba Alemania de su derrota.

El 30 de marzo era Viernes Santo. Podemos suponer que Bonhoeffer siguió con sus meditaciones diarias, sus oraciones, cantando himnos, aunque solo fuera en voz baja o en su mente. El 1 de abril, Pascua, el estruendo de los cañones estadounidenses se podía oír en la distancia. Estaban en algún lugar del otro lado del río Werra. Todo acabaría pronto. Tuvo que haberse visto idóneo que el día que llegara la esperanza fuese precisamente el día que Bonhoeffer y toda la cristiandad occidental celebraban la resurrección de Cristo.

Aquel día, en un momento dado, el jefe de los guardias, Sippach, ordenó a los presos que se prepararan para irse. ¿Adónde iban? Nadie lo sabía. Pocos tenían demasiadas pertenencias que transportar. Sin embargo, Best tenía una máquina de escribir, una maleta y tres cajas grandes. No tuvieron más noticias ese día; al siguiente, Dittman, el otro guardia, indicó que todos debían estar listos para partir a pie. Best estaba indignado por tener que deshacerse de algunas de sus posesiones. Pero la situación era desesperada. La comida era escasa, había pocos vehículos y, aunque pudieran conseguir uno, resultaba imposible obtener combustible. No sorprendió a nadie que tuvieran que caminar, aunque algunos estuvieran enfermos.* Gehre, Müller y Petersdorff eran los que estaban en peores condiciones, pero todos estaban débiles por la falta de alimento y el frío constante. Durante todo aquel día no tuvieron más noticias.

En la tarde del martes 3 de abril, Sippach anunció que saldrían en una hora. Sin embargo, el tiempo fue pasando. A las diez de aquella noche, llegaron las nuevas. Al final no tendrían que viajar a pie, pero la camioneta que los transportaría estaba diseñada para acomodar a ocho personas sin equipaje. Ellos eran dieciséis y llevaban bagaje. El vehículo funcionaba mediante un generador alimentado con leña, por lo que gran parte de la sección delantera estaba llena de madera. Cuando estuvieran en marcha, la zona de pasajeros se llenaría de asfixiante humo. Sin embargo, estarían abandonando Buchenwald.

---

* Conforme los Aliados se acercaban, los nazis evacuaron desesperadamente los campos de concentración de toda Alemania, obligando a sus débiles prisioneros a largas caminatas y matando a muchos a tiros por el camino.

CAPÍTULO 31

CAMINO A LA LIBERTAD

[Bonhoeffer] estuvo muy contento durante todo el tiempo que le conocí, e hizo mucho por proteger a los hermanos más débiles de la depresión y la ansiedad.

—HUGH FALCONER EN UNA CARTA A GERHARD LEIBHOLZ, OCTUBRE DE 1945

Este es el final ... Para mí, el comienzo de la vida.

—DIETRICH BONHOEFFER

Nadie ha creído aún en Dios y en su reino, nadie ha oído sobre el reino de los resucitados, sin sentir nostalgia de esa hora, aguardando y esperando con gozo ser liberado de la existencia corporal ... La muerte es el infierno, la muerte, y el frío, si no la transforma nuestra fe. Pero eso es precisamente lo más maravilloso: que podemos transmutarla.

—DIETRICH BONHOEFFER, DE UN SERMÓN PREDICADO
EN LONDRES EN NOVIEMBRE DE 1933

Los dieciséis prisioneros[1] —una excéntrica banda a todos los niveles— se embutieron en la camioneta junto con su equipaje.* Muchos de ellos eran literalmente incapaces de moverse. Fue todo un ensamblaje: generales del ejército condecorados y aristocráticos, un comandante naval, un diplomático y su

---

* El relato de Payne Best habla de dieciséis, aunque no queda claro quién faltaba de los diecisiete presos originales.

esposa, un deprimido oficial de las fuerzas aéreas rusas, un abogado católico, un teólogo, una mujer de dudosa moral y un «médico» de campo de concentración. Tan pronto como se metieron en aquel espacio y se cerró la puerta, sonó la alerta de ataque aéreo. Los guardias los abandonaron en la camioneta cerrada y corrieron tanto como les permitieron las piernas para ponerse a salvo, tan lejos como pudieran del sótano y de sus almacenes de municiones. Los presos esperaron en la parte trasera del vehículo, en la oscuridad, sin saber si alguna bomba los podía alcanzar. Por fin sonó la sirena de «todo despejado»; el personal militar regresó y la camioneta se puso en marcha. Recorrió unos noventa metros y se detuvo. El motor alimentado por leña siguió sin funcionar y, en un momento, todo se llenó de humo, que inhalaron e hizo que el diseñador de las cámaras de gas exclamara: «¡Dios mío, es una camioneta de muerte; nos están gaseando!».

Rascher sabía de lo que hablaba. Desde 1940, los alemanes habían utilizado ese tipo de vehículos para matar a gente con discapacidades mentales y otros en los programas de eutanasia. Más tarde, los habían usado para asesinar a judíos. Para empezar, los llenaban de tal manera que la gente no podía respirar. Cuando arrancaba el motor, los gases del tubo de escape se bombeaban directamente hacia el interior. Para cuando llegaban a su destino, los pasajeros se habían convertido en cadáveres que se descargaban directamente en los hornos crematorios.

Payne Best notó que llegaba un poco de luz desde lo que parecía ser una ventilación y preguntó al residente experto si solía ser así en aquellos vehículos mortales. Rascher respondió que no; si morían de ese modo, sería probablemente de una forma no intencionada. Por fin, la camioneta volvió a moverse y el humo se disipó lo bastante para poder respirar, pero Rabenau y las dos mujeres, Margot Heberlein y Heidl, se desvanecieron.

Habían salido poco después[2] de las diez y viajaron durante la noche, dando sacudidas y a veinticinco kilómetros por hora, avanzando unos doce o catorce kilómetros cada hora, porque tenían que detenerse a limpiar los conductos y reabastecer el generador de leña, transcurridos sesenta minutos. Cada vez que se efectuaba este proceso, los pasajeros tenían que esperar en la oscuridad, incómodos, y al motor le iba costando más y más arrancar de nuevo. Tenía que funcionar durante quince minutos hasta reunir la fuerza suficiente para que el vehículo avanzara. Cuando se detenía, el interior volvía a llenarse de los gases del tubo de escape. Best lo resumió de este modo: «El viaje fue infernal». Rememoraba así los detalles:

> Todo estaba a oscuras, no teníamos nada que comer o beber, pero, gracias a
> la generosidad de Bonhoeffer [sic] que, a pesar de ser fumador, había

guardado su frugal ración de tabaco y ahora insistía en aportar al bien común algo que fumar. Era un hombre bueno y santo. Literalmente, no podíamos movernos porque teníamos las piernas incrustadas en el equipaje, y nuestros brazos estaban inmovilizados y pegados a nuestro cuerpo; teníamos algunos pequeños artículos de bagaje metidos a presión por detrás de nosotros, sobre los asientos, de manera que nuestras posaderas descansaban en los duros bordes del banco de madera que pronto se convirtió en el asiento de los dolores neurálgicos. En medio de la noche, a empujones y sacudidas, avanzábamos una hora y nos deteníamos durante un tiempo equivalente, rígidos, cansados, hambrientos, sedientos, hasta que una tenue sospecha de luz apareció en el ventilador. Hay un momento en que, tras una noche en blanco, la naturaleza tiene ciertas exigencias y pronto se oyeron gritos por todas partes: «No puedo aguantar más, han de detenerse para que pueda salir», y comenzamos a dar golpes contra los laterales de la camioneta hasta que, de repente, se inmovilizó. La puerta se abrió y una voz preguntó: «¿Qué es todo esto?». Explicamos nuestras necesidades con la delicadeza que requería la presencia de dos damas, y el que había preguntado se encargó de detallarlas groseramente y a voz en grito a sus compañeros que estaban afuera.[3]

Los tres guardias[4] discutieron sobre la petición. Finalmente, abrieron las puertas y salimos. No era el mejor lugar donde detenerse, ya que estaba desprovisto de la flora u ondulaciones del terreno que la delicada situación requería. En la distancia había un bosquecillo de árboles al que se retiraron las dos mujeres con prontitud, acompañadas por uno de los guardias. Los otros dos apuntaban con sus ametralladoras a los quince hombres liberados para dejar que la naturaleza siguiera su curso: «Las damas tardaron menos que nosotros —escribió Best— y, aunque estábamos de espaldas al lugar por donde llegaban ellas, éramos conscientes de nuestra sobreexposición».

Ya se había hecho de día. Habían estado en la carretera durante siete u ocho horas. Entre avances y paradas habían recorrido unos ciento sesenta kilómetros. Los prisioneros no tenían aún ni idea de adónde se dirigían. Habían consumido gran parte de la leña y, «haciendo gala de una gran ingenuidad», Hugh Falconer se las arregló para reorganizar las cosas para que pudiéramos disponer de más espacio que antes. Dos personas podían estar en pie cerca de la ventana que había en la puerta de la camioneta, y todos lo harían por turno. Los guardias también les dieron dos barras de pan y una gran *wurst*, que repartieron. Hasta tuvieron algo para beber.

En un momento dado, alguien que estaba junto a la ventana reconoció un pueblo y razonaron que debían de estar dirigiéndose al sur, probablemente hacia Flossenbürg. Sin embargo, siendo este un conocido campo de exterminio, esta conclusión no los llenó de alegría. Tras trece horas de viaje, era mediodía y habían llegado a Weiden, una pequeña localidad de unos treinta mil habitantes en el norte de Baviera. Flossenbürg se encontraba a unos dieciséis kilómetros.

En Weiden[5] se detuvieron en la comisaría de policía y los guardias entraron. Cuando regresaron, el más amistoso de los tres explicó a sus cautivos: «Tendrán que ir más lejos. No pueden acogerlos aquí. Están demasiado llenos». ¿Pero qué significaba aquello? En la camioneta había un experto en campos de concentración que podía explicarlo. El doctor Rascher declaró que era del todo improbable que estuvieran señalados para morir. Flossenbürg —explicó— nunca estaba tan lleno como para no poder forzar las normas para acoger otra carga de cadáveres. O más bien, cadáveres inminentes. Solo podía estar «demasiado lleno» para prisioneros vivos, que respiraran. De haberlos marcado para morir, los habrían recibido con gusto. De modo que eran buenas noticias. Al parecer, no los matarían ese día.

Desde el principio, los habían conducido a Flossenbürg, pero no como gente que pretendían matar e incinerar; y allí los rechazaban. ¿Adónde irían ahora? Los guardias volvieron a subir al vehículo y siguieron hacia el sur. Al llegar al final de la ciudad, un coche los adelantó y les hizo señas de que se detuvieran. Dos policías bajaron y uno abrió la puerta de la camioneta. Lo que ocurrió después no está del todo claro, pero parece ser que, después de todo, quizás sí hubiera lugar en Flossenbürg para tres prisioneros. Los nombres de Liedig y Müller fueron pronunciados como en un ladrido, de modo que reunieron sus cosas y bajaron. Es posible que también llamaran a Bonhoeffer, pero se encontraba en la parte trasera de la camioneta. Por alguna razón, Gehre salió en su lugar. Bethge dijo que Bonhoeffer se echó hacia atrás deliberadamente para evitar ser visto, dando a entender que se le había llamado para que saliera. El relato de Payne Best narra que pronunciaron el nombre de Gehre junto con el de Liedig y Müller. Tal vez no quisiera separarse de Müller, con quien había compartido celda y con quien había intimado, y existía suficiente confusión para poder hacerlo. Quizás los policías supusieran que era Bonhoeffer. En cualquier caso, Gehre, Liedig y Müller se despidieron de sus compañeros y se fueron con los policías. Ya era miércoles 4 de abril, por la tarde. Best escribió:

Tras abandonar Weiden, la actitud de los tres guardias de las SS sufrió un marcado cambio. Era obvio que habían salido de Buchenwald con órdenes de llevarnos a Flossenbürg y, durante todo ese tiempo, se habían sentido coartados por el sentido de una autoridad que los guiaba. Cuando se negaron a acogernos, recibieron vagas instrucciones de conducirnos hacia el sur y dejarnos en cualquier lugar donde pudieran depositarnos. En cierta medida, pues, sentían que compartían nuestra suerte y, como nosotros, navegaban con rumbo desconocido, sin destino cierto.[6]

Con Bonhoeffer y trece compañeros, la camioneta siguió su viaje resollando y tintineando hacia el sur, hacia ningún lugar en particular. Eran como la pequeña compañía de actores de *El séptimo sello* de Bergman, alegres y deambulantes, pero con la oscura y encapuchada figura de la muerte haciéndoles sombra a medida que avanzaban. Hasta Heidl se había transformado en cierto modo; de una Mata Hari barata había pasado a ser una lozana *Mädl*. ¡Qué diferencia con el horror de su larga noche en la oscuridad de la apretujada y ahumada negrura. Ahora, cuando el vehículo se detuvo para que los guardias pudieran volver a echar leña al generador y limpiar los conductos, abrieron las puertas y preguntaron a sus prisioneros si les apetecía bajar y estirarse. Así lo hicieron cada hora. Con cierto afecto, alguien bautizó a la camioneta como *Grüne Minna* (Minnie verde).

En un momento de aquella tarde se detuvieron frente a una granja. Permitieron que Heidl y la señora Heberlein entraran a asearse y los hombres fueron a la bomba exterior por turno. ¡Qué escena extrañamente alegre debió de ser! Aquellos augustos personajes, agotados por el hambre y la falta de sueño, de pie, en el exterior, al sol y alrededor de la bomba: Best, Pünder, von Alvensleben, von Petersdorff, Falconer, Kokorin, Hoepner y von Rabenau. Y allí estaban Sigmund Rascher y Dietrich Bonhoeffer. Estos dos, alejados de toda compañía, pero aún unidos por el mismo destino durante las siguientes semanas. Pero nadie lo sabía. Por el momento, todo era luminosidad, libertad y aire fresco. Estar fuera, bajo el sol de la tarde frente a una granja bávara, tras los dos meses pasados en Buchenwald no era cualquier cosa.

La esposa del granjero[7] salió llevando varias barras de pan de centeno y una jarra de leche. Best dijo que era «un pan de centeno realmente bueno, como ninguno de nosotros había probado en años». Regresaron al vehículo, en el que ahora disponían de más espacio. Varios de ellos pudieron hacer una siesta. «La ventana sobre la puerta permaneció abierta —nos contó Best— y, como era un día hermoso, todo parecía más resplandeciente en nuestra jaula». Pasearon así, cruzando una ciudad tras otra, en dirección sur a través del valle Naab. Muchos de ellos casi habían olvidado que Alemania, con su belleza natural y sus pueblos agrícolas, era un lugar real en el presente y no solo un recuerdo.

Tras unas seis horas, habían recorrido unos ochenta kilómetros. Cuando la luz del día empezó a declinar, se estaban acercando a la ciudad de Regensburg, una ciudad medieval donde el Danubio y el Regen se encuentran. La camioneta deambuló alrededor de aquella localidad, deteniéndose una y otra vez mientras los guardias procuraban hallar un lugar donde sus pasajeros pudieran pasar la noche. Una y otra vez fracasaron en su intento, volvían al vehículo y retomaban la marcha.

Ya bien oscuro,[8] acabaron en la entrada principal de la prisión del estado. Esta vez, los guardias abrieron las puertas e indicaron a todos que se apearan. Cuando subieron las escaleras para entrar en el edificio, uno de los soldados de la cárcel empezó a darles órdenes de forma poco civilizada, provocando que uno de sus propios hombres le interrumpiera para explicarle que no se trataba de prisioneros ordinarios, sino de presos especiales que debían tratar con cortesía. «¡Ah! —exclamó uno de los agentes de Regensburg—. ¡Más aristócratas! Bien, ponlos con los demás en la segunda planta».

Arrastraron su equipaje por las escaleras de hierro hasta el segundo piso, donde los saludó un «anciano celador muy decente» que les permitió escoger a sus compañeros de celda. Como parecía ser el caso en todas partes, las cosas estaban muy tensas. Los hombres tuvieron que dormir de cinco en cinco en tres colchones de paja que cubrían el suelo del calabozo. Bonhoeffer compartió el suyo con Pünder, von Rabenau, von Falkenhausen y Hoepner.

Pero todos estaban hambrientos. Los guardias les explicaron que conseguir cualquier tipo de comida a esas horas era del todo imposible, porque las cocinas estaban cerradas, pero el alboroto fue tan grande que se dieron cuenta de que debían pensar en algo. Hasta los demás «aristócratas» de las demás celdas de esa misma planta añadieron sus peticiones en voz alta al estruendo. Finalmente, los agentes regresaron con un «gran bol que contenía una sopa de verdura bastante pasable, un pedazo de pan y una taza de "café"».

Por la mañana,[9] se abrieron las puertas de las celdas y los hombres pudieron bajar por el corredor hasta el baño. ¡Pero qué visión tuvieron allí! Hombres, mujeres, niños, todos ellos familiares de los hombres ejecutados y arrestados en el complot de Stauffenberg. De hecho, numerosos parientes de este se encontraban allí.[*] También estaba allí el industrial Fritz Thyssen, de setenta y tres años, y su esposa. Este se había convertido en uno de los que habían apoyado a Hitler, ayudándole a subir al poder, para comprobar más tarde lleno de horror lo que había hecho. Los

---

[*] La condesa Nina von Stauffenberg, embarazada de su quinto hijo, había sido arrestada de inmediato tras la muerte de su esposo el 20 de julio. Sus cuatro hijos habían sido llevados a un orfanato y se les había dado nombres distintos. La madre dio a luz a su quinto vástago durante su encarcelamiento.

sucesos de la *Kristallnacht*, en 1938, le hicieron dimitir de su puesto en el gobierno. Cuando estalló la guerra, envió un telegrama a Göring participándole su oposición a ella, y emigró con su esposa a Suiza. Pero fueron arrestados por los nazis y pasaron la mayor parte del conflicto en Sachsenhausen y Dachau. La mujer del general Fritz Halder se encontraba allí, como la hija del general Ulrich von Hassell, que había sido ejecutado. Le habían arrebatado a sus hijos de dos y cuatro años y Best escribió que estaba «trastornada por el miedo de no volver a verlos». La cantante de cabaret y actriz de cine Isa Vermehren también se hallaba allí. Era hermana de Erich Vermehren, otro personaje de la resistencia. Falkenhausen y Petersdorff parecían conocer a muchos de los allí reunidos, como también le ocurría a Bonhoeffer.

A Best le presentaron a este y a aquel, y aquello más bien parecía una recepción festiva que una fila para utilizar el baño de una prisión. Los aristócratas alemanes parecían conocerse entre ellos o estar emparentados. Los Vermehren eran familia de Franz von Papen, que había estado planeando asistir a la boda de Dietrich y Maria.

Parecía que los internos habían tomado el control de la prisión. Querían seguir hablando unos con otros y no volver a las celdas. Finalmente, los guardias solo consiguieron hacerles regresar poniéndoles el desayuno en el interior de estas. Pero aún ahora, Bonhoeffer pasó la mayor parte del tiempo conversando, a través de la pequeña abertura de la puerta, con la viuda de Carl Goerdeler y contándole todo lo que pudo sobre los últimos días de su esposo en la prisión de la Gestapo. Había sido ejecutado el 2 de febrero.

En un breve espacio de tiempo sonó la sirena que anunciaba un ataque aéreo y todos tuvieron que salir de nuevo y ser conducidos al sótano de la cárcel. Best dijo que «la diversión volvía a empezar». Todos charlaban, se ponían al día e iban uniendo las piezas de sus rompecabezas individuales. Cerca de la prisión había un patio de conmutación de ferrocarril que ya había sido bombardeado y relegado en el olvido, de modo que no parecía quedar gran cosa que destruir. Cuando todo estuvo despejado, la multitud subió al corredor de la segunda planta y, de nuevo, se resistió a los esfuerzos de los guardias por meterlos en sus celdas. Esta vez lo consiguieron por completo.

Aquella tarde, alrededor de las cinco, uno de los guardias que había conducido la camioneta desde Buchenwald apareció diciendo que era hora de marcharse. Los catorce presos de Buchenwald reunieron sus pertenencias, dijeron adiós y bajaron una vez más adonde estaba el vehículo. El ánimo de todos había mejorado de forma considerable cuando se dirigieron otra vez hacia el sur, saliendo de Regensburg y siguiendo el curso del Danubio.

Aun no habían recorrido unos pocos kilómetros tras salir de la ciudad cuando la camioneta se sacudió con violencia y se detuvo en seco. Hugh Falconer era ingeniero, y los guardias le convencieron para que diera su opinión. La dirección estaba rota y su reparación era imposible. Regensburg se hallaba varios kilómetros más atrás, sin que hubiera nada entre ellos y la ciudad, tampoco por delante. Se encontraban en un tramo de carretera solitario y profundamente desalentador, sembrado en sentido literal de cráteres causados por las bombas en el lateral por donde pasaban las vías ferroviarias. Aquí y allá se veían los esqueletos calcinados de los coches atrapados en el fuego aliado. Cuando una bicicleta se acercó a ellos desde la dirección contraria, los guardias pararon al conductor y le pidieron que informara a la policía de Regensburg, para que pudieran enviar otro vehículo. El ciclista afirmó que lo haría y se alejó pedaleando. Mientras tanto, se sentaron y esperaron. No tenían comida ni bebida. Fue oscureciendo y empezó a hacer frío. No vino nadie. Entonces empezó a llover. Pasaron las horas. Best dijo que los guardias se sentían abatidos y parecían asustados. Ahora se comportaban más bien como «camaradas en apuros». La lluvia fue en aumento y la noche fue avanzando. Nadie apareció en ningún momento.

Por fin amaneció. Los guardias abrieron las puertas de la camioneta para que todo el mundo pudiera apearse. Pero ahora, aunque la mañana iba transcurriendo, no se vio un solo auto. Finalmente apareció una motocicleta. Los agentes ya no querían arriesgarse, por lo que la hicieron detenerse y uno de ellos se montó detrás para ir a Regensburg. Era la mañana del 6 de abril, el viernes siguiente a la Pascua.

A media mañana regresó informando que el ciclista había cumplido su promesa y que había puesto a la policía al corriente de su situación. Esta les había enviado un conductor, pero por razones desconocidas, se había detenido a unos ciento ochenta metros de donde se encontraban y se había dado la vuelta diciendo que no los había hallado.

Eran las once cuando llegó la ayuda. Delante de ellos se detuvo un inmenso autobús con grandes ventanas de láminas de vidrio y cómodos asientos tapizados. El desarrapado grupo reunió su equipaje y subió a bordo. Pero se despidieron de sus tres guardias de Buchenwald, que se quedaron junto al montón verde que había expirado. El autobús había llegado con su propio detalle de unos diez hombres de las SD armados con ametralladoras.[*]

El autobús los llevó por el lado sur del Danubio a doble velocidad que su anterior vehículo, sin detenerse en absoluto. En una hora aproximadamente

---

[*] Las SD eran un brazo separado de las SS.

llegaron a Straubing. Ninguno de los presos sabía dónde iban; sin embargo, el contingente de las SD pretendía obviamente cruzar el río. Pero los Aliados habían bombardeado el puente. Siguieron, pues, hasta el siguiente, que también estaba destruido; y así uno tras otro. Por fin llegaron a un puente colgante y pasaron al otro lado, tomando ahora dirección norte hasta la campiña bávara.

El paisaje era cada vez más montañoso, con más bosques, y las carreteras sinuosas y estrechas. Iban hacia Schönberg, aunque Bonhoeffer y sus compañeros lo desconocían. No sabían nada, solo que estaban exhaustos y hambrientos, aunque más cómodos de lo que habían estado en siglos. Tampoco estaban al corriente de si todos marchaban hacia su muerte o su libertad. El autobús que atravesaba el bosque bávaro en aquella tarde de principios de abril era como un extraño sueño.

Entonces, unas muchachas del pueblo les hicieron señales y les pidieron que las llevaran. Subieron y se preguntaron quién sería aquella gente. Había diez jóvenes de las SD con metralletas y una banda de desaliñados aristócratas. Pero cuando les preguntaron a los guardias quiénes eran, estos contestaron que era una compañía de cine que se dirigía a filmar una película de propaganda. A esas alturas resultaba difícil decir qué era verdad y qué no. Ninguno de ellos sabía si dormirían o si viajarían durante toda la noche. Iban hacia el este, pasado el monasterio de Metten. Hacía más de veinticuatro horas que no habían probado bocado. Best divisó una posibilidad:

Aquel lugar parecía rico en aves de corral y tantas gallinas querían cruzar la carretera que a nuestro chófer le costó mucho evitarlas, aunque nosotros más bien teníamos la esperanza de que alguna de ellas sufriera un accidente: habríamos disfrutado de un buen asado de ave. Sugerí a uno de nuestros guardias que tal vez podríamos detenernos y ver si podíamos pedir algunos huevos en una de las granjas. La idea recibió una aprobación inmediata, pero cuando este regresó con una gorra llega de ellos, no nos dieron ninguno y tuvimos que apretarnos el cinturón y esperar que nos estuviésemos acercando a nuestra próxima comida.[10]

En las primeras horas de la tarde llegaron al pequeño pueblo bávaro de Schönberg y se detuvieron frente a la escuela, un edificio cuadrado de cuatro plantas. Habían llegado a su destino. La población de Schönberg había alcanzado los setecientos habitantes, pero en los últimos meses, a medida que el Ejército

Rojo empujaba más hacia el oeste, más refugiados huyeron ante la avanzada. Muchos habían venido a Schönberg para quedarse. Pero ahora ascendían a unos mil trescientos, de manera que la comida era tremendamente escasa... y más ahora que llegaban más prisioneros políticos. Resultó que el gran grupo de aristócratas que habían dejado atrás en Regensburg ya había llegado allí. Por tanto, el número de prisioneros políticos era ya de ciento cincuenta.

Bonhoeffer y sus compañeros[11] fueron introducidos en la escuela y guiados a una gran sala de la primera planta. Sería su celda común. Había sido la enfermería de las niñas y estaba amueblada con hileras de camas. Todo era muy alegre. Las mantas eran de vivos colores y también había blancos lechos de pluma. Best dijo que, a pesar de la «fatiga y el hambre, todos estábamos animados, nerviosos, entusiasmados y casi reíamos histéricos». Las ventanas, en tres de los lados de la habitación, eran amplias y todos podían contemplar y empaparse del verde escenario del valle.

Cada uno escogió su cama,[12] y los Heberlein se llevaron a Heidl a un extremo de la habitación y la colocaron entre ellos para que no sufriera ningún daño. Bonhoeffer eligió la cama junto a Kokorin. Con el vertiginoso ánimo del momento, todos escribieron su nombre sobre su cama, «con divertidos comentarios inventados por Rascher».

Bonhoeffer tomaba el sol en una de las ventanas, orando y pensando. Pasó tiempo conversando con Pünder y también con Kokorin. Hasta intercambiaron direcciones. Dietrich seguía conservando unos cuantos libros: un volumen de Goethe, una Biblia y las *Vidas paralelas* de Plutarco».

Después de acomodarse,[13] se dieron cuenta de que tenían hambre y golpearon la puerta de su habitación hasta que apareció un guardia. Ante su petición de comida, se rascó la cabeza y fue a buscar al teniente Bader. Best lo catalogó de «gorila curtido»; era «miembro de la principal cuadrilla de ejecución de la Gestapo y se pasaba la vida viajando de un campo de concentración a otro, como un controlador de plagas especializado en el exterminio de las ratas». Su presencia no fue alentadora, pero los trató con suficiente cordialidad. Con todo, no había comida en la ciudad. Los mil trescientos refugiados habían caído como langostas y no quedaba ni una brizna de hierba. En Passau sí había alimentos, pero se encontraba a unos cuarenta kilómetros de allí, y necesitarían una gasolina de la que no disponían. Tampoco había teléfono. Sencillamente, no había nada que hacer.

Sin embargo, la ingeniosa Margot Heberlein ya había conseguido antes algo de la nada. Preguntó a un guardia si podía usar el W.C. y, de camino, se encontró con un ama de llave, una bondadosa mujer mayor. Treinta minutos más tarde, aquella mujer reapareció con patatas y algunas jarras de café caliente. Todos se sentían agradecidos y devoraron hasta las últimas migajas, aunque siguieron teniendo hambre. Pero no había nada más que hacer, sino dormir. Tras meses sobre camas de tablas en Buchenwald, la promesa de una noche en aquellas camas pudo ser mejor que la comida. La nota divertida de la noche fue cuando la pantalla colocada entre los hombres y las dos mujeres se vino abajo. Best escribió:

> Por supuesto, «Heidl» golpeó con bastante torpeza la pantalla justo cuando la ropa de la señora Heberlein había llegado a su fase abreviada y la suya propia había desaparecido prácticamente ... Al final, todos nos acostamos, se apagaron las luces y de todas partes llegaron gritos sinceros de buenas noches. Mi cama era tan blanda que me pareció flotar en el aire y, muy pronto, me quedé dormido; fue realmente el primer sueño profundo en casi una semana.[14]

Cuando se despertaron a la mañana siguiente, no había desayuno. Pero Best tenía una maquinilla de afeitar eléctrica entre sus posesiones y, como había un enchufe operativo, cada uno de los hombres la utilizó por turno. En un momento dado, un alma bondadosa del pueblo que se había enterado de la llegada de los «prisioneros especiales» y de la difícil situación en la que se hallaban, envió ensalada de patatas y dos grandes barras de pan. De nuevo se sintieron muy agradecidos, pero esta sería toda la comida que tendrían ese día; probablemente sería la última que Bonhoeffer comería. Era sábado 7 de abril.

Aquel otoño, Hugh Falconer le escribió a Gerhard Leibholz en Oxford:

> [Bonhoeffer] estuvo muy contento durante todo el tiempo que le conocí, e hizo mucho por proteger a los hermanos más débiles de la depresión y la ansiedad. Pasó bastante tiempo con Wasily Wasiliew Kokorin, sobrino de Molotov, que era un joven encantador aunque ateo. Creo que su cuñado dividió su tiempo con él entre inculcarle los fundamentos del cristianismo y aprender ruso.[15]

El último día de Bonhoeffer

El día siguiente, 8 de abril, era el primer domingo después de la Pascua. En Alemania se le llama Domingo de Cuasimodo.* El doctor Pünder le pidió a

---

* El término *Domingo de Cuasimodo* procede de las dos palabras en latín (*quasi* que significa «como si» y *modo* que quiere decir «a la manera de») que comienzan el *introito* de la misa católicorromana de ese día. Están tomados de 1 Pedro (2.2: «como niños recién nacidos...») y cuya equivalencia literal es «como al estilo de», o «como a la manera de». El epónimo jorobado de Nôtre Dame de Victor Hugo se llamaba Cuasimodo porque se suponía que había nacido ese domingo del calendario eclesial.

Bonhoeffer que celebrara un oficio para ellos. Él era católico, como muchos de los demás. Esto, y el hecho de que Kokorin fuera ateo, hicieron que Bonhoeffer pusiera reparos. No deseaba imponer. Pero fue el ruso mismo quien insistió.

De modo que, a veinticuatro horas de abandonar este mundo,[16] Bonhoeffer desempeñó las tareas de pastor. En la luminosa sala de clase que había sido su celda, ofició un pequeño culto. Oró y leyó los versículos para ese día: Isaías 53 («Por su llaga fuimos nosotros curados») y 1 Pedro 1.3 («Bendito el Dios y Padre de nuestro Señor Jesucristo, que según su grande misericordia nos hizo renacer para una esperanza viva, por la resurrección de Jesucristo de los muertos»). A continuación explicó estos versículos a todos. Best recordaba: Bonhoeffer «nos habló de una manera que llegó al corazón de todos, encontrando las palabras exactas para expresar el espíritu de nuestro encarcelamiento y los pensamientos y resoluciones que este había producido».

Los demás presos que estaban en la escuela esperaban poder conseguir que Bonhoeffer celebrara también un oficio para ellos. Pero no habría tiempo para ello. Best describió así lo que sucedió:

Apenas había acabado su última oración cuando la puerta se abrió y dos hombres de aspecto malvado, vestidos de civiles, entraron y dijeron:

«Prisionero Bonhoeffer. Prepárese para acompañarnos». Para todos los presos, aquellas palabras, «para acompañarnos», habían adquirido un único significado: el patíbulo.

Nos despedimos de él. Entonces me llevó a un lado y me dijo: «Este es el final. Para mí, el principio de la vida».[17]

Bonhoeffer también le pidió a Best[18] que le diera recuerdos suyos al obispo Bell. Seis años más tarde, en una carta dirigida a la familia Bonhoeffer, Best recordó lo que había escrito sobre Dietrich en su libro, donde había dicho que «era un hombre bueno y santo». Pero en la carta aún fue más allá: «En realidad, mi sentimiento era mucho más fuerte de lo que aquellas palabras implicaban. Fue, sin excepción, el hombre más excelente y más adorable que he conocido jamás».

Su familia no había tenido noticias de él desde que abandonó la prisión de la Gestapo, dos meses antes. Con el fin de dejar alguna pista sobre su paradero, tomó un lápiz despuntado y escribió su nombre y dirección en la parte superior, media y trasera del volumen de Plutarco —el único que su familia le había regalado por su cumpleaños hacía dos meses— y se lo dejó allí. Uno de los hijos de

Carl Goerdeler, que se encontraba en el edificio escolar, lo tomó y se lo entregó a los Bonhoeffer años más tarde. Dietrich había estado con Goerdeler en los últimos días previos a su ejecución en Berlín; ahora, cuando bajó corriendo las escaleras de la escuela para entrar en la camioneta que le llevaría a su propio ajusticiamiento, se topó con la viuda de Goerdeler, que le dijo su último adiós de amigo.

Bonhoeffer iba, por fin, camino de Flossenbürg. Aquel domingo, el viaje fue de unos ciento sesenta kilómetros hacia el nor-noroeste. Llevaba consigo su volumen de Goethe. Y parecía saber adónde se dirigía aquella tarde dominical.

La sentencia a muerte de Bonhoeffer fue, casi con toda seguridad, por decreto de Hitler mismo, como lo fueron también las de Oster y Dohnanyi. Hasta el tirano debió de saber que todo estaba perdido para él y para Alemania, y que matar a otros no tenía ningún sentido. Sin embargo, en todos sus átomos era un hombre mezquino y estaba acostumbrado a desviar recursos de tiempo extremadamente preciosos, personal y gasolina solo con el propósito de su propia venganza.

Las ruedas para la ejecución de Bonhoeffer se pusieron en marcha el 4 de abril, cuando un fragmento relevante del diario de Canaris apareció por casualidad en Zossen, donde se habían escondido los expedientes de Dohnanyi. Al día siguiente, aquel material incriminatorio se encontraba en las manos de Hitler en Berlín, y lo que aquel loco leyó en sus páginas lo catapultó infinitamente más allá de los límites de la razón. En lo que a él respectaba, aquello representaba el puñal manchado de sangre que habían clavado por la espalda al Tercer Reich, que lo había saboteado desde el principio. Aquella era la razón del fracaso de lo que, de otro modo, habría sido su triunfo predestinado y profetizado. De no haber sido por aquellos perversos traidores, de los que Canaris fue el jefe, él podría haber estado en aquellos momentos paseándose como un dios por uno de los extraordinarios bulevares que pretendía construir. Pero no; en lugar de esto, se hallaba encerrado en las profundidades del búnker gris donde se escabullía como una rata debajo de los escombros de la ciudad que debía haber sido la corona de su reino de mil años. Por tanto, tres semanas antes de quitarse la vida, en la que fue una de sus erupciones finales, Hitler arremetió contra los hombres que le habían hecho aquello y dio instrucciones a Rattenhuber, el comandante de las SS asignado a él: «¡Destruye a los conspiradores!». Así selló el destino de Canaris, Oster, Sack y Bonhoeffer.

Pero, hasta el final, Hitler preservaría la ficción de legalidad en el estado alemán. El cadáver de la jurisprudencia germana debía ser exhumado para crear la imagen de legalidad. De modo que el fiscal de las SS, Huppenkothen, debía seguir todos los pasos, viajar con sus documentos —incluido el diario incriminatorio de Canaris— hasta Flossenbürg para convocar un «consejo de guerra sumario». Se desplazó hasta allí el 7 de abril. Asimismo, el doctor Otto Thorbeck, un juez de las SS, estaba allí para la charada. De modo que, aquel sábado por la noche, Canaris, Oster, el doctor Sack, Strünk, Gehre y Bonhoeffer serían juzgados, y ejecutados por la mañana.

Pero Bonhoeffer no estaba en Flossenbürg el sábado 7. ¿Acaso no lo habían trasladado allí desde Buchenwald? Fabian Schlabrendorff sí estaba allí; un oficial le gritó en dos ocasiones insistiendo en que debía ser Bonhoeffer. Pero no era así. Su viejo amigo Joseph Müller también se encontraba allí, y a él también le increparon insistiendo en que era Bonhoeffer. Lo mismo le sucedió a Liedig, pero ninguno de ellos era él. ¿Dónde estaba Bonhoeffer?

Por fin alguien se dio cuenta de lo sucedido: se había cometido un error en Weiden cuatro días antes, cuando Lledig, Müller y Gehre saltaron de la camioneta verde y Bonhoeffer permaneció adentro. Debía estar con aquel grupo en el edificio escolar de Schönberg. Dos hombres fueron enviados para que recorrieran los ciento sesenta kilómetros, fueran por él y lo trajeran de regreso a Flossenbürg. Llegaron justo después de que hubiera acabado de dirigir el oficio del domingo.

El comienzo de la vida

Bonhoeffer llegó a Flossenbürg tarde aquel domingo. Bethge escribió:

> El tribunal sumario, con Thorbeck como presidente, Huppenkothen en la posición de fiscal y el comandante de campo Kögl como asistente, declaró haber estado reunido durante un largo tiempo. Examinó —afirmaron sus oficiales más tarde— a cada prisionero de forma individual y los sometió a un careo. Canaris y Oster, Sack, Strünck y Gehre, y, finalmente, Dietrich Bonhoeffer también. Después de la medianoche. Canaris regresó a su celda tras estar ausente durante algún tiempo y, mediante golpecitos que eran señales, le indicó al hombre que estaba en el calabozo de al lado, el coronel danés Lunding, que para él todo había acabado.[19]

No sabemos si Bonhoeffer durmió o no. Solo transcurrieron unas pocas horas entre el final del juicio del «tribunal sumario» y el alba que trajo su ejecución.

Cabe señalar que Flossenbürg, un lugar tan estrechamente asociado a Bonhoeffer, es un sitio en el que apenas pasó doce horas.

Sabemos que él pensaba que la muerte era la última estación en el camino a la libertad, tal como lo expresó en su poema «Estaciones en el camino a la libertad».* Aunque millones de personas hayan considerado la muerte de Bonhoeffer como algo trágico y como una vida acabada prematuramente, podemos estar seguros de que él no lo vio así. En un sermón que predicó siendo pastor en Londres, declaró:

Nadie ha creído aún en Dios y en su reino, nadie ha oído sobre el reino de los resucitados, sin sentir nostalgia de esa hora, aguardando y esperando con gozo ser liberado de la existencia corporal.

No importa en absoluto que seamos jóvenes o viejos. ¿Qué son veinte, treinta o cincuenta años a los ojos de Dios? ¿Y quién de nosotros sabe lo cerca que puede estar ya de la meta? Que la vida solo comienza de verdad cuando acaba aquí en la tierra; que todo lo que hay aquí no es más que el prólogo antes de que el telón se levante; que viejos y jóvenes deben pensar del mismo modo en ello. ¿Por qué nos asusta tanto la muerte? La muerte solo es terrible para los que viven en el terror y el temor de ella. No es salvaje y terrible, si nos quedamos quietos y nos aferramos a la Palabra de Dios. La muerte no es amarga, a menos que nos hayamos vuelto amargos nosotros mismos. Es gracia, el mayor don de gracia que Dios da a su gente que cree en él. Es suave, es dulce y amable; nos dirige con poder celestial si tan solo nos damos cuenta de que es la entrada a nuestra patria, el tabernáculo de gozo, el reino eterno de paz.

¿Cómo sabemos que morir es tan terrible? ¿Quién sabe si, en nuestro temor y angustia humanos no nos estaremos estremeciendo y temblando ante el suceso más glorioso, celestial y bendito del mundo?

La muerte es el infierno, la muerte, y el frío, si no la transforma nuestra fe. Pero eso es precisamente lo más maravilloso: que podemos transmutarla.[20]

El médico del campo de Flossenbürg era H. Fischer-Hüllstrung. No tenía ni idea de a quién estaba observando en esos momentos, pero años más tarde hizo el siguiente relato de los últimos minutos de vida de Bonhoeffer:

---

* Ver páginas 485–86.

En la mañana de aquel día, entre las cinco y la seis, los prisioneros, entre los que se hallaban el almirante Canaris, los generales Oster y Thomas y el *Reichgerichtsrat* Sack fueron sacados de sus celdas y se les leyó el veredicto de la corte marcial. Por la puerta semiabierta de una de las habitaciones de las barracas vi al pastor Bonhoeffer, antes de despojarse de su indumentaria carcelaria, arrodillado en el suelo, orando fervientemente a su Dios. La forma en que aquel hombre adorable elevaba su plegaria me conmovió hasta lo sumo, por su fervor y su total certeza de que Dios oía su plegaria. En el lugar de ejecución, volvió a pronunciar una breve oración y, a continuación, subió los peldaños hasta la horca, valiente y sereno. Su muerte tuvo lugar en unos segundos. En los casi cincuenta años que trabajé como médico, jamás vi morir a un hombre con tanta sumisión a la voluntad de Dios.[21]

Bonhoeffer opinaba que el claro deber del cristiano —su privilegio y su honor— era sufrir con los que sufrían. Para él, que Dios le permitiera compartir los sufrimientos de los judíos que habían muerto en ese lugar antes que él era todo un trato de favor. Según Schlabrendorff, el crematorio de Flossenbürg no estaba funcionando, por lo que los cadáveres de los hombres ahorcados aquella mañana se quemaron en montones; en esto también tuvo el honor de unirse a los millones de víctimas del Tercer Reich.

El príncipe Philip de Hesse había estado encarcelado en Flossenbürg durante años y ese mes de abril se encontraba allí. En el cuarto de los guardias, aquel lunes por la mañana, encontró algunos libros, entre los cuales se hallaba el volumen de Goethe de Bonhoeffer. Más tarde se los quitaron y los quemaron también.

Dos semanas después, el 23 de abril, los Aliados entraron en Flossenbürg. Siete días más tarde, Hitler se suicidó y la guerra acabó. A esas alturas, ni Maria ni nadie de la familia de Bonhoeffer sabía lo que le había ocurrido. Su hermana Sabine no se enteró de su muerte hasta el 31 de mayo:

El pastor [Julius] Rieger nos telefoneó desde Londres y preguntó si estábamos en casa, porque tenía algo que decirnos. La respuesta de Gert al teléfono fue: «Nos encantaría verle».

Enseguida vimos llegar a nuestro amigo a través de la ventana. En el momento en que abrí la puerta sentí temor. La expresión de su rostro era tan pálida y demacrada que inmediatamente supe que algo grave había sucedido. Entramos en la habitación donde se encontraba Gert y el pastor Rieger nos dijo con profunda tristeza: «Se trata de Dietrich. Ya no está... y Klaus tampoco.

«¡Oh no, no!» gimió Gert desde las profundidades mismas de su espíritu.

Rieger dejó el telegrama delante de nosotros, sobre la mesa. Luego sacó su Nuevo Testamento del bolsillo de su abrigo y comenzó a leer en Mateo 10. Hasta el día de hoy aún no sé cómo pude soportar aquellos momentos, de no haber sido aferrándome a cada palabra: «He aquí, yo os envío como a ovejas en medio de lobos ... Y guardaos de los hombres, porque os entregarán a los concilios, y en sus sinagogas os azotarán ... Mas cuando os entreguen, no os preocupéis por cómo o qué hablaréis; porque en aquella hora os será dado lo que habéis de hablar.

Porque no sois vosotros los que habláis, sino el Espíritu de vuestro Padre que habla en vosotros ... Nada hay encubierto, que no haya de ser manifestado; ni oculto, que no haya de saberse ...

»A cualquiera, pues, que me confiese delante de los hombres, yo también le confesaré delante de mi Padre que está en los cielos.

Y a cualquiera que me niegue delante de los hombres, yo también le negaré delante de mi Padre que está en los cielos ... Y el que no toma su cruz y sigue en pos de mí, no es digno de mí. El que halla su vida, la perderá; y el que pierde su vida por causa de mí, la hallará».

El pastor Rieger también nos leyó los demás versículos del capítulo diez, y nos recordó que Dietrich había hecho una exposición especialmente hermosa de ellos en *El seguimiento*.

Aparte de esto, no sé qué ocurrió durante el resto de aquel día, pero no he olvidado el rostro de Gert bañado en lágrimas ni los sollozos de los niños.

...De alguna manera, había vivido enteramente para el momento en que pudiera reunirme con Dietrich en una nueva y mejor Alemania; el instante en que nos contáramos el uno al otro nuestras aventuras e intercambiáramos nuestras noticias de todo lo que había sucedido en aquellos difíciles años.

...Siempre tuve la esperanza de que las tropas Aliadas tuvieran firmes planes propios de enviar paracaidistas que tomaran posesión de los campos de concentración antes de que las tropas de tierra se acercaran a ellos y liberaran a los internos. Muchos de los ingleses se habían unido a nosotros en este pensamiento, y creían que ocurriría de este modo, o quizás lo decían en un intento de aplacar nuestra angustia. En cualquier caso, todo quedó en un sueño. Que esto perteneciera a la esfera de lo imposible es algo que yo, ciertamente, no puedo juzgar. Pero no pude apartar de mí la sospecha de que no se había hecho porque la forma de llevar aquella guerra se había agriado demasiado, algo que también quedó patente en la desastrosa política hacia la oposición alemana. El obispo de Chichester nos había escrito por aquel tiempo comentándonos que Churchill se dedicaba «a luchar, excluyendo todo lo demás».[22]

Aquel mes de julio, tras enterarse de la muerte de su hijo Klaus y su yerno Rüdiger Schleicher, Karl y Paula Bonhoeffer escribieron a Sabine y Gert. La comunicación entre Berlín y el mundo exterior había sido casi imposible. Habían oído que Dietrich había sido ejecutado, pero aún no tenían confirmación de ello.

23 de julio de 1945

Mis queridos hijos:

Nos acaban de comentar que ha surgido una oportunidad para que podamos enviarles nuestros saludos y noticias. Han transcurrido tres años, creo, desde que recibimos sus últimas cartas. Hemos sabido que Gert envió un telegrama a Suiza intentando conseguir noticias del destino de nuestro amado Dietrich. Esto nos hace pensar que siguen ustedes vivos, y es un gran consuelo para nosotros en la profunda tristeza de no saber la suerte que han corrido nuestros queridos Klaus, Dietrich y Rüdiger.

Dietrich pasó dieciocho meses en la prisión militar de Tegel. El pasado mes de octubre fue entregado a la Gestapo y lo trasladaron a la prisión de las SS en Prinz-Albrechtstrasse. Durante los primeros días de febrero lo condujeron desde allí a varios campos de concentración, como Buchenwald y Flossenbürg, cerca de Weiden. No supimos dónde estaba.

Maria von Wedemeyer, su prometida, vivía con nosotros en ese tiempo. Intentó descubrir por sí sola dónde se encontraba. Pero no tuvo éxito. Tras la victoria de los Aliados oímos decir que seguía vivo. Sin embargo, más tarde recibimos noticias de que había sido asesinado por la Gestapo, poco antes de que llegaran los estadounidenses.[23]

Mientras tanto, tras consultar con Gerhard y Sabine Leibholz, los pastores Rieger y Hildebrandt junto con el obispo Bell organizaron un funeral en memoria de Dietrich y Klaus Bonhoeffer que se celebraría el 27 de julio en la Iglesia Holy Trinity de Brompton. El obispo Bell pidió permiso para emitirlo también en Alemania, y ellos consintieron. Así fue como Karl y Paula Bonhoeffer pudieron oírlo desde su hogar y confirmar la noticia de la muerte de Dietrich. El obispo Bell escribió a Sabine y Gert dos días antes del funeral:

El Palacio, Chichester, 25 de julio de 1945
Mi querida Sabine (si puedo llamarla así). Me siento muy agradecido por su carta. Todo lo que en ella me dice, tan inmerecido, es un gran consuelo para mí; me siento muy feliz de tener la fotografía de Dietrich. Estoy seguro de que está al tanto de lo que su amistad y su cariño significaron para mí. Mi corazón está lleno de tristeza por ustedes, porque, desgraciadamente, es una gran verdad que el vacío que él y Klaus dejan no podrá ser llenado jamás. Pido a Dios que dé paz y fuerza a sus padres, y a todos aquellos que lloran, y los bendiga.

Espero con impaciencia verles a ambos el viernes. No sé si sus hijas estarán presentes; pero el telegrama que acabo de enviar también las incluye a ellas...

Sinceramente suyo, George Cicestr[24]

Oficio funeral en la Holy Trinity Brompton

El oficio funeral celebrado en la Holy Trinity Brompton, aquel 27 de julio, que los padres de Bonhoeffer escucharon desde su hogar del 42 de Marienburgerallee, comenzó con el himno familiar inglés *Todos los santos*:

Por todos los santos que descansan de su labor,
que te confesaron por fe ante el mundo,
tu nombre sea por siempre bendecido, Oh Jesús,
¡Aleluya!

La congregación cantó las siete estrofas del himno y, a continuación, el obispo Bell elevó la oración de súplica y la de acción de gracias. Otro himno, *Escuchad el son triunfal*, se cantó en inglés y en alemán.

Luego se leyó la lección del evangelio. Muy oportunamente, se basó en el Sermón del Monte, de Mateo 10.17–42:

Y guardaos de los hombres, porque os entregarán a los concilios, y en sus sinagogas os azotarán; y aun ante gobernadores y reyes seréis llevados por causa de mí, para testimonio a ellos y a los gentiles. Mas cuando os entreguen, no os preocupéis por cómo o qué hablaréis; porque en aquella hora os será dado lo que habéis de hablar. Porque no sois vosotros los que habláis, sino el Espíritu de vuestro Padre que habla en vosotros. El hermano entregará a la muerte al hermano, y el padre al hijo; y los hijos se levantarán contra los padres, y los harán morir. Y seréis aborrecidos de todos por causa de mi nombre; mas el que persevere hasta el fin, éste será salvo. Cuando os persigan en esta ciudad, huid a la otra; porque de cierto os digo, que no acabaréis de recorrer todas las ciudades de Israel, antes que venga el Hijo del Hombre. El discípulo no es más que su maestro, ni el siervo más que su señor. Bástale al discípulo ser como su maestro, y al siervo como su señor. Si al padre de familia llamaron Beelzebú, ¿cuánto más a los de su casa? Así que, no los temáis; porque nada hay encubierto, que no haya de ser manifestado; ni oculto, que no haya de saberse. Lo que os digo en tinieblas, decidlo en la luz; y lo que oís al oído, proclamadlo desde las azoteas. Y no temáis a los que matan el cuerpo, mas el alma no pueden matar; temed más bien a aquel que puede destruir el alma y el cuerpo en el infierno. ¿No se venden dos pajarillos por un cuarto? Con todo, ni uno de ellos cae a tierra sin vuestro Padre. Pues aun vuestros cabellos están todos contados. Así que, no temáis; más valéis vosotros que muchos pajarillos. A cualquiera, pues, que me confiese delante de los hombres, yo también le confesaré delante de mi Padre que está en los cielos. Y a cualquiera que me niegue delante de los hombres, yo también le negaré delante de mi Padre que está en los cielos. No penséis que he venido para traer paz a la tierra; no he venido para traer paz, sino espada. Porque he venido para poner en disensión al hombre contra su padre, a la hija contra su madre, y a la nuera contra su suegra; y los enemigos del hombre serán los de su casa. El que ama a padre o madre más que a mí, no es digno de mí; el que ama a hijo o hija más que a mí, no es digno de mí; y el que no toma su cruz y sigue en pos de mí, no es digno de mí. El que halla su vida, la perderá; y el que pierde su vida por causa de mí, la hallará. El que a vosotros recibe, a mí me recibe; y el que me recibe a mí, recibe al que me envió. El que recibe a un profeta por cuanto es profeta, recompensa de profeta recibirá; y el que recibe a un justo por cuanto es justo, recompensa de justo recibirá. Y cualquiera que dé a uno de estos pequeñitos un vaso de agua fría solamente, por cuanto es discípulo, de cierto os digo que no perderá su recompensa.

Al recordar el oficio, Sabine comentó:

El coro de la comunidad a la que Dietrich había ministrado con anterioridad hizo una interpretación particularmente hermosa de *Quien se confía por completo al amado Dios*, y más tarde todos cantamos juntos el himno al que Dietrich había hecho unos arreglos para que se pudiera cantar la última vez que predicó en Londres: *Seguidme, dijo Cristo, nuestro Héroe*.[25]

Después de esto, el obispo Bell predicó:

Sus convicciones eran bastante claras, y a pesar de que era muy joven y sin pretensiones, vio la verdad y la proclamó con absoluta libertad y sin temor. Cuando llegó hasta mí en Estocolmo en 1942, de forma inesperada, como emisario de la Resistencia contra Hitler, fue, como siempre, absolutamente franco y tranquilo en cuanto a sí mismo y a su seguridad. Dondequiera habló y con quien lo hizo —joven o mayor— fue audaz, sin preocuparse por sí mismo. Sin lugar a duda, dedicó su corazón y su alma a sus padres, sus amigos, su país, como Dios quiso que fuera, a su iglesia y a su Maestro.[26]

Bell acabo su sermón con estas palabras: «La sangre de los mártires es la semilla de la iglesia». Julius Rieger y Franz Hildebrandt también hablaron. A continuación, el texto del sermón de Franz Hildebrandt:

No sabemos qué hacer, y a ti volvemos nuestros ojos.

2 CRÓNICAS 20.12

En mayo de 1932, pocos meses antes de que Hitler llegara al poder, Dietrich Bonhoeffer subió al púlpito de la *Dreigaltigkeitskirche* de Berlín y predicó sobre este versículo. Por aquel entonces era capellán de los estudiantes de la *Technische Hochschule*, con su *Privatdozentur* en la universidad. Tuvo este texto en mente durante largo tiempo antes y también desde entonces; hoy podemos utilizarlo como una especie de epitafio para la vida que recordamos. Entrar en los detalles biográficos en esta ocasión sería un flaco favor para nuestro amigo y hermano; pero dejemos que el recuerdo personal sirva de ilustración de la Palabra que fue el centro de su pensamiento y a cuyo servicio se consumió.

Procedía de un hogar académico y parecía destinado a ese tipo de vida. No se avergonzó de la tradición erudita de sus antepasados, la cultura de su familia; jamás compartió la moda teológica del desprecio por las humanidades. Conocía a sus clásicos en arte, música y literatura antes de emitir una crítica; sabía cómo leer y escuchar antes de vocalizar su opinión. Y, cuando lo hizo en público por primera vez, en las disertaciones sobre *Sanctorum Communio* [la comunión de los santos] y *Akt und Sein* [actuar y ser], lo hizo con una medida de madurez y un poder de concentración que parecía increíble que el autor solo tuviera 21 o 24 años. En su casa de Wangenheimstrasse pueden estar orgullosos de él, y también de sus hermanos mayores, uno de los cuales ha compartido su suerte; otro fue abatido en la Primera Guerra Mundial siendo muy joven, y, en estos momentos, solo queda uno que sigue ignorando el destino de Dietrich...

«No sabemos qué hacer». El joven teólogo se enfrentó al problema de la vida cristiana y a la acción. No le satisfacían las respuestas provisionales y convencionales. Con una rigurosidad socrática, seguía cuestionando cuando los demás se detenían; sus estudiantes continuarían con esta forma inquisitiva. Pronto sería evidente que había nacido para ser un educador. Su clase de confirmación en el norte de Berlín, con la que vivió durante tres meses en íntima proximidad, fue el preludio de los planes que más tarde realizó en el seminario de Finkenwalde. El periodo intermedio pudo abrirle una carrera académica brillante y segura... si se hubiese preocupado de escogerla.

Pero, en lugar de ello, se marchó a Londres. Este no fue su primer puesto en el extranjero, ya que había sido ayudante de pastor en Barcelona y estudiante de intercambio a la vez que maestro en el Seminario de Union, en Nueva York. Había hecho importantes contactos ecuménicos. Sin embargo, su partida de Berlín en octubre de 1933 tuvo una especial relevancia programática. Marcó su clara ruptura con la iglesia del Tercer Reich. Cuando se negó a ocultar su postura en los tratos con la congregación de Londres, uno de los nuevos expertos de Berlín observó: «¡Qué hombre tan complicado es usted!». Poco conocía a Dietrich Bonhoeffer. Su complejidad no consistía en permitir una duda entre lo correcto y lo incorrecto. Investigar el problema de la ética no implicaba darse el gusto de entrar en el juego de la teología «dialéctica». La investigación había de conducir a la meta; la búsqueda exigía una respuesta.

Sus dieciocho meses en Londres aclararon por fin su curso. Otros tendrán que hablar de su obra como pastor en St. Paul, Adgate, y en Sydenham; todos sus parroquianos que se encuentran hoy entre nosotros conocen el impacto de su breve ministerio sobre su propia historia, y nadie que viviera como invitado suyo en Forest Hill podrá olvidar jamás aquel tiempo. Recuerdo gráficamente su sermón dominical del Día de los Caídos, en 1933; el texto (Sabiduría de Salomón 3.4; sobre el justo) fue «pero están en paz». Contó la historia de un paciente desahuciado por los médicos, que perdió la conciencia. Quedó colgado entre la vida y la muerte, mirando, por así decirlo, por encima del borde y exclamó: «¡Dios mío, esto es hermoso!». En muchas conversaciones de aquellos días, observó que alcanzar la edad de treinta y seis o treinta y siete años era suficiente para un cristiano.

Sin embargo, todavía le quedaban diez años por delante. Y seguía sintiendo la carga de las palabras: «no sabemos qué hacer». «Siempre le recordaré —escribió la dueña de la pensión que había junto a su casa de pastor—, caminando de un lado al otro del salón, intentando decidir si permanecer aquí o abandonar su iglesia y regresar a los perseguidos de Alemania; anhelando visitar a Gandhi en la India y sintiendo la premonición de que, a menos que aprovechara aquel momento, no iría jamás. Conociéndole, yo sabía qué decisión tomaría finalmente». Esto volvió a repetirse cuando, poco antes de que estallara la Segunda Guerra Mundial, unos amigos estadounidenses le invitaron e intentaron persuadirle para que se quedara allí. Una breve visita acabó con su regreso definitivo a Alemania. Su lugar estaba junto a los hermanos en apuros y los discípulos en el ministerio, y con su propia familia, que cada vez se veía más arrastrada en la batalla entre Cristo y el anticristo.

«No sabemos qué hacer, y a ti volvemos nuestros ojos». El descontento de la búsqueda acaba en el discipulado de Cristo, tema de su último libro, ahora llevado a cabo en su propia vida. Ley y evangelio, mandamiento y promesa señalan el único camino cierto y claro que había buscado: «solo el creyente es obediente, y solo aquel que obedece cree». De la «vida en comunidad» del que habla su tratado y que halla su expresión en la fraternidad de su seminario se hace patente por qué el texto dice en plural: «No sabemos... nuestros ojos». Y es que el llamado del Señor solo se puede oír y seguir en el seno de la comunión de la iglesia. Pero nos referimos, por supuesto, a la única santa iglesia católica; la lealtad a su propia confesión no hizo jamás que Dietrich Bonhoeffer no fuera crítico con los defectos, incluso en la Iglesia Confesante; jamás desatendió lo que había aprendido y recibido de otras tradiciones y dio testimonio de ello en sus escritos.

Por tanto, sigue siendo ecuménico en su actitud y aún más, quizás, que cualquier otro teólogo alemán de su generación. Por ello, se negó a entrar en la Segunda Guerra Mundial como combatiente activo y renovó los vínculos con los hermanos británicos, incluso después de que se cerraran las fronteras, y viajar a los países neutrales se volvió más peligroso que nunca. Vio el creciente dilema de los cristianos alemanes en su aislamiento; como en la historia de Sansón, la mano de un hombre amenazaba con echar abajo toda la casa. Excepto raras excepciones, no hubo una mano que le ayudara, ninguna voz comprensiva. La acción política se tornó inevitable. «¿Por qué —dijo Dietrich en su última visita allí— deberían ser siempre los malos quienes hagan las revoluciones?».

En su batalla lo arriesgó todo, como también su hermano, sus cuñados y sus amigos. El resultado fue al menos incierto, no solo para los hombres, sino para la causa. El obispo Bell ha hablado del trasfondo apocalíptico de su última conversación con él en Estocolmo; el sino de Alemania, e incluso de Europa, parecía haberse convertido en algo cierto en su mente. Pero aún ahora, y precisamente en este momento, la palabra permanece vigente: «No sabemos qué hacer, y a ti volvemos nuestros ojos». Hasta los dos años que pasó en prisión con sus inesperadas oportunidades pastorales y los dos meses después de que él y Klaus hubiesen sido sentenciados a muerte no fueron para él sino una fase más elevada de discipulado. Había escrito sobre la gracia del martirio. Y el texto de su primer sermón había sido: «Así también vosotros, cuando hayáis hecho todo lo que os ha sido ordenado, decid: Siervos inútiles somos, pues lo que debíamos hacer, hicimos».

Resulta, quizás, significativo que tengamos pocas fotografías suyas; sentía aversión por los fotógrafos. Las mejores tomas de él en el círculo familiar, con aquellos a quienes pertenecía más íntimamente y que lo escoltaron hasta el final: los padres al juicio, los cuñados a los campos de concentración y un hermano a la muerte. Uno de los hogares más felices, libres y valientes de Alemania ha sido privado de sus hijos; es ahí donde se deben buscar las víctimas reales de esta guerra. Nos falta discurso y esperanza; no sabemos qué hacer. Pero no nos detengamos aquí, sino sigamos el texto: a ti volvemos nuestros ojos. En este giro de la búsqueda agonizante hacia el discipulado confiado se halla el secreto de Dietrich Bonhoeffer y su legado para nosotros. Uno puede estudiarlo desde el desarrollo de su estilo; desde los primeros análisis abstractos hasta las últimas páginas de *El seguimiento* va siendo cada vez más sencillo y más desahogado. Un crítico de *Schöpfung und Fall* [La creación y la caída] escribe: «Este centenar de páginas tiene más contenido que muchos tomos teológicos; cada palabra está sopesada y cada frase encaja». En su vida ocurrió lo mismo. El yugo que tomó fue fácil, y la carga de su Maestro ligera; la visión se aclaró cuando miró a Jesús, más allá de sí mismo. Lo que había escrito años antes sobre la esperanza cristiana se cumplía ahora: «Se convirtió en lo que fue —o más bien en lo que nunca fue—: un niño».

No sabemos qué hacer. Tras estas angustiosas semanas de incertidumbre que hemos soportado con ustedes, queridos Sabine y Gert, y con sus padres, sabemos menos que nunca cómo seguir adelante sin el consejo de nuestro hermano, sobre el que podíamos apoyarnos y que con tanta urgencia necesitó la iglesia en este tiempo. Hoy entendemos lo que Harnack comentó cuando Holl murió: «Con él, una parte de mi propia vida se va a la tumba». A pesar de todo: a ti volvemos nuestros ojos. Creemos en la comunión de los santos, el perdón de los pecados, la resurrección del cuerpo y la vida eterna. Damos gracias a Dios por la vida, el sufrimiento, el testimonio de nuestro hermano, de quien tuvimos el privilegio de ser amigos. Pedimos a Dios que nos guíe, también, por medio de su discipulado, desde este mundo hasta su reino celestial; que cumpla en nosotros esa otra palabra con la que Dietrich concluyó su obituario de Harnack: «*non potest non laetari qui sperat in Dominum*». «El que espera en Dios no puede sino regocijarse».[27]

Cuando el oficio acabó, Karl y Paula Bonhoeffer apagaron la radio.

NOTAS

CAPÍTULO 1: FAMILIA E INFANCIA

1. Eberhard Bethge, *Dietrich Bonhoeffer: A Biography*, rev. ed. (Minneapolis: Augsburg Fortress, 2000), p. 8.

2. Bethge, *Dietrich Bonhoeffer: A Biography*, p. 7.

3. Mary Bosanquet, *The Life and Death of Dietrich Bonhoeffer* (Nueva York: Harper and Row, 1968), p. 18.

4. Bosanquet, *The Life and Death of Dietrich Bonhoeffer*, p. 18.

5. Ibíd., p. 19.

6. Bethge, *Dietrich Bonhoeffer: A Biography*, p. 16.

7. Renate Bethge y Christian Gremmels, ed., *Dietrich Bonhoeffer: A Life in Pictures*, trad. ing. Brian McNeil (Minneapolis: Fortress Press, 2006), p. 22.

8. Bethge y Gremmels, *A Life in Pictures*, p. 24.

9. Bosanquet, *Life and Death of Bonhoeffer*, p. 24.

10. Wolf-Dieter Zimmermann y Ronald G. Smith, eds., *I Knew Dietrich Bonhoeffer*, trad. ing. Käthe Gregor Smith (Nueva York: Harper and Row, 1966), p. 25.

11. Ibíd.

12. Bosanquet, *Life and Death of Bonhoeffer*, p. 24.

13. Sabine Leibholz-Bonhoeffer, *The Bonhoeffers: Portrait of a Family* (Nueva York: St. Martin's Press, 1971), p. 37.

14. Bosanquet, *Life and Death of Bonhoeffer*, p. 29.

15. Ibíd., 29.

16. Bethge, *Dietrich Bonhoeffer: A Biography*, p. 21.

17. Ibíd., p. 22.

18. Ibíd., p. 17.

19. Leibholz-Bonhoeffer, *The Bonhoeffers*, p. 12.

20. Ibíd., p. 7.

21. Zimmermann y Smith, *I Knew Dietrich Bonhoeffer*, p. 37.

22. Leibholz-Bonhoeffer, *The Bonhoeffers*, p. 12.

23. Ibíd., p. 11.

24. Bethge, *Dietrich Bonhoeffer: A Biography*, p. 10.

25. Bosanquet, *Life and Death of Bonhoeffer*, p. 31.

26. Bethge, *Dietrich Bonhoeffer: A Biography*, p. 24.

27. Leibholz-Bonhoeffer, *The Bonhoeffers*, p. 7.

28. Ibíd., p. 8.

29. Ibíd., p. 8–9.

30. Zimmermann y Smith, *I Knew Dietrich Bonhoeffer*, p. 26.

31. Ibíd.

32. Leibholz-Bonhoeffer, *The Bonhoeffers*, p. 4.

33. Bosanquet, *Life and Death of Bonhoeffer*, p. 34.

34. Leibholz-Bonhoeffer, *The Bonhoeffers*, p. 5.

35. Bethge y Gremmels, *A Life in Pictures*, p. 24.

36. Zimmerman and Smith, *I Knew Dietrich Bonhoeffer*, p. 24.

37. Ibíd., p. 27–28.

38. Karl Bonhoeffer a Paul Jossmann, 1945.

39. Leibholz-Bonhoeffer, *The Bonhoeffers*, p. 21–22.

40. Ibíd., p. 22–23.

41. Christoph von Hase, entrevista de Martin Doblmeier, *Bonhoeffer: Pastor, Pacifist, Nazi Resister. A Documentary Film by Martin Doblmeier*, Universidad de Princeton, material inédito citado aquí con permiso del director.

42. *The Young Bonhoeffer: 1918–1927*, vol. 9, *Dietrich Bonhoeffer Works*, trad. y ed. ing. Hans Pfeiffer et al. (Nueva York: Fortress Press, 2002), p. 19.

43. *The Young Bonhoeffer*, p. 21.

44. Ibíd., pp. 21–22.

45. Ibíd., pp. 23–24.

46. Ibíd., p. 24.

47. Bethge, *Dietrich Bonhoeffer: A Biography*, p. 28.

48. Ibíd., p. 27.

49. Ibíd., p. 25.

50. Ibíd., p. 27.

51. Zimmerman y Smith, *I Knew Dietrich Bonhoeffer*, p. 29.

52. Ibíd., p. 35.

53. Ibíd., p. 35.

54. Ibíd.

55. Ibíd., p. 177.

56. Ibíd., p. 31.

57. *The Young Bonhoeffer*, p. 49.

58. Bethge, *Dietrich Bonhoeffer: A Biography*, p. 33.

59. *The Young Bonhoeffer*, p. 50.

CAPÍTULO 2: TUBINGA, 1923

1. Eberhard Bethge, *Dietrich Bonhoeffer: A Biography* rev. ed. (Minneapolis: Augsburg Fortress, 2000), p. 45.

2. Bethge, *Dietrich Bonhoeffer: A Biography*, p. 50.

3. Archilochus, citado en Isaiah Berlin, *The Hedgehog and the Fox: An Essay on Tolstoy's View of History* (Londres: Weidenfeld & Nicolson, 1953; Nueva York: Simon and Schuster, 1953; Nueva York: New American Library, 1957; Nueva York: Simon and Schuster, 1986).

4. *The Young Bonhoeffer: 1918–1927*, vol. 9, *Dietrich Bonhoeffer Works*, trad. y ed. ing. Hans Pfeifer et al. (Nueva York: Fortress Press, 2002), p. 60.

5. *The Young Bonhoeffer*, p. 70.

6. Ibíd.

7. Ibíd., p. 71.

8. Ibid, p. 72.

9. Mary Bosanquet, *The Life and Death of Dietrich Bonhoeffer* (Nueva York: Harper and Row, 1968), p. 21.

10. *The Young Bonhoeffer*, p. 78.

CAPÍTULO 3: VACACIONES EN ROMA, 1924

1. Eberhard Bethge, *Dietrich Bonhoeffer: A Biography*, rev. Ed. (Minneapolis: Augsburg Fortress, 2000), p. 57

2. *The Young Bonhoeffer: 1918–1927*, vol. 9, *Dietrich Bonhoeffer Works*, trad. y ed. Hans Pfeifer et al. (Nueva York: Fortress Press, 2002), p. 83.

3. *The Young Bonhoeffer*, p. 83.

4. Ibíd., p. 84.

5. Ibíd., p. 89.

6. Ibíd., p. 86.

7. Ibíd., p. 91.

8. Ibíd., p. 101.

9. Ibíd., p. 102.

10. Ibíd., p. 103.

11. Ibíd., p. 94.

12. Ibíd.

13. Ibíd., p. 89.

14. Ibíd., p. 88.

15. Ibíd., pp. 99–100.

16. Ibíd., pp. 88–89.

17. Ibíd., pp. 106–107.

18. Ibíd., p. 111.

19. Ibíd.

20. Ibíd., p. 93.

21. Ibíd., p. 107.

22. Ibíd., p. 108.

23. Ibíd., pp. 528–29.

CAPÍTULO 4: ESTUDIANTE EN BERLÍN, 1924–27

1. Eberhard Bethge, *Dietrich Bonhoeffer: Man of Vision, Man of Courage*, ed. Edwin Robertson (Nueva York: Harper and Row, 1970; Minneapolis: Augsburg Fortress, 2000), p. 44. Las citas son de la edición de Augsburgo [*Dietrich Bonhoeffer, teólogo, cristiano, hombre actual*. Bilbao: Desclée de Brouwer, 1970].

2. Bethge, *Man of Vision*, p. 45.

3. Eberhard Bethge, entrevista de Martin Doblmeier, *Bonhoeffer: Pastor, Pacifist, Nazi Resister. A documentary film by Martin Doblmeier*, Universidad de Princeton, material inédito citado aquí con permiso del director.

4. Ruth-Alice von Bismarck, entrevista con el autor, Hamburgo, Alemania, marzo del 2008.

5. Ruth-Alice von Bismarck y Ulrich Kabitz, eds. *Love Letters from Cell 92: The Correspondence Between Dietrich Bonhoeffer and Maria Von Wedemeyer, 1943–45,* trad. ing. John Brownjohn (Nueva York: Abingdon Press, 1995), p. 246 [*Cartas de amor desde la prisión* (Madrid: Trotta, 1998)].

6. Dietrich Bonhoeffer, *A Testament to Freedom: The Essential Writings of Dietrich Bonhoeffer,* ed. rev., eds. Geffrey B. Kelly y F. Burton Nelson (Nueva York: Harper One, 1995), p. 424.

7. *Barcelona, Berlin, New York: 1928–1931,* vol. 10, *Dietrich Bonhoeffer Works,* ed. Clifford J. Green, trad. Douglas W. Stott (Nueva York: Fortress Press, 2008), p. 57.

CAPÍTULO 5: BARCELONA, 1928

1. *Barcelona, Berlin, New York: 1928–1931,* vol. 10, *Dietrich Bonhoeffer Works,* ed. Clifford J. Green, trad. ing. Douglas W. Stott (Nueva York: Fortress Press, 2008), p. 58.

2. *Barcelona, Berlin, New York: 1928–1931,* p. 58.

3. Ibid,. p. 59

4. Ibíd.,

5. Ibíd., pp. 59–60.

6. Ibid,. p. 60

7. Ibíd., p. 62

8. Ibíd., p. 78

9. Ibíd., p. 118

10. Dietrich Bonhoeffer a Max Diestel, Barcelona, 18 de junio de 1928.

11. *Barcelona, Berlin, New York,* p. 83.

12. Ibid,. p. 89.

13. Ibíd., p. 147.

14. Klaus Bonhoeffer a sus padres, Tetuán, 5 mayo 1928.

15. Dietrich Bonhoeffer a Paula Bonhoeffer, Barcelona, 20 febrero 1928.

16. Dietrich Bonhoeffer a Walter Dress, Barcelona 13 marzo 1928.

17. Dietrich Bonhoeffer a Paula Bonhoeffer, Barcelona a 20 febrero 1928.

18. *Barcelona, Berlín, New York,* p. 127.

19. Ibíd., p. 110.

20. Ibíd., p. 127.

21. Ibíd., p. 112.

22. Ibíd., p. 112.

23. Ibíd., pp. 1527–31.

24. Ibíd., p. 127.

25. Ibíd., p. 343.

26. Ibíd.

27. Ibíd., p. 354.

28. Ibíd.

29. Ibíd.

30. Ibíd., p. 355.

31. Ibíd., p. 356.

32. Dietrich Bonhoeffer a Walter Dress, Barcelona, 1 septiembre 1928.

CAPÍTULO 6: BERLÍN, 1929

1. Eberhard Bethge, *Dietrich Bonhoeffer: A Biography*, rev. ed. (Minneapolis: Augsburg Fortress, 2000), p. 134

2. Bethge, *Dietrich Bonhoeffer: A Biography*, p. 129.

3. *Barcelona, Berlin, New York: 1928–1931*, vol. 10, *Dietrich Bonhoeffer Works*, ed. Clifford J. Green, trad. ing. Douglas W. Stott (Nueva York: Fortress Press, 2008), pp. 423–33.

4. Ibíd., p. 138.

5. Ibíd., p. 139.

6. *Barcelona, Berlin, New York*, p. 241.

7. Bethge, *Dietrich Bonhoeffer: A Biography*, pp. 130–31.

CAPÍTULO 7: BONHOEFFER EN ESTADOS UNIDOS, 1930–31

1. *Barcelona, Berlin, New York: 1928–1931*, vol. 10, *Dietrich Bonhoeffer Works*, ed. Clifford J. Green, trad. ing. Douglas W. Stott (Nueva York: Fortress Press, 2008), p. 243.

2. *Barcelona, Berlin, New York: 1928–1931*, pp. 265–66.

3. «Religion: Riverside Church», *Time*, 6 octubre 1930.

4. *Barcelona, Berlin, New York: 1928–1931*, p. 306.

5. Ibíd., pp. 306–07.

6. Ibíd., p. 308.

7. Ibíd., pp. 309–10.

8. Ibíd., p. 266.

9. Ibíd., p. 313.

10. Ibíd., pp. 313–14.

11. Adam Clayton Powell Sr., Harlem, Nueva York, noviembre 1927.

12. Dietrich Bonhoeffer a sus padres, Filadelfia, 1 diciembre 1930.

13. Ibíd., p. 258.

14. Ibíd., p. 293.

15. Eberhard Bethge, *Dietrich Bonhoeffer: A Biography*, rev. Ed. (Minneapolis: Augsburg Fortress, 2000), p. 151.

16. Mary Bosanquet, *The Life and Death of Dietrich Bonhoeffer* (Nueva York: Harper and Row, 1968), p. 89.

17. Dietrich Bonhoeffer a Max Diestel, Nueva York, 25 abril 1931.

18. Ruth-Alice von Bismarck y Ulrich Kabitz, eds. *Love Letters from Cell 92: The Correspondence Between Dietrich Bonhoeffer and Maria Von Wedemeyer, 1943–45*, trad. ing. John Brownjohn (Nueva York: Abingdon Press, 1995), p. 68 [*Cartas de amor desde la prisión* (Madrid: Trotta, 1998)].

19. *Barcelona, Berlin, New York: 1928–1931*, p. 269.

20. Ibíd., p. 293.

21. Bosanquet, *Life and Death of Dietrich Bonhoeffer*, p. 88.

22. *Barcelona, Berlin, Nueva York: 1928–1931*, pp. 294–95.

23. Edwin Robertson, *The Shame and the Sacrifice: The Life and Martyrdom of Dietrich Bonhoeffer* (Nueva York: Macmillan, 1988), p. 66.

24. Paul Lehmann a Jean Lasserre y Dietrich Bonhoeffer, telegrama, 19 mayo 1931.

25. *Barcelona, Berlin, New York: 1928–1931*, p. 304.

CAPÍTULO 8: BERLÍN, 1931–32

1. Dietrich Bonhoeffer a sus padres, Bonn, julio 1931.

2. Dietrich Bonhoeffer, *A Testament to Freedom: The Essential Writings of Dietrich Bonhoeffer*, ed. rev., eds. Geffrey B. Kelly y F. Burton Nelson (Nueva York: Harper One, 1995), p. 383.

3. Eberhard Bethge, *Dietrich Bonhoeffer: A Biography*, rev. ed. (Minneapolis: Augsburg Fortress, 2000), p. 178.

4. Bonhoeffer, *A Testament to Freedom*, p. 384.

5. *Berlin 1932–1933*, vol. 12, *Dietrich Bonhoeffer Works*, ed. Larry L. Rasmussen (Minneapolis: Augsburg Fortress, 2009), p. 439.

6. Bonhoeffer, *A Testament to Freedom*, pp. 425–25.

7. Wolf-Dieter Zimmermann y Ronald G. Smith, eds., *I Knew Dietrich Bonhoeffer*, trad. ing. Käthe Gregor Smith (Nueva York: Harper and Row, 1966), p. 60.

8. Zimmerman y Smith, *I Knew Dietrich Bonhoeffer*, p. 68.

9. Ibíd., p. 69.

10. Otto Dudzus, entrevistado por Martin Doblmeier *Bonhoeffer: Pastor, Pacifist, Nazi Resister. A documentary film by Martin Doblmeier*, Universidad de Princeton, material inédito citado aquí con permiso del director.

11. Inge Karding, entrevistada por Martin Doblmeier *Bonhoeffer: Pastor, Pacifist, Nazi Resister. A documentary film by Martin Doblmeier*, Universidad de Princeton, material inédito citado aquí con permiso del director.

12. Albert Schönherr, entrevistado por Martin Doblmeier *Bonhoeffer: Pastor, Pacifist, Nazi Resister. A documentary film by Martin Doblmeier*, Universidad de Princeton, material inédito citado aquí con permiso del director.

13. Zimmerman y Smith, *I Knew Dietrich Bonhoeffer*, pp. 64–65.

14. Inge Karding, entrevistado por Martin Doblmeier.

15. Ibíd.

16. Dietrich Bonhoeffer a Erwin Sutz, boda, noviembre 1931.

17. Bethge, *Dietrich Bonhoeffer: A Biography*, p. 226.

18. Dietrich Bonhoeffer a Erwin Sutz, boda, noviembre 1931.

19. Zimmerman y Smith, *I Knew Dietrich Bonhoeffer*, p. 57.

20. *No Rusty Swords: Letters, Lectures and Notes 1928–1936*, vol. 1, *Collected Works of Dietrich Bonhoeffer*, ed. Edwin H. Robertson, trad. ing. Edwin H. Robertson y John Bowden (Nueva York: Harper and Row, 1965), p. 151.

21. *No Rusty Swords*, p. 150.

22. Mary Bosanquet, *The Life and Death of Dietrich Bonhoeffer* (Nueva York: Harper and Row, 1965), p. 104.

23. Bethge, *Dietrich Bonhoeffer: A Biography*, pp. 228–29.

24. Bosanquet, *Life and Death of Dietrich Bonhoeffer*, p. 109.

CAPÍTULO 9: EL PRINCIPIO DEL FÜHRER, 1933

1. *No Rusty Swords: Letters, Lectures and Notes 1928–1936*, vol. 1, *Collected Works of Dietrich Bonhoeffer*, ed. Edwin H. Robertson, trad. ing. Edwin H. Robertson y John Bowden (Nueva York: Harper and Row, 1965), p. 195.

2. *No Rusty Swords*, p. 202.

3. Ibíd., pp. 203–204.

4. Richard Steigmann-Gall, *The Holy Reich; Nazi Conceptions of Christianity, 1919–1945* (Cambridge: Cambridge University Press, 2003), p. 115 [*El Reich sagrado: Concepciones nazis sobre el cristianismo, 1919–1945* (Madrid: Akal, 2007)].

5. Steigmann-Gall, *The Holy Reich*, p. 116.

6. Eberhard Bethge, *Dietrich Bonhoeffer: A Biography*, rev. Ed. (Minneapolis: Augsburg Fortress, 2000), p. 258.

7. Bethge, *Dietrich Bonhoeffer: A Biography*, p. 257.

8. Donald Moffitt, carta al editor, "Tunes With a Past", *Yale Alumni Magazine*, marzo 2000.

9. William L. Shirer, *The Rise and Fall of the Third Reich: A History of Nazi Germany* (Nueva York: Simon y Schuster, 1960), p. 47 [*Auge y caída del III Reich* (Barcelona: Planeta, 2011)].

10. Mary Bosanquet, *The Life and Death of Dietrich Bonhoeffer* (Nueva York: Harper and Row, 1965), p. 117.

11. Bethge, *Dietrich Bonhoeffer: A Biography*, p. 265.

12. "Germany: Göring Afraid?", *Time*, 13 noviembre 1933.

13. Shirer, *The Rise and Fall of the Third Reich*, p. 194.

CAPÍTULO 10: LA IGLESIA Y LA CUESTIÓN JUDÍA

1. Dietrich Bonhoeffer, "The Church and the Jewish Question", en *No Rusty Swords: Letters, Lectures and Notes 1928–1936* (Nueva York: Harper and Row, 1965), p. 226.

2. Sabine Leibholz-Bonhoeffer, *The Bonhoeffers: Portrait of a Family* (Nueva York: St. Martin's Press, 1971), p. 83.

3. Leibholz-Bonhoeffer, *The Bonhoeffers*, p. 84.

4. Eberhard Bethge, *Dietrich Bonhoeffer: A Biography*, rev. ed. (Minneapolis: Augsburg Fortress, 2000), 275–6.

5. Bethge, *Dietrich Bonhoeffer: A Biography*, p. 279.

6. Elizabeth Raum, *Dietrich Bonhoeffer: Called by God* (Nueva York: Simon y Schuster, 1960), p. 80.

7. Heinrich Heine, *Religion and Philosophy in Germany: A Fragment* (Londres: Trübner y Co., 1882), p. 177 [*Sobre la historia de la religión y la filosofía en Alemania* (Madrid: Alianza, 2008)].

CAPÍTULO 11: LA TEOLOGÍA NAZI

1. *Inside the Third Reich: Memoirs by Albert Speer*, trad. ing. Richard Winston y Clara Winston (Nueva York: MacMillan, 1970), pp. 114–15 [*Memorias* (Barcelona: Acantilado, 2008)].

2. *The Goebbels Diaries 1942–1943*, ed. Louis P. Lochner (Garden City, NY: Doubleday, 1948), p. 375.

3. *Inside the Third Reich*, p. 114.

4. Ibíd., pp. 147–48.

5. *The Complete Works of Friedrich Nietzsche*, ed. Oscar Levy, trad. ing. Thomas Common (Nueva York: MacMillan, 1911).

6. William L. Shirer, *The Rise and Fall of the Third Reich: A History of Nazi Germany* (Nueva York: Simon y Schuster, 1960), p. 100 [*Auge y caída del Tercer Reich* (Barcelona: Planeta, 2011)].

7. Hans B. Gisevius, *To the Bitter End: An Insider's Account of the Plot to Kill Hitler 1933–1944*, trad. ing. Richard Winston y Clara Winston (Nueva York: Da Capo Press, 1998), p. 189 [*Amargo final* (Barcelona: AHR, 1957)].

8. Adolfo Hitler citado en *Inside the Third Reich: Memoirs*, de Albert Speer (Nueva York: Simon y Schuster, 1970), p. 94.

9. Shirer, *The Rise and Fall of the Third Reich*, p. 240.

10. Ibíd.

11. Karl Barth, "Protestant Churches in Europe", *Foreign Affairs* 21 (1943), pp. 263–65.

12. Georg Schneider, *Our Faith: A Guide for German Christians* (Alemania: Instituto de investigación para la eliminación de la influencia judía en la vida de la iglesia alemana, 1940).

13. Doris L. Bergen, *Twisted Cross: The German Christian Movement in the Third Reich* (Chapel Hill, NC: University of North Carolina Press, 1996), p. 47.

14. Bergen, *Twisted Cross*, p. 68.

15. Ibíd., p. 158.

16. Ibíd., p. 103.

17. Ibíd., p. 148.

CAPÍTULO 12: COMIENZA LA LUCHA DE LA IGLESIA

1. Eberhard Bethge, *Dietrich Bonhoeffer: A Biography*, rev. ed. (Minneapolis: Augsburg Fortress, 2000), p. 286.

2. William L. Shirer, *The Rise and Fall of the Third Reich: A History of Nazi Germany* (Nueva York: Simon y Schuster, 1960), p. 238 [*Auge y caída del III Reich* (Barcelona: Planeta, 2011)].

3. Adolfo Hitler, "Concordant Between the Holy See and the German Reich [With Supplementary Protocol and Secret Supplement]", 20 julio 1933, trad. ing. Muriel Frasier, http://www.concordatwatch.eu/showkb.php?org_id=858&kb_header_id=752&kb_id=1211 (acceso obtenido junio 2012).

4. Adolph Hitler, "Concordant".

5. Bethge, *Dietrich Bonhoeffer: A Biography*, p. 301.

CAPÍTULO 13: LA CONFESIÓN DE BETHEL

1. Dietrich Bonhoeffer a Julie Tafel Bonhoeffer, Bethel, 20 agosto 1933.

2. *No Rusty Swords: Letters, Lectures and Notes 1928–1936*, vol. 1, *Collected Works of Dietrich Bonhoeffer*, ed. Edwin H. Robertson, trad. ing. Edwin H. Robertson y John Bowden (Nueva York: Harper and Row, 1965), p. 251.

3. Dietrich Bonhoeffer a Julie Tafel Bonhoeffer, Bethel, 20 agosto 1933.

4. Eberhard Bethge, *Dietrich Bonhoeffer: A Biography*, rev. ed. (Minneapolis: Augsburg Fortress, 2000), p. 286.

5. Dietrich Bonhoeffer, *A Testament to Freedom: The Essential Writings of Dietrich Bonhoeffer*, ed. rev., eds. Geffrey B. Kelly y F. Burton Nelson (Nueva York: Harper One, 1995), p. 419.

6. Wolf-Dieter Zimmermann y Ronald G. Smith, eds. *I Knew Dietrich Bonhoeffer*, trad. ing. Käthe Gregor Smith (Nueva York: Harper and Row, 1966), p. 129.

7. Bethge, *Dietrich Bonhoeffer: A Biography*, pp. 308–9.

8. Ibíd., p. 312.

9. Ibíd., p. 315.

10. Ibíd., p. 315.

11. Ibíd., p. 323.

12. William L. Shirer, *The Rise and Fall of the Third Reich: A History of Nazi Germany* (Nueva York: Simon y Schuster, 1960), p. 211 [*Auge y caída del III Reich* (Barcelona: Planeta, 2011)].

13. Doris L. Bergen, *Twisted Cross: The German Christian Movement in the Third Reich* (Chapel Hill, NC: University of North Carolina Press, 1996), p. 145.

CAPÍTULO 14: BONHOEFFER EN LONDRES, 1934–35

1. Dietrich Bonhoeffer, *A Testament to Freedom: The Essential Writings of Dietrich Bonhoeffer*, ed. rev., eds. Geffrey B. Kelly y F. Burton Nelson (Nueva York: Harper One, 1995), p. 411.

2. *London: 1933–1935*, vol. 13, *Dietrich Bonhoeffer Works*, ed. Keith Clements, trad. ing. Isabel Best (Nueva York: Fortress Press, 2007), p. 135.

3. Ibíd., p. 23.

4. Ibíd., pp. 39–41.

5. Amos Cresswell y Maxwell Tow, *Dr. Franz Hildebrandt: Mr. Valiant for Truth* (Grand Rapids, Smyth y Helwys, 2000), p. 52–53.

6. Wolf-Dieter Zimmerman y Ronald G. Smith, eds., *I Knew Dietrich Bonhoeffer*, trad. ing. Käthe Gregor Smith (Nueva York: Harper and Row, 1966), p. 78.

7. Amos Cresswell y Maxwell Tow, *Dr. Franz Hildebrandt: Mr. Valiant for Truth* (Grand Rapids: Smyth and Helwys, 2000), p. 122.

8. Dietrich Bonhoeffer a Gerhard y Sabine Leibholz, Londres, 23 noviembre 1933.

CAPÍTULO 15: SE CALDEA LA BATALLA DE LA IGLESIA

1. Eberhard Bethge, *Dietrich Bonhoeffer: A Biography*, rev. ed. (Minneapolis: Augsburg Fortress, 2000), p. 341.

2. Bethge, *Dietrich Bonhoeffer: A Biography*, p. 344.

3. *London: 1933–1935*, vol. 13, *Dietrich Bonhoeffer Works*, ed. Keith Clements, trad. ing. Isabel Best (Nueva York: Fortress Press, 2007), p. 349.

4. *London*, p. 350.

5. Ibíd., pp. 351–53.

6. Ibíd.

7. James Bentley, *Martin Niemöller: 1892–1984* (Nueva York: Free Press, 1984), p. 86.

8. Theodore Heckel a las congregaciones y pastores alemanes en el extranjero, Berlín-Charlottenburg, 31 enero 1934.

9. *London*, p. 97–98.

10. Friedrich Wehrhan, Julius Rieger, Gustav Schönberger, Dietrich Bonhoeffer, Memorándum de los pastores en Londres, Londres, 5 febrero 1934.

11. Bethge, *Dietrich Bonhoeffer: A Biography*, pp. 348–50.

12. *London*, pp. 118–19.

13. Ibíd., p. 120.

14. Ibíd., pp. 126–27.

15. Ibíd., 129

16. Ibíd., pp. 134–35.

17. Ibíd., p. 144–45.

18. Ibíd., p. 151–52.

19. Doctrina teológica de Barmen, 29–30 mayo 1934.

20. Ibíd., p. 175.

21. Ibíd., pp. 179–80.

22. Joachim Fest, *Plotting Hitler's Death: The German Resistance to Hitler 1933–1945*, trad. ing. Bruce Little (Nueva York: Metropolitan Books, 1996), p. 26.

23. William L. Shirer, *The Rise and Fall of the Third Reich: A History of Nazi Germany* (Nueva York: Simon y Schuster, 1960), p. 226 [*Auge y caída del III Reich* (Barcelona: Planeta, 2011)].

24. Inge Karding, entrevistada por Martin Doblmeier, *Bonhoeffer: Pastor, Pacifist, Nazi Resister. A documentary film by Martin Doblmeier*, Universidad de Princeton, material inédito citado aquí con permiso del director.

25. Alice von Hildebrand, *The Soul of a Lion: Dietrich von Hildebrand: A Biography* (San Francisco: Ignatius Press, 2000), p. 255.

26. Fest, *Plotting Hitler's Death*, p. 56.

CAPÍTULO 16: LA CONFERENCIA EN FANØ

1. *London: 1933–1935*, vol. 13, *Dietrich Bonhoeffer Works*, ed. Keith Clements, trad. ing. Isabel Best (Nueva York: Fortress Press, 2007), pp. 191–92.

2. *Barcelona, Berlin, New York: 1928–1931*, vol. 10, *Dietrich Bonhoeffer Works*, ed. Clifford J. Green, trad. ing. Douglas W. Stott (Nueva York: Fortress Press, 2008), p. 201.

3. Wolf-Dieter Zimmerman y Ronald G. Smith, eds., *I Knew Dietrich Bonhoeffer*, trad. ing. Käthe Gregor Smith (Nueva York: Harper and Row, 1966), p. 91.

4. Ibíd., p. 91.

5. Eberhard Bethge, *Dietrich Bonhoeffer: A Biography*, rev. ed. (Minneapolis: Augsburg Fortress, 2000), p. 479.

6. *London*, pp. 308–09.

7. Bethge, *Dietrich Bonhoeffer: A Biography*, p. 388.

8. «German Church and State», *London Times*, 27 agosto 1934.

9. Bethge, *Dietrich Bonhoeffer: A Biography*, p. 385.

10. Sabine Leibholz-Bonhoeffer, *The Bonhoeffers: Portrait of a Family* (Nueva York: St. Martin's Press, 1971), p. 88.

11. Bethge, *Dietrich Bonhoeffer: A Biography*, p. 392.

CAPÍTULO 17: EL CAMINO A ZINGST Y FINKENWALDE

1. *London: 1933–1935*, vol. 13, *Dietrich Bonhoeffer Works*, ed. Keith Clements, trad. ing. Isabel Best (Nueva York: Fortress Press, 2007), p. 217.

2. *London*, p. 396.

3. *London*, p. 152.

4. Ibíd., p. 217–18.

5. Ibíd., p. 218.

6. Hanna Arendt, *Eichmann in Jerusalem: A Report on the Banality of Evil* (Nueva York: Viking, 1965).

7. "Foreign News: Meisser v. Müller", *Time*, 22 octubre 1934.

8. Eberhard Bethge, *Dietrich Bonhoeffer: A Biography*, rev. ed. (Minneapolis: Augsburg Fortress, 2000), p. 394.

9. Bethge, *Dietrich Bonhoeffer: A Biography*, p. 395.

10. *London*, p. 396.

11. Ibíd., pp. 248–49.

12. Ibíd., pp. 252–53.

13. Ibíd., pp. 253–54.

14. Ibíd., pp. 254–55.

15. Ibíd., pp. 266–67.

16. Bethge, *Dietrich Bonhoeffer: A Biography*, p. 408.

17. *London*, pp. 229–30.

18. Ibíd., p. 284.

CAPÍTULO 18: ZINGST Y FINKENWALDE

1. Eberhard Bethge, entrevistado por Martin Doblmeier *Bonhoeffer: Pastor, Pacifist, Nazi Resister. A documentary film by Martin Doblmeier*, Universidad de Princeton, material inédito citado aquí con permiso del director.

2. Eberhard Bethge, *Dietrich Bonhoeffer: A Biography*, rev. ed. (Minneapolis: Augsburg Fortress, 2000), p. 426.

3. Bethge, *Dietrich Bonhoeffer: A Biography*, p. 427.

4. Eberhard Bethge, entrevistado por Martin Doblmeier.

5. Bethge, *Dietrich Bonhoeffer: A Biography*, p. 429.

6. Eberhard Bethge, *Friendship and Resistance: Essays on Dietrich Bonhoeffer* (Grand Rapids: Eerdmans, 1995), p. 5.

7. Albert Schönherr, entrevistado por Martin Doblmeier *Bonhoeffer: Pastor, Pacifist, Nazi Resister. A documentary film by Martin Doblmeier*, Universidad de Princeton, material inédito citado aquí con permiso del director.

8. Schönherr, entrevistado por Martin Doblmeier.

9. Wolf-Dieter Zimmerman y Ronald G. Smith, eds., *I Knew Dietrich Bonhoeffer*, trad. ing. Käthe Gregor Smith (Nueva York: Harper and Row, 1966), p. 107.

10. *The Way to Freedom: Letters, Lectures and Notes 1935–1939*, vol.2, *Collected Works of DietrichBonhoeffer*, ed. Edwin H. Robertson, trad. ing. Edwin H. Robertson y John Bowden (Nueva York: Harper and Row, 1965), pp. 121–22.

11. Schönherr, entrevistado por Martin Doblmeier.

12. Eberhard Bethge, *Friendship and Resistance*, p. 5.

13. Schönherr, entrevistado por Martin Doblmeier.

14. Dietrich Bonhoeffer, *A Testament to Freedom: The Essential Writings of Dietrich Bonhoeffer*, ed. rev., eds. Geffrey B. Kelly y F. Burton Nelson (Nueva York: Harper One, 1995), pp. 431–32.

15. Bethge, *Dietrich Bonhoeffer: A Biography*, p. 443.

16. Ibíd., p. 234.

17. Ibíd., p. 442.

18. Zimmerman y Smith, *I Knew Dietrich Bonhoeffer*, p. 134.

19. Ibíd., p. 72.

20. *Letters and Papers from Prison*, vol. 8, *Dietrich Bonhoeffer Works*, ed. John W. Degruchy (Minneapolis: Augsburg Fortress, 2010), p. 276 [*Resistencia y sumisión: Cartas y apuntes desde el cautiverio* (Salamanca: Sigueme, 1983)].

21. *Letters and Papers from Prison*, p. 189.

22. Ruth-Alice von Bismarck y Ulrich Kabitz, eds. *Love Letters from Cell 92: The Correspondence Between Dietrich Bonhoeffer and Maria Von Wedemeyer, 1943–45*, trad. ing. John Brownjohn

(Nueva York: Abingdon Press, 1995), p. 306 [*Cartas de amor desde la prisión* (Madrid: Trotta, 1998)].

23. Ruth-Alice von Bismarck, entrevista con el autor, Hamburgo, Alemania, marzo 2008.

CAPÍTULO 19: ESCILA Y CARIBDIS, 1935–36

1. Eberhard Bethge, *Dietrich Bonhoeffer: A Biography*, rev. ed. (Minneapolis: Augsburg Fortress, 2000), p. 607.

2. Albert Schönherr, entrevistado por Martin Doblmeier *Bonhoeffer: Pastor, Pacifist, Nazi Resister. A documentary film by Martin Doblmeier*, Universidad de Princeton, material inédito citado aquí con permiso del director.

3. Bethge, *Dietrich Bonhoeffer: A Biography*, p. 483.

4. Alemania, *Nuremberg Laws*, 15 septiembre 1935.

5. Sabine Leibholz-Bonhoeffer, *The Bonhoeffers: Portrait of a Family* (Nueva York: St. Martin's Press, 1971), p. 90.

6. Bethge, *Dietrich Bonhoeffer: A Biography*, p. 490.

7. Leibholz-Bopnhoeffer, *The Bonhoeffers*, p. 83.

8. Wolf-Dieter Zimmerman y Ronald G. Smith, eds., *I Knew Dietrich Bonhoeffer*, trad. ing. Käthe Gregor Smith (Nueva York: Harper and Row, 1966), pp. 152–53.

9. Bethge, *Dietrich Bonhoeffer: A Biography*, p. 510.

10. Ibíd., p. 512.

11. Ibíd.

12. *The Way to Freedom: Letters, Lectures and Notes 1935–1939*, vol.2, *Collected Works of DietrichBonhoeffer*, ed. Edwin H. Robertson, trad. ing. Edwin H. Robertson y John Bowden (Nueva York: Harper and Row, 1965), pp. 90–91.

13. Bethge, *Dietrich Bonhoeffer: A Biography*, p. 522–23.

14. *The Way to Freedom*, p. 110.

15. Bethge, *Dietrich Bonhoeffer: A Biography*, p. 536.

16. Ibíd., p. 539.

17. Garth Lean, *On the Tail of a Comet: The Life of Frank Buchman, a Small Town American Who Awakened the Conscience of the World* (Nueva York: Concordia House, 2002), p. 235.

18. Bethge, *Dietrich Bonhoeffer: A Biography*, p. 542.

19. Ibíd., p. 544.

20. Ibíd.

21. Ibíd.

22. *The Way to Freedom*, p. 149.

23. Ibíd., p. 151.

24. James Bentley, *Martin Niemöller: 1892–1984* (Nueva York: Free Press, 1984), p. 129.

25. Bethge, *Dietrich Bonhoeffer: A Biography*, p. 577.

26. Ibíd., pp. 582–23.

27. Ruth von Kleist-Retzow a Werner Koch, Klein-Krösin, 1937.

28. Amos Cresswell y Maxwell Tow, *Dr. Franz Hildebrandt: Mr. Valiant for Truth* (Grand Rapids, Smyth y Helwys, 2000), p. 78.

29. Cresswell y Tow, *Dr. Franz Hildebrandt: Mr. Valiant for Truth*, p. 79.

30. Bethge, *Dietrich Bonhoeffer: A Biography*, p. 591.

31. Mary Bosanquet, *The Life and Death of Dietrich Bonhoeffer* (Nueva York: Harper and Row, 1965), p. 192.

32. Bosanquet, *Life and Death of Dietrich Bonhoeffer*, pp. 193–4.

33. Bethge, *Dietrich Bonhoeffer: A Biography*, p. 591

34. Ibíd.

35. Ibíd., pp. 591–592.

CAPÍTULO 20: LA ASCENSIÓN DE MARTE, 1938

1. Hans B. Gisevius, *To the Bitter End: An Insider's Account of the Plot to Kill Hitler 1933–1944*, trad. ing. Richard Winston y Clara Winston (Nueva York: Da Capo Press, 1998), p. 363 [*Amargo final* (Barcelona: AHR, 1957)].

2. Gisevius, *To the Bitter End*, p. 283.

3. Joachim Fest, *Plotting Hitler's Death: The German Resistance to Hitler 1933–1945*, trad. ing. Bruce Little (Nueva York: Metropolitan Books, 1996), p. 86.

4. William L. Shirer, *The Rise and Fall of the Third Reich: A History of Nazi Germany* (Nueva York: Simon y Schuster, 1960), pp. 314–16 [*Auge y caída del III Reich* (Barcelona: Planeta, 2011)].

5. Lothar Machtan, *The Hidden Hitler*, trad. ing. John Brownjohn y Susanne Ehlert (Nueva York: Basic Books, 2001) [*El secreto de Hitler* (Barcelona: Planeta, 2001)].

6. Fest, *Plotting Hitler's Death*, p. 77.

7. Ibíd., p. 26.

8. Shirer, *The Rise and Fall of the Third Reich*, pp. 317–19.

9. Fest, *Plotting Hitler's Death*, p. 62.

10. Eberhard Bethge, *Dietrich Bonhoeffer: A Biography*, rev. ed. (Minneapolis: Augsburg Fortress, 2000), p. 599.

11. Bethge, *Dietrich Bonhoeffer: A Biography*, 600.

12. Ibíd., p. 602.

13. Ruth-Alice von Bismarck y Ulrich Kabitz, eds. *Love Letters from Cell 92: The Correspondence Between Dietrich Bonhoeffer and Maria Von Wedemeyer, 1943–45*, trad. ing. John Brownjohn (Nueva York: Abingdon Press, 1995), p. 298 [*Cartas de amor desde la prisión* (Madrid: Trotta, 1998)].

14. Sabine Leibholz-Bonnhoeffer, *The Bonhoeffers: Portrait of a Family* (Nueva York: St. Martin's Press, 1971), p. 92.

15. Leibholz-Bopnhoeffer, *The Bonhoeffers*, pp. 97–100.

16. Bethge, *Dietrich Bonhoeffer: A Biography*, p. 606.

17. Shirer, *The Rise and Fall of the Third Reich*, pp. 424–26.

18. Eberhard Bethge, entrevistado por Martin Doblmeier *Bonhoeffer: Pastor, Pacifist, Nazi Resister. A documentary film by Martin Doblmeier*, Universidad de Princeton, material inédito citado aquí con permiso del director.

19. Dietrich Bonhoeffer, *A Testament to Freedom: The Essential Writings of Dietrich Bonhoeffer*, ed. rev., eds. Geffrey B. Kelly y F. Burton Nelson (Nueva York: Harper One, 1995), p. 442.

20. Wolf-Dieter Zimmerman y Ronald G. Smith, eds., *I Knew Dietrich Bonhoeffer*, trad. ing. Käthe Gregor Smith (Nueva York: Harper and Row, 1966), pp. 153–54.

21. *The Way to Freedom: Letters, Lectures and Notes 1935–1939*, vol.2, *Collected Works of Dietrich Bonhoeffer*, ed. Edwin H. Robertson, trad. ing. Edwin H. Robertson y John Bowden (Nueva York: Harper and Row, 1965), pp. 199–200.

22. Renate Bethge, *Dietrich Bonhoeffer: A Brief Life* (Nueva York: Fortress, 2006), p. 40 [*Dietrich Bonhoeffer esbozo de una vida* (Salamanca: Sígueme, 2004)].

CAPÍTULO 21: LA GRAN DECISIÓN, 1939

1. Dietrich Bonhoeffer, *A Testament to Freedom: The Essential Writings of Dietrich Bonhoeffer*, ed. rev., eds. Geffrey B. Kelly y F. Burton Nelson (Nueva York: Harper One, 1995), pp. 479–80.
2. Bonhoeffer, *A Testament to Freedom*, p. 468.
3. Eberhard Bethge, *Dietrich Bonhoeffer: A Biography*, rev. ed. (Minneapolis: Augsburg Fortress, 2000).
4. Bethge, *Dietrich Bonhoeffer: A Biography*, p. 646.
5. Edwin Robertson, *The Shame and the Sacrifice: The Life and Martyrdom of Dietrich Bonhoeffer* (Nueva York: MacMillan, 1988), p. 164.
6. Bethge, *Dietrich Bonhoeffer: A Biography*, p. 648.
7. Ibíd.
8. *The Way to Freedom: Letters, Lectures and Notes 1935–1939*, vol.2, *Collected Works of Dietrich Bonhoeffer*, ed. Edwin H. Robertson, trad. ing. Edwin H. Robertson y John Bowden (Nueva York: Harper and Row, 1965), p. 212.
9. *The Way to Freedom*, p. 222.
10. Wolf-Dieter Zimmerman y Ronald G. Smith, eds., *I Knew Dietrich Bonhoeffer*, trad. ing. Käthe Gregor Smith (Nueva York: Harper and Row, 1966), p. 166.
11. Otto Dudzus, entrevistado por Martin Doblmeier *Bonhoeffer: Pastor, Pacifist, Nazi Resister. A documentary film by Martin Doblmeier*, Universidad de Princeton, material inédito citado aquí con permiso del director.
12. *The Way to Freedom*, pp. 213–216.
13. Ibíd., pp. 216–17.
14. Ibíd., p. 227.
15. Ibíd.
16. "Religion Protagonist", *Time*, 15 noviembre 1926.
17. Ibíd., p. 228.
18. Ibíd.
19. Ibíd., p. 228–29.
20. Ibíd., p. 229.
21. Ibíd.
22. Bonhoeffer, *A Testament to Freedom*, p. 477–78.
23. *The Way to Freedom*, p. 229.
24. Ibíd., p. 230.
25. Ibíd., p. 230–31.
26. Ibíd., p. 231.
27. Ibíd.
28. Ibíd.
29. Ibíd.
30. Ibíd., p. 231–32.
31. Ibíd., p. 232.
32. Ibíd., p. 233.
33. Ibid

34. Zimmerman y Smith, *I Knew Dietrich Bonhoeffer*, p. 93.
35. *The Way to Freedom*, pp. 233–34.
36. Ibíd., p. 234.
37. Ibíd., pp. 234–35.
38. Ibíd., p. 235.
39. Ibíd., p. 236
40. Ibíd.
41. Ibíd.
42. Ibíd.
43. Ibíd., p. 237
44. Ibíd.
45. Ibíd.
46. Ibíd., pp. 237–38.
47. Ibíd., p. 238.
48. Ibíd., pp. 238–39.
49. Ibíd., pp. 225–25
50. Ibíd., p. 226.
51. Ibíd., p. 239.
52. Mary Bosanquet, *The Life and Death of Dietrich Bonhoeffer* (Nueva York: Harper and Row, 1965), pp. 215–16.
53. *The Way to Freedom*, pp. 239–40.
54. Ibíd., p. 240.
55. Ibíd., pp. 240–41.
56. Ibíd., p. 241.
57. Bosanquet, *Life and Death of Dietrich Bonhoeffer*, p. 216.
58. *The Way to Freedom*, p. 241.
59. Bosanquet, *Life and Death of Dietrich Bonhoeffer*, p. 217–18.
60. *The Way to Freedom*, p. 247.
61. Zimmerman y Smith, *I Knew Dietrich Bonhoeffer*, pp. 158–60.

CAPÍTULO 22: EL FIN DE ALEMANIA

1. Victor, George, *Hitler: The Pathology of Evil* (Dulles, VA: Brassey's, 1998), p. 184.
2. William L. Shirer, *The Rise and Fall of the Third Reich: A History of Nazi Germany* (Nueva York: Simon y Schuster, 1960), pp. 594–95 [*Auge y caída del III Reich* (Barcelona: Planeta, 2011)].
3. Shirer, *The Rise and Fall of the Third Reich*, p. 596.
4. Dietrich Bonhoeffer, *A Testament to Freedom: The Essential Writings of Dietrich Bonhoeffer*, ed. rev., eds. Geffrey B. Kelly y F. Burton Nelson (Nueva York: Harper One, 1995), p. 445.
5. Albert Schönherr, entrevistado por Martin Doblmeier *Bonhoeffer: Pastor, Pacifist, Nazi Resister. A documentary film by Martin Doblmeier*, Universidad de Princeton, material inédito citado aquí con permiso del director.
6. Shirer, *The Rise and Fall of the Third Reich*, pp. 661–62.
7. Joachim Fest, *Plotting Hitler's Death: The German Resistance to Hitler 1933–1945*, trad. ing. Bruce Little (Nueva York: Metropolitan Books, 1996), p. 116.
8. Fest, *Plotting Hitler's Death*, p. 114.

9. Ibíd., pp. 115, 117.

10. Ibíd., p. 118.

11. Victoria Barnett, *For the Soul of the People: Protestant Protest Against Hitler* (Nueva York: Oxford UP, 1992), p. 107.

12. Shirer, *The Rise and Fall of the Third Reich*, p. 641.

13. Ibíd., p. 643.

14. Ibíd., p. 347.

CAPÍTULO 23: DE LA CONFESIÓN A LA CONSPIRACIÓN

1. Emmi Bonhoeffer, entrevista por Trinity Films, *Dietrich Bonhoeffer Memoires and Perspectives*, distribuida por Vision Video.

2. Eberhard Bethge, *Friendship and Resistance: Essays on Dietrich Bonhoeffer* (Grand Rapids: Eerdmans, 1995), p. 24.

3. Eberhard Bethge, *Dietrich Bonhoeffer: A Biography*, rev. ed. (Minneapolis: Augsburg Fortress, 2000), p. 681.

4. Christian Gremmels, entrevistado por Martin Doblmeier *Bonhoeffer: Pastor, Pacifist, Nazi Resister. A documentary film by Martin Doblmeier*, Universidad de Princeton, material inédito citado aquí con permiso del director.

5. *Ethics*, vol. 6, *Dietrich Bonhoeffer Works*, ed. Clifford J. Green, trad. ing. Douglas W. Stott (Nueva York: Augsburg Fortress, 2008), pp. 88–89 [*Ética* (Madrid: Trotta, 2000)].

6. Bethge, *Dietrich Bonhoeffer: A Biography*, pp. 682–84.

7. *Conspiracy and Imprisonment: 1940–1945*, vol. 16, *Dietrich Bonhoeffer Works*, ed. Mark S. Brocker, trad. ing. Lisa E. Dahill con Douglas W. Stott (Nueva York: Augsburg Fortress, 2006), p. 601.

8. *Conspiracy and Imprisonment*, p. 606.

9. Ibíd., pp. 605–606.

10. *Ethics*, pp. 360–61.

11. Joachim Fest, *Plotting Hitler's Death: The German Resistance to Hitler 1933–1945*, trad. ing. Bruce Little (Nueva York: Metropolitan Books, 1996), p. 138.

12. *Life Together Prayerbook of the Bible*, vol. 5, *Dietrich Bonhoeffer Works*, ed. Geffrey B. Kelly, trad. ing. Daniel W. Bloesch (Minneapolis: Fortress, 2005), p. 143.

13. *Life Together*, pp. 155–56.

14. Ibíd.

15. *Conspiracy and Imprisonment*, p. 86.

16. Ibíd., p. 87.

17. Dietrich Bonhoeffer a Eberhard Bethge, Munich, 29 noviembre 1940.

18. *Conspiracy and Imprisonment*, p. 106.

19. Ibíd., pp. 109–10.

20. Ibíd., p. 96.

21. Ibíd., p. 114.

22. Ibíd., p. 113.

23. Ibíd., p. 115.

24. Ibíd., p. 128.

25. Ibíd., p. 136.

26. Bethge, *Dietrich Bonhoeffer: A Biography*, p. 728.

27. *Conspiracy and Imprisonment*, p. 190.

28. Bethge, *Dietrich Bonhoeffer: A Biography*, p. 24.

29. *Conspiracy and Imprisonment*, p. 186.

CAPÍTULO 24: EL COMPLOT CONTRA HITLER

1. "Walther von Brauchitsch", Wikipedia, http://en.wikipedia.org/wiki/Walther_von_ Brauchitsch (acceso obtenido junio 2012).

2. Joachim Fest, *Plotting Hitler's Death: The German Resistance to Hitler 1933–1945*, trad. ing. Bruce Little (Nueva York: Metropolitan Books, 1996), p. 171.

3. Fest, *Plotting Hitler's Death*, p. 175.

4. Ibíd., p. 168.

5. *Conspiracy and Imprisonment: 1940–1945* vol. 16, *Dietrich Bonhoeffer Works*, ed. Mark S. Brocker, trad. ing. Lisa E. Dahill con Douglas W. Stott (Nueva York: Fortress, 2006), pp. 207–08.

6. Eberhard Bethge, *Dietrich Bonhoeffer: A Biography*, rev. ed. (Minneapolis: Augsburg Fortress, 2000), p. 703.

7. Bethge, *Dietrich Bonhoeffer: A Biography*, p. 704.

8. Ibíd., p. 705.

9. *Conspiracy and Imprisonment*, p. 241.

10. Ibíd., p. 244.

11. Ibíd., p. 245.

12. Wolf-Dieter Zimmerman y Ronald G. Smith, eds., *I Knew Dietrich Bonhoeffer*, trad. ing. Käthe Gregor Smith (Nueva York: Harper and Row, 1966), pp. 167–68.

13. Bethge, *Dietrich Bonhoeffer: A Biography*, p. 738.

14. Ibíd., p. 740.

15. Mary Bosanquet, *The Life and Death of Dietrich Bonhoeffer* (Nueva York: Harper and Row, 1965), p. 229.

16. Fest, *Plotting Hitler's Death*, p. 179.

17. Ibíd., p. 180.

18. Eberhard Bethge, *Friendship and Resistance: Essays on Dietrich Bonhoeffer* (Grand Rapids: Eerdmans, 1995), p. 54.

19. William L. Shirer, *The Rise and Fall of the Third Reich: A History of Nazi Germany* (Nueva York: Simon y Schuster, 1960), p. 861–64 [*Auge y caída del III Reich* (Barcelona: Planeta, 2011)].

20. Hans B. Gisevius, *To the Bitter End: An Insider's Account of the Plot to Kill Hitler 1933–1944*, trad. ing. Richard Winston y Clara Winston (Nueva York: Da Capo Press, 1998), p. 435 [*Amargo final* (Barcelona: AHR, 1957)].

CAPÍTULO 25: BONHOEFFER LOGRA UNA VICTORIA

1. *Conspiracy and Imprisonment: 1940–1945* vol. 16, *Dietrich Bonhoeffer Works*, ed. Mark S. Brocker, trad. ing. Lisa E. Dahill con Douglas W. Stott (Nueva York: Augsburg Fortress, 2006), p. 267; Helmut von Moltke a su esposa, 15 abril 1942.

2. Eberhard Bethge, *Dietrich Bonhoeffer: A Biography*, rev. ed. (Minneapolis: Augsburg Fortress, 2000), p. 754

3. Wolf-Dieter Zimmerman y Ronald G. Smith, eds., *I Knew Dietrich Bonhoeffer*, trad. ing. Käthe Gregor Smith (Nueva York: Harper and Row, 1966), pp. 169–70.

4. *Conspiracy and Imprisonment*, p. 327.

5. Ibíd., p. 322.

6. Ibíd., 300; Obispo Bell, notas de su diario con respecto a la reunión con Bonhoeffer en Sigtuna.

7. Bethge, *Dietrich Bonhoeffer: A Biography*, p. 761.

8. *Conspiracy and Imprisonment*, pp. 312–13.

9. Ibíd., pp. 311–12.

10. Ibíd., pp. 318

11. Bethge, *Dietrich Bonhoeffer: A Biography*, p. 764

12. Ibíd.

13. *Conspiracy and Imprisonment*, p. 347–48.

14. Bethge, *Dietrich Bonhoeffer: A Biography*, p. 763.

15. Joachim Fest, *Plotting Hitler's Death: The German Resistance to Hitler 1933–1945*, trad. ing. Bruce Little (Nueva York: Metropolitan Books, 1996), p. 78–79.

16. *Conspiracy and Imprisonment*, p. 349.

CAPÍTULO 26: BONHOEFFER ENAMORADO

1. Ruth-Alice von Bismarck y Ulrich Kabitz, eds. *Love Letters from Cell 92: The Correspondence Between Dietrich Bonhoeffer and Maria Von Wedemeyer, 1943–45*, trad. ing. John Brownjohn (Nueva York: Abingdon Press, 1995), p. 330 [*Cartas de amor desde la prisión* (Madrid: Trotta, 1998)].

2. Bismarck y Kabitz, *Love Letters from Cell 92*, p. 291.

3. Ibíd., pp. 291–92.

4. *Conspiracy and Imprisonment: 1940–1945*, vol. 16, *Dietrich Bonhoeffer Works*, ed. Mark S. Brocker, trad. ing. Lisa E. Dahill con Douglas W. Stott (Nueva York: Fortress, 2006), p. 328.

5. *Conspiracy and Imprisonment*, pp. 220–21.

6. Ibíd., pp. 329–30.

7. Bismarck y Kabitz, *Love Letters from Cell 92*, p. 298.

8. *Conspiracy and Imprisonment*, pp. 350–51.

9. Ibíd., pp. 351–52.

10. Ibíd., p. 331.

11. Ibíd., p. 365.

12. Bismarck y Kabitz, *Love Letters from Cell 92*, pp. 331–32.

13. Ibíd., p. 332.

14. Ibíd., pp. 332–33.

15. *Conspiracy and Imprisonment*, pp. 366–67.

16. Ibíd., pp. 369–70.

17. Ibíd., pp. 370–71.

18. Ibíd., p. 373.

19. Ibíd., pp. 373–74.

20. Ibíd., pp. 374–75.

21. Ibíd., p. 375.

22. Bismarck y Kabitz, *Love Letters from Cell 92*, p. 336.

23. Ibíd., p. 337.

24. Ibíd.

25. Ibíd., pp. 337–38.

26. *Conspiracy and Imprisonment*, pp. 383–84.

27. Ibíd., p. 386.

28. Ibíd., p. 387.

29. Ibíd., p. 390.

CAPÍTULO 27: ASESINAR A ADOLFO HITLER

1. Ruth-Alice von Bismarck, entrevista con el autor, Hamburgo, Alemania, marzo 2008.

2. Wolf-Dieter Zimmerman y Ronald G. Smith, eds., *I Knew Dietrich Bonhoeffer*, trad. ing. Käthe Gregor Smith (Nueva York: Harper and Row, 1966), p. 182.

3. Zimmerman y Smith, *I Knew Dietrich Bonhoeffer*, pp. 190–92.

4. Gero V.S. Gaevernitz, *They Almost Killed Hitler: Based on the Personal Account of Fabian von Schlabrendorff* (Nueva York: Macmillan, 1947), p. 54.

5. Gaevernitz, *They Almost Killed Hitler*, p. 57.

6. Ibíd., pp. 56–58.

7. Joachim Fest, *Plotting Hitler's Death: The German Resistance to Hitler 1933–1945*, trad. ing. Bruce Little (Nueva York: Metropolitan Books, 1996), p. 196.

8. Eberhard Bethge, *Dietrich Bonhoeffer: A Biography*, rev. ed. (Minneapolis: Augsburg Fortress, 2000), p. 785.

CAPÍTULO 28: LA CELDA 92 EN LA PRISIÓN DE TEGEL

1. Ruth-Alice von Bismarck y Ulrich Kabitz, eds. *Love Letters from Cell 92: The Correspondence Between Dietrich Bonhoeffer and Maria Von Wedemeyer, 1943–45*, trad. ing. John Brownjohn (Nueva York: Abingdon Press, 1995), pp. 342–43 [*Cartas de amor desde la prisión* (Madrid: Trotta, 1998)].

2. Bismarck y Kabitz, *Love Letters from Cell 92*, p. 343.

3. Ibíd., pp. 343–44.

4. Ibíd., pp. 344–45

5. Ibíd., pp. 345–46.

6. Ibíd., p. 347.

7. Mary Bosanquet, *The Life and Death of Dietrich Bonhoeffer*, (Nueva York: Harper and Row, 1965), pp. 247–48.

8. Eberhard Bethge, *Dietrich Bonhoeffer: Man of Vision, Man of Courage*, ed. Edwin Robertson (Nueva York: Harper and Row, 1970; Minneapolis: Augsburg Fortress, 2000), 734. Las citas son de la edición de Augsburgo [*Dietrich Bonhoeffer, teólogo, cristiano, hombre actual* (Bilbao: Desclée de Brouwer, 1970)].

9. Wolf-Dieter Zimmerman y Ronald G. Smith, eds., *I Knew Dietrich Bonhoeffer*, trad. ing. Käthe Gregor Smith (Nueva York: Harper and Row, 1966), p. 222.

10. *Letters and Papers from Prison*, vol. 8, *Dietrich Bonhoeffer Works*, ed. John W. Degruchy (Minneapolis: Augsburg Fortress, 2010), p. 21 [*Resistencia y sumisión: Cartas y apuntes desde el cautiverio* (Salamanca: Sigueme, 1983)].

11. *Letters and Papers from Prison*, pp. 21–22.

12. Eberhard Bethge, *Dietrich Bonhoeffer: A Biography*, rev. ed. (Minneapolis: Augsburg Fortress, 2000), pp. 800–801.

13. Bethge, *Man of Vision*, p. 716.

14. Renate Bethge, entrevistado por Martin Doblmeier, *Bonhoeffer: Pastor, Pacifist, Nazi Resister. A documentary film by Martin Doblmeier*, Universidad de Princeton, material inédito citado aquí con permiso del director.

15. Christopher von Dohnanyi, entrevistado por Martin Doblmeier *Bonhoeffer: Pastor, Pacifist, Nazi Resister. A documentary film by Martin Doblmeier,* Universidad de Princeton, material inédito citado aquí con permiso del director.

16. Bethge, *Dietrich Bonhoeffer: A Biography,* pp. 813–14.

17. Ibíd., pp. 814–15.

18. Bethge, *Man of Vision,* p. 720.

19. *Letters and Papers from Prison,* pp. 3–4.

20. Ibíd., p. 5.

21. Ibíd., p. 14.

22. Ibíd.

23. Ibíd., p. 24.

24. Zimmerman y Smith, *I Knew Dietrich Bonhoeffer,* pp. 224–25.

25. Ibíd., p. 223.

26. *Letters and Papers from Prison,* p. 248.

27. Bismarck y Kabitz, *Love Letters from Cell 92,* pp. 26–27.

28. Ibíd., p. 33–34.

29. Ibíd., p. 27.

30. *Letters and Papers from Prison,* pp. 71–72.

31. Bismarck y Kabitz, *Love Letters from Cell 92,* pp. 40–41, 44, 52.

32. Ibíd., p. 55.

33. Ibíd., p. 58

34. Ibíd., pp. 58, 63.

35. Ibíd., pp. 63–64.

36. *Letters and Papers from Prison,* pp. 41–42.

37. Ibíd., p. 42.

38. Ibíd.

39. Ibíd., p. 43.

40. Ibíd., p. 119.

41. Ibíd., p. 189.

42. Bismarck y Kabitz, *Love Letters from Cell 92,* p. 32.

43. *Letters and Papers from Prison,* p. 125.

44. Ibíd., pp. 77–78.

45. Bethge, *Dietrich Bonhoeffer: A Biography,* p. 844.

46. *Letters and Papers from Prison,* p. 223.

47. Ibíd., pp. 131–32.

48. Ibíd., pp. 131, 149.

49. Ibíd., pp. 231–32.

50. Ibíd., p. 272.

51. Ibíd., pp. 289–90.

52. Ibíd., p. 293.

53. Bethge, *Dietrich Bonhoeffer: A Biography,* p. 861.

54. Bosanquet, *The Life and Death of Dietrich Bonhoeffer,* p. 279.

55. *Letters and Papers from Prison,* p. 279.

56. Ibíd., pp. 279–81.

57. Ibíd., p. 282.

58. Ibíd., p. 163.

59. *Ethics*, vol. 6, *Dietrich Bonhoeffer Works*, ed. Clifford J. Green, trad. ingl. por Douglas W. Stott (Nueva York: Augsburg Fortress, 2008), p. 54.

60. *Ethics*, p. 58.

61. Ibíd., p. 80.

62. Ibíd.

63. Ibíd., p. 82.

64. Ibíd., p. 206.

65. Ibíd., pp. 206–07.

66. Dietrich Bonhoeffer, *A Testament to Freedom: The Essential Writings of Dietrich Bonhoeffer*, ed. rev., eds. Geffrey B. Kelly y F. Burton Nelson (Nueva York: Harper One, 1995), p. 448.

67. *Letters and Papers from Prison*, pp. 144–45.

68. Ibíd., p. 179.

CAPÍTULO 29: VALKIRIA Y EL COMPLOT DE STAUFFENBERG

1. *Letters and Papers from Prison*, vol. 8, *Dietrich Bonhoeffer Works*, ed. John W. Degruchy (Minneapolis: Augsburg Fortress, 2010), pp. 340–421 [*Resistencia y sumisión: Cartas y apuntes desde el cautiverio* (Salamanca: Sigueme, 1983)].

2. Joachim Fest, *Plotting Hitler's Death: The German Resistance to Hitler 1933–1945*, trad. ing. Bruce Little (Nueva York: Metropolitan Books, 1996), pp. 240–41.

3. Fest, *Plotting Hitler's Death*, p. 236.

4. Ibíd., p. 243.

5. Dietrich Bonhoeffer a Eberhard Bethge, Tegel, 16 julio 1944.

6. Pierre Galante y Eugene Silianoff, *Operation Valkyrie: The German Generals' Plot Against Hitler* (Nueva York: Harper and Row, 1981), p. 2–3.

7. Galante, *Operation Valkyrie*, p. 6.

8. William L. Shirer, *The Rise and Fall of the Third Reich: A History of Nazi Germany* (Nueva York: Simon and Schuster, 1960), p. 1048.

9. Galante, *Operation Valkyrie*, p. 15.

10. Ibíd.

11. Shirer, *The Rise and Fall of the Third Reich*, p. 1069 [*Auge y caída del tercer Reich* (Barcelona: Planeta, 2011)].

12. Hans B. Gisevius, *To the Bitter End: An Insider's Account of the Plot to Kill Hitler 1943–1944*, trad. ing. Richard Winston y Clara Winston (Nueva York: Da Capo Press, 1998), pp. 574–75.

13. Gisevius, *To the Bitter End*, p. 575.

14. Eberhard Bethge, *Dietrich Bonhoeffer: Man of Vision, Man of Courage*, ed. Edwin Robertson (Nueva York: Harper and Row, 1970; Minneapolis: Augsburg Fortress, 2000), p. 730. Las citas son de la edición de Augsburgo [*Dietrich Bonhoeffer, teólogo, cristiano, hombre actual* (Bilbao: Desclée de Brouwer, 1970)].

15. Fest, *Plotting Hitler's Death*, p. 165.

16. Edwin Robertson: *The Shame and the Sacrifice: The Life and Martyrdom of Dietrich Bonhoeffer* (Nueva York: MacMillan, 1988), p. 262.

17. *Letters and Papers from Prison*, p. 369.

18. Ibíd., p. 369.

19. Ibíd., pp. 369–70.

20. Ibíd., pp. 370–72.

21. Ibíd., p. 376.

22. Fest, *Plotting Hitler's Death*, p. 278.

23. Ibíd., pp. 289–90.

24. Shirer, *The Rise and Fall of the Third Reich*, pp. 1070, 1023.

25. Fest, *Plotting Hitler's Death*, pp. 301, 295.

26. Ruth-Alice von Bismarck y Ulrich Kabitz, eds. *Love Letters from Cell 92: The Correspondence Between Dietrich Bonhoeffer and Maria Von Wedemeyer, 1943–45*, trad. ing. John Brownjohn (Nueva York: Abingdon Press, 1995), pp. 254–57 [*Cartas de amor desde la prisión*. Madrid: Trotta, 1998].

27. Bismarck y Kabitz, *Love Letters from Cell 92*, pp. 259–61.

28. Ibíd., pp. 261–62.

29. *Letters and Papers from Prison*, pp. 393–94.

30. Eberhard Bethge, *Dietrich Bonhoeffer: A Biography*, rev. ed. (Minneapolis: Augsburg Fortress, 2000), p. 900.

31. Bethge, *Man of Vision*, pp. 804–805.

32. Bismarck y Kabitz eds. *Love Letters from Cell 92*, p. 118.

33. Ibíd., pp. 268–70.

34. *Letters and Papers from Prison*, pp. 400–401.

35. Wolf-Dieter Zimmerman y Ronald G. Smith, eds., *I Knew Dietrich Bonhoeffer*, trad. ing. Käthe Gregor Smith (Nueva York: Harper and Row, 1966), pp. 226–30.

36. Bethge, *Dietrich Bonhoeffer: A Biography*, p. 914.

37. Ibíd., p. 918.

CAPÍTULO 30: BUCHENWALD

1. S. Payne Best, *The Venlo Incident* (Watford, Herts: Hutchinson, 1950), p. 194.

2. Best, *The Venlo Incident*, p. 194.

3. Ibíd., p. 181.

4. Ibíd., p. 180.

5. Ibíd., p. 189.

6. Ibíd., p. 190.

7. Ibíd., pp. 184, 197.

8. Ibíd., p. 196.

9. Joseph Ackermann, testimonio en el tribunal militar de Núremberg, http://www.mazal.org/archive/nmt/02/NMT02-T0003.htm.

10. Best, *The Venlo Incident*, p. 186.

11. Ibíd.

12. Sigmund Rascher a Heinrich Himmler, 15 mayo 1941, http://nuremberg.law.harvard.edu/NurTranscript/Archive/full_transcript_6_days.html.

13. William L. Shirer, *The Rise and Fall of the Third Reich: A History of Nazi Germany* (Nueva York: Simon y Schuster, 1960), p. 985 [*Auge y caída del III Reich* (Barcelona: Planeta, 2011)].

14. Shirer, *The Rise and Fall of the Third Reich*, p. 988.

15. Ibíd.

16. Ibíd.

17. Heinrich Himmler al mariscal de campo general Milch, 13 noviembre 1942, http://www.ess. uwe.ac.uk/genocide/rascher3.htm (acceso obtenido junio 2012).

18. Eberhard Bethge, *Dietrich Bonhoeffer: A Biography*, rev. ed. (Minneapolis: Augsburg Fortress, 2000), p. 919.

19. Best, *The Venlo Incident*, p. 176.

20. Ibíd., p. 186.

21. Ibíd., p. 187.

22. Ibíd., p. 180.

23. Mary Bosanquet, *The Life and Death of Dietrich Bonhoeffer* (Nueva York: Harper and Row, 1968), p. 271.

24. Bethge, *Dietrich Bonhoeffer: A Biography*, p. 919.

25. Best, *The Venlo Incident*, p. 179.

26. Ibíd., p. 189.

CAPÍTULO 31: CAMINO A LA LIBERTAD

1. S. Payne Best, *The Venlo Incident* (Watford, Herts: Hutchinson, 1950), p. 190.

2. Best, *The Venlo Incident*, p. 190.

3. Ibíd., p. 191.

4. Ibíd.

5. Ibíd., p.192.

6. Ibíd.

7. Ibíd., pp. 192–93.

8. Ibíd.

9. Ibíd., p. 194.

10. Ibíd., pp. 195–96.

11. Ibíd., p. 196.

12. Ibíd., p. 13.

13. Ibíd., p. 199.

14. Ibíd., p. 198.

15. Sabine Leibholz-Bonnhoeffer, *The Bonhoeffers: Portrait of a Family* (Nueva York: St. Martin's Press, 1971), pp. 198–99.

16. Best, *The Venlo Incident*, p. 200.

17. Ibíd.

18. Eberhard Bethge, *Dietrich Bonhoeffer: A Biography*, rev. ed. (Minneapolis: Augsburg Fortress, 2000), p. 920.

19. Bethge, *Dietrich Bonhoeffer: A Biography*, p. 927.

20. *London: 1933–1935*, vol. 13, *Dietrich Bonhoeffer Works*, ed. Keith Clements, trad. Isabel Best (Nueva York: Fortress Press, 2007), p. 331.

21. Bethge, *Dietrich Bonhoeffer: A Biography*, pp. 927–28.

22. Leibholz-Bonnhoeffer, *The Bonhoeffer*, pp. 184–86.

23. Ibíd., p. 190.

24. Ibíd., pp. 187–88.

25. Ibíd., p. 188.

26. Ibíd., pp. 188–89.

27. Amos Cresswell y Maxwell Tow, *Dr. Franz Hildebrandt: Mr. Valiant for Truth* (Grand Rapids, Smyth y Helwys, 2000), pp. 223–27.

BIBLIOGRAFÍA

Bailey, J. M., y Douglas Gilbert. *The Steps of Bonhoeffer: A Pictorial Album*. Filadelfia: Pilgrim Press, 1969.

Barnett, Victoria. *For the Soul of the People: Protestant Protest against Hitler*. Nueva York: Oxford UP, 1992.

Bassett, Richard. *Hitler's Spy Chief: The Wilhelm Canaris Mystery*. Londres: Cassell, 2005 [*El enigma del almirante Canaris: Historia del jefe de los espías de Hitler*. Barcelona: Crítica, 2006].

Bentley, James. *Martin Niemoller 1892–1984*. Nueva York: Free Press, 1984.

Bergen, Doris L. *Twisted Cross: The German Christian Movement in the Third Reich*. Chapel Hill: University of North Carolina Press, 1996.

Best, S. Payne. *The Venlo Incident*. Watford, Herts: Hutchinson & Co., 1950.

Bethge, Eberhard. *Dietrich Bonhoeffer: A Biography*. Minneapolis: Fortress Press, 1967.

———. *Dietrich Bonhoeffer: Man of Vision, Man of Courage*. Editado por Edwin Robertson. Nueva York: Harper and Row, 1970 [*Dietrich Bonhoeffer, teólogo, cristiano, hombre actual*. Bilbao: Desclée de Brouwer, 1970].

———. *Friendship and Resistance: Essays on Dietrich Bonhoeffer*. Chicago: World Council of Churches, 1995.

———. *Friendship and Resistance: Essays on Dietrich Bonhoeffer*. Grand Rapids: Eerdmans, 1995.

Bethge, Renate y Christian Gremmels, eds. *Dietrich Bonhoeffer: A Life in Pictures*. Centenary ed. Trad. ing. por Brian McNeil. Minneapolis: Fortress Press, 2006.

Bethge, Renate. *Dietrich Bonhoeffer: A Brief Life*. Nueva York: Fortress Press, 2004 [*Dietrich Bonhoeffer: Esbozo de una vida*. Salamanca: Sígueme, 2004].

Bird, Eugene K. *Prisoner #7: Rudolf Hess: The Thirty Years in Jail of Hitler's Deputy Fuhrer*. Nueva York: Viking Press, 1974 [*Rudolf Hess, el prisionero de Spandau: La historia íntima de los treinta años de prisión del más solitario hombre del mundo* (Barcelona: Dopesa, 1974)].

Bonhoeffer, Dietrich. *A Testament to Freedom: The Essential Writings of Dietrich Bonhoeffer*. rev. ed. Editado por Geffrey B. Kelly y F. Burton Nelson. Nueva York: Harper One, 1995.

———. *Christ the Center*. Trad. ing. por Edwin H. Robertson. Nueva York: Harper San Francisco, 1978.

———. *Collected Works of Dietrich Bonhoeffer*. Edición de Edwin H. Robertson. 3 vols. Nueva York: Harper and Row, 1965–1973.

———. *Creation and Fall: A Theological Exposition of Genesis 1—3*. Editado por John W. De Gruchy. Trad. ing. por Douglas S. Bax. Nueva York: Fortress Press, 1997.

————. *Dietrich Bonhoeffer Works Series*. Editado por Victoria J. Barnett y Barbara Wojhoski. 16 vols. Minneapolis: Augsburg Fortress, 1995–2010.

Bosanquet, Mary. *The Life and Death of Dietrich Bonhoeffer*. Nueva York: Harper and Row, 1968.

Cresswell, Amos y Maxwell Tow. *Dr. Franz Hildebrandt: Mr. Valiant for Truth*. Grand Rapids: Smyth y Helwys, 2000.

De Gruchy, John W. *Daring, Trusting Spirit: Bonhoeffer's Friend Eberhard Bethge*. Minneapolis: Augsburg Fortress, 2005.

De Gruchy, John W., ed. *The Cambridge Companion to Dietrich Bonhoeffer*. Nueva York: Cambridge University Press, 1999.

Fest, Joachim C. *Plotting Hitler's Death: The German Resistance to Hitler, 1933–1945*. Trad. ing. por Bruce Little. Nueva York: Metropolitan Books, 1996.

Gaevernitz, Gero V. S., ed. *They Almost Killed Hitler*. Nueva York: Macmillan, 1947.

Galante, Pierre y Eugene Silianoff. *Operation Valkyrie: The German Generals' Plot against Hitler*. Trad. ing. por Mark Howson y Cary Ryan. Nueva York: Harper and Row, 1981.

Gill, Theodore A. *Memo for a Movie: A Short Life of Dietrich Bonhoeffer*. Nueva York: Macmillan, 1971.

Gisevius, Hans B. *To the Bitter End: An Insider's Account of the Plot to Kill Hitler, 1933–1944*. Trad. ing. por Richard Winston y Clara Winston. Nueva York: Da Capo Press, 1998 [*Amargo final* (Barcelona: AHR, 1957)].

Goddard, Donald. *The Last Days of Dietrich Bonhoeffer*. Nueva York: Harper and Row, 1976.

Haynes, Stephen R. *The Bonhoeffer Phenomenon: Post-Holocaust Perspectives*. Nueva York: Fortress Press, 2004.

Huntemann, Georg. *The Other Bonhoeffer: An Evangelical Reassessment of Dietrich Bonhoeffer*. Trad. ing. por Todd Huizinga. Grand Rapids: Baker, 1993.

Kelly, Geffrey B., F. Burton Nelson y Renate Bethge. *The Cost of Moral Leadership: The Spirituality of Dietrich Bonhoeffer*. Boston: Eerdmans, 2002.

Kleinhans, Theodore J. *Till the Night Be Past: The Life and Times of Dietrich Bonhoeffer*. Nueva York: Concordia House, 2002.

Kuhns, William. *In Pursuit of Dietrich Bonhoeffer*. Dayton: Pflaum Press, 1967.

Lean, Garth. *On the Tail of a Comet: The Life of Frank Buchman*. Nueva York: Helmers and Howard, 1988.

Leibholz-Bonhoeffer, Sabine. *The Bonhoeffers: Portrait of a Family*. Nueva York: St. Martin's, 1971.

Lochner, Louis P., ed. *The Goebbels Diaries 1942–1943*. Garden City, NY: Doubleday, 1948.

Machtan, Lothar. *Hidden Hitler*. Trad. ing.. John Brownjohn y Susanne Ehlert. Nueva York: Basic Books, 2001 [*El secreto de Hitler*. Barcelona: Planeta, 2001].

Marty, Martin E., ed. *The Place of Bonhoeffer: Problems and Possibilities in His Thought*. Nueva York: Association Press, 1962.

Patten, Thomas E. *The Twisted Cross and Dietrich Bonhoeffer*. Lima, OH: Fairway Press, 1992.

Rasmussen, Larry L. *Dietrich Bonhoeffer: Reality and Resistance*. Studies in Christian Ethics Series. Nashville: Abingdon Press, 1972.

Raum, Elizabeth. *Dietrich Bonhoeffer: Called by God*. Londres: Burns and Oates, 2002.

Ritter, Gerhard. *The German Resistance: Carl Goerdeler's Struggle against Tyranny*. Trad. ing. por R. T. Clark. Nueva York: Frederick A. Praeger, 1958.

Robertson, Edwin H. *The Shame and the Sacrifice: The Life and Martyrdom of Dietrich Bonhoeffer*. Nueva York: Macmillan, 1988.

Shirer, William L. *The Rise and Fall of the Third Reich: A History of Nazi Germany*. Nueva York: Simon y Schuster, 1960 [*Auge y caída del tercer Reich* (Barcelona: Planeta, 2011)].

Sklar, Dusty. *The Nazis and the Occult*. Nueva York: Dorset Press, 1977.

Slane, Craig J. *Bonhoeffer as Martyr: Social Responsibility and Modern Christian Commitment*. Nueva York: Brazos Press, 2004.

Speer, Albert. *Inside the Third Reich: Memoirs by Albert Speer*. Trad. ing. por Richard Winston y Clara Winston. Nueva York: Macmillan, 1970 [*Memorias*. Barcelona: Acantilado, 2008].

Steigmann-Gall, Richard. *The Holy Reich: Nazi Conceptions of Christianity, 1919–1945*. Cambridge: Cambridge University Press, 2003 [*El Reich sagrado: Concepciones nazis sobre el cristianismo, 1919–1945*. Madrid: Akal, 2007].

Von Bismarck, Ruth-Alice y Ulrich Kabitz, eds. *Love Letters from Cell 92: The Correspondence Between Dietrich Bonhoeffer and Maria Von Wedemeyer, 1943–45*. Trad. ing. por John Brownjohn. Nueva York: Abingdon Press, 1995 [*Cartas de amor desde la prisión*. Madrid: Trotta, 1998].

Wind, Renate. *Dietrich Bonhoeffer: A Spoke in the Wheel*. Trad. ing. por John Bowden. Grand Rapids: Eerdmans, 2002.

Wustenberg, Ralf K. *A Theology of Life: Dietrich Bonhoeffer's Religionless Christianity*. Trad. ing. por Douglas Stott. Grand Rapids: Eerdmans, 1998.

Zimmermann, Wolf-Dieter y Ronald G. Smith, eds. *I Knew Dietrich Bonhoeffer*. Trad. ing. por Käthe G. Smith. Nueva York: Harper and Row, 1966.

CONCLUSIÓN Y ERRATA

El ajetreo y las prisas porque este libro entrara en imprenta en abril del 2010 —para que coincidiera con el sesenta y cinco aniversario de la muerte de Bonhoeffer, el 9 de abril de 1945— provocó bastantes errores tipográficos y otras pequeñas equivocaciones en aquella primera edición, que corregimos con mucho gusto en esta nueva. Los divertidos errores involuntarios, como decir neciamente «Alfred Einstein» cuando obviamente queríamos decir «Albert Einstein». También se han borrado otros menos graciosos, como cuando un heroico Sasse se refunde un infame Sasse. Las equivocaciones en la ortografía de muchas palabras alemanas también han sido corregidas, y nos sentimos agradecidos a los muchos lectores cuidadosos y meticulosos que nos han ayudado a poner estas cosas en orden.

Sin embargo, por cada una de las comunicaciones que recibimos en cuanto a dichos errores, nos llegaron diez sobre algo que no es tanto un error involuntario como una elipsis no intencionada. Siempre quisimos incluir una breve reseña sobre el destino de Maria von Wedemeyer, Nuestro castigo ha sido ver cómo nos los recordaban constantemente, tanto de forma oral en las porciones de preguntas y respuestas de los compromisos verbales, o a través de correos electrónicos. «¿Qué ocurrió con Maria von Wedemeyer?», nos preguntaban una y otra vez. «¿Nos puede decir qué fue de Maria?».

Lo que fue de Maria tras la muerte de Dietrich devenga una explicación más completa que la que aquí proporcionamos. Pero la respuesta resumida a la pregunta es que, tras conocer el destino de su amado Dietrich en el verano de 1945, como es lógico, Maria quedó desconsolada. No mucho después, abandonó Alemania y se marchó a Estados Unidos, matriculándose como estudiante en Bryn Mawr. Allí, lejos de los horrores de su reciente pasado, estudió matemáticas como siempre había planeado hacer y, finalmente, obtuvo un puesto en Honeywell,

Massachusetts, desde el que ascendió hasta convertirse en jefe de un departamento, un logro bastante importante para una mujer en aquella época. Su vida personal fue menos feliz. Se casó dos veces, se divorció otras dos y, en 1977, murió de cáncer a la edad de cincuenta y dos años. Sus dos hijos le sobrevivieron.

Durante muchos años después de su muerte, los partidarios de Bonhoeffer y los eruditos quisieron saber más de la mujer con la que él había estado comprometido. Maria no era muy partidaria de que se volviera a hablar de forma pública de su relación con Dietrich, quizás porque estaba casada y tenía una nueva vida. Sin embargo, antes de morir, Maria pensó que había llegado el momento de revelar esta parte de su vida al mundo. De manera que dio permiso a su hermana mayor, Ruth-Alice, para que publicara muchas cartas de amor intercambiadas entre ellos. Se editaron en 1992, en un volumen titulado *Cartas de amor desde la prisión*, del que tomo abundantes citas en este libro y que recomiendo sinceramente a cualquiera que desee saber más de la vida de esta extraordinaria mujer.

ACERCA DEL AUTOR

Eric Metaxas nació en Nueva York en 1963, el día en que su padre cumplía treinta y seis años. Creció en Danbury, Connecticut; allí asistió a la escuela pública y se graduó por la Universidad de Yale, donde causó un gran agitación como editor de *Yale Record*, la revista universitaria de humor más antigua de la nación, y una conmoción *literal* posterior cuando, tras la noventa y nueve edición de los juegos Yale-Harvard, en un tremendo y exitoso esfuerzo, tomó por la fuerza el poste de Harvard y lo tiró al Charles. En su graduación, Eric recibió dos premios de primer nivel por su ficción universitaria. Asimismo, fue el orador del «Class Day» [primer día de clase en el que el curso anterior hace el cierre de su año universitario, con distintas actividades], coguionista que también participó en «The Class History» [Historia de la clase], el discurso satírico que es una tradición de inauguración y que pretendía eclipsar a Dick Cavett, el siguiente orador. No volverían a hablar durante dos décadas.

El escrito humorístico de Metaxas se publicó por primera vez en el *Atlantic Monthly*, y apareció en el *New York Times*. Woody Allen catalogó estas piezas de «absolutamente divertidas». Las críticas de libros y películas de Eric, sus ensayos y poesía han aparecido en *The New York Times*, *The Washington Post*, *Christianity Today*, *National Review Online*, *Beliefnet* y *First Things*. Se le han concedido becas para Yaddo y la Colonia MacDowell por sus relatos breves. El clásico *Don't You Believe It!* [¡No te lo creas!] —parodia completa de los libros de Ripley *Believe It Or Not!* [Aunque no te lo creas]— hizo que el novelista Mark Helprin le apodara: «el verdadero heredero del *Far Side* de Gary Larson».

Entre 1988 y 1992, Metaxas fue director editorial y escritor principal de *Rabbit Ears Productions*. Fue el autor de más de veinte videos y libros para niños narrados por actores como Mel Gibson, Robin Williams, Sir John Gielgud, Danny Glover, Sigourney Weaver, John Candy, Michael Caine, Michael Keaton, Geena

Davis, Jodie Foster, Emma Thompson, y Raul Julia. Sus videos de *Rabbit Ears* han ganado numerosos premios *Parent's Choice Award* y tres nominaciones a los *Grammy* por la mejor grabación para niños; todos ellos se han emitido en *Showtime* y como programas populares de audio en la *Rabbit Ears* Radio de la NPR, presentados por Mel Gibson y Meg Ryan, cuyos guiones también ha escrito Eric. La revista *Parenting* y otras le han calificado como el «héroe no reconocido» de *Rabbit Ears* y un «autor para niños sin igual».

The Birthday ABC del señor Metaxas fue elegido como el mejor de 1995 por la asociación de libreros estadounidenses. Los críticos opinaron que, en comparación con Odgen Nash, Edward Lear y Lewis Carroll, el lenguaje ligero del libro «centelleaba» y «crepitaba».

Los muchos otros libros para niños de Eric incluyen el *The Prince of Egypt: A to Z*, que ganó el Angel Award y es una conexión con la película de Dreamworks; y el aclamado *Uncle Mugsy & the Terrible Twins of Christmas*. Su libro *Squanto and the Miracle of Thanksgiving* recibió un premio de Amazon.com como «mejor best seller» de 1999.

Su libro infantil *It's Time to Sleep, My Love*, ilustrado por Nancy Tillman, ha tenido una primera edición de 175,000 copias y ha debutado en los Top 100 de Barnes&Noble.com, en octubre del 2008 donde se le ha aclamado como un «*Goodnight Moon* del siglo XXI». Sally Taylor, hija de James Taylor y Carly Simon escribió una nana con las palabras de Eric y la canta en el formato CD audio del libro.

Durante dos años, Metaxas fue escritor y editor de *Breakpoint* de Chuck Colson, un programa diario de radio de difusión nacional con más de cuatrocientas emisoras y una audiencia semanal de cinco millones. Luego trabajó como escritor para Veggie Tales, donde fue coguionista de *Lyle the Kindly Viking*, y le puso voz al narrador de *Esther*. En 3-2-1 *Pingüinos*, fue la voz del «Presidente Espera-tu-turno» y «Aspirador Nº 10». Sus libros infantiles para Veggie Tales incluyen el número uno *Dios te hizo especial* (más de 600,000 copias impresas en inglés), así como *Even Fish Slappers Deserve a Second-Chance* y *The Pirates Who (Usually) Don't Do Anything*, ambos también superventas.

A Metaxas se le ha presentado con frecuencia como comentarista cultural de la *CNN* y el *Fox News Channel*, y ha aparecido en *C-Span's Book TV* y *Hannity & Colmes*. Ha estado también en muchos programas de radio, incluidos *Morning Edition* y *Talk of the Nation*, *Hugh Hewitt*, *Monica Crowley* y *The Alan Colmes Show* de la NPR.

Es el fundador y presentador de *Socrates in the City: Conversations on the Examined Life*, un evento mensual de entretenimiento y debates que invitan a la reflexión sobre «la vida, Dios y otros pequeños temas», que presenta a oradores como el doctor Francis Collins, Sir John Polkinghorne, la baronesa Caroline Cox, el rabino Sir Jonathan Sacks y Os Guinness.

Eric ha debatido en la Oxford Union, el círculo de debate más antiguo del mundo, y suele impartir charlas sobre toda una variedad de temas. Sus presentaciones desinhibidas de personajes como el senador de Estados Unidos Joseph Lieerman, el exfiscal general John Ashcroft y Rick Warren le han convertido en un deseado maestro de ceremonias y moderador. Ha coordinado debates con el obispo Spong y el expastor del presidente Obama, el rvdo. Jeremiah Wright. Ha pronunciado charlas en la Casa Blanca, en Capitol Hill, en West Point, Yale, Cornell, Princeton y muchos otros lugares, y ha sido el orador principal en el Desayuno de Oración del Gobernador de Luisiana en Baton Rouge. En el 2007 fue nombrado miembro de honor del proyecto angloestadounidense, siendo la única persona a la que se ha concedido este privilegio.

La aclamada biografía de Eric, *Amazing Grace: William Wilberforce and the Heroic Campaing to End Slavery* fue publicada por HarperSanFrancisco, y es el «manual oficial» para la presentación de la película, también titulada *Amazing Grace*. El libro fue el número 23 de la lista de *best sellers* del *New York times* y ha sido alabado por Sanley Crouch («...una historia magnífica de la lucha británica en contra de la esclavitud»); el excongresista de NYC Floyd Flake («espléndido... será un hito viviente...»); John Wildon («una hoguera crepitante de claridad y verdad»); Rudy Giuliani («¡mejor que la película!»), y muchos otros.

Todo lo que siempre quisiste saber acerca de Dios pero temías preguntarlo, de Eric se publicó en inglés en 2005, y fue elogiado por Ann B. Davis, Alice en *La tribu de los Brady* («Estoy absolutamente impresionada con este libro»), Tim Keller, de la Redeemer Presbyterian Church («Lo difícil es no hablar de él con entusiasmo»). La continuación, titulada: *Everything ELSE You Always Wanted to Know About God (but were afraid to ask)* se publicó en el 2007. El ultimo libro de la trilogía —titulado *Everything You Always Wanted to Know About God (The Jesus Edition)*— fue publicado por Regal en enero del 2010.

Eric asiste a la Calvary/St. George's Episcopal Church y vive en Manhattan, Nueva York, con su esposa e hija.

Para más información, o para contactar con Eric Metaxas.

Visite www.ericmetaxas.com.

AGRADECIMIENTOS

Fue en el verano de 1988 —la gloriosa época de mi nacimiento espiritual— cuando oí hablar por primera vez de Dietrich Bonhoeffer. Estoy en deuda por ello con mi querido amigo Ed Tuttle que asistió al Médico Divino en mi feliz renacimiento. Lo hizo de forma muy particular al darme una copia de *El costo del discipulado* y compartiendo conmigo la fascinante historia del hombre que, a causa de su fe cristiana, se enfrentó a los nazis y acabó pagando con su vida. Como hijo y nieto de alemanes que sufrieron durante todo aquel periodo, me sentí profundamente conmovido, emocionado y orgulloso de escucharla, y enseguida comencé a contársela a otros. Entre ellos se encontraba otro apreciado amigo, Gilbert von der Schulenberg Ahrens quien, como yo, había perdido a su abuelo en la guerra. Me comentó que este y su tío se hallaban entre los nobles alemanes que entregaron su vida en el complot para asesinar a Hitler. Me siento en deuda con Gil por haber contribuido, a lo largo de los años, a mantener viva mi esperanza de narrar la historia de Bonhoeffer a una audiencia más amplia. Asimismo, le agradezco a mi editor en HarperOne que lo haya hecho posible sugiriendo, en primer lugar, que escribiera biografías e invitándome a que empezara con la de William Wilberforce.

Tengo una deuda especial con mi gran amigo Joel Tucciarone quien, emulando a Isaac Milner, me espió mientras me encontraba en un abismo de desánimo y con resolución me arrancó de allí. Como fiel escudero, me acompañó a una cena en Brooklyn para presentarme a su amigo Arthur Samuelson que opinó, proféticamente, que Thomas Nelson podría ser la editorial adecuada. Allí mismo, desde la cabina, telefoneó a David Moberg quien se puso en contacto con mi editor Joel Miller. Mi deuda con los tres es enorme. *To logariazmo, se parakalo!*

Lo mismo me sucede con Martin Doblmeier, director de la espectacular película documental sobre Bonhoeffer. Con gran generosidad puso a mi disposición el metraje de entrevistas que no se utilizó en el montaje final de la película y me ayudó a contactar con dos de las personas entrevistadas: Ruth-Alice von Bismarck, hermana mayor de la prometida de Bonhoeffer, y Renate Bethge, viuda de Eberhard Bethge y sobrina de Dietrich Bonhoeffer. A su vez, todo mi agradecimiento a estas encantadoras santas de Dios por acogernos a mi esposa y a mí en sus hogares en Hamburg y Villiprot respectivamente, varias tardes consecutivas, a principios de la primavera del 2008. Nos agasajaron con su hospitalidad alemana obsequiándonos con *Kaffee und Kuchen* y entusiasmándonos con historias de sus vívidos recuerdos de Dietrich Bonhoeffer en las décadas de los treinta y los cuarenta. Compartir la merienda con aquellas dos personas que habían comido tantas veces con el personaje de este libro fue un honor inmerecido que atesoraré durante toda mi vida.

Finalmente, estoy en deuda con todos los escritores y editoriales de los anteriores libros sobre Dietrich Bonhoeffer, en cuyos hombros nos afianzamos este libro y yo. Todos los estudiantes de Bonhoeffer y yo mismo tenemos una deuda especial con los editores de las obras escritas en la Fortaleza de Augsburgo y también con Ruth-Alice von Bismarck que editó *Cartas de amor desde la celda 92*, el libro que recoge la correspondencia entre su hermana y él. Finalmente y de una manera más profunda, tengo una gran deuda con Eberhard Bethge, cuya vida en su totalidad y su monumental biografía forman el gran fundamento sobre el que descansa cada sílaba escrita o pronunciada desde entonces sobre su mejor amigo, Dietrich Bonhoeffer.

Lobet den Herrn!

Eric Metaxas
Nueva York
Febrero del 2010

ÍNDICE

GUÍA PARA LA LECTURA EN GRUPO

Prólogo

1. En el prólogo, el autor escribió que «Winston Churchill fusionó alemanes y nazis en un único enemigo odiado. Era lo mejor para derrotarlo con rapidez». ¿Quién es el «enemigo» de nuestra nación? En nuestra propia sociedad, ¿somos como Churchill, siempre dispuesto a fusionar a *otro* grupo de individuos con este enemigo, y así crear un «único enemigo odiado»? ¿De quién podría tratarse? ¿Son justificados nuestros sentimientos? En una base de persona a persona, ¿se encuentran estas personas que defines como «único enemigo odiado» en tu vida, o vecindario, o en el lugar de trabajo? ¿Cómo te habría aconsejado Bonhoeffer que trataras con esta persona?

Capítulos 1—3

1. En el capítulo 1 nos enteramos de que, durante la infancia de Dietrich, los Bonhoeffer rara vez asistían a la iglesia. Su fe era «de cosecha propia». ¿Se contenta Dios con una fe «de cosecha propia», o deben los cristianos ir a la iglesia y vivir su fe *juntos*? ¿Qué Escrituras apoyan su opinión? ¿Puede una persona influir positivamente aunque practique una fe «de cosecha propia? ¿De qué manera?

2. De joven, a Bonhoeffer se le empujó a conseguir que la iglesia viviera lo que afirmaba creer pronunciándose abiertamente en contra de Hitler y de los nazis y emprendiendo acciones contra ellos. Muchos cristianos hoy día también creen que la iglesia está llamada a pronunciarse contra el gobierno cuando sus acciones sean cuestionables, y a asumir un papel activo en la política. Otros piensan que la iglesia no tiene lugar en la política y ni en la formación del orden público. Según ellos, debe limitarse a orar por nuestros líderes mientras «sufre en silencio». ¿Cuál de estas opiniones escoge? ¿Por qué?

3. La muerte tiende a cambiar el enfoque y las prioridades de las personas, al menos durante un tiempo. Tras ser abatidos en la guerra varios de los primos de Bonhoeffer, los miembros más jóvenes de la familia solían acostarse por la noche y conversar sobre la muerte y la eternidad. ¿Dedicas mucho tiempo a pensar en la eternidad? ¿Debería concentrarse uno en la vida después de la muerte, o es mejor mantenerse centrado únicamente en esta vida y en lo que se puede hacer ahora?

4. Dos semanas después de llamarlo a filas, Walter murió por una herida de metralla. Mientras tanto, Karl-Friedrich seguía en infantería y, muy pronto, Klaus, de diecisiete años, también tendría que alistarse. «Era demasiado», leemos. Su madre se derrumbó y tuvo que guardar cama durante semanas.

En la actualidad, Estados Unidos tiene soldados luchando en Afganistán y casi a diario se pierden vidas. Ponte en el lugar de la señora Bonhoeffer: ya has perdido un hijo en la guerra; ahora tienes otros dos involucrados en ella. ¿Cómo lo afrontarías? ¿Adónde recurrirías en busca de apoyo? Quizás tengas parientes en el ejército. Si es así, ¿pasas mucho tiempo orando por estos hombres y mujeres? Si no es así, ¿conoces a algún joven adulto, o jóvenes, involucrados en la lucha? ¿Qué puedes hacer para ayudar a sus padres a llevar la carga?

¿Crees que si la señora Bonhoeffer hubiera tenido un compromiso de fe más fuerte podría haber gestionado la tragedia de la pérdida de una manera más eficaz? ¿Por qué, o por qué no? ¿Cómo has manejado tú, o tu familia y amigos, las situaciones trágicas? ¿Te has venido abajo como la Señora Bonhoeffer hizo por un tiempo? ¿Qué lección(es) has aprendido de la situación que ayudó a reforzar tu fe? Si esta no se vio reforzada ¿a qué crees que se ha debido?

5. En 1919, tras la revolución alemana, los Aliados exigieron que Alemania cediera muchos de sus territorios. Y, lo que es más, se les ordenó que deshicieran su ejército.

Imagina que tu país se encuentra en la posición de Alemania y que otra potencia plantea estas mismas exigencias: «Entreguen sus territorios y diezmen su ejército». ¿Podría esto llegar a ser una realidad? Si es así, ¿cómo se espera que reaccione su gobierno? ¿Te involucrarías contra un asalto de este tipo? ¿Qué papel quieres jugar?

6. En 1920, Bonhoeffer anunció que había elegido teología en lugar de Música como carrera, en contra de los deseos y las expectativas de su familia y sus amigos. Nadie reaccionó con agrado ante esta elección. Entre la élite académica (de la que él formaba parte) «no se confería un alto respeto al estudio de la teología ni a la profesión de teólogo».

¿Cuándo has tomado una decisión que no se adaptaba a las expectativas que todos tenían para ti? ¿A qué reacciones te has enfrentado de parte de amigos y familiares? ¿Debilitó esto tu decisión o, por el contrario, estabas más resuelto que nunca a «seguir en tus trece?». ¿Cómo aconsejarías a otra persona que haya hecho una elección fundamental en contra de las expectativas de sus «círculos»?

Capítulo 4—6

1. Cuando viajaba por Italia, el joven Bonhoeffer escribió en su diario que, de repente, empezaba a «comprender el concepto de "iglesia"». Habiendo visto por primera vez «una ilustración gráfica de la trascendencia de raza y de identidad nacional de la iglesia», comenzó a ver la iglesia como algo universal que le condujo al movimiento ecuménico de Europa.

¿Qué concepto tienes de «la iglesia»? Cuando piensas en la *iglesia*, ¿visionas un cuerpo formado por un cierto tipo de personas que aceptan un conjunto particular de creencias o te imaginas un cuerpo mundial, con varias convicciones, múltiples lenguas y etnias, y una amplia gama de estilos de adoración? ¿Y qué me dices de tu iglesia? ¿Es toda de blancos? ¿Toda de negros? ¿Todos hispanos, asiáticos, etc.? ¿Estás satisfecho con esto o te molesta? ¿Le desagrada a Dios? ¿Qué crees que podrías o deberías hacer al respecto?

2. Tras visitar una iglesia en París, donde Bonhoeffer fue testigo de cómo asistían las prostitutas y sus clientes a la misa, escribió: «Me resulta más fácil imaginar a un asesino o una prostituta que oran que a una persona vana que lo haga. No hay nada tan discordante en la oración como la vanidad». ¿Estás de acuerdo con esta declaración? ¿Por qué sí o por qué no?

3. «[La iglesia] debe separarse por completo del estado», escribió Bonhoeffer. Curiosamente, esta es precisamente la postura que grupos como el ACLU toman al intentar quitar a Dios y cualquier cosa que señale a la religión en las clases, los tribunales y otros lugares públicos. ¿Crees que esto es lo que Bonhoeffer tenía en mente cuando escribió estas palabras, o quería decir otra cosa? ¿Cómo entiendes tú «separación de la iglesia y el estado?».

4. En un ensayo, Bonhoeffer «expresó la idea barthiana de que, para conocer cualquier cosa sobre Dios, uno debía depender de la revelación que procedía *de* él. En otras palabras, Dios podía hablar a este mundo...». Muchos hoy creen que Dios ya no se revela más que a través de la Biblia. Otros creen que, aunque en realidad habla por medio de su Palabra, también lo hace de otras maneras. ¿Crees que Dios habla a los individuos hoy, o piensas que todo tipo de revelación personal acabó en los días de la Biblia?

5. Bonhoeffer se oponía con violencia a la noción de «religión» y declaraba que el verdadero mensaje de Cristo «es básicamente amoral e irreligioso, por paradójico que pueda sonar». ¿Qué ejemplos apoyarían esto?

6. En el Círculo del Jueves de Bonhoeffer, solía hacer preguntas difíciles a sus jóvenes asistentes. Una de estas preguntas fue: «Existen las mentiras necesarias?». ¿Cómo contestarías a esa pregunta? ¿Se te ocurre algún ejemplo de mentira que fuese «necesaria»? ¿La aprobaría Dios? ¿Por qué o por qué no? Apoya tu respuesta con las Escrituras.

7. A Bonhoeffer le tomó por sorpresa el «aletargado» clima de Barcelona y quedó perplejo al ver «cómo gente de todas las edades parecían pasarse las horas en los cafés a mitad del día, conversando sobre pocas cosas que tuvieran verdadera sustancia». A pesar de ello, en lugar de criticar lo que consideraba una forma de vida indolente, se adaptó a ella y entró «en las vidas y, hasta cierto punto, en la forma de vivir de aquellas personas a las que tenía el encargo de servir» como pastor.

¿Crees que es necesario que un ministro adopte el estilo de vida de la gente a la que sirve para poder ser efectivo? ¿Hasta qué punto? ¿Dónde debería trazar la línea el siervo de Cristo con respecto a adaptarse a la cultura que le rodea? ¿Se te ocurren ejemplos modernos y de la Biblia?

8. Durante un tiempo, en 1929, Bonhoeffer estaba en una posición muy por debajo de su cualificación, pero aun así llevó a cabo sus deberes con entusiasmo y propósito. ¿Te has visto alguna vez obligado a realizar un trabajo por «debajo» de ti? ¿Cómo lo hiciste? ¿Cómo se supone que hemos de trabajar, según la Biblia, independientemente de nuestro rango y nuestras responsabilidades? (Pista: Léanse la parábolas de Mateo 25.14–30 y Lucas 19.12–27; también Colosenses 3.22–24.)

Capítulos 7—9

1. «Las cosas no son muy diferentes en la iglesia», se lamentaba Bonhoeffer. «El sermón se ha reducido a comentarios eclesiales parentéticos sobre los sucesos publicados en los periódicos». ¿Qué opinión te merecen los sermones que entretejen los acontecimientos actuales con las Escrituras? ¿Los predicadores que llevan la política del día al púlpito? ¿Los que vinculan las noticias mundiales con las profecías antiguas? ¿Acaso el púlpito es un lugar «solo para la Palabra», o deberían los ministros ser capaces de utilizar los sucesos mundiales como «aplicación práctica» de las Escrituras?

2. Profundamente descontento con la «leche desnatada» que halló en la mayoría de las iglesias, Bonhoeffer quedó, por el contrario, fascinado por las «iglesias negras», y en particular por su música. Tan estupefacto quedó con los «espirituales negros» que escuchó en la Iglesia Bautista Abisinia (una congregación iniciada por comerciantes negros) que buscó tiendas de música por todo Harlem para hallar discos de esa especialidad que pudiera llevarse a Alemania. «El poder gozoso y transformador de aquella música solidificaba su pensamiento acerca de la importancia de la música en la adoración. ¿Qué importancia tiene la música en la adoración? ¿En verdad tiene un «poder transformador»? ¿Has cambiado alguna vez porque la música te ha llevado a ello? Si es así, ¿fue un cambio permanente o de corta duración?

3. El racismo de Estados Unidos resultó perturbador para Bonhoeffer. Lo mismo sucedió con su hermano Karl-Friedrich. De hecho, le afectó lo bastante como para rechazar un puesto en Harvard: temía que los prejuicios pudieran, llegado el momento, «tacharle, a él y a sus futuros hijos, de formar parte de "ese legado"». Sin duda, abandonó una carrera de prestigio y bien remunerada por una profunda convicción. ¿Cómo crees que fue su agitación interna antes de alcanzar su decisión? ¿Crees que luchó con ella, o piensas que fue una conclusión inmediata? ¿Te has visto alguna vez en una situación similar? ¿Se te ocurre algún paralelo bíblico?

4. Cuando Bonhoeffer comenzó a enseñar, hizo que sus estudiantes investigaran las cuestiones bíblicas, éticas y teológicas con la misma rigurosidad con la que examinarían temas de ciencia o leyes. Además, uno debía «llegar a respuestas que pudieran aguantar cualquier escrutinio, porque tendría que pasar el resto de su vida con aquellas conclusiones». Cada uno de nosotros tiene un conjunto particular de convicciones, algunas muy firmes. ¿Cuáles son tus creencias más fuertes? Piensa en dos o tres de tus creencias más arraigadas. ¿Puedes defenderlas? ¿Cómo puedes respaldar —de forma lógica, bíblica o ambas— lo que crees?

5. En el discurso que Bonhoeffer pronunció por la radio dos días antes de la elección de Hitler como canciller, hizo la siguiente declaración: «Olvidamos que el hombre está solo ante la máxima autoridad y que cualquiera que ponga manos violentas sobre el hombre aquí está infringiendo las leyes eternas y tomando sobre sí mismo la autoridad sobrehumana que acabará por aplastarle». Recuerda que este mismo hombre se vio involucrado posteriormente en el complot para asesinar a Hitler. ¿Crees que fue una contradicción? ¿Quizás una profecía que se autocumplió? ¿Cómo es esto?

6. «Tras la guerra —escribe el autor— muchos se alegraron de barrer el viejo orden y de deshacerse del káiser. Pero cuando al anciano monarca abandonó por fin el palacio, la gente que había exigido su salida se vio perdida de repente ... El país se dividió en facciones ... Con el káiser habían tenido ley, orden y estructura; ahora era el caos».

   Recientemente, varios países de Oriente Medio han derrocado al gobierno en el poder, o lo están intentando. ¿Qué ocurriría si esas naciones no tuvieran un sólido plan de acción con respecto al futuro régimen? ¿Ves, ya, algún peligro inminente?

7. El día después del incendio del Reichstag, el Decreto del Incendio del Reichstag suspendió oficialmente las partes de la constitución alemana que garantizaban las libertades personales, convirtiendo a la que un día fue una república democrática en una dictadura. El decreto establecía, entre otras cosas, «las restricciones sobre... el derecho a la libertad de expresión de opiniones, incluida la libertad de prensa; sobre los derechos de reunión y asociación; y las violaciones de la privacidad de las comunicaciones postales, telegráficas y telefónicas», ¡y se convirtió en ley antes de que los ciudadanos tuvieran tiempo de pensar en ello!

Imagina este mismo escenario en el siglo XXI en Estados Unidos. ¿Se saldrían con la suya sus autores? ¿Saldría alguien de inmediato a la palestra para oponerse a dicha proclamación? ¿Quién? ¿Te unirías a su esfuerzo? ¿Hasta dónde estarías dispuesto a llegar, y en qué medida lucharías para recobrar la libertad garantizada en la Constitución de Estados Unidos?

Capítulo 10—15

1. Poco después de que Hitler llegara al poder, el «Párrafo Ario» entró en vigor y su resultado fue la expulsión de todos los descendientes de judíos del servicio civil. Finalmente, esto conduciría a su exclusión de la iglesia y, en última instancia, a su asesinato masivo.

Escoge un origen étnico distinto al tuyo. Ahora imagina que, de repente, tu gobierno convirtiera a este grupo en el blanco de una discriminación como la anunciada con el nombre de «Restauración del Servicio Civil» de Hitler. ¿Cómo responderías a ella? ¿Te opondrías a esas leyes? ¿Qué tipo de acción tomarías en el caso de que lo hicieras? Si escogieras unirte a los esfuerzos para repeler una leyes tan discriminatorias, ¿lucharías por ese grupo étnico con la misma fuerza con la que lo harías si las leyes hubieran atentado contra tu propia raza/origen étnico?

2. «Una semana después de la aprobación de la Ley de Habilitación, Hitler declaró un boicot a los comercios judíos de toda Alemania». A

la gente le resulta fácil decir lo que habría hecho en una situación determinada —«Bueno, si yo hubiera estado allí...»—, pero imaginemos que esa acción se llevara a cabo hoy, donde tú vives. El gobierno te prohibiría comprar en un mercado o un gran almacén cuyos propietarios pertenecen a un grupo concreto de gente. ¿Desafiarías las normas, como lo hizo la abuela de Dietrich, y comprarías allí de todas formas? ¿Intentarías que otros se unieran a ti en la rebelión, o te someterías con sumisión al nuevo estatuto, por temor?

3. ¿Qué ocurriría si, en tu país, hubiera una quema de libros como la instigada por Hitler, pero que todas las obras destruidas fueran escritas por autores cristianos, por ejemplo? ¿Tendría esto un impacto en la educación? ¿En la filosofía? ¿En la religión? ¿Qué perdería tu sociedad? ¿Sería una gran pérdida? ¿Te afectaría directamente la ilegalización de libros de autoría cristiana?

4. Hubo un momento en el que «Bonhoeffer empezó a ver que la oposición a Hitler... era débil y dividida, y poco a poco iba perdiendo la esperanza de que se pudiera hacer algo positivo». Sin duda, otros muchos —tanto alemanes como judíos— vieron lo mismo. Uno se podría preguntar por qué más gente de ambas ascendencias no abandonó el país mientras pudo. ¿Cuáles son algunas de las razones posibles por las que muchos no lo hicieron? Dejando a un lado el conocimiento que ahora tienes del resultado del fanatismo de Hitler, ¿habrías considerado la posibilidad de abandonar el país si hubieras vivido en la Alemania de 1930? De no ser así, ¿qué te lo habría impedido? ¿Y si hubieras sido judío?

5. Alrededor de 1933, Hitler se dirigía a toda prisa hacia el asesinato legalizado de los discapacitados, incluidos aquellos que sufrían de epilepsia, considerando que, al igual que los judíos, eran una «sangría para Alemania». Sus exterminios comenzarían en firme a finales de aquella década.

    ¿Crees que este escenario se podría repetir otra vez en Europa? ¿Podría ocurrir en Norteamérica? ¿Has oído o leído sobre alguna medida en esta dirección en algunos de estos lugares o en otros? ¿Dónde? ¿Qué señales puedes observar, si es que las hay, de que un «genocidio» semejante (disfrazado de «eutanasia») se hiciera realidad donde tú vives?

6. Algunos se preguntaron por qué Bonhoeffer no «se unió a los Cristianos Alemanes para trabajar en contra de ellos desde el interior». Se negó diciendo: «Cuando te embarcas en el tren equivocado, de

nada sirve que corras por el pasillo en la dirección opuesta». ¿Estás de acuerdo, o crees que habría sido más ventajoso unirse al enemigo y procurar destruirlo desde dentro? ¿Cómo podía haberlo hecho? Si hubieses elegido unirte a la oposición, ¿qué tipo de acciones habrías emprendido para socavar a la Iglesia Alemana?

7. Nietzsche definía el cristianismo como ««la mayor maldición, la perversión más enorme y más recóndita... la mancha inmortal de la humanidad». ¿Qué otros líderes destacados, o escritores, han compartido este punto de vista? ¿Cuáles fueron los resultados? ¿Por qué tenía esta gente una actitud tan terrible hacia el cristianismo? ¿Qué podían hacer los cristianos para ayudar a cambiar dicha opinión?

8. Transcurridas tres semanas de trabajo en la Confesión de Bethel, Bonhoeffer la envió a veinte teólogos para que la revisaran e hicieran sus comentarios. «Para cuando hubieron acabado, cada línea era borrosa; todos los afilados bordes de la diferencia se redujeron, y cada punto quedó embotado». El autor nos dice que Bonhoeffer estaba horrorizado por la falta de disposición en sus hermanos cristianos a la hora de tomar una postura definida. En efecto, habían aguado la confesión.

    ¿Ves esa tendencia hoy día? ¿Puedes pensar en algún predicador cuyo mensaje sea «blando con respecto al pecado» y en conflicto directo con «los dichos duros» de Jesús? ¿Distingues cómo se han «aguado» en las traducciones populares de la Biblia hoy día? ¿Conoces iglesias que han emborronado las líneas que un día fueron tan claras con respecto a ciertas cuestiones, quizás en aras de una corrección política? ¿Podría ser esta un ejemplo en sí misma del difuminado de las líneas claras y del limado de los bordes nítidos?

9. Lee el poema que Niemöller escribió en prisión, en la página 192. ¿Te viene a la mente alguna otra persona que pudiera haber hablado en contra de los errores que se estaban cometiendo y que no lo hiciera? ¿Cuáles fueron los resultados? ¿Podrían haberse evitado? Aquí tienes uno para tu consideración: ¿Qué habría ocurrido si los estadounidenses hubieran alzado la voz en contra de Madalyn Murray O'Hare cuando comenzó su campaña de eliminar la oración y la lectura de la Biblia en las escuelas públicas? ¿Podrían haberse cortado de raíz las decisiones del Tribunal Supremo de 1962 y 1953? ¿Qué otros derechos —religiosos u otros— se han perdido por la falta de disposición de los ciudadanos a comprometerse?

Capítulos 16—22

1. Poco después de la muerte de Hindenberg, la Reichskirche celebró un sínodo en el que se decretó que todos los nuevos pastores debían prestar juramento cuando fuesen ordenados: «Hago ante Dios este sagrado juramento de rendir obediencia incondicional a Adolfo Hitler, el Führer del Reich y del pueblo alemán». Esto les prohibía, en realidad, predicar al verdadero Jesús y el evangelio tal como él lo enseñó. ¿Recuerdas alguna historia del Nuevo Testamento, en las que se prohibiera a los individuos que predicaran el mensaje del evangelio? ¿Cómo respondieron? ¿Existen hoy día esfuerzos por silenciar a quienes quieren predicar todo el evangelio completo? ¿Dónde? ¿Qué intentos se están haciendo para ahogar la verdad bíblica?

2. La mayoría de nosotros hoy día no nos hemos enfrentado a un prejuicio racial fundamental como el de las hijas de Sabine. Por ejemplo: «Una de las amiguitas llegó a gritarle [a Christiane] por encima de la valla: "Tu padre es judío". Un día, encontramos un cartel clavado en uno de los árboles frente a la escuela que decía: "El diablo es el padre de los judíos"». Según este relato, este tipo de acontecimientos ocurrían cada día, Imagina que tú o tus hijos estuvieran sometidos a este tipo de intolerancia y persecución a diario. ¿Durante cuánto tiempo la tolerarías? ¿Pelearías contra ella (o alentarías a tus hijos a que lo hicieran)? ¿O refrenarías tu lengua? Como padre, ¿sacarías a tus hijos de la escuela? ¿Del país?

3. Bonhoeffer quedó impresionado por los métodos de resistencia social de Gandhi, hasta el punto en que se preguntó si la iglesia debería emularlos. Esto nos conduce al tema de la desobediencia civil. ¿Qué opinas de que los cristianos desobedezcan a sus líderes? ¿Si un cristiano se niega a someterse a un gobierno perverso o a una ley inmoral, estaría contradiciendo Hebreos 13.17 y Romanos 13.1–5? ¿Existen otros versículos de las Escrituras que parezcan contradecirlos? ¿Se te ocurre algún personaje bíblico, del Antiguo o del Nuevo Testamento, cuyas acciones —o la falta de ellas— estuviesen en oposición directa con quienes ostentaban la autoridad y, por tanto, violaron Hebreos 13.17? Si fueses uno de ellos, hoy, ¿qué versículos bíblicos utilizarías para defender tus actos, si es que los hay? ¿Qué razonamiento emplearon?

4. Cuando Bonhoeffer comenzó su comunidad monástica en Zingst, pidió a los ordenantes que no le llamaran Herr Direktor, sino Bruder (hermano) Bonhoeffer. ¿Por qué crees que lo hizo? ¿Qué problema podía haber si les hubiera permitido llamarle Herr Direktor? Después de todo, lo era. ¿Qué importancia tenía, pues, este título para él? ¿Cuánto te impresionan los títulos? ¿Se te ocurre alguna historia bíblica donde un personaje buscase a propósito una posición inferior, real o percibida, que aquella en la que la gente quería ponerle?

5. En su sermón «El problema de las fronteras de la iglesia y de su unión», Bonhoeffer hizo una declaración polémica: «Quienquiera que se separa de la Iglesia Confesante en Alemania, a sabiendas, se aparta de la salvación». Aunque, sin duda, no quiso decirlo del modo en que sus críticos lo entendieron, creó inmediatamente una tormenta de debate.

   Supón que tu iglesia/denominación emitiera una declaración como esta, que dijera en esencia que cualquiera que dejara la iglesia perdería el cielo. (Existen denominaciones que lo predican.) ¿Cómo reaccionarías? ¿Estás familiarizado con individuos cristianos que creen que el suyo es «el único camino»? ¿Tú también lo crees? ¿Cómo habló el apóstol Pablo de este tipo de pensamiento? (Pista: Ver 1 Corintios 1.10–17; 3.3–11.)

6. La meta suprema de Hitler era invadir toda Europa. ¿Existen individuos o grupos hoy día que tengan el mismo objetivo? ¿Quién? ¿Podrían tener éxito? Si es así, ¿qué secuencia de acontecimientos podría ayudar para que lo consiguieran?

7. En 1939, todos los hombres nacidos en 1906 y 1907 recibieron la orden de alistarse en el ejército. Esto planteó una interrogante a Bonhoeffer. No podía declararse objetor de conciencia. Si lo hacía, arriesgaba su vida. Además, pensó que esto haría que los alemanes tuvieran la impresión de que toda la Iglesia Confesante estaba de acuerdo con este ejemplo, y haría que los pastores confesantes opinaran que también ellos debían negarse a tomar las armas. Por otra parte, luchar por la Alemania de Hitler parecía excesivo. Sabemos lo que decidió finalmente, pero esto nos suscita el problema de la guerra en el tiempo presente. ¿Es incorrecto luchar en la guerra? ¿Se aplica el mandamiento: «No matarás», a un tiempo de conflicto bélico? ¿A la defensa propia? De no ser así, ¿se debería obligar a todo el mundo a participar, si se les llama a filas? ¿Y qué hay de los objetores de

conciencia? ¿Deberían forzarle a participar si ese individuo o grupo va a vivir en el país en guerra?

8. La Segunda Guerra Mundial involucró a muchos países, de casi todos los continentes, comenzando por la invasión de Polonia por Alemania en 1939. Dos días después, Gran Bretaña y Francia declararon la guerra a Alemania. Otras naciones no tardaron en unirse a la contienda.

En la actualidad, Estados Unidos participa en una guerra en Afganistán, por las atrocidades que los talibanes han cometido con el pueblo afgano. En años recientes, las potencias occidentales también han prestado ayuda a los iraquís, los libios y otros que eran oprimidos por los que estaban en el poder. Desde un punto de vista global, la gente está claramente dividida en esta cuestión. Por una parte están los que creen que las naciones más fuertes deberían ayudar a defender a aquellos que no pueden hacerlo por sí solos. Otros dicen que lo que ocurre dentro de un país no es asunto de nadie. Su gente se cuidará por sí sola, afirman, y si los ciudadanos no están de acuerdo con la administración actual, debería tomar la responsabilidad de derrocarla ellos mismos. ¿Cuál es tu postura? ¿Por qué se involucran las Naciones Unidas en las revueltas internas de Libia? Cuando los ciudadanos de un país están siendo avasallados y maltratados, ¿deberían las potencias más fuertes empuñar las armas en su defensa, o deberían ocuparse de sus propios asuntos?

Capítulos 23—27

1. Lee la sección titulada «De la confesión a la resistencia» en el capítulo 23, en particular, la cita de Bethge de las páginas 360–61. A continuación lee Santiago 4.17, en la Nueva Traducción Viviente. ¿Ves alguna relación? ¿Qué otros versículos bíblicos pueden haber condenado a lo que lucharon con su implicación en el complot de asesinato? ¿Estás de acuerdo con Bethge en que los pasos que dio Bonhoeffer hacia la resistencia política debían ser «una consecuencia natural e inevitable» de su reconocimiento de que Hitler era malo y debía ser derrocado?

2. Cuando Francia se rindió a Alemania, Bonhoeffer y Bethge fueron testigos de cómo la gente levantaba el brazo haciendo el saludo nazi y estallando en canciones patrióticas. Para desaliento de Bethge, Bonhoeffer se unió a ellos. «Viendo que Bethge estaba allí, en pie,